개혁신학과 교육 시리즈 (4)

개혁교회의 신앙고백

총회교육자원부 편

한국장로교출판사

개혁교회의 신앙고백

초판인쇄　2007년 7월 20일
2쇄발행　2011년 6월 30일

편　　찬　대한예수교장로회총회교육자원부
편 집 인　총무 김 치 성
주　　소　110-470 / 서울특별시 종로구 연지동 135
전　　화　(02) 741-4356~7 / (Fax) 741-3477
홈페이지　www.edupck.net
E-mail　pcked@edupck.net

펴 낸 이　채 형 욱
펴 낸 곳　한국장로교출판사
주　　소　110-470 / 서울특별시 종로구 연지동 135
　　　　　한국교회100주년기념관(별관)
전　　화　(02) 741-4381 / (Fax) 741-7886
영 업 국　(031) 944-4340 / (Fax) 944-2623
등록번호　No. 1-84(1951. 8. 3.)

ISBN 978-89-398-3671-6 / 978-89-398-3675-4(세트) / Printed in Korea
값 25,000원

※ 이 출판물은 저작권법에 의해 보호를 받는 저작물이므로 무단전재와 무단복제를 할 수 없습니다.

머리말

총회교육자원부가 제4권 「개혁교회의 신앙고백」이라는 제목으로 개혁신학과 교육에 관한 책을 내놓게 된 것을 하나님께 기쁨으로 감사드리며, 성원해 주신 여러분들에게 감사를 드린다.

제86회 총회(2002년 9월)는 종교개혁 500주년을 앞두고 종교개혁자들의 신앙과 신학, 사상과 정신을 재조명하고 오늘 이 시대에 어떻게 교육하고 실천하도록 하며, 21세기를 맞이한 오늘의 교회와 교육지도자들과 평신도 그리스도인들에게 기독교 가치관과 도덕관을 재정립케 하고 종교적 혼란으로 사회가 혼탁한 이 시대에 개혁교회의 정체성을 회복하는 데 기여할 수 있는 책을 만들 것을 결의하고, 그 업무를 총회교육자원부가 주관하여 수행하도록 했다.

120년의 역사를 가진 오늘의 한국교회는 수많은 교파로 분열되었고 개혁교회, 특히 장로교회는 개혁신학의 좋은 전통과 교회성이 있음에도 불구하고 가톨릭적 요소와 의식을 선별·선호·인용하려는 경우가 있음을 보게 된다. 개혁교회는 가톨릭의 부패와 잘못을 지적·시정·촉구하는 교회로서 개혁교회의 역사와 신앙의 뿌리와 신학의 정통성을 가지고 가톨릭을 리드하고 개혁한 교회이다.

21세기를 맞이한 한국교회, 특히 우리 장로교회는 장로교회로서의 종교개혁 정신과 신학과 신앙의 전통을 되새기면서 신앙을 재확립하고,

개혁된 교회로서 잘못되어 가고 있는 교회를 재개혁하고 사회를 이끌어 갈 수 있는 저력과 신앙적, 영적 능력을 갖추어야 할 것이다.

금번에 만드는 이 시리즈는 총 6권의 책으로 편집·발간되며, 교회학교 교사와 교회학교 및 기독교학교 교육지도자와 남선교회와 여전도회 지도자와 평신도 여러분들이 쉽게 읽을 수 있도록 만든 책이다. 그러나 역사적 사건과 신학적 인물들의 사상을 설명하기 위해 조금 어려운 용어들도 기록되었음을 이해하기 바란다.

본 서를 집필하고 좋은 책을 만들기 위해 바쁘신 가운데서도 수 차례 회의를 가지면서 좋은 글을 써 주신 전문위원장 이형기 박사를 비롯하여 유정우, 임희국, 최윤배, 홍지훈, 강치원 박사 등 여러분께 깊은 감사를 드린다. 편집을 위해 수고하신 총회교육자원부 간사 이진원 목사, 한국장로교출판사 사장 채형욱 목사님과 직원 여러분에게도 감사를 드린다.

2007년 6월 20일
대한예수교장로회 총회교육자원부
총무 **김치성**

서 문

2001년 본 교단 총회산하 어느 노회가 "장로교란 무엇인가?" 혹은 "개혁신학이란 무엇인가?"에 대해서 답변해 줄 것을 총회에 헌의한 바 있다. 이에 응답하기 위하여 총회교육자원부 주관으로 그 동안 세 권의 책이 출간되었고, 이번엔 제4권 「개혁교회의 신앙고백」이 나오게 되었다. 총 여섯 권에 해당하는 "개혁신학과 교육" 시리즈 전부가 그렇거니와, 이번에 빛을 보게 된 장로교의 신앙고백서들에 대한 글은 아주 특별한 의미에서 개혁교회 혹은 장로교의 정체성(identity)에 관련된 내용들이다. 과연 장로교 혹은 개혁교회가 믿는 기독교 신앙내용이 로마 가톨릭 교회, 동방정교, 성공회, 루터교, 감리교, 침례교, 회중교회, 오순절 하나님의 성회 등이 믿는 신앙내용과 어떻게 다른가? 바로 본 저서는 기독교 내의 여러 교파들과의 관계에서 우리 개혁교회의 신학적인 정체성이 무엇인가를 밝히려는 의도와 목적으로 쓰여졌다고 할 수 있다.

하지만 각 교파가 각각의 신앙고백으로 자기 공동체의 정체성을 천명하는 것만으로는 부족하다. 그것은 교파주의에 다름 아니기 때문이다. 이럴 경우엔 한 교파가 타 교파와의 관계(relationship)와 이 세상에 대한 참여(relevance 혹은 participation)가 매우 소극적일 수밖에 없을 것이다. 물론, 각 교파가 자기 정체성을 가지고 나름대로 사회에 참여할 수는 있으나, 에큐메니칼 연대를 통하여 참여하기는 힘들다는 말이다.

정체성만을 지향하면 참여를 소홀히 하고, 참여만을 추구할 경우에는 정체성을 상실할 위험이 있다. 정체성, 그러나 참여, 참여, 그러나 정체성, 이와 같은 변증법적인 신학과 삶은 십자가의 고통을 감내하는 길이리라(몰트만).

대체로 개신교의 교파주의(confessionalism)는 중세교회를 개혁하려는 의도에서 출발했던 16세기 종교개혁 이래로 형성되었고, 그것이 17세기 정통주의 시대에 절정에 도달하였는데, 고대 지중해세계 교회만 하더라도 일곱 에큐메니칼 공의회가 결정한 "에큐메니칼 신조"(the seven ecumenical Creeds)를 통하여 "하나의 거룩하고 보편적이며 사도적인 교회"였으니, 아직 이 고대교회는 교파주의를 알지 못하였다. 오늘날에도 대부분의 주류 기독교는 이와 같은 에큐메니칼 신조의 상당부분을 받아들이는 바, 우리 장로교 역시 그렇기 때문에, 본 저서는 "니케아 신조", "콘스탄티노플 신조", 그리고 "칼케돈 신조"를 다루었고, 비록 공의회의 결의를 통한 것은 아니지만 "에큐메니칼" 지위를 확보하고 있는 "사도신경"도 논하였다. 그리하여 우리 개혁신학은 이와 같은 고대 에큐메니칼 신조들을 공유하고 있는 모든 교파들과 더불어 에큐메니칼 관계를 갖고, 나아가서 에큐메니칼 신학을 추구해 왔고, 추구해야 할 것이다.

대체로 개혁교회는 많은 개신교교파들 가운데서 신앙고백을 가장 많이 산출해 온 교파로 유명하다. 하지만 그것은 한편 다양한 역사적인 상황에서 교회가 항상 새로운 신앙을 고백하면서 타 교파와 관계하며, 이 세상에 참여해 왔다고 하는 순기능(順機能)을 보였는가 하면, 다른 한편 개혁교회 안에서의 교파주의(denominationalism)로 인하여 "개혁주의적 에큐메니시티"(the Reformed ecumenicity)를 저해하는 역기능(逆機能)을 지녀 왔다. 그리고 이와 같이 통일성을 결여한 신앙고백의 다양성은 이 세상에 대한 '참여'에 있어서 매우 큰 걸림돌로 작용하여 온 것이 사실이다. 특히, 웨스트민스터 신앙고백을 기점으로 그것을 포함하는 그 이전의 개혁교회의 신앙고백서들은 대체로 교파주의적 '정체성'(identity)을 강조했다면, "바르멘 신학선언" 이후의 20세기 개혁교회의 신앙고백서들은 '참여'를 강조하였고, 나아가서 연합 신앙고백서들도 빈번히 작성하였다. 그래서 바라기는 본 서가 다만 우리 개혁교회의 정체성만을 밝히는 글로써 읽혀질 뿐만 아니라 타 교파들과의 관계 및 이 세상에 대한 참여를 위해서 사용되어야 할 것이다.

끝으로 일러두는 말은 "제1장 고대 에큐메니칼 신조" 부분과 "제3장 20세기 개혁교회 신앙고백"은 이형기가, 그리고 "제2장 종교개혁기의 개혁교회 신앙고백"은 홍지훈, 최윤배, 임희국, 그리고 유정우 교수가 집필하였다고 하는 점이다. 홍지훈 교수는 "소교리문답"과 "아우크스부르크 신앙고백"과 "하이델베르크 교리문답"을, 최윤배 교수는 "베른 신앙고백", "4개 도시 신앙고백", "제네바 신앙고백", "프랑스 신앙고백", "네덜란드 신앙고백", 그리고 "도르트 신앙고백"을 논하였고, 임희국, 강치원 교수는 "취리히 일치신앙고백"과 "제2스위스 신앙고백"을 다루었으며, 유정우 교수는 "스코틀랜드 신앙고백"과 "웨스트민스터 신앙고백"과 "12개 신앙조항"을 논했다.

2007년 6월 20일
집필위원장 **이형기**

차례 | Contents

개혁교회의 신앙고백

머리말 / 3
서 문 / 5

제1장 | 고대교회의 에큐메니칼 신조 ——— 11

Ⅰ. 사도신경 / 13
Ⅱ. 니케아 신조 / 33
Ⅲ. 니케아-콘스탄티노플 신조 / 48
Ⅳ. 칼케돈 신조 / 73
Ⅴ. 고대 에큐메니칼 신조에 대한 결론 / 84

제2장 | 종교개혁기의 개혁교회 신앙고백 ——— 91

Ⅰ. 스위스와 독일의 개혁교회 신앙고백 / 93
  1. 베른 신앙고백(1528) / 93
  2. 소교리문답(1529) / 95
  3. 아우크스부르크 신앙고백(1530) / 112
  4. 4개 도시 신앙고백(1530) / 125
  5. 제네바 교회 교리문답(1541/1542) / 146
  6. 취리히 일치신앙고백(1549) / 186
  7. 하이델베르크 신앙고백(1563) / 199
  8. 제2스위스 신앙고백(1565) / 218
Ⅱ. 프랑스와 네덜란드의 개혁교회 신앙고백 / 250
  1. 프랑스 신앙고백(1559) / 250

2. 네덜란드 신앙고백(1561) / 266
   3. 도르트 신앙고백(1618-1619) / 287
Ⅲ. 영어권의 개혁교회 신앙고백 / 316
   1. 스코틀랜드 신앙고백(1560) / 316
   2. 웨스트민스터 신앙고백과 대소교리문답들(1646-1647) / 325
Ⅳ. 종교개혁기 개혁교회 신앙고백에 대한 결론 / 351
   1. 스위스와 독일의 개혁교회 신앙고백 / 352
   2. 프랑스와 네덜란드의 개혁교회 신앙고백 / 354
   3. 영어권의 개혁교회 신앙고백 / 355

제3장 | 20세기 개혁교회 신앙고백 ─── 357

Ⅰ. 12개 신앙조항(1904) / 359
Ⅱ. 바르멘 신학선언(1934) / 365
Ⅲ. 1967년 신앙고백 / 394
Ⅳ. 미국장로교회의 신앙선언(1990) / 432
Ⅴ. 대한예수교장로회 신앙고백서(1986) / 455
Ⅵ. 21세기 대한예수교장로회 신앙고백(2001) / 509
Ⅶ. 20세기 개혁교회 신앙고백에 대한 결론 / 530

총결론 / 553

● 공동 집필자 소개 ●

이형기(Ph. D.), 장로회신학대학교 교수, 역사신학
유정우(Th. D.), 평택대학교 교수, 역사신학
임희국(Dr. theol.), 장로회신학대학교 교수, 역사신학
최윤배(Dr. theol.), 장로회신학대학교 교수, 조직신학
홍지훈(Dr. theol.), 호남신학대학교 교수, 역사신학
강치원(Dr. theol.), 안양대학교 전임강사, 역사신학

제 **1** 장

고대 교회의 에큐메니칼 신조

Ⅰ. 사도신경 / 13
Ⅱ. 니케아 신조 / 33
Ⅲ. 니케아-콘스탄티노플 신조 / 48
Ⅳ. 칼케돈 신조 / 73
Ⅴ. 고대 에큐메니칼 신조에 대한 결론 / 84

I 사도신경

1. 한국 개신교가 사용해 온 본문

전능하사 천지를 만드신 하나님 아버지를 내가 믿사오며, 그 외아들 우리 주 예수 그리스도를 믿사오니, 이는 성령으로 잉태하사 동정녀 마리아에게 나시고, 본디오 빌라도에게 고난을 받으사, 십자가에 못 박혀 죽으시고, 장사한 지 사흘 만에 죽은 자 가운데서 다시 살아나시며, 하늘에 오르사, 전능하신 하나님 우편에 앉아 계시다가, 저리로서 산 자와 죽은 자를 심판하러 오시리라. 성령을 믿사오며, 거룩한 공회와, 성도가 서로 교통하는 것과, 죄를 사하여 주시는 것과, 몸이 다시 사는 것과, 영원히 사는 것을 믿사옵나이다. 아멘.

2. 라틴어 원문 및 영역 본문[1]

Credo in Deum Patrem omnipotentem ; Creatorem caeli et terrae.
I believe in God the Father Almighty ; Maker of heaven and earth.
나는 하늘과 땅의 창조자이신 전능하신 아버지 하나님을 믿는다.

Et in Jesum Christum, Filium eius unicum, Dominum nostrum ; qui conceptus est de Spiritu Sancto, natus ex Maria virgine ; passus sub Pontio Pilato, crucifixus, mortuus, et sepultus ; descendeit ad inferna ; tertia die resurrexit a mortuis ; ascendit ad caelos ; sedet as dexteram Dei Patris omnipotentis ; inde venturus (est) juidicare vivos et mortuos.

And in Jesus Christ his only(begotten) Son our Lord ; who was conceived by the Holy Spirit, born of the Virgin Mary ; suffered under Pontius Pilate, was crucified, dead, and buried ; he descended into hell(Hades, spirit-world) ; the third day he rose from the dead ; he ascended into heaven ; and sitteth at the right hand of God the Father Almighty ; from thence he shall come to judge the quick and the dead.

나는 아버지 하나님으로부터 독특하게 태어나신 하나님의 아들, 우리 주 예수 그리스도를 믿는다. 이분은 성령님에 의하여 잉태되시어, 동정녀 마리아로부터 태어나셨다. 이분은 본디오 빌라도에 의하여 고난을 받으시어, 십자가에 못 박혀 죽으시고, 장사 지낸 바 되셨다가 모든 죽

---

1. Symbolum Apostolicum : Forma Recepta : 빌립 샤아프는 서방교회가 공식적으로 받아들인 제8세기경의 사도신경판을 11개 정도의 판들 가운데 가장 권위 있고, 신빙성 있는 것으로 본다. 그래서 이 글은 그것의 라틴어 원문과 영역을 실어 보았다. 참고 : Philip Schaff, *Creeds of Christendom*, Vol. II (Grand Rapids, Michigan : Baker Book House, 1990)(reprinted from the 1931 edition), pp. 45, 55 이하.

은 자들의 세계(음부)에 내려가셨다. 또한 그는 사흘 만에 죽은 자들로부터 다시 살아나셨다. 이분은 하늘에 오르시어, 전능하신 아버지 하나님 우편에 앉아 계시다가 이 하늘로부터 산 자들과 죽은 자들을 심판하러 오실 것이다.

Credo in Spiritum Sanctum ; sanctam ecclesiam catholicam ; sanctorum commnionem ; remissionem peccatorum ; carnis resurrectionem ; vitam aeternam. Amen.

I believe in the Holy Spirit ; the holy catholic Church ; the communion of saints ; the forgiveness of sins ; the resurrection of the body(flesh) ; and the life everlasting. Amen.

나는 성령님을 믿는다. 그리고 나는 거룩한 보편 교회와 성도의 교제와 죄의 용서와 몸의 부활과 영생을 확신한다. 아멘.

3. 해 설

1) 저 자

저자는 확실하지 않다. 비록 17세기까지만 해도 로마 가톨릭교회와 개신교는 예수 그리스도께서 부활하신 지 열흘 후에 성령 충만한 12제자들이 예루살렘에 모여 흩어지기 전에 가르침의 통일성을 확보하기 위하여 각각 한 대목씩을 고백했다고 하나, 이는 근거 없는 주장이다.[2] 하지만 이 신경의 내용으로 보아, 그것은 틀림없이 신약성서의 사도들의 신앙내용을 요약하고 있는 것으로 보인다. 본 사도신경은 라틴어로

---

2. Philip Schaff, *The Creeds of Christendom*, Vol. I (Grand Rapids, Michigan : Baker Book House, 1990⟨reprinted from 1931 edition⟩), p. 15. Karl Barth, Credo(1935), p. 22.

'Symbolum apostolicum'으로 되어 있어서, 영어로는 'The Apostles' Creed'라고 번역하였다. 이는 적절한 번역어이다. 라틴어의 형용사인 'apostolicum'을 '사도들'로 번역했기 때문이다. 확실히 '사도신경'의 내용은 베드로와 같은 어떤 사도 한 사람이나 초기 교회의 어떤 기독교인 개인의 신앙내용이 아니라 사도들의 신앙내용이요, 초기 교회공동체의 신앙내용이라는 말이다. 즉, 그것은 신약성서의 복음과 삼위일체 하나님에 대한 증언들을 요약하여 증거하고 있다.

다시 말하면, 그것은 구약에서 신약으로 이어지는 성서의 거대담론 혹은 큰 이야기에서 연유된 것이요, 역(逆)으로 또한 그것을 증거하고 있다. 그것은 성서의 통일성이요, 모든 교파들의 신학의 통일성에 다름 아니다.

2) 역사적 기원과 형성과정

현재 우리가 사용하는 사도신경은 170~180년 사이에 로마에서 사용되던 "로마신경"(Symbolum Romanum=the Roman Creed)의 증보판이다. 그것은 바울의 로마서를 수신한 로마에 있는 교회들이 세례 후보자들(the catechumens) 혹은 초신자들을 공적으로(publically) 교육하기 위해서 사용했던 교리문답서였다. 이처럼 "사도신경"의 모체가 "세례신경"(the baptismal creed)이었다고 하는 사실은 그것에 담겨 있는 삼위일체 하나님에 대한 신앙이 단순한 신학이론에서 출발한 것이 아니라 그것의 삶의 자리가 예배하는 공동체 안에서 일어나는 복음 선포와 예전이었다는 것을 말한다. 이는 삼위일체 하나님에 대한 신앙이 예배 및 기독교적 프락시스와 불가분리하다는 것을 우리는 알 수 있다.

따라서 빌립 샤아프는 마태복음 16 : 16의 "……주는 그리스도시요 살아 계신 하나님의 아들이시니이다"와 방금 위에서 지적한 세례신경들에 나타난 삼위일체론이 결합되어, 4세기경에 서방교회공동체 안에서(이 시기에 동방교회에서는 니케아 신조를 사용하기 시작하였음.) 공동체를 위하여 사도신경이 구성되었다고 본다.[3] 결정적인 표준 본문은 7세기 혹은 8세기경에 서방교회공동체 안에서 확정되었다. 결국, 저자는 어떤 사도 개인이나 어떤 기독교인 개인이 아니라 사도들과 초기 교회공동체라고 하는 말이다. 사도신경의 초기 형태인 세례신경은 또한 고대교회공동체의 공동 유산으로서 "신앙의 규범"(regula fidei), "진리의 규범", "사도적 전승" 혹은 "사도적 설교"라고도 일컬어졌다.[4]

그리고 이 "사도신경"의 각 항목이 "내가 ……믿는다."(credo=I believe ……)로 되어 있어서 서방교회는 이것을 'credo'라고도 이름한다. 결국, 그것은 세례 문답의 상황에서 교사의 물음에 대하여 세례후보생 혹은 초신자는 "내가 ……믿는다."라고 대답했을 것이기 때문에, 대답하는 자의 주체가 중요하였다. 하지만 사도신경의 'credo'가 결코 모더니즘 세계의 개인주의와 연관이 있는 것은 아니다. 환언하면, 이 'credo'의 '나'는 공동체의 신앙에 참여하고 있는 개인적 신앙을 말한다.

본래 이 "사도신경"의 모체인 "로마신경"은 의문문으로 되어 있었다. 다음의 인용문에서 발견되는 의문문은 본디 세례 후보자 개인에게 주어졌던 질문에 해당하였다.

당신은 전능하신 하나님 아버지를 믿습니까? 당신은 예수 그리스도께서 하나님의 아들이심을 믿습니까? 당신은 예수 그리스도께서 성령의 능력으로 동정녀 마리아의 몸에서 나셨고, 본디오 빌라도에 의하여 십자가에 달려 죽으셨으며, 삼일 후에 죽은 자들 가운데서 부활하셨고, 하늘에 오르사 하나님 우편에 앉아 계시다가 장차 산 자들과 죽은 자들을 심판하러 오실 것을 믿습니까? 당신은 성령과 거룩한 교회를 믿습니까?[5]

---

3. Ibid., p. 16.
4. Ibid., p. 17.
5. 이것은 215년 「히폴리토스의 사도적 전승 안에 포함된 질문형식의 신경」에서 유래하였는데, 이 세례신경은 340년경에 마르셀루스가 율리우스 1세에게 희랍어 판으로 헌정하였으며, 390년경에는 루피누스의 사도신경에 대한 주석 안에 보전되어 있다. 따라서 우리가 얻을 수 있는 최초의 라틴어판 본문은 390년의 루피누스 판이다. 비교: *Creeds Of The Churches*, ed. by John H. Leith(Atlanta : John

위의 인용문은 그 내용구조로 보아 성부, 성자, 성령, 그리고 교회에 대한 신앙을 묻고 있다. 훗날 오리겐 등 동방교회의 전통 가운데는 세례를 받을 때에, 세 번 침례하면서, 이 세 가지 항목의 질문을 차례로 질문했다. 이로써 우리는 믿음으로 복음을 받아들여 세례를 받은 기독교인의 가장 기본적인 신앙내용이 '삼위일체 하나님'이라고 하는 사실을 확인할 수 있다.

그런데 위의 질문 형식이 4세기에는 긍정문으로 바뀌고, '죄의 용서'라는 말이 첨가되었으며, 그 후에 나머지 구절들이 계속 첨가되었다.[6] 그리고 '사도신경'이란 말이 처음 사용된 것은 390년 암브로시우스 감독의 글에서였다. 그리고 이 '사도신경'을 범교회적으로, 나아가서 범로마제국 차원에서 사용하게 한 것은 샬르마뉴 황제(742-814) 때였다. 따라서 본 '사도신경'은 서방교회, 즉 로마 가톨릭교회를 통해서 전수되었고, 로마 가톨릭교회의 예배·예전에서 공식적인 신앙고백으로 사용되었다. 물론 예배하는 공동체 안에서 계속해서 '세례신경'으로도 사용되었지만 말이다.

3) 신학적인 해석

(1) 내용구조

주기도문이 기도 중의 기도요, 십계명이 계명 중의 계명이라면 사도신

Knox Press, 1977), p. 23 및 Philip Schaff, *The Creeds of Christendom*, Vol. 1, pp. 15-16. 이와 같은 세례신경은 로마뿐만 아니라 카르타고, 히포, 밀란 등에서도 사용되었다.

6. Philip Schaff, *The Creeds of Christendom*, Vol. I (Grand Rapids, Michigan : Baker Book House, 1990(reprinted from 1931 edition), p. 19 : "음부에 내려가시고"는 아퀼레야 신조로부터, "보편적"(catholic)은 오리엔탈 신조들로부터, "성도들의 교제"는 갈리칸 자료로부터, "영생"은 아마도 라벤나와 안디옥 교회들의 신조들로부터 왔을 것이다.

경은 신조 중의 신조이다. 이 사도신경은 구원을 위해서 꼭 필요한 기독교 신앙의 근본적인 항목들을 사실의 형태로 그리고 단순한 성서의 언어로 표현하고 있다. 어거스틴 이래로 중세와 종교개혁을 거쳐 오늘에 이르기까지 사도신경, 십계명, 그리고 주기도문은 기독교 메시지의 근본에 해당한다. 따라서 역사적으로 신학자들은 이 셋을 하나로 묶어서 자신의 신학을 펼치곤 하였다. 즉, 이 셋은 우리 기독교인이 무엇을 믿어야 하고, 어떻게 살아야 하며, 어떻게 기도해야 하느냐에 대해서 대답하고 있기 때문이다. 복음에 대한 신앙을 지닌 다음에는 하나님을 예배하고 찬양하면서, 하나님의 뜻을 좇아 살기 위해서 기도해야 한다는 말이다.

　중세교회의 오랜 전통과 루터는 사도신경의 내용 구조를 셋으로 보았다. 하나는 성부 하나님이시고, 둘은 성자 예수 그리스도이시며, 셋은 성령님에 대한 신앙항목이다. 그런데 칼빈은 그것을 넷으로 보아 교회라는 신앙항목을 크게 부각시켰다. 하나님, 창조, 하나님의 아들의 성육신, 십자가와 부활, 성령과 교회, 그리고 종말과 영생으로 이어지는 그것의 내용 순서는 전적으로 성서의 큰 이야기에서 연유했고, 그것을 증거하고 있다. 따라서 사도신경은 크게 보아서 삼위일체론적인 내용구조를 지니고 있다. 즉, 하늘과 땅의 창조주이신 아버지 하나님, 우리의 주님이시요, 구주이신 그의 독생자 예수 그리스도, 그리고 성령님이 그것이다. 빌립 샤아프와 칼 바르트는 이 사도신경을 대체로 두 번째 신앙항목에 역점을 두고 있는 것으로 본다.[7] 즉, 이들은 그리스도의 초자연적인 탄생과 죽으심과 부활을 사도신경의 중심이라고 한다. 그도 그럴 것이 사도신경의 두 번째 항목은 신약성서의 구속사건들과 구속사, 나아가서 신약성서의 케리그마와 초기 교회의 세례 형식문을 반영하고 있기 때문이다.

---

7. Philip Schaff, *The Creeds of Christendom*, Vol. I, p. 15. Karl Barth, Credo(1935), p. 15.

(2) 각 신앙 항목들에 대한 해석

1.
나는 하늘과 땅의 창조자이신 전능하신 아버지 하나님을 믿는다.

어거스틴과 칼빈은 성부, 성자, 성령은 관계론적이고, '하나님'은 성부, 성자, 성령 모두에게 적용될 수 있다고 한다. 즉, '하나님'이란 성부, 성자, 성령 각각에 해당하지만, 성부는 성자와의 관계에서 성부요, 성자는 성부와의 관계에서 성자요, 성령은 성부 및 성자와의 관계에서 성령이라고 하는 말이다. 따라서 우리는 성부, 성자, 성령 각각을 '하나님'이라고 부를 수도 있다. 하지만 사도신경의 이 첫 줄에 나오는 아버지 하나님은 아들을 낳으시고, 숨을 내쉬시듯 성령을 내보내시는 바, 성자와 성령의 신적인 기원에 해당하는 성부 하나님으로서 삼위일체의 통일성의 원리이시다. 동방교회는 이처럼 성부를 삼위일체의 통일성의 원리로 보고, 성부, 성자, 성령의 공동체적인 통일성을 강조하지만, 서방교회는 삼위가 함께 동참하고 있는 하나의 신적인 본질을 삼위일체의 통일성의 원리로 본다.

사도신경의 첫 문장에 나오는 하나님은 아브라함의 하나님, 야곱의 하나님, 그리고 이삭의 하나님이시요, 예수님의 아버지시요, 사도들과 초기 기독교공동체의 아버지 하나님이시다. 이 하나님은 예언자들로 대표되는 구약의 하나님이시고, 또한 사도들로 대표되는 신약의 하나님이시다. 그리고 더 중요한 것은 '전능하신 아버지'이다. 물론 전능하신 하나님이란 이상의 신·구약 성서의 구속의 드라마를 통해서 계시된 하나님에 다름 아니지만, 여기에서 '전능한'이란 형용사가 '아버지'를 수식하고 있다는 점 때문이다. 그냥 '전능하신 하나님'이라고 부를 경우에, 혹 사람들은 그 하나님을 폭군이나 전제군주나 어떤 문화권의 가부장적인 남성으로 생각할 수 있으나, '전능한 아버지'라고 할 때는 세상을 이처럼 사랑하시어 독생자를 보내 주신 아버지 하나님, 이 아들 예수 그리스도를 통해서 인간과 우주만물을 창조하신 아버지 하나님, 이 아들을 통해서 하나님 나라를 앞당겨 보여 주신 아버지 하나님, 이 아들의 십자가에 동참하신 아버지 하나님, 그리고 부활을 통해서 인류와 우주만물을 구속하신 구속사의 아버지 하나님, 그리고 장차 마지막 때에 새 창조의 세계를 전개하시어 인간과 우주만물을 전적으로 새롭게 하실 그 아버지 하나님을 생각한다는 말이다.

그리고 '하늘과 땅'은 삼위일체 하나님을 제외한 모든 피조물을 가리키는 것으로 생각된다. 니케아-콘스탄티노플 신조에서는 "보이는 것과 보이지 않는 모든 것"이란 구절이 "하늘과 땅"의 동격으로 이어지고 있다. 여기에서 '하늘', 곧 보이지 않는 세계란 하나님을 찬양하고, 하나님의 경세에 참여하여 그분의 일을 돕는 도우미라고 할 수 있는 천사들도 포함하고, 지금까지 인간의 학문이 알아내지 못한 모든 피조세계를 지칭하는 것으로 이해한다. 아버지 하나님은 그의 아들 예수 그리스도(그의 영원하신 말씀)를 통해서 성령의 역사로 이 '하늘과 땅' 혹은 '보이는 것'과 '보이지 않는 모든 것'을 창조하셨다. 이 아들과 이 성령께서는 인간과 우주만물을 지으신 하나님의 '두 손'(이레네우스)으로서 또한 이 '하늘과 땅'을 구속하시고, 종말론적으로 완성하실 하나님의 '두 손'이시다. 즉, 아버지의 창조사역에 아들과 성령께서 동참하셨다는 말이다.

2.
나는 아버지 하나님으로부터 독특하게 태어나신 하나님의 아들, 우리 주 예수 그리스도를 믿는다. 이분은 성령님에 의하여 잉태되시어, 동정녀 마리아로부터 태어나셨다. 이분은 본디오 빌라도에 의하여 고난을 받으시어 십자가에 못 박혀 죽으시고, 장사 지낸 바 되셨다가 모든 죽은 자들의 세계(음부)에 내려가셨다. 또한 그는 사흘 만에 죽은 자들로부터 다시 살아나셨다. 이분은 하늘에 오르시어, 전능하신 아버지 하나님 우편에 앉아 계시다가 이 하늘로부터 산 자들과 죽은 자들을 심판하러 오실 것이다.

니케아 - 콘스탄티노플 신조[8]에는 "독특하게 태어나신 하나님의 아들"(ton huion tou Theou ton monogene) 다음에 "영원 전에 아버지로부터 태어나신"(ton ek tou Patros gennethenta pro panton ton aionion)이란 구절이 더 첨가되어 있다. 따라서 예수 그리스도는 마리아(여성)에 의해 성령으로 잉태되시기 전인 영원의 차원에서 아버지로부터 독특하게 태어나신 하나님의 아들이시다. 마리아의 몸을 통한 잉태 역시 보통 사람의 잉태와 전혀 다른 방법이었는데, 영원 전에 아버지로부터의 태어나심은 더욱더 독특한 태어나심이었다. 마리아의 몸을 통한 독특한 탄생은 하나님의 아들의 성육신에 있어서 인류의 죄를 차단하기 위함이었고, 영원 전의 탄생은 아버지와 아들의 관계를 아버지와 성령의 관계로부터 구별하기 위함이었다. 성자는 아버지로부터 영원히 탄생하시지만, 성령은 영원히 아버지로부터 나오시기(proceeding) 때문이다.

그리고 이렇게 독특하게 태어나신 하나님의 아들은 우리 믿는 사람들을 일컬어 하나님의 자녀들이라고 하는 차원과도 아주 다르다. 그도 그럴 것이 우리는 하나님의 아들 덕분으로 은혜와 믿음으로 하나님의 자녀들이 되었기 때문이다. 따라서 요한복음 3 : 16의 "ton huion ton monogene"(the only-begotten Son)은 외아들(독자)이라는 뜻이 아니라 아버지 하나님으로부터 독특하게 태어나신 하나님의 아들이시요, 나아가서 하나님의 자녀들인 우리들과 전혀 다른 의미에서 아버지 하나님의 아들이라는 뜻으로 이해되어야 한다.

예수님을 마리아의 몸에 잉태시킨 성령은 창세기 제1장에 나오는 창조의 성령(Creator Spiritus), 곧 "땅이 혼돈하고 공허하며 흑암이 깊음 위에 있고 하나님의 영은 수면 위에 운행하시니라"(창 1 : 2)에 나오는 성령에 다름 아니요, 예언자들을 통해서 말씀(예수 그리스도)하신 그 성령에 다름 아니요, 요단 강에서 세례 받으시는 예수님 위에 비둘기같이 내

---

8. 참고 : 이 신조에 대해서는 다음에 논할 것이다.

제1장 고대교회의 에큐메니칼 신조

려오신 삼위일체의 성령에 다름 아니요, 예수님을 광야로 몰아내신 성령에 다름 아니요, 예수님을 부활시키신 성령에 다름 아니요, 오순절에 강림하시어 교회를 세우시고, 이끌어 가시는 성령에 다름 아니요, 장차 종말론적인 완성을 가져오실 성령에 다름 아니시다.

"본디오 빌라도에게 고난을 받으셨다."고 하는 말은 당시의 이스라엘이 로마제국의 식민지 통치를 받았던 역사적인 사실을 생각나게 하는 바, 신약성서의 구속사의 역사적인 자리를 말해 준다 하겠다. 그리고 이스라엘을 대표하는 유다와 로마를 대표하는 빌라도에 의해서, 즉 인류에 의해서 그 당시 보편사 속에서, 그렇게도 끔찍한 사형의 틀인 십자가에서 인류의 구속주로서 하나님의 아들이신 인간 예수께서 유죄 판결을 받으시고, 사형을 선고 받으시며, 사형집행을 받으심은 그야말로 인류의 심판주께서 인간의 죄악된 손을 빌려서 스스로 자신을 심판하신 것(칼 바르트 : the Judge as Judged in our Place)이리라.

"장사 지낸 바 되었다."는 완전한 죽음을 뜻한다. 그 다음 "모든 죽은 자들의 세계(음부)에 내려가셨다."(descemdit ad inferna)가 나오는데, 이것이 다른 라틴어 사본에는 '영적 세계의 거주자들'(ad inferos)로 되어 있다. 이것은 죽은 자들이 있는 영역이라고 하는 말이다. 다른 동방교회 신조들에는 "그는 음부에 내려가시고"(he descended into Hades)로 되어 있다. 그런데 이 구절이 초기 사도신경들에서는 발견되지 않는다. 그것이 로마신경에 삽입된 것은 5세기 이후였다. 하지만 동방에서는 그것이 아리우스 신조(360) 이전에 나타난다.

이것은(katotata and inferna) 에베소서 4 : 9에 근거한 것으로써 희랍어의 'Hades'(마 9 : 23, 16 : 18, 눅 10 : 15, 16 : 23, 행 2 : 27, 31, 고전 15 : 55, 계 1 : 18, 6 : 8, 20 : 13 - 14)를 뜻한다. 그런데 이 단어가 영어로 '지옥'(hell)으로 번역되는 것은 옳지 않다. 이 Hades는 히브리어의 '스올'(Sheol)처럼 의인들이든 악인들이든 세상을 떠난 모든 사람들의 거처인 '불가시적인 영적인 세계'(the unseen spirit - world)이다. 반면에

'hell'은 히브리어의 '게헨나'(gehenna)를 가리키는 말로서 영원한 저주의 상태와 장소를 뜻한다. 샤아프는 'hell' 대신에 'Hades'를 사용할 것을 권장하고 있다. 그 이유는 예수님께서 십자가와 부활 사이의 낙원에 계시겠다고 하는 신비스러운 전승(눅 23 : 43)을 살려야 하기 때문이라는 것이다. 샤아프는 이 구절을 하나의 신앙항목으로 권장하고 있다. 즉, 그는 그것을 그 앞 항목이나 그 다음 항목에 종속시키지 않는다.

  샤아프는 이 'descendit ad inferna'가 역사적으로 세 가지 뜻으로 해석되어 왔다고 하면서 세 번째 의미를 제안한다. (1) 이것은 "장사 지낸 바 되시고"와 동일한 의미요, 예수께서 부활 때까지 계속해서 죽음의 상태와 사망의 권세 하에 계셨다고 하는 것을 뜻한다(웨스트민스터 신학자들). (2) 이것은 예수께서 십자가상에서 죄인들을 대신하여 지옥의 고통을 경험하신 바, 이 십자가상에서의 그리스도의 고난을 강조하기 위해서 첨가된 구절이다(칼빈과 하이델베르크 교리문답). (3) 이 구절은 그리스도께서 십자가에 달리신 후 실질적으로 세상을 떠난 모든 사람들(all the departed spirits)에게 나타나셨다고 하는 것(눅 23 : 43, 행 2 : 27, 31, 벧전 3 : 18-19, 4 : 6, 비교 : 엡 4 : 8-9, 골 2 : 15, 빌 2 : 10, 계 1 : 18)을 의미한다.[9] 본 필자는 이 세 번째 입장을 천거한다. 그 이유는 예수 그리스도께서 지상에서 성취하신 자신의 구속사역에 근거하여 한 번 더 죽은 자들에게 기회를 주시기 때문이요, 십자가에까지 낮아지심(kenosis, 빌 2 : 6-9)에 이어서 'Hades'에 가셨다가 부활, 승천, 승귀하시어 하나님 우편에 앉으시는 것이 초기 기독교의 신앙이었기 때문이다.

  "또한 그는 사흘 만에 죽은 자들로부터 다시 살아나셨다." 한다. 여기에서 중요한 것은 부활사건이 십자가사건과 더불어 복음의 핵심을 구축한다는 점이고, 나아가서 "죽은 자들로부터 다시 살아나셨다."고 하는 것은 예수님의 부활이 모든 인류의 보편적인 부활의 첫 열매라고 하는

---

9. Philip Schaff, *Creeds of Christendom*, vol. II, p. 48.

것이다. 첫 열매란 구약에서 장차 수확해야 할 모든 곡식을 대표하는 첫 이삭에 해당하기 때문이다.

그리고 부활하신 주님은 "하늘에 오르시어, 전능하신 아버지 하나님 우편에 앉아 계시다가 이 하늘로부터 산 자들과 죽은 자들을 심판하러 오실 것이다."라고 한다. 그는 부활하신 후 40일 동안 사도들과 초기 사도적 공동체에게 나타나시어 십자가에서 절정에 이르렀던 그 자신의 공적인 교역의 의미를 계시하셨고, 무엇보다도 그의 십자가사건이 결국 하나님의 인류 구속사건임을 계시하셨으며, 장차 임할 하나님의 나라를 계시하시고 약속하셨으며, 끝으로 그의 사도들에게 선교사역을 위탁하셨다. 이들은 세례, 성만찬, 말씀설교, 친교, 사회봉사 등 사도적인 직무수행을 위임받았던 것이다. 이는 모두 하나님 나라를 희망하면서 역사의 지평 속에서 그것을 선포하고 증거할 뿐만 아니라 그것을 말과 행동으로 구현할 것을 당부하신 것이다.

그리고 부활하신 예수님이 40일 후에 승천하여 전능하신 아버지 우편에 앉아 계신다고 하는 것은 그가 아버지의 전권을 맡아서 성령을 통하여 교회와 인류역사와 우주만물을 통치하신다고 하는 말이다. 그는 교회의 머리시요, 이 세상의 주님이시기 때문이다. 아버지께로부터 영원히 탄생하시는 분이시요, 아버지의 나라로부터 먼 나라로 오신 예수님께서는 탕자와 같은 인류를 대신하여 탕자와 같은 삶을 직접 그 몸에 걸머지심으로써 인류의 신분을 바꿔 놓으신 후, 다시 아버지의 나라로 돌아가셨다. 그래서 사도신경은 바로 "이 하늘로부터 산 자들과 죽은 자들을 심판하러 오실 것이다."라고 고백하고 있다. 이때에 심판주는 창조의 중보자이시고, 모든 인류와 창조세계를 위해서 십자가를 지셨고, 부활하셨으며, 승천하시어 지금도 아버지 우편에서 세심하게 만유를 돌보시며 다스리시는 예수 그리스도이시다. 그는 인류와 우주만물을 위해서 심판을 받으신 심판주로서 믿는 자들을 먼저 구원하신 사랑과 은혜의 주님이시다. '산 자들'과 '죽은 자들'은 결국 모든 인간을 가리킨다. 그것은 이미 죽어 있는 사람들과 주님의 재림 시까지 살아 있을 사람들을 가리키는 것으로 이해되기 때문이다.

3.
나는 성령님을 믿는다. 그리고 나는 거룩한 보편교회와 성도의 교제와 죄의 용서와 몸의 부활과 영생을 확신한다. 아멘.

성령의 신앙항목을 성부 및 성자의 그것으로부터 독립시키어 개별화시킨 것은 참 중요하다. 나중에 다시 논하겠으나, 서방교회는 586년 당시 스페인의 수도인 톨레도 공의회에서 독자적으로 "성령이 아들에게서도"라고 하는 구절을 니케아-콘스탄티노플 신조에 삽입하여 사용하기 시작한 바, 이로 인하여 1054년에 서방교회와 분리한 동방교회는 서방교회의 성령론이 종속론적이라 비판하여 왔다. 본디 서방교회는 아리우스주의에 대한 철저한 대비를 위해서 성령께서는 성부로부터 나오셨을 뿐만 아니라 성부와 본질이 같으신 아들에게서도 나오셨다고 하였으나, 위격(hypostases)보다 본질 혹은 본성을 더 강조하는 서방교회는 향후 성령을 성부와 성자의 본질에의 종속은 물론, 성부와 성자의 위격에의 종속을 가져왔다고 하는 것이다.

성령께서 십자가와 부활사건에서 절정에 도달하는 예수 그리스도의 구속사 다음 오순절 날에 강림하신 것을 우리는 알고 있다. 하지만 동시에 성령께서는 마리아의 몸을 통하여 하나님의 아들의 성육신을 가능케 하셨고, 십자가와 부활에서 절정에 도달하는 예수 그리스도의 구속사역에 동참하셨으며, 오순절 날에 강림하시어 하나님의 백성을 모으셨으며, 장차 마지막 때에 만물을 새롭게 하실 것이다. 성령께서는 일방적으로 아들로부터 나오시는 분(filioque)이 아니시다. 반대로 아들이 성령의 역사를 전제한다고 하는 사실도 신약성서의 이야기에서 나온다. 성령께서는 아버지께로부터 나오시어 아들 안에 머물러 계시다가 이 땅 위로 파송되신다. 이와 같은 주장은 오늘날 동방교회도 받아들이는 입장으로서 성령의 독립적인 위격성 혹은 성령의 고유한 위격성을 확보하게 하는 좋은 입장이다. 이 입장에 따라서 우리는 마리아의 몸을 통해서 역사하시기 시작한 성령의 역사(歷史)와 부활 이후 오순절 날에 강림하신 성령의 역사(歷史) 모두를 반(反) 'filioque' 입장에서 이해할 수 있겠다.

칼빈, 빌립 샤아프, 그리고 칼 바르트에 따르면, 이 사도신경의 라틴어 원문에 보면 삼위일체 하나님의 각각에 대한 신앙 항목들에는 "credo in……"(I believe in……)으로 되어 있으나, 그것의 네 번째 신앙항목인 교회에 대한 신앙의 경우에는 "credo sanctam ecclesiam catholicam"(I believe the holy Catholic Church)로 적혀 있다고 하는 것이다. 그리고 이어지는 그 다음 신앙 항목들에 대한 신앙도 마찬가지라고 한다. 즉, "credo sanctorum commnionem ; remissionem peccatorum ; carnis resurrectionem ; vitam aeternam." 따라서 우리는 성부, 성자, 성령에 대한 믿음을 '……신뢰한다'로, 그리고 교회 및 나머지 항목들에 대한 믿음은 '……믿는다'로 번역할 수도 있을 것이다.

그러면 사도신경은 왜 삼위일체 하나님에 대한 신앙과 교회 및 그 나머지 항목들에 대한 신앙을 구별했을까? 우리는 예수 그리스도의 두 본성(인성과 신성)에 유비하여 교회가 가시적인 차원뿐만 아니라 불가시적인 차원도 지니고 있기 때문에 그것을 믿어야 한다. 교회는 인문사회과학과 같은 그 어떤 학문의 연구대상, 그 이상의 무엇이기 때문이다. 교회는 성령을 통해서 예수 그리스도와 연합해 있고, 나아가서 삼위일체 하나님과 연합해 있으며, 하나님의 본성(벧후 1 : 4)에 참여하고 있기 때문에 인간의 눈에는 불가시적이다. 교회란 하나님 나라를 미리 맛봄이요, 그것의 징표요, 그것을 구현하는 도구이기 때문에 불가시적인 하나님 나라를 지향한다. 우리는 종종 믿는 사람들의 행위가 그렇게 거룩하지 않을 경우에도, 그리고 보편사의 혼돈 속에서 그것의 정체성이 불투명할 경우에도 교회란 복음의 은혜와 믿음으로 하나님의 백성이 되었고, 예수 그리스도의 몸이 되었으며, 성령의 전이되었다고 하는 사실을 확실히 믿어야 한다. 이런 의미에서 우리는 교회를 믿는다. 그러나 이 경우에 우리는 교회를 성부, 성자, 성령 삼위일체 하나님의 그 어떤 한 분하고도 결코 동일시해서는 안 된다.

'성도의 교제'도 마찬가지이다. 우리는 지위고하를 막론하고, 계층이나 인종이나 남녀의 성차별이나 정상인이나 장애인이나 그 누구도 복음을 받아들여, 삼위일체 하나님의 공동체(코이노니아)에 동참하고 있는 한 통시적으로(diachronically) 어느 시대의 성도들하고든, 그리고 공시적으로(synchronically) 어느 장소의 성도들하고든 성도의 교제 속에 있어야 한다. 역시 이 경우에도 그것은 삼위일체 하나님 자신의 자체 내의 코이노니아에는 결코 미치지 못하는 죄인들의 공동체(peccatorum communio)를 면할 수 없는 성도들의 공동체(sanctorum communio)이기 때문이다. 이런 의미에서 우리는 성도의 교제를 믿는 것이다.

또한 우리는 죄사함을 믿어야 한다. 하니님께서 그의 아들 예수 그리스도의 구속사역을 통해서 인류의 모든 죄와 죽음을 도말하셨기 때문이다. 우리는 이것이 바로 나에게 해당된다는 사실을 믿어야 한다. 우리는 흔히 범죄할 때마다 하나님의 사랑과 은혜의 권세가 우리의 죄와 사망의 권세보다 더 약하다고 믿는 경우가 많다. 우리는 우리 자신이 바다 같이 넓은 하나님의 사랑으로 죄사함을 받은 인간임을 믿어야 한다. 그러나 우리는 우리의 죄를 사하시는 예수님의 인간성 그 자체에 비하여 여전히 연약한 피조물로서 용서받은 죄인들일 뿐이다. 우리는 큰 빵 조각을 얻은 거지로서 다만 누구로부터 그것을 얻었는지만 알 뿐이다. 그래서 우리는 우리의 죄사함을 믿는 것보다 예수 그리스도를 믿는 믿음을 더 앞세워야 할 것이다. 그 믿음이 바로 우리의 죄사함에 대한 믿음을 가능케 할 것이기 때문이다.

끝으로 우리는 '몸의 부활'과 '영생'을 믿어야 한다. 예수 그리스도께서 죽은 자들로부터 부활하시어 우리의 부활과 영생을 약속하셨다. 우리는 역사의 지평 속에서 아무리 어려운 일들을 만난다고 해도 종말론적으로 '몸의 부활'과 '영생'을 믿는다. 즉, 우리는 영혼불멸 정도가 아니라 몸의 부활, 결국 전인의 부활을 믿고, 단순히 이 세상적인 삶의 연장이 아닌 '영생'을 믿는다. 우리는 새 창조의 세계에서의 영생을 희망한다. 하지만 우리는 부활하신 예수 그리스도와 영원토록 영생을 누리시는 예수 그리스도의 생명을 믿어야 하는 바, 새 창조의 세계에 있어서조차도 그것을 우리의 그것과 완전히 동일시해서는 안 될 것이다.

그리고 본 구절에서 '몸의 부활'이라고 고백할 때 영어의 'body'를 뜻하는 'corpus'를 사용하지 않고, 영어로 'flesh'를 뜻하는 'caro'를 사용하였다. 그 이유는 초기 영지주의(Gnosticism)를 의식했기 때문이다. 즉, 신체와 신체적인 세계를 무시하고, 영적인 세계로 날아가 버리는 영지주의의 이원론적 영성화에 반대하여 부활체의 신체성을 부각시키기 위해서 'corpus' 대신에 'caro'를 사용한 것이다. 하지만 여기에서 'caro'(flesh)는 결국 영어의 'body'를 뜻한다.

4) 역사적, 신학적인 의의

170~250년에 이르기까지 교회는 유대교적 유일신론(Jewish Mono-theism), 영지주의(靈知主義, Gnosticism), 마르시온주의(Marcionism), 몬타니즘(Montanism), 군주신론(君主神論, Monarchianism) 등의 이단으로부터 도전을 받았을 때, 사도신경의 삼위일체 하나님과 예수 그리스도의 구속사역과 교회와 종말에 대한 신앙을 가지고 응전하였을 것이다. 다시 말하면, 고대교회는 아들 예수 그리스도에 대한 신성을 거부하는 유대교적 유일신관에 반대하여 삼위일체 하나님 신앙과 예수 그리스도의 영원한 신성에 대한 신앙으로 대처하였고, 아들 예수 그리스도의 육체성(성육신)과 역사성을 무시하며 몸의 부활과 창조신앙을 거부하는 영지주의에 반대하여 올바른 기독론과 창조신앙을 제시하였으며, 신약성서 이외에 다른 성령의 계시를 주장하며, 예수님의 시한부 재림을 주장하는 몬타니즘에 반대하여 삼위일체적 성령론과 올바

른 교회론 및 건전한 종말론으로 대처하였다. 그리고 예수님의 영원한 아들 되심을 거부하는 군주신론 및 아들과 성령의 위격적 특성을 무시하는 양태론(樣態論, Sabellianism)에 항거하여 성서적인 삼위일체 하나님으로 대응하였다.

그리하여 고대와 중세교회를 통해 기독교의 하나님은 삼위일체 하나님으로 고백되어 왔고, 이 삼위일체 하나님이 곧 모든 기독교회의 예배의 대상이었다. 적어도 삼위일체 하나님은 신·구약성서가 제시하는 기독교의 하나님으로서 물활론(animism), 다신론(polytheism), 범신론(pantheism), 이신론(理神論, deism), 유신론(theism) 및 유대교와 이슬람의 유일신과도 구별되어야 한다. 오늘날 이 지구상의 대부분의 교회가 삼위일체 하나님을 믿고 예배하는 바, 1961년 뉴델리 WCC는 그 교리헌장(the Basis)에다 이 삼위일체 하나님을 삽입하였다.[10]

루터의 1529년 저서인 「대·소 교리 문답」(The Small and Large Catechism)은 사도신경, 주기도문, 그리고 십계명을 풀이하고 있다. 이와 같은 세 가지 요소의 중요성은 어거스틴과 중세 로마 가톨릭교회로부터 물려받은 것으로, 루터는 사도신경 해석에서 주로 사도신경의 내용이 복음적 성격(Indicative)을 지닌 것으로 본다. 환언하면, 루터는 창조의 사건, 구속 사역, 교회, 죄의 용서 및 예수님의 재림이 모두 하나님의 선물(은혜)이라는 의미에서 그것을 복음이라 하였다. 그리고 사도신경 다음에 주기도문이 오는데, 이것은 은혜의 복음을 믿는 교회가 기도해야 한다는 것이다. 즉, 은혜의 복음을 성령으로 깨닫고 받아들여 기도해야 한다는 뜻이다. 그리고 끝으로 루터는 신·구약성경의 모든 하나님의 뜻을 요약

---

10. 본래 1948년 암스테르담의 "교리헌장"은 "세계교회협의회란 우리 주 예수 그리스도를 하나님과 구세주로 고백하는 교회들의 코이노니아이다."로 되어 있었는데, 1961년 뉴델리에 와서는 "세계교회협의회란 성경을 좇아 주 예수 그리스도를 하나님과 구세주로 고백하고, 한 하나님이신 성부, 성자, 성령의 영광을 위한 교회들의 공동의 소명을 함께 성취해 나가려고 노력하는 교회들의 코이노아이다."로 확장되었다.

하는 혹은 하나님사랑과 이웃사랑이라고 하는 이중적인 사랑으로 요약되는 십계명을 해석함으로써 성도들의 삶의 규범을 제시하였다. 복음신앙으로 말미암는 구원 없이는 기도할 수 없고, 기도 없이는 하나님의 뜻에 순종할 수 없다는 말이다. 사도신경의 신앙 내용을 우리 것으로 삼지 않고는 그 어떤 기독교 윤리도 있을 수가 없다.

다음으로 칼빈은 최종판「기독교 강요」(1559)의 구조를 사도신경으로부터 가져왔다. 그는 이미 지적한 대로 그것을 넷으로 구분하여 교회론을 부각시켰다. 당시 프랑스의 개신교 신도들이 박해를 받고 있었을 때, 저들에게 복음주의 신앙내용의 요약(교리문답적 의도와 목적)을 제시해야 했고, 프랑스의 왕 프란시스 1세에게 이를 변명(apologia)해야 했다. 즉, 사도신경이 본래 박해시대 때 신앙의 방패 역할을 크게 했던 것처럼 칼빈의「기독교 강요」역시 박해와 일그러진 로마 가톨릭교회의 횡포를 막아내는 데 있어서 큰 방패 역할을 했다고 보인다.

끝으로 현대 신학자들 역시 사도신경을 재해석함으로써 자신이 속해 있는 신학전통을 표현하였다. 바르트는 1943년 칼빈의「제네바 교회 교리문답」(질문과 대답형식으로 되어 있는 사도신경 풀이)을 풀이하면서 그 책의 이름을「교회의 신앙고백」(*La Confession de Foi de L'eglise*)이라 하였고, 이것을 1967년에 독일어로 번역하여「교회의 신앙고백 : 칼빈의 교리문답에 의한 사도신경 풀이」(*Das Glaubensbekenntnis der Kirche : Erklaerung des Symbol Apostolicum nach dem Katechismus Calvins*)라 하였다. 에밀 브루너의「나는 살아 계신 하나님을 믿는다」(*Ich Glaube an den lebendigen Gott*, 1945)와 판넨베르크의「현대의 문제들에 비추어 본 사도신경」(*The Apostles' Creed : in the light of Today's Questions*, 1972) 역시 사도신경의 신학적인 해석이다.

이상에서 우리는 서방교회의 전통을 통해서 사용되어 온 사도신경이 서방교회의 에큐메니즘을 위해서 매우 중요한 신앙내용을 제시하고 있음을 확인할 수 있다. 사도신경의 내용은 대체로 동방교회가 애용하는 니케아-콘스탄티노플 신조(381)와 대동소이한 바, 서방교회는 그동안 589년 스페인의 톨레도 공의회에서 일방적으로 채택한 "성령이 아들에게서도"(filioque)라는 구절을 첨가하여 사용해 오다가 1991년부터는 (1981년 이후에 본격화) 'filioque'가 없는 니케아-콘스탄티노플 신조를 사용하기로 하였으니, 사도신경과 니케아-콘스탄티노플 신조는 교회와 신학의 통일성을 구축하는 매우 중요한 신조이다.[11] 그래서 빌립 샤아프는 이 사도신경을 일곱 에큐메니칼 신조와 대등하게 중요한 신경으로 보면서, 비록 그것이 다른 일곱 에큐메니칼 신조들처럼 에큐메니칼 공의회에서 결정된 것은 아닐지라도 그것을 '에큐메니칼 신조'라 일컬었다. 샤아프는 사도신경을 "모든 시기의 기독교와 모든 지역의 기독교를 하나로 묶는 끈"(a bond of union)이라 하였다.[12]

우리 개혁교회는 사도신경과 일곱 에큐메니칼 신조를 고백하는 에큐메니칼 교회들과 에큐메니칼 관계를 갖는다. 단, 제7차 에큐메니칼 공의회가 결의한 아이콘 신학을 제외하고 그렇다는 말이다. 따라서 정통 삼위일체 하나님과 앞으로 논할 정통 기독론이야말로 복음과 더불어 세계 에큐메니칼 교회들이 공유하고 있는 정통성의 표준일 뿐만 아니라 통일성의 원리이기도 하다.

---

11. 니케아-콘스탄티노플 신조에 관하여는 다음에 논할 것이다.
12. Philip Schaff, *The Creeds of Christendom*, Vol. I(Grand Rapids, Michigan : Baker Book House, 1990(reprinted from 1931 edition), p. 15.

II. 니케아 신조

1. 본 문[1]

우리는 (삼위로 일체 되시는) 한 하나님을 믿는다.

우리는 모든 것을 통치하시는(pantokratora) 아버지 하나님을 믿는다. 그는 보이는 것이나 보이지 않는 모든 것을 창조하신(poieten) 분이시다.

우리는 예수 그리스도 한 주님을 믿는다. 그는 아버지 하나님의 독생자로 태어나셨으니, 아버지의 본질로부터(ek tes ousias tou patros) 출생하셨다. 그래서 그분은 하나님으로부터 오신 하나님이시요, 빛으로부

---

1. *Creeds of the Churches*, ed. by John H. Leith(Atlanta : John Knox Press,

터 오신 빛이시요, 참하나님으로부터 오신 참하나님이시다. 그는 창조되신 것이 아니라(poiethenta) 아버지 하나님으로부터 출생하셨기 때문에, 이 아버지 하나님과 본질(homoousion to patri)을 공유하신다. 하늘에 있는 것이나 땅에 있는 것이나, 만물이 이 하나님의 아들을 통해서 창조되었다. 그리고 그분은 우리 인간들과 우리의 구원을 위해서 하늘에서 내려오시어, 성육신하시고, 인간이 되셨다(enanthropesante). 그는 십자가에서 고난을 받으시고, 사흘 만에 죽은 자들로부터 부활하사 하늘에 오르셨다. 그리고 그는 산 자와 죽은 자를 심판하러 오실 것이다.

그리고 성령을 믿는다.

2. 해 설

1) 저 자

니케아 신조(The Nicene Creed, 325)는 라틴어 'Symbolum Niceanum'의 번역어로서 영어로는 'The Nicene Creed'로 번역되었다. 니케아(Nicaea)는 소아시아의 마케도니아의 접경에 위치한 지금 터키의 이스탄불인 콘스탄티노플 근처에 있다.

콘스탄틴 황제는 제국의 통일과 평화를 위하여 예루살렘에서 모인 사도들의 공의회(행 15장) 이후 최초의 에큐메니칼 공의회(The First Ecumenical Council)[2]를 325년에 이곳 니케아에서 소집하였는데, 당시 5대 관구들로부터 318명의 감독이 참석하여 이 정통 삼위일체 교리를 확정하였다. 콘스탄틴 황제는 당시 북아프리카에서 도나티스트들에 의하여 제기된 분리주의 논쟁보다도 이 삼위일체 논쟁으로 인한 제국의 분

1977), pp. 30 – 31.
2. 381년 콘스탄티노플 공의회가 니케아 공의회를 제1차 에큐메니칼 공의회라 불렀다.

열을 더 크게 우려하였다. 따라서 나머지 여섯 공의회들이 그렇듯이 이 니케아 신조는 제국의 개입으로 소집된 공의회의 산물이었다. 박해시대를 지난 고대교회는 바야흐로 로마제국의 감독을 받는 제국의 교회로 변모하였다. 이 부분은 아래에서 다룰 "콘스탄틴 제국의 기독교와 니케아 신조"에서 로마제국의 공의회 소집 개입에도 불구하고 왜 이 공의회가 결정한 에큐메니칼 신조들이 타당성을 가지는가에 대해서 논할 것이다.

그런데 5대 관구들(pentarchy) 중, 로마 대관구는 서방교회의 중심지이고, 나머지 알렉산드리아 대관구, 예루살렘 대관구, 안디옥 대관구 및 콘스탄티노플 대관구는 동방교회의 중심지들이다. 결국 본 니케아 신조의 저자는 결코 신학지 개인이 아니라 지중해 연안의 세계교회협의회였으나, 이를 대표한 사람들은 다름 아닌 318명의 감독들이었다. 즉, 이들 중 여섯 명만이 로마로부터 온 감독들이었으니, 서방교회는 '사도신경'을 선호하고, 동방교회는 '니케아 신조'를 선호하는 이유가 여기에도 있다 하겠다. 그리하여 동방교회는 이 신조의 확장판인 '니케아-콘스탄티노플 신조'를 예배·예전과 세례문답 교육을 위해서 애용해 오고 있고, 서방교회는 사도신경과 "성령이 아들에게서도"를 첨가한 "니케아-콘스탄티노플 신조"를 함께 사용해 오고 있다. 우리가 다음에 논할 "콘스탄티노플 신조"에서 "성령론"과 "교회론"이 첨가된 후, 그리고 325년 "니케아 신조"를 약간 자구적으로 수정 보완하여 이를 "니케아-콘스탄티노플 신조"라 하였다는 사실을 밝힐 것이다. 그리고 사람들은 이를 통상적으로 '니케아 신조'라고도 부른다.

2) 논쟁점

니케아 신조(325)는 아리우스 이단에 대한 응답이었다. 아리우스에 의하면, 나사렛 예수께서는 모든 피조물보다는 우월하시지만 하나님 아버지보다는 열등한 존재로서, 아버지께 종속하는 분이요, 결국 그는 하나님의 영원하신 아들이 아니라는 것이다. 예수님은 다른 피조물들처럼 무로부터 창조(creatio ex nihilo)되었기 때문이다. 그래서 "예수 그리스도는 계시지 않았을 때가 있었다."는 것이요, "성자는 시작이 있으나 성부는 시작이 없다."는 것이다. 아리우스는 결국 예수님이 하나님도 아니요 인간도 아닌, 제3의 그 무엇(tertium quod)이라고 주장한 셈이다.

대체로 예수님의 신성 혹은 그의 영원한 하나님의 아들 되심에 대한 거부는 여호와의 신성만을 인정하는 유대교의 유일신 전통에서 왔고, 하나님(아들)의 성육신을 믿지 못하는 전통은 형이상학적(Plato와 Aristotle) 신관에 입각하여 하나님의 자기비움(kenosis)에 의한 세상 참여와 고난을 거부하는 헬라 전통에서 나왔다. 그리하여 전자는 예수께서 하나님의 율법을 완전하게 지키시어 하나님처럼 거룩하고 완벽해졌기 때문에 하나님께서 자신과 같은 아들로 삼으셨다고 하는 예수님의 양자(養子)설(adoptionism)로 기울어졌고, 후자는 하나님 나라를 선포하시고, 십자가와 부활에서 절정에 도달한 예수 그리스도의 모든 구속사역과 계시사역이 실재가 아니라 그렇게 우리에게 보였을 뿐이라고 하는 가현(假現)설로 나타났다. 아마도 헬라 문화권에 속하는 알렉산드리아 출신인 아리우스가 성육신의 참뜻을 몰랐던 것은 이와 같은 문화전통의 차이 때문일 것이다.

3) 아타나시우스 신학의 공헌

본 니케아 신조를 신학적으로 강력하게 뒷받침하고 있는 것은 아타나시우스 신학이다. 그의 신학적 관심은 하나님의 성육신과 인간의 구원을 긴밀하게 연결시키는 데에 있었다. 그는 하나님의 인류구원에 초점을 맞추면서 예수 그리스도의 정체성을 깊이 생각하였다. 그는 아리우스의 약점이 하나님의 인류구원을 깊이 생각하지 않고, 하나님과 예수 그리스도의 관계를 헬라 전통에서 신학적으로 확립하려는 데 있었다고 한다. 아타나시우스는 하나님께서 우리를 죄와 사망에서 구원하시기 위해서는 예수 그리스도가 지음을 받은 자가 아니라 영원하신 하나님의 아들로서 아버지와 동일한 본질이셔야 했다고 한다.

역으로 말하면 그가 피조물 가운데 한 분이실 경우에, 즉 그가 다만 참인간으로서 모든 인류를 위해 죄와 죽음의 무거운 짐을 걸머지셨다면, 그는 결코 그와 같은 모든 부정성(the negative)을 극복할 수 없었을 것이다. 그는 하나님의 생명 그 자체로서 사망을 삼키셨고, 하나님의 의(義) 그 자체로서 죄를 정복하셨으며, 하나님의 주권과 권세 그 자체로서 사단과 모든 악의 권세를 쳐부수었다. 그리하여 아타나시우스는 하나님이 인간이 되신 것은 우리 인간이 하나님처럼 되게 하기 위해서였다고 역설(力說)한다. 하나님 자신이 성육신을 통해서 낮고 천한 이 세상으로 내려오심으로써 낮고 천한 데 있던 인류가 높고 높은 하나님의 보좌에 까지 올라갔다는 말이다. 이를 대표적으로 보여 주신 분이 바로 십자가에 까지, 아니 음부에까지 내려오셨다가 부활하시어 승천, 승귀하사 아버지 우편에 앉으신 예수 그리스도이다.

이에 비추어 볼 때 아리우스는 영원한 신성은 성부만이 지니셨다고 하여 기독교의 신론에 손상을 입혔고, 성부, 성자, 성령의 이름으로 세례를 주는 기존의 예전적인 관례를 무의미하게 만들었으며, 성자를 향해 기도드리는 전통을 허물었고, 끝으로 예수 그리스도를 통해서 얻는 기독교적 구원론을 위협하였다. 무엇보다도 중요한 것은 아리우스 식으로 헬라 전통을 따를 경우에, 우리는 신약성서에서 발견되는바, 성육신을 비롯한 하나님의 아들 예수 그리스도를 통한 구속의 드라마를 진지하게(realistically) 받아들일 수가 없을 것이다. 그럴 경우에 하나님의 자기비움(kenosis)과 고난을 통한 하나님의 역사참여를 아랑곳하지 않을 수가 있다는 말이다.

4) 본 신조의 초점

따라서 본 신조의 초점은 나사렛 예수께서 하나님의 영원한 아들이시요, 성부와 신성을 공유하고 계시다고 하는 것이다. 이는 신약성서 자체로부터 논의되어 왔던 예수님이 하나님이냐, 단순히 인간이시냐의 문제가 해결되었다고 하는 의미를 갖는다. 즉, 예수님은 참인간이실 뿐만 아니라 참하나님이시라는 것이다. 그리하여 고대교회공동체는 에큐메니칼 공의회를 통해서 그리고 수의과정(reception process)을 통해서 성부, 성자, 그리고 성령이 각각 신성을 공유하면서 위격을 달리하신다고 하는 삼위일체론 확립에 도달하였다. 따라서 본 신조의 본문 가운데 가장 중요한 부분은 기독론 부분이다. 그리고 이 가운데 더 중요한 부분은 성자가 "아버지의 본질로부터(ek tes ousias tou patros) 출생하셨다."와 "그는 창조되신 것이 아니라(poiethenta) 아버지 하나님으로부터 출생하셨기 때문에 이 아버지 하나님과 본질(homoousion to patri)을 공유하신다."이다.

그러나 이처럼 나사렛 예수님의 신성에 초점을 맞추다 보니 성령에 대한 부분에 대해서 별로 개진할 수 없었음은 물론, 성부와 성자, 그리고 성령의 위격들 사이의 관계에 대해서 별로 다룰 수가 없었다. 이 신조는 성부와 성자의 위격, 그리고 이 위격의 관계보다는 그들이 공유하고 있는 본성의 문제에 초점을 맞추었다. 그러다 보니 이 신조가 확정된 후, 곧바로 제기된 문제, 특히 동방교회 측에서 문제 삼은 부분은 이 신조가 본성논의에 치우치다 보니 양태론(樣態論)으로 나갈 위험성을 다소 지니고 있었다고 하는 것이었다. 특히 서방교회는 터툴리안 이래로 '본질'(ousis=substantia=essentia)과 '위격'(persona)을 이분화하였고, 후자에 관하여는 연극에서 어떤 인물이 아버지의 역할도 아들의 역할도 하는 '가면'의 의미를 지닌 것으로 이해해 왔었다. 하나님의 '전지전능함', '무소부재성', '영원성' 그리고 '사랑', '거룩성', '의', '자비'와 같은 본질(본성)과 창조행동의 주체, 구속행동의 주체, 종말론적인 완성행위의 주체 등과 같은 성부, 성자, 성령 세 주체의 주체성은 이분화될 수 없고, 서로 떨어질 수 없는 관계 속에 있음을 동방정교 측은 강조하였다. 예컨대 인간과 우주만물을 구속하시는 예수 그리스도(주체 혹은 위격) 역시 전능하시고, 사랑으로 충만하시다는 말이다.

바로 이와 같은 전통에서 본(本) 니케아 신조에서는 그것의 초점인 '동일본질'(homoousion to patri, homoousios)이 부각되는 동시에 위격의 문제는 약화됨에 따라서 동방교회는 본래 'ousia'의 의미를 지닌 'hypostasis'를 사용하여 '위격'이란 말을 표현하였다. 따라서 엄격한 의미에서 동방교회는 위격적인 본질과 본질적인 위격이라고 하여, 서방교회의 이분법의 경향과 아울러 'persona' 개념의 위험성을 보완하였다. 다시 말하면, 동방교회는 아버지 하나님의 창조행동(주체 혹은 위격) 역시 앞에서 지적한 본성과 불가분리하다고 하는 말이다. 그래서 381년 콘스탄티노플 신조에서 이 부분이 보완되었다.

그리고 이 325년 신조의 본문에서 성령에 관하여는 매우 짧게 언급되고 있는데, 카파도키아 교부들은 성령의 신성을 반대하는 '성령 파괴론자들'(Pneutomachians)과의 논의를 거쳐 바야흐로 콘스탄티노플 신조에 와서 성령론을 확립하였다.

5) 콘스탄틴 제국의 기독교와 니케아 신조

16세기 종교개혁 전통 중 과격파 종교개혁자들(특히 이성적 반삼위일체론자들)은 대체로 삼위일체론을 반대하였다. 어느 정도로 과격파 종교개혁 전통에 뿌리를 내렸고, 영국에서 발원한 미국의 침례교 전통, 미국의 오순절파 교회, 미국의 '그리스도의 제자 교회', 그리고 캐나다 등의 메노나이트들은 공적인 예배에서 사도신경이나 니케아-콘스탄티노플 신조를 사용하지 않고, 그들의 신학에 있어서도 이와 같은 정통 삼위일체 하나님은 별로 중요하지가 않다. 이들은 대체로 '니케아 시대 이전'(Ante-Nicene period)을 선호하는 바, 삼위일체론에 관하여도 에큐메니칼 공의회 시대의 공의회의 결정내용을 신뢰하지 않는다. 그래서 이들 중, 신약성서와 초기 기독교의 세례문서들에 나타난 소박한 삼위일체론이나 기독론이나 성령론에는 관심을 갖고 있으나, 공의회가 정식화한

(formulated) 삼위일체론은 그렇게 중요하게 생각하지 않는다.

반면에 동방정교회, 로마 가톨릭교회, 성공회, 루터교회, 개혁교회, 감리교회 등은 그들의 공예배에서 그것을 사용할 뿐만 아니라 세례후보생 교리교육용으로도 애용하고 있으며, 그들의 신학이론에 있어서도 아주 본질적인 부분에 놓여 있다. 편의상 이 글이 아래에서 전자를 '비주류 기독교'로, 후자를 '주류 기독교'로 부르도록 할 때 전자는 대체로 에큐메니칼 운동에 소극적이고, 후자는 에큐메니칼 운동에 적극적이다. 로마 가톨릭교회는 WCC의 정식 회원은 아니지만 "신앙과 직제" 위원으로 크게 활동하고 있다. 그래서 오늘날 에큐메니칼 운동 차원에서 에큐메니칼 교회들은 니케아-콘스탄티노플 신조를 서로 '인정하고, 해석하며, 공적으로 고백할 것'을 언약하고 있으나, 소위 비주류 교회들은 이와 같은 일에 동참하지 않는 경향이다. 비록 이들이 '니케아-콘스탄티노플 신조'를 인정은 할지 모르나, 그것에 대한 에큐메니칼 공동체의 해석에 참여하며, 그것을 공적인 예배에서 공적으로 고백하기를 거부하는 경향이다.

그러면 '비주류 기독교'가 그와 같은 에큐메니칼 신조를 거부하는 주된 이유는 무엇인가? 이들은 16세기 종교개혁이 국가 공직자들의 협조하에 가톨릭교회를 개혁하려 했다고 하여 이를 "국가 공직자들로부터 협조를 얻는 종교개혁"(magisterial Reformation)이라 불렀다. 그래서 이들은 국가와 손을 잡고 추진됐던 루터와 츠빙글리와 칼빈 등의 종교개혁에 대해서 못마땅하게 생각하면서 당시의 모든 교회들이 신약성서 시대와 초기 기독교 시대로 돌아갈 것(primitivism)을 역설하였고, 이와 같은 뜻에서 '종교개혁'(Reformation)이란 말 대신에 '교회의 회복'(Restitutio)이란 말을 선호하였다. 그래서 이들은 기성교회(로마 가톨릭, 루터, 츠빙글리, 칼빈 등의 교회)의 유아세례를 반대하고, 성인세례를 실천함으로써, 엄격하고 분리주의적인 '제자의 도'(discipleship)를 힘주어 말했다. 특히, 취리히의 츠빙글리의 종교개혁에 반대하여 기원한 소종파 종교개혁교회는 재세례파교회로 불려지기 시작하였다.

물론 이들 가운데에는 삼위일체론을 정면으로 반대하지 않은 부류의 사람들(특히 취리히의 좌파 가운데에서)도 있었으나, 모든 에큐메니칼 공의회의 교리결정을 무시하는 성서주의(biblicism)가 아니면 성서와 설교와 성례전과 교회제도의 가치를 절하시키는 영성주의(spiritualism)로 나간 사람들도 있으며, 나아가서 농민들의 정의를 내용으로 하는 메시야 왕국을 이 땅 위에 세우기 위해서 폭력 사용을 허용하는 토마스 뮌쳐 같은 사람들도 있었다. 이들 중 많은 사람들은 다니엘서와 요한계시록에 입각해 임박한 천년왕국적인 종말론을 내세움으로써 기존 국가나 사회가 지닌 보편적인 가치의 세계가 곧 폐기처분될 것으로 믿고 있었다.

바로 이와 같은 16세기 당시의 역사적인 맥락에서 이들은 '주류 교회'를 가리켜 황제가 교회의 감독권을 갖는다고 하는 '황제 교황주의'(Caesaro-Papism) 전통을 시발시킨 313년 이후의 '콘스탄틴 기독교'(Constantinian Christendom)라고 비난하면서 '니케아 후기 시대'(Post-Nicene period)를 경멸하였다. 16세기 과격파 전통이 등장하기 전까지 향후 모든 교회 역사는 타락한 교회라 하였다. 즉, 이들은 이런 이유에서 325년 니케아 공의회로 비롯되는 7공의회의 교리결정 내용을 가치 절하하고, 경멸한다. 이제 이 글은 메노나이트 전통의 신학자이지만 이 메노나이트 신학자들 가운데 니케아-콘스탄티노플 신조를 지지하는 신학자들과 더불어 이 신조를 지지하는 라이머(A. James Reimer)의 글 "삼위일체 정통주의, 콘스탄틴주의, 그리고 과격파 개신교 전망에서 본 신학"(Trinitarian Orthodoxy, Constantinianism, and Theology from a Radical Protestant Perspective, 1991)을 소개하려고 한다.[3]

---

3. A. James Reimer, "Trinitarian Orthodoxy, Constantinianism, and Theology from a Radical Protestant Perspective", in *Faith to Creed : Ecumenical Perpective on the Affirmation of the Apostolic Faith in the Fourth Century,*

라이머는 니케아-콘스탄티노플 신조 등 에큐메니칼 신조를 거부하는 메노나이트 교회의 신학 거장인 요더(John Howard Yoder)와 그의 제자 위버(J. Denny Weaver)의 주장을 넘어서 니케아 신조, 콘스탄티노플 신조, 그리고 칼케돈 신조가 공관복음서의 내러티브에 잘 들어맞는다고 보고, 이 신조들을 무시했던 18~19세기 자유주의 신학에 반대하고, '자유주의 후기 신학'(the post-liberal theology)의 맥락에서 그리고 "오늘의 윤리학을 위한 신학적인 맥락"을 위해서 이 정통 삼위일체론을 살려야 한다고 역설하고 있다. 그의 주안점은 메노나이트 전통의 '제자의 도' 혹은 개인적이고 사회적인 윤리를 이와 같은 삼위일체 신학의 틀 속에 자리매김 시키는 데 있다. 물론, 그는 그의 전통이 경멸하는 '콘스탄틴주의'를 배제시킬 것을 말하고 있지만 말이다.[4] 그렇다면 그가 어떻게 콘스탄틴주의에 대하여 비판적이면서 동시에 콘스탄틴 황제가 소집한 공의회의 교리 결정을 받아들일 수가 있단 말인가?

날카로운 국교분립과 '제자의 도'에 입각한 '비폭력 고난'(non-violence suffering)을 강조하는 요더는 적어도 381년 콘스탄티노플의 정통 삼위일체 교리가 마무리된 후, 로마제국 당국은 390~392년 사이에 이교도 성전들을 폐기처분하였고, 420년에는 비국교도들을 공식적으로 억압하고 핍박하였으며, 430년에는 비기독교인들에게 군복무를 허락하지 않았다고 한다.[5] 비록 요더가 사도신경과 그 이전의 세례 형식들을 어느 정도 인정하지만 에큐메니칼 공의회의 교리 결정을 전적으로 배격하는 이유는 바로 이와 같은 콘스탄틴 제국의 교회에 대한 핍박으로 인한 것이다. 이에 반하여 라이머는 마틴(Dennis Martin), 올렌버거(Ben C. Ollenburger), 다이크(Cornelius J. Dyck), 밀러(Marlin E. Miller)와 더불어 에큐메니칼 신조들을 가치 절상하는 입장을 지향한다.

---

ed. by S. Mark Heim(Grand Rapids, Michigan : Williams B. Eerdmans, 1991).
4. Ibid., p. 130.
5. Ibid., p. 135.

우선 라이머는 요더 등의 메노나이트들의 역사철학에 문제가 있다고 보는 마틴의 주장에 동의한다. 즉, 마틴은 메노나이트의 역사관은 단순히 "모더니즘적이고 직선적인 역사관"이라고 비판하면서 역사를 현재의 입장이 아니라 그 당시(여기에서는 콘스탄틴 시대)의 다차원적이고 다시각적인 입장"(the premodern multidimensional, multitemporal view of history)[6]에서 보아야 한다고 한다. 환언하면, 마틴은 콘스탄틴주의라고 하는 일면적이고 일차원적인 사관이 아니라 다차원적인 접근을 시도할 것을 말하고, 4세기의 삼위일체 교리라도 그 이전 시기의 교회의 프락시스와 신학들이 두루 복합적으로 침전되어 있다고 하는 입장이다.

이것은 이미 사도신경의 전신에 해당하는 신조와 다른 세례 신조들이 있었고, 교회의 케리그마와 고대 교부들의 삼위일체론들의 유산이 당시 보편교회 안에 확산되어 있었기 때문이다. 사도신경도 이미 존재했지만 말이다. 하지만 라이머는 자신의 입장을 지지하는 신학자들도 과격파 전통이 이와 같은 에큐메니칼 신조를 거부하는 3가지 이유를 인정한다고 보면서 그 자신도 이 3가지가 어느 정도로 타당하다(some valid grounds)고 본다. 다시 말하면, 하나는 기독교와 고전 문화의 콘스탄틴적 종합이요, 둘은 자신들의 교회갱신에 대한 입장(primitivism 혹은 restitionism)이요, 셋은 철저한 윤리의 상실이다.[7]

따라서 라이머는 적극적인 대안으로 3가지를 제시한다. 첫째로 5세기 동안 발전된 신학적인 정통성은 성서와 근본적인 연속성을 가지고 있고, 둘째로 이 정통교리가 유일무이한 기독교 신관을 발전시킴에 있어서 성서를 넘어서고 있으며, 셋째로 그것이 기독교 윤리를 위한 필연적인 틀거리를 마련해 주었다는 것이다.[8] 여기에서 라이머는 고전적인 정통 삼위일체론을 사회 정치적인 콘스탄틴주의와 동일시하지 않으면서, 그것

---

6. Ibid., p. 145.
7. Ibid., p. 147.
8. Ibid., p. 148.

이야말로 단순히 모든 형태의 콘스탄틴주의를 비판하는 모든 다른 신학들 이상의 신학이라고 주장한다. 본 필자는 라이머의 3가지 제안 가운데 첫 번째와 두 번째 대안에 대해서만 소개하려고 한다.

(1) 라이머는 삼위일체 하나님이 성서 자체에는 암시적으로 나타나 있으나, 신약성서 기록자들은 초기 기독교인들로서 다음의 3가지 상황에 대처하지 않으면 안 되었다고 본다. 첫 번째로는 구약의 유대교적 유일신관(여호와는 한 하나님으로서 보이는 것과 보이지 않는 모든 것을 지으신 창조주이시고, 아무도 본 적이 없고, 그 어떤 형상으로도 표현될 수 없으며, 그의 백성의 역사 속에서 반복적으로 행동하셨다.)에 계속해서 충실해야 했고, 두 번째로는 동시에 바로 이 하나님이 나사렛 예수님의 탄생, 삶, 죽음, 부활, 그리고 승천을 통해 절대적인 의미에서 우리들에게 자신을 알리셨고, 우리들과 함께하셨으며(임마누엘), 인류의 죄를 사하시고 만유를 회복하실 능력을 소유하셨다는 사실을 인정하고 설명해야 했으며, 세 번째로는 오순절 날에 초기 예수 추종자들 위에 강림하신 성령님께서 사실상 하나님과 예수님의 현존과 실재 그 자체로서 교회를 탄생시켰고, 모든 믿는 사람을 하나님과 그리스도와 다른 믿는 사람들과의 연합을 불러일으키셨다는 사실을 인정하고 설명하지 않으면 안 되었다. 따라서 고대교회는 여러 세기를 거쳐서 위와 같은 성부, 성자, 성령 각각에 대한 확신과 이 셋의 통일성을 문제 삼을 수밖에 없었다.[9]

그럼에도 불구하고 요더와 위이버는 제4세기의 신학적인 정식화와 신약성서 사이에는 불연속성 밖에 없다고 한다. 이들은 "복음서들의 내러티브 양태로부터 신조의 존재론적인 양태로의 이동"을 문제 삼는다. 이에 반하여 라이머는 "성서의 내러티브 배후에 있는 존재론적 – 형이상학적 전제"(ontological – metaphysical presuppositions)를 인정해야 하고, 그리하여 결국 내러티브와 "존재론적 – 형이상학적 전제들" 사이의 연속

---

9. Ibid., p. 148.

성이 있어야 한다고 역설한다. 요더는 전자가 후자로 이동하는 동안에 전자가 왜곡되고 퇴색되었다고 하고, 라이머는 전자로부터 후자 사이에는 연속성이 있을 뿐만 아니라 하나로부터 다른 하나로의 필연적인 발전을 했다고 본다. 라이머는 이렇게 주장한다.

성서 본문에는 이 두 가지 양태가 모두 존재한다. 뿐만 아니라 공관복음서에 있고, 공관복음서보다 더 먼저 기록된 바울의 편지들에서도 발견되는 이 내러티브는 존재론적인 틀 거리 안에서 발생하였다고 나는 주장한다. 다른 말로 하면 성서는 역사를 절대화하지 않고, 역사적인 사건들을 궁극적인 실재의 맥락 안에 자리매김 시키고 있다. 비교적 후기의 요한복음 서설의 존재론은 성서에서 발견되는 가장 초기 송영들 가운데 하나인 빌립보서 2장의 고백적인 존재론과 다르지 않다(공관복음서의 사건의 순서대로 소급적이고 내러티브적인 세팅 이전에 노래로 불렸거나 송영되었을 것 같다). 내러티브는 오직 모더니즘적인 맥락에서만 순수 역사주의로 나갔다. 즉, 그것은 우주적이고 존재론적인 뿌리로부터 잘려 나갔다는 것이다.[10]

라이머는 신약성서에서 흔히 발견되는 '이위(二位)일체론'에 관한 성서구절들(롬 8:11, 고후 4:4, 갈 1:1, 엡 1:20, 딤전 1:2, 벧전 1:21, 요이 1:13)과 '셋이 한 쌍을 이루는' 성서 구절들(마 28:19, 행 2:32-33, 고전 6:11, 12:4ff, 갈 3:11-14, 히 10:29, 벧전 1:2)이야말로 위에서 지적한 '연속성'을 말해 주고 있다고 못 박았다. 따라서 라이머는 "셋이 한 쌍을 이루는 하나님 개념은 신약성서와 초기 기독교의 시기로부터 기독교적 경건과 사고로서 존재했다."[11]고 한다.

그리고 라이머는 여기에 더하여 3가지 요소가 삼위일체 교리 발전에 기여했다고 본다. 첫째로 신약성서의 이단으로부터 아리우스 등 고대교회의 이단에 이르는 많은 이단들의 압력에 대처하지 않으면 안 되었다는

---

10. Ibid., p. 149.
11. Ibid., p. 150.

것과, 둘째로 이교들에게 기독교 복음을 설명해야 하는 선교적인 자극, 셋째로 이 삼위일체론을 알리고 하는 단순한 열망이다.[12] 그리하여 정통 삼위일체 교리야말로 유대교적 유일신적 사고와 다른 한편 희랍 로마의 이원론을 넘어설 수 있었던 기독교의 하나님 개념이 되었다. 그리고 이 정통 교리가 확정된 시기가 신약성서의 경전화 시기와 같았다고 하는 사실은 기독교의 정통성의 표준이 요청되는 상황이었음을 말해 준다.

(2) 라이머는 고전적인 정통 교리야말로 성서를 넘어서서 필연적으로 발전한 교리라고 한다. 그는 한슨(Hanson)의 "기독교 고전에 대한 연구"(1985)를 자신의 입장으로 소개한다. 라이머에 의하면 한슨은 삼위일체론의 발전에 있어서 두 가지 요인들이 중요하다고 보았다. 하나는 아리우스주의의 도전과 같은 '직접적인 요인'이요, 다른 하나는 '근원적인 충동, 필요, 혹은 역동성'인데, 라이머는 이 두 번째 요인을 더 중요시한다. 즉, 그것은 2세기경 기독교가 비유대교적 분위기에서 등장하게 되었을 때, 기독교인들과 교회공동체는 유대교의 신관으로부터 구별되는 기독교 고유의 신관 형성을 필요로 하였다는 것이다.

라이머는 한슨의 주장을 따라서 당시의 신학은 다만 성서구절의 사용에 의해서만 아리우스 논쟁에 대응할 수가 없었다고 한다. 흔히 우리는 성서의 의미를 풀이하다가 아주 중요한 부분들에 관하여 성서 밖의 개념을 사용해야 할 필요를 느낀다고 한다. 예컨대, 니케아 신학 지지자들은 "역사 속에서 행동하시는 초시간적인 하나님", "말씀이 인간의 육신을 입으셨다고 하는 사실", "신약성서가 그리스도와 성령에 대해서 사용하는 역동적이고 종말론적인 언어의 충만한 힘"과 같은 것을 신학적으로 논함에 있어서 성서 밖의 개념을 사용할 수밖에 없었다고 한다. 아타나시우스의 경우에는 "그리스도의 신성이 그의 존재론적인 안정성을 의미한다."고 라이머는 말한다.[13]

---

12. Ibid., pp. 150–151.

그런데 라이머는 '몸의 부활', '무로부터의 창조', '성육신'과 같은 성서적인 개념을 존재론적이고 형이상학적인 개념보다 더 높게 평가하려는 한슨의 입장에 반대하여, 그는 "성서적인 것과 철학적인 것, 역사적·히브리적인 것과 존재론적·헬라적인 것 사이의 이분법"을 반대한다.[14]

---

13. Ibid., pp. 153-154.
14. Ibid., p. 155.

III

니케아-콘스탄티노플 신조

1. 본 문

우리는 한 분 하나님을 믿는다. 그분은 전능하사 천지를 창조하시고, 보이는 것과 보이지 않는 모든 것을 지으신 아버지이시다.

우리는 한 분 예수 그리스도를 믿는다. 그는 영원히 아버지로부터 나신 하나님의 독생자로서 빛으로부터 오신 빛이시요, 참하나님으로부터 오신 참하나님이시다. 그는 피조된 것이 아니라 나셨기 때문에 아버지와 본질이 동일하시다. 만물은 그로 말미암아 지은 바 되었다. 그는 우리 인류와 우리의 구원을 위해서 하늘로부터 내려오사, 성령과 동정녀 마리아를 통하여 성육신하셔서 인간이 되셨다. 그는 우리를 위하여 본디오 빌라도에 의하여 십자가에 못 박히시사, 고난을 받으시며 장사 지낸 바 되셨다. 그리고 그분은 성경대로 사흘 만에 죽은 자들로부터 부활하사 하늘에 오르시고, 하나님 우편에 앉으셨다. 그는 살아 있는 자와 죽은 자를 심판하기 위하여 영광 가운데 재림하시고 그의 나라는 영원무궁할 것이다.

우리는 주님이시고, 생명의 부여자이신 성령님을 믿는다. 그분은 아버지로부터 나오시고, 아버지와 아들과 더불어 동일한 예배와 영광을 받으신다. 이 성령님은 예언자들을 통하여 말씀하셨다.

우리는 또한 하나의 거룩하고 보편적이며 사도적인 교회를 믿는다. 우리는 죄사함을 위한 하나의 세례만을 인정한다. 우리는 죽은 자들의 부활과 장차 임할 세상에서의 영생을 바라본다.[1]

2. 해 설

1) 저 자

381년 콘스탄티노플 공의회에서 150명의 감독들이 모여 결정했고, 수의과정을 거쳐서 받아들여졌다. 역시 이 신조는 신학자 개인의 작품이 아니라 교회의 공의회의 소산이다. 물론, '위격'(hypostasis)에 대한 카파도키아 교부들의 신학이 이 신조형성에 크게 기여했지만 말이다. 그런데 이 신조가 451년 칼케돈 공의회 이전까지는 널리 사용되지 않았다고 전해진다.

2) 니케아 신조와 콘스탄티노플 신조의 공통점과 상이점

니케아 신조(325) 다음으로 중요한 정통성의 표준은 콘스탄티노플 신

---

1. 본 신조는 서술형으로 번역되었으나, 예배 시에는 존칭어로 사용하기로 하였다. 그리고 325년 니케아 신조와 381년 콘스탄티노플 신조의 본문을 비교하였다. 후자의 본문 중 블록 마킹된 부분이 확장된 부분이다.

조(381)이다. 그런데 이 신조의 주된 부분이 니케아 신조(325)와 대동소이하고, 다만 확장된 내용은 성령론 부분이다. 따라서 이 신조는 니케아 신조와 같으면서 그것을 넘어선다. 즉, 방금 위에서 소개한 니케아 신조(325)는 "우리는 성령을 믿는다."로 끝나는 데 반하여, 콘스탄티노플 신조는 '성령론'을 확장시킬 뿐만 아니라 '교회론'과 '하나의 세례'에 대한 고백까지 포함시켰다.[2] 이미 아리우스가 성령을 아들의 경우처럼 아버지 하나님께 종속하는 것으로 본 이래 성령의 신성을 거부하는 자들(Pne-utomachians)이 출현하여, 본 신앙고백서는 이 점에 대한 정통교리를 확정하였다. 그래서 이 신조는 니케아 신조(325)와 합하여 '니케아-콘스탄티노플 신조'(Symbolum Nicea-Constantinopolitanum〈the Nicene-Constantinopolitan Creed, 381〉)[3]라 불리고, 통상 '니케아 신조'(381)라고도 불린다.

3) 역사적인 의의

교회사를 통해서 볼 때 서방교회는 사도신경을, 동방교회는 니케아-콘스탄티노플 신조를 고백해 오고 있으며, 서방교회는 586년경 스페인

---

2. 본문 중 블록 마킹된 부분이 니케아 신조(325)로부터 확장된 내용이다.
3. 본 머리말과 신앙고백서 본문, 그리고 니케아-콘스탄티노플 신조(381) 번역문은 대한예수교장로회총회 헌법개정위원회 편, 「대한예수교장로회 헌법」(서울: 한국장로교출판사, 2003〈삼판 1쇄〉)에서 왔음. 그리고 세례신경(Baptismal Creed)에서 유래한 사도신경은 서방교회가 사용해 오고 있는 신조요, 고대 에큐메니칼 공의회에서 결정된 니케아-콘스탄티노플 신조(381)는 동방교회가 사용해 오고 있는 신조인데, 서방교회는 589년 자신들의 일방적인 톨레도 공의회에서 성령론 부분에 '그리고 아들에게서도'(filioque)를 첨가하여 사용하기 시작, 800년 이후에는 이 신조의 사용을 서방에 보편화시켰다. 그러나 세계교회 협의회 소속 회원 교회들은 1980년대 이래로 'filioque'를 뺀, 본래 니케아-콘스탄티노플 신조의 원 본문을 세계교회가 함께 고백해야 할 하나의 사도적 신앙고백으로 다시 받아들이기 시작하여 1991년에는 이 신조에 대한 공식 에큐메니칼 해설까지 나왔다.

의 톨레도 공의회(서방교회 단독 회의)를 통해서 성령이 '아들에게서도'(filioque) 나오셨다고 하는 구절을 첨가하여 사용해 왔다. 이 구절이 동서방교회의 분열 요인들 가운데 하나로 작용했었으나(1054년에 분열), 1981년 콘스탄티노플 공의회 1600년 축하기념 예배(제네바) 이후 에큐메니칼 차원에서 급진전되어 1991년 "하나의 신앙을 고백하며"(Confessing the One Faith : An Ecumenical Explication of the Apostolic Faith as it is Confessed in the Nicene-Constantinopolitan Creed, 381)[4]라고 하는 문서가 WCC에서 받아들여졌다. 즉, 오늘날 세계교회들은 에큐메니칼 차원에서 'filioque' 없는 "니케아-콘스탄티노플 신조"(381)를 에큐메니칼 공예배 시에 고백한다. 서방교회가 에큐메니칼 차원에서 '사도신경'을 양보하는 이유는 본래 이 신조는 에큐메니칼 공의회에서 결정된 것이 아니라 로마교회들의 '세례신조'(Baptismal Creed)로 사용되었던 것이기 때문이다. 물론 서방교회(주로 로마 가톨릭과 프로테스탄트 교회 대부분)는 사도신경을 계속해서 사용하고 있다.

우리는 앞에서 사도신경을 논할 때에 삼위일체 하나님과 특별히 기독론과 교회론이 얼마나 중요한가를 말했다. 본 니케아-콘스탄티노플 신조는 동방교회의 신조로서 서방교회에서 사도신경이 지니는 무게만큼의 무게를 지닌 매우 중요한 에큐메니칼 신조이다. 비록 '본질', '빛' 등 형이상학적인 개념을 사용하는 본 신조보다 단순한 성서적인 언어를 사용하는 사도신경이 평범한 기독교인들에게 더 쉽게 받아들여지지만, 이와 같은 형이상학적인 개념 역시 성서가 선포하는 하나님과 예수 그리스도와 성령을 매개하고 있다 하겠다. 그리고 사도신경이 세례신조요, 니케아-콘스탄티노플 신조는 에큐메니칼 공의회의 소산이지만, 전자 역시 그 당시 교회공동체의 유산에 근거하였고, 서방교회 전체를 통해서 애용되어 왔기 때문에 샤아프는 사도신경조차도 에큐메니칼 신조라 하

---

4. 이형기 역, 「하나의 신앙고백」(서울 : 한국장로교출판사, 1996).

였다. 어찌 되었든 이 두 신조는 고대 지중해 세계 기독교의 정통 신관을 제시하는 것으로써 오늘날에 있어서도 모든 교파들의 신관들의 통일성으로 사용될 수 있을 것이다. 그리고 본 신조에 나오는 "하나의 거룩하고, 보편적이며, 사도적인 교회"는 16세기 루터와 칼빈으로 대표되는 종교개혁 전통의 "교회의 표지론"(말씀설교와 세례·성만찬)과 더불어 모든 신학자들의 교회 정의에 있어서 근간을 이루는 것이었다.

오늘날 이 지구상에 있는 모든 교회들은 삼위일체 하나님을 믿고 예배하며, 예배·예전에서와 세례 후보자들을 위한 교리문답 교육을 위해서 사도신경과 더불어 본 신조를 사용한다. 동방정통교회, 중세 로마 가톨릭교회, 루터와 칼빈으로 대표되는 종교개혁 신학전통의 교회, 성공회, 감리교 등이 이 두 신조의 삼위일체 하나님을 매우 중요시 여긴다. 특히 개혁교회의 신학전통을 잇는 칼 바르트와 위르겐 몰트만의 신하에 있어서, 이 산위일체론은 신학의 근본을 이루고 있다. 물론 칼 바르트의 신학이야말로 칼케돈 신조를 구속의 드라마의 지평에서 봄으로써, 그 어떤 신학자보다도 이와 같은 정통 기독론에 오리엔테이션 된 신학을 펼치지만 말이다. 그리고 특히 몰트만은 역사와 창조세계 모두를 아우르는 "삼위일체 하나님의 선교"(missio Dei)를 강조한다. 창조주 성부 하나님은 성자와 성령을 통하여 그의 백성(교회)을 구원하시고, 통치하실 뿐만 아니라 인류역사와 사회, 그리고 창조세계 속에서 그의 통치를 확장해 나가신다.

4) 교리의 발전과 7공의회의 의미

성서만으로 족하지, 무슨 교리인가? 앞에서 언급한 '비주류 교회들'뿐만 아니라 종교개혁 전통을 다소 오해하여 "오직 성서만으로"(sola Scriptura)의 원칙을 경직화시킨 개신교들 대부분은 가톨릭 전통(로마와 동방)에 비하여 교부시대의 유산은 물론 기독교 교리 전통에 대해서도 소극적이거나 무시하는 입장이다. 예컨대 루터의 종교개혁은 루터교 전통을, 개혁주의 종교개혁은 개혁신학 전통을 낳았음에도 불구하고, 우리 한국의 루터교나 개혁교는 자신들의 신학전통조차 무시하고 성서문자주의(bibilicism)로 나가는 경향이 있다. 특히, 이와 같이 고대 교부 전통과 고대 에큐메니칼 공의회의 교리전통을 무시하는 교파는 미국 개신교 가운데서 흔한데, 특히 이들로부터 선교를 받은 교파들이 그렇다. 우리 한국 개신교인들 가운데서도 아주 많은 사람들이 이와 같이 정통 삼위일체 교리나 정통 기독론을 소홀히 여기면서, 성서주의로 나가는 데에 익숙한 것도 이와 같은 역사적인 이유 때문일 것이다.

이미 지적한 바, 메노나이트의 요더(Yoder)는 "성서의 내러티브와 존재론적-형이상학적인 전제들" 사이의 불연속을 주장하는 바, 이는 오늘날 내러티브 신학이 빠질 수 있는 큰 위험을 말해 준다. 즉, 이들은 고대의 교리들은 물론 그 이후 모든 기독교 교리를 그렇게 진지하게 생각하지 않기 때문이다. 요더가 이해하는 내러티브 신학에 따르면, '본질'이니 '존재'니 '본성'이니 하는 성서 밖의 개념은 결코 신학함에 있어서 용납될 수 없기 때문에 모든 세계교회의 공의회가 결정한 교리들이나 신학사에 나타나는 모든 신학적인 작업들은 별로 의미가 없다고 하는 것이다. 그리고 이미 지적한대로 정통 삼위일체 교리와 기독론이 형성되는 과정에서 여러 가지 역사적이고 신학적인 상황이 있었고, 이러한 상황이 성서 밖의 개념을 요청함에도 불구하고 오직 성서주의로만 나가야 한다는 입장이야말로 신학 활동을 결코 자유롭고 활발하게 수행할 수 없게 할 것이다.

일찍이 옥스퍼드 운동의 지도자였던 19세기의 헨리 뉴먼이 그 당시 개신교가 주장하던 "오직 성서로만"의 성서문자주의적 전통에 반대하여 고대 교부들의 신학과 에큐메니칼 공의회의 공교회적 교리전통을 중요시하는 운동을 펼치면서 교리 발전의 필연성을 언급했다. 그러므로 우리는 기독교 신학의 모든 주제들이 신약성서 시대와 고대 교부시대로부터 21세기에 이르기까지 발전해 왔다고 하는 사실을 인정해야 할 것이다. 이미 신약성서 안에서도 이와 같은 신학적인 발전이 있었다. 바울의 신학 안에서도 그리고 요한의 신학 안에서도 이와 같은 발전이 있었고, 신약성서 중 상당히 나중에 기록된 요한복음이야말로 그 이전 시기에 기록된 신약성서의 다른 책들의 삼위일체론적 뿌리들과 기독론적인 뿌리들을 고대 세례교리문답에 나타난 삼위일체론과 기독론으로 이어주는 바, 그 둘 사이의 다리(橋梁) 역할을 했다고 보인다. 그리고 우리는 신약성서의 내러티브와 존재론적-형이상학적 전제를 결코 이분화시킬 필요가 없다. 이 둘은 상호 호환적으로 실재를 나타내고 있다 하겠다.

그러면 성서적 내러티브를 어느 정도까지 개념으로 번역해도 좋은가? 그것의 한계는 어디까지인가? 로마 가톨릭교회는 고대 7공의회의 교리에 더하여 제2바티칸 공의회에 이르는 20여 개의 공의회의 교리결정을 주장하고, 여기에 교황의 교령들과 주교들을 위한 회람문서(encyclicals)도 덧붙여진다. 교황의 베드로 승계 교리, 교황의 무오 교리와 교도권의 교리, 마리아 몽소(蒙召)승천 교리, 연옥 교리 등 많은 교리들을 우리는 그대로 받아들여야 하는 것인가? 그것은 정말 신약성서로부터 발전된 것인가? 그것은 도토리에서 성장한 도토리나무요, 그것의 열매인가? 아니면 달걀에서 나온 오리인가?

개신교의 "오직 성서로만"은 바로 이와 같은 상황에 대처하기 위한 종교개혁의 외적인 원리이다(내적인 원리는 복음과 성령이지만). 16세기의 루터와 칼빈으로 대표되는 종교개혁 신학은 성서를 표준으로 하여 그 이전의 모든 교리들을 검증하였다. 하지만 이들은 요더 등과 미국의 복음주의와 근본주의 그리고 한국의 복음주의와 근본주의 전통에서처럼 "성서주의"를 지향한 나머지, 정통 삼위일체론이나 정통 기독론과 같은 에큐메니칼 공의회의 교리결정을 가볍게 여긴 것이 아니었다. 이들은 라이머가 지적한 것처럼 성서의 내러티브와 존재론적-형이상학적 전제를 결코 이분화하지 않았다는 사실이다. 그러면 도토리에서 도토리나무로의 발전에 있어서 한계는 무엇인가? 그것은 어디까지나 성서의 내러티브와 성서의 존재론적 – 형이상학적인 전제와 이에 걸맞는 신학일 것이다. 따라서 우리는 이 원리에 입각하여 역사 속의 모든 신학을 가늠하고 검토하며 비판해야 할 것이다. 루터와 칼빈으로 대표되는 종교개혁전통은 성서의 중심 메시지를 복음으로 보았고, 이것의 존재론적 – 형이상학적 틀 거리는 정통 삼위일체론과 정통 기독론으로 보았던 것이다.

이 글은 고대 7공의회의 에큐메니칼 신조들을 정통적인 전통으로 받아들여, 자신들을 동방 '정통'교회로 자칭하는 이들의 입장을, 로마 가톨릭교회의 교리 발전론과 교황의 교도권보다 더 선호한다. 하지만 이들이 주장하는 7공의회의 교리들 가운데, 개신교는 대체로 동방정교회와 더불어 325년의 니케아 신조, 381년의 콘스탄티노플 신조, 431년의 에베소 신조, 그리고 451년의 칼케돈 신조를 공유하고, 나머지 둘은 반대할 필요가 없는 신조로 보며, 제7차공의회(787)의 아이콘(성화)에 대한 교리는 성서를 표준으로 볼 때 받아들여질 수 없는 교리로 받아들인다. 그도 그럴 것이 제2콘스탄티노플 신조(553)가 결국 칼케돈 기독론에 기여한 시릴의 기독론을 옹호하고, 네스토리우스주의를 다시 정죄했다면, 제3콘스탄티노플 신조(680 – 681)는 칼케돈의 두 본성론에 맞는 두 의지(意志)의 유기적 관계론을 결정했기 때문이다.

예루살렘의 사도들의 공의회(행 15장)를 모체로 하는 일곱 에큐메니칼 공의회는 당시 지중해 세계 기독교의 분열을 극복하고, "하나의 거룩한 보편적 교회"를 세우는 일에 크게 기여하였으니, 이는 훗날 교회들로 하여금 교회의 당면문제들을 공의회를 통해서 풀어 나갈 수 있게 하는 모범을 보였다고 생각된다. 그래서 이와 같은 고대의 공의회 운동은 중세말의 공의회 운동(conciliar movement)과 20세기 에큐메니칼 운동의 도구인 '세계교회협의회'(World Council of Churches)의 역사적이고 기념비적인 공의회운동으로 이어진다고 판단된다. 오늘날 세계교회나 교파별 세계기구들은 모두 협의회적 교제(conciliar fellowship)를 통한 협의회(council)로 문제해결을 지향하고 있다. 그런데 고대의 협의회는 주로

교리문제에 부심하였으나, 20세기 에큐메니칼 운동은 세계선교와 정의와 평화와 창조세계 보전 등 교회의 사회참여에 부심하고 있다. 비록 WCC의 신앙과 직제 운동이 고대 공의회 전통을 따라서 신앙과 신학 문제를 연구하고 문서화하고, 특히 직제문제를 다루고 있지만, 결코 이단 정죄와 같은 일은 하지 않는다.

5) 니케아-콘스탄티노플 신조(381)에 대한 에큐메니칼 해석[5]

(1) 우리는 ……믿는다.

1-1. 신앙은 하나님의 선물이다. 그리스도인들은 성령의 능력을 힘입어 예수님이 이 세상의 구원을 실현하신 하나님의 아들이심을 믿는다. 하나님께서는 그의 사랑을 창조와 구속과 성화를 통해서 증거하신 바, 신앙이란 이 증거들에 의지하여 하나님을 믿는 사람의 자유로운 수긍과 완전한 확신과 신뢰와 기다림을 뜻한다.

1-2. 그리스도인들은 자신들의 말이나 행동에 의하여 자신들의 삶이 근본적으로 하나님 안에 뿌리를 내리고 있다는 사실을 다른 사람들 앞에 표명하려고 할 때마다 자신들의 신앙을 고백하는 것이다. "우리는 ……믿는다."라고 말하는 것은 우리들의 신앙내용을 말로써 선포하기를 시작하는 것이다. 이 신조는 공동체적

---

5. 각주 2에서 소개한 1991년에 "Confessing the One Faith……."를 위한 지침서 (Towards Sharing the One Faith, Faith and Order Paper No. 173)가 나온 것은 제5차 신앙과 직제 세계대회(Santiago de Compostela)를 거친 1996년이었는데, 이 문서에서 우리는 위 문서의 요약문을 발견한다. 즉, 여기에 실린 번역문은 "Towards Sharing the One Faith"로부터 온 것이다. 물론 보다 자세한 에큐메니칼 해석은 "Confessing the One Faith"(1991)에 실려 있다. 그리고 사도적 신앙의 공동유산인 니케아-콘스탄티노플 신조에 대한 에큐메니칼 해석은 우리 개혁교회 사람들에게도 에큐메니칼 길잡이가 될 수 있을 것이다.

이고 개인적이다. 우리는 "우리는 ……믿는다."라고 고백하는 공동체 안에서 "나는 ……믿는다."라고 말한다.

1-3. 본 신조의 여러 가지 차원들
- 개인적인 참여와 신뢰 : 우리는 우리가 말하고 있는 바에 헌신하고 있다. 우리는 본 신조가 선포하고 있는 삼위일체 하나님과의 관계 속에서 우리의 삶을 형성하는 것을 의도하는 것이다.
- 선포와 확언 : 우리는 본 신조에 나타난 확신들이 복음에 대한 한 증거요, 다른 사람들을 신앙으로 인도하는 한 증거라는 사실을 천명한다.
- 찬양 : 우리는 본 신조의 확언을 예배의 행위로써 하나님께 기쁨과 감사로 드린다.
- 인식과 인정 : 우리는 이 하나의 신앙내용을 고백하는 모든 사람들 안에서 예수 그리스도의 형제들과 자매들을 발견한다.
- 길잡이 : 우리는 본 신조의 신앙이 교회의 설교와 가르침과 행동을 지도하여 이것들을 사도적 신앙에 뿌리내리게 한다는 것을 주장한다.

(2) 우리는 한 하나님을 믿는다.
2-1. 니케아 신조는 이스라엘 백성의 신앙을 따라 한 하나님, 오직 한 분 하나님에 대한 신앙을 고백하는 것으로 시작한다. 그리스도인들은 바로 이 하나님이 성령을 통하여 예수 그리스도 안에서 계시된다는 것을 믿는다. 하나님께서는 그리스도와 성령 안에서 그를 믿고 신뢰하는 모든 사람들에게 새롭고도 영원한 생명을 주신다(벧전 1:2-5).

2-2. 우리는 성부, 성자, 성령이신 한 하나님을 믿는다. 우리들이 믿는 이 하나님은 통일성이 깨어질 수 없는 영원하시고 완전하신 분이시다. 삼위일체 안에서 성부와 성자와 성령의 관계는 완전한 코이노니아로써 다양성 속의 통일성이시니, 이는 인류 공동체의 모델이다. 즉, 인간공동체들은 이 삼위일체 하나님의 다양성 속

에서의 통일성을 따르도록 부름받았다(고후 13 : 14 비교).
2-3. "오직 한 분 하나님이 계시다."라고 고백하는 것은 중요한 의미를 함축하고 있다.
- 그리스도인들은 자신들의 삶에 있어서 오직 하나님만을 높인다. 그 어떤 이념적인 힘이든, 종교적인 힘이든, 정치적인 힘이든, 경제적인 힘이든, 사회적인 힘이든 하나님 밑에 있는 것으로 여겨져야 한다. 이런 힘들도 인간에게 순종을 강요할 수 없다.
- 그리스도인들은 이 한 분 하나님을 모든 생명과 선함과 아름다움의 원천으로 고백한다. 그들은 삶의 모든 영역들에 있어서 이 유일무이한 원천을 찾고 긍정한다. 그리스도인들은 이 하나님을 거부하고 무시하는 그 어떤 인간의 삶이나 자연에 대한 설명도 적합하지 않다고 믿는다.
- 그리스도인들은 오직 한 분 하나님이 계시다고 하는 사실을 긍정함으로써 지상에서의 분열과 갈등을 극복하려고 한다. 그들은 한 창조주께서 모든 인류를 화해와 평화로 인도하실 것이라는 사실을 신뢰한다.
- 그리스도인들은 오직 한 분 하나님이 계시다고 주장하기 때문에 생명에 대한 하나의 거룩한 원천을 인정하는 타종교 전통들의 지혜를 존중할 수 있고 나눌 수 있다. 한 분 하나님에 대한 신앙은 그리스도인들을 그들의 수많은 이웃들과 연합시키고, 나아가서 공동 행동과 대화를 위한 공통지반을 제공한다.

(3) 우리는 모든 것을 통치하시는 아버지 하나님을 믿는다. 그는 하늘과 땅의 창조자시요, 보이는 것과 보이지 않는 모든 것의 창조자이시다.
3-1. 본 신조에서 한 분 하나님은 첫째로 아버지로 고백되고 있다. 그리스도인들은 하나님의 아버지 되심을 예수님과의 관계에서 이해한다. 예수님께서는 하나님 아버지의 아들로서 인식되었고(마

14 : 33, 눅 4 : 41), 하나님을 '아빠'라고 부르셨으며(막 14 : 36), 또한 우리들에게 하나님을 '아버지'로 부르도록 가르치신(마 6 : 9, 갈 4 : 6) 분이기 때문이다. 성경의 언어와 마찬가지로 이 신조의 언어 역시 생물학적 아버지 되심을 함축하거나 하나님께서 남성이라고 하는 것을 의미하지 않는다. 상징이나 형상들도 그러하거니와 우리의 언어는 오히려 하나님을 묘사하는 부분적이고 근사한 방법들일 뿐이다. 성경과 전통과 신조가 말하는 하나님에 대한 남성적 형상들과 여성적 형상들은 하나님께서 모든 인류와 전 창조세계에 대하여 품고 계시는 섭리적 배려와 사랑의 관심을 묘사하고 있는 것이다. 오늘날의 그리스도인들은 본 신조에서 하나님을 '아버지'라 부름으로써, 지난날들의 모든 그리스도인들의 신앙과 연합해 있다. 하지만 동시에 오늘날 '어머니' 형상으로서의 하나님에게 주의를 기울이는 것은 우리의 하나님에 대한 이해를 풍요케 하고, 하나님과 우리들의 관계가 얼마나 친밀한가를 말해 준다.

3-2. '모든 것을 통치하시는'(전능하신)은 희랍어 'pantokrator'에서 유래하였다. 이것은 '모든 것을 장중에 붙들고 계시는 분', '모든 것을 떠받들고 계시는 분', 그리고 '존재하는 모든 것을 지탱하고 계시는 분'(계 1 : 8)을 뜻한다. 이런 의미에서 이것은 하나님의 능력에 대해서 말하고 있다. 그리스도인들에게 있어서 이 능력은 모든 다른 힘들의 주장을 능가하고, 모든 것을 통치한다(고후 6 : 16-18).

3-3. '아버지'와 '모든 것을 통치하시는 분'은 상호 보완적이다. 하나님의 능력은 하나님의 사랑으로부터 분리될 수 없다. 하나님께서는 아버지로서 인류를 향하여 애정(compassion)을 가지고 행동하시기 때문이다. 동시에 이 하나님은 '모든 것을 통치하시는 분'으로서 창조세계 전체 위에 그의 능력을 행사하신다.

3-4. 그리스도인들은 '모든 것을 통치하시는 분'이신 아버지께서 만물의 창조주시요 지탱자이심을 믿고 고백한다. 하나님은 모든 피조물을 통치하시는 주님이시다. 만물의 기원과 생성과 지탱이 이 하나님께 달렸다.

3-5. 이 세상은 그것의 창조자에 대하여 우리에게 말해 주는 하나의 선물이요, 하나님과의 코이노니아를 위한 도구이다. 그러나 동시에 우리는 하나님의 피조세계 안에서 물리적이고 도전적인 악의 실재와 죄와 고난과 죽음의 실재를 경험하고 있다. 우리는 하나님께서 모든 것을 사랑하시고 통치하신다는 사실과 하나님에 의하여 창조된 이 세상이 선하다는 것을 믿기 때문에 우리의 삶을 곤고케 하는 악과 비극들을 이해하려고 애쓴다.

3-6. 인류는 처음부터 하나님의 선물인 창조세계에 대하여 사랑과 선한 청지기 정신으로 응답하기보다는 이기주의와 질투와 증오를 선택하려는 성향을 지녀 왔다. 때문에 우리는 하나님의 창조세계의 본유적 선함을 파괴해 왔다. 우리는 모든 창조세계와 더불어 자유케 되고 구속되기 위해서 '탄식'하며 고통 속에서 기다리고 있다(롬 8:19-23).

3-7. 우리는 남성이든 여성이든 창조주 하나님의 형상과 모양대로 지음을 받은 모든 인류에 대한 그의 사랑이 나머지 창조세계에 대한 그의 배려와 함께 계속해서 변함없으시고 신실하실 것이라고 믿는다. 하나님께서 이미 그리스도의 죽으심과 부활에 참여한 우리들에게 성령의 약속을 허락하셨기 때문이다. 우리는 이 성령의 능력 안에서 새로운 삶에 돌입할 수 있게 되었다.

3-8. 창조된 우주는 물질적이고 만질 수 있는 실체들 이상의 그 무엇으로 구성되어 있다. 본 신조에 따르면 모든 것은 하나님의 창조세계의 전체성에 속하는 바, 이것은 보이는 것과 보이지 않는 모든 것을 포함한다(시 148편). 비록 이 두 영역 모두에 있어서

왜곡되어 있지만 말이다. 그래서 창조세계를 구속하시기 위하여 그의 아들을 보내셨고, 성령을 통하여 이 창조세계에 새로운 생명을 부어 주신 하나님께서는 새 하늘과 새 땅에서 모든 것을 완성시키실 것이다(벧후 3 : 13).

(4) 우리는 예수 그리스도 한 주님을 믿는다. 그는 영원의 차원에서 아버지로부터 출생하신 하나님의 독생자로서 빛으로부터 오신 빛이시요, 참하나님으로부터 오신 참하나님이시다. 그는 피조된 것이 아니라 출생하셨기 때문에 아버지와 동일 본질을 가지고 계신다. 인간과 만물은 그를 통해서 창조되었다.

4-1. 우리는 예수 그리스도를 주님과 하나님의 아들로 믿는다. 예수 그리스도께서는 하나님의 아들로서 영원의 차원에서 아버지와 성령과 함께 계셨다. 우리가 아들을 "영원의 차원에서 출생하셨고…… 피조된 것이 아니라 출생하셨다."고 말할 때 의미하는 것은 아버지께서 아들의 원천이시지만, 이 아들이 아버지에 의하여 피조된 것은 아니라는 것이다. 진실로 아들이 아버지와 함께 계시지 아니하셨던 때는 결코 없었다. 하나님의 아들은 이 세상이 창조되기 전, 태초부터 아버지와 영원히 함께 계셨다(요 1 : 1-3, 17 : 5). 아버지께서 이 세상의 창조주이시지만, 그는 홀로 계신 것이 아니었다. 그는 아들의 아버지로서 이 아들과 함께, 그리고 이 아들을 통하여 이 세상을 창조하셨다.

4-2. 아버지와 아들이 하나의 본질을 공유하고 계시기 때문에 한 주님이신 한 하나님밖에 존재하지 않는다. 아들은 아버지께서 살아 계시기 때문에 충만한 신적인 삶 안에서 살고 계신다. 이 충만한 신적인 삶이란 무조건적 사랑, 자유, 영원성 및 창조성이다. 이 아들은 참하나님으로 성육신하시어, 하나님의 영광을 계시한다.

4-3. 우리는 예수 그리스도를 통하여 하나님을 인식하게 된다. 이 예수 그리스도 안에는 캄캄한 세상에서 우리들에게 비추는 빛이 있고, 방향설정이 있다. 그분은 살아 계신 말씀이요, 하나님의 영원한 지혜와 생명과 사랑의 나타나심이다. 그리스도 안에 계신 하나님이 우리 가운데 계시고, 성령의 능력을 통하여 계속해서 우리 가운데 현존하시며 활동하신다.

(5) 그는 우리 모두와 우리의 구원을 위해서 하늘로부터 내려오시어, 성령과 동정녀 마리아를 통하여 성육신하사 인간이 되셨다.

5-1. 하나님의 창조의 세계가 왜곡된 것은 그것이 우리들의 죄로 인하여 생명의 원천으로부터 분리되었기 때문이다. 모든 인간 본성은 하나님으로부터 소외되어 하나님께서 의도하신 바 그 본성으로부터 떨어졌다. 우리는 모두 죄를 범하여 하나님의 영광에 이르지 못하고 있다. 이와 같은 상황은 하나님 자신의 행동, 곧 은혜의 사랑 행동을 요구한다. 그래서 하나님께서는 우리를 용서하시고, 하나님과 바른 관계로 회복시키시며, 죄로 인해서 생긴 손상을 치유하시기 위하여 그의 아들을 이 세상에 보내셨다(요 3:16-17).

5-2. 하나님께서는 우리와 하나님과의 관계 및 우리와 창조세계와의 관계를 회복하셨다. 우리는 오직 은혜에 의하여 신앙으로만 이 구원을 받아들일 수 있는 바(엡 2:8), 이 신앙은 은혜에 대한 응답으로 회개와 갱신의 태도를 포함한다. 하나님께서는 예수 그리스도 안에서 우리에게 다가오시어, 우리와 연합하심으로써(through the gift of communion : '성만찬의 선물을 통해서'라고도 번역 가능 : 역자주) 칭의, 치유, 화해, 해방, 온전성, 신화(deification)[6]를 제공하신다.

5-3. '인간이 되셨다'라고 말할 때, 우리는 이 신조를 통해서 예수 그

리스도께서 참하나님으로 머물러 계시면서 또한 참인간이 되셨다는 사실을 주장한다. 특정한 시점에서, 특정한 문화 속에, 그리고 특정한 가정 속에, 한 특정한 개인으로 "말씀이 육신이 되사 우리 가운데 거하신" 것이다(요 1 : 14). 예수께서는 그의 지상적인 삶 속에서 하나님 나라에 대한 복음을 설교하셨고, 모든 사람들에게 하나님의 은혜를 제공하셨다.

5-4. 성육신하신 아들 예수님은 마리아와 성령으로부터 나셨다. 본 신조는 마리아의 동정성을 확언함으로써 시간 속에서 출생하신 그녀의 아들의 아버지께서 영원의 차원에서 출생하신 그 아들의 아버지와 동일한 아버지이시라는 신앙을 표현하고 있다. 시간 속으로 들어오신 아들이 바로 영원의 차원에서의 아들이시지만 말이다. 마리아는 또한 하나님의 말씀을 듣는 사람으로서 이 말씀에 응답하며 이 말씀을 지켰다(눅 11 : 27-28). 그녀는 모든 인류의 이름으로 하나님께 "네."라고 말했다(눅 1 : 38).

5-5. 그리스도 안에서 인간과 하나님과의 관계, 인간과 인간의 관계, 그리고 인간과 모든 창조세계의 관계가 질적으로 새롭게 되었다. 인간세계의 전체가 그리스도의 성육신을 통하여 새롭게 된다. 비록 우리들이 계속해서 연약하고 죄를 범할지라도 우리는 하나님의 형상으로 지음을 받았고, 하나님의 사랑에 의하여 구속을 받은 백성들로서 함께 살아가는 능력과 소명을 받았다. 하나님께서

---

6. 이 개념은 동방교회의 구원론에서 매우 본질적인 의미를 지니고 있다. 그것은 예수 그리스도 안에서 인성이 신성에 참여하고 연합해 있는 상태를 말하는 바, 동방교회는 이 예수 그리스도 안에서 모든 인류가 하나님의 본성에 참여하였고, 하나님과 연합하였다고 보고, 교회공동체야말로 이와 같은 경험을 이미 하고 있다고 본다. 그것은 베드로후서 1 : 4에서 말하는 "신의 성품에 참여하는 자"의 '참여'를 말한다. 나아가서 그것은 믿는 자들과 교회가 삼위일체 하나님의 삶에 동참하고, 이 삼위일체 하나님과 연합하는 것을 말한다. 이런 뜻에서 그것은 윤리적으로 떨어지고, 나아가서 율법주의로 나가기 쉬운 로마 가톨릭과 개신교의 '성화' 교리보다 훌륭한 의미를 지니고 있는 것으로 보인다.

는 우리들을 부르시어 그의 구원활동에 동참케 하신다.

(6) 그는 우리를 위하여 본디오 빌라도에게서 십자가에 못 박히시고, 고난을 받으시며, 장사 지낸 바 되었다. 그리고 그는 성경대로 사흘 만에 죽은 자들로부터 부활하셨다.

6-1. 그리스도인들은 그리스도의 고난과 죽음이 '우리를 위한 것'으로서, 모든 인류에게 열려 있는 결정적인 구원사건이라고 고백한다. 예수님은 하나님의 나라(the reign of God)를 선포하고 펼치는 그의 사명에 충실하시면서 죄인들을 대신하셨다. 그는 하나님과 이웃들로부터 돌아선 모든 사람들을 대신하신 것이다. 그는 인간의 죄와 실패의 결과들을 걸머지셨다. 이런 식으로 하나님은 이 세상을 자기 자신에게 화해시키셨다(고후 5 : 19). 이것은 죄인들과 유일하게 죄가 없으신 분 사이에서 일어난 놀라운 교환으로, 이는 모든 인류에게 죄책의 무거운 짐과 이기주의의 감옥으로부터의 해방을 제공한다.

6-2. 우리는 십자가에 못 박히시고, 고난당하시며, 장사 지낸 바 되신 분이 다름 아닌 한 인간이 되신 하나님의 영원한 아들이심을 고백한다. 로마 총독인 '본디오 빌라도에 의해서' 일어난 십자가에 못 박음은 세계사 속에서 하나의 독특한 사건이다. 예수 그리스도의 고난과 죽음은 하나님께서 이 세상 속에 현존하시면서 자신을 이 세상의 고통과 고난의 실재와 동일시하신다고 하는 사실을 뜻한다. 어떤 기독교 전통들에서는 고난 가운데 계신 그리스도를 따른다고 하는 것이 의미가 없다고 여겨지는 고통 속에서 의미를 찾는 방법이 되어 왔고, 시험 중에 참고 견디는 방법이 되어 왔다. 하지만 이와 같은 해석이 억압의 수단으로 오용될 수도 있다. 사람들은 흔히 불필요하고 용납하기 어려운 상황을 계속 받아들이도록 강요되기 때문이다.

6-3. 예수 그리스도께서는 십자가상에서 정말 죽으셨고, 이 실제적인 죽음으로부터 부활하셨다. 그리스도의 부활과 죽음의 권세와 파멸의 세력을 물리치신 그의 승리는 고난당하는 모든 사람들에게 소망을 준다. 그리스도께서는 이 고난당하는 자들과 계속해서 함께 고난을 당하신다. 그리스도인들과 교회들은 그리스도의 고난과 죽음과 부활의 능력 안에서 비인간적이고 억압적인 모든 것을 계속해서 확인해 내고 대면하도록 부름을 받았다. 이런 식으로 그의 아들의 십자가와 부활에서 일어난 하나님의 승리에 대한 복음은 깨어지고 찢겨진 인류사회 속에서 생명과 화해의 한 원천이다.

6-4. 예수께서 죽은 자들로부터 부활하셨다고 하는 고백은 기독교 신앙과 설교의 중심이다. 부활이란 죽음의 권세를 깨뜨리고 창조세계 전체의 갱신을 일으킨다. 부활은 우리들에게 이미 우리가 믿음으로 만났고, 그분의 통치가 완성될 것을 기다리고 있는(벧전 1:3) 살아 계신 그리스도의 지속적인 현존을 확신시킨다.

6-5. 그리스도인들은 예수님의 부활이 '성경대로' 일어났다고 확신함으로써 하나님의 구원계획의 연속성이 창조의 시작부터 있어 온 것을 주장한다. 하나님께서는 이스라엘 백성에게 베푸신 구원행동들에 의해서, 그의 백성과의 은혜의 언약들을 통해서, 그리고 예언자들을 통하여 그의 백성들에게 증거함으로써 이 구원계획을 알리셨다. 그리고 하나님의 계속적인 신실성은 그리스도의 삶과 죽음과 부활을 통해서 계시되었다.

(7) 그는 하늘에 오르셨고, 하나님 우편에 앉으셨다. 그는 산 자와 죽은 자를 심판하기 위하여 영광 가운데 재림하실 것이고, 그의 나라는 영원무궁할 것이다.

7-1. 그리스도께서는 그의 구원사역을 완성하신 후, 하나님 아버지

의 영광으로 승귀하셨다(빌 2 : 9 - 11). 인간이기를 그만두지 아니하신 이 승귀하신 그리스도와 함께 인류는 하나님의 영광의 삶 속으로 받아들여졌다. 그리스도께서는 그의 부활과 승천을 통하여 성령 안에서 아버지 하나님과 더불어 인간과 모든 창조세계를 주관하신다. 본 신조는 이와 같은 실재를 "하나님 우편에 앉아 계신" 그리스도의 형상으로 표현하고 있다(막 16 : 19). 이 세상의 모든 권세들에 대한 그리스도의 이와 같은 통치(벧전 3 : 22)는 하나님의 자녀들이 지닌 자유의 놀라운 기초이다. 우리들은 그리스도에게 속해 있으며, 모든 다른 힘들은 이 그리스도에게 종속되어 있는 것으로 믿는다.

7-2. 성령의 전인 그리스도인들은 이 성령의 인도하심을 받아서 그리스도 곧 십자가에 달리신 주님의 부활에서 계시되고 약속된 하나님의 선물인 새 생명의 종말적 완성을 기다리며 소망한다. 인간의 상황과 조건의 충만함을 경험하신 그리스도께서는 장차 모든 인류의 심판자(히 4 : 15 - 16, 요 5 : 26 - 27)가 되실 것이다. 자비를 계시하기 위하여 오신 그분이 바로 우리의 삶의 척도(요일 4 : 17)가 되실 것이다.

7-3. 영화롭게 되신 그리스도를 통하여 모든 창조세계가 새롭게 되어 가고 있고, 파멸의 권세가 결국 영원히 파멸되고 말 것이다. 우리 그리스도인들은 이 세상의 고난들과 기쁨들에 동참하면서 그리스도의 삶과 죽음과 부활을 말씀과 성례와 기독교적 삶을 통하여 계속해서 축하한다.

7-4. 이 신앙항목은 우리를 자유케 하는 신앙고백이다. 그리스도의 통치는 온갖 억압체제와 이념들에 대한 거부이다. 이 신앙항목은 이 세상의 정치적, 경제적, 종교적 세력들이 임시적인 것이요, 갱신과 혁신을 필요로 한다는 사실을 계시한다. 하나님의 나라는 이 세상의 모든 통치자들에게 그들의 궁극적 책임과 운

명에 대한 비전과 표준(막 10 : 42 - 45)을 마련해 준다.

(8) 그리고 우리는 주님이시고, 생명의 부여자이신 성령을 믿는다. 그는 아버지로부터 나오셨고, 아버지와 아들과 함께 예배와 영광을 받으신다. 이 성령은 예언자들을 통하여 말씀하셨다.

8-1. 성령과 성자와 성부 사이의 관계는 우선 무엇보다도 생명과 사랑의 코이노니아에 의해서 특징지어진다. 성부와 성자와 코이노니아를 누리고 계시는 성령께서는 교회의 주님으로서, 교회로 하여금 이 세상 속에서 그의 사명을 성취할 수 있게 하는 역동적 능력이시다. 생명이라고 하는 하나님의 선물은 하나님의 영을 통하여 그리고 그 안에서 모든 피조물들에게 주어진다. 그리고 또한 성령께서는 각종 은사들로 특징 지어진, 그리스도 안에서의 새로운 삶을 주신다.

8-2. 성부와 성령 사이의 친밀한 관계는 아버지께로부터 나오신 (proceeding from the Father, 요 15 : 26) 성령이라는 표현에 잘 나타나 있다. 어떤 교회들은 성령과 아들에 대한 관계를 강조하기 위하여 성령이 성부로부터만이 아니라 '성자에게서도'(filioque=and from the Son) 나오셨다고 하는 의미에서, 'filioque'가 덧붙여진 니케아-콘스탄티노플 신조를 고백한다. 이 덧붙여진 'filioque' 구절로 인하여 서방교회와 동방교회가 수백 년 동안 논쟁을 벌여 왔으나, 아직 공식적인 해결에 도달한 것은 아니다. 그러나 이제는 이 'filioque' 문제가 더 이상 교회분열의 원인이 되지 않는다. 에큐메니칼 차원에서 이 문제는 더 이상 교회분열적 요인이 아니라고 할 정도로 명료화되었기 때문이다. 오늘날 많은 교회들의 경우, 이 신조를 'filioque' 없이 고백하는 경향이 점증하고 있다.

8-3. 성령은 성부와 성자와 함께 예배를 받으시고 영광을 받으신다.

우리는 성령에 의하여 예수님을 하나님의 아들로 인식한다(요 1 : 33 - 34, 고전 12 : 3). 우리는 성령에 의하여 아버지 하나님을 인식하며, 이 아버지를 "아빠 아버지"(롬 8 : 15 - 16)라고 부른다. 예배하는 공동체는 성령 안에서 아들을 통하여 아버지를 영화롭게 한다. 성령 역시 주님(고후 3 : 17 - 18)이시고, 예배와 송영을 받으신다. 이처럼 그리스도인들은 삼위일체 하나님의 사랑의 코이노니아에 동참하는 것이다.

8-4. 우리는 성령께서 "예언자들을 통하여 말씀하셨다."고 하는 사실을 확언한다. 예언자들은 그들의 시대에 의(義)의 메시지를 선포하면서 그리스도의 오심을 바라보았다. 성령께서는 예수님 위에 내리셨고, 오순절 날 사도들 위에 부은 바 되었다. 동일한 성령께서는 성경의 기록자들을 영감시키시어 모든 시대의 믿는 사람들의 영적 풍요와 교육을 위해서 하나님의 메시지를 자기 자신들의 언어들로 기록하게 하셨다.

(9) 우리는 또한 하나의 거룩하고 보편적이며 사도적인 교회를 믿는다.

9-1. 오순절 날에 강림하신 성령은 교회를 탄생시켰다. 이 성령의 은사는 모든 믿는 사람들이 하나님과의 코이노니아는 물론, 믿는 성도들 상호간의 코이노니아에로 돌입하는 길을 활짝 열어 놓았다. 그리스도인들은 성령 안에서 교회가 하나요, 거룩하고, 보편적이며, 사도적이라는 사실을 경험하고 믿는다.

- 우리는 교회가 하나라고 선포한다. 이 하나됨은 하나님의 선물이다. 교회는 그리스도의 몸이기 때문이다(고전 12 : 12). 하지만 이 하나됨은 또한 하나님의 부르심이기도 하다. 그리스도인들이 사분오열되어 있기 때문이다. 교회들이 죄로 인해 분열되고 찢겨져 있음에도 불구하고, 아직 불완전하지만 실질적으로 실현되는 일치를 믿고 축하하며, 나아가서 가시적 일치의 충만함을 추구해 나간다.

- 우리는 교회가 거룩하다고 선포한다. 하나의 교회는 말씀과 성례들을 통하여 자기 백성을 거룩하게 하시는 한 분 하나님의 거룩성을 반사시킨다. 거룩성의 선물은 이미 우리들에게 현존하지만, 죄의 현실 때문에 흐려져 있다. 제도적이고 개인적인 죄가 교회들과 교회 구성원들 안에 실존하고 있다. 하지만 성령께서는 교회 구성원들로 하여금 이들의 연약성에도 불구하고 끊임없는 회개를 통해서 거룩성에 있어서 성장하게 하신다. 죄는 교회(the Church)를 결코 파괴할 수 없으며, 세상 끝날까지 교회의 선교적 소명과 사명을 방해할 수 없을 것이다(마 16 : 18).
- 우리는 교회가 보편적(catholic - whole, all - embracing and universal)이라고 선포한다. 각 지역(혹은 개=個) 교회는 성령을 통하여 그리스도의 은혜와 진리의 충만함을 보편 교회와의 코이노니아 속에서 축하함으로써 자신의 보편성(catholicity)을 나타낸다. 교회의 사명은 복음을 모든 백성들, 모든 민족들, 모든 종족들, 모든 계층들, 남성과 여성들, 그리고 모든 연령층에 선포하는 것이요, 이들에게 구원의 메시지를 줄 뿐만 아니라 그리스도께서 다시 오실 때 까지 이들을 그리스도의 한 몸 안으로 모으는 것이다.
- 우리는 교회가 사도적이라고 선포한다. 교회의 사도성이란 모든 시대를 통해서 그리스도인들의 정체성을 표현하는 것이다. 이들의 정체성은 최초의 선택된 증인들(사도들 : 역자주)에 의해서 선포되었고, 삶으로 실천되었던 사도적 전통을 물려받은 자들이라는 것이다. 사도성이란 교회들로 하여금 사도적 공동체의 신앙, 삶, 증거 및 교역(ministry)과의 연속성 속에서 살고, 성도들과 함께 이러한 것을 따르는 모든 신자들과의 연속성 속에서 살라고 하는 부름이다.

9-2. 교회(the Church)는 하나님의 나라를 미리 보여 주고, 기다리며, 선포한다. 그리고 영광 중에 다시 오실 그리스도의 재림을 기다린다. 이와 같은 기다림은 예전을 통해서 가장 완전하게

표현된다. 그럼에도 불구하고 그리스도의 두세 제자들이 함께 모일 때마다 주님 자신이 이들 가운데 현존하신다.

(10) 우리는 사죄를 위한 단 한 번의 세례만을 인정한다.

10-1. 우리는 성령께서 세례받기 이전과 세례받을 때와 세례받은 이후의 사람들의 삶 속에서 역사하시는 것을 믿는다. 그리스도인들은 삼위일체 하나님의 이름으로 물로써 베풀어지는 하나의 세례를 믿으며, 이 세례가 성령의 능력으로 믿는 사람들을 그리스도의 몸 안으로 들어가게 하는 것을 믿는다. 세례받은 사람들은 하나님과의 언약을 맺는 것이고, 교회의 구성원이 됨으로써 성령의 선물을 나눈다.

10-2. 세례는 죄의 용서를 위한 것이다. 믿는 사람은 예수님의 죽음과 부활에 참여함으로써 죄 씻음을 받고, 그리스도 안에서 새 피조물이 되며, 성령의 인치심을 받는다(고후 5:17, 엡 1:13). 믿는 사람들이 받은 세례에 충실하려면 그리스도와 연합한 삶을 끊임없이 재확증해야 하고, 죄를 인정해야 할 것이다(행 2:38, 롬 6:1 이하).

10-3. 세례 때에 주어지는 하나님의 은혜는 믿음이라고 하는 개인적인 반응을 요구한다. 한 번 세례를 받는다고 하는 것은 은혜로 말미암아 하나님의 자녀가 되는 것을 특징지으며, 이로써 이 세례받은 삶이 그리스도에게 속하게 되는 인장(印章)을 받는 것이다. 이 성령의 인장은 교회공동체의 각 구성원에게 그의 혹은 그녀의 독특한 은사들을 주어서, 그리스도의 몸을 세우는 일에 공헌하도록 하는 것이다. 그리스도인들은 하나님의 새 창조의 현현을 기다리면서(우리는 성령의 은혜로 이 새 창조를 미리 맛보고 있지만), 그리스도 안에 있는 삶을 함께 경험하는 일에 있어서 성장하도록 부름을 받았다.

(11) 우리는 죽은 자들의 부활과 장차 임할 하나님의 나라에서의 삶을 바라본다.

11-1. 그리스도인들은 시간이 끝날 때 그리스도의 권세가 새 하늘과 새 땅에서 창조세계 전체를 회복시킬 것이라고 하는 사실을 믿는다. 그리스도께서 죽음을 극복하시고 새 창조를 가능케 하셨기 때문에, 모든 창조세계의 소망은 그리스도의 구원 행동 안에 있다. 새 창조가 완성될 경우 더 이상 죽음과 슬픔이 없고, 영생, 곧 모든 것의 모든 것이 되시는 하나님과의 영원한 삶이 있을 뿐이다(계 21 : 4, 고전 15 : 28).

11-2. 그리스도인들은 '죽은 자들의 부활'을 확신함으로써 죽음이 끝이 아니라는 사실을 그리스도 안에서 믿는다. 물론 부활과 영생과 새 창조가 신비에 쌓여 있는 것이 사실이지만, 우리는 우리가 하나님의 얼굴을 뵐 것이라는 사실을 믿는다(고전 13 : 12, 계 22 : 3-4). 하나님께서는 우리들에게 영체(靈體)를 주실 것이고, 우리는 우리를 진리와 생명과 기쁨으로부터 분리시켜 놓은 모든 악과 죽음의 권세에 대한 하나님의 승리를 알게 될 것이다(고전 15 : 24-26, 44).

11-3. 그리스도인들은 '장차 임할 하나님의 나라에서의 삶'을 확신하고 간절히 고대한다. 창조자는 인류의 구원과 더불어 창조세계 전체의 회복을 약속하셨다. '잔치'와 '하늘의 도성'과 같은 성경적 이미지들은 새롭게 된 공동체를 말해 주고 있다. 우리는 이것을 이미 교회의 성만찬적 삶과 믿는 사람들의 공동체 안에서 일어나는 상호간의 사랑에서 경험하기 시작한 것이다.

11-4. 그러므로 교회는 죽음과 파멸에 직면해 있는 이 세상 안에서 소망의 공동체이다. 그리스도의 통치는 교회 안에 현존하면서 이 세상 속에도 현존한다. 화해, 평화, 사랑, 정의 및 갱신이 이미 성취 가능한 실재들이 되는 것은 성령의 능력에 의해서

이다. 이처럼 교회는 하나님 나라 도래를 위한 하나님의 미래의 표징이다. 또한 교회는 최종적인 완성을 바라본다. 그래서 교회의 소망은 세상을 위한 소망이요, 창조세계 전체에 대한 하나님의 신실하신 구속약속에 대한 신뢰이다.

(12) "아멘"

그리스도인들은 "아멘."이라고 말할 때 본 신조 안에 선포된 진리들을 확신 있게 확언하는 것이요, 이 진리들의 빛 안에서 살아갈 것을 다짐하는 것이다. 오늘날 하나님의 백성들이 "아멘."이라고 하면서 본 신조의 진리들을 통해서 신앙을 선포하고 고백할 때, 그들은 사도적 신앙 안에서 하나님과의 코이노니아와 상호간의 코이노니아를 나타내는 것이다.

Ⅳ 칼케돈 신조

1. 본 문[1]

거룩한 교부들의 가르침을 본받아 우리는 다음의 사실을 고백해야 할 것을 만장일치로 가르치는 바이다. 우리 주 예수 그리스도는 아버지 하나님과 완전히 동일하신 하나님의 아들이시며, 이 동일하신 분은 신성에 있어서 완전하시고, 인성에 있어서 완전하시며, 참하나님이시며, 참 인간이시고, 이성적 영혼(a rational soul)과 몸으로 구성되셨다. 그는 신성에 있어서 아버지와 동일 본질(consubstantial=coessential)이시고 인성에 있어서 우리와 동일 본질이시지만 죄를 제외하고는 우리와 똑같

---

1. *The Creeds of Christendom* Ⅱ *(1931)*, ed. by Philip Schaff(Grand Rapids, Michigan, 1990), pp. 62-63.

으시다. 그는 신성에 관한 한 창세전에 아버지로부터 태어나시고, 그의 인성에 관하여는 이 동일하신 분이 마지막 날에 우리와 우리의 구원을 위해서 동정녀 마리아에게서 나셨으니, 이 마리아는 (예수 그리스도의) 인성과 관련하여 하나님의 어머니이시다. 이 동일하신 그리스도는 하나님의 아들이시요, 주님이시요, 독생자이시며, 우리에게 두 본성으로 되어 있으심이 알려진 바, 이 두 본성은 혼합도 없고(inconfusedly), 변화도 없으며(unchangeably), 분리될 수도 없고(indivisibly), 동떨어질 수도 없다(inseparably). 그런데 이 두 본성의 차이는 이 연합으로 인해서 결코 없어질 수 없으며, 각 본성의 속성들은 한 위격(one Person=prosopon)과 한 본체(one hypostasis) 안에서 둘 다 보존되고 함께 역사한다. 주 예수 그리스도는 두 위격(two prosopa)으로 나뉘거나 분리되실 수 없다. 이분은 동일하신 아들이시요, 독생자이시요, 하나님인 로고스(말씀)이시요, 주 예수 그리스도이시다. 이에 관하여는 일찍이 예언자들과 예수 그리스도 자신이 우리에게 가르치시는 바요, 교부들의 신조가 우리에게 전하는 바이다.

2. 해 설

1) 저 자

451년에 약 520명의 감독들이 18명의 로마 관료들을 대동하고 소아시아의 칼케돈(Chalcedon)에 모여서 신약성서 시기로부터 논란을 거듭해 온 기독론의 문제를 해결하였다. 이 에큐메니칼 공의회에 참석한 교회는 5대 관구였는데, 알렉산드리아와 안디옥의 기독론 논쟁을 로마가 중재하여 해결을 보았다. 330년에 로마의 수도를 콘스탄티노플로 천도한 이래로, 테오도시우스 제2세가 제4차 에큐메니칼 공의회를 451년에 칼케돈에서 개최하였다. 니케아 신조와 콘스탄티노플 신조의 경우처럼 역시 제국과 제국교회들의 평화를 위한 것이었다.

2) 기독론의 두 흐름

"예수님이 누구신가?"의 문제 혹은 예수님의 정체성에 대한 문제는 신약성서 시대부터 내내 제기되어 왔고, 논란이 되어 왔다. 이처럼 예수님이 누구신가(Person=위격)의 문제가 그가 무엇을 행하셨는가(Work=사역)의 문제보다 역사적으로 더 중요시되었다. 환언하면 하나님 나라를 선포하시고, 십자가에 달리셨다가 부활하신 예수께서 누구신가의 문제가 매우 중요했다는 말이다. 그도 그럴 것이 어떤 종교적인 천재가 하나님 나라를 선포하였고, 십자가에 달리셨다가 부활하신 것이 아니라 메시야와 성육신하신 하나님의 아들이 그와 같이 행동하셨다고 하는 것이 중요하기 때문이다.

대체로 초기 기독교의 기독론에는 두 흐름이 있었다. 하나는 에비온주의(Ebionism)로 대표되는 여호와 유일신을 신앙하는 유대교 전통이다. 이 전통은 예수님을 랍비 중의 랍비요, 예언자 중의 예언자로 보아서 그가 여호와 하나님과 결코 동일 본질을 가질 수가 없다고 하는 입장이다. 둘은 철학적인 유일신론에 입각하여 형이상학적 원리를 신으로 보아, 하나님께서 육신을 입으실 수가 없다고 하는 희랍 전통의 입장이다. 더군다나 이 전통은 몸과 물질을 낮게 평가하는 이원론적이고 형이상학적인 세계관과 가치관을 가지고 있었기 때문에, 하나님의 영원한 아들의 성육신을 믿을 수가 없었다. 따라서 희랍 전통은 예수님의 인성은 가현(docetic)에 불과하다고 생각하였고, 유대교 전통은 예수님의 인성은 용납하였으나 그의 하나님 되심은 결코 인정할 수가 없었다. 이처럼 이미 지적한 대로 정통 삼위일체론과 정통 기독론은 모두 유대교적 여호와 유일신론과 희랍 로마적인 이원론을 극복하는 기독교 고유의 신관이 되었다.

그리하여 바야흐로 플라톤의 철학을 배경으로 하는 희랍 전통의 알렉산드리아 대관구와 아리스토텔레스의 철학과 연관을 갖는 유대교 전통의 안디옥 대관구가 기독론 논쟁에 직접 말려들었다. 전자는 예수님이 하나님이시요, 영원한 로고스라는 점에 무게를 둔 나머지 예수님의 인성을 소홀히 여겼고, 후자는 공관복음서가 묘사하는 예수님의 구체적인 인성 혹은 역사성을 중요시하여, 그의 신성을 부차적인 것으로 돌리는 결과를 초래하였다. 하지만 이 두 기독론의 입장은 시릴과 네스토리우스 논쟁 시기에 이르러 초기의 그것에 비하여 예수님의 하나님 되심과 사람 되심을 모두 인정하면서 그 강조점을 달리하였다.

상론하면, 아폴리나리우스(Appolinarius)와 유티케스(Eutyches)는 예수님의 신성을 강조한 나머지 그의 인성을 신성에 흡수시키는 결과를 가져왔는데, 이 경향을 교리사에서는 단성론(單性論, Monophysitism)이라 부른다. 그러나 시릴(Cyril)은 비록 희랍 전통을 잇는 신학자이긴 하지만, 신성과 인성이 한 위격 안에서 교류(communicatio idiomatum)하면서 통일을 이룬다고 하여 결국은 예수님의 신성(하나님의 아들 되심) 혹은 로고스에 무게를 두었다. 그는 삼위일체의 제2위격이신 예수 그리스도 안에서 신성과 인성의 '상호 내주와 교류'(perichoresis)를 주장하였고, 하나님의 아들의 인간 되심에 있어서 '위격적인 연합'(hypostatic union)을 주장하였다. 즉, 두 본성을 지니신 예수 그리스도 안에서 인간의 주체는 하나님의 아들의 주체에 전적으로 순응하는 연합을 이루었다는 말이다. 그리하여 431년 제3차 에큐메니칼 에베소 공의회에서 이 시릴의 기독론이 네스토리우스의 기독론을 누르고 승리를 거두어 칼케돈 정통 기독론에 크게 기여하였다.

이에 비하여 안디옥의 네스토리우스는 그의 선배 유스타티우스, 디오도르 및 테오도르에 이어서 예수님의 인성 확보에 힘쓴 나머지 그의 인성과 신성의 독립성을 확보하는 데는 성공하였으나, 이 두 본성이 삼위일체의 제2위격이신 예수 그리스도의 한 위격 안에서 조화를 이루어야 한다는 점은 소홀히 여겼다. 이와 같은 맥락에서 시릴이 마리아를 하나님의 어머니라고 한 데 반하여 네스토리우스는 마리아가 그리스도의 어머니 혹은 인간의 어머니(christokos 혹은 anthropotokos)라고 주장하였다. 네스토리우스는 마리아가 신성의 '도구'나 '성전'은 될 수 있으나, 하나님의 어머니는 될 수 없다고 못 박았다. 그리고 이미 지적한 대로 네스토리우스의 경우 하나님의 주권에 복종하는 인간 예수님의 구속사역에의 동참보다는 인간 예수님이 자신의 독립적인 의지를 가지고 하나님의 주권과의 펠라기우스적인 관계를 갖는 결과로 나갔다. 이들 네스토리우스파는 예수님 안에 두 주체 혹은 두 위격이 있는 것처럼 생각하는 결론에 도달한 것이나 마찬가지였다. 그래서 이미 지적한 바, '위격적인 연합'에 의한 하나님과 인간의 '페리코레시스'는 매우 중요하다.

3) 논쟁점

니케아 공의회가 결정한 삼위일체 교리의 논쟁점이 "예수님이 과연 여호와 하나님과 동일본질을 지니신 하나님의 영원한 아들이냐?" 하는 것이었다면, 칼케돈 공의회의 논쟁점은 "삼위일체 하나님의 제2위격이신 하나님의 아들 예수 그리스도께서 완전한 신성과 완전한 인성을 지니시면서, 어떻게 이 둘이 한 위격이신 예수 그리스도 안에서 상호 교류하고 내주하는가?"(페리코레시스)의 문제에 집중되었다. 그리하여 위에서 언급한 바 시릴과 네스토리우스가 대립하였는데, 전자는 한 위격 안에서 두 본성이 통일을 이룬다고 보았고, 후자는 양성의 독립을 주장하다가 양성의 통일을 소홀히 여겼다. 결국 로마의 감독인 레오가 칼케돈 공의회에서 알렉산드리아와 안디옥을 중재하여 정통 기독론을 정식화하는 데에 기여하였고, 이 공의회에서 325년의 니케아 신조, 381년의 콘스탄티노플 신조, 그리고 431년의 에베소 신조를 확인하였다.

4) 신학적인 해석

(1) 칼케돈의 본문 중 예수 그리스도께서 "아버지 하나님과 완전히 동

일하신 하나님의 아들", "독생자", "주님", "하나님의 로고스"(말씀), 즉 삼위일체 하나님의 제2위격이시라고 하는 부분은 이미 325년 니케아 신조에서 확정되었다. 이미 381년 콘스탄티노플 신조의 삼위일체론에서 '위격'(hypostasis)의 문제가 확정되었기 때문에, 이 '위격' 개념이 본 칼케돈의 기독론에 무난히 적용될 수 있었다고 생각된다. 다만 칼케돈에서 예수 그리스도의 '사역'(Work)보다는 위격(hypostasis)이 강조되었다는 점이 눈에 띤다. 이 맥락에서 본 신조는 시릴의 주장을 따라서 이 하나님의 아들의 위격적인 연합(a hypostatic union)을 주장한다. "이 동일하신 분이 그의 인성에 관하여는 마지막 날에 우리와 우리의 구원을 위해서 동정녀 마리아에게서 나셨으니 …… 이 동일하신 그리스도는 하나님의 아들이시요, 주님이시요, 독생자이시며, 우리에게 두 본성으로 되어 있으심이 알려진 바"라고 하였다.

말하자면 공관복음서에 나타난 예수님의 말씀들과 행동들은 모두 하나님의 아들로서 인간이 되신 분의 그것이다. 예수님의 아버지 하나님께 대한 믿음과 사랑(순종)과 소망은 인간 예수님의 그것이지만, 그것은 동시에 하나님의 아들의 그것이라는 것이다. 겟세마네 동산에서 땀방울이 핏방울이 되도록 아버지 하나님께 기도하면서 결국 십자가를 감당하시겠다고 하신 인간 예수님의 의지는 전적으로 아버지 하나님의 의지에 완전히 일치되었다. 인간 예수님의 모든 지정의는 아버지 하나님의 주체적인 의도와 목적에 완전히 일치하고 있다고 보인다. 하나님 아버지와 아들 예수 그리스도는 본성에 있어서 완전히 일치하시기 때문에, 예수님은 삼위일체의 제2위격이신 하나님의 아들의 주체적인 의도와 목적에 전적으로 순응하셨다.

(2) 다음으로 중요한 것은 이 예수 그리스도의 위격 안에서 두 본성의 상호 내주와 교류(perichoresis)에 관한 부분이다. 본문은 "이 두 본성은 혼합이 없고, 변화도 없으며, 분리될 수도 없고, 동떨어질 수도 없다."고

하였다. 그런데 이 두 본성의 차이는 이 연합으로 인해서 결코 폐기될 수 없으며, 각 본성의 속성들은 한 위격(one Person=prosopon)과 한 본체(one hypostasis) 안에서 둘 다 보존되고 함께 역사한다."고 하였다. 말하자면 위격적인 연합에 있어서 두 본성은 각각 그 속성이 온전히 보존되고, 함께 일하신다고 하는 것이다. 이 두 본성은 서로 혼합이 될 수 없고 하나의 본성이 다른 본성으로 화학변화와 같은 변화를 일으키지도 않으며(반 알렉산드리아), 분리될 수도 없고 동떨어질 수도 없다(반 안디옥).

이와 같은 부정적인 표현은 예수 그리스도의 두 본성의 관계가 인간의 언어를 초월한다고 하는 측면도 보여 주고 있다. 그래서 동방교회는 삼위일체 하나님과 예수 그리스도에 관하여 인간이 성서를 통해서 알 수 있는 부분도 있고(kataphatic), 알 수 없는 부분(apophatic)도 있다고 하였다. 예수 그리스도는 아버지 하나님과 공유하는 전지전능성, 무소부재성, 영원성, 사랑, 거룩성, 공의, 자비와 같은 신적인 본성을 지니셨고, 동시에 지식과 능력의 한계성, 시공적인 한계성, 사랑과 거룩성과 의와 자비의 한계성을 지니셨으며, 동시에 이 둘이 상호 내주하면서 교류한다(perichoresis)고 하는 것이다. 예컨대, 그의 신망애와 겟세마네의 기도와 십자가상의 고통에 있어서 신적인 본성과 인성은 한 분 예수 그리스도의 위격 안에서 상호 내주하고 교류하였다는 말이다. 여기에서 인간 예수님은 삼위일체 하나님의 제2위격(hypostasis)의 주체적인 의도와 목적에 전적으로 순응하셨다.

(3) 본문은 알렉산드리아 학파를 겨냥하여 '하나님의 아들'이시요, '독생자'시요, '주님'이시요, '하나님의 로고스'이신 예수 그리스도는 참인간이시고, 이성적 영혼(a rational soul)을 지니셨다고 말한다. 그리고 본문은 "그는 신성에 있어서 아버지와 동일본질이시고 인성에 있어서 우리와 동일본질이시지만 죄를 제외하고는 우리와 똑같으시다."라고 한다. 아폴리나리우스의 경우에서처럼 예수님의 인성이 그의 신성에 결코

흡수되어 버리는 것이 아니다. 예수 그리스도는 "죄를 제외하고는 우리와 동일본질"이시라는 것이다. 예수님은 신성에 있어서 아버지 하나님과 '동일본질'(homoousios)이실 뿐만 아니라 그의 인성에 있어서는 우리 인간의 본성과 동일본질이시다. 이 부분은 우리의 구원을 위해서 예수님께서 "참하나님이셔야 하고 동시에 참인간이셔야 한다."(vere Deus et vere Homo)는 의미에서 매우 중요하다.

모든 인류를 대표하고, 모든 인류를 위하사 성육신하신 하나님의 아들 예수 그리스도는 참인간으로서 모든 인류의 죄와 죽음과 흑암의 권세와 사탄의 권세를 짊어지셨고, 동시에 하나님으로서 그것을 극복하시고 승리하실 수 있었다. 이 예수님의 신망애와 겟세마네 동산의 기도와 십자가상의 고통은 모든 인류를 대표하심으로써 모든 인류를 위하시는 하나님의 아들 예수 그리스도의 두 본성의 페리코레시 없이는 이해될 수 없다. 네스토리우스 기독론의 오류는 예수님의 이와 같은 지정의의 행동에 있어서 하나님의 아들의 위격에 의해서 지배를 받는 예수님의 인성이 아니라 인간 예수님의 자유의지에 의한 주체적인 의도와 결단과 목적의 독립성을 주장한 나머지 펠라기우스주의로 떨어지는 데 있다(이 입장은 431년 에베소 공의회에서 정죄를 받았다).

그리고 예수님의 참인간성에 관하여 본문은 "죄를 제외하고는 우리와 똑같으시다."고 하는 바, 이것은 예수님의 인성이 너무도 순수하여 죄와 사망과 흑암의 권세와 사탄의 권세와 단순히 무관하다는 뜻이 아니라 비록 그의 인성이 그렇게 순수하여 그와 같은 인류와 우주를 위협하는 부정성(the Negative)과는 무관함에도 불구하고, 성육신에서 십자가에 이르기까지 이 모든 것을 스스로 짊어지시고, 극복하신 분이신 동시에 그의 부활을 통해서 승리하신 분이시라는 뜻이다. 그는 세상 죄를 지고 가는 하나님의 어린양이시다. 그리고 부활하신 예수 그리스도의 인성이야말로 이 모든 부정성을 극복하신 종말론적인 인간성으로서 하나님의 백성, 예수 그리스도의 몸, 그리고 성령의 전인 교회를 포함하고, 나아가서 종말론적인 완성에서는 새롭게 될 모든 인류와 모든 창조세계를 포괄할 것이다.

(4) 끝으로 마리아에 대해서 생각해 보자. 431년 에베소 공의회에서 마리아를 '하나님의 어머니'(theotokos)라고 주장한 알렉산드리아의 시릴이 마리아를 '그리스도의 어머니'(christokos) 혹은 '인간의 어머니'(anthropotokos)라고 주장한 네스토리우스에게 승리한 이래, 451년 칼케돈 공의회에서는 마리아를 '하나님의 어머니'라고 부르게 되었는데, 이는 시릴이 아기 예수의 신성(아버지와 동일본질이신 성육신하신 아들)을 강조하였고, 네스토리우스가 아기 예수의 인성을 강조한 데서 기인하였다. 그런데 마리아를 '하나님의 어머니'라고 부른 것이 정통교리로 확정된 것은 사실이지만, 이 교리가 왜곡되어 중세시대의 마리아 숭배사상이 나왔다. 우리는 칼케돈 신조가 주로 정통 기독론을 확립하고 있는 것이라고 보아, 강조점이 마리아에게 있는 것이 아니라 나사렛 예수께서 하나님이시기 때문에 그를 낳으신 마리아가 논리적으로 하나님의 어머니가 된다고 하는 의미를 기억할 필요가 있다고 보인다.

5) 역사적인 의의

정통 기독론 확정은 신약성서에서 시발되어 고대교회가 300년 동안 숙제로 안고 씨름하던 예수님이 누구시냐의 문제, 특히 하나님의 아들이신 예수님의 한 위격(hypostasis) 안에서 두 본성의 관계의 문제를 해결하였다는 점에서 큰 교리사적 의의를 갖는다. 또한 고대교회가 공의회를 통해서 에큐메니칼 토론을 거쳐 통합적인 기독론을 형성시켰고, 수의과정을 거쳐 정통 기독론을 결정한 것은 기독론 논쟁으로 분열의 위협을 받고 있었던 지중해 세계 기독교의 일치를 가져왔을 뿐만 아니라 제국의 통일을 가져오는 데에도 일조를 하였다. 그리고 다른 공의회의 교리 결정과는 달리 로마의 중재가 큰 역할을 했다고 하는 점도 돋보인다. 즉, 로마 대관구의 감독인 레오의 교서(Tome)가 주도적인 역할을 함으로써 알렉산드리아와 안디옥 대관구의 기독론 논쟁을 교통 정리하였다. 하지만 시리아, 애굽, 아르메니아, 에디오피아 등의 단성론 경향의 교회들은 451년 칼케돈 공의회의 결정을 받아들이지 않아서 결국 역사적으로 비주류 교회로 전락하였으나, 에큐메니칼 운동의 과정을 거치면서 이들 오리엔탈 교회들은 주류 동방교회와 거의 성만찬을 함께 나누려는 단계에까지 와 있다.

    본 칼케돈 신조는 예수님의 십자가사건과 부활사건으로 요약되는 예수 그리스도의 사역(Work)과 인간구원에 초점을 맞춘 것이 아니라 예수 그리스도의 위격(hypostasis) 혹은 정체성에 초점을 맞추고 있다. 그 이유는 당시의 기독론 논쟁점이 그 당시 믿는 사람이면 누구나 믿고 있는 성육신과 십자가와 부활사건과 같은 것이 아니라 니케아에서 아버지 하나님과 동일본질로 확정된 그 예수 그리스도께서 동시에 참인간이시라는 점과 한 위격 안에서 두 본성의 관계를 확정하는 것이 논쟁의 초점이었기 때문이다. 따라서 19세기 유럽의 자유주의 개신교가 예수 그리스도의 위격에는 별로 관심이 없이, 그의 사역 측면만을 생각하다가 신약성서의 예수가 아니고, 그 어떤 종교적인 천재가 그와 같은 사역을 할 수도 있었다고 하는 생각을 할 수 있게 하였으니, 본 정통 기독론의 의도와 목적은 예수 그리스도의 위격을 정면에 내세운 바, '위격적인 연합'(hypostatic union)에 의한 예수 그리스도의 사역(Work) 이해를 가능케 하였다고 보인다.

    중세, 종교개혁 시대, 그리고 17세기 개신교 정통주의 신학의 기독론이 철저히 이 칼케돈 기독론에 기초하고 있으며, 칼 바르트로 비롯되는 신정통주의 신학과 오늘날의 내러티브 신학이 다시 이 정통 기독론을 부활시키어, 그들의 구원론적인 주장을 펼치고 있다. 19세기 이래로 역사적인 예수를 강조하는 기독론과 부활하신 그리스도를 강조하는 기독론이 각각 반복적으로 주장되어 왔고, 예수님의 인간 되심의 측면만을 강조하는 신학과 하나님의 독재적인 본성을 강조하는 신학이 나타나고 있으나, 니케아 신조와 칼케돈 신조는 예수 그리스도께서 성부, 성자, 성령의 제2위격이시며, 신성과 인성을 그 한 위격 안에 유기적으로 통일하고 계시다고 하는 삼위일체론적 기독론을 내세움으로써 성서해석과 신학의 기본 틀을 형성하였다.

1948년 암스테르담의 WCC 교리헌장(the Basis)은 일찍이 주 예수 그리스도는 하나님이시고, 구세주이심을 선포하고 있고, 1961년 뉴델리의 제3차 WCC 총회는 이와 같은 기독론에 더하여 삼위일체 하나님을 첨가하였다. 루터와 칼빈, 바르트와 내러티브 신학은 모두 이 니케아-콘스탄티노플 신조의 삼위일체 하나님과 칼케돈의 기독론을 그들의 신학에 있어서 매우 중요시한다. 물론 바르트는 정통 기독론을, 몰트만은 정통 기독론보다는 삼위일체 하나님을 더 강조하고 있지만 말이다. 특히 몰트만은 삼위일체 하나님의 선교 안에 교회뿐만 아니라 인류의 보편사와 우주만물을 모두 포함시키고 있다.

V. 고대 에큐메니칼 신조에 대한 결론

1. 이단 시비와 정통성의 표준

1) 복음과 "신앙규범"

초기 교부들 가운데 이레니우스(c. 130 - c. 200)와 터틀리언(c. 160 - c. 220)은 '영지주의'(Gnosticism)라고 하는 이단에 대응하여 '신앙규범' (regula fidei)을 제시했다. 이 신앙규범은 예배하는 교회의 연속성 속에서 구전 또는 기록으로 전해진 사도적 전승(the apostolic Paradosis)으로써, 주후 396년 카르타고 공의회에서 확정된 신약성경(27권)의 내용에도 포함되어 있다. 여기에서 유의할 점은 고대교회가 이단에 대하여 대처할 때, '복음서들' 가운데 그 어느 하나나 바울의 서간들 가운데 그 어느 하나나 혹은 성경 전체를 가지고 대응한 것이 아니라 '복음'과 기독론적, 삼위일체론적 신앙고백을 가지고 대응했다는 사실이다. 아래에 소개되는 '신앙규범'의 내용은 기독교 신앙의 본질에 해당하는 '복음'으로서 기독론적, 삼위일체론적 정통성을 함축하고 있다.

  전 세계에 두루 퍼져 있고 땅끝까지 확산되어 있는 교회는 사도들과 이들의 제자들로부터 다음과 같은 신앙을 물려받았다. (교회는) 한 하나님, 곧 하늘과 땅, 그리고 바다와 그 가운데 있는 만물을 창조하신 전능하신 아버지를 믿고, 우리의 구원을 위해서 성육신하신 하나님의 아들, 한 예수 그리스도를 믿으며, 구약의 예언자들을 통해서 하나님의 경륜과 예수 그리스도의 강림을 선포하신 성령을 믿는다. 예수 그리스도는 성령을 통하여 동정녀 마리아에게서 탄생하셨고, 십자가에서 고난을 받으셨으며, 죽은 자들로부터 부활하사 우리 주 예수 그리스도의 육신으로 하늘에 오르셨고, 장차 아버지의 영광 가운데 하늘로부터 재림하사 '모든 것을 하나로 모으시고' 전 인류의 모든 육체를 부활시키실 것이다. 그리하여 보이지 않는 아버지의 뜻을 좇아 하늘과 땅과 땅 밑의 모든 것이 그 무릎을 우리의 주님이시요, 하나님이시요, 구주이신 그리스도 예수에게 굴하고, 이 주님께 신앙을 고백하게 될 것이다. 그리고 그는 모든 인간을 심판하시되 '영적인 사악'을 보낼 것이고, 하나님의 법을 어겨 배도자들이 된 천사들을 불신앙과 불순종의 인간들과 함께 영원한 지옥불에 던질 것이다. 그리고 우리의 재림하실 주님은 그의 은혜로 의롭게 되고 거룩하게 된 자들, 그의 계명들을 지킨 자들, 그리고 그의 사랑 안에서 보전된 자들에게 영혼불멸을 베풀어 줄 것이고(이들 중에는 이미 기독교인으로 살아온 사람들이 있고, 새로이 회개할 사람들도 있지만), 이들을 영원한 영광으로 두르실 것이다(Against Heresies I. x. 1).

  사도신경 또한 고대교회의 이단대처에 크게 기여하였다. 사도신경은 주후 170년경에 로마에 있는 교회들이 사용하던 세례용 요리문답인 로마신경(Symbolum Romanum)에서 유래한 것으로(본래는 문답식으로 되어 있던 것이 보완과정을 거쳐 긍정문으로 확정되었음.) 주후 800년대 이후 서방교회에서 널리 사용되어 왔으며, 오늘날까지도 서방교회 안에서 널리 사용되는 신조이다. 이 신조는 비록 고대 에큐메니칼 공의회에서 결정되어 공포된 것은 아니지만(빌립 샤아프는 이 신조를 고대 에큐메니칼 신조들 가운데 하나로 봄.)[1] 동방교회가 애용하는 니케아-콘스탄티노플 신조(381)와 맞먹는 것으로써 교회의 설교, 세례와 성만찬, 신앙고백들, 공동체적 삶, 그리고 교회의 살아 있는 복음전승 등을 통하여 전해지는 사도적 신앙이다. 우리는 사도신경의 내용 중 제2항목이 제일 긴 것을 발견하는데, 이는 '복음' 내용이 사도신경의 중심내용이라는 것을 암시한다. 삼위일체 하나님의 이름으로 세례를 받는 사람들에게 가장 중요한 것은 성령을 통하여 예수 그리스도와 한 몸을 이룩하는 것이기 때문이다.

2) 고대 에큐메니칼 신조들

사도시대로부터 주후 600년경까지 복음이 지중해 세계에 널리 전파되면서 생긴 로마, 콘스탄티노플, 알렉산드리아, 안디옥, 예루살렘을 중심으로 하는 5대 관구들은 에큐메니칼 공의회(Ecumenical Councils)의 교리결정을 통해서 이단(heresy : 희랍어로 무엇을 선호하여 선택한다는 뜻) 시비를 가려, 기독교 정통교리(Orthodox란 올바른 가르침이라는 뜻)를 확립하였다. 본디 '에큐메니칼 공의회'라는 말의 '에큐메니칼'은 381년 콘스탄티노플 공의회가 '니케아 공의회'(325)를 '제1차 에큐메니칼 공의회'라고 부른 데서 기원하였다. 그중 개신교가 로마 가톨릭교회 및 동방 정통 교회와 공유하는 것은 하나님에 관한 정통교리인 니케아 신조(325), 성령에 대한 정통교리인 니케아-콘스탄티노플 신조(381), 에베소 공의회(431)의 구원론, 그리고 예수 그리스도에 대한 정통교리인 칼케돈

---

1. 참고 : Philip Schaff, op. cit., p. 14 이하.

신조(451)이다. 갈라지지 않은, 고대교회의 이와 같은 에큐메니칼 신조들은 '제2차적 표준'(norma normata)으로서 복음과 성경(norma normans) 다음으로 중요한 정통성의 표준이다.

2. 에큐메니칼 공의회의 신학

오늘날 로마 가톨릭교회와 동방정교회와 성공회와 개신교는 고대 기독교의 유산을 공유하고 있다. 이 시기(100 - 600)는 동서방 교회가 분열(1054)되기 이전의 시기요, 개신교가 로마 가톨릭교회로부터 분리되기 이전의 시기이기 때문이다. 비록 451년 정통 기독론에 반대하여 기독론적 노선을 달리한 단성론파(Monophysites)가 동방정교회의 주류에서 갈라져 나갔으나, 대체로 이 시기는 에큐메니칼 공의회에 의한 교회일치의 시기였다. 이 당시의 기독교는 로마 중심의 서방교회와 콘스탄노플 중심의 동방정교회, 그리고 소아시아 교회들과 유럽의 교회들이 다양성 속에서 통일성을 추구했던 시기였다. 때문에 니케아 공의회 이전을 선호하는 소종파 개신교들을 제외하면, 대부분의 교파들이 이 고대 기독교시기를 매우 존중하는 경향이다.

이 시기에 일곱 에큐메니칼 공의회는 지중해 세계교회들을 하나로 묶는 일에 크게 공헌하였다. 그것은 중세 말의 '공의회 운동'(conciliar movement)과 WCC(World Council of Churches)로 대표되는 20세기 공의회 운동의 원조이기도 하다. 일곱 에큐메니칼 공의회 운동은 교리문제 해결에 크게 기여하였고, 중세 말의 공의회는 교황권의 부패로 인한 '교회의 대분열'(the Great Schism)을 정치적으로 극복하는 데에 도움을 주었으며, 20세기 WCC를 통해서 진행되어 온 에큐메니칼 운동은 "신앙과 직제" 운동을 통한 교회일치 추구와 "삶과 봉사" 운동을 통한 교회의 인류사회에의 참여와 "세계선교" 운동을 통한 "복음전도"와 "하나님의 선교"에 힘써 왔다.

그러면 고대 일곱 에큐메니칼 공의회가 결정한 교리들이 교리로 인하여 교회분열을 위협 받았던 고대교회에 어떻게 기여했는가? 특히 이 시기의 교리들 가운데 어떤 것들이 오늘날 교회의 에큐메니칼 관계에 기여하겠는가? 여러 이단들에 대처하여 지중해 세계교회가 공유해야 할 바른 교리를 확정지은 고대의 일곱 에큐메니칼 공의회가 교리결정 이동 시에 에큐메니칼 의미를 보여 주었다고 하는 것은 매우 중요하다.

첫째로 니케아 공의회(325)의 삼위일체론이 중요하다. 나사렛 예수께서 하나님의 아들이시요, 아버지 하나님과 본질이 같으신 분이라고 하는 니케아 삼위일체론의 핵심은 오늘날 교회들을 하나로 만드는 에큐메니칼 신앙의 내용이다.

둘째로 콘스탄티노플 공의회(381)는 니케아 공의회의 성령론을 확장시켰으니, 이는 성령을 주님과 생명의 부여자(Life-Giver)로 고백하고, 아버지와 아들과 더불어 예배를 받으시고 영광을 받으실 분으로 고백하여 성령의 신성을 확보하였고, "하나의 거룩하고 보편적이며 사도적 교회"라고 하는 교회에 대한 믿음을 확정지었으며, '하나의 세례'를 고백하였다.

셋째로 본 저서에서 논하지는 않은 에베소 공의회(431)의 정통 구원론도 에큐메니칼 차원에서 중요하다. 그 이유는 자력구원을 외쳤던 펠라기우스주의자들의 구원론을 제외하고는 구원론의 다양성을 열어 놓고 있기 때문이다. 에베소 공의회는 네스토리우스파 사람들과 더불어 오랫동안 물의를 빚어 온 펠라기우스주의(펠라기우스주의자인 켈레스티우스가 정죄를 받음.)[2]를 이단으로 정죄하였다. 이 공의회는 대체로 어거스틴

---

2. 일찍이 켈레스티우스는 412년에 카르타고 회의에서 정죄를 받았고, 416년에 카르타고 회의와 밀레비우스 회의에 의해서 펠라기우스와 켈레스티우스가 정죄를 받았으며, 417년에는 인노센트 제1세(401-417)가 이 두 공의회의 정죄를 추인하였다. 그리고 418년 카르타고 회의가 펠라기우스를 정죄한 후, 펠라기우스주

의 구원론을 수용하면서도 은혜와 믿음으로 구원받는다고 하는 융통성 있는 주장을 공식화함으로써 로마 가톨릭교회의 "반-어거스틴적(semi-Augustinian) 구원론", 17세기 알미니언들의 신인협동설, 웨슬리와 미국 복음주의 부흥운동의 경건주의 전통의 구원론, 동방정교회와 성공회의 구원론 등의 구원론적인 다양성을 허용하고 있다고 보인다.

비록 루터와 칼빈이 인간의 자유의지의 반응보다도 불가항력적인 은총의 우위권(優位權)을 강조한다고 해도 이들 역시 '은혜와 믿음'으로 받는 구원을 주장하고, 이상의 모든 교회들이 다소간의 차이가 있을지라도 "객관적이고 보편적이며 종말론적인 예수 그리스도의 위격과 구속사역"(the Person and Work of Jesus Christ, 선행은총)을 전제하고, 은혜와 믿음으로 구원받는 이야기를 하고 있기 때문이다. 끝으로 '신화'(deification)의 문제는 '성화'(벧후 1:4-7)의 동방교회적 버전(version)으로써 그것의 근거를 기독론에 두고 있다. 즉, 신·인이신 예수 그리스도의 성육신과 구속사역에 있어서 인성이 전적으로 신성에 의하여 '신화' 되었다고 하는 가르침으로 동방정교회는 이것이 성만찬에서 일어난다고 본다.

넷째로 칼케돈 공의회(451)의 정통 기독론 역시 에큐메니칼 차원에서 매우 중요하다. 나사렛 예수께서는 하나님의 아들로서 아버지 하나님과 동일본질이신 바(니케아 신조), '참하나님과 참인간'(vere Deus et vere Homo, 칼케돈 신조)으로서 모든 인류를 위한 구속(救贖) 사역을 수행하셨다고 하는 신앙내용이 오늘날 에큐메니칼 공동체에 의해서 이의 없이 받아들여지고 있기 때문이다. 나사렛 예수님은 참하나님과 참인간이셨기에 그의 십자가사건과 부활사건을 통해서 인류와 우주만물을 하나님께 화해시키실 수 있었다. 그는 중보자(the Mediator)이시다. 중보자의 자격은 '참하나님과 참인간'(vere Deus et vere Homo)이셔야 한다. 그런데 이와 같은 정통 기독론이 하루아침에 이루어진 것이 아니라 황정욱

의와 그 추종자들이 매우 감소하였다. 그 후 431년 에베소 에큐메니칼 공의회가 다시 저들을 정죄하였고, 529년 제2차 오랑쥬 공의회 역시 저들을 정죄하였다.

"네스토리우스주의와 칼케돈 공의회"가 보여 주는 대로, 신약성서시대로부터 그리고 유대교 및 희랍 로마 세계의 하나님 개념의 압력 하에 오랜 시기를 거치며 형성되었다.

이상에서 우리는 4공의회의 교리들을 살펴보았다. 그런데 나머지 3공의회의 교리는 그렇게 중요하지 않다. 제2차 콘스탄티노플 공의회(553)는 네스토리우스 기독론을 다시 한번 정죄하고, 알렉산드리아의 시릴 쪽으로 기울어지는 정통 기독론을 재확인하였고, 제3차 콘스탄티노플 신조(680-1)는 예수 그리스도의 '단일 의지론'(monothelitism)을 반대하고, 칼케돈의 '두 본성론'에 상응하는 '두 의지론'을 주장하였으며, 제2차 니케아 공의회(787)의 "성상 공경" 교리는 개신교에 의해서 받아들여지지 않고 있기 때문이다.

그리고 이상의 정통 교리(삼위일체론, 기독론, 구원론)보다 더 중요한 에큐메니칼 신앙내용은 '복음과 성경'이다. 우리가 이미 '복음과 신앙규범'에서 '복음'과 '신앙규범'이 기독교의 정통성 수호에 있어서 결정적으로 중요하다는 사실을 지적하였거니와 '복음'과 '신앙규범'의 확장이라고 볼 수 있는 정통 삼위일체론과 기독론은 기독교 정통성의 표준으로써 결정적으로 중요하다. 그런데 흥미로운 사실은 이미 지적한 이와 같은 정통성의 표준이 고대 지중해 세계 에큐메니칼 교회를 한 데 묶는 에큐메니칼 공의회의 신학이었다는 사실이다. 이렇게 볼 때 고대교회의 에큐메니즘은 복음과 정통 삼위일체론과 기독론과 구원론과 같은 기독교의 근본 진리들을 무시하시 않았다는 사실을 우리는 확인할 수 있다.

제 **2** 장

종교개혁기의 개혁교회 신앙고백

Ⅰ. 스위스와 독일의 개혁교회 신앙고백 / 93
Ⅱ. 프랑스와 네덜란드의 개혁교회 신앙고백 / 250
Ⅲ. 영어권의 개혁교회 신앙고백 / 316
Ⅳ. 종교개혁기 개혁교회 신앙고백에 대한 결론 / 351

I 스위스와 독일의 개혁교회 신앙고백

1. 베른 신앙고백(1528)

　베른(Bern)의 종교개혁자 할러(Berthold Haller, 1492-1536)는 1525년에 성 빈센트 교회에서 미사를 중단하고, 성경을 통한 설교를 시작했다. 「베른 10개 조항」(1528)은 로마 가톨릭교회와의 토론을 위해서 제출된 것으로 할러와 종교개혁자 콜프(Franz Kolb, 1465-1535)에 의해서 작성된 것이다. 이것이 완성되었을 때, 할러는 1527년 11월 19일에 츠빙글리에게 보내었는데, 츠빙글리는 약간의 편집상의 수정을 가하였다.[1]

---

1. 스위스의 츠빙글리의 종교개혁에 대하여는 이 책의 시리즈 제1권인 「16세기 종교개혁과 개혁교회의 유산」(서울 : 한국장로교출판사, 2003), pp. 173-234 을 참조하였다.

로마 가톨릭교회와의 장시간의 토론을 거친 후 베른의 연방들(cantons)과 대부분의 목회자들은 「베른 10개 조항」에 서명하였다. 그 결과 베른에서 미사폐지가 이루어졌다.[2]

Ⅰ. 그리스도가 그의 유일한 머리가 되시는 거룩한 기독교회는 하나님의 말씀으로 태어나고, 동시에 말씀 안에 거하며, 이상한 사람(=목자로서 예수 그리스도 이외의 사람, 필자)의 음성을 듣지 않는다.

Ⅱ. 그리스도의 교회는 하나님의 말씀이 없이는 어떤 율법도 어떤 계명도 만들지 않는다. 그러므로 교회적 계명이라고 불리는 모든 인간적 전통들이 하나님의 말씀에 근거하고 명령되어질 때만이 우리를 결속시킨다.

Ⅲ. 그리스도는 우리의 유일한 지혜요, 의요, 구속이며, 온 세상의 죄를 지불하신 분이시다. 그러므로 우리가 구원을 위한 다른 공로와 죄를 위한 다른 만족을 인정할 경우, 그것은 그리스도를 부인하는 것이다.

Ⅳ. 그리스도의 몸과 피가 성찬의 빵 안에서 본질적으로, 그리고 육체적으로 받아들여진다는 사실은 어떤 성경으로부터도 증명될 수가 없다.

Ⅴ. 지금 통용되고 있는 미사에서 그리스도가 산 자와 죽은 자의 죄를 위해서 하나님 아버지께 희생 제물로 드린 바 되었다는 주장은 성경에 모순되며, 그리스도의 가장 거룩한 희생과 고난과 죽음에 반대되는 신성모독이다. 이 같은 오용 때문에 미사는 하나님 앞에서 혐오스러운 일이다.

Ⅵ. 그리스도만이 우리를 위해서 죽으셨듯이, 그는 하나님 아버지와 우리 신자들 사이에 계시는 유일한 중보자와 보혜사로 예배되어야 한다. 그러므로 저 세상을 향하여 다른 중보자들과 보혜사들을 간청하는 것은 성경에 모순된다.

Ⅶ. 성경은 이생 후에 있는 연옥에 대해서 알지 못한다. 그러므로 매년

---

2. Arthur C. Cochrane(Ed.), *Reformed Confessions of Sixteenth Century* (Westerminster John Knox Press : Louisville·London, 2003), pp. 45-50 ; *Realencyklopädie für protestantische Theologie und Kirche* Bd. Ⅶ(1899), S. 366-370, Bd. Ⅹ(1901), S. 641-643.

7일째 또는 30일째 반복된 기도, 미사, 죽은 이를 위한 미사, 헌신기도, 램프, 촛불 등과 같은 것으로 죽은 자를 위한 모든 직무들은 헛된 것이다.

Ⅷ. 예배를 위해 성상을 만드는 것은 구약과 신약의 하나님의 말씀과 모순된다. 그러므로 성상을 설치하는 것은 우상숭배의 위험을 내포하기 때문에 이것은 제거되어야 한다.

Ⅸ. 성경 어디에도 거룩한 결혼은 어떤 계층의 사람들에게도 금지되어 있지 않다. 다만 결혼은 간음과 간통을 피하기 위해 모든 사람들에게 허락된다.

Ⅹ. 성경에 따르면 공개적으로 간음한 자는 출교되어야 한다. 추문이 뒤따르게 될 경우, 간통과 간음은 어떤 계층의 사람들보다도 성직자들에게 더욱 치명적으로 악영향을 끼친다. 만물은 하나님의 영광과 하나님의 거룩한 말씀을 받들지어다!

2. 소교리문답(1529)

1) 서 론

마르틴 루터의 「소교리문답」(*Der Kleine Katechismus*)은 사도신조, 주의 기도, 십계명의 순서와 구조를 지닌 교리문답으로써 루터파뿐만 아니라, 당시 종교개혁자들에게 큰 영향을 끼쳤다. 「소교리문답」이 종교개혁 진영의 교리문답이 등장하는 데에 한 실례 역할을 담당하였던 것이다. 따라서 개혁교회의 신앙고백을 다루는 데 있어서 「소교리문답」을 설명하는 것은 매우 중요한 일이다.

마르틴 루터의 교리문답을 이해하는 결정적이고도 중요한 관점은 이 교리문답들이 설교에서부터 출발하였다는 점이다.[3] 1517~1518년 사이에 루터는 십계명에 대하여 설교하였고, 그 후에 주의 기도와 사도신조

---

3. H. W. Surkau, Art. "Katechismus Ⅱ", *RGG*³ Bd. 3, 1182.

에 대하여 설교하였다. 그리고 1523년부터는 매년 교리문답 설교를 행하였고, 루터의 문답설교는 부겐하겐(Bugenhagen)과 프뢰셀(Fröschel)에 의하여 채용되었다. 1525년 이후에는 교리문답 교육이 강화되기 시작하여, 일 년에 4번씩 각각 2주 동안 주일 오전 교리문답설교 외에도 주중 4일 간은 교리문답설교가 행해졌다. 계산하면 일 년에 40회의 교리문답설교를 듣는 셈이 된다. 그리고 십계명, 주의 기도, 사도신조 외에도 세례와 성찬에 관한 설교가 추가되었다.

1529년 4월 초에 「대교리문답」(*Deudsch Catechismus*)이 등장하였고, 곧이어 5월 16일경에 「교구 목사 및 설교자를 위한 소교리문답」(*Der kleine Catechismus für die gemeinde Pfarrer und Prediger*)이 출판되었다. 6월 13일에는 세례, 회개, 기도문 등을 포함한 「엔키리디온. 소교리문답」(*Enchiridion. Der kleine Catechismus*)으로 개정 출판되었다.[4]

루터는 소교리문답에 특별히 서문을 첨부하여서 교리문답이 등장한 이유를 상세하게 설명하였다. 자신이 담당한 교회에서는 앞서 언급한 것처럼 교리문답설교가 일 년에 40차례나 진행되고 있었지만, 1528년을 전후해서 루터가 순방하였던 다른 지역의 교회에서는 교리교육이 전혀 시행되지 못하고 있었다. 루터는 이러한 상황을 다음과 같이 표현하였다.

> 일반 백성들은 기독교 교리를 거의 모른다. 특히 마을에 사는 사람들이 그러하다. 불행하게도 많은 목사들이 교리를 가르치기에는 미숙하고 무능하다. 주의 기도 뿐만 아니라 신앙고백이나 십계명도 알지 못하는데 모두를 그리스도인이라고 부르고, 세례와 성만찬을 베풀어야 하는가?[5]

---

4. 소교리문답 본문은 *Die Bekenntnisschriften der evangelisch-lutherischen Kirche*(이하 BSLK), Göttingen 1992, pp. 499-542에 나오는 Enchiridion. Der kleine Katechismus für die gemeinde Pfarrer und Prediger를 사용한다. 번역본은 컨콜디아에서 나온 지원용 편역, 「신앙고백서」(*The Book of Concord*), 1991과 이장식 편역, 「기독교 신조사 Ⅰ」, 1979가 있다.

제2장 종교개혁기의 개혁교회 신앙고백

결국 「대요리문답」을 준비하면서 루터는 「소요리문답」을 동시에 저술하였다. 「대교리문답」이 교리에 대한 변증적인 성격을 그대로 드러내는 데 반하여, 「소교리문답」은 전혀 변증적인 내용을 담고 있지 않다. 위에 언급한 대로 목회자들이 백성들에 대한 교리교육을 제대로 실시할 수 있도록 구성된 것이 「소교리문답」이다. 「소교리문답」은 작은 소책자로 만들어졌으며 뒤에 각각의 직분자들이 늘 마음에 담고 살아야 할 내용들을 첨부하였는데, 이를 하우스타펠(Haustafel)이라고 명명하였다. 직역하면 "가정덕목표"이고, 그 의미는 "가정에서 표로 만들어 두고 늘 기억해야 하는 문구"라는 뜻이다. 한국 루터교에서는 이를 '의무표'라고 번역하였다.[6]

「소교리문답」은 일차적으로 교인들을 지도할 목회자들을 위한 것이다. 루터는 「소교리문답」의 제목에서부터 명백하게 이를 밝히고 있다. 따라서 교리문답 서문에서 루터는 가르치는 데 필요한 교수방법을 다음과 같이 제시하고 있다.[7]

첫째, 십계명, 주의 기도, 사도신조, 성례전의 본문을 변경하지 않도록 주의하는 것이다. 즉, 가르치는 목사가 용어를 통일하여 교육하지 않으면 배우는 자들이 혼란에 빠질 수 있다는 것을 경계하였다. 둘째, 본문의 내용을 습득케 한 다음에는 「소교리문답」 해설서를 이용하여 어구의 뜻을 분명하게 가르치도록 하였다. 셋째, 「소교리문답」을 마친 후에는 「대교리문답」에 따라 더 정밀하고 광범한 지식을 주도록 하였다. 그렇게 해야 하는 이유는 다스리는 자나 부모 등 다른 이들을 가르쳐야 하는 위치에 있는 자들을 더욱 엄하게 교육하기 위함이다. 넷째, 교리적인 오해를 종식시키도록 훈계해야만 한다. 왜냐하면 로마교회의 형식주의적 성례론이 배격된 것을 오해하여 성례를 존중하지 않게 된 백성들이

---

5. BSLK 501-502.
6. 「신앙고백서」, p. 333.
7. 「신앙고백서」, pp. 317-320.

올바른 성례관을 갖도록 지도해야 한다는 것이다.

 루터는 1526년 독일미사 서문에서 교리문답을 다음과 같이 정의한 일이 있다. "교리문답이란 이방인을 그리스도인이 되게 하는 가르침인데, 저들이 그리스도교에서 무엇을 믿고 행하고 허용하고 알아야 되는지를 가르치고 깨닫게 하는 것이다. 이 수업에 참여하여 신앙을 배운 학생들을 '예비입교자'(Catechumenos)라고 부르는데 그들에게 세례를 베풀 것이다."[8] 이러한 근본정신에 입각하여「소교리문답」은 그리스도인이라면 누구나 반드시 필수적으로 알아야 할 것들을 가르치고 있다.[9] 루터는 1528년 9월 14일 설교에서 교리문답을 "일종의 어린이 설교 또는 평신도의 책"[10]이라고 불렀다. 「소교리문답」이든지 「대교리문답」이든지 교리문답의 기능은 성경의 내용 중 중요한 것들의 개념을 잡아 주며 그리스도인이 구원을 위해 반드시 알아야 할 것들이다.[11] 그러므로 교리문답은 중요한 과제를 안고 있는데, 기독교 신앙에 있어서 가장 본질적인 것, 결정적인 것, 기초적인 것, 그리고 근본적인 것을 간결한 언어로 표현해 내는 것이다.

2) 해 설

(1) 십계명 - 어떻게 가장이 이를 자기 가족에게 쉽게 가르칠 것인가?

 첫째 계명은 "나 외에는 다른 신들을 네게 두지 말라."이다. 「소교리문답」은 제2계명으로 분류되는 "너를 위하여 새긴 우상을 만들지 말고, …… 절하지 말며, 그것들을 섬기지 말라."는 말씀을 제1계명에 포함시켰다. 이렇게 분류하는 것은 로마 가톨릭교회와 루터교의 분류방식이

---

8. WA 19, 76, 2.
9. Albrecht Peters, *Kommentar zu Luthers Katechismen, Bd. 1 Die Zehn Gebote*, Göttingen, 1990, 16/ BSLK 553, 36.
10. WA 30 I, 27, 26 ; "eine Kinder-Predigt oder der Laien Biblia".
11. Albrecht Peters, Bd. 1, 17.

다. 제1계명의 의미는 하나님을 최고로 두려워하고 사랑하고 신뢰하라는 명령이다.[12]

둘째 계명은 하나님의 이름에 관한 것인데, 하나님의 이름을 걸고 "저주나 맹세나 요술이나 거짓말이나 기만하지 말고, 오히려 어려울 때에 하나님의 이름을 부르고 기도와 찬미와 감사로써 그분을 경배하라."는 것이다.[13]

셋째 계명은 안식일 규정이다. 그 뜻을 묻는 질문에 "하나님을 두려워하고 사랑하며 설교와 하나님의 말씀(die Predigt und sein Wort)을 멸시하지 말며, 그 말씀을 거룩하게 받들며, 즐거운 마음으로 듣고 배우라는 뜻이다."라고 답하게 되어 있다. 출애굽기 20 : 9 이하의 말씀에는 안식일에 쉬어야 할 것이 강조되고 있지만, 루터는 출애굽기 20 : 8에 "안식일을 기억하여 거룩히 지키라."는 명령에서 '쉼'보다는 '거룩함'을 강조하고 있다.[14] 거룩함의 근간은 설교말씀과 그 속에 담긴 하나님의 말씀을 존중하는 데서 비롯된다. 이것은 외적인 안식일 준수에서 내적인 안식으로 연결되는 것이다.

넷째 계명은 부모공경의 명령인데, 역시 "하나님을 두려워하고 사랑하며"라는 말로 시작한다. 하나님과 마찬가지로 부모, 군주(Herrn)를 존경하고 섬기며, 복종하고 존중하라고 한다. 여기서 군주라고 함은 통치자를 의미한다. 루터는 「대교리문답」에서 이 대목에 대한 해설을 자세히 붙였는데, 이는 가정과 국가와 교회의 '최고권자'(Oberperson)를 의미한다.[15]

---

12. BSLK, 507, pp. 40-43.
13. BSLK, 508, pp. 5-10.
14. Albrecht Peters, Bd, 1, 162.
15. BSLK, 596, 17(der Grosse Katechismus), 'Herr'이라는 표현을 '군주'라고 번역하였는데, 지원용 편역, 「신앙고백서」에서는 이를 '이웃'이라고 번역하였다. 이는 명백한 오역이다. 「대교리문답」과 비교하면 분명히 그 의미가 드러난다. 이장식 편역, 「기독교 신조사 I」에서는 이를 '통치자'라고 번역하여 그 의미를 잘 살려

다섯째 계명은 "살인하지 말라."는 금지 명령인데, 루터는 이를 "하나님을 두려워하고 사랑하며 이웃의 몸을 상하게 하거나 해하지 말며, 오히려 도와주고 목숨에 필요한 모든 것을 제공하라."[16]는 적극적 명령으로 해석한다. 루터가 살인하지 말라는 계명에서 사용한 용어는 '몸'(Leib)이라는 단어인데, 이는 '고유의 인간'(eigene Person)을 의미한다. 인간으로서 이웃에 대하여 상하게(Schaden) 하거나 해(Leid)를 가하지 말라는 부정적인 용어를 「대교리문답」에서는 사랑(Liebe)과 선행(Wohltat)[17] 또는 모든 친절(alles Gute)과 사랑(Liebe)[18]으로 라는 용어를 사용하여 긍정적인 명령으로 바꾸어 놓고 있다.

여섯 번째 계명은 "간음하지 말라."이다. 이것은 "말과 행동에 있어서 정결하고 단정하게 살며, 각각의 배우자를 사랑하고 존경하라."는 뜻이다.

일곱 번째 계명은 "도둑질하지 말라."인데, 루터는 이것 역시 부정명령에서 긍정명령으로 바꾸어 준다. 이웃의 소유를 부정한 방법으로 자기 것으로 만들지 않을 뿐만 아니라, 나아가서 "이웃의 소유나 수입이 나아지도록 그를 도와주고 보호하라."[19]고 말한다.

여덟 번째 "네 이웃에 대하여 거짓 증거하지 말라."는 계명도 마찬가지로 긍정적인 방향으로 해석되어 "이웃에 대하여 거짓말을 늘어놓지 말며 배반하거나 비방하거나 중상모략하지 말고, 오히려 그를 변호하고 그와 더불어 좋은 것만 말하고 모든 것을 선의로 해석하라."고 하였다. 사실 거짓 증거하지 말라는 계명 해석에 루터가 사용한 용어를 해석하는 데는 설명이 필요하다. '속인다'(belügen)는 표현은 직역하게 되면 이웃에게 대놓고 거짓말을 하는 것이 되는데, 루터가 제8계명을 말하면서 염

주고 있다. 참고 : Albrecht Peters, *Kommentar zu Luthers Katechismen, Bd. 1 Die Zehn Gebote*, Göttingen, 1990, p. 181.

16. BSLK, 508, pp. 31-34.
17. BSLK, 608, 38(GK).
18. BSLK, 609, 32(GK).
19. BSLK, 509, pp. 11-12.

두에 두고 있는 상황은 십계명이 본래 의도한 이웃에 대한 "거짓 증거"의 문제이다. 그러므로 지금 화자는 이웃과 직접 대면하고 있는 것이 아니라 제3자와 이웃에 대하여 말하는 상황인 것이다.[20] 따라서 "이웃을 속인다."고 번역하는 것보다는 "이웃에 대하여 거짓말을 늘어놓지 말라."라고 번역하는 것이 본래의 의도이다.

이런 관점으로 8계명 해석에 사용된 용어들을 살펴볼 필요가 있다. 기존의 번역은 거짓말(belügen)과 배신(verraten)과 비방(afterreden)과 욕(bösen Leumund) 네 가지를 하지 말라고 하였는데, 그 원어의 뜻을 가장 잘 함축적으로 포괄한 용어가 'bösen Leumund'이다. 이는 '중상'으로 번역될 수 있는데, 중상은 사실 거짓과 배신과 비방 모두를 포괄할 수 있는 용어이다. 따라서 '욕'이라는 번역보다는 '중상'이라고 하는 것이 본뜻에 더 부합한다.[21] 이제 문제가 되는 것은 변호하고 좋은 것만 말하고 선의로 해석하라는 부분이다. 이웃의 명백한 잘못이 드러나는 데에도 그를 변호하고 좋은 것만 말하며 모두 다 선의로 해석해야만 하는가라는 질문이 생긴다.

중상은 이웃이 받던 존경이나 소명, 권리나 선한 이름 등을 앗아가 버린다. 결국 앞의 네 가지 용어는 한 마디로 '혀의 죄'를 경계한 것이라 할 수 있다. 따라서 없는 죄를 만들어 이웃에게 덮어씌우기도 하고, 무자비하게 이웃의 잘못을 밝은 데로 드러내 버리기도 하며, 그 결과 이웃의 등 뒤에서 그를 파괴하는 것이다. 사실 이웃이 실수하였을 때 그 이웃 자신은 자신의 실수를 부끄러워하며, 그 실수가 제발 세상에 드러나지 않기를 원한다. 그런데 비방자들로 인하여 이웃의 실수는 만천하에

---

20. Albrecht Peters, Bd. 1, 279. 따라서 기존의 「소교리문답」 번역인 "이웃에게 거짓말하지 말며……."라는 표현은 "이웃에 대하여 거짓말을 늘어놓지 말며……."로 수정되어야 루터의 본래 의도대로 표현한 것이 된다.
21. 지원용 편과 이장식 편 모두 bösen Leumund를 '욕'으로 번역하였다. 그러나 이웃에게 직접 말하는 상황이 아니라는 점에서 볼 때, 중상이 더 적합하다고 여겨진다. 독일어의 직역도 '중상'이라고 하는 것이 합당하다.

드러나게 되고, 그 이웃은 진흙탕에 빠진 돼지 꼴이 되는 것이다.[22] 그런 일을 방지하는 차원에서 이웃의 변호자가 되라는 것이다.

아홉 번째 계명은 "네 이웃의 집을 탐내지 말라."이다. 루터는 앞에서 통상적인 1계명과 2계명을 묶어서 하나로 만든 대신에, 통상적인 제10계명을 둘로 나누었다. 이 내용은 이웃의 집과 상속 물에 대한 탐심을 억제하고, 이웃의 아내를 유혹하지 말며 이웃의 소유물들을 존중하라는 의미로 해석된다.

(2) 사도신조 – 어떻게 가장이 자기 가족을 쉽고 분명하게 가르칠 것인가?

사도신조 문답은 세 부분으로 나뉘어 있다. 이것은 과거에 사도신조를 12부분으로 나누어 가르치던 로마교회의 방식을 벗어난 것이다. 세 부분이란 "아버지 – 창조", "아들 – 구원", "성령 – 성화"이다.[23] 앞에서도 밝힌 바와 같이 신조 부분에 관한 자세한 설명은 교리 설교문이나 「대교리문답」에서 찾아볼 수 있다. 여기서 루터는 "성부는 창조주이고 성자는 구원자이고 성령은 거룩케 하시는 이"라고 한다.[24]

첫째 조항 : 창조에 관하여

"나는 전능하신 아버지 하나님, 천지의 창조주를 믿습니다."라는 사도 신조의 처음 고백은 하나님의 창조에 관한 것이다. 이에 대하여 루터는 하나님의 창조를 창조에만 그치는 것이 아니라 피조물의 필요를 공급하시며, 위험에서 보호하시고 모든 악에서 막아 주시는 데까지 이른다고 고백한다. 루터는 "내게는 아무런 공로와 자격이 없지만, 그분

---

22. BSLK, 627 – 628(GK).
23. Albrecht Peters, *Kommentar zu Luthers Katechismen, Bd. 2 Der Glaube*, Göttingen, 1991, p. 13.
24. 「루터선집 10권. 설교자 루터」(서울 : 컨콜디아, 1987), p. 500.

은 아버지로서의 거룩한 선하심과 자비로우심으로 이를 행한다."[25]고 하였다. 결국 인정받을 만한 자신의 능력 때문에 모든 것을 누리고 사는 것이 아니라 하나님의 아버지 같으신 자비 때문이기에 "하나님께 감사하고 하나님을 찬양하며, 그분을 섬기며 순종할 의무를 가진다."[26]는 것이다.

둘째 조항 : 구원에 관하여
둘째 조항은 예수 그리스도에 대한 신조의 부분을 다루고 있다. 여기서는 그리스도의 신성과 인성을 강조하는데, 인간 구원의 과정이 "그리스도의 거룩하고 값진 보혈과 죄 없이 받은 고난과 죽음 때문"[27]에 이루어진 것임을 강조하고 있다. 루터는 교리 설교에서 "그리스도를 통하지 않고 자기 자신의 공적에 의하여 구원받을 수 있다고 믿는 사람들은 유대인들과 교황주의자들과 분파주의자들"[28]이라고 하였다. 교황주의자들은 교황과 교회가 정한 예식을 통하여 구원받는다는 것이고, 반대편에 선 분파주의자들은 자신의 경건한 삶으로 구원의 여부를 판단하는 데 비하여 루터는 구원의 출발은 언제나 그리스도의 공로임을 강조하였던 것이다.

루터는 「소교리문답」에서 강조하기를 구원받은 이는 그리스도의 소유가 되며 그의 나라에서 그분의 통치를 받으며 살게 된다고 하였다.[29] 여기서 분명히 우리는 구원받은 자의 삶에 대하여 언급하고자 하는 루터의 의지를 읽을 수 있다. 결국 루터는 성화의 문제를 신조 부분 제3조항에서 깊이 다루고 있다.

---

25. BSLK, 511, pp. 1-5.
26. BSLK, 511, pp. 6-8.
27. BSLK, 511, pp. 30-32.
28. 「루터선집 10권. 설교자 루터」, p. 504.
29. BSLK, 511, pp. 33-35.

셋째 조항 : 성화[30]에 관하여

    셋째 조항은 성령과 관계된 것이다. 루터는 이를 '성화'와 연관시키고 있다. "내가 내 이성이나 내 힘으로 예수 그리스도 나의 주를 믿거나 그 분에게 다가올 수 없으며, 오히려 성령께서 나를 복음을 통하여 부르시고 당신의 은사로 깨우치시며 올바른 신앙으로 거룩케 만드시고 보존하심을 믿습니다."라는 말 속에는 인간의 능력이 아니라 성령의 힘이 모든 과정의 주체임을 밝히고 있다. 루터는 교리 설교에서 분명하게 '성도의 교제'(communio sanctorum)를 강조하여 해석하고 있다.

(3) 주의 기도 – 어떻게 이를 가장이 자기 가족에게 쉽게 가르칠 것인가?

    주의 기도는 7개의 기원으로 나뉜다. 소교리문답에서 주의 기도의 역할은 맨 처음 서론 격인 "하늘에 계신 우리 아버지"를 해석하는 데서 드러난다. 다시 말하면 "하나님은 우리의 참된 아버지가 되시며, 우리는 그분의 참된 자녀들임을 믿는"[31] 데에 주의 기도를 해설하는 목적이 있다는 뜻이다. 주의 기도는 자녀들이 마치 자기 아버지에게 기도하는 것과 같다. 루터는 교리 설교에서 성도들에게 기도를 권고해야 하고 기도하는 방법을 가르쳐야 한다고 말한다. 동시에 이 기도문을 제시하고 또 해설하는 이유는 내용과 뜻을 모르고 맹목적으로 외워서 하는 기도는 마치 마술적인 주문과 마찬가지이기 때문에 아이들에게 주의 기도를 해설

---

30. 여기에서 성화는 독일어로 Heiligung이다. 본 해설에서 Schöpfung은 '창조'로, Erlösung은 '구원'으로, Heiligung은 '성화'로 번역하였다. 일반적으로 "루터의 신학에는 칭의만 있지 성화 개념이 부족하다."는 평가를 하는데, 신조 부분의 라틴어판에서는 Heiligung(거룩하게 함.)을 sanctificatio로 표현하였으며 동시에 그 내용적으로도 '성화'의 개념을 담고 있기에 '성화'라는 번역을 채용하였다. 1529년이라는 연도와 「소교리문답」의 목적이 교육에 있는 것임을 감안한다면, 칭의 문제를 강조하여야 하였던 초기 루터의 신학적 입장이 이제 비로소 균형을 갖추고 있다고 판단할 수 있을 것이다.

31. BSLK, 512, pp. 20 – 22.

하여 가르치기 위함이라고 말한다.[32]

첫째 기원 : 이름을 거룩하게 하시며
루터는 하나님의 이름이 이미 거룩함에도 불구하고 우리 인간들에 의하여 또한 그 이름이 거룩하게 되기를 바라는 기원이라고 설명하였다. 이 기원이 이루어지는 것은 "하나님의 말씀이 진실되고 순전하게 전파되고 우리가 하나님의 자녀로서 그 말씀대로 살아갈 때"[33]이다. 루터는 교리 설교에서 강조하기를 하나님의 이름을 오히려 더럽히는 사례가 있다고 하였는데, 그것은 교회 안에서 싸움이 일어날 때 교회가 더러워지는 것과 똑같다고 하였다. 하나님의 이름을 부르고 하나님의 말씀을 전하는 많은 분파주의자들과 진실한 믿음을 가진 자가 다른 것은 삶에서 드러난다는 것이다.[34]

둘째 기원 : 나라가 오게 하시며
마찬가지로 하나님의 나라는 우리의 바람 없이도 이 땅에 임한다. 그러나 루터의 해설은 그럼에도 불구하고 우리는 나라가 임하기를 기원해야 한다는 것이다. 하나님의 나라가 이 땅에 임하는 것이 이루어지는 것은 우리가 거룩한 말씀을 믿고 이 세상에서 경건하게 살 때에 가능하다. 루터는 교리 설교에서 첫째 기원과 둘째 기원은 연관이 있다고 한다. '이름을 거룩하게 하시며'의 기원은 '말씀'이고 '나라가 오게 하시며'의 기원은 '말씀의 열매'라는 것이다.[35]

셋째 기원 : 뜻이 하늘에서와 같이 땅에서도 이루어지게 하소서
하나님의 선하고 의로우신 뜻이 이 땅에서도 이루어지려면 그의 이름

---
32. 「루터선집 10권. 설교자 루터」, p. 508.
33. BSLK, 512, pp. 32-34.
34. 「루터선집 10권. 설교자 루터」, pp. 512-513.
35. 「루터선집 10권. 설교자 루터」, p. 514.

을 거룩하게 하는 것을 방해하는 세력과 나라가 임하는 것을 막는 모든 악한 세력을 우리 가운데 없게 하여야 한다. 루터는 하나님께서 우리 육신이 지닌 악한 의지를 제거하고 우리를 하나님의 말씀과 믿음 안에서 강하게 하실 때 이런 일이 가능하다고 하였다.[36]

넷째 기원 : 오늘 우리에게 일용할 양식을 주시고
루터는 하나님은 악한 사람에게까지도 일용할 양식을 주신다고 하였다. 그럼에도 우리가 일용할 양식을 위하여 기도하는 것은 감사의 차원에서이다. 일용할 양식은 육신의 삶을 위하여 필요한 모든 것을 말한다. 이것은 먹는 것, 입는 것, 주택을 넘어서 가족과 통치자와 명예와 친구 그리고 평화 등 우리 삶과 연결된 모든 것을 포함하고 있다.[37] 이 모든 것이 우리 손에 주어졌을 때에 이것이 하나님의 선물임을 아는 사람은 당연히 하나님께 감사를 느끼게 된다.

다섯째 기원 : 우리가 우리에게 잘못한 사람을 용서하여 준 것같이 우리 죄를 용서하여 주시고
인간은 바라는 것을 얻을 자격이 없다. 따라서 이 기원은 바라는 것을 얻을 공로가 없을지라도 은혜로 이루어지기를 바라는 것이다. 교리 설교에서는 남의 잘못을 용서한 것조차도 공로가 아니라 우리가 용서받는다는 징표라고 설명하였다.

여섯째 기원 : 우리를 시험에 빠지지 않게 하시고
인간이 시험에 빠지는 탓은 하나님이 그렇게 하신 것이 아니다. 인간은 스스로 시험에 빠진다. 루터는 시험의 원인을 악마(Teufel), 세상(Welt), 육(Fleisch)이라고 하였다. 교리문답 설교에서 이를 해설하기를

---

36. BSLK, 513, pp. 25-32.
37. BSLK, 514, pp. 3-10.

육의 시험은 정욕과 탐욕과 탐식이라고 하였다. 세상의 유혹은 시기, 증오, 교만의 유혹이라고 하였다. 악마의 유혹은 하나님의 말씀 듣기를 방해하는 유혹이다.[38]

일곱째 기원 : 악에서 구하소서
루터는 제7기원은 주의 기도의 요약과 같은 것이라고 하였다. 아버지께서 우리의 몸과 영혼 또는 우리의 소유를 온갖 악한 것으로부터 보호하시어 행복한 종말을 맞도록 해 달라는 기원이라고 하였다.
루터는 마지막에 우리의 기도를 들어주실 약속을 믿으며 그렇게 되라는 의미의 '아멘'을 설명한 것으로 주의 기도를 마무리한다. 그리고 하나님 찬양에 대한 영광송 부분은 제외하였다.

(4) 세례의 성례
세례에 대하여서는 다음의 네 가지를 가르친다.

세례의 본질
세례란 "보통 물이 아니라 하나님의 명령이며 하나님의 말씀과 관계 있다."[39]고 한다. 여기에서 물세례가 하나님의 '명령'이요, '말씀'이라는 것은 세례가 성서적 기반이 있는 성례임을 강조하는 것이다. 루터는 마태복음 28 : 19의 "그러므로 너희는 가서 모든 족속을 제자로 삼아 아버지와 아들과 성령의 이름으로 세례를 베풀고"라는 말씀을 그 근거로 삼았다.

세례의 효과
세례는 하나님의 말씀과 약속을 믿는 자에게 죄를 용서하고 구원을 준다고 한다. 여기서 핵심적인 것은 "하나님의 말씀과 약속"이라는 표현

---

38. 「루터선집 10권. 설교자 루터」, pp. 519–520.
39. BSLK, 515, pp. 25–27.

이다. 마가복음 16 : 16에 "믿고 세례를 받는 사람은 구원을 얻을 것이요 믿지 않는 사람은 정죄를 받으리라"는 말씀이 하나님의 말씀이요, 약속이다. 죄의 용서와 구원은 결국 '하나님의 약속'(Verheissung Gottes)에 따른 것이다.[40]

세례의 능력

비록 물이 세례의 외적 표지이기는 하지만, 이런 효과를 내는 것은 물이 아니다. 앞에서 언급한 것처럼 이 일을 하는 것은 물이 아니고 물과 함께 또는 물 안에 있는 하나님의 말씀이며 또 물 안에 있는 하나님의 말씀을 신뢰하는 믿음이다.[41] 하나님의 말씀이 함께하지 않는다면 물은 단순한 물에 불과한 것이며 거룩한 세례가 될 수 없다.

물세례의 의미

그럼에도 불구하고 물로써 세례를 베푸는 것은 물로 씻어 내는 외적 의미 때문이다. 루터는 물세례란 옛 아담이 죄와 악한 정욕과 함께 죽고, 새사람이 태어나는 것이라고 하였다.[42] 이는 로마서 6 : 4에 나온 대로 "그러므로 우리가 그의 죽으심과 합하여 세례를 받음으로 그와 함께 장사되었나니 이는 아버지의 영광으로 말미암아 그리스도를 죽은 자 가운데서 살리심과 같이 우리로 또한 새 생명 가운데서 행하게 하려 함이라"라는 말씀에 근거한 것이다.

(5) 죄의 고백(De confessione)

「소교리문답」에서 고백은 세례와 성만찬의 사이에 자리 잡고 있다. 「대교리문답」에서는 고백부분은 아예 제외되어 있으며 고백에 관한 제

---

40. 홍지훈, 「마르틴 루터와 아나뱁티즘」(서울 : 한들, 2000), pp. 79-80.
41. BSLK, 516, pp. 13-16.
42. BSLK, 516, pp. 32-37.

언이 성만찬 뒷부분에 추가되어 있다. 사실 고백은 십계명이나 사도신조 가운데에서 어느 정도는 다루어져 온 것으로 여겼기에 초기에는 중요하게 여기지 않았다.[43] 더구나 고백은 세례를 받게 될 때에 반드시 드러나야 하는 것이기도 했다. 그래서 1528년의 교리문답 설교에도 고백은 다루어지지 않았다.

「소교리문답」에서는 고백을 둘로 구분한다. "하나는 사람이 그 죄를 고백하는 것이고 다른 하나는 사람이 사면(Absolution)이나 용서를 마치 하나님에게서 받은 것처럼 목사로부터 받는 것이다."[44]

"사람은 하나님 앞에서 자기의 모든 범죄를 고백해야 하는데 여기에는 주의 기도에서와 마찬가지로 자신이 죄라고 여기지 못했던 것도 포함된다. 물론 목사 앞에서는 우리가 알고 느끼는 죄를 고백하는 것이다."[45] 죄의 내용들은 자신의 처지에 따라 다르다. 루터는 비교의 기준을 십계명이라고 하였으며, 십계명에 자기 모습을 비추어 진단해 보도록 요구하였다.

루터교 신앙고백 우리말 번역본에는 생략되어 있는데, 본래 일치 신조집에 들어 있는 원본에는 이 대목에서 고백의 예를 들었다. 고백자는 목사에게 "나의 고백을 들어 주시고 하나님의 뜻에 따라 용서를 베푸소서."라고 말해야 한다. 이어지는 고백이 끝나면 목사는 "하나님께서 당신에게 자비를 베푸시고 당신의 믿음을 굳세게 하시길 빕니다. 아멘."이라고 말한 후에 "나의 용서가 하나님의 용서임을 믿습니까?"라고 묻고, 긍정하면 "당신이 믿는 대로 될 것입니다. 주 예수 그리스도의 명령대로 아버지와 아들과 성령의 이름으로 당신의 죄를 용서합니다. 아멘."이라고 선포해야 한다.[46]

---

43. Albrecht Peters, *Kommentar zu Luthers Katechismen, Bd. 5 Beichte, Haustafel, Traubüchlein, Taufbüchlein*, Göttingen, 1994, p. 15.
44. BSLK, 517, pp. 11-14.
45. BSLK, 517, pp. 20-26.
46. BSLK, 518, 5-519, p. 35.

(6) 제단의 성례

이것은 성만찬을 말하는 것이다. 루터는 이 대목에서 성만찬 시행이 어떤 의미가 있는지를 설명하는데, "말씀을 통하여 죄의 용서와 생명과 구원을 이 성례전으로 우리에게 주셨다."고 한다.[47] 동시에 육신이 이를 먹고 마시는 것이지만, 하나님의 말씀의 능력으로 모든 일이 이루어진다. 성례전을 받기에 합당한 자는 하나님께서 죄를 용서하시기 위하여 피 흘리심을 믿는 자들이다.

(7) 아침기도와 저녁기도

아침이나 저녁에 먼저 "성부와 성자와 성령의 이름으로, 아멘."이라고 말하며 십자가를 그린다. 그리고 무릎을 꿇거나 서서 사도신조와 주의 기도를 읽거나 암송한다. 그 다음에 원하는 자를 위하여 간단한 아침기도문과 저녁기도문을 첨부하였다.

아침기도

"하늘에 계신 내 아버지, 당신의 사랑하는 아들 예수 그리스도를 통하여 지난 밤 동안도 모든 어려움과 위험에서 보호하여 주시니 감사드립니다. 간절히 바라오니 오늘도 모든 죄와 악에서 나를 보호하여 주시어 내 모든 행동과 삶이 당신 마음에 들게 하소서. 내가 나에게 명하여 나의 육신과 영혼, 그리고 모든 것을 당신 손에 맡기나이다. 당신의 거룩하신 천사가 저와 함께하여 악한 대적이 나를 지배하지 못하게 하옵소서. 아멘."[48]

이후에는 기쁨으로 일터로 가되 찬송을 부르거나 십계명을 읽는 것도 첨가되어 있다.

저녁기도

"하늘에 계신 내 아버지, 당신의 사랑하는 아들 예수 그리스도를 통하

---

47. BSLK, 520, pp. 25-30.
48. BSLK, 521, pp. 25-35.

여 오늘 동안도 은총으로 나를 보호하여 주시니 감사드립니다. 간절히 바라오니 내가 불의로 저지른 모든 죄를 용서하여 주시고 이 밤도 은총으로 보호하여 주소서. 내가 나에게 명하여 나의 육신과 영혼, 그리고 모든 것을 당신 손에 맡기나이다. 당신의 거룩하신 천사가 저와 함께하여 악한 대적이 나를 지배하지 못하게 하옵소서. 아멘."[49]

이후에는 편하고 상쾌한 마음으로 잠자리에 들면 된다.

(8) 식사기도

가족이 모두 식탁에 앉으면 손을 모아 간절히 기도하여야 하는데, 먼저 시편 145 : 15~16 말씀으로 기도한다. "모든 사람의 눈이 주를 앙망하오니 주는 때를 따라 그들에게 먹을 것을 주시며 손을 펴사 모든 생물의 소원을 만족하게 하시나이다" 이후에는 주의 기도와 다음의 기도문을 읽도록 하였다. "주 하나님 하늘에 계신 아버지여 우리와 당신의 풍성한 자비로부터 얻는 이 선물을 축복하시옵소서. 예수 그리스도 우리 주로 인하여 아멘."[50]

식사를 마친 후에도 기도한다. "여호와께 감사하라 그는 선하시며 그의 인자하심이 영원함이로다"(시 118 : 1). "들짐승과 우는 까마귀 새끼에게 먹을 것을 주시는도다 여호와는 말의 힘이 세다 하여 기뻐하지 아니하시며 사람의 다리가 억세다 하여 기뻐하지 아니하시고 여호와는 자기를 경외하는 자들과 그의 인자하심을 바라는 자들을 기뻐하시는도다"(시 147 : 9 - 11).

그리고 주의 기도를 드린 후에 "주 하나님 아버지, 우리 주 예수 그리스도를 인하여 우리가 당신의 모든 선하심에 감사드립니다. 당신은 영세무궁하시나이다. 아멘."

---

49. BSLK, 522, pp. 10 - 19.
50. BSLK, 523, pp. 6 - 9.

(9) 가정덕목표(Haustafel)

가정덕목표는 여러 가지 직위를 가진 자가 지켜야 할 본분을 기억하도록 성구를 모아 놓은 것이다. 여기에서는 그 제목과 성경구절만 제시하기로 한다.

    감독, 목사, 전도자 : 디모데전서 3 : 2~6, 디도서 1 : 9
    목사에 대한 신자 : 누가복음 10 : 7, 고린도전서 9 : 14, 디모데전서
                    5 : 17~18, 히브리서 13 : 17
    집권자 : 로마서 13 : 1~4
    백 성 : 로마서 13 : 5~7, 디모데전서 2 : 1~3, 디도서 3 : 1, 베드로
            전서 2 : 13~14
    남 편 : 베드로전서 3 : 7, 골로새서 3 : 19
    아 내 : 에베소서 5 : 22, 베드로전서 3 : 6
    부 모 : 에베소서 6 : 4
    자 녀 : 에베소서 6 : 1~3
    종과 노동자 : 에베소서 6 : 5~8
    주 인 : 에베소서 6 : 9
    청 년 : 베드로전서 5 : 5~6
    과 부 : 디모데전서 5 : 5~6
    일반 신자 : 로마서 13 : 9, 디모데전서 2 : 1

3. 아우크스부르크 신앙고백(1530)

1) 서 론

1529년 슈파이어(Speyer) 제국회의에서 프로테스탄트 진영의 저항이 거세지자 신성로마제국 황제 칼 5세는 빠른 시일 안에 로마 가톨릭 측과 프로테스탄트 진영 사이를 중재할 필요를 느꼈다. 더구나 1529년 9월에 터키 군대가 오스트리아 수도까지 진입하였다가 물러난 사건은 자신이 통치하고 있는 제국이 정치적으로도 그리고 종교적으로도 일치되어야

한다고 생각하였다. 그래서 칼 5세는 1530년 1월 21일 아우크스부르크에서 제국회의를 소집하였고, 무엇보다도 터키족의 문제와 신앙이 둘로 갈라지는 것을 막고자 시도하였다.

작센 선제후 요한(Johann der Beständiger)은 루터와 요나스(Justus Jonas), 부겐하겐(Bugenhagen), 멜란히톤 등 비텐베르크의 종교개혁자들에게 부탁하여 아우크스부르크 제국회의 때에 황제 칼 5세에게 제출할 루터교 신앙고백문을 작성하도록 요청하였다. 이것이 「아우크스부르크 신앙고백」(Confessio Augustana)인데, 이 고백문은 이보다 한 해 전에 작성된 슈바바흐 조항(Schwabacher Artikel)을 기초로 하고 있다. 그리고 1530년 3월에는 이 조항에 작센지방 교회에 필요한 항목들이 추가되어서 토르가우 조항(Torgauer Artikel)이 작센 선제후의 인준을 받았고, 마르부르크(Marburg) 회담에 제출하였던 15개 항목을 모아서 이제 아우크스부르크 신앙고백을 완성하게 되었다.

동시에 아우크스부르크 신앙고백문은 로마 가톨릭교회 신학자 요한네스 에크가 집필한 "404 논제"에 대한 일종의 응답이라고 할 수 있다. 에크는 자신이 집필한 조항에서 루터파가 고대 이단의 아류라고 비난한 바 있는데 아우크스부르크 고백문은 이런 비난에 대한 오해를 풀고자 루터파의 신앙이 정당한 것이며, 이단 분파와는 다른 것임을 분명히 밝히고자 시도하였다.

아우크스부르크 고백문의 주 집필자는 멜란히톤이다. 루터는 당시 보름스 제국회의 이후 파문 상태에 있어서 공식적인 회의에는 모습을 드러낼 수 없었다. 따라서 그는 코부르크(Coburg) 성에 머물면서 다른 개혁자들과 긴밀한 연락을 취하였다. 그러므로 아우크스부르크 고백은 멜란히톤이 집필한 루터의 생각이라고 보아도 크게 어긋나지 않는다.

2) 신앙고백의 주요 내용

1530년 6월 25일 아우크스부르크 신앙고백은 황제 칼 5세에게 정식으로 봉정되었다. 원문 말미에 서명한 사람들의 명단은 다음과 같다 : 작센 선제후 요한, 브란덴부르크 변경백 게오르그, 뤼넨부르크 공작 에르네스트, 헷센 영주 빌립, 작센 공작 한스 프리드리히, 뤼넨부르크 공작 프란츠, 안할트 군주 볼프, 뉘른베르크 시장 및 시의원, 로이트링엔 시장 및 시의원.[51]

이것은 당시 루터파 종교개혁을 수용한 지역과 통치자가 어느 정도였는지를 보여 주는 것이다. 신앙고백서를 낭독할 시간이 되었을 때 아우크스부르크 주교 궁에는 선제후, 귀족, 제후들, 교직자, 도시 대표들 그리고 황제의 좌우에는 작센 공과 페르디난트 왕 심지어는 요한네스 에크도 참석하였다. 오후 4시에 라틴어와 독일어로 된 신앙고백문을 가져왔으며, 작센 공은 황제의 반대에도 불구하고 독일 영토 내에서는 독일어를 낭독하겠다고 선언하였다. 전문을 낭독하는 데 두 시간이나 걸릴 정도로 이 신앙고백문은 매우 자세한 것이다.

아우크스부르크 신앙고백은 내용상으로 보아 어떤 새로운 교리를 다룬 것은 아니다. 서문을 제외하고 2부로 구성되어 있는데, 제1부(1-21조)는 개신교 교리의 주요항목인 하나님, 인간, 속죄, 칭의, 교회, 성례전, 교직 등을 다루고 있고, 제2부(22-28조)에서는 중세 로마 가톨릭교회의 악습에 관한 것으로 반드시 철폐되어야 할 것을 다루고 있다. 한 마디로 말하면 이 신앙고백문은 칭의 교리를 보다 명료하게 설명하고 있으며, 프로테스탄트 교회가 지향해야 할 교회의 모습을 최초로 제시하고 있다는 점에서 매우 중요하다.[52]

필자는 다음 장에서 칭의 교리와 개혁되어야 할 가톨릭교회의 악습을 중심으로 신앙고백을 다루어 보려고 한다.

---

51. *Die Bekenntnisschriften der evangelisch-lutherischen Kirche*(BSLK), Göttingen, 1992, pp. 136-137.
52. 지원용 편역, 「신앙고백서-루터교 신앙고백집」(서울 : 컨콜디아, 1991), pp. 19-21 참고.

신앙고백서 낭독 후 독일어와 라틴어 원본이 궁정 비서관에게 제출되었고, 독일어 원본은 마인츠 선제후에게, 라틴본은 황제의 금고에 보관하였는데 오늘날 두 원본 모두 전해지지 않는다. 다음 해 멜란히톤이 가지고 있던 두 사본과 더불어 「아우크스부르크 신앙고백 변증서」(*Apologia Confessionis Augustanae*)가 함께 비텐베르크에서 출판된 것이 오늘에 이르기까지 현존한다. '변증서'란 멜란히톤이 가톨릭 신학자들에 의하여 비판된 아우크스부르크 신앙고백의 13개 항목들에 대하여 답변 내지는 변호를 덧붙인 것으로 1531년에 두 가지의 고백문은 '공인판'(editio priceps)으로 인정을 받고 있다. 멜란히톤은 이후에도 「아우크스부르크 신앙고백」을 수차례 변경하여 출판하였는데, 1540년에 내놓은 「아우크스부르크 신앙고백 변경판」(*Confessio Augustana Variata*)은 개혁파에 속하는 칼빈주의자들의 의견을 많이 수렴한 것이다. 따라서 루터파 내부에서는 '변경판'에 대한 논쟁이 끊이지 않았다. 결국 1580년 「일치예식서」(*Konkordienbuch*)에는 1531년 '공인판'과 '변증서'가 채택되었다. 공인판은 '변경판'에 반대되는 개념으로 '비변경판'(Invariata)이라고 부른다.

3) 신앙고백에 나타난 주요 신학적 논쟁들

(1) 제1부 : 주요 신조(§ 1-21)
제1~21조까지가 이 신앙고백의 제1부에 해당한다. 여기에는 "신앙과 교리의 항목들"이라는 부제가 붙어 있다. 그 내용들을 요약하면 다음과 같다.

하나님 앞에 선 인간 : 칭의(§ 1-6)
① 고대교회 교리와의 일치성을 제시함 : 자유와 전통(§ 1-3)
이 대목에서는 신론, 죄론, 기독론이 다루어지고 있는데, 니케아 신조를 언급하며 고대교회 교리와의 일치를 제시하고 있다. 또한 펠라기우

스적인 이단을 다음과 같은 말로 경계하고 있다. "그들은 생래의 악이 죄라는 것을 부인하며, 또한 그리스도의 공적과 은혜의 영광을 애매하게 만듦과 아울러 인간이 자기의 힘과 이성으로 하나님 앞에서 의롭게 될 수 있다고 주장합니다."[53] 이 대목에서는 원죄에 관한 전통적인 견해를 표명하면서도 추후 4조에 나올 칭의론의 토대를 마련하고 있다고 볼 수 있다.

② 복음과 칭의에 관한 종교개혁적인 입장을 제시함(§ 4 - 6)

이 대목에서는 신앙과 칭의, 신앙과 말씀, 그리고 신앙과 선행을 다루고 있다. 제4조를 읽어 보면 다음과 같다. "우리는 다음과 같이 가르칩니다. 인간은 그 자신의 힘(viribus)이나 공적(meritis)이나 행위(operibus)로 하나님 앞에서 의롭게 될 수도 [죄를 용서받을 수도] 없으며, 신앙을 통하여(per fidem) 그리스도 때문에(propter Christum) 은총으로 [죄의 용서를 받으며 또 하나님 앞에서] 의롭게 됩니다. 그러므로 우리는 은총으로 구원받았다는 것과 우리 죄를 대신하여 스스로 죽으심으로 갚아 주신 그리스도 때문에 죄가 용서되었다는 것을 믿습니다. 하나님께서는 이 믿음을 당신 앞에서의 의로 인정하십니다."[54] 제4조는 칭의론을 담고 있는데, 이 칭의론에서 자신의 능력이나 선행을 칭의의 조건으로 삼기를 거부한다. 따라서 이 대목에서 겨냥하는 바는 은총을 통한 칭의를 강조하고 선행이 칭의 조건이 아니라 당연한 결과라는 점이다. 신앙과 말씀과 성례

---

53. CA § 2 우리말 번역은 특별한 경우가 아니면 다음의 번역서에서 인용하였다. 지원용 편역, 「신앙고백서 - 루터교 신앙고백집」(서울 : 컨콜디아, 1991). 이 책은 1580년에 나온 「일치예식서」(*Das Konkordienbuch*)를 번역한 것이다. 「일치예식서」는 고대교회 신조부터 아우크스부르크 신조 및 일치신조 등 루터교가 인정하는 신조를 담고 있는 신앙고백서이다(이하 '신앙고백서'로 약함).

54. CA § 4, 이 대목은 한글판 번역이 논점을 극명하게 드러내지 못하다고 판단하여 BSLK p. 56에서 직접 번역하였다. [ ] 안에 기록된 것은 라틴어판 CA(Confessio Augustana)와는 달리 독일어판 AC(Augsburger Confession)에 추가되어 있는 것을 첨부한 것이다(독일어판을 인용할 경우는 AC로 표기하고, 라틴어판을 이용하였을 경우에는 CA로 표기함).

전은 모두가 함께 속한 것이다.[55] 아우크스부르크 신앙고백의 직접저자인 멜란히톤은 루터의 칭의론의 논점을 어느 정도 희석하였다. 예를 들면 '오직 믿음'으로 의롭게 된다는 루터의 주장이 '오직'이라는 단어를 제외하고 '믿음'으로 의롭게 된다고 변형된 것 등 가톨릭교회와 대화적인 자세를 견지하는 멜란히톤의 성격이 이 신앙고백문에 담겨 있다.[56]

제5조는 설교직에 초점을 맞추고 있다. 그러나 사실 그 내용을 살펴보면 말씀과 성례전에 대한 강조가 드러나는데, 이는 "복음 말씀을 듣는 사람들의 마음속에 신앙을 일으키십니다."라는 표현 속에서 드러나는 바와 같이 직분 자체보다는 말씀의 권위를 중요시하고 있다는 뜻이다.

제6조는 "새로운 복종에 관하여"라는 제목이 붙어 있다. 그러나 그 내용은 신앙의 결과로 오는 열매로서의 선행에 관한 가르침이다. "이 믿음은 반드시 좋은 열매와 선행을 가져오도록 합니다. 또한 하나님께서 명령하신 대로 반드시 선을 행하여야 합니다."[57]

세상 앞에 선 인간(§ 7-17)
① 교회의 본질(§ 7-8)

교회의 본질은 복음말씀의 선포와 성례전의 올바른 집행에 달려 있다. 멜란히톤은 여기서 루터파 교회가 "유일하고 거룩한 교회"와 다름이 없다는 것을 강조하며, 동시에 교회의 일치를 위하여 필요한 것은 "인간에 의하여 제정된 전통"의 일치가 아니라 "복음의 가르침과 성례전의 집행"이 일치하는 것으로 족하다고 한다. 교회의 본질적인 측면에서 가톨릭교회와 개신교는 다를 바가 없다고 하면서도 여기서는 교회를 "복음을 순수하게 가르치며 성례전을 올바르게 집행하는 '성도의 회중'(Versammlung

---

55. Wolfgang Schnabel, *Grundwissen zur Theologie - und Kirchengeschichte, Bd. 3, Das Zeitalter der Reformation*, Gütersloh, 1989, p. 73.
56. 이에 대한 루터의 평가는 1530. 5. 15. *Brief an Kurfürst Johann*을 참고할 수 있다.
57. AC § 6, BSLK, p. 60.

aller Gläubigen, congregatio sanctorum)이다."라고 정의하는 것은 가톨릭의 교회 개념과 비교할 때 매우 중요한 강조라고 여겨진다.

② 은총의 통로인 성례전에 관하여(§ 9 - 13)

세례에 관하여서는 먼저 유아세례를 인정하며 재세례파를 배격한다. 성만찬에 있어서도 "빵과 포도주의 형태 속에 그리스도의 참된 살과 피를 받는다."[58]고 한다. 세례와 성만찬의 본질적인 면에 있어서는 가톨릭과 일치하지 못할 이유가 없다는 것이다. 그러나 죄의 고백(confessio, Beichte)의 문제에서는 가톨릭과 견해를 달리한다는 것을 드러낸다. "죄의 고백에 관하여 가르치는 바는 교회 안에서 개인적인 사면(privaten Absolution)은 유지되고 보존되어야만 합니다. 물론 고해 때에 모든 죄를 낱낱이 다 세는 것은 필요하지 않습니다. 왜냐하면 이것은 불가능하기 때문입니다. 시편 18(19)편에 '자기 허물을 능히 깨달을 자 누구리요?'라고 되어 있습니다."[59] 제11조에서 멜란히톤은 직접적인 언급은 피하고 있지만, 가톨릭교회가 고해사제에게 모든 죄를 낱낱이 고하고 사면 받는 고해성사에 대한 비판을 가하고 있다. 뒤이어 나오는 참회(poenitentia, Buße) 부분에서는 참회의 본질적인 면을 언급한다. 참회는 통회(contritio)와 믿음(fides) 두 부분으로 구성된다. 그리고 나서 선행이 뒤따르게 된다.

13조에서는 성례전의 사용에 대하여 가르치는데, 성례전은 신앙으로 받고 또 받음으로써 그 신앙이 강성해진다.[60] 성례전은 사람들 가운데 그리스도인임을 드러내는 외적 표지일 뿐만 아니라 하나님의 뜻에 따른 표지요 증거이며, 이는 우리 신앙을 강하게 한다.[61] 1540년에 멜란히톤이 신조의 내용을 좀더 분명하게 하기 위하여 쓴 「아우크스부르크 신앙

---

58. AC § 10, BSLK, p. 64. dass wahrer Leib und Blut Christi wahrhaftiglich unter der Gestalt des Brots und Weins im Abendmahl gegenwärtig sei.
59. AC § 11, BSLK, p. 66.
60. AC § 13, BSLK, p. 68.
61. AC § 13, BSLK, p. 68.

고백 변경판」(Cofessio Augustana Variata)에는 다음과 같은 말이 추가되어 있다. "성례전이 신앙 없이 사효론적으로(ex opere operato) 된다고 가르치거나 또는 성례전에는 죄의 용서를 믿는 믿음이 필요하다는 것을 가르치지 아니하는 자들을 배격한다."[62]

③ 교회의 직제(§ 14 - 15)

적법한 절차를 거쳐 부름 받은 직분자가 공적으로 설교하고 성만찬을 집전한다고 한다. 또한 죄의 문제와 관련이 없는 좋은 전통들은 지킬 수 있으나 그리스도를 믿는 복음에 위배되는 관습들은 금하여야 한다고 한다. 예를 들어 특별한 성일이나 축일을 지키는 것은 가능하지만, 죄의 대가를 치러 은총을 자력으로 얻어 내려고 제정된 모든 인간적인 관습을 배격한다는 것이다. 이것은 간접적으로 가톨릭의 전통이해를 비판하고 있는 것이다.

④ 그리스도와 세상(§ 16 - 17)

세상권세는 하나님이 제정하신 것이며 동시에 공공업무들도 나름대로 신성한 것으로 여기고 있다. 그러나 불의를 강요당할 때에는 사람보다 하나님께 복종하여야 함을 우선으로 한다는 점도 중요하다. 이러한 세상권세에 관한 사상은 철저하게 루터 사상을 따른 것이다. 루터는 1523년에 세상 권세의 역할과 한계에 관한 자신의 사상을 발표한 바가 있다. 세상의 끝날에 대한 진술에서는 재세례파와 유대교적인 입장을 비판하고 있다.

하나님과 세상 앞에 선 인간 : 결론 및 후기(§ 18 - 21)

① 인간과 구원에 관한 후기(§ 18 - 20)

제18조에서는 인간의 자유의지 문제를 다루고 있다. 멜란히톤은 어거

---

62. BSLK, p. 68. 事效論(ex opere opereto)이란 성례전 시행 그 자체만으로도 효과가 있다는 의미이다. 이것은 가톨릭 스콜라주의 주류의 입장으로써 멜란히톤은 이를 변경판에서 공개적으로 비판하여 루터파의 정체성을 분명하게 하고 있는 것이다.

스틴의 말을 인용하여 인간이 이성이 파악할 수 있는 일들을 행할 수 있는 자유의지를 가졌다고 본다. 그러나 "인간의 의지는 성령 없이는 결코 하나님의 의 곧 영적인 의를 행할 능력을 가지지 못한다."[63]고 주장한다. 제19조는 죄의 원인이 악한 자 곧 악마와 불경건한 자에게 있다고 본다. 왜냐하면 "하나님의 도움을 받지 않으면 악인의 의지는 하나님을 배척하게 된다."[64]고 여기기 때문이다. 제20조에서는 상당히 긴 지면을 할애하여 믿음과 선행의 관계에 대하여 서술하고 있다. 여기서 멜란히톤은 신앙을 강조하는 것이 마치 선행을 금한다는 그릇된 비난을 야기하였다고 밝히고 있다. "우리 교사들은 선행으로 은총을 얻는다는 기대에서가 아니라 하나님의 뜻이기 때문에 선을 행할 필요가 있다고 가르칩니다."[65]라는 표현 속에는 인간의 선행이 하나님으로 하여금 은총을 베풀지 않을 수 없도록 만든다는 스콜라주의의 은총론을 반박하고 있는 것이다.

② 결론(§ 21)

제21조에서는 성자나 성물을 소유할 수는 있으나 그리스도 대신에 그에게 기도하는 등 그 어떤 도움도 구하지 말라고 한다. 그리고 루터파의 교리가 로마교회의 교리와 비교할 때에 전체적으로 큰 차이가 있는 것이 아니라는 설명을 통하여 황제의 승인을 기대하고 있다. 양자의 교리에 차이가 있다면 외적인 의식 가운데에 차이를 보일 수 있는데, 이것은 모든 의식이 모든 시대에 동일한 것이 아닐 수 있다는 점에서 문제가 되지 않는다고 본다. 오히려 루터파는 고대교회의 의식을 잘 지키고 있다는 주장이다.

(2) 제2부 : 논쟁이 되는 항목들(§ 22 - 28)

여기에 나오는 조항들은 가톨릭과 루터파가 서로 의견을 달리한 조항

---

63. 제18조, 신앙고백서, p. 30.
64. 제19조, 신앙고백서, p. 31.
65. 제20조, 신앙고백서, p. 33.

들로서 가톨릭에 의하여 오용된 것들이라는 주장을 담고 있다. 황제에게 요청하는 것은 시대적인 부패로 말미암아 도입된 악폐를 제거해 달라는 것이며, 소문 대신에 분명한 입장을 전달하려고 시도한 대목이다.

성만찬, 사제혼인, 미사, 고해성사(§ 22-25)
제22조에서는 이종성찬(utrague species)을 주장하고 있다. 가톨릭교회에서 분명한 근거도 없이 떡과 잔을 분리해서 평신도에게 떡만 주던 관습을 비판하고 있다. 멜란히톤의 주장은 고린도전서에서나 키프리안, 그리고 겔라시우스 1세 교황 등 500년대까지 떡과 잔을 분리하지 않은 명백한 근거가 있다고 한다. 그러므로 일종성찬은 그리스도가 전해 준 방법이 아니기 때문에 폐하고자 한다.
제23조에서는 사제혼인금지 법령이 비성서적임을 주장하고 있다(고전 7:2, 9, 마 19:11). 욕망을 억제하지 못하는 사제들의 문제점에 대하여 이미 그 시대는 충분히 느끼고 있었다. 동시에 디모데전서 3:2에서 "그러므로 감독은 …… 한 아내의 남편이 되며"라고 한 대목으로 보아 사제가 독신생활을 해야 한다는 것은 무리한 강요일 뿐이라고 하였다. 심지어 불순한 독신생활로 인해 벌어지는 간음과 범죄들이 사제결혼을 지지하는 자들보다 덜 심하게 처벌되는 것은 납득할 수 없는 일이라고 하고 있다.
제24조는 미사를 다루고 있는데, 미사의 본질적인 의미를 확실하게 말하고 있다. 멜란히톤은 루터파 안에서 미사는 보존되고 최고의 존경을 받고 있다고 항의하면서 가톨릭 미사의 문제점들을 다음과 같이 열거하고 있다. 첫째, 미사에 사용되는 언어는 사도 바울이 가르친 대로(고전 14:2, 9) 사람들이 알아들을 수 있는 언어를 사용해야 한다는 것이다. 둘째, 미사가 돈벌이를 위한 수단으로 타락되어서는 안 된다는 것이다. 동시에 아무런 근거도 없이 무수한 종류의 미사를 양산하고 외적인 행위(ex opere operato)로 미사를 드려 허다한 죄를 반복적으로 용서받는 의미에 대하여서는 단번에 자신을 희생하는 그리스도를 들어서 반대하고

있다. 따라서 "만일 미사가 외적인 행위의 수행으로서 산 자와 죽은 자의 죄를 없게 한다면 의인은 믿음에 의해서가 아니라 미사의 행위에서 오는 것이 될 것입니다. 성서는 이런 것을 결코 용인하지 않습니다."[66]라고 주장하였던 것이다.

제25조는 죄의 고백(Beichte)에 관해서이다. 루터파 교회에서 죄의 고백(Beichte)을 폐기하지는 않았다고 한다.[67] 멜란히톤이 주장하는 바는 고백이 마치 면죄부나 순례처럼 구원의 조건행위라고 오용되는 것을 밝히고자 함이었다. 죄를 용서하는 '사면'(Absolution)은 하나님의 말씀이다. 그러나 이것을 얻기 위하여 자기가 지은 모든 죄를 낱낱이 열거하는 일은 필요하지도 않고 또 불가능하다.[68] 루터파는 죄의 고백을 버린 것이 아니라 그것을 성만찬에 앞서 하나님께로부터 심문당하고, 사면 받는 성례로 받아들이고 있다는 것이다.

결국 "고백이 성서의 명령이 아니라 교회의 제정에 의한 것"[69]이리고 규정하면서도 고백을 폐기하지 않는 것은 놀란 양심을 위로하고 사면으로 이끄는 유익함이 있기 때문이다. 다른 말로 하면 고해성사로 표현되는 고백의 외적 의식은 포기하고, 말씀을 듣는 가운데 성령의 역사로 일어나는 고백의 내적 의미를 붙들고 있다는 의미이다.

음식물, 수도사 서약, 교권(§ 26 - 28)
제26조에서는 음식물의 선택문제를 다루고 있는데, 이는 단지 먹는

---

66. 제24조, 신앙고백서, p. 39.
67. 제25조, 신앙고백서, pp. 40 - 41에서는 Beichte를 '죄의 고백'이라고 번역하고 루터파 교회에서는 "죄의 고백이 폐기되었다."고 하였는데 이는 오역이다. 원문에는 "Die Beichte ist durch die Prediger dieses Teils nicht angetan. AC § 25, BSLK, p. 97"(Confessio in ecclesiis apud nos non est abolita)이라고 되어 있으므로 "우리에게 죄의 고백이 폐기되지는 않았다."로 번역되어야 한다.
68. CA § 25, BSLK, pp. 98 - 99.
69. CA § 25, BSLK, p. 100.

문제에만 국한된 것이 아니다. 이 조항은 복음 위에 세워진 교회의 전통이 가져올 신앙적 위험요소에 관하여 다루고 있다. 금욕이나 금식이 은총을 얻는 수단이 될 수 없다. 그러나 자신을 제어하는 훈련으로서의 금욕과 금식은 의미가 있다는 것이다. 결국 "금식 자체를 비난하는 것이 아니라 예배의 행위로써 필수조건인 것처럼 여겨 온 어떤 특정한 날짜나 음식물 같은 것을 제정하여 양심을 위험에 빠뜨리는 유의 전통을 비난한다."70)는 것이다.

제27조는 수도사의 서약에 관해서인데, 수도사의 서약을 논하기에 앞서서 수도원 전통이 어거스틴 당시의 자발성을 상실하고 퇴폐된 규율 회복을 수도원 서약으로 얼버무린 감옥과도 같은 존재가 되었음을 한탄하고 있다. 수도원은 스스로 판단하기 어려운 미성년자나 무력한 여성들에게 서약이라는 속박의 굴레를 씌워 버렸다는 것이다.

동시에 수도사 서약의 문제는 그 서약이 마치 세례처럼 "죄의 용서와 하나님 앞에서의 칭의"를 벌어들인다는 주장에 있다.71) 뿐만 아니라 수도사의 서약이 '의롭게 하는 것'을 넘어서서 복음에 나타난 '명령과 충고들'을 모두 가능케 하는 '더 높은 가치'를 가졌다는 주장이 더 문제가 된다. 명령(Gebot)과 충고들(Räte)이란 신앙을 등급화하였던 중세기의 관습을 의미하는 것이며, 일반 신자는 명령까지만 준수할 수 있다. 예를 들면 "살인하지 말라.", "간음하지 말라." 등의 명령이다. 그러나 충고들은 "원수를 사랑하라." 같은 높은 등급의 계명들로 일반 신도는 지킬 수 없고, 성직자나 수도사 등만이 지킬 수 있는 높은 등급의 계명을 의미한다.72) 따라서 세례보다 더 우위에 있는 수도사의 서약을 멜란히톤은 용납할 수 없었던 것이다. 수도사 서약에 관한 조항은 수도승만이 신앙적

---

70. 제26조, 신앙고백서, p. 44.
71. 제27조, 신앙고백서, p. 45.
72. 홍지훈, "그리스도인 됨과 세상 통치권에 대한 마르틴 루터의 태도", 「신학이해」 14, 1996, pp. 94-95.

으로 완전하다는 주장에 대한 반대이다. "기독교적 완전이라는 것은 하나님을 진심으로 두려워하는 동시에 깊은 확신을 가지고 그리스도의 공로로 사랑의 하나님을 우리가 모시게 되었다는 것을 믿는 것이다."[73] 이런 점에서 수도사 서약은 무의하다는 주장이다.

제28조는 교권에 대하여서이다. 이것은 주로 교회 감독의 권한에 관한 것인데 교황의 열쇠권을 주로 겨냥하고 있다. 멜란히톤은 교회의 권세는 눈에 보이는 세상적인 것이 아니라 "영원한 것, 영원한 의와 성령과 영생"[74]을 주는 것이라고 한다. 교회의 권세는 "복음을 증거하고, 성례를 집행할 사명"을 가지는 것이지, 세상 나라에 속한 것을 간섭하고 규제하는 것이 아니라고 한다. 따라서 감독들이 복음에 반하여 가르치거나 결정할 때에는 불복종해야 한다고 한다. 그는 어거스틴의 말을 인용하여 "비록 가톨릭 감독이라 할지라도 그들이 만일 하나님의 정전(正典) 성서에 반하여 과오를 저지르거나 혹은 어떤 것을 결정한다면 그들에게 복종해서는 안 된다."[75]라고 하였다.

결국 논쟁의 초점은 교회의 권위로 성서의 권위를 누를 수 없다는 점에 있다. 감독들이 정하는 교회의 새로운 전통들은 인간적인 권세에 불과하다. 여기서 문제가 되는 것은 인간이 세운 전통에 과다한 의미를 부여하여 이것으로 인해 죄를 범한다고 하거나 이것들을 실행함으로써 의롭게 된다고 규정하는 일이다. 그래서 멜란히톤은 갈라디아서 5:1을 인용하면서 "복음의 중심조항, 즉 인간이 제정한 어떤 규정이나 예배 행위로써가 아니라 그리스도를 믿는 믿음을 통하여 하나님의 은총을 얻는다는 조항을 보존하는 것이 필요하다."[76]라고 주장한다.

---

73. 제27조, 신앙고백서, p. 48.
74. 제28조, 신앙고백서, p. 50.
75. Contra Pestiliani Epistolam, 신앙고백서, p. 51.
76. 제28조, 신앙고백서, p. 53.

4. 4개 도시 신앙고백(1530)

1) 「4개 도시 신앙고백」의 배경과 개요

종교 간의 화해를 도모하기 위해 황제 찰스 1세는 다양한 종교문제에 대한 공개토론을 개최할 것을 요구했다. 이 초청을 받은 부처(Martin Bucer, 1491-1551)도 카피토(Wolfgang Capito)와 헤디오(Caspar Hedio)의 도움으로 스트라스부르크(Strasbourg), 콘스탄츠(Konstanz), 멤밍엔(Memmingen), 린다우(Lindau)로 구성된 4개 도시의 이름으로 신앙고백서를 준비할 필요성을 느꼈다. 이를 위해서 만들어진 신앙고백이 「4개 도시 신앙고백」(*Confessio Tetrapolitana* ; *the Tetrapolitan Confession*, 1530)으로 알려졌고, 독일 개혁교회의 최초의 신앙고백서가 되었다. 이 신앙고백서는 내용적으로 루터의 가르침과 츠빙글리의 가르침 사이를 중재하는 입장에 서 있다. 이 같은 사실은 특별히 "제18조 성찬에 관하여"라는 성찬론에서 나타난다. 그러나 나중에 이 신앙고백의 열렬한 옹호자들은 "이 신앙고백은 루터적이지도 츠빙글리적이지도 않고, 성경에 있는 그리스도의 명령에 순종하고 있다."고 주장했다.[77]

멜란히톤과 그의 동료들이 1530년 6월 25일에 그들의 신앙고백인 「아우크스부르크 신앙고백」(*Die Augsburgische Konfession* ; *Confessio Augustana*, 1530)을 황제 찰스 1세에게 제출하고, 츠빙글리는 7월 8일에 그의 작품 「신앙해설」(*Fidei ratio*)[78]을 제출하며, 4개 도시들은 7월 11일에 독일어와 라틴어로 된 그들의 신앙고백인 「4개 도시 신앙고백」을 제출했다. 황제는 이것을 가톨릭교회 신학자들인 에크(Eck), 파베르(Faber), 코클레우스(Cochlaeus)에게 제출했다. 이 신앙고백문은 국회에서 낭독되지 못하고, 그 대신 에크에 의해서 제시된 이 신앙고백에

---

77. A. C. Cochrane(Ed.), *Reformed Confessions of the Sixteenth Century*(Westminster John Knox Press, Louisville·London, 2003), pp. 51-52.
78. 참고, LCC XXIV, pp. 239-279.

대한 반박문(Confutatio)만이 낭독되었다. 에크의 반박문에 대해서 부처는 나중에 「4개 도시 신앙고백에 대한 변호」(Apologie der Confessio Tetrapolitana, 1531)를 썼다.[79]

샤아프(P. Schaff)는 「4개 도시 신앙고백」을 "개신교회의 일치 신조의 최초의 시도"라고 평가했다. 츠빙글리파와 루터파 사이의 차이점을 화해시키려는 부처의 강력한 노력에도 불구하고 이 신조는 곧 소용이 없게 되었다. 4개 도시의 대표자들은 1531년 2월에 「쉬말칼텐 조항」에 서명하게 되었다. 4개 도시 신앙고백은 보다 더 세련된 칼빈주의적 신앙고백으로 대체된 결과로, 스위스 측은 「4개 도시 신앙고백」의 제18조의 성례전에서 타협적인 언어에 만족하지 않았다. 1532년 쉬바인푸르트(Schweinfurt) 국회에서 스트라스부르크는 「4개 도시 신앙고백」과 함께 「아우크스부르크 신앙고백」을 인정했다. 「4개 도시 신앙고백」의 다른 개정판들은 스트라스부르크 시립고문헌보관소에 보관되어 있다.[80]

이 「4개 도시 신앙고백」은 서론(시작, exordium)과 결론을 제외하고, 23개 장으로 구성되어 있다. 제1장은 설교문제를 다루고("제1장 설교의 주제와 내용에 관하여"), 제2장은 삼위일체론과 기독론을 다루고("제2장 성삼위일체와 성육신하신 그리스도의 신비에 관하여"), 제3장에서 제5장은

---

79. Robert Stupperich(Hrg.), *Martin Bucers Deutsche Schriften Band 3 : Martini Buceri Opera Omnia Series I : Confessio Tetrapolitana und die Schriften des Jahres 1531*(Gütersloher Verlagshaus Gerd Mohn : Stuttgart, 1969), S. 189-318 ; L. Doekes, *Credo : Handboek voor de Gerfeormeerde Symboliek*(Ton Bolland : Amsterdam, 1975), pp. 39-40.
80. A. C. Cochrane(Ed.), *Reformed Confessions of the Sixteenth Century* (Westminster John Knox Press, Louisville·London, 2003), p. 53. 필자는 A. C. Cochrane의 위의 책의 pp. 53-88에 있는 영어판과 Robert Stupperich(Hrg.), *Martin Bucers Deutsche Schriften Band 3 : Martini Buceri Opera Omnia Series I : Confessio Tetrapolitana und die Schriften des Jahres 1531*(Gütersloher Verlagshaus Gerd Mohn : Stuttgart, 1969), S. 37-185에 있는 독일어판과 라틴어판을 참조하여 번역하였다.

칭의와 신앙과 선행과 사랑의 상호관계를 다루고 있다("제3장 칭의와 신앙에 관하여", "제4장 신앙으로부터 나오고, 사랑을 통한 선행에 관하여", "제5장 선행은 누구로부터 기인하며, 어떻게 필요한가?").

제6~10장은 그리스도인의 신앙생활의 다양한 규정들에 대해서 다루고("제6장 그리스도인의 의무들에 관하여", "제7장 기도와 금식에 관하여", "제8장 축일의 명령에 관하여", "제9장 육류의 선택에 관하여", "제10장 기도와 금식에 의해 우리가 어떤 공적을 쌓는 것처럼 생각해서는 안 된다", "제11장 한 하나님께서 그리스도를 통해서 예배 받으신다"), 제12장은 "수도원에 관하여" 취급하고 있다.

제13~22장은 교회론을 중심으로 교회의 직제, 성례전, 죄의 고백과 교회의식의 제반 문제들을 다루고("제13장 직분에 관하여", "제14장 인간의 전통에 관하여", "제15장 교회에 관하여", "제16장 성례전에 관하여", "제17장 세례에 관하여", "제18장 성찬에 관하여", "제19장 미사에 관하여", "제20장 고백에 관하여", "제21장 교회용 찬송가와 기도문에 관하여", "제22장 조상과 상에 관하여"), 마지막 장인 제23장은 국가론과 관계하여 "행정관에 관하여" 취급하고 있다.

2) 「4개 도시 신앙고백」의 발췌 번역

4개 도시들, 즉 스트라스부르크, 콘스탄츠, 멤밍엔, 린다우의 신앙고백에서 그들은 아우크스부르크 국회에서 황제 폐하께 그들의 신앙을 제시했다.

(1) 서론(시작, Exordium)

존경스러운 위엄과 가장 큰 능력과 자비를 가지신 황제 폐하께서 다음과 같이 명령하셨습니다. 각자가 교회를 평온하게 하기 위해 행동하는 데 관심을 기울이고, 소망하는 한 거룩한 제국의 지위와 신분 고하를 막론하고 모두 황제에게 라틴어와 독일어로 종교뿐만 아니라 종교에 반하여 처해 있는 오류들과 병폐들에 대해서 토론과 시험을 위하여 문서를 제출해야 합니다. 이 같은 방법과 길을 통해 순수한 교리의 위치가 회복될 수 있으며, 모든 오류들이 제거될 수 있을 것입니다. …… 진리와 공의에 대한 폐하의 가장 존경할 만한 엄위와 함께 잘 알려진 열심과 폐하의 열렬한 경건은 다음의 사실에 대해서 우리에게 의심의 여지를 추호도 허락하지 않을 것입니다.

우리가 지금까지 들었던 바로 폐하께서 우리에 대한 선입견을 가지시거나 친절하고도 주의 깊게 우리의 말을 듣지 않으실지 모릅니다. 폐하께서 우리의 말을 들으실 때, 우리가 제시하는 것을 당신의 경건한 신중성으로 저울질하실 때 다른 문제들에서 하나님께서 너무나도 성공적으로 가장 존경하는 폐하를 인도하였던 것처럼 하나님께서 폐하의 영을 도우시기를 원합니다. 그 결과 우리가 그리스도에 대한 중요한 교리들을 따른다는 사실을 곧 바로 알아차리시지는 않을 것이라는 의심을 우리에게 추호도 남기지 마옵소서.

(2) 제1장 : 어디서부터 설교를 취하는가?

그러므로 약 10년 전부터 지금까지 먼저 하나님의 놀랄 만한 선하심과 그리스도의 교리가 어느 정도 다른 곳에서처럼 독일의 어디서라도 지금 우리 가운데서 이전보다도 더욱 확실하게, 그리고 명료하게 취급되기 시작했다. 우리의 종교의 많은 교리들이 공개적으로 논쟁되었는데, 이 추세는 학자들과 교회에서 그리스도의 교사의 지위를 가지고 있는 사람들 안에서 점점 더 증가하고 있다.

그러므로 그의 사역을 계속해 오고 있는 동안 사람들은 설교들과 갈등함으로써 매우 위험하게 분열되어 있기 때문에, 성 바울이 다음과 같이 말씀하신 것을 심사숙고하는 것이 필요했다. "모든 성경은 하나님의 감동으로 된 것으로 교훈과 책망과 바르게 함과 의로 교육하기에 유익하니 이는 하나님의 사람으로 온전하게 하며 모든 선한 일을 행할 능력을 갖추게 하려 함이라"(딤후 3 : 16 - 17).

계속 지체토록 영향을 받고, 유인되었던 우리도 하나님에 대한 두려움 때문만이 아니라 상태에 대한 어떤 위험 때문에도 곧바로 우리의 설교가들이 성경에 포함된 것 이외의 어떤 것도 강단에서 가르치지 못하도록 금해야 하고, 성경 안에서 확실한 기초를 가지고 있어야 한다. 옛날이나 지금이나 그러한 위기가 있는 가장 거룩한 교부들, 감독들, 군주들은 물론 모든 곳의 하나님의 자녀들에게 항상 성경의 권위를 호소하는 것은 우리가 보기에 적절한 것 같다. …… 성 바울이 하나님의 사람은 성경에 의해서 완전해지고, 모든 선한 일에 준비된다고 말했을 때 만약 바울이 진리를 가르쳤다면 그는 종교적으로 성경의 비밀을 묻는 데 노력하는 자로서 기독교 진리 또는 건전한 교리에 조금도 부족할 수가 없었을 것이다.

(3) 제2장 : 성삼위일체와 성육신한 말씀(그리스도)의 신비에 관하여

그러므로 거룩한 설교는 이 원천으로부터 파생되고, 위험한 논쟁들이 중단되었기 때문에 경건에 대한 어떤 열망이 있는 사람들은 그리스도론에 대한 훨씬 더 확실한 지식을 얻었으며, 그것을 삶 속에서 표현하기 시작했다. 그들은 이미 받아들인 잘못된 그리스도에 대한 교리들로부터 벗어난 것과 마찬가지로 성경의 내용에 일치하는 것들을 확신하고 있다.

이 교리들 중에 하나가 성삼위일체에 관한 것이고, 그리스도의 교회가 여기에 대해서 믿어 왔는데 "하나님 아버지, 아들, 성령은 본질에서 하나이시며, 위격들의 경우를 제외하고는 어떤 구별도 허락하지 않는다."[81] 또한 참하나님이신 우리의 구세주 예수 그리스도는 참인간과 같이 되셨

---

81. 번역자 해설 : 작은 따옴표는 필자가 한 것이며, 이것은 영어판과 라틴어판의 번역이고, 독일어판은 다음과 같다. "하나님 아버지, 아들 성령이 본질에서 하나이며, 세 위격들이신데, 위격들의 경우를 제외하고는 어떤 구별도 허락지 않는다"(das Gott Vater, Sun, haylliger gayst [334b] ain wesen seind drey personen, auch kain anndere dann der orsonen tailung unnd underschyd annemen).

는데, 두 본성은 혼동되지 아니하고(Impermixtis ; unuermischet), 동일한 위격 안에 연합되어 모든 시대에 걸쳐서 (영원히) 결코 분리되지 않을 것이다.

거룩한 복음으로부터 가르침을 받은 교회가 우리의 구세주 예수 그리스도에 관해서 믿는 것의 어떤 관점이나 다음과 같은 특별한 경우들에도 두 본성은 결코 변하지 않는다. 즉, 우리의 구세주 예수 그리스도는 성령으로 잉태하시고, 동정녀 마리아에게서 나시고, 복음 선포의 직분을 수행하신 후 잠시 동안 십자가에서 죽으시고, 장사지낸 바 되시며, 음부로 내려가셨다가, 삼일 만에 죽은 자로부터 불멸의 생명으로 부활하셨다. 다양한 논쟁들 속에서 예수 그리스도는 여기서 언급한 내용대로 이것을 증거하셨다. 그는 그의 아버지의 우편, 하늘로 승천하셨다. 그리고 우리는 산 자와 죽은 자에 대한 심판주로서 그를 기다린다. 동시에 그럼에도 불구하고 그는 그의 교회에 세상 끝날까지 현존하시고, 교회를 새롭게 하시며, 성화시키시고, 교회를 그의 유일한 사랑받는 신부로 모든 종류의 덕의 장식들을 가지고 꾸미신다. 바로 이 점에서 우리는 기독교인들의 상식으로부터 조금도 변하지 않고, 우리의 신앙을 증거하기 위해 이 하나로도 충분하다고 생각한다.

(4) 제3장 : 칭의와 신앙에 관하여
우리가 그리스도에 의해서 이룩된 구속의 참여자가 되는 방법은 그리스도인들의 의무들에 관해 공통적으로 가르친 것들과 관련하여 우리 설교자들이 최근에 받아들인 교리들과는 사뭇 다르다. 우리는 가장 존경스러운 위엄을 가지신 폐하께 우리가 따르는 교리 내용들을 가장 분명하게 설명을 드리고, 좋은 신앙 안에서 우리가 그 교리들이 근거하는 성경 구절들을 제시해 드리기 위해 최선의 노력을 경주한다.

그러므로 몇 해 전까지만 해도 우리는 인간의 칭의를 위해 인간 자신의 선행들이 필요하다고 가르침을 받아 왔기 때문에, 첫째로 우리 설교자들은 이 칭의의 전체가 하나님의 선하신 기뻐하심과 그리스도의 공로와 오직 신앙으로 받아들이는 것에 기인한다고 가르침을 받았다. "영접하는 자 곧 그 이름을 믿는 자들에게는 하나님의 자녀가 되는 권세를 주셨으니 이는 혈통으로나 육정으로나 사람의 뜻으로 나지 아니하고 오직 하나님께로부터 난 자들이니라"(요 1 : 12 - 13).[82] …… 하나님과 우리 구세주 예수 그리스도를 아는 것이 우리의 의(義)이고 영생이기 때문에 이것은 혈육의 행위가 되는 것과는 거리가 너무나도 멀다. 이것을 위해서는 거듭나는 것이 필요하다. 만약 아버지께서 우리를 이끌지 아니하시면 우리는 아들에게로 갈 수가 없다.

바울은 "우리의 것도, 우리의 행위도 아니다."라고 너무나도 분명하게 기록한다. 우리의 행위들이 우리에게 어떤 도움도 줄 수 없다는 사실은 충분할 정도로 명백하다. 그러므로 우리가 거듭날 때 우리의 불의(不義) 대신에 우리는 의로워질 수 있다. 왜냐하면 우리는 본성으로는 진노의 자녀이고, 이것 때문에 우리는 불의하며, 그 결과 우리는 의로운 어떤 것이나 하나님을 기쁘시게 해 드리는 어떤 것도 할 수가 없기 때문이다. 그러나 우리 모두의 의와 구원의 시작은 하나님의 호의와 그의 아들의 죽음의 계획으로부터 비롯된 진리와 그의 복음의 교리를 제공하는 주님의 자비로부터 와야 한다. 그래서 그것을 설교하기 위한 자들이 보냄을 받는다.

그리고 둘째로, 성 바울이 "육에 속한 사람은 하나님의 성령의 일들을 받지 아니하나니……"(고전 2 : 14)라고 말했기 때문에 하나님은 동시에 우리의 어두운 마음속에 그의 광선(光線)을 비추시며, 우리는 위로부터 오는 그의 영에 의해 진리에 의해서 설득을 당하고, 이 영의 증언에 의존하면서 지금 우리가 설교된 그의 복음을 믿게 되며, 충직한 확신을 가지고 그를 "아바 아버지"라고 부르고 말함으로써 "주의 이름을 부르는

---

82. 생략표 이하에 다음의 성경구절들의 본문이 그대로 인용되어 있어서 번역을 생략함(요 3 : 3, 마 11 : 27, 16 : 17, 요 6 : 44, 엡 2 : 8 - 10).

자는 구원을 얻으리라."라는 말씀에 따라 확실한 구원을 얻는다.

(5) 제4장 : 믿음으로부터 나오며, 사랑을 통한 선행에 관하여

위와 같은 것들을 통해서 마치 우리가 구원과 의를 정신의 나태한 사고 안에 두는 것처럼, 그리고 형식도 없이 신앙이라고 부르는 사랑이 없는 신앙 안에 두는 것처럼 사람들이 이해하지 않기를 바라는 바이다. 왜냐하면 우리는 어떤 사람도 그가 탁월하게 하나님을 사랑하고, 가장 진지하게 하나님을 모방하지 아니하고는 칭의되거나 구원될 수 없다는 사실을 확신하기 때문이다. "하나님이 미리 아신 자들을 또한 그 아들의 형상을 본받게 하기 위하여 미리 정하셨으니……"(롬 8 : 29), "우리는 그가 만드신 바라 그리스도 예수 안에서 선한 일을 위하여 지으심을 받은 자니……"(엡 2 : 10)라고 기록된 바와 같이, 우리는 복된 삶의 영광 안에 있는 것과 마찬가지로 순진무구와 완전한 의의 양육(in cultu) 속에 있게 된다. 그러나 어떤 사람도 무엇보다 먼저 하나님을 사랑할 수가 없고, 하나님을 가치 있게 모방할 수가 없지만 오직 참으로 하나님을 알고, 모든 선한 것들을 하나님으로부터 기대하는 자만이 그렇게 할 수가 있다.

그러므로 우리는 신앙을 부여받음으로써 복음을 믿고, 하나님께서 우리를 그의 자녀로 삼으신 것과 우리에게 그의 부성적인 친절을 주신 것을 확신하고, 전적으로 그의 기뻐하심을 의존하게 됨으로써 바로 이 방법 이외의 어떤 다른 방법으로도 우리는 칭의될 수가 없다. 다시 말하면, 우리는 구원되는 것과 마찬가지로 의롭게 된다(왜냐하면 의는 우리의 구원 자체이기 때문이다).

성 아우구스티누스가 그의 책 「신앙과 행위에 관하여」(*De Fide et Operibus*)의 제14장에서 이 같은 신앙을 '복음적'(Euangelicam)이라고 불렀는데, 말하자면 사랑을 통해서 일하는 신앙이다. 바로 이 신앙을 통해서 우리는 중생하고, 하나님의 형상이 우리 안에서 회복된다. 비록 우리는 부패하고, 우리의 사고는 어릴 적부터 악으로 향하는 경향이 있을

지라도 이 신앙을 통해서 우리는 선하고 올바르게 된다. …… 이 사랑은 바울이 말한 바와 같이 온 율법의 수행이다. "온 율법은 네 이웃 사랑하기를 네 자신같이 하라 하신 한 말씀에서 이루어졌나니"(갈 5 : 14).

(6) 제5장 : 선행은 누구로부터 기인하며, 어떻게 필요한가?

하나님의 자녀들은 자기 스스로 행동한다기보다는 차라리 하나님의 영에 의해서 인도함을 받기 때문에(롬 8 : 14), 그리고 "……만물이 주에게서 나오고 주로 말미암고 주에게로 돌아감이라……"(롬 11 : 36)고 말씀하시기 때문에, 우리가 선하게 그리고 거룩하게 행하는 것이 무엇이든지 간에 우리는 그것을 모든 덕들의 제공자이신 이 유일하신 성령 이외에 어떤 분에게도 돌려서는 안 된다.

성령께서 우리를 강제하지는 않으실지라도 성령은 우리를 인도하시며, 성령은 기쁘신 뜻을 위하여 우리 안에서 소원하시고, 일하신다(빌 2 : 13). 따라서 아우구스티누스는 하나님께서 우리 안에서 그 자신의 선행들을 보상하신다는 사실을 지혜롭게 기록한다. 만약 어떤 사람이 그리스도의 영에 의해서 인도함을 받지 않는다면 그는 구원될 수가 없다는 말과 선행을 위해 하나님에 의해서 창조된 자 안에 어떤 선의 결핍도 있을 수가 없다는 말은 우리가 선행을 거부하는 것과는 너무나도 먼 거리에 있다. 왜냐하면 동일한 몸에 다양한 지체들이 있듯이 우리 각자는 동일한 직책을 가지는 것이 아니기 때문이다(고전 12장). "진실로 너희에게 이르노니 천지가 없어지기 전에는 율법의 일점 일획도 결코 없어지지 아니하고 다 이루리라"(마 5 : 18). 그러나 하나님만이 선하시고, 만물을 무로부터 창조하시고(alles aus nichts herfürpringt ; ex nihilo omnia condidit), 그의 영을 통해서 우리를 다함께 새롭게 하시고, 전적으로 우리를 인도하신다(왜냐하면 그리스도 안에 있는 어떤 것도 무용하지 않고 새로운 피조물이기 때문이다. 갈 6 : 15).

이 같은 일들 중에서 어떤 것도 인간의 능력에 기인하는 것으로 돌릴 수가 없다. 그리고 우리는 모든 것이 우리 자신의 어떤 공로 때문이 아니라 자신의 뜻대로 우리에게 호의를 베푸시고 사랑하시는 하나님의 순전한 은사들임을 고백해야 한다. 위로부터 미루어 볼 때 우리에게 칭의를 가져다주시는 그분과 칭의가 우리에게 이루어지는 방법과 우리가 그렇게 믿지 않을 수 없게 하는 성경의 구절들에 의해 우리가 칭의되는 것을 믿을 내용들이 충분히 알려질 수 있다.

(7) 제6장 : 그리스도인의 의무들에 관하여

지금 무엇이 그리스도인의 의무인지, 그리고 그리스도인이 무슨 행동에 주로 헌신해야 하는지 의심의 여지가 없다. 즉, 스스로 모든 사람은 자기 이웃에게 유익되게 모든 것을 행해야 하는데, 첫째로 영생과 관련하여 그들은 하나님을 알고 예배하며 두려워하기 시작하고, 둘째로 현재의 삶과 관련하여 그들은 육체적인 필요성에 의해서 요구되는 어떤 것도 원해서는 안 된다. 왜냐하면 모든 의의 가장 절대적인 계명인 하나님의 전 율법은 "……네 이웃을 네 자신과 같이 사랑하라 하신 그 말씀 가운데 다 들었느니라"(롬 13 : 9)라는 말씀 때문에 이 사랑을 실천하는 가운데 모든 의가 내포되고 완성되어야 할 필요가 있다.

그러므로 우리의 이웃을 유익하게 하기 위해서 어떤 힘도 발휘하지 않는 것은 무엇이든지 그리스도인들의 의무들에 속하지 않는다. 그와 같은 모든 행위가 그리스도인에게 더욱더 침투될수록 더 많은 유익이 이웃에게 증가한다.

(8) 제7장 : 기도와 금식에 관하여

우리 교회의 규정집이 교회의 청중들에게 가장 부지런히 권고하고, 특별히 그리스도인들에게 해당되는 가장 거룩한 것들이 바로 기도와 금식과 기타 행위들이라는 사실을 우리는 알고 있다. 금식은 말하자면, 악한 욕망에 항상 종속되는 현재의 삶을 부인하고, 혼란과 동요로부터 자유로운 미래의 삶에 대한 묵상이다. 또한 기도는 정신을 하나님께 고양시켜서 어떤 다른 것이 그렇게 강하게 불을 붙이지 못할 정도로 하늘의 감정으로 불을 붙이시고, 보다 강력하게 정신을 그의 뜻에 일치시키시는 하나님과의 대화이다. 비록 이 같은 실천들이 그리스도인에게 거룩하고도 필요할지라도 사람이 유익을 가지고 이웃을 봉사하기 위해 준비할 때 그 사람의 이웃은 금식과 기도에 의해서 그렇게 많은 도움을 받는 것이 아니다.

기도와 금식은 거룩한 교리와 경건한 권고와 충고들, 그리고 우리의 이웃들이 단번에 유익을 얻게 되는 다른 의무들보다 덜 중요하다. 그러므로 밤에 스스로 기도에 열중하시고, 낮에 교리를 전파하시고, 병자를 고치신 구세주에 대해서 우리는 읽게 된다. 왜냐하면 사랑이 신앙과 소망보다도 더 크기 때문에(고전 13 : 13), 가장 가까이 있는 일들, 즉 사람들에게 확실히 유익을 가져다주는 일들은 무엇보다도 다른 거룩한 기능들보다도 우선한다. 따라서 성 크리소스톰은 덕들의 총괄적 실천에서 금식을 제일 마지막 순서에 넣었다고 기록했다.

(9) 제8장 : 금식의 명령에 관하여

(제8장의 내용은 매우 길지만, 내용만을 간단하게 요약 번역, 정리하도록 한다.)

제8장은 성령을 통한 금식 자체를 반대하지 않고, 다만 중세교회에서 의무적으로 규정을 만들어서 절기를 지키는 것에는 반대하면서 바울의 말씀을 인용한다. "그러므로 먹고 마시는 것과 절기나 초하루나 안식일을 이유로 누구든지 너희를 비판하지 못하게 하라"(골 2 : 16).

(10) 제9장 : 육류들의 선택에 관하여

(제9장의 내용만을 간단하게 요약 번역, 정리하도록 한다.)

육류의 선택의 문제에 적용되는 원리는 앞의 제8장에 적용되는 바울

사도의 말씀의 원리와 똑같이 적용된다. "혼인을 금하고 어떤 음식물은 먹지 말라고 할 터이나 음식물은 하나님이 지으신 바니 믿는 자들과 진리를 아는 자들이 감사함으로 받을 것이니라"(딤전 4:3).

(11) 제10장 : 기도와 금식에 의해 우리가 어떤 공적을 쌓는 것처럼 생각해서는 안 된다

게다가 우리 교회규정집은 기도와 금식과 관련된 이 같은 잘못은 수정되어야 한다고 가르쳤다. 잘못은 바로 보통 기도와 금식이라는 그들의 행위를 통해서 일종의 공로와 칭의를 추구하도록 가르침을 받는 것이다. 왜냐하면 우리는 신앙을 통해서 은혜로 구원되듯이, 우리는 신앙을 통해서 은혜로 의롭다 함을 받는다. 바울이 다음과 같이 기록한 바와 같이 기도와 금식은 율법의 행위로 간주되는 것들에 속한다. "율법 안에서 의롭다 함을 얻으려 하는 너희는 그리스도에게서 끊어지고 은혜에서 떨어진 자로다"(갈 5:4). "우리가 성령으로 믿음을 따라 의의 소망을 기다리노니"(갈 5:5).

그러므로 우리는 우리가 하나님께 무엇을 드려서가 아니라 우리가 하나님으로부터 받을 것을 기도해야만 한다. 우리가 하나님 앞에서 우리 자신이 어떤 공로를 쌓을 것을 위해서가 아니라 더 잘 기도하고 육신 안에서도 의무를 더 잘 지키기 위해 금식해야 한다. 성경과 교부들의 작품과 모범들은 기도와 금식에 대한 이 같은 목적과 용도를 규정하고 있다.

(12) 제11장 : 한 하나님께서 그리스도를 통해서 예배를 받으신다

이 문제들과 관련하여 거부되어야 할 또다른 오용은 바로 어떤 사람들이 금식과 기도에서 생각하는 것처럼 역시 순전한 신(神)으로서 동정녀 마리아를 예배하고, 다른 성자들의 중재를 통해서 영혼과 육체가 모든 악으로부터 구원받도록, 이를 통해서 모든 종류의 선으로 풍성해지기 위해 성도들로 하여금 그렇게 기도하도록 의무화하는 것이다. 왜냐하면 우리 설교자들은 하늘의 아버지만이 유일한 중보자이신 그리스도를 통해서 기도를 들으신다고 믿기 때문이다.

따라서 우리는 모든 것을 위해 그에게 기도드릴 수가 있다. 우리가 신앙 안에서 그리고 그리스도의 이름으로 간주하는 어떤 것도 거절하시지 않으신다고 하나님 자신이 약속하셨기 때문이다. 그러므로 바울은 하나님과 인간 사이에 있는 중보자로서 예수 그리스도, 이 한 사람을 선포한다(딤전 2:5). 그리고 어떤 사람도 우리를 더 사랑하거나 아버지께 더 영향을 미칠 수가 없다. 우리 설교자들은 아버지와 함께 이 한 분 변호자이시며 중보자로 충분하다고 촉구하는 데 익숙하다. 그러나 그들은 하나님의 어머니로서 성 동정녀 마리아와 모든 성자들을 가장 큰 헌신으로 경배해야 할 의무를 가르친다.

(13) 제12장 : 수도원에 관하여[83]

똑같은 이유로 우리 모두의 칭의는 예수 그리스도에 대한 신앙 안에 있기 때문에 우리는 모든 외적인 일들에서 자유를 가진다. …… 수도원제도는 인간의 전통들의 한 굴레이다.

(14) 제13장 : 교회의 직분과 위엄과 힘에 관하여

교역자와 교회질서의 위엄에 대해 우리는 다음과 같이 가르친다. 첫째, 교회의 힘은 신앙의 함양을 위해서만 존재한다. 둘째, 바울이 자신을 포함하여 베드로와 아볼로와 다른 사람들을 다음과 같이 생각했듯이 우리도 이 직책에 있는 모든 사람들을 그렇게 간주해야 한다. "사람이 마땅히 우리를 그리스도의 일꾼이요 하나님의 비밀을 맡은 자로 여길지어다 그리고 맡은 자들에게 구할 것은 충성이니라"(고전 4:1-2). 이들은 천국의 열쇠를 가지고 있으며, 매기도 하고 풀기도 하며, 죄를 사하

---

83. 제12장은 인간의 굴레로써 수도원제 자체와 수도원 서약, 독신제 등을 그리스도와 성령을 통해서 얻은 그리스도인의 자유의 관점에서 비판하고 있다.

기도 하고, 그대로 있게도 하는 힘을 가지고 있다. 그들은 이 같은 행위 속에서도 그리스도의 사역자에 불과하기에 그리스도만이 옳으시고, 절대 권위적이시다. 왜냐하면 그리스도만이 영혼을 새롭게 하실 수가 있듯이 그리스도만이 자신의 힘을 통해서 천국을 사람들에게 열어 주시며, 죄로부터 자유롭게 하시기 때문이다. 심고 물을 주는 것은 사역자의 일이지만, 이 일들은 아무것도 아니로되 오직 자라게 하시는 이는 하나님 뿐이시다(고전 3 : 7). 왜냐하면 누구도 어떤 것이 자기 자신으로부터 비롯되었다고 생각하지 않고, 자신이 효과적으로 하는 것은 하나님으로부터 비롯되었다고 생각하기 때문이다.

하나님은 새 언약의 사역자들을 그리스도와 관련시켜 마음의 변화가 없이 오직 외적으로만 소리 내어 가르치는 교리에 해당되는 죽은 문자의 사역자가 아니라 영을 살리고, 마음을 새롭게 하는 하나님의 동참자로 만들어 주신다. 따라서 그들은 하나님의 동역사이며(고전 3 : 9), 참으로 천국을 열어 주고, 죄를 사한다. 그리스도께서 사도들에게 이 힘을 주시면서 그들을 향하여 숨을 내쉬며 "……성령을 받으라"(요 20 : 22) 말씀하시고, "너희가 누구의 죄든지 사하면 사하여질 것이요 누구의 죄든지 그대로 두면 그대로 있으리라"(요 20 : 23)고 부언하셨다.

그러므로 하나님에 의해서 보냄 받은 자들이 교회에서 임명받아 감독(Episcopos)과 교사(Doctores)와 목사(pastores)라는 사역자들로 세워지는 것이 바람직한 일이다("보내심을 받지 아니하였으면, 어찌 전파하리요……", 롬 10 : 15). 다시 말하면 그들은 복음을 전파하고, 그리스도의 양 떼를 먹일 능력과 정신을 받았을 뿐만 아니라 사람들의 마음을 감동시키기 위해 함께 일하시는 성령을 받았기 때문이다. 바울은 교회의 사역자들은 다른 많은 덕을 갖추어야 한다고 말한다. 그러므로 보냄 받고, 기름 부음 받고, 덕을 갖춘 사역자들은 주님의 양 떼를 열심히 돌보아야 하며, 충성스럽게 그들을 양육해야 한다. 우리는 이 같은 사람들을 수많은 감독들(Episcoporum)과 장로들(Presbiterorum)과 목사들(pastorum)

가운데서 발견하고, 그들을 배나 존경해야 하며, 모든 그리스도인들은 그들의 명령에 가장 민첩하게 순종해야 한다.

(15) 제14장 : 인간의 전통에 관하여

(음식, 음료, 시간, 외적인 일들과 관련하여 교부의 전통이든지, 감독이나 교회가 명하는 전통이든지 성경과 반대되거나 이웃에 대한 유익과 어긋나는 경우에는 폐지되어야 한다.)

(16) 제15장 : 교회에 관하여

우리는 교회와 성례전에 관하여 생각하는 바를 지금 제시하고자 한다. 그러므로 천국으로 자주 칭해진 그리스도의 교회는 그리스도에게 가입하여 신앙으로 자신을 그리스도에게 전적으로 위탁한 사람들의 교제이다. 그럼에도 불구하고, 교회는 세상 끝날까지 그리스도에 대한 거짓 신앙을 가지고, 참으로 신앙을 가지지 않은 자들과 함께 섞여 있다. 주님께서 이 사실을 가라지 비유와(마 13 : 24f) 좋은 고기와 함께 나쁜 고기가 담겨진 바다에 던져진 그물 비유와 왕자의 결혼식에 초청된 자들 중에 예복을 입지 않은 자를 쫓아내라고 명령한 왕의 비유를 통해 가르치셨다(마 22 : 1ff). 교회가 그리스도의 신부라고 선포되었을 때(엡 5 : 25), 그리스도께서는 교회를 거룩하게 하시기 위해 자신을 교회에 주신 것이다. 또한 교회가 하나님의 집, 진리의 기둥과 기초, 살아 계신 하나님의 성, 시온 산, 하늘의 예루살렘, 하늘에 기록된 처음으로 난 자의 교회라고 불릴 때(딤전 3 : 15), 이 같은 찬사의 말들은 하나님의 자녀들 가운데 있는 위치를 참으로 얻은 자들에게 어울리는 말이다. 왜냐하면 그들은 그리스도를 굳게 믿기 때문이다. 구세주께서 그들 속에서 다스리시기 때문에 그들은 진정으로 사도신경이 '교회'라고 설명하듯이, 교회와 성도의 코이노니아, 곧 소시에타스(societas)로 불린다. 성령이 이 교회를 다스리시며 여기서부터 그리스도가 결코 부재하시지 않는다. 그리스도는 교회가 흠과 점이 없게 하시려고 교회를 거룩하게 하신다. 교회의 말을 듣지 않는 자는 이교도와 세리로 간주된다.

비록 교회가 그리스도의 교회라는 명칭을 가지고 있을지라도 그리스도에 대한 신앙은 보여질 수 없고, 다만 신앙의 열매에 의해서 보여질 수 있고, 분명하게 알려질 수가 있다. 이 열매들에 속하는 것은 진리에 대한 용기 있는 신앙고백과 모든 사람들을 감동시키는 참된 사랑과 그리스도를 위하여 모든 멸시를 용감하게 받는 것이다. 이 열매들은 복음과 복음에 기초한 성례전이 순수하게 집행되는 곳에 부재할 수 없다.[84)]

게다가 교회는 하나님의 교회와 하나님의 나라이기 때문에, 모든 것이 가장 잘 질서가 잡혀야 하고, 교회는 사역자들의 다양한 직분들을 가진다. 왜냐하면 교회는 다양한 지체들로 함께 구성된 한 몸이며(ain leyb Cristi ist, aus vilen golydern zusamen gesetzt) 각 지체는 자신의 고유한 일을 가지고 있기 때문이다. 사역자들은 훌륭한 신앙 안에서 그들의 사역을 수행하고, 말씀과 교리를 가지고 진지하게 일하며, 진정으로 교회를 대표함으로써 그들을 들으시는 그리스도께서 교회를 들으시도록 올바르게 선포되어져야 한다.

어떤 영으로 사역자들이 감동을 받아야 하며, 어떤 권위를 사역자들이 부여받아야 하는지를 우리가 교회의 사역자와 관련하여 우리의 신앙을 표현했을 때 우리는 위에서 주어진 내용을 선언했다. 그리스도의 명령과 반대되는 내용을 가르치는 사람들은 그리스도의 교회를 대표힐 수가 없다. 그럼에도 불구하고 그런 일이 일어날 수 있고, 사악한 자들이 실제적으로 그리스도의 이름으로 예언하고, 교회 안에서 재판을 수행한

---

84. "복음과 성례전이 순수하게 집행되는 곳에 이 신앙의 열매들이 부재할 수가 없다"(Quae utique abesse nequeunt, ubi Euangelium Sacramentaque eius obtinent ; Dieweil dann sollche frücht aigenntlich seind, wo das hayllig Euangelium unnd sacrament iren fürgang haben).

다. 그러나 그리스도의 교리와 다른 것을 제안하는 자들은 비록 그들이 교회 안에 있을지라도 그들은 오류에 사로잡혀 있기 때문에, 목자장의 음성을 선포하지 않을 뿐만 아니라 의심할 여지없이 그리스도의 신부인 교회를 대표할 수 없다. 그러므로 그들은 그리스도의 이름으로 들려질 수 없다. 왜냐하면 그리스도의 양 떼들은 이상한 자의 음성을 따르지 않기 때문이다. 이 모든 내용은 우리의 신학자들이 교회에 가르친 가르침의 많은 구절과 유사한 구절로부터 온 것이다.

(17) 제16장 : 성례전에 관하여

교회는 여기서 육체에 따라 살지는 않지만, 육체 가운데 살기 때문에 주님께서 외적인 말씀을 통해서 성례전도 가르치시고, 훈계하시며, 권고하시기를 기뻐하셨다. 이것이 더욱더 편리하게 행해짐으로써 그의 백성이 그들 자신 가운데서 외적 공동체를 유지하기를 원하셨다. 이런 이유 때문에 하나님께서 그들에게 성례전을 주셨다. 이 가운데서 세례와 성찬은 중요한 성례전이다. 우리가 믿는 이것들은 옛 사람들에 의해서도 성례전으로 불렸다. 그것들이 불가시적인 은혜의 가시적 표징(inuisibilis gratie visibilia signa, 성 아우구스티누스의 말을 사용하자면)으로 불리기 때문만이 아니라, 말하자면 성례전 안에서 신앙의 고백이 행해지기 때문이다.

(18) 제17장 : 세례에 관하여

그러므로 세례에 관하여 우리는 성경이 다양한 곳에서 세례에 대한 선언을 하고 있다는 사실을 고백한다. 즉, 세례를 통해서 우리는 그리스도의 죽음 속으로 장사지낸 바 되고(롬 6 : 4), 한 몸으로 연합되고(고전 12 : 12f), 그리스도로 옷 입는다(갈 3 : 27). 세례는 중생의 씻음이며(딛 3 : 5), 세례는 죄를 씻고(행 22 : 16), 세례는 우리를 구원한다(벧전 3 : 21).

성 베드로가 "물은 예수 그리스도께서 부활하심으로 말미암아 이제 너희를 구원하는 표니 곧 세례라 이는 육체의 더러운 것을 제하여 버림이 아니요 하나님을 향한 선한 양심의 간구니라"(벧전 3 : 21)고 말하고 해석한 것처럼 우리도 그렇게 이해한다.

신앙이 없이는 하나님을 기쁘게 해 드리는 것이 불가능하기 때문에 우리는 우리의 행위에 의해서가 아니라 은혜에 의해서 구원된다. 그러나 세례는 그들에게 하나님이 보호자가 되시겠다고 약속하시고, 그에게 속한 사람들과 그들의 후손(씨)들을 그의 백성으로 가지면서 그들과 함께 맺으시는 언약의 성례전이다. 결국 세례는 그리스도를 통해서 일어나고, 성령을 통한 새로워짐의 상징이다. 우리 신학자들은 모세 당시에 유아들이 할례를 받았던 것과 똑같이 유아들에게도 세례가 베풀어져야 한다고 가르치는 바이다. 그러므로 옛 사람들에게와 똑같이 우리들에게도 "내가 내 언약을 나와 너 및 네 대대 후손 사이에 세워서 영원한 언약을 삼고 너와 네 후손의 하나님이 되리라"(창 17 : 7)라는 약속이 해당된다.

(19) 제18장 : 성찬에 관하여

그리스도의 몸과 피의 이 숭엄한 성례전과 관련하여 복음서 기자들과 바울과 거룩한 교부들이 문서를 통해 남겼던 모든 내용을 우리 측의 사람들은 가장 좋은 신앙 안에서 가르치고, 명령하며, 반복하여 교육시킨다. 그러므로 그들은 남다른 열심을 가지고 항상 그리스도의 이 선하심을 그의 백성, 즉 오늘날도 그 마지막 만찬 때와 똑같이 그의 제자들 가운데서 그들의 입에 주어졌던 말씀을 모든 자들에게 신실하게 공적으로 알리고, 그의 제정에 따라 이 성찬을 받는다. 그리스도께서 영혼의 음식과 음료를 위해서 참으로 먹여지고 마셔지기 위해서 그의 참몸과 참피를 주시기로 계획하신다. 왜냐하면 이것은 영생을 위한 그들의 영양소이기 때문이다. 그 결과 그리스도께서 지금 그들 안에서 사시고, 거하시며, 그들도 그리스도 안에 살고, 거하며, 마지막 날에 그에 의해서 새롭게 불멸의 생명으로 부활한다. 이것은 "떼어 먹으라. 이것은 나의 몸이다.",

"그것 모두를 마셔라. 왜냐하면 이것은 나의 피이기 때문이다." 등과 같은 그의 말씀을 따른 것이다.

지금 특별한 신중성을 기한 우리 교회규정집은 우리 백성의 정신들로부터 모든 싸움뿐만 아니라 쓸데없고, 호기심에 찬 질문들로부터 벗어나게 하여 오직 유용한 것과 우리 구세주 그리스도에게 관계된 것만을 행하게 했다. 말하자면, 그리스도를 통해서 먹임 바 된 우리는 그의 안에서 그를 통해서 하나님을 기쁘시게 해 드리는 삶 안에서 거룩하게 살고, 그러므로 영원히 복된 삶을 살게 된다. 성찬에서 한 가지 빵에 참석하는 우리는 우리 가운데서 한 빵과 한 몸이 될 수 있다. 그러므로 참으로 신적인 성례전이 시행되고, 우리 가운데서 종교적으로 특별한 존경심을 가지고 받아들여진다.

이 방법 안에서 참된 이 일들로부터 가장 존경하는 엄위와 가장 자비로우신 황제 폐하께서 우리 측 사람들이 그리스도의 말씀을 바꾸고 인간적 조작을 통해 그리스도의 말씀에 폭력을 가하며, 단순한 빵과 단순한 포도즙 외에 아무것도 우리의 성찬에서 시행되지 않아서, 우리 가운데 성찬은 경시되며 거부된다고 선포하는 우리의 대적자들이 얼마나 거짓된 것인지를 아시게 될 것이다. 왜냐하면 가장 큰 열심을 가진 우리 측 사람들은 단순한 신앙을 가지고 주의 말씀으로 누구든지 포용하며, 인간의 모든 고안과 조작을 거부하면서 모든 혼란을 제거하고, 자신의 마음을 그것들의 참된 의미에 적용시키며, 끝으로 큰 헌신을 가지고, 그들의 영혼을 살리는 영양소와 너무나도 큰 유익을 가져오는 감사의 기억을 위한 이 성례전을 받아들이기 때문이다. 일반적으로 우리 가운데서는 이전보다는 더 자주, 그리고 더욱 경건하게 시행되고 있다.

(20) 제19장 : 미사에 관하여

산 자와 죽은 자를 위해 반복적인 희생제물로, 그리고 잘못된 제사로 변질된 미사에 대한 비판의 내용이 실려 있다.

(21) 제20장 : 고백에 관하여

경건으로부터 발생하는 죄에 대한 고백도 그의 회개와 슬픈 마음이 강요되지 않는 어떤 사람에 의해서 행해질 수가 없기 때문에 고백은 어떤 규정에 의해 강요될 수 없다. 그리스도 자신도 어떤 사도들도 그것을 명령하지 않았다.[85]

(22) 제21장 : 교회용 찬송가와 기도문에 관하여

제21장은 교회예배에서 찬송가나 기도문이 사용되는 자체에 대해 비판하는 것이 아니라 교회에서 사용되고 있는 찬송가와 기도문이 성경과 배치되는 내용을 많이 담고 있다는 것이 문제이다. 가령 시편의 내용은 거의 없고, 미신적인 요소가 내포된 찬송가가 많다는 것이다.

(23) 제22장 : 주상(造像)과 형상에 관하여

제23장은 우상숭배를 불러일으키는 조상과 형상을 금지할 것을 요구하면서도 그리스도인의 자유의 영역의 여지도 남겨 주고 있다.

(24) 제23장 : 행정관에 관하여

우리는 위에서 우리의 교회규정이 행정관에게 표해야 할 순종의 일차적 순서에 해당되는 선행들에서의 위치를 지정했다는 사실과 각 사람이 더욱 신실한 그리스도인이며, 더욱 풍성한 신앙의 정도에 따라 공적인 법규를 더욱 부지런히 지켜야 함을 가르친다는 사실을 제시했다. 따라서 교회규정은 행정관의 직무수행은 하나님에 의해서(신적으로) 주어진 가장 거룩한 기능임을 가르친다. 따라서 공권력을 행사하는 자들은 성경에서 신들(Götter, 출 21 : 6, 시 82 : 1, 6)로 불려지는 경우가 이미 있었던 일이다. 그들이 그들의 직무를 가지고 백성들을 교리와 생활 속에서

---

85. 제20장은 로마 가톨릭교회의 고해성사제도를 강하게 비판하고 있다.

올바르고도 질서대로 인도할 때 하나님께서 우리의 일들을 그런 식으로 통치하기를 원하신다.

대부분의 경우 신하들의 복지와 구제문제는 통치자들인 행정관에게 의존한다. 그러므로 가장 기독교적이며, 거룩한 사람들보다도 더 행정관의 의무를 가치 있는 것으로 실천하는 사람들은 아무도 없다. 따라서 의심할 여지없이 교회의 감독들과 직원들이 형식적으로 가장 경건한 황제들과 왕들에 의해서 외적인 행정의 일들을 맡게 되었다.

비록 그들이 종교적이고도 지혜로울지라도 이 문제에서 다음과 같은 결점이 있었다. 그들은 두 가지 직무의 적절한 수행을 위해 필요한 모든 것을 갖출 수 없었다. 그들은 말씀을 가지고 교회에서 다스려야 할 그들의 의무에서나 권위를 가지고 다스려야 하는 정부에서도 실패하지 않을 수가 없었다.

(25) 결론

무적무패로 가장 강하시고 경건한 황제 폐하시여, 지금까지 언급한 이 모든 내용들은 다른 모든 전통보다도 탁월하다고 해도 맞는 성경의 유일한 권위에 의해서 증명된 교회규정의 공통된 교리들로부터 발췌한 것들 중에서 우리 측 사람들이 가지고 있는 중요한 관점들입니다. ……왕 중에 왕이신 예수 그리스도께서 다른 문제에서와 마찬가지로 이 문제에서도 그의 영광을 위하여 모든 것을 행하시고, 오랫동안 보존하시고, 폐하의 건강과 번영과 전 기독교 사회의의 복지를 훌륭하게 향상시키시는 것을 존경하는 엄위를 가지신 폐하께 허락하시기를 기원합니다. 아멘.[86]

---

86. 이 신앙고백은 다음과 같이 끝난다. 독일어판 : "E. Kay : Mt : Underthenigist gehirsamen Die gesannten der Stett Straçburg, Constenntz, Memmingen und Lindaw." 라틴어판 : "Eiusdem S. M. T. Deditissimi Legati urbium Argentorat[i] Constantien[sis] Memmingen[sis] Lindauien[sis]."

5. 제네바 교회 교리문답(1541/1542)

1) 「제네바 교회의 교리문답」의 배경 및 개요

칼빈은 특히 성찬의식(聖餐儀式) 문제로 제네바 시와 충돌하게 되어, 1538년 4월 23일에 종교개혁자 파렐과 함께 제네바를 떠났다. 그 후 그는 9월 5일에 스트라스부르크(Strasbourg)에 도착하여 약 3년간 머문 후에 1541년 9월 4일에 스트라스부르크를 떠나 9월 13일에 다시 제네바에 도착했다. 그는 제네바에 돌아오자마자 빠른 속도로 새 요리문답서인 「제네바 교회의 교리문답」(*Le Catéchisme de L'Église de Genève*, 1541/1542)의 작성에 착수하여 1542년에 출판했다.[87]

처음에 문답식으로 작성된 요리문답은 프랑스어로 출판되었고, 1545년에는 라틴어로 번역, 수정되어 출판되었다. 왜냐하면 그는 이전에 썼던 「제네비 교회가 사용하는 신잉 훈련과 고백」(*Instruction et Confession de Foy dont on use en l'Église de Genève*, 1537)에 만족하지 못했기 때문이다. 그가 스트라스부르크에 체류하는 동안 특별히 마르틴 부처(Martin Bucer, 1491-1551)의 영향으로 그의 사상은 더욱 심화되었다. 여기서 칼빈은 부처의 요리문답서들인 「짧은 성경적 해설」(*Der Kurtze Schriftliche Erklärung*, 1534)과[88] 「짧은 요리문답」(*Der Kürtzer Catechismus*, 1537)[89]에 대해 더

---

87. *CR* 6, 1-160 ; *OS* II, 59ff ; *Le Catéchisme de L'Église de Genève*. c'est à dire, le Formulaire d'instruire les enfans en la Chrestienté : faict en maniere de dialogue, où le Ministre interrogue, et l'enfant respond. cf. W. Niesel(Hrg.), *Bekenntnisschriften und Kirchenordnungen der nach Gottes Wort reformierten Kirche*(Zürich : Evangelischer Verlag A. G., 1938³), S. 1-41 ; Société Commerciale d'Edition et de Librairie(Ed.), *Le catéchisme de Jean Calvin*(Éditions «JE SERS» : Paris, 1934), pp. 19-128 ; L. Doekes, *Credo : Handboek voor de Gereformeerde Symboliek*(Ton Bolland : Amsterdam, 1975), pp. 45-46 ; 한인수 역, 「칼빈의 요리문답」(서울 : 도서출판 경건, 1995), pp. 99-219 ; 이장식(편역), 「기독교 신조사」(서울 : 컨콜디아사, 1979), pp. 143-203.

많이 알게 되었고, 형식상으로 칼빈의 새 요리문답은 부처의 요리문답과 일치를 이루었다. 칼빈의 첫 요리문답과는 대조적으로 지금의 요리문답은 목사의 질문과 어린이의 대답의 새로운 형식을 취하게 되었고, 1548년에는 55과로 나뉘어져 1년 동안 주일 저녁예배마다 설명하고, 가르쳐서 기독교 교육이 가능케 되었다. 이 새 요리문답은 내용상으로도 중요한 의미를 가지게 되었다. 왜냐하면, 이 새 요리문답은 그의 「기독교강요」 재판(1539)과 삼판(1543)의 중간과정에 속하는 작품이기 때문이다.

칼빈이 「제네바 교회의 교리문답」의 "독자에게 보내는 서신"은 다음과 같다. "교회는 언제나 어린이들을 기독교 신앙교리 안에서 양육하라는 특별한 권면을 받아 왔다. 이를 수행하기 위해 교회는 옛날에 학교들을 운영했을 뿐만 아니라 각 신자(信者)에게 자신의 가족을 잘 가르치도록 권고하기도 했다. 또한 교회는 모든 신자에게 공통된 주요 교리에 대해 어린이들이 잘 알고 있는지의 여부를 심사할 수 있는 공적 규정도 소유하고 있었다. 이를 규모 있게 수행하기 위해 교회는 교리문답이라고 불리는 특정한 어떤 서식(書式)을 사용하였다. 악마(惡魔) 자신은 교회를 흩어서 가공할 만한 폐허로 만들어 버렸음에도 불구하고, 세상에 있는 교회 안에 아직 어떤 징표들이 남아 있는 것을 보자마자 이 거룩한 규정을 파괴해 버리고 말았다. 따라서 악마가 남겨 놓은 것은 교화(敎化)의 능력이 전혀 없고, 단지 미신만을 산출해 낼 수 있는 몇 가지 유물들이다. 이것이 바로 (현재 로마 가톨릭교회 안에는) 내적인 바탕은 없고, 허식만이 존재하고 있는지에 대한 이유를 설명해 주는 확실한 증거이다. 우리가 여기서 제시하는 이 요리문답은 옛날부터 신자들 가운데서 준수되어 왔고, 교회가 완전히 부패했을 경우 이외에는 결코 포기된 적이 없는 통례적인 것이다."

---

88. R. Stupperich(Hrg.) *Martin Bucers Deutsche Schriften* Ⅵ/3, Gütersloh 1987, pp. 51-173.
89. *Martin Bucers Deutsche Schriften* Ⅵ/3, pp. 175-223.

이 교리문답은 사실상 신앙고백의 순서를 받아들였다. 이로 인해 이 교리문답은 다른 신앙고백서들의 형성에 큰 기여를 하였는데, 그 중에 좋은 예가 바로 「하이델베르크 신앙고백」(1563)이다. 칼빈의 사상의 특징은 이미 교리문답의 첫째 질문과 대답에서 나타난다. "문 1. 목사 : 인생의 주된 목적이 무엇입니까? 어린이 : 하나님을 아는 것입니다." 이 교리문답의 주요 내용은 하나님에 대한 지식과 하나님의 영광과 하나님에 대한 예배에 있다. 이 요리문답은 사도신경의 각 조항, 십계명, 기도와 성례전에 대해 차례대로 취급하고 있다. 이 신앙고백의 특징들은 신앙과 율법의 관계에 대한 언급, 선행에 대한 강조, 성례론에 대한 특별한 취급, 기독론을 취급할 때 "음부에 내려 가사"라는 조항에 대한 해설, 그리스도의 삼중직에 대한 언급 등이다. 순서에 따라 내용을 요약하면 다음과 같다.

(1) 신앙에 관하여(문 1-130/제1-21성일)는 사도신경 해설로 구성되어 있다. 칼빈은 신앙에서 가장 중요한 것은 하나님에 대한 지식을 통해서 하나님께 영광을 돌리는 것이다. 사도신경은 기독교회가 항상 받아들인 순수한 사도적 가르침의 요약이다. 사도신경은 크게 네 부분으로 구성되어 있는데, 창조주 아버지 하나님, 구속주 예수 그리스도, 성령 하나님, 교회와 교회에 주어진 은혜들이다. 하나님 아버지는 사랑과 자비의 하나님으로서 만물을 창조하신 창조주 하나님이신 동시에 만물을 섭리하시고, 보존하시는 섭리주 하나님이시다. 예수 그리스도는 중보자로서 참하나님이시며, 참인간이시다. 성령으로 기름 부음 받으신 메시야이신 예수님은 제사장, 왕, 예언자의 직분을 가지신다. 성령은 예수 그리스도께서 성취하신 구속을 하나님의 백성에게 적용시키신다. 보편적인 교회는 하나님께서 영생으로 작정하시고 선택하신 신자들의 모임이다.

(2) 율법에 관하여(문 131-232/제22-33성일)는 십계명 해설로 구성되

어 있다. 율법은 소극적으로 정죄의 기능과 죄인식의 기능을 가지지만, 신자들에게는 하나님의 뜻을 행하는 푯대와 기준이 된다. 십계명의 앞의 네 계명은 하나님을 예배하고, 섬기고, 사랑하는 것과 관련되어 있고, 후반부의 여섯 계명은 이웃을 섬기고 사랑하는 방법과 관련되어 있다.

(3) 기도에 관하여(문 233-295/제34-43성일)는 주기도문 해설로 구성되어 있다. 6개 간구 중에 세 가지는 하나님의 영광에 대한 간구로 구성되어 있고, 세 가지는 우리에게 필요한 것에 대한 간구로 구성되어 있다. 기도의 응답의 근거는 중보자가 예수 그리스도라는 사실과 하나님의 약속이라는 사실에 있다.

(4) 성례전에 관하여(문 296-373/제44-55성일) 칼빈은 한편으로는 유아세례를 부정하는 재세례파를 비판하고, 다른 편으로는 성찬을 미사로 이해하는 로마 가톨릭교회에 대한 비판적이고도 변증적인 시각을 보여준다. 칼빈은 하나님의 은혜의 수단으로서 하나님의 말씀과 성례를 언급한다. 예수님이 제정하신 성경적이고도 합법적인 성례는 두 가지, 즉 세례와 성찬이다. 성례는 성령을 통해서 효과적으로 된다. 세례의 의미는 죄사함과 영적 중생이다. 성인세례에서는 신앙과 회개가 전제되지만, 유아세례의 경우 세례받은 후에 성장하여 신앙과 회개를 보여 주어야 한다. 성찬은 영적인 식량과 음료를 공급받는 것이다. 그러므로 세례는 한 번 받는 것이지만, 성찬에는 자주 참여해야 한다.

2) 「제네바 교회의 교리문답」의 발췌 번역

(1) 신앙에 관하여(문1-130/제1-21성일)
① 사도신경 해설
제1성일(문 1-7)

문 1. 목 사 : 인생의 주된 목적이 무엇입니까?
어린이 : 하나님을 아는 것입니다.
문 2. 목 사 : 어떤 이유로 그렇게 말씀하십니까?
어린이 : 왜냐하면 하나님께서 우리 안에서 영광을 받으시기 위하여 우리를 창조하시고, 세상에 파송하셨기 때문입니다. 또한 하나님은 우리의 삶의 근원이시기 때문에 하나님의 영광을 위하여 우리의 삶을 영위하는 것은 마땅합니다.
문 6. 목 사 : 그러면 하나님께 대한 참된 지식(인식)은 무엇입니까?
어린이 : 하나님께 영광을 돌릴 목적으로 하나님을 아는 것입니다.
문 7. 목 사 : 하나님께 영광을 잘 돌리기 위해 어떤 방법이 있습니까?
어린이 : 우리가 하나님을 전적으로 신뢰하며, 그의 뜻에 복종함으로 하나님을 섬기고, 우리의 모든 곤경 중에서도 하나님께 도움을 구하며, 하나님 안에서 구원과 모든 선을 구하며, 모든 선이 하나님으로부터만 나온다는 것을 마음과 입으로 시인하는 것입니다.

제2성일(문 8 - 16)

문 8. 목 사 : 이제 이것들을 순서대로 상술하고 길게 서술하려고 합니다. 그 첫 번째 요점이 무엇입니까?
어린이 : 하나님에 대한 신뢰를 갖는 것입니다.
문 13. 목 사 : 우리가 어떻게 이 사실을 알 수 있습니까?
어린이 : 하나님의 말씀을 통해서입니다. 하나님께서는 예수 그리스도 안에서 당신의 긍휼을 우리에게 공표하시며, 우리에 대한 당신의 사랑을 보증하십니다.
문 14. 목 사 : 하나님께 대한 참된 신뢰의 근거는 예수 그리스도 안에서 하나님을 아는 데 있다는 말입니까?(요 17 : 3)
어린이 : 그렇습니다.

② 사도신경

총 론

문 15. 목　사 : 신앙지식의 주요 항목들의 내용은 무엇입니까?

어린이 : 이것은 모든 그리스도인들이 고백하는 신앙고백 안에 포함되어 있습니다. 우리는 이것을 일반적으로 「사도신경」(le Symbole des Apôtres)이라고 부릅니다. 왜냐하면 이것은 기독교회들 안에서 항상 받아들여졌던 참된 신앙의 요약이고, 순수한 사도적 가르침(la pure doctrine apostolique)으로부터 뽑아낸 참된 신앙의 요약이기 때문입니다.

제3성일(문 17 - 24)

문 17. 목　사 : 이 「사도신경」을 잘 설명하기 위해서 몇 부분으로 나눠야 할 것입니까?

어린이 : 네 부분입니다.

문 18. 목　사 : 어떻게 해서 네 부분입니까?

어린이 : 첫째 부분은 하나님 아버지에 관한 것입니다. 둘째 부분은 하나님의 아들 예수 그리스도에 관한 것으로 이곳에서는 우리의 전(全) 구속사(救贖史)를 말하고 있습니다. 셋째 부분은 성령에 관한 것입니다. 넷째 부분은 교회에 관한 것과 교회에 대한 하나님의 은혜들에 관한 것입니다.

문 19. 목　사 : 하나님은 오직 한 분이신데 당신은 어찌하여 아버지, 아들, 그리고 성령, 즉 세 위격(位格)들에 대해서 말씀하십니까?

어린이 : 우리는 단 하나의 신적 본질 안에서 만물의 시작, 기원 또는 제일 원인이신 아버지와 영원한 지혜이신 아들과 모든 피조물 위에 펴져 계시고, 모든 피조물 안에 항상 내주하시는 그의 힘과 능력으로서 성령을 생각해야 합니다.

문 20. 목　사 : 당신은 우리가 한 동일한 신성 안에서 세 위격들을 명확하게 구별함에도 불구하고, 하나님은 나뉘지 않는다는 것이

전혀 부적절하지 않다는 말입니까?

어린이 : 그렇습니다.

문 22. 목 사 : 당신은 왜 하나님을 아버지라고 부르십니까?

어린이 : 하나님께서 예수 그리스도의 아버지라는 사실로부터 하나님께서 우리들의 아버지도 되신다는 결론이 나옵니다.

문 23. 목 사 : 어떤 의미에서 당신은 하나님께서 전능하시다고 생각하십니까?

어린이 : 이 말은 하나님께서 모든 피조물들을 당신의 손과 지배권 안에 두시며, 만사를 당신의 뜻대로 처리하시며, 세상을 당신의 뜻에 따라 통치하시며, 일어나는 모든 일들을 당신께서 기뻐하시는 바대로 이끌어 가심을 뜻합니다.

제4성일(문 25 - 29)

문 27. 목 사 : 피조물들을 항상 보전하며, 그 본래의 상태에서 유지시켜 주시는 일은 이것들을 한 번 창조한 일보다 더 훌륭한 것인데, 당신은 왜 하나님을 단지 창조주라고만 부르십니까?

어린이 : 하나님께서 하늘과 땅의 창조주이시기 때문에 당신의 선, 능력, 그리고 지혜를 통하여 자연의 모든 질서를 조종하십니다. 그분은 비와 가뭄, 우박과 폭풍과 좋은 날씨, 비옥함과 불모 그리고 건강과 질병을 주십니다. 요약하면, 하나님께서는 항상 만물을 지휘하시고 계시는데, 이는 만물을 당신이 기뻐하시는 바대로 사용하시기 위한 것입니다.

문 28. 목 사 : 악마들과 악인들도 하나님의 지배 아래에 있습니까?

어린이 : 비록 하나님께서 당신의 성령을 통하여 이들을 통치하시지 않는다고 하더라도 하나님께서는 이들을 제어하시고 계시기 때문에 이들은 하나님께서 허락하지 아니하시는 한 꼼짝도 할 수 없습니다. 또한 하나님께서는 비록 이들의 의사와 의도와 배치된다 하더라도 이들을 강압하여 당신의 뜻을 이루십니다.

③ 주 예수 그리스도

제5성일(문 30 - 39)

문 31. 목　사 : 요컨대 이 부분이 지니고 있는 내용이 무엇입니까?
　　　 어린이 : 우리가 하나님의 아들을 우리의 구주로 인정하는 것과 그분이 어떻게 우리를 죽음으로부터 구하여 내시고, 우리에게 구원을 주셨는가 하는 것입니다.

문 32. 목　사 : 당신이 부르는 '예수'라는 말은 무슨 뜻입니까?
　　　 어린이 : 그것은 곧 구주를 뜻합니다. 이 이름은 하나님의 명령에 따라 천사에 의해서 그분에게 붙여진 것입니다(마 1 : 21).

문 34. 목　사 : 그 다음에 나오는 '그리스도'라는 말의 뜻은 무엇입니까?
　　　 어린이 : 이 칭호에 의하여 그의 직책(직무)이 더 잘 표현되고 있습니다. 즉, 그는 왕, 제사장, 그리고 예언자(선지자)로 임명을 받기 위하여 하늘의 아버지에 의해 기름 부음을 받았다는 것을 의미합니다.

문 36. 목　사 : 그는 어떤 종류의 기름으로 부음을 받았습니까?
　　　 어린이 : 그것은 옛날의 왕들이나 제사장들이나 예언자들의 경우와 같이 가시적(可視的)인 기름에 의한 것이 아니었습니다. 그것은 성령의 은혜에 의한 것이었습니다. 성령의 은혜야말로 옛날에 행해졌던 외적 기름부음의 실체(vérité)입니다.

문 37. 목　사 : 당신이 말하는 '왕국'은 어떤 것입니까?
　　　 어린이 : 그것은 영적(spirituel)인 것입니다. 그 왕국은 의와 생명을 전달하는 하나님의 말씀과 하나님의 영 안에 존재합니다.

문 38. 목　사 : 제자상직이란 무엇입니까?
　　　 어린이 : 하나님의 뜻에 맞는 제사를 드림으로써 하나님의 은혜와 호의를 얻고, 또 하나님의 진노를 유화시키기 위해 하나님 앞에 나아가는 직무이자 권한입니다.

문 39. 목　사 : 어떻게 당신은 예수 그리스도를 예언자라고 부르십니까?

어린이 : 그는 이 세상에 내려오심으로써(사 7 : 14) 최고의 사자요, 최고의 대사가 되어 하나님의 뜻을 충분히 제시하셨고, 모든 예언과 계시를 완성시켰기 때문입니다(히 1 : 2).

문 41. 목 사 : 예수 그리스도가 예언자라는 말의 뜻을 보다 더 자세하게 설명해 보십시오.

어린이 : 그리스도께서 모든 은사들과 더불어 성령을 충만히 받으신 것은 하나님께서 적절하다고 생각하시는 정도에 따라 (엡 4 : 7) 이것들을 각 사람에게 나누어 주시기 위함이었습니다. 그래서 우리는 우리가 소유하고 있는 모든 영적인 재화들을 마치 우물에서 길어 내듯 그로부터 얻어 냅니다.

제6성일(문 40 - 45)

문 42. 목 사 : 그리스도의 왕국은 우리에게 무슨 소용이 됩니까?

어린이 : 그를 통해서 우리의 양심이 해방을 받고, 그의 영적인 풍요함으로 충만해져서 의와 거룩함 가운데서 살 수 있게 되었으므로, 우리는 이제 우리의 영혼의 적들인 악마, 죄, 육, 그리고 세상을 이길 능력을 소유하게 되었다는 것입니다.

문 43. 목 사 : 그리스도의 제사장직이 우리에게 소용되는 바가 무엇입니까?

어린이 : 첫째로, 그리스도께서 이 직무를 통해 우리를 하나님 아버지와 화해시키시는 중보자가 되신다는 것입니다. 둘째로, 우리는 그의 직무를 통해서 하나님 앞에 나아가 우리 자신으로부터 나오는 모든 것과 더불어 우리 자신을 하나님께 제물로 바칠 수 있는 길을 얻게 되었다는 것입니다. 바로 이 점에서 우리는 그의 제사장직에 참여하고 있는 자들입니다.

문 44. 목 사 : 그리스도의 예언자직이 우리에게 소용되는 바는 무엇입니까?

어린이 : 이 직무가 주 예수님께 주어진 것은 그가 당신의 백성들의 주(主)와 스승이 되기 위해서입니다. 즉, 이 직무의 목적은 아버지와 아버지의 진리에 대한 참된 지식을 우리에게 가르쳐 줌으로써 우리로 하여금 하나님의 집의 제자가 되게 하는 데 있습니다.

문 45. 목 사 : 당신은 '그리스도'라는 칭호가 하나님께서 당신의 아들에게 주신 세 가지 직무들을 포함하고 있는데, 그 목적은 이 직무들의 열매와 능력을 당신의 성도들에게 전달해 주는 데 있다고 결론짓습니까?

어린이 : 그렇습니다.

제7성일(문 46 – 53)

문 46. 목 사 : 당신은 왜 그리스도를 하나님의 독생자라고 부릅니까? 하나님은 우리들도 당신의 자녀라고 부르고 계시는데 말입니다.

어린이 : 우리가 하나님의 자녀가 된 것은 본성적으로 된 것이 아니라 입양됨과 은혜를 통하여 된 것입니다. 하나님께서 우리를 그렇게 여겨 주시기를 원하시기 때문입니다(엡 1 : 5). 그러나 그의 아버지의 본질로부터 나신 주 예수님께서는 하나님과 동일한 본질을 소유하고 계십니다. 그리하여 그는 하나님의 독생자(요 1 : 14, 히 1 : 2)라고 불리는 것은 정당한 일입니다. 그분만이 본성적으로 아들이시기 때문입니다.

문 49. 목 사 : "성령으로 잉태하사 동정녀 마리아에게서 나시고"라는 두 구절을 어떻게 이해하고 계십니까?

어린이 : 이것은 그리스도께서 마리아의 몸에서 그녀와 똑같은 실체로 형성되어졌다는 것을 뜻하는데, 그렇게 된 것은 그가 예언된 바와 같이(시 132 : 11) 다윗의 자손이 되시기 위함이었습니다. 그러나 그것은 어떠한 인간의 협력이 없이 오로지 성

령의 기적적인 활동에 의해 되어진 것입니다(마 1 : 1, 16, 눅 1 : 35).

문 50. 목 사 : 그리스도께서 우리의 육신을 입으실 필요가 있었습니까?

어린이 : 그렇습니다. 인간이 하나님에 대항하여 범한 불복종은 인간의 본성 안에서(롬 5 : 15) 원상태로 복원될 필요가 있었습니다. 그리고 그리스도께서는 그 외의 다른 방법으로는 아버지 하나님과 우리를 결합시키기 위한 중보자가 될 수 없으셨습니다(딤전 2 : 5, 히 4 : 15).

제8성일(문 54 - 59)

문 54. 목 사 : 왜 그가 우리의 주님이십니까?

어린이 : 그는 우리를 다스리시고, 하늘과 땅 위에서 하나님의 왕권과 주권을 행사하시며, 천사들과 신자들의 머리(엡 5 : 23, 골 1 : 18)가 되시도록 하나님 아버지로부터 임명을 받으셨기 때문입니다.

문 56. 목 사 : 왜 당신은 "그가 죽었다."라는 한마디로 간단하게 고백하지 않고 그에게 고난을 가한 빌라도에 대해서 말하고 있습니까?

어린이 : 이것은 그 사건(십자가 처형)의 확실성을 우리에게 납득시켜 주기 위해서일 뿐만 아니라 그의 죽음이 정죄와 연결되어 있다는 사실을 명백히 표현하기 위한 것입니다.

문 58. 목 사 : 그렇지만 빌라도가 예수님이 무죄하다고 선고했습니다. 그리고 그는 주님께서 그런 판단을 받아 마땅한 것처럼 그렇게 주님을 정죄하지 않았습니다(마 27 : 24, 눅 23 : 14).

어린이 : 둘 다 유효합니다. 재판관 빌라도가 주님께서 죄가 없다고 선고한 것은 주님께서 자신의 죄 때문이 아니라 우리의 죄 때문에 고난을 받으셨다는 사실을 보여 주기 위함입니다.

그러나 주님께서 동일한 사람을 통해 공적으로 정죄를 받으신 것은 참으로 우리의 보증이심을, 즉 우리의 무죄방면을 위해서 우리 대신 정죄 받으셨음을 보여 주시기 위함이었습니다.

문 62. 목 사 : 그 뒤에 나오는 말 '장사되어'라는 말을 설명해 보십시오.

어린이 : 죄로 말미암아 죽음이 저주로서 인간에게 부과되었기 때문에 예수 그리스도께서 저주를 견뎌 내셨고, 또 이를 견뎌 내심으로써 저주를 정복하셨습니다. 당신의 죽음이 진정한 죽음임을 보여 주시기 위해서 주님께서는 다른 사람들처럼 무덤 속에 매장되기를 원하셨습니다.

제10성일(문 65 – 70)

문 65. 목 사 : '음부에 내려가셨다가'라는 말이 부가된 의미는 무엇입니까?

어린이 : 이는 그리스도께서 영과 육의 분리를 뜻하는 자연적인 죽음만을 겪으신 것이 아니고, 그의 영혼이 성 베드로가 '죽음의 고통'이라고 말한 바 있는(행 2 : 24) 상상하기 힘든 괴로움 속에 갇혀 있었음을 말해 주는 것입니다.

제11성일(문 71-74)

문 71. 목 사 : 이로써 우리는 예수 그리스도의 죽음으로부터 어떤 열매를 얻을 수 있는지 추론해 낼 수 있지 않겠습니까?

어린이 : 추론해 낼 수 있습니다. 첫째로, 우리가 알 수 있는 것은 예수 그리스도께서는 하나님 앞에서 우리를 위해서 속죄해 주시고, 우리를 향한 하나님의 진노를 유화시키시며, 우리를 하나님과 화해시켜 주신 희생제물이시라는 사실입니다. 둘째로, 예수 그리스도의 피는 세척을 뜻하는 것이기 때문에 그의 피를 통해서 우리의 영혼은 모든 오점으로부터 정결케 되었다는 사실입니다. 마지막으로 그리스도의 죽음을 통해서 우리의

죄악들은 말소되어 하나님 앞에서 더 이상 기억됨이 없이 되었고, 우리에 대한 채무증서는 폐기되었다는 사실입니다.

문 72. 목 사 : 그리스도의 죽으심으로부터 우리가 얻는 다른 유익은 없습니까?

어린이 : 있습니다. 만일 우리가 그리스도의 참된 지체들이라면, 우리의 낡은 인간은 십자가에 못 박히게 되며, 우리의 육은 제어를 당하게 됨으로써 악한 탐욕들이 더 이상 우리 안에서 통치하지 못하게 됩니다.

문 73. 목 사 : 그 다음 조항에 대해서 말해 보십시오.

어린이 : 그것은 그리스도께서 사흘 만에 부활하셨다는 것입니다. 이로써 그는 죽음과 죄의 정복자라는 사실이 입증되었습니다. 부활을 통하여 그는 죽음을 삼켜 버리셨고, 악마의 쇠사슬을 끊어 버리셨으며, 모두 악마의 권세를 파괴시켜 버렸습니다(벧전 3 : 21).

문 74. 목 사 : 이 부활은 얼마나 많은 종류의 혜택을 우리에게 가져다줍니까?

어린이 : 첫째로, 그리스도께서는 당신의 부활을 통하여 우리로 하여금 의(義)를 충만히 얻도록 해 주셨습니다(롬 4 : 24). 둘째로, 그리스도의 부활은 우리도 언젠가는 영광스런 불멸 가운데서 부활하리라는 확실한 보증이 되어 줍니다(고전 15 : 20-23). 셋째로, 만일 우리가 진정으로 이 부활에 참여하게 되어 있다면, 우리는 이미 지금부터 새 생명 가운데서 부활하여 하나님을 섬기며 그분의 기쁘신 뜻대로 거룩하게 살 수 있다는 것입니다(롬 6 : 4).

제12성일(문 75 - 82)

문 76. 목 사 : 그리스도께서 하늘에 오르셨으므로 그는 이제 더 이상 땅위에 계시지 않는다는 말입니까?

어린이 : 예. 그리스도께서는 아버지로부터 명령을 받으신 것과 우리의 구원을 위해 필요로 하는 모든 것을 수행하셨기 때문에 더 이상 지상에 머물러 계실 필요가 없으셨습니다.

문 77. 목 사 : 이 승천(昇天)이 우리에게 주는 유익이 무엇입니까?
어린이 : 승천으로부터 얻는 유익은 이중적입니다. 예수 그리스도께서 우리를 위해 땅으로 내려오셨던 것처럼 우리를 위해 다시 하늘로 올라가셨으므로 이를 통해서 그는 우리가 그곳에 들어갈 수 있도록 허락해 주셨고, 과거 우리의 죄 때문에 닫혔던 그 (하늘)문이 이제는 우리에게 열려져 있다는 사실을 우리에게 확신시켜 주셨습니다. 둘째로, 그리스도께서는 우리의 중재자와 변호인이 되시기 위해 그곳에서 아버지의 면전에 나아가십니다(히 7 : 25).

문 79. 목 사 : 그리스도께서 우리와 함께 계시는 것은 육적인 현존에 의한 것입니까?
어린이 : 아닙니다. 하늘로 고양(高揚)되신 그의 몸(눅 24 : 51)과 세상 도처에 퍼져 있는 그의 능력(행 2 : 23)은 서로 다른 별개의 사항입니다.

문 80. 목 사 : 그리스도께서 하나님 아버지 우편에 앉아 계신다는 말을 당신은 어떻게 이해하십니까?
어린이 : 이 말은 그리스도께서 하늘과 땅의 지배권을 받으셨음을 뜻하는데, 이는 그가 만물을 지배하시고 다스리기 위한 것입니다.

제13성일(문 83 – 87)

문 83. 목 사 : 계속해 봅시다.
어린이 : "저리로서 신 자와 죽은 자를 심판하러 오시리라."라는 말은 그리스도께서 언젠가는 세상을 심판하시기 위해 하늘로부터 나타나실 터인데, 이때 그리스도께서는 사람들이 그의

승천 시 본 모습 그대로 오실 것이라는 뜻입니다.
문 86. 목 사 : 예수 그리스도께서 세상을 심판하시기 위해 언젠가는 다시 오시리라고 하는 사실로부터 우리에게 주어지는 어떤 위로가 있습니까?

어린이 : 예, 아주 특별한 위로가 있습니다. 우리는 그리스도께서 오직 우리의 구원을 위해 나타나시리라고 확신하고 있기 때문입니다.

④ 성 령
제14성일(문 88 - 91)
문 89. 목 사 : 이 신앙('성령을 믿사오며')이 우리에게 소용되는 바가 무엇입니까?

어린이 : 여기서 우리는 하나님께서 예수 그리스도 안에서 우리를 대속해 주시고, 구원해 주신 것과 마찬가지로 당신의 성령을 통해 우리로 하여금 이 속죄와 구원에 참여하도록 만들어 주신다는 사실을 압니다.

문 91. 목 사 : 보다 분명한 설명이 필요합니다.

어린이 : 우리 마음속에 거하시는 성령께서는 우리로 하여금 주 예수님의 능력을(롬 5 : 5) 깨닫도록 만들어 주신다는 것입니다. 성령께서는 우리를 조명하시어 우리로 하여금 당신의 은혜를 깨닫도록 만들어 주시기 때문입니다. 즉, 성령께서는 당신의 은혜를 우리의 영혼 속에 날인하시고, 각인하시며, 그 은혜가 우리 안에 거하도록 만들어 주시는 것입니다(엡 1 : 13). 성령께서는 우리를 거듭나게 하시며, 새로운 피조물로 만들어 주십니다(딛 3 : 5). 그리하여 우리는 성령을 통해서 예수 그리스도 안에서 제공된 모든 재화와 은사들을 얻게 됩니다.

⑤ 교 회

제15성일(문 92 - 98)

문 93. 목 사 : 보편적 교회란 무엇입니까?

어린이 : 보편적 교회란 하나님께서 영생으로 작정하시고, 선택하신 신자(信者)들의 모임(la compagnie des fidèles)입니다.

문 96. 목 사 : 어떤 의미에서 당신은 교회를 거룩하다고 부르십니까?

어린이 : 하나님 자신은 택하신 자들 안에서 자신의 영광이 빛나게 하기 위해 이들을 의롭게 하시고, 정결케 하시사 거룩하고 흠이 없게 만드셨기 때문입니다(롬 8 : 30). 이렇듯 예수 그리스도께서도 당신의 교회를 구속하신 후 이를 거룩하게 만드셨는데 이는 당신의 교회가 영광스럽고 흠이 없도록 하기 위함이었습니다(엡 5 : 25-27).

문 97. 목 사 : '보편적'이란 말의 뜻은 무엇입니까?

어린이 : 신자들의 머리는 단 한 분뿐이라는(엡 4 : 15) 것과 모든 신자들은 이 한 몸 안에서 연합되어야 한다는 것(고전 12 : 12, 27)을 의미합니다. 그러므로 여러 교회들이 있는 것이 아니라 전 세계에 흩어져 있는 단 하나의 교회가 있을 뿐입니다.

문 98. 목 사 : '성도의 교통'이란 말이 뒤따르는데 이것은 무엇을 뜻합니까?

어린이 : 이 말은 교회의 회원들 사이에 존재하는 통일성을 좀 더 잘 표현하기 위해 첨가된 것입니다. 그리고 이 말은 우리 주님께서 당신의 교회를 위해 베풀어 주시는 모든 은혜로운 행위들이 신자 각자의 유익과 구원을 위한 것임을 우리에게 인식시켜 줍니다. 교회 안에서는 모든 사람들이 교제를 나누기 때문에 '성도의 교통'이라는 말이 첨가되었습니다.

제16성일(문 99 - 105)

문 99. 목 사 : 그런데 당신이 교회의 속성으로 인정한 거룩성은 지금 이미 완전한 것입니까?

어린이 : 아닙니다. 교회가 이 세상 안에서 전투 중에 있는 한 그렇지 못합니다. 왜냐하면 역사 속에 있는 교회 안에는 언제나 불완전한 그루터기들이 남아 있기 때문입니다. 이것들은 교회가 교회의 머리 되신 예수 그리스도와 완전히 결합되어 그에 의해 거룩하게 되어지기까지는 결코 제거되지 않을 것입니다.

⑥ 사죄(赦罪)

문 102. 목 사 : 당신은 '죄를 사해 주는 것'을 어떻게 이해하십니까?

어린이 : 하나님께서 당신의 은혜로우신 자비하심으로써 당신의 신자들의 허물을 용서해 주시고, 또 사면해 주신다는 뜻입니다. 따라서 이 허물들은 하나님의 심판대 앞에서 전혀 고려되지 않습니다. 하나님께서는 이 허물들 때문에 당신의 신자들을 벌하지 않으십니다.

문 104. 목 사 : 당신은 이 조항이 왜 교회에 관한 조항 다음에 온다고 생각하십니까?

어린이 : 먼저 하나님의 백성과 한 몸을 이루며, 그리스도의 몸의 일체성과 교제 속에서 꾸준히 나아가지 않는 자, 즉 교회의 참회원이 되지 않고서는 그 누구도 사죄를 얻지 못하기 때문입니다.

문 105. 목 사 : 교회 밖에는 단지 저주와 죽음만이 있다는 말입니까?

어린이 : 확실히 그렇습니다. 신자들의 공동체(la société des fidèles)로부터 분리하여 따로 종파(secte)를 만드는 자들은 그들이 분열상태에 있는 한 결코 구원을 바랄 수 없습니다.

제17성일(문 106 – 110)

문 107. 목 사 : 왜 '몸이 다시 사는 것과 영원히 사는 것'이라는 신앙고백이 포함되어 있습니까?

어린이 : 우리의 복락이 세상 안에 있지 않다는 것을 보여 주기 위해서입니다. 이 신조는 두 가지 목적에 소용됩니다. 첫째로, 이 세상을 마치 이국땅처럼 통과해 나아가는 것을 배우며, 모든 지상적인 사물들을 경멸하고, 거기에 우리의 마음을 두지 않도록 하기 위함입니다. 둘째로, 우리가 비록 아직은 주 하나님께서 예수 그리스도 안에서 우리에게 베풀어 주신 은혜의 열매를 지각하지 못한다 하더라도, 우리로 하여금 용기를 잃지 않고 계시의 날까지 인내로써 이를 기다리도록 하기 위한 것입니다.

문 108. 목 사 : 이 부활은 어떻게 일어나게 됩니까?

어린이 : 이전에 이미 죽은 사람들은 그들의 육신을 다시 얻게 될 것입니다. 이 육체는 다른 질(d'autre qualité)을 가진 것으로서 본래의 육과 동일한 실체이긴 하지만, 죽음과 부패의 지배를 더 이상 받지 않을 것입니다. 그때(부활의 날) 아직 생존해 있게 될 사람들은 하나님께서 순식간에 변화를 통해 기적적으로 다시 일으키실 것입니다. 성경은 여기에 대해서 언급합니다(고전 15 : 52).

문 109. 목 사 : 이 부활사건은 선인들에게나 악인들에게 모두 일어납니까?

어린이 : 그렇습니다. 이 부활은 서로 다른 조건하에서 일어날 것입니다. 왜냐하면 어떤 사람들은 구원과 기쁨으로 부활할 것이고, 어떤 사람들은 저주와 죽음에로 부활할 것이기 때문입니다(요 5 : 29, 마 25 : 46).

⑦ 참신앙
제18성일(문 111 - 115)
문 111. 목 사 : 이제 우리는 신앙이 근거해 있는 기초를 소유하고 있으므로 이로부터 참신앙이 무엇인지 결론내릴 수 있겠습니까?

어린이 : 그렇습니다. 참신앙이란 우리를 향하신 하나님의 사랑에 대한 분명하고도 확고한 인식(지식)입니다. 이 사랑은 하나님께서 복음 안에서 예수 그리스도를 통하여 당신 자신을 우리의 아버지요, 구주로 천명하신 것을 보아서 알 수 있습니다.

문 112. 목 사 : 우리가 이 신앙을 스스로 소유할 수 있는 것입니까? 아니면 이 신앙은 하나님께로부터 오는 것입니까?

어린이 : 성경은 신앙이 성령의 특별한 선물이라고 가르쳐 줍니다. 그리고 우리의 경험도 이 사실을 증거합니다.

문 113. 목 사 : 우리가 이 신앙을 소유할 때 이 신앙으로부터 나오는 것이 무엇입니까?

어린이 : 이 신앙은 우리를 하나님 앞에서 의롭다고 인정해 줌으로써 우리로 하여금 영생을 얻게 해 줍니다.

제19성일(문 116 - 120)

문 117. 목 사 : 당신은 하나님께서 자신의 은혜로 우리를 영접해 주시기 전에는 마치 악한 나무가 악한 열매만을 산출하듯이(마 7 : 17) 우리가 죄를 지을 수밖에 없다고 생각하시는군요.

어린이 : 그렇습니다. 비록 우리의 행위들이 외적으로 볼 때에는 아름다운 모습을 띠고 있다고 할지라도 이것들은 정녕 악한 것입니다. 왜냐하면 하나님께서 감찰하시고 계시는 우리의 마음이 왜곡되어 있기 때문입니다.

문 118. 목 사 : 따라서 당신은 우리가 우리의 공로를 통해서 하나님의 호감을 사서 우리에게 은혜를 베푸시도록 할 수가 없고, 오히려 그와 정반대로 하나님의 진노를 부추기는 일밖에 할 수 없다고 결론짓는군요?

어린이 : 그렇습니다. 하나님께서는 우리의 행위는 전혀 고려하지 않으시고, 오로지 당신의 순전한 긍휼과 자비로 말미암

아 예수 그리스도 안에서 그리스도의 의를 우리에게 전가시켜 주시는 반면, 우리의 허물을 우리에게 돌리지 않으십니다(딛 3:5-7).

문 119. 목 사 : 어찌하여 당신은 사람이 믿음으로 말미암아 의롭게 된다고 생각하십니까?

어린이 : 우리가 복음의 약속들을 믿고, 이를 마음으로부터 나오는 신뢰를 통해서 받아들일 때, 이 의를 얻을 수 있기 때문입니다.

⑧ 행 위

제20성일(문 121-127)

문 121. 목 사 : 그러나 하나님께서 이미 우리를 용납해 주셨으므로, 그의 은혜를 통한 우리의 행위들은 지금 하나님을 기쁘시게 하는 것이 아닙니까?

어린이 : 그렇습니다. 하나님께서 우리의 행위들 자체가 지니고 있는 가치 때문이 아니라 하나님의 관대하심으로 우리의 행위들을 용납해 주시기 때문입니다.

문 125. 목 사 : 그렇지만 당신은 신자들의 선행이 전혀 무익한 것이라고 생각하지는 않으시겠지요?

어린이 : 그렇습니다. 하나님께서는 이 세상에서와 천국에서 이 선행들에 대해 보답해 주시겠다고 약속하셨기 때문입니다. 그러나 이 모든 것은 하나님께서 우리를 은혜로써 사랑해 주신다는 사실과 하나님께서 우리의 모든 허물을 덮어 두시되 기억하지도 아니하신다는 사실로부터 비롯됩니다.

문 127. 목 사 : 그래서 신앙은 단순히 우리로 선행에 대해 무관심하지 않게 해 줄 뿐만 아니라 선행들이 산출되는 근원이 되기도 하는 것입니다.

어린이 : 그렇습니다. 그렇기 때문에 복음의 가르침은 신앙과 회개(pénitence)라는 두 요점 안에 다 포함되어 있습니다.

제21성일(문 128 – 130)

문 128. 목 사 : 회개란 무엇입니까?

어린이 : 회개란 악에 대한 불쾌감과 선에 대한 사랑을 말하는데, 이는 하나님께 대한 경외로부터 나옵니다. 회개는 우리를 이끌어 육을 제어하게 함으로써 우리가 성령에 의해 통치되고 인도함을 받아 하나님을 섬길 수 있도록 만들어 줍니다.

(2) 율법에 관하여(문 131 – 232/제22 – 33성일)

① 율법(십계명)

총 론

문 131. 목 사 : 하나님께서 우리를 다스리실 목적으로 우리에게 주신 규칙(규범)이 무엇입니까?

어린이 : 율법입니다.

문 132. 목 사 : 율법의 내용이 무엇입니까?

어린이 : 율법은 두 부분으로 나뉘어져 있습니다. 첫째 부분은 네 가지 계명을 포함하고, 둘째 부분은 여섯 가지 계명을 포함하고 있습니다. 그러므로 율법의 계명은 모두 열 가지입니다.

문 134. 목 사 : 첫째 돌판의 요지가 무엇입니까?

어린이 : 하나님께 올바로 영광을 돌릴 수 있는 방법에 대해서 말씀해 주십니다.

문 135. 목 사 : 둘째 돌판의 요지가 무엇입니까?

어린이 : 우리가 우리의 이웃과 더불어 어떻게 살아야 하며, 우리가 우리의 이웃들에게 행해야 할 바가 무엇인지에 대해서 말씀해 주십니다.

제22성일(문 136 - 142)

문 140. 목　사 : 요컨대 이 첫 계명에서 하나님이 우리에게 요구하시는 바가 무엇입니까?

어린이 : 하나님께 속한 영광을 다른 그 무엇이나 그 누구에게도 돌리지 말고 오직 하나님께만 돌려야 한다는 것입니다.

문 141. 목　사 : 하나님께 고유한 영광이 무엇입니까?

어린이 : 오직 하나님만을 경배하며, 하나님에게만 간구하며, 하나님만을 신뢰하는 것입니다. 즉, 하나님의 위엄에 속한 모든 것입니다.

제23성일(문 143 - 149)

문 144. 목　사 : 하나님께서는 어떤 형상(image)도 만들지 못하도록 전적으로 금지하십니까?

어린이 : 그렇지 않습니다. 하나님께서는 하나님을 형상화할 목적으로 혹은 하나님으로 경배할 목적으로 우리가 어떤 형상을 만들지 말도록 금하실 뿐입니다.

문 145. 목　사 : 왜 우리는 하나님을 가시적으로 표현하지 말아야 합니까?

어린이 : 영원한 영(靈)이시며, 불가해한 하나님과 유형적이며, 생기가 없고, 부패하며, 가시적인 물체 사이에는 그 어떤 일치성도 존재하지 않기 때문입니다.

문 149. 목　사 : 이 (둘째) 계명의 목적은 무엇입니까?

어린이 : 첫째 계명에서 하나님께서는 우리가 예배해야 할 분은 모든 다른 신들이 배제된 하나님 자신뿐임을 선언하셨고, 이제 여기서는 우리를 모든 미신들과 육적인 예배 방식으로부터 구해 내시기 위해 무엇이 올바른 예배의 형식인가를 우리에게 보여 주고 계십니다.

제24성일(문 150 - 158)

문 152. 목　사 : 하나님께서 말씀하시는 질투란 무엇을 뜻합니까?
　　　　어린이 : 하나님께서는 자신과 동등한 어떤 신도 참으실 수 없다는 뜻입니다. 하나님께서 무한하신 사랑으로 자신을 우리에게 주신 것처럼 우리 또한 전적으로 하나님의 것이 되기를 원하시기 때문입니다. 하나님께 철저히 바쳐지는 것은 우리의 영혼의 정절(貞節 ; la chasteté de noz ames)입니다. 어떤 미신에 우리의 시선을 돌리는 것은 영적인 간음입니다.

문 158. 목　사 : 왜 하나님께서는 여기서 천대(千代)라고 말씀하지 않으시고, 협박 대신에 삼, 사대라고만 말씀하십니까?
　　　　어린이 : 이는 하나님의 본래의 뜻이 엄격함이나 가혹함을 행사하심보다는 인자와 친절을 베푸시는 데 있는 것임을 분명히 하기 위한 것입니다. 이는 하나님께서 "나는 자비로우며 노하기를 더디 한다."고 증인하시는 바와 같습니다(출 34 : 6-7, 시 103 : 8).

제25성일(문 159 - 165)

문 160. 목　사 : 이것(셋째 계명)은 무엇을 뜻합니까?
　　　　어린이 : 이 계명은 단순히 맹세를 통해서만이 아니라 필요 이상의 쓸데없는 서약을 통해서 하나님의 이름을 남용하지 말도록 금하고 있습니다.

문 161. 목　사 : 우리는 서약을 통해서 하나님의 이름을 잘 사용할 수 있습니까?
　　　　어린이 : 그렇습니다. 진리를 보전하기 위해, 그리고 우리 가운데 사랑과 일치를 유지하기 위해 필요한 서약들이 있습니다.

제26성일(문 166 - 176)

문 169. 목　사 : 당신은 넷째 계명이 본래 유대인들에게 해당되는 것이고, 구약시대에만 주어진 것이라고 생각하십니까?
　　　　어린이 : 그것이 의식(儀式)법인 한에서만 그렇습니다.

문 170. 목 사 : 무엇이라고요? 이 계명 안에 의식(la ceremonie) 이외의 어떤 다른 요소가 들어 있다는 말씀입니까?

어린이 : 안식일 준수 계명은 세 가지 이유 때문에 주어졌습니다.

문 171. 목 사 : 그것이 어떤 것들입니까?

어린이 : 그것은 영적인 안식을 상징적으로 나타내며, 교회의 질서를 유지하고, 종들의 고통을 경감시켜 주기 위한 것입니다.

문 173. 목 사 : 이 영적인 안식은 어떻게 이루어집니까?

어린이 : 하나님께서 하나님의 영을 통해서 우리를 통치하실 수 있도록 우리가 우리 자신의 육을 제어하고, 우리의 본성을 포기함으로써 이루어집니다.

제27성일(문 177 - 184)

문 179. 목 사 : 이날에 우리가 마땅히 지켜야 할 격식은 무엇입니까?

어린이 : 하나님의 백성들이 성회로 모이는 것입니다. 이는 그들이 하나님의 진리 안에서 가르침을 받으며, 공동의 기도를 행하며, 자신들의 신앙과 종교를 증거하기 위함입니다.

문 180. 목 사 : 이 계명이 종들의 고통의 경감을 위해서도 주어졌다는 말이 무슨 뜻입니까?

어린이 : 그것은 이 계명이 다른 사람의 지배 밑에 있는 사람들에게 휴식을 주기 위해 주어졌다는 것입니다. 이것은 공공질서에도 소용이 됩니다. 쉬는 날이 하루 있을 때 사람들은 나머지 날 동안에는 일하는 습관을 갖게 되기 때문입니다.

제28성일(문 185 - 195)

문 186. 목 사 : 공경한다는 말이 무슨 뜻입니까?

어린이 : 자녀들이 그들의 부모에 대해 겸손하고, 그들에게 순종하며, 그들에게 영예와 존경을 드리고, 그들을 도우며, 그들의 명령에 따라야 한다는 것을 뜻하는데, 이것은 마땅한 것입니다.

문 194. 목 사 : 그것이 바로 이 계명이 뜻하는 것의 모든 것입니까?
어린이 : 비록 이 계명이 부모에 대해서만 말하고 있다 하더라도 우리는 이것이 모든 상전들(손윗사람들의 권위)을 포함하고 있는 것으로 이해해야 합니다. 부모에게 해당되는 똑같은 원리가 이들에게도 적용되기 때문입니다.

제29성일(문 196 – 203)

문 197. 목 사 : 하나님께서는 이 계명(제6계명)에서 다른 것이 아닌 바로 살인자가 되지 말도록 금하고 계신 것이 아닙니까?
어린이 : 그렇습니다. 여기서 말씀하시는 분은 하나님이시기 때문에 하나님은 외적인 행위들에 대해서뿐만 아니라 특히 우리의 마음의 성향(les affections)에 대해 이 율법을 부가하고 계십니다.

문 198. 목 사 : 하나님께서 금하시는 어떤 내적 살인이라는 것이 존재한다는 말입니까?
어린이 : 그렇습니다. 내적 살인은 이웃에 대한 증오, 원한, 그리고 이웃에게 악을 행하려는 욕망을 말합니다.

문 201. 목 사 : 이 계명(제7계명)의 요지가 무엇입니까?
어린이 : 모든 간음은 하나님에 의해 저주를 받는다는 것입니다. 그러므로 우리에 대한 하나님의 진노를 유발하지 않으려면 금욕해야 합니다.

문 203. 목 사 : 이 계명(제7계명)이 함축하고 있는 바가 무엇입니까?
어린이 : 우리의 몸과 영은 성령의 전(고전 3 : 16, 6 : 15, 고후 6 : 6)이기 때문에, 우리는 이를 아주 단정하게 보전해야 한다는 것입니다. 또한 우리는 행위에 대하여 뿐만 아니라 욕망, 말, 그리고 몸짓에 대해서까지도 순수해야 한다는 것입니다. 그래서 우리의 어떤 부분도 더러움에 오염된 부분이 있어서는 안 된다는 것입니다.

제30성일(문 204 - 212)

문 206. 목 사 : 이러한 외적 행위(도적질)를 하지 않는 것으로만 충분합니까? 아니면 내적인 의도(意圖)도 여기에 포함되어 있습니까?
어린이 : 우리는 언제나 후자로 되돌아가야 합니다. 입법자는 영적인 존재이시기 때문에 그는 여기서 단순히 외적인 절도 행위에 대해서만 말씀하시지 않으시고, 이웃을 희생시켜 부유해지려는 계획, 의도, 그리고 생각에 대해서도 똑같이 말씀하고 계십니다.

문 212. 목 사 : 요컨대 이 계명(제9계명)이 뜻하는 바가 무엇인지 말씀해 보십시오.
어린이 : 이 계명은 이웃을 악평한다거나 중상하려는 생각을 갖지 말고, 사실과 일치하는 한 이웃을 좋게 평가해 주고, 이웃의 좋은 평판을 보전해 주라고 가르치십니다.

제31성일(문 213 - 219)

문 216. 목 사 : 위에서는(다른 계명들) 확실하고 굳은 의지를 지닌 악한 성향들이 정죄된 바와 같이 이제 이 계명(제10계명)에서 주님께서는 우리에게 아주 완전한 성결을 요구하고 계시며, 그리하여 그 어떤 악한 욕망도 우리의 마음속에 들어와 우리의 마음을 부추기고 움직여 악으로 이끌어 가지 못하게 하신다고 생각하십니까?
어린이 : 그렇습니다.

문 217. 목 사 : 이제 우리는 전 율법을 약술해 볼 수 있지 않습니까?
어린이 : 그렇게 할 수 있습니다. 우리는 그것을 두 조항으로 요약합니다. 첫째는 우리가 온 마음(de tout nostre cœur)과 온 생명과 온 힘을 다해 하나님을 사랑해야 한다는 것입니다. 둘째는 우리가 이웃을 우리 자신처럼 사랑해야 한다는 것입니다.

문 218. 목 사 : 하나님에 대한 사랑이 함축하고 있는 바가 무엇입니까?
어린이 : 우리가 하나님을 하나님으로 사랑한다면, 이는 우리가 하나님을 주님이요, 구주요, 아버지로 인정한다는 것입니다. 이것은 사랑과 더불어 두려움, 공경, 신뢰, 그리고 복종을 요구합니다.

제32성일(문 220 - 226)

문 220. 목 사 : 두 번째 조항의 의미는 무엇입니까?
어린이 : 우리는 본성상 우리 자신을 사랑하는 성향이 대단하여 이 감정이 다른 모든 성향들을 제압해 버립니다. 이처럼 이웃에 대한 사랑이 우리 마음속에서 크게 우세하여 우리를 인도하고 조종해야 하며, 우리의 모든 사고와 행위의 척도가 되어야 한다는 것입니다.

문 221. 목 사 : 우리의 이웃이 누구입니까?
어린이 : 우리의 친척, 친구, 그리고 우리와 교제하고 있는 사람들뿐만 아니라 우리가 모르는 사람들과 우리의 적들까지도 우리의 이웃입니다.

② 율법의 실천

문 224. 목 사 : 율법은 하나님을 올바로 섬기는 형식을 내포하고 있습니다. 따라서 그리스도인은 이 율법이 명하는 바에 따라 살아야만 하지 않습니까?
어린이 : 그렇습니다. 그러나 모든 사람 안에는 어떤 결함이 자라잡고 있기 때문에 이 율법을 완전하게 이행할 수는 없습니다.

③ 율법의 기능

제33성일(문 227 - 232)

문 227. 목 사 : 이로부터 우리는 율법이 이중적인 기능을 가지고 있다고 결론 내려야 합니다. 이는 두 종류의 인간이 있다는 사실에 상응하는 것입니다.

어린이 : 그렇습니다. 율법은 불신자들에게는 단지 이들을 논박하여 하나님 앞에서 더 이상 변명할 수 없도록 하는 데 쓰이기 때문입니다(롬 3 : 3). 성 바울이 말씀한 대로 율법은 죽음과 정죄의 기능을 가지고 있습니다(고후 3 : 6, 9). 그러나 율법이 신자들에게는 다른 기능을 가지고 있습니다.

문 228. 목 사 : 율법이 신자들에게는 어떤 기능을 합니까?

어린이 : 첫째로, 율법은 행위를 통해 의롭게 될 수 없다는 사실을 신자들에게 보여 줌으로써, 즉 그들을 겸허하게 만들어 줌으로써 그들로 하여금 예수 그리스도 안에서 구원을 찾도록 준비시켜 줍니다(롬 5 : 18-24). 둘째로, 율법은 그들이 할 수 있는 이상의 것을 요구함으로써 그들에게 힘과 능력을 주시게끔 주님께 간구하도록 권면해 줍니다. 동시에 율법은 그들로 교만에 빠지지 않도록 그들이 불의한 존재임을 항상 자인하게끔 훈계해 줍니다. 셋째로, 율법은 신자들을 하나님에 대한 경외 가운데 붙들어 놓는 굴레와도 같습니다.

(3) 기도에 관하여(문 233 – 295/제34 – 43성일)

① 주기도문 해설

제34성일(문 233 – 239)

문 234. 목 사 : 당신은 우리가 오로지 하나님께만 기도를 드려야 한다고 생각하십니까?

어린이 : 그렇습니다. 하나님께서 자신의 하나님 되심에 적합한 영예로서 이를 요구하고 계시기 때문입니다.

문 235. 목 사 : 만일 그렇다면 어떻게 우리가 사람들에게 도움을 요청할 수 있단 말입니까?

어린이 : 이 두 가지는 서로 다른 사항입니다. 우리가 하나님께 간구하는 것은 오직 그로부터만 이 은택을 기대하는 것이지, 그 이외의 어떤 다른 의뢰처도 가지고 있지 않다는 사실을 확언하기 위한 것입니다. 그러나 하나님께서 이를 허용해 주시는 한, 그리고 다른 사람들에게 부여해 주시는 한 우리는 사람들에게도 도움을 구합니다.

문 238. 목 사 : 여기서 우리는 천사들이나 세상을 떠난 성인(聖人)들에게 기도해서는 안 된다는 결론을 이끌어 낼 수 있습니까?
어린이 : 그렇습니다. 하나님께서는 성인들에게 우리를 도우며 보조해 주는 직책을 부여해 주지 않으셨기 때문입니다. 또 천사들에 대하여는, 비록 하나님께서 우리의 구원을 돕기 위해 천사들을 사용한다고 할지라도 하나님께서는 우리가 그들에게 기도한다거나 그들에게 보고하여 의논하는 것을 원하지 않으십니다.

제35성일(문 240 - 247)

문 240. 목 사 : 이제는 하나님께 기도드리는 방식에 대해 이야기해 보도록 합시다. 말로 기도하는 것으로 충분합니까? 아니면 기도할 때 영과 마음이 같이 요구됩니까?
어린이 : 말이 어느 때나 꼭 필요한 것은 아닙니다. 그러나 지성과 감성은 언제나 있어야 합니다.

제36성일(문 248 - 252)

문 250. 목 사 : 이제는 우리가 어떻게, 어떤 자격으로 하나님 앞에 나아갈 용기를 가질 수 있는지에 대해 알아보아야 합니다. 우리는 그럴 만한 자격을 도무지 갖추고 있지 않기 때문입니다.
어린이 : 첫째로, 우리는 이에 대한 약속들을 소유하고 있습니다. 우리는 우리의 자격을 고려하지 말고, 이 약속들에 머물러 있어야 합니다(시 50 : 15, 91 : 3, 145 : 18, 사 30 : 15, 65 : 24, 렘

29 : 12, 욜 3 : 5). 둘째로, 만일 우리가 하나님의 자녀들이라면 하나님께서는 자신의 성령을 통하여 우리를 이끄시고 부추겨서 마치 자식이 아버지께로 오듯이 친밀하게 하나님께 나아갈 수 있도록 만들어 주십니다(마 9 : 2, 22). 마지막으로, 땅에 있는 가련한 벌레요, 비참한 죄인들인 우리가 영광스런 하나님의 존전 앞에 나아가는 것을 두려워하지 않도록 하나님께서는 주 예수님을 우리에게 중보자(Médiateur)로 주셨습니다(딤전 2 : 5, 히 4 : 6, 요일 2 : 1). 이는 우리가 그분을 통해 하나님께 나아갈 수 있는 길을 얻음으로써 우리가 맛보게 될 은혜에 대해 의심하지 않도록 하기 위함입니다.

문 251. 목 사 : 당신은 우리가 오직 예수 그리스도의 이름으로 하나님께 기도드려야 된다고 생각하십니까?

어린이 : 그렇게 생각합니다. 우리는 그것에 대해 명백한 계명을 받았기 때문입니다. 주님께서는 계명을 주실 때 자신의 중보기도를 통해 우리의 소원을 들어주시겠다고 약속하셨습니다(요 14 : 13).

제37성일(문 253 - 259)

문 255. 목 사 : 주님께서 기도에 관해 우리에게 가르쳐 주신 교훈이 무엇입니까?

어린이 : 하나님께서는 성경 전체를 통해 매우 풍성한 교훈을 해 주셨습니다. 그러나 우리가 어떤 분명한 목표에 보다 잘 도달하기 위해 하나님께서 하나의 본보기를 제공해 주셨습니다. 여기서 하나님께서는 합법적이면서도 우리에게 유익한 기도의 모든 요점들을 간결하게 포함시켜 놓으셨습니다.

문 257. 목 사 : 주기도문을 보다 쉽게 이해하기 위해 이것이 얼마나 많은 간구의 조항들을 내포하고 있는지를 말씀해 보십시오.

어린이 : 여섯 가지입니다. 이들 중 세 가지는 하나님의 영광

에만 관계됩니다. 여기에는 우리 자신에 대한 고려가 전혀 없습니다. 그 다음에 나오는 다른 세 가지는 우리들 자신을 위한 것으로서 우리의 행복과 유익에 관계됩니다.

문 260. 목 사 : 이제 주기도문의 해석으로 넘어갑시다. 먼저 하나님께서는 왜 여기서 다른 이름이 아닌 '우리 아버지'라고 불리십니까?

어린이 : 기도드릴 때 우리의 양심이 굳은 확신을 가져야 될 필요가 있기 때문입니다. 즉, 우리 하나님께서 '우리 아버지'라는 한마디 말로 불리실 때 이 말은 다정함과 사랑스러움을 내포하고 있어서, 우리의 모든 의심과 곤혹스러움을 제거해 주며, 우리로 하여금 친숙한 태도로 하나님께 나아갈 수 있는 용기를 부여해 줍니다.

제38성일(문 260-265)

문 265. 목 사 : 어째서 무슨 목적으로 '하늘에 계신'이라는 수식어가 필요합니까?

어린이 : 우리가 하나님께 기도드릴 때 우리의 생각을 하늘로 들어 올리는 것을 배움으로써 하나님을 육적이거나 지상적인 것으로 상상하지 아니하고, 하나님을 우리의 이해력에 따라 측정하지 아니하며, 또 하나님을 우리의 뜻에 따라 측정하지 아니하고 오히려 겸손하게 하나님의 영광스런 위엄을 경배하기 위해서입니다. 또한 우리가 하나님께 보다 분명한 신뢰를 갖기 위해서입니다. 왜냐하면 하나님께서는 하늘에 계신 만물의 통치자이시며 주님이 되시기 때문입니다.

제39성일(문 266-270)

문 266. 목 사 : 이제 첫 번째 간구에 대해서 설명해 보십시오.

어린이 : 하나님의 이름은 하나님의 명성(名聲, renommée)이신데, 이로 인해 하나님은 사람들 가운데서 찬양을 받으시는

것입니다. 그러므로 우리는 하나님의 영광이 만물을 통하여, 그리고 만물 안에서 높여지기를 갈망합니다.

문 268. 목 사 : 당신은 두 번째 간구에서 '하나님의 나라'를 무엇으로 이해하십니까?

어린이 : 하나님의 나라는 주로 두 가지 요점으로 설명할 수 있습니다. 즉, 하나님께서 하나님의 영(靈)을 통해 하나님의 선민들을 인도하시고 통치하신다는 것입니다. 반면에 하나님께서는 자신의 통치에 복종하기를 원치 않는 유기된 자들(les reprouvez)을 심연에 빠뜨려 멸하신다는 것입니다. 이는 하나님의 권세에 저항할 수 있는 세력이란 아무것도 존재하지 않는다는 사실이 명백하게 드러나도록 하기 위함입니다.

문 269. 목 사 : 어떻게 당신은 "나라이 임하옵시며"라고 기도하십니까?

어린이 : 이 기도의 의미는 주님께서 자신의 신자들의 수효를 나날이 증가시켜 주시리라는 것과 그들에게 은혜를 나날이 더하여 주셔서 결국 이들을 모든 은혜로 충만하게 채워 주시리라는 것입니다. 또한 주님께서 자신의 진리를 점점 밝게 해 주시고, 자신의 공의를 드러내 주셔서 이를 통해 사탄과 사탄의 왕국의 영향력이 소멸되고, 모든 불의가 파멸되게 해 주시리라는 것입니다.

문 270. 목 사 : 이런 일이 현재 일어나고 있지 않습니까?

어린이 : 부분적으로 일어나고 있습니다. 그러나 우리는 이것이 계속 성장하여 결국은 완성에 이르는 데까지 나아가게 되기를 갈망합니다. 이 완성은 최후의 심판 날에야 비로소 이루어질 것입니다. 이날에는 오직 하나님만이 찬양을 받으실 것이며, 모든 피조물들은 하나님의 위대하심에 눌려 무릎을 꿇게 될 것이고, 하나님 자신은 만유 안에서 만유가 되실 것입니다(고전 15 : 28).

제40성일(문 271 - 274)

문 271. 목　사 : 어떤 의미에서 당신은 "하나님의 뜻이 이루어지이다."라고 간구하십니까?

어린이 : 이 간구에서 저는 만물이 하나님께 굴복하여 하나님께 복종하게 되기를 원하며 또한 만사가 하나님의 선하신 뜻대로 이루어지기를 원합니다.

문 273. 목　사 : 이 간구를 드리는 것은 우리가 우리 자신의 뜻을 포기하는 것이 아닙니까?

어린이 : 그렇습니다. 그런데 이것은 하나님께서 자신의 선하신 뜻을 거역하는 우리의 욕망들을 꺾으셔서 이것들을 전혀 무력하게 만들어 주시도록 하기 위해서일 뿐만 아니라 하나님께서 우리 안에 새 영과 새 마음을 창조하사, 우리가 자신의 뜻대로가 아니라 오직 하나님의 성령만이 우리 안에서 소원하시어 우리를 온전히 하나님의 뜻과 일치하게 만들어 주시기 위함입니다.

제41성일(문 275 - 279)

문 275. 목　사 : 두 번째 부분으로 넘어가 봅시다. 당신이 간구하는 '일용할 양식'이란 무엇을 말합니까?

어린이 : 일반적으로 우리 육신의 욕구 충족에 필요한 모든 것을 말합니다. 즉, 양식과 의복에 관계되는 것뿐만 아니라 하나님께서 우리 인간이 빵을 평화롭게 먹는 데 유익하다고 여기시는 모든 것이 여기에 속합니다.

문 276. 목　사 : 하나님께서는 우리의 손의 수고를 통해 양식을 얻으라고 명령하셨는데, 어찌하여 당신은 하나님께 양식을 달라고 간구하십니까?

어린이 : 비록 하나님께서 우리로 하여금 수고하여 살도록 만들어 놓으셨다 하더라도 우리의 노동, 솜씨, 그리고 열심이

우리를 먹여 살리는 것은 아닙니다. 우리를 양육하는 것은 이 음식물을 수단으로써 사용하시는 주님의 능력인 것입니다(신 8 : 3, 17).

문 278. 목 사 : '일용할' 그리고 '오늘날'이라고 말하는 이유가 무엇입니까?

어린이 : 이것들은 자족하는 마음을 가지도록, 그리고 우리의 필요가 요구하는 그 이상의 것을 탐내지 말도록 우리에게 가르쳐 주기 위한 것입니다.

제42성일(문 280 - 286)

문 282. 목 사 : 왜 이 사죄(赦罪)가 우리에게 주어져야 한다고 생각하십니까?

어린이 : 예수 그리스도께서 사용하신 말씀 자체가 이를 제시해 줍니다. 즉, 죄는 부채(負債)인데 이 부채는 우리를 영원한 죽음의 정죄에 빠질 수밖에 없도록 합니다. 우리는 하나님께서 자신의 순전한 관용 또는 은혜(liberalité)를 통해서 우리를 무죄 방면시켜 주시기를 간구하는 것입니다.

문 284. 목 사 : 하나님께서 우리의 죄를 사해 주실 때 우리에게 돌아오는 열매와 유익이 무엇입니까?

어린이 : 사죄를 통해 우리는 마치 의롭고 무죄하게 되어 하나님의 마음에 드는 사람들이 됩니다. 그리고 우리의 양심은 우리를 향하신 하나님의 부성적인 사랑을 확신하게 되는데, 바로 이 사랑으로부터 우리의 구원과 생명이 나옵니다.

문 285. 목 사 : "우리가 우리에게 죄지은 자를 사하여 준 것같이 우리 죄를 사하여 주옵시고"라고 간구할 때, 당신은 우리가 사람들을 용서해 줌으로써 하나님께로부터 용서받을 수 있는 자격을 얻게 된다고 생각하십니까?

어린이 : 아닙니다. 그렇게 되면 용서는 더 이상 은혜로운 것

이 되지 못할 것이며, 예수 그리스도의 죽음 안에 있는 만족(satisfaction) 위에 기초하지도 않을 것이기 때문입니다. 그러나 사람들이 우리에게 행한 불의를 용서해 줄 때, 우리는 주님의 온화하심과 관대하심을 본받아 따르는 것이 됩니다. 또한 그렇게 함으로써 우리는 우리가 그의 자녀들임을 나타내 보여 주는 것이 됩니다.

제43성일(문 287-294)

문 290. 목 사 : 어떻게 시험에 들지 않고 악으로부터 구원받는 일이 일어납니까?

어린이 : 하나님께서 그의 성령을 통해 우리를 통치해 주셔서 우리로 선을 사랑하고 악을 미워하며, 하나님의 공의를 따르고, 죄를 피하도록 만들어 주실 때 그렇게 됩니다. 왜냐하면 우리는 성령의 능력으로 말미암아 악마와 죄와 육을 제압할 수가 있기 때문입니다.

문 292. 목 사 : '시험'이라는 말의 뜻은 무엇입니까?

어린이 : 악마가 우리를 농락하기 위해 사용하는 계책과 기만술을 말합니다. 우리의 본성은 기만을 당하거나 우리 자신을 속이는 성향을 가지고 있으며, 우리의 의지는 선보다 악에 더 빠지기 쉽습니다.

문 294. 목 사 : "대개 나라와 권세와 영광이 아버지께 영원히 있사옵나이다"라는 첨가 부분은 무엇을 뜻합니까?

어린이 : 이 부분은 우리의 기도가 하나님과 그의 능력, 그리고 그의 선하심에 근거되어 있는 것이지 우리 안에 근거되어 있지 않다는 사실을 다시 한번 상기시켜 주기 위한 것입니다. 우리는 입을 열고 하나님께 간구할 자격이 없습니다. 또한 이 부분은 우리의 모든 기도들이 하나님 찬양으로 끝맺도록 가르쳐 주기 위한 것입니다.

제44성일(문 295 - 299)

② 성 례
- 신앙고백과 하나님의 영광
문 299. 목 사 : 우리가 이제까지 말한 모든 것으로부터 내릴 수 있는 결론이 무엇입니까?

어린이 : 그것은 진리의 증언이 무엇이냐 하는 것인데, 이에 대하여는 서두에서 이미 언급했습니다. 즉, 영생은 참되신 하나님과 그가 보내신 예수 그리스도를 아는 데 있다는 것입니다(요 17 : 3). 우리가 하나님을 아는 것은 그에게 마땅한 영광을 드리기 위함입니다. 즉, 하나님께서 우리의 주님이 되실 뿐만 아니라 우리와 아버지와 구주(마 1 : 21)가 되시도록 하기 위한 것이며, 우리는 모두 그의 영광을 위해 바쳐진 그의 자녀, 종, 그리고, 그의 백성이 되기 위한 것입니다.

제45성일(문 300 - 308)
- 하나님의 은혜의 수단으로서 말씀
문 300. 목 사 : 그 같은 복(bien)에 이르는 수단이 무엇입니까?

어린이 : 이를 위해 하나님께서는 우리에게 자신의 거룩한 말씀을 남겨 주셨습니다. 이 말씀이야말로 하늘나라에 들어가는 입구와 같습니다.

문 301. 목 사 : 당신은 어디서 이 말씀을 얻습니까?

어린이 : 그것은 성경에 기록되어 있습니다.

문 306. 목 사 : 공적 집회에 꼭 참석해야 할 이유가 무엇입니까?

어린이 : 예수 그리스도께서 자신의 교회 안에 이 질서를 세워 놓으신 것은(엡 4 : 11) 두세 사람을 위한 것이 아니라 일반적으로 모든 사람을 위한 것이기 때문입니다. 더구나 그리스도께서는 이것만이 교회를 교화하고 양육하는 유일한 수단

이라고 선언하셨습니다. 그러므로 우리 모두는 이 질서를 고수해야 합니다. 즉, 우리는 주님보다 더 지혜롭게 되려고 해서는 안 됩니다.

문 307. 목　사 : 목사들이 꼭 있어야만 합니까?

어린이 : 그렇습니다. 우리는 그들의 말씀을 경청해야 하며, 그들의 입을 통해 흘러나오는 주님의 가르침을 겸손히 받아들여야만 합니다. 그러나 누구든지 그들을 경멸하고, 그들의 말씀에 경청하는 것을 거부하면, 그 사람은 곧 예수 그리스도를 물리리치는 것이며, 신자들의 공동체로부터 이탈하는 것이 되고 맙니다(마 10 : 10, 눅 10 : 16).

제46성일(문 309 - 314)

문 309. 목　사 : 말씀 이외에 하나님께서 우리와 교통하시는 다른 방법이 없습니까?

어린이 : 하나님께서는 성례들을 말씀의 설교에 부가시키셨습니다.

- 하나님의 은혜의 수단으로서 성례

문 310. 목　사 : 성례란 무엇입니까?

어린이 : 성례란 하나님의 은혜를 외적으로 증거하는 것으로서 이 가시적인 표를 통해 하나님께서는 우리에게 영적인 은사들을 제시해 주십니다. 이렇게 하시는 것은 하나님께서 우리의 마음속에 자신의 약속들을 보다 강력하게 새겨 넣으시기 위한 것이며, 우리로 하여금 이 약속들에 대해 더 큰 확신을 갖도록 만드시기 위함입니다.

문 313. 목　사 : 당신은 성례들의 효력은 외적인 요소에 달려 있는 것이 아니라 전적으로 하나님의 영으로부터 비롯된다고 생각하시는군요?

어린이 : 그렇습니다. 하나님께서는 자기 자신의 능력에 어떠

한 손상도 가하심이 없이 하나님께서 제정하신 방법들을 통해서 은혜를 베푸시기를 원하시는 것입니다.

제47성일(문 315 - 320)

문 317. 목 사 : 그렇다면 성례들은 어떻게, 그리고 언제 그 효력을 일으킵니까?

어린이 : 우리가 오직 예수 그리스도와 그의 은혜만을 구하면서 믿음으로 이 성례들에 참여할 때입니다.

제48성일(문 321 - 324)

문 321. 목 사 : 기독교회 안에는 몇 가지의 성례가 있습니까?

어린이 : 주 예수님께서 모든 신자들의 공동체를 위하여 제정하신 성례는 단 두 가지뿐입니다.

문 322. 목 사 : 그것은 무엇입니까?

어린이 : 세례와 성찬입니다.

문 323. 목 사 : 이 두 가지 성례 사이에 어떤 일치점과 차이점이 있습니까?

어린이 : 세례란 하나님의 교회 안으로 들어오는 입구와도 같습니다. 세례는 우리가 하나님께 대해 생소한 나그네와 같은 존재였음에도 불구하고, 하나님께서는 우리를 자신의 가족의 일원으로 영접해 주신다는 사실을 확증해 줍니다. 성찬은 마치 어느 가정의 좋은 아버지가 그의 식구들을 먹이고 이들의 원기 회복을 위해 주의를 기울임과 같이 하나님께서 우리를 그처럼 양육하기를 원하신다는 사실을 증거해 줍니다.

문 324. 목 사 : 두 성례들에 대해 보다 분명한 이해를 얻기 위해 이들 각각에 별도의 얘기를 나누어 보도록 합시다. 먼저 세례의 의미는 무엇입니까?

어린이 : 세례는 두 가지 의미를 가지고 있습니다. 이를 통해 주님께서는 사죄(엡 5 : 26-27)와 영적인 중생(regeneration)

또는 갱신(renouvellement, 롬 6 : 4)을 나타내 보여 주십니다.
제49성일(문 325 - 332)
문 331. 목　사 : 세례 시 이 은혜가 어떻게 우리에게 주어집니까?
　　　　어린이 : 세례 시 우리에게 주어지는 약속을 받기에 합당하다면 우리는 이때 예수 그리스도를 옷 입게 되며, 그의 영(靈)을 받게 됩니다.
문 332. 목　사 : 우리 편에서 볼 때 수세(受洗)를 위한 올바른 자세는 무엇입니까?
　　　　어린이 : 그것은 믿음과 회개입니다. 우리는 그리스도 안에서 영적인 정결함을 소유하고 있다는 사실을 확신해야 합니다. 그리고 우리는 우리로 하나님의 뜻에 따라 살게끔 우리의 욕망을 죽이기 위해 성령께서 우리 안에 내주하고 계신다는 사실을 내적으로 느끼어 하며, 또 행실을 통해 이웃에게 드러내어 알게 해야 합니다.

③ 유아세례
제50성일(문 333 - 339)
문 333. 목　사 : 세례 시 그런 것이(=신앙과 회개, 필자) 요구된다면 어떻게 우리가 어린이들에게 세례를 베풀 수 있겠습니까?
　　　　어린이 : 신앙과 회개가 수세 시 항상 선행해야 한다고 말하지는 않습니다. 그러나 이것들은 이를 행할 수 있는 연령층에게는 반드시 있어야만 합니다. 어린이들은 성년이 된 후 세례의 열매를 제시해 보여 주기만 하면 됩니다.
문 335. 목　사 : 우리가 세례 시 어린이들을 받아들이는 것은 할례 시와 똑같은 근거에서 시행한다는 사실을 증명할 수 있습니까?
　　　　어린이 : 예, 있습니다. 하나님께서 옛날에 그의 백성 이스라엘에게 행한 약속들은 지금도 전 세계에서 유효하기 때문입니다.

④ 성 찬

제51성일(문 340 - 344)

문 340. 목 사 : 성찬에 관해 이야기해 봅시다. 먼저 성찬의 의미가 무엇입니까?

어린이 : 주님께서 성찬을 제정하신 것은 우리 영혼이 그분의 살과 피와의 교제를 통해 영생에 대한 소망 가운데서 양육받게 된다는 사실을 우리에게 확신시켜 주시기 위함입니다.

제52성일(문 345 - 350)

문 350. 목 사 : 성찬이 제정된 것은 예수님의 몸을(로마 가톨릭교회의 미사처럼 희생제물로서) 아버지 하나님께 봉헌하기 위함이 아니란 말입니까?

어린이 : 그렇습니다. 왜냐하면 그 희생제물을 드릴 직분을 가지신 분은 오직 영원한 대제사장이신(히 5 : 5) 예수님 한 분뿐이시기 때문입니다. 예수님께서 우리에게 명하시는 것은 자기 자신의 몸을 봉헌하지 말고, 다만 이를 받기만 하라는 것입니다(마 26 : 26).

제53성일(문 351 - 356)

문 354. 목 사 : 그렇지만 어떻게 성찬에서 그리스도와의 교제와 연합이 일어날 수 있습니까? 예수 그리스도의 몸은 하늘에 계시고 우리는 땅 위에서 순례하는 가운데 있지 않습니까?

어린이 : 그리스도의 영(靈)이 가지는 불가해한 능력을 통해서 일어납니다. 그의 영은 장소의 간격을 통해 격리되어 있는 사물들을 서로 잘 결합시켜 주십니다.

제54성일(문 357 - 365)

문 357. 목 사 : 성찬의 올바른 사용법이 무엇입니까?

어린이 : 이는 성 바울이 말한 대로입니다. 즉, 성찬에 임하기

전 각자는 먼저 자기 자신을 살펴보아야 합니다(고전 11 : 28).
문 361. 목 사 : 그러므로 우리의 불완전성은 우리가 성찬에 참여하는 것을 방해하지 못한다는 말입니까?
어린이 : 그렇습니다. 만일 우리가 불완전하지 않다면, 성찬은 우리에게 아무런 쓸모가 없을 것입니다. 성찬은 우리의 연약함에 대한 보조수단임과 동시에 위로가 되기 때문입니다.
문 364. 목 사 : 이 두 성례를 한 번 받고 나면 그것으로 충분합니까?
어린이 : 세례는 단 한 번만 받도록 규정되어 있고, 그 반복이 금지되어 있습니다. 그러나 성찬은 그렇지 않습니다.

제55성일(문 366 - 373)
문 366. 목 사 : 세례를 베푸는 일과 성찬을 시여하는 일은 누구에게 속한 직무입니까?
어린이 : 그것은 교회 안에서 설교하도록 공적으로 위탁을 받은 사람들에게 속한 직무입니다. 말씀을 선포하는 일과 성례를 시행하는 일은 서로 밀접하게 결합되어 있기 때문입니다.

6. 취리히 일치신앙고백(1549)[90]

1) 배경과 해설

"취리히 일치신앙고백"(Consensus Tigurinus)은 1549년에 제네바

---

90) 대한예수교장로회총회교육자원부 편, 「16세기 종교개혁과 개혁교회의 유산」(서울 : 한국장로교출판사, 2003). ; Gaebler, Ulrich. "Consensus Tigurinus", in : TRE(=Theologischse Realenzykklopaedie) Bd. 8 : pp. 189 - 192. ; Jacobs, Paul. Theologie reformierter Bekenntnisschriften in Grundzuegen, Neukirchener Verlag, 1959. ; Pfister, Rudolf. Kirchengeschichte der Schweiz 2., Zuerich : Theologischer Verlag, 1974. ; Im Hof, Ulrich. Geschichte der Schweiz, 4. Aufl., Stuttgart : W. Kohlhammer Verlag, 1987.

(Geneve)의 칼빈과 취리히의 여러 신학자들, 특히 불링거, 사이에 맺어진 신학적 일치와 합의이다. 이를 통하여 양자는 성만찬론에 대하여 한 목소리를 내게 되었다.

도시국가 제네바는 베른(Bern)의 강력한 지원으로 중세 체제에서 벗어나게 되었다. 이것은 제네바가 베른의 보호막 속에서 정치적으로 독립하게 되었음을 뜻한다. 제네바는 1536년 칼빈이 이 도시로 와서 개혁운동에 참여하게 되면서 본격적으로 종교개혁을 추진하였다. 그런데 츠빙글리의 영향 아래 종교개혁을 실시한 베른은 취리히를 본따서 국가교회 체제를 받아들였다. 또한 베른은 이 교회 체제를 제네바에서도 실현시키고자 했다. 그러나 칼빈은 이 점에 대하여 단호하게 대응하였다. 교회개혁의 시작부터 그는 국가의 힘에 얽매이지 않는 자치권과 자율성을 가진 교회 체제를 세우고자 했다. 이에 제네바와 베른 사이에 갈등기류가 형성되었다.

베른과 취리히의 신학자들은 칼빈이 신학적으로 루터의 영향 아래 있다고 판단하였다. 특히 성만찬론에서 그러하였다. 1544년에 성만찬에 관하여 칼빈이 불링거와 입장조율을 하였는데도, 칼빈은 여전히 주변의 의혹에서 벗어나지 못하였다. 이것이 1549년 3월 베른에서 열린 총회 현장에서 여실히 증명되었다. 이 총회에 참석하려는 칼빈이 문전박대를 당했기 때문이다. 칼빈은 자신이 이런 대접을 받는 배후에는 취리히의 신학자들이 있으며 이 가운데서도 불링거의 영향이 가장 클 것으로 짐작하였다. 이 상황에서 베른과의 관계를 개선하려는 칼빈은 먼저 취리히와 원만한 관계가 선행되어야 한다고 보았다.

성만찬론에 관하여 칼빈과 불링거는 2년 이상(1547-1549년) 계속 편지를 주고받거나 만나서 서로의 의견을 주고받았다. 이 과정이 두 단계로 진행되었다.

첫 번째 단계로, 칼빈이 1547년 2월에 취리히를 방문하였다. 그 이전에 불링거는 성만찬에 대한 자신의 견해를 편지글로 칼빈에게 밝혔고,

칼빈 또한 여기에 대하여 역시 편지글로 응답하였다. 칼빈이 보기에 불링거의 성만찬론은 떡과 잔을 단지 '표시'(Zeichen)로만 이해하였다. 그렇게 되면 성만찬이 떡과 잔으로 베풀어지는 동안에 실재로 임하시는 하나님의 역사를 놓쳐 버린다고 보았다. 즉, 칼빈은 성만찬의 떡과 잔이 베풀어지는 '동시에'(simul) 하나님의 영(성령)도 임하신다고 보았다. 비록 — 루터의 주장대로 — 하나님이 영이 떡과 잔을 '통하여' 역사하시는 것은 아니지만 말이다. 불링거는 칼빈이 보기에 이러한 하나님의 역사를 부인한 것으로 판단되었다.

두 번째 단계로, 1548년 5월에 칼빈이 또다시 취리히를 방문하였다. 이 기회에 칼빈은 성만찬론에 대한 새로운 견해를 제시하였다. 즉, 성만찬의 효력이 오직 택함을 입은 자에 한하여 일어난다는 것이다. 그러나 츠빙글리의 입장을 따르고 있는 불링거는 칼빈의 견해를 반박하였다. 츠빙글리에 따르면, 성만찬의 떡과 잔에 참여할 수 있는 자격과 전제조건을 갖춘 사람만이 여기에 참여할 수 있는데, 그 사람은 신앙을 가진 사람이다. 이러한 반대의견을 확인한 칼빈은 1549년에 자신의 입장을 좀더 누그러뜨렸다. 즉, 성만찬의 떡과 잔에 참여할 때에 성령이 임하지 않을 수도 있다고 말했다. 성만찬이 집행되는 '양식'(樣式, similiter) 곧 성령의 역사하심 속에서 성만찬이 베풀어진다는 주장을 되풀이하되, 성만찬집행과 성령역사의 '동시성'(同時性, simul)에 관하여는 한 걸음 뒤로 물러난 것이다. 이와 함께 칼빈은 자신의 관심을 성만찬 참여자에게 일어나는 '믿음'의 사건에다 맞추었다. 그렇게 하면서 불링거와 관심사와 공유하였다. 불링거 역시 칼빈의 입장으로 조금 다가갔다. 그는 이제 성만찬을 구원에 이르는 신앙지식을 강화시키는 '수단'으로 보게 되었고, 또한 성만찬에는 성령의 역사를 확인케 하는 '기능'이 있다고 생각하게 되었다. 칼빈 또한 이제는 자신이 루터의 성만찬론과 멀어졌다는 점을 여러 개혁교회의 지도자들에게 인정받고 싶어했다. 그가 취리히와 계속 대화해 나가려면 루터와의 신학적 관계를 분명히 정리해야 한다는 점을 스스로 잘 알고 있었다. 이 무렵의 칼빈은 제네바에서 위기에 처해 있었으며, 1548년 말경에는 그를 늘 괴롭혀 오던 무리들이 좀더 세차게 공격해 왔으며, 설상가상으로 1549년 3월에는 그의 아내가 세상을 떠났다. 그래서 그는 외롭고도 힘겹게 종교개혁을 추진해 나갔다. 이러한 처지에 놓여 있는 칼빈에게는 누군가의 따뜻한 돌봄이 필요하였다.

황제 찰스(Karl) 5세가 엄호하는 가톨릭교회의 세력이 개혁교회를 공격할 가능성이 이전보다는 훨씬 줄어들었지만, 늘 깨어서 대비하고 있어야 한다는 의식 속에서 불링거는 취리히와 제네바가 긴밀하게 결속되어야 한다고 보았다. 제네바의 칼빈 역시 베른의 속박에서 벗어나고자 취리히와 좀더 결속되기를 바랐다. 왜냐하면 제네바가 취리히와 단단하게 결속되면, 취리히는 베른을 향하여 제네바를 변호할 수 있으리라 내다보았기 때문이다. 또한 제네바 당국과 칼빈은 취리히가 프랑스의 황제 앙리(Heinrich) 2세와 동맹 맺기를 바랐다. 그렇게 될 경우에는 프랑스의 프로테스탄트(위그노)가 박해상황에서 벗어나게 될 것으로 예상하였다.

이러한 희망 속에서 1549년 5월에 칼빈은 파렐(Farel)을 데리고 불링거에게 미리 알리지 않고 취리히를 방문하였다. 방문목적은 물론 제네바와 취리히가 이제 성만찬론에 합의하자는 데 있었다. 협상은 칼빈이 가져온 제네바 「신앙고백서」(*Genfer Bekenntnis*, 1549년 3월)에 근거하여 진행되었다. 전체 20개 항목에서 17개가 합의되었는데, 그것도 자구수정도 없이 합의되었다. 나머지 3개 항목에 대하여 취리히가 수정을 요구하였다. 예를 들어, 전형적인 칼빈의 표현양식이 반영되어 있는 그리스도가 성만찬의 '본체'(Substanz)라는 표현 등을 빼도록 요구하였다. 협상의 마지막 단계에 이르러 서론과 결론을 추가하였다. 드디어 1549년 여름에 26개 조항의 신앙고백서, "취리히 일치신앙고백"(Consensus Tigurinus)이 최종 작성되었다.

취리히 일치신앙고백은 그 다음 세대를 위하여 중요한 의미를 던져 주었다. 즉, 그 다음 세대의 다양한 개혁교회들이 공동으로 신앙고백서를 작성하는 좋은 본을 보여 주었다. 예컨대 하이델베르그 신앙고백서(1563년)의 작성이다.

"취리히 일치신앙고백"은 당시 개혁교회 지도자들이(특히 제네바, 취리히, 베른 등) 기대하였던 정치적인 성과를 이루어 내지 못했다. 만일 제네바가 바라던 대로 이루어졌다면, 취리히는 프랑스와 동맹을 맺어야 했다. 그러나 그러한 현실은 오지 않았다. 또한 베른은 그 이후에도 여전히 제네바를 자유롭게 풀어 주지 않았으며, 교회 정치적으로도 마찬가지였다. 취리히 일치신앙고백을 작성하는 시작 단계부터 제네바와 취리히는 베른의 입장을 의식하면서 진행하였다. 그러나 완성된 신앙고백서에 대하여 베른은 시큰둥하게 반응하였다. 베른은 이 신앙고백서에 서명하라는 요구를 줄기차게 거부하였다. 이미 3개월 전에 베른은 「제네바 신앙고백서」를 거부하였고, 또한 베른이 보기에 "취리히 일치신앙고백"은 「제네바 신앙고백서」에다 또다른 옷을 입힌 것에 불과한 것이었다. 이러한 분위기를 파악한 다른 지역의 개혁교회들은(예, 바젤) "취리히 일치신앙고백"에 서명하기를 머뭇거리며 눈치를 살폈다. 그래서 "취리히 일치신앙고백"은 한동안 취리히와 제네바의 신학합의로 만족해야 했다. 교회의 입장과 별도로 여러 신학자들은(예, 부처) 각각 개별적으로 이 신앙고백서를 크게 환영하였다.

취리히 일치신앙고백의 중심 주제는 성례전이고, 이 가운데서도 성만찬론에 초점이 맞추어져 있다. 그렇지만 성만찬론은 기독론에 바탕을 두고 서술하였다. 기독론은 구원론으로 이어졌다. 제1~5조는 서론으로서 기독론에 초점을 맞추었고, 제6~20조는 성만찬론을 서술하였다. 여기에서 가톨릭교회와 루터교의 성만찬론을 거부하였다. 제21~26조는 성만찬론과 관련하여 아직도 논쟁 중인 여러 주제들을 다루었다.

좀더 자세히 설명하자면, 서론(제1-6조)에서는 교회의 영적 지도력에 관하여 강조하면서 교회는 사람들을 그리스도에게로 인도해야 할 책임이 있다고 밝혔다. 그리스도는 성령을 통하여 우리를 새로이 거듭나게(갱신하신다. 이러한 영적 사귐을 위한 말씀선포 곧 설교가 강조되었고, 또 성만찬의 떡과 잔에 참여해야 함을 강조하였다. 여기에서 부각되는 점은 이제까지는 성만찬을 기독론과 교회론의 범주에서 다루지 않았는데 이번에 처음으로 그렇게 하였다. 제7~26조에서는 대부분 칼빈이 주관한 「제네바 신앙고백서」의 내용이 반영되었다. 이리하여 이제까지 베른이 결코 동의하지 않았던 많은 내용들이 취리히 일치신앙고백 속으로 들어왔다.

크게 살펴보면, 취리히 일치신앙고백은 칼빈이 주도한 신학적인 작업에 취리히의 신학자들이 — 비록 모든 것에 흔쾌하지는 않았지만 — 합의한 내용으로 채워졌다. 한두 가지 예를 들면, 성례가 하나님의 은총을 전달하는 수단이라는 가르침이 거부되었고, 성만찬을 베풀 때에 그리스도가 떡과 잔에 실재로 임하신다는 것이 합의되었고, 그리스도의 몸은 어디에서나 — 떡과 잔에도 — 계신다는 루터의 가르침이 거부되었고, 성만찬의 떡과 포도주가 그리스도의 살과 피로 변화된다는 가톨릭교회의 가르침이 거부되었다.

2) 취리히 일치신앙고백(1549)[91]

성만찬 문제에 있어서 취리히 지역의 성직자들과 제네바 교회의 성직자 존 칼빈 사이의 상호 합의 내용은 다음과 같다.

(1) 교회의 전 영적 지도자는 우리를 그리스도에게로 인도한다.

그리스도가 율법의 완성이며 그를 아는 것이 복음의 전체를 총괄하기

---

91. "Consensus Tigurinus"와 "Confessio helvetica poeterior"의 번역은 다음의 책을 사용하였다 : *Die Bekenntnisschriften der reformierten Kirche. In authentischen Texten mit geschichtlicher Einleitung und Register,* herausgegeben von E. F. K. Müller(Leipzig : A. Deichert'sche Verlagsbuchhandlung, 1903). "Consensus Tigurinus"는 159-163쪽에 "Confessio helvetica poeterior"는 170-221쪽에 수록되어 있다. 두 번역 다 완역이 아니라 교리사적으로 논쟁이 되는 중요한 부분만 번역하였다.

에 교회의 전 영적 지도자들의 목표는 우리를 그리스도에게로 인도하는 것이다. (이하 생략)

(2) 성례의 참된 이해는 그리스도를 아는 것으로부터 온다.
성례 또한 복음의 부록이기에 그리스도로부터 시작하는 자만이 성례의 본질과 효력과 기능과 열매에 대해 바르고 유익하게 이야기할 수 있다. (이하 생략)

(3) 그리스도에 대한 인식은 어떤 종류인가?
하나님의 영원한 아들이요, 아버지와 본질과 영광에 있어서 동등한 그리스도께서 우리를 양자로 삼는 과정에서 원래 자신에게 속한 것을 우리에게 나누어 주기 위해, 즉 우리가 하나님의 자녀가 되도록 우리의 육체로 옷을 입었다는 것이 고수되어야 한다. 바토 이 사실은 우리에게 다음과 같은 것을 야기한다. 우리가 믿음과 성령의 능력을 통해 그리스도의 몸으로 이식되는 동안, 첫째로 우리는 받을 가치가 없지만 의롭다고 인정된다. 둘째로 우리가 하늘에 계신 아버지의 형상을 따라 새롭게 형성되어 옛 사람을 포기하며 새로운 삶으로 거듭난다.

(4) 그리스도는 제사장이요, 왕이다.
그래서 우리는 그리스도를 그의 육체 안에서는 제사장으로 간주해야 한다. 이 제사장은 자신의 죽음의 유일한 제사를 통해 우리의 죄를 제거하였으며, 자신의 순종을 통해 우리의 모든 과오를 파기하였다. 또한 그는 우리가 완전한 의를 얻도록 조처하였으며, 하나님께로 가는 통로가 열려 있도록 위험을 무릅쓰고 갈라진 틈새로 들어갔다. …… 그리스도를 왕으로 모셔야 한다. 그리스도는 왕으로서 우리를 부유하게 하며, 그가 능력으로 우리를 인도하고 보호하며, 우리를 영적으로 무장시켜 세상과 사탄에게 저항할 수 있도록 하며, 우리를 모든 종류의 벌로부터 자유롭게 하며, 당신의 주권으로 우리를 순종케 하고 인도한다. 그래서 우리는 그리스도를 참된 하나님이요, 아버지에게로 인도하는 분으로 간주되어야 한다. (이하 생략)

(5) **그리스도께서 어떻게 우리와 교류하는가?**
그리스도가 위와 같은 방법으로 우리에게 나타나고, 위와 같은 영향을 우리에게 미치기 때문에 우리는 그와 하나가 되어야 하며 그의 몸 안으로 이식되어야 한다. 왜냐하면 그가 그의 생명을 우리 안에 부어 그가 우리의 몸을 결합시키고 연결하는 머리가 되기 때문이다. (이하 생략)

(6) **영적인 교제, 제정된 성례들**
우리가 하나님의 아들과 가지는 영적 교제는 그가 자신의 영을 통해 우리 안에 사는 동안에 모든 신자들을 자신의 은혜 안으로 참여하게 하는 교제이다. 이를 보여 주기 위해 복음을 선포하는 것과 성례, 즉 세례와 성만찬이 제정되었고 우리에게 위임되었다.

(7) **성례의 목적**
성례는 기독교 신앙과 교제와 형제애의 징표요, 증명서이다. 그것은 신앙과 경건한 삶에서 우러나오는 감사를 표현하는 것이다. 여기서는 특별히 하나의 목적이 있는 바, 그것은 하나님께서 우리에게 성례를 통하여 당신의 은총을 확증하고 드러내고 봉인한다는 것이다. 왜냐하면 성례가 말씀을 통해 선포되는 것과 동일하면서도, 우리의 감각에 영향을 더 잘 미치는 살아 있는 영상이 우리의 눈앞에 전개되기 때문이다. 이 영상은 우리를 성례의 본질 자체로 인도하는데, 이것은 이 영상들이 우리에게 그리스도의 죽음과 그의 모든 선행들을 기억나게 하며, 신앙을 더 강하게 훈련시키기 때문이다. 하나님께서 말씀하신 것이 성례에서 확증되고 확고히 된다는 것 또한 위대한 것이다.

(8) 성례가 참으로 무엇을 상징하는지 주님께서 보여 주셨다(감사의 행위).

하나님께서 우리에게 주신 은총의 증언과 결정들이 참이기 때문에, 하나님은 성례가 우리의 눈과 다른 감각기관들에게 무엇을 표현하는지를 그의 영을 통하여 우리의 내면에 분명하게 드러내신다. 이것은 우리가 그리스도를 모든 것의 근원으로 소유하여 우리가 그의 죽음으로 하나님과 화해하고, 영을 통해 거룩한 삶으로 새롭게 되고, 의와 구원을 얻게 된다는 것을 의미한다. 동시에 우리는 이전에 십자가에서 드러났고, 지금 우리가 날마다 믿음을 통하여 받게 되는 모든 하나님의 은총에 대해 감사한다.

(9) 표지와 이 표지를 통해 드러나는 내용은 구별되어야 한다.

우리가 표지와 이 표지를 통해 드러나는 내용을 구별하다 할지라도 진리를 표지로부터 분리시키는 것은 아니다. 왜냐하면 약속들을 신앙 안에서 붙드는 자들은 그리스도를 영적으로 받으며, 그들이 이전에 참여하게 된 교제를 이어 나가고 새롭게 한다는 것을 우리가 시인하기 때문이다.

(10) 성례에 있어서는 약속에 가장 주의를 기울여야 한다.

(성례에 있어) 단순한 표지가 아니라 약속에 더 주목하는 것이 합당하다. …… 물과 빵, 혹은 포도주라는 질료는 결코 그리스도를 나타내지 않으며 우리를 영적인 선물에 참여하게 하지 않는다. 오히려 우리는 약속에 주목해야 한다. 이 질료들이 하는 것이란 우리를 올바른 신앙으로 인도하는 것이다. 그리고 이 신앙이 우리를 그리스도에게 참여하게 한다.

(11) (성례의) 구성 요소만 응시해서는 안 된다.

이런 까닭에 구성 요소를 응시하며 그들의 구원에 대한 신뢰를 그것에 기인한다고 믿는 이들의 오류는 무너진다. 왜냐하면 그리스도와 분리된 성례는 속이 텅 빈 껍질과 다름이 없기 때문이다. 그러므로 우리는 그리스도에게만 붙어 있어야 하며, 구원의 은총이 (그리스도 외의) 다른 장소에서는 얻어질 수 없다는 것이 명백해진다.

(12) 성례 자체는 어떤 효력도 내지 않는다.

성례를 통하여 우리에게 어떤 좋은 것이 주어진다면, 그것은 성례 자체의 효력에 의한 것이 아니다. …… 왜냐하면 하나님만이 당신의 영을 통해 일하시는 분이기 때문이다. 하나님께서 성례를 활용할 때, 당신은 성례에 자신의 능력을 붓지도 않으며 자신의 영의 효력을 감소시키지도 않는다. 하나님은 그것을 어리석은 이성의 이해력을 위한 보조수단으로 사용하여 행위의 권한이 그에게만 머물게 하신다.

(13) 하나님께서 도구를 사용하시지만 전 능력이 당신에게만 속하도록 사용하신다.

심거나 물을 주는 자는 아무것도 아니요, 오직 자라게 하시는 이는 하나님뿐이라고 사도 바울이 가르쳐 준 것처럼 성례에 대해서도 다음과 같이 말할 수 있다. 하나님께서 모든 것을 만들지 않으면 성례는 아무 유익이 없기 때문에 성례는 (그 자체로) 아무것도 아니다. 물론 그것은 하나님께서 사용하시는 보조수단이다. 그러나 우리의 구원의 전 사역이 유일하게 하나님에 의한 것으로만 간주되게 사용하신다.

(14) 그러므로 우리는 바로 그리스도가 내적으로 세례를 주고, 성만찬에서 우리를 자신에게 참여하게 하시며, 성례가 상징하는 것을 성취하는 유일한 자라고 확언한다. 그는 이 보조수단을 사용하지만 전 효력이 그의 손안에 있도록 사용한다.

(15) 성례는 어떤 방식으로 견고하게 하는가?

성례가 신앙에 영양분을 공급하고 견고하게 하며 촉진시키는 봉인으로 불려진다 할지라도 성령만이 실제적인 봉인이요, 신앙의 창시자요, 완성자이다. 왜냐하면 우리 구원의 가장 작은 부분이라도 유일한 창조자에게서 피조물이나 (성례의) 구성요소들에게로 전가되지 않도록 성례의 모든 속성들은 부차적인 의미만을 가지기 때문이다.

(16) 성례에 참여하는 모든 사람이 (성례의) 실제적인 본질에 참여하는 것은 아니다.

또한 우리는 하나님께서 당신의 능력을 모든 사람들에게 드러내는 것이 아니라 오로지 선택된 자들에게만 드러낸다고 가르친다. 왜냐하면 하나님께서는 당신이 생명으로 이미 택한 사람 이외에는 믿음으로 조명하지 않는 것처럼, 선택된 자들(만)이 성례가 제공하는 것을 받도록 하셨다.

(17) 성례는 은총을 제공하지 않는다.

이 교리를 통해 새로운 법, 즉 신약성서의 성례는 모든 사람들에게, 심지어는 사망에 이르는 죄를 지은 사람에게도 은총이 부여된다는 궤변가의 주장은 거부된다. 성례에서는 믿음이 없이는 어떤 것도 받을 수 없으며, 하나님의 은총은 성례에 전혀 구속되지 않기 때문에 표지를 받는 모든 자가 (자동적으로) 본질 자체를 받는 것이 아니라는 점이다. 왜냐하면 표지는 저주받은 자나 선택받은 자에게 구별 없이 주어지지만, 표지의 참된 실재는 후자에게만 주어지기 때문이다.

(18) 하나님의 선물은 모든 자에게 제공되지만, 믿는 자만이 그것을 실제로 받는다.

그리스도가 그의 선물과 함께 모든 자들에게 제공되며 하나님의 진리가 인간적인 불신앙에 의해 약화되지 않는다는 것은 확실하다. 왜냐하면 성례는 항상 자신의 효력을 가지고 있기 때문이다. 그러나 모든 자가 그리스도와 그의 선물을 받을 능력이 있는 것은 아니다. 그러므로 하나님의 편에서는 어떤 것도 변화되지 않고, 사람의 편에서 모든 사람이 자기 신앙의 정도에 따라 받는 것이다.

(19) 신자는 성례 전(前)과 성례 중(中)에 그리스도와 교류한다.
성례의 집전이 무신론자들에게 마치 그들이 성례에 참여하지 않을 때보다 더 유익하지 않으며, 심지어는 불행이 되는 것과 마찬가지로 신자들에게는 성례가 행해지지 않을 때에도 성례 안에 제시된 진리가 존재한다. 이런 방식으로 이미 씻겨졌던 바울의 죄들이 세례를 통해 다시 씻겨진 것이다. 마찬가지로 고넬료의 세례도 비록 그가 이미 성령을 받았지만 거듭남의 목욕이었다. 이렇게 그리스도는 이미 우리에게 자신을 선물로 주셨으며 항상 우리 안에 거하지만, 성만찬에서 자신을 우리에게 나타내신다. 각 사람은 자기 자신이 (성례를 받기에) 적합한 자라는 점이 입증되어야 하기 때문에 그들이 성례에 가기 전에 신앙이 요구된다는 결론이 도출된다. 그리스도 없이는 어떤 신앙도 없다. 신앙이 성례를 통하여 자라고, 강하게 되고, 하나님의 선물이 우리 안에서 견고하게 되는 것처럼, 그리스도의 은총도 우리 안에서 자라고 우리가 그와 함께 자란다.

(20) 그러므로 은총은 성례의 집전과 연결되어서는 안 된다. 왜냐하면 성례의 결실은 성례가 끝난 뒤 나중에도 획득되기 때문이다.
우리가 성례를 통해 얻게 되는 유익을 성례가 행해지는 시간에 국한시켜서는 안 된다. 비록 보여지는 표지가 공적으로 일어나는 순간에 하나님의 은총이 필연적으로 따라온다고 할지라도 말이다. 왜냐하면 유아세례를 받은 자들을 하나님께서는 청소년 시절이나 장년에 들어가는 나이 때에나 때로는 고령의 나이에 이르러서야 거듭나게 되기 때문이다. 세례의 유익은 이렇게 삶의 전 과정에 열려 있다. 왜냐하면 세례와 연결된 약속은 영원히 효력을 발생하기 때문이다. 이와 마찬가지로 성만찬의 유익도, 이것이 행해질 때는 우리의 사려 없음과 우둔함 때문에 적었지만, 나중에 결실을 맺을 수 있다.

(21) 그리스도가 공간적으로 현존한다는 어리석은 생각은 폐지되어야 한다.

그리스도가 공간적으로 현존한다는 망상은 특별히 폐지되어야 한다. 표지가 여기 이 세상에 존재하고, 눈으로 볼 수 있고, 손으로 만질 수 있다 할지라도, 그리스도는 하늘 이외의 다른 곳에는 존재하지 않으며, 신앙을 통한 인식 이외에 다른 방법으로는 찾을 수 없다. 그러므로 그리스도를 이 세상의 요소로 계산하는 것은 엉뚱하고 불경건한 망상이다.

(22) "이것은 나의 몸이다."라는 주님의 말씀에 대한 해석

그러므로 우리는 "이것은 내 몸이다. 이것은 내 피다."라는 성만찬 제정의 말씀에서 문자적인 의미에만 열중하는 잘못된 주석가를 거절한다. 왜냐하면 이 말들이 상징적으로 이해되어야 하며 빵과 포도주에 대해 말한다는 것은 그것이 무엇을 의미하는지에 대해 이야기하는 것이기 때문이다. (이하 생략)

(23) 그리스도의 몸을 먹는 것에 대해

그리스도는 그의 몸을 먹는 것과 그의 피를 마시는 것으로 우리의 영혼에 영양을 공급하신다. 그러나 이때 본성의 혼합이나 전이가 일어나는 것처럼 이해되어서는 안 된다. 우리는 우리를 위해 예전에 단 한 번 희생제물이 되었던 육체로부터, 그리고 속죄를 위해 흘렸던 피로부터 생명을 얻는 것이다.

(24) 화체설과 다른 불합리한 교리에 대항하여

여기서는 로마 가톨릭교회의 화체설뿐만 아니라 그리스도의 천상의 영광을 감소시키거나 인성의 진리와 결합될 수 없는 이론들이 거절된다. 왜냐하면 우리는 그리스도를 빵 아래 두거나 빵과 결합하거나 빵을 그의 몸으로 변화시키는 것을 어리석은 것으로 보기 때문이다.

(25) 그리스도의 몸은 하늘에 있다.
그리스도가 하늘에서 찾아져야 한다고 말할 때 불명료성이 남지 않도록 하기 위해 우리는 이 말의 커다란 공간적인 차이를 표명하고자 한다. 비록 하늘 위에는 어떤 장소도 더 이상 존재하지 않지만, 그럼에도 불구하고 그리스도의 몸은 그것이 사람의 몸과 같은 본질을 가지기에는 제한적이며 하늘에 있다. 그리고 이 하늘은 하늘이 땅에서 먼 것같이 우리와는 큰 간격으로 분리되어 있다.

(26) 그리스도는 빵 안에서나 성례 안에서 숭배되어서는 안 된다.
그리스도를 우리의 잘못된 생각으로 인해 빵과 포도주에 붙들어 매는 것이 적합하지 않다면, 그리스도를 빵 안에서 숭배하는 것은 더욱 허락되지 않는다. 왜냐하면 빵이 우리가 그리스도와 함께 결합하는 것에 대한 상징과 증거물로 제공된다 할지라도, 그것은 (단지) 표지일 뿐 내용 자체는 아니다. …… 그리스도가 빵 안에서 숭배되어야 한다고 생각하는 자는 우상을 만드는 자이다.

7. 하이델베르크 신앙고백(1563)

1) 배경 해설

「하이델베르크 교리문답」은 루터파 교회 사이에 자리 잡은 개혁교회 신앙고백이다. 교리문답의 출처인 하이델베르크(Heidelberg) 도시명을 따라서 하이델베르크 교리문답이라고 명명되었으며, 이 교리문답이 등장하게 된 중요한 이유는 하이델베르크 종교개혁기에(1546년 경) 대두된 개신교 내부의 갈등해소였다. 루터파와 츠빙글리파, 그리고 칼빈파의 등장뿐만 아니라 하이델베르크 대학 교수를 지냈던 멜란히톤(Melanchthon)의 추종자들까지 가세하여 매우 복잡한 신학논쟁이 전개되었다.

하이델베르크 지역이 포함된 독일의 팔츠(Pfalz) 주의 통치자인 프리드리히 3세(Friedrich Ⅲ) 선제후는 이러한 혼란을 해결하고자 공동의 신앙고백을 만들어야 할 필요를 절감하였고, 멜란히톤에게 자문을 구한 결과 멜란히톤은 자기의 두 제자 자카리아스 우르시누스(Zacharias Ursinus, 1534-1583)와 카스파르 올레비아누스(Caspar Olevianus, 1536-1587)에게 신앙고백의 초안을 작성하게 하였다.

우르시누스는 비텐베르크 대학에서 공부하였고(1550-1557), 고향인 브레슬라우(Breslau)에서 가르치다가 성례론에 관한 논문 때문에 면직을 당하였고, 1561년부터 프리드리히 3세의 요청으로 하이델베르크 대학에서 교의학을 가르치던 신학자였다.[92] 올레비아누스는 제네바와 취리히에서 수학하였기에 개혁교회 신학에 익숙해 있던 인물이었다. 그는 트리어(Trier) 출신으로 파리에서 인문학을 수학하고 오를레앙과 부르쥐에서 시민법 박사학위를 받았다. 여기서 그는 위그노파에 속하였고, 죽을 뻔한 경험 때문에 설교가가 되기로 서원하여서 1558년 제네바로 와서 칼빈에게 배웠다. 그러나 칼빈의 건강 때문에 그는 취리히로 옮겨서 베미글리(P. M. Vermigli)의 문하에 있었다.

프리드리히 3세는 하이델베르크 교리문답에 서문을 썼는데, 이 서문 내용을 통하여 교리문답의 목적이 드러난다. 이 교리문답은 근본적으로 "젊은이들이 어렸을 때부터 무엇보다도 복음의 순수하고도 영속적인 교리들 속에서 잘 훈련을 받는 데 필수적인 내용들이며 동시에 참된 하나님 지식 안에 거하게 하기 위한" 목적을 지녔다.[93]

---

92. Marvin W. Anderson, Art. "우르시누스",「교회사대사전 Ⅱ」(서울 : 기독지혜사, 1994), p. 755.

이러한 목적이 지향하는 것을 구체적으로 표현한다면, 프리드리히 3세는 새로운 교리문답을 통하여 적어도 세 가지를 이룩하려고 하였던 것 같다. 첫째 이 교리문답은 자녀들 교리교육을 위한 '교리문답 도구'(a catechetic tool), 둘째 평신도 지도를 위한 '설교 가이드'(a preaching guide), 셋째 팔츠 주 내에 있는 다양한 개신교 분파 사이의 '신앙고백적 일치'(a form of confessional unity)이다.[94]

「하이델베르크 교리문답」은 한 명의 저자에 의한 작품이라기보다는 공동작업으로 되었다고 보아야 하며, 가장 큰 역할을 한 인물은 정치적이나 역사적 배경으로 볼 때 당연히 선제후 프리드리히 3세이다. 내용적인 면에 있어서 우르시누스와 올레비아누스 두 사람이 저자에 올라 있지만, 우르시누스의 역할이 두드러진다. 왜냐하면 이 교리문답이 만들어지기 전에 이미 우르시누스는 「소교리문답」과 「대교리문답」 두 가지를 작성하였고, 「하이델베르크 교리문답」은 이 두 가지 교리문답과 매우 유사하기 때문이다.[95]

2) 내용 분석

비록 우르시누스의 주도적 역할이 두드러지지만 교리문답 안에 나타난 멜란히톤의 영향도 상당하다. 특별히 「하이델베르크 교리문답」은 제네바의 칼빈주의적 개혁교회에 비견할 만한 독일 개혁신학의 신앙고백으로써 칼빈적 예정론은 제외되어 있다. 이 교리문답의 내용 가운데 두

---

93. Lyle D. Bierma, "The Purpose and Authorship of the Heidelberg Catechism", Lyle D. Bierma etc, *An Introduction to the Heidelberg Catechism, Sources, History, and Theology*, Baker Academy, 2005, pp. 50-51.
94. Lyle D. Bierma, "The Purpose and Authorship of the Heidelberg Catechism", p. 51.
95. Lyle D. Bierma, "The Sources and Theological Orientation of the Heidelberg Catechism", Lyle D. Bierma etc, *An Introduction to the Heidelberg Catechism, Sources, History, and Theology*, Baker Academi, 2005, p. 75.

가지 신학적인 특징은 첫째, 조직신학적인 구성을 지녔다는 것이고, 둘째는 성서적으로 논술하고 있다는 점이다.[96]

「하이델베르크 교리문답」은 총 129개의 문답으로 구성되어 있고, 이는 다시 3부로 구분되는데, 대략의 목차는 다음과 같다.

> 제1부　인간의 불행에 관하여 : 문 3-11
> 제2부　인간의 구원에 관하여 : 문 12-85
> 　　　　제1장 그리스도를 통한 배상에 관하여(문 12-17)
> 　　　　제2장 복음과 신앙에 관하여(문 18-25)
> 　　　　제3장 성부 하나님에 대하여(문 26-28)
> 　　　　제4장 성자 하나님에 대하여(문 29-52)
> 　　　　제5장 성령 하나님에 관하여(문 53-64)
> 　　　　제6장 성례전에 관하여(문 65-85)
> 제3부　감사에 관하여 : 문 86-129

(1) 서론(문 1-2)

위에 언급한 대략의 목차는 「하이델베르크 교리문답」이 가진 조직신학적인 성격을 그대로 드러내고 있다. 동시에 각 문답은 언제나 성경구절들로 그 근거를 설명해 주고 있다는 점에서 또한 성서적인 서술을 드러내고 있다. 「하이델베르크 교리문답」에는 부제가 붙어 있는데, 그 제목은 "또는 선제후 팔츠 주에 속한 교회와 학교에서 시행되는 기독교교육"이다. 이 제목은 「하이델베르크 교리문답」의 목적을 분명하게 해 준다. 이 교육과정에서 우선적으로 기억되어야 할 것은 우리가 살든지 죽든지 무엇에 의지해야만 하는가이다. 이에 관하여서는 서론 격인 1~2문에서 자세히 드러나는데, 제1문은 "살든지 죽든지 무엇이 유일한 위로입니까?"이다. 이에 대한 답변을 보자.

---

96. Wulf Metz, Art. "Heidelberger Kathechismus Ⅰ", TRE 14, pp. 583-584.

몸과 영혼으로 된 내가 살든지 죽든지(롬 14 : 8) 나 자신의 것이 아니라(고전 6 : 19) 신실하신 나의 구원자 예수 그리스도의 소유라는 것입니다(고전 3 : 23). 그분은 당신의 고귀한 피를 흘려서(벧전 1 : 18f) 나의 모든 죗값을 완전히 치르셨으며(요일 1 : 7, 2 : 1f), 나를 악마의 권세에서 해방시키셨고(요일 3 : 8), 나를 보존하시어(요 6 : 38f) 하늘에 계신 아버지의 뜻이 아니고는 내 머리칼 하나라도 빠지지 않게(마 10 : 29 - 31) 하셨습니다. 그렇습니다. 이 모든 것이 나의 구원을 위하여 사역하는 것이 틀림없습니다(눅 21 : 18f). 그러므로 그리스도는 영생하게 하시는 그의 성령을 내게 보장하시며(고후 1 : 21f), 충심으로 뜻과 정성을 다해 살도록 만드십니다(롬 8 : 14).

이 교리문답의 구조는 특히 제2문을 보면 더 분명해진다. "당신이 이런 위로 가운데 거룩하게 살고 죽으려면 반드시 알 필요가 있는 것이 몇 가지입니까?"[97]라는 질문에 대한 답은 세 가지로 요약되는데, 첫째는 나의 죄와 불행이 얼마나 큰가 하는 것이고, 둘째는 어떻게 내가 나의 모든 죄와 불행으로부터 구원받았는가이며, 셋째는 어떻게 내가 이러한 구원에 대하여 하나님께 감사드려야 하는가이다.[98] 이 세 가지 답변으로 인하여「하이델베르크 교리문답」은 3부로 나누어지게 되는데, 이것을 신앙의 세 단계로 표현할 수 있다. 즉, 죄인임을 깨닫고, 구원받는 길을 알고, 그리고 성화의 삶을 사는 단계이다.

이런 점에서 당연히 제1부에서 율법의 역할이 강조될 수밖에 없다. 여기에서 율법의 기능은 인간이 자기를 둘러싼 죄의 실체를 인식하고 거기

---

97. Heidelberger Katechismus F. 2(이하 HK로 약함.), E. F. K. Müller (Hg), *Die Bekenntnisschriften der reformierten Kirche*(BSRK로 약함.), Leipzig 1903, Nachdruck von Hartmut Spenser 1999, 683.
98. 세 가지입니다(눅 24 : 46f, 고전 6 : 11, 딛 3 : 3 - 7). 첫째는 나의 죄와 불행이 얼마나 큰가 하는 것입니다(요 9 : 41, 15 : 22). 둘째는 어떻게 내가 나의 모든 죄와 불행으로부터 구원받는지에 대해서입니다(요 17 : 3). 셋째는 어떻게 내가 이러한 구원에 대하여 하나님께 감사드려야 하는가입니다(엡 5 : 8 - 11, 벧전 2 : 9f, 롬 6 : 11 - 14).

서 벗어나 그리스도 안에서 얻는 구원의 길로 들어서게 하는 데 있다.[99]

(2) 제1부 : "인간의 불행에 관하여"(Von des menschen elend, 문 3 - 11)
인간의 불행의 근원은 하나님의 율법을 인간이 지키지 못하는 데서 비롯된다. 제4문에서 하나님의 율법이 무엇을 요구하는지 묻는 질문에 대하여 다음과 같이 대답한다.

> 이에 관하여 예수께서 마태복음 22장에서 총괄하여 가르치시기를 "예수께서 이르시되 네 마음을 다하고 목숨을 다하고 뜻을 다하여 주 너의 하나님을 사랑하라 하셨으니 이것이 크고 첫째 되는 계명이요 둘째도 그와 같으니 네 이웃을 네 자신과 같이 사랑하라 하셨으니 이 두 계명이 온 율법과 선지자의 강령이니라."고 하셨습니다(cf. 마 22 : 37-40).

이 율법을 인간은 완전히 지키지 못한다. 하나님께서 인간은 악하고 왜곡되게 지으신 것도 아니요(제6문), 하나님이 율법 수행이 불가능한 인간에게 율법 수행을 강요하기 때문도 아니다(제9문). "하나님은 의롭고 거룩한 자기 형상대로 인간을 지으셨지만" 아담과 이브의 타락으로 "우리의 본성이 부패하고 죄 가운데 잉태하여 출생"(제7문)한 것이다.
이제 남은 문제는 율법의 요구를 이행하지 못하는 인간이 하나님의 형벌 앞에 자유롭지 못하다는 사실이다. 왜냐하면 하나님은 "자비로우시지만 동시에 정의로우시기" 때문이다. 따라서 인간은 이제 구원의 문제에 대하여 논하여야 한다.

(3) 제2부 : "인간의 구원에 관하여"(Von des menschen Erlösung, 문 12-85)
제2부에 상당히 많은 분량이 할애되는데, 그 내용은 위의 목차에서 언급한 것처럼 삼위일체 하나님이라는 주제로 사도 신조의 구원관을 다

---

99. 율법의 교훈적 사용(usus elenchticus)이다. Wulf Metz, Art. "Heidelberger Kathechismus I", TRE 14, p. 584.

루고 더 나아가 이 신앙을 확증하는 성례전을 다루고 있다. 다시 말하면, 복음과 신앙의 문제를 구원론의 차원에서 접근하고 있는 것이다.

이제 제2부를 다시 6개의 장으로 구분하여 그 내용을 다루어 보자.

① 제1장 그리스도를 통한 배상에 관하여(문 12-17)

여기서 언급되는 내용은 불행에 빠진 인간이 어떻게 그 불행으로부터 자유롭게 되는가 하는 문제이다. 제1부에서 인간은 형벌을 피할 수 없다고 하였다. 그러나 그 방법이 아주 없는 것은 아니다. 제12문은 "형벌을 피하고 하나님의 은총을 얻겠습니까?"라는 질문으로 시작된다. 그 대답을 보면 "하나님은 당신의 의가 이루어지기 원하십니다. 그러므로 우리는 스스로든지 아니면 다른 자를 통하여서든지 완벽한 배상을 하여야 합니다."라고 하고 있다.

다른 말로 하면, 하나님께 범죄한 것에 대하여 하나님의 심판은 반드시 그 범죄를 처벌하심으로써 공의를 이루신다는 뜻이다. 그러나 그 처벌을 면하려면 하나님의 공의를 손상시키지 않도록 처벌에 상응하는 보상을 치러야만 한다는 것이다.

범죄한 인간 자신은 이제 스스로 이를 보상할 능력을 잃고 말았다. 왜냐하면 인간은 "날마다 그 부채를 더 크게 만들기"[100] 때문이다. 그래서 이 보상을 위하여 요구되어지는 존재는 참사람이지만 죄가 없어야 한다. 피조물 가운데 죄가 없는 분은 하나님뿐이다. 그래서 하나님인 동시에 인간이신 그리스도를 통하여 배상이 이루어져야 한다.[101]

② 제2장 복음과 신앙에 관하여(문 18-25)

하나님이신 동시에 인간이시며 죄 없는 그분은 그리스도이다. 이것을

---

100. HK. 13, BSRK., p. 686.
101. 중세의 안셀름은 "왜 하나님이 인간이 되셨나?"라는 글을 통하여 '만족설'을 내놓았다.

알게 하는 것이 '복음'이다. 「하이델베르크 교리문답」은 이 복음을 다음과 같이 설명하고 있다.

> 하나님께서는 처음에는 낙원에서 하나님 자신을 계시하셨습니다. 다음에는 족장들과 예언자들을 통하여 선포하였으며 희생제물과 율법의식들을 통하여 예시하였습니다. 끝으로는 당신께서 사랑하시는 아들을 통하여 완성하신 것입니다.[102]

이 복음을 통하여 인간은 하나님인 동시에 인간 되신 그리스도께서 우리의 의와 생명을 회복하여 주시려고 보냄 받으셨다는 사실을 깨닫게 되는 것이다. 여기서 '우리'라는 인간 모두를 일컫는 말이 아니다. 제20문에서 교리문답은 "그리스도를 통해서 모든 인류가 구원을 얻느냐?"고 묻고 있다. 그 대답할 바는 다음과 같다. "아닙니다. 참된 신앙으로 그리스도와 진밀하여지고, 그리스도의 모든 자비(Wohltaten)를 입은 자들만 입니다."[103]

여기서 제2장의 둘째 부분인 신앙에 관한 교리문답의 성격이 드러난다. 신앙이란 하나님께서 계시하심을 진실로 여기는 분명한 지식이다(제21문). 그런데 그 지식은 "성령께서 내게 역사하시어 오직 그리스도의 공로로 크신 은총에 의하여 내 죄가 용서함 받고 하나님의 영원하신 의와 구원을 선물로 받는 것"을 진심으로 신뢰하는 것이다. 제22문에서는 구체적인 믿음의 내용을 가르치고 있는데, 복음서에서 우리에게 약속하신 것들이 그 내용이다. 이는 제23문에 나와 있는 "사도신조"이다. 여기에서 「하이델베르크 교리문답」은 삼위일체를 가르치고 있다.

③ 제3장 성부 하나님에 관하여(문 26-28)
성부 하나님에 관한 교리문답은 두 부분으로 나누어지는데, 처음 부

---

102. HK. 19, BSRK., p. 687.
103. HK. 20, BSRK., p. 687.

분은 하나님의 창조와 섭리를 다루고 있다. 앞장 맨 나중에 사도 신조의 삼위일체적인 구조에 대한 언급이 그 단초가 되어서 이 교리문답은 삼위일체적인 순서로 진행된다.

"전능하사 천지를 만드신 하나님 아버지를 믿습니다."라는 사도신조의 처음 고백에서 그리스도인이 믿는 내용을 묻는 물음(제26문)에서 다음과 같이 답하라고 가르치고 있다.

> 우리 주 예수 그리스도의 영원하신 아버지, 하늘과 땅 그 사이에 있는 만물을 무로부터 창조하신 분이며(창 1, 시 33 : 6), 그의 영원하신 결의와 섭리(raht und fürsehung)를 통하여 저들을 보존하시고 통치하시는(시 104 : 2-5, 시 115, 마 10 : 29f, 히 1 : 3) 분입니다. 그분은 그의 아들 그리스도로 인하여 나의 하나님 나의 아버지가 되십니다(요 1 : 12, 롬 8 : 15, 갈 4 : 5f, 엡 1, 5). 나는 그가 육체와 영혼의 모든 필요한 것들로 나를 돌보실 것을 믿어 의심치 않습니다(시 55 : 23, 마 6 : 26, 눅 12 : 22-24). 동시에 그가 내게 이 눈물골짜기로 보내는 그 어떤 악도 나를 이롭게 하시려는 것을 믿습니다(롬 8 : 23). 왜냐하면 그는 전능하신 하나님으로서 하실 수 있으며(롬 10 : 12), 그리고 역시 신실하신 아버지로서 그리하실 것이기 때문입니다(마 6 : 25-34, 7 : 9-11).[104]

하나님의 전능하심을 인정한다면 그가 무로부터 만물을 창조하셨다는 것과 납득되지 않는 일상까지도 그분의 섭리 가운데서 이루어진 것을 믿어야 한다는 말이다. 동시에 하나님의 섭리를 깨달아 아는 방법은 이 세계와 세상사 일체가 우연한 것이 아니라 하나님의 손에서 이루어진 것임을 이해하는 데서 비롯된다고 한다(제27문). 하나님의 창조와 섭리를 우리가 아는 것은 또한 "우리로 하여금 모든 역경에서도 인내하며(요 1 : 21f, 롬 5 : 3, 야 1 : 3), 행복 가운데서 감사하며(신 8 : 10, 살전 5 : 18)"[105] 살도록 하는 유익을 우리에게 가져다준다.

---

104. HK. 26, BSRK., p. 689.
105. HK. 28, BSRK., p. 690.

④ 제4장 성자 하나님에 관하여(문 29-52)

여기에서부터 「하이델베르크 교리문답」의 제3강의(lectio)가 시작된다. 제29문은 11번째 주일교육의 첫 장이다. 성부 하나님 항목과 비교할 때나 성령 하나님과 비교해도 성자에 대한 교육이 가장 많은 분량을 차지한다. 이 부분을 우리는 크게 둘로 나누는데, 하나는 그리스도의 본질적인 직무와 사역이고(문 29-32), 다른 하나는 사도신조에 따른 그리스도의 직무론이다(문 33-52).

제29문은 다음과 같다. "왜 하나님 아들을 예수, 즉 구원자(Seligmacher)라고 부릅니까?" 이 질문은 예수의 구원자 되심에 대한 교육이다. 「하이델베르크 교리문답」은 예수 외에는 다른 어떤 데에서도 이런 구원을 발견할 수 없다고 단언한다. 더 나아가서 성인숭배나 성물숭배를 겸하는 로마 가톨릭교회와의 분명한 차이를 다음과 같이 보이고 있다.

> 아닙니다. 저들은 비록 찬양하는 것처럼 보이나(고전 1:13, 30f, ; 갈 4, 5), 유일하신 복의 근원이요, 구원자이신 예수를 자신의 행위로 말미암아 부인하고 있습니다. 왜냐하면 저들에게 예수는 완전한 구원자가 아니라고 여기기 때문입니다. 반면에 구원자를 참으로 받아들이는 사람들은 자기의 구원에 필수적인(vonnöten) 모든 것을 소유하였음에 틀림없습니다(사 9:6, 요 1:16, 골 1:19f, 2:10).[106]

자신을 내어 주사 죽기까지 희생하신 예수가 어떻게 그리스도, 즉 기름부음을 받은 자가 되느냐는 질문을 통해서 그리스도 되심과 대사제 되심을 제31문에서 다음과 같이 가르치고 있다.

---

106. HK. 30, BSRK., p. 690. 제29문에서부터 이어지는 구원자 예수에 대한 교리문답에서, 우리말 번역에는 드러나지 않는 'einige'라는 단어에 주목할 필요가 있다. 구원이라는 단어 앞에도 그리고 구원자 예수라는 말 앞에도 'einige'라는 말이 붙어 있는데, 이는 '그런 구원' 또는 '유일한 구원자'라는 의미로 번역될 수 있고, 예수의 구원자 되심과 그의 구원 사역의 독특성 내지는 유일성을 강조하기 위한 표현이다.

그는 아버지 하나님에 의하여 계획되어(verordnet) 성령으로(히 1 : 9) 기름부음 받은 바 우리의 대예언자요, 교사가 되십니다(신 18 : 15, 행 3 : 22). 그는 우리의 구원(erlösung)을 위한 하나님의 감추어진 결의(raht)과 의지(willen)를 완전히 계시하는 분입니다(요 1 : 16, 15 : 15). 그리고 그는 우리의 유일한(einigen) 대제사장이 되신 바(시 110 : 4, 히 7 : 21) 자기 몸을 희생하여 우리를 구원하시며 우리를 위하여 언제나 아버지께 대신 간구하여 주시는 분입니다(롬 5 : 9f, 8 : 34f). 또한 그는 우리의 영원한 임금이 되시는데, 그는 그의 말씀과 영(geist)으로 우리를 다스리시며, 우리가 받은 구원을 지키시고 보존하는 분이기 때문입니다 (시 2 : 6, 마 28 : 18, 눅 1 : 33).[107]

결국 이 대목에서는 '예수', '그리스도'라는 기본적인 명제를 설명하고 있다.

둘째 단락에서는 사도신조의 내용을 설명하고 있는데, 이를 요약하여 제목을 열거해 보면 독생자 예수, 우리 주, 성령으로 잉태, 고난, 십자가, 장사, 하강, 부활, 승천, 보좌, 재림이다.

이런 내용은 전적으로 사도신조의 순서를 따르고 있으며, 그중에 중요한 내용을 정리하면 다음과 같다.

"왜 그를 하나님의 독생자라고 하는가? 우리 역시 하나님의 자녀가 아닌가?"[108]라는 질문을 통해서 독생자 되심의 의미를 분명히 해 주고 있다. "왜냐하면 그리스도만이 하나님의 영원한 본래(ewig natürlich)의 아들이기 때문입니다(요 1 : 14, 18, 히 1 : 2). 반면에 우리는 그로 말미암아 은혜로서 하나님의 자녀로 용납되었습니다(롬 8 : 15-17, 엡 1 : 5, 9)."[109] 그리고 주는 성령으로 동정녀에게서 나셨다는 내용에서도 "하나님의 영원하신 아들, 참되고 영원하신 하나님이며(요 1 : 1, 롬 1 : 3f), 또 영원하실(롬 9 : 5)

---

107. HK. 31, BSRK., pp. 690-691.
108. HK. 33, BSRK., p. 691.
109. HK. 33, BSRK., p. 691.

그분은 참인간의 본성을 동정녀 마리아의 육과 피로부터(요 1 : 14, 갈 4 : 4f) 받아, 그리고 성령의 도우심으로 잉태되었습니다(마 1 : 18-20, 눅 1 : 35). 그래서 그는 역시 다윗의 참된 후손이 되며(시 132 : 11, 롬 1 : 3), 죄를 제외하고는(히 4 : 15) 그 형제들과 모든 면에서 동등합니다(빌 2 : 7)."[110] 라고 대답하여 영원하신 하나님의 본성과 인간의 본성 모두를 지닌 분으로서의 그리스도를 묘사하는 데 초점 맞추고 있다. "성령의 잉태와 동정녀 탄생"은 그분이 우리의 중보자 되시며(히 2 : 16-18), 그의 무죄하심과 완전한 거룩하심으로 우리의 죄를 하나님의 면전에서 덮어 주시는 유익이 있다(시 32 : 1f, 고전 1 : 30f)는 것이다.[111]

그리스도의 고난받으심과 십자가 처형사건은 그리스도인 신자들에게 매우 중요한 의의를 지닌다. 왜냐하면 그리스도는 단죄와 고난을 빌라도 앞에서 받음으로써 우리가 받아야 할 엄격한 재판을 대신 담당하신 것이며, 우리 위에 내리기로 되어 있던 저주를 대신 받아서 십자가에서 대신 죽으신 것이다.[112]

또 한 가지 중요한 질문이 "그리스도께서 반드시 죽으셔야 하였습니까?"라는 질문이다. 여기에 대하여 답하기를 "하나님의 공의와 진실을 (창 2 : 17) 이루기 위하여서는 하나님의 아들의 죽음 외에는(히 2 : 9, 14f) 다른 어떤 것으로도 우리의 죄를 속량할 수 없기 때문입니다."라고 하고 있다. 결국 인간의 지은 죄의 깊이와 심각성이 어떤지를 단적으로 설명해 주고 있다. 이런 설명은 중세기 안셀름의 '만족설'과 일맥상통하는 해설이라고 할 수 있다.[113]

부활 후 승천의 문제에서는 하늘에 올라가심으로 인하여 우리와 함께 계시겠다는 약속이 지켜지지 않는 것이 아니냐는 질문이 생겼다. 이에 대

---

110. HK. 35, BSRK., p. 692.
111. HK. 36, BSRK., p. 692.
112. HK. 38-39, BSRK., pp. 692-693.
113. 안셀름의 "왜 하나님이 인간이 되셨는가?"(Cur Deus homo)를 참고 바람.

하여 답하기를 "그리스도는 참인간이요, 참하나님이십니다. 그의 인성에 따라 그는 지금 이 땅에는 계시지 않습니다(마 26 : 11, 요 16 : 28, 17 : 11, 행 3 : 21). 그러나 그의 신성, 그의 위엄, 은총과 영에 따라 그는 결코 우리 곁을 떠나지 않습니다(마 28 : 20, 요 14 : 16f, 16 : 13, 엡 4 : 8)."[114]라고 하였다.

이 대목에서 다시 그리스도의 신성과 인성의 분리 문제를 질문으로 다룬다. 신성과 인성이 분리되어 현존하는 것 아니냐는 질문에 대하여 "왜냐하면 신성은 불가해하며 동시에 무소부재하기 때문입니다(렘 23 : 24, 행 7 : 49). 그러므로 신성은 신성이 취한 인성을 벗어나 있기도 하지만, 그럼에도 불구하고 그 인성에 들어 있지 않은 것도 아닙니다. 친히 인성과 하나가 되어 있음을 분명히 알아야 합니다(마 28 : 6, 요 3 : 10, 11 : 15, 골 2 : 9)."[115]라고 답하고 있다.

⑤ 제5장 성령 하나님에 관하여(문 53-64)

제5장 성령 하나님에 관하여서는 첫째, 사도신조에 따른 신앙문제를 다루고, 둘째는 칭의론에 입각한 신앙을 다룬다.

첫째 부분에서의 질문은 성령, 거룩한 교회, 성도의 교제, 죄의 용서, 몸의 부활, 영생이라는 6가지의 사도신조의 주제를 묻고 있다.

이를 요약하면 다음과 같은 내용에 대한 믿음을 표현하는 것이다.

성령은 성부, 성자와 함께 영원하신 하나님이시며, 우리와 함께하시는 분이다. 거룩한 교회는 하나님께서 태초부터 최후까지 당신에게로 불러 모으신 택함 받은 백성이다. 개인은 그 무리의 살아 있는 한 지체이다. 성도의 교제가 무엇인가라는 질문에 대한 답은 다음과 같다.

먼저 모든 신자들은 주 그리스도의 지체로서 그의 보화와 은사

---

114. HK. 47, BSRK., p. 695.
115. HK. 48, BSRK., p. 695.

(schätzen und gaben)를 공동으로 소유한다는 것을 압니다(롬 8 : 32, 고전 1장, 요일 1 : 3). 둘째, 각 지체는 다른 지체의 유익과 구원을 위하여 자기의 은사를 기쁨과 즐거움으로 사용하는(anlegen) 일에 빚진 자임을 알아야 합니다(고전 12, 13 : 10, 빌 2 : 4 - 6).[116]

이 대목에 특별한 점이 지적되어야 한다. 성도가 받은 보화와 은사는 개인소유가 아니라 공동소유라는 점이다. 그리고 자신의 은사를 사용하되 다른 지체의 유익과 구원을 위하여야 한다는 점과 이런 사역은 진 빚을 갚는 정신이 되어야 한다는 점이다.

죄의 용서는 하나님께서 더 이상 우리의 죄와 죄의 본성을 기억하지 않겠다는 의미이다.

몸의 부활의 의미는 우리 몸이 그리스도의 능력으로 부활하여, 다시 영혼과 연합하고 그리스도의 영광된 몸과 같이 되는 것이라고 하였다. 영생은 우리가 영원힌 즐거움의 시작을 지금 가슴에 느끼고 나서도, 이 생애 다음에 완전한 축복을 소유하게 될 것을 믿는 것이다.

둘째 부분에서는 우리가 어떻게 하나님 앞에서 의롭게 되는지를 묻고 있다. 우리의 죄가 많아도 "하나님은 내가 만일 믿음을 가지고 그 은혜를 받아들이기만 하면 마치 내가 아무런 범죄한 일이 없는 것처럼, 또 그리스도가 나를 대신해서 이룬 일체의 복종을 내 자신이 이룬 것처럼, 하나님은 나의 공적을 보지 않고, 그리스도의 구속과 의와 거룩하심을 나에게 주셔서 내 것으로 삼게 하신다."[117]는 것이다. 제61문에서 "오직 믿음"이 다시 질문되고 있다. "왜 오직 믿음으로만 의롭게 된다고 말하는가?"라는 질문에 대하여 답하기를 "내 신앙의 가치가 하나님 마음에

---

116. HK. 55, BSRK., p. 697.
117. HK. 60, BSRK., p. 698. 여기서 "그리스도의 만족케 하심"이라는 말은 원문에 genugthuung이라고 되어 있다. 일부 번역에서 이를 '대속'이라고 번역하기도 하지만, 본래적인 번역은 '만족케 하심'이라고 하는 것이 교리문답의 근본의도에 맞다고 본다.

들기 때문이 아니라 그리스도의 만족케 하심과 의로우심과 거룩하심만이 하나님 앞에서 나의 의가 되며 오직 믿음으로만 이 의를 받아서 나의 것으로 삼을 수 있다."[118]고 한다.

여기에서 당연히 제시되는 질문이 있다. 제62문에서 제64문까지 선행의 역할에 대해서 묻는다. 앞선 문답에서 오직 믿음으로만 의롭게 된다고 답하고 나면, 이제 당연히 선행의 역할에 대하여 물을 수밖에 없다. "선행은 왜 하나님 앞에서 의가 될 수 없느냐?"는 질문에 대하여 인간이 완전하게 율법을 수행할 수 없는 존재임을 밝히고 있다. "그러므로 우리가 이 세상에서 행한 최고의 선행도 불완전하며 죄로 더럽혀 있다."[119]

그러나 이제 중요한 질문이 제기된다. 그렇다면 "선행이 아무것도 벌어들이지 못할 무익한 것인가?"라는 질문이다. "하나님께서 이 세상에서든지 아니면 다가올 세상에서든지 선행에 대하여 보상을 하지 않는다면 선행의 의미가 없지 않겠느냐?"라는 질문이다. 이에 대하여 교리문답은 이렇게 답하고 있다. "보상은 공로 때문이 아니라 은총에 의해서 발생합니다."[120] 제5장의 끝 문답인 제64문에서는 칭의와 선행에 관한 이런 문답의 결과 사람들이 혼란스러워 할 것을 염려한다. 대답은 단호하게 "아니다!"이다. 그리스도인이 참된 믿음을 가졌다면 감사의 열매를 맺지 않을 수 없기 때문이다.

⑥ 제6장 성례전에 관하여(문 65-85)

제6장에서는 성례전의 개념을 설명하고 세례와 성만찬을 다루고 있다. 성례전이란 근본적으로 말씀선포에 의하여 발생한 신앙을 확증하는 것이다.[121] "믿음은 어디에서 오는가?"라는 질문에 대하여 제65문의 답

---

118. HK. 61, BSRK., p. 698.
119. HK. 62, BSRK., p. 699.
120. HK. 63, BSRK., p. 699.
121. Wolfgang Schnabel, Grundwissen zur Theologie-und Kirchengeschichte, Bd. 3, Das Zeitalter der Reformation, Gütersloh, 1989, p. 171.

은 다음과 같다. "성령이 거룩한 복음 설교를 통하여 우리 마음에 그 신앙을 일으키고, 거룩한 성례전 시행을 통하여 그 신앙을 확증하신다."[122] 성례전은 "하나님께서 제정하신 눈에 보이는 거룩한 표지요, 인장"(warzeichen uund Sigill)이다. 이 표지가 의미하는 것은 "십자가에 달리신 그리스도의 희생으로 우리 죄를 용서하시고, 은총으로 영생을 주신다."는 뜻이다.[123] 그러므로 '말씀과 성례전' 이 두 가지는 "십자가에 달리신 예수 그리스도의 희생이 우리의 구원의 유일한 근거임을 믿도록" 제정하신 것이다. 그리고 성례전의 개수는 거룩한 세례와 거룩한 성만찬 두 가지뿐이다.

- 세례(문 69-74)

물로 씻기는 의식이 상징하는 것은 죄의 씻김이다. 내용적으로는 그리스도의 피와 영으로 씻겨지는 것을 의미한다. 그 결과 우리는 "은총에 의해 하나님으로부터 죄의 용서를 받는다. 그 후에 성령으로 거듭나고 그리스도의 지체로 거룩하게 되며, 점점 더 죄에 대하여는 죽고 거룩하고 흠 없는 삶으로 변화한다."[124]

유아세례에 대하여서는 구약의 할례가 신약에서 세례로 대체되었다고 보며, 유아들도 그리스도의 교회에 연합되어야 하고, 불신자의 자녀와 구별되어야 하기 때문에, 유아들도 세례 받아야 한다고 하고 있다. 그러나 유아의 죄 씻음 때문이라는 주장 대신에 유아들도 어른들과 같이 교회에 속한 존재이고, 하나님의 약속 안에 있기 때문에 유아세례가 필요하다고 하였다.

---

122. HK. 65, BSRK., p. 699.
123. HK. 66, BSRK., pp. 699-700.
124. HK. 70, BSRK., pp. 700-701. 여기서 우리는 '그 후'(darnach)라는 단어를 주목할 필요가 있다. 세례를 받고 나서 죄가 용서되며, 그러고 난 후에야 거듭나게 된다는 것이다. 이것은 세례는 이미 거듭난 사람이 대중 앞에서 보여 주는 외적 의식일 뿐이라는 재세례파의 주장을 반대하는 의미를 담고 있다.

- 성만찬(문 75 - 85)

　성만찬의 의의를 묻는 대목에서는 성만찬이 그리스도의 십자가 희생에 우리가 참여하는 것을 의미한다고 한다. 즉, 그리스도의 모든 고난과 죽으심을 우리가 받아들이고, 이로써 죄의 용서와 영생을 얻는 일에 동참한다는 것이다.[125] 제78문에서는 화체설에 대한 질문을 던진다. 이에 대한 대답은 다음과 같다. "세례 때에 물이 그리스도의 피로 변하지 않으며 죄를 씻는 그 자체도 아닙니다. 그것은 거룩한 표지요, 확증입니다. 성만찬의 거룩한 떡도 그리스도의 몸 그 자체는 아닙니다. 다만 성례전의 본질과 사용상 그리스도의 몸이라고 부릅니다."[126] 그럼에도 불구하고 떡과 잔을 받아 먹는 사람들은 성령의 역사에 의하여 그리스도의 참된 몸과 피에 참여하게 된다.

　「하이델베르크 교리문답」은 제80문에서 주의 성만찬이 로마 제2의 미사와 무엇이 다른가에 대하여서도 질문한다. 미사는 사제들에 의하여 매일 반복되어야만 하는 것으로서 그리스도께서 단번에 드리신 제사를 무용지물로 만들 뿐이라고 한다.[127] 동시에 떡과 포도주라는 형체로 존재하는 그리스도의 몸이라는 주장은 우상숭배일 뿐이라고 비판하고 있다.

　성만찬에 참여하는 자의 자격에 대해서 교리문답은 죄인식과 회개, 그리고 용서에 대한 믿음을 최우선으로 하고 있다. 따라서 성만찬은 자기들의 신앙고백과 생활이 비신앙적이거나 불경건하다는 것이 드러나는 자에게는 허락되어서는 안 된다고 본다. 오히려 그런 자들에게는 천국의 열쇠권에 의하여 성만찬이 금지되어야 한다.

　천국의 열쇠 권한은 교황 한 사람에게 속한 권한이 아니다. 교리문답은 복음 선포와 교회의 권징을 천국 열쇠라고 하고 있다. 천국 열쇠권은 권한 행사의 순서가 있는데, 첫째 형제로서의 권고, 둘째 치리회에 보

---

125. HK. 75 - 76, BSRK., p. 702.
126. HK. 78, BSRK., p. 703.
127. HK. 80, BSRK., p. 704.

고, 셋째 성례참여 금지, 넷째 성도의 교제로부터의 제외이다. 돌이킨 후에는 다시 교회의 회원으로 인정한다.[128]

(4) 제3부 : "감사에 관하여"(Von der Dankbarkeit, 문 86-129)

제3부는 선행과 율법 부분(문 86-115)과 기도(문 116-129)라는 두 부분으로 구성되어 있는데, 율법 부분에서는 십계명을 가르치고, 기도 부분에서는 주의 기도를 가르치고 있다.

① 선행과 율법

먼저 내용은 거듭난 인간이 어떻게 살아야 하는지에 대한 문답이라고 할 수 있다. 「하이델베르크 교리문답」은 죄와 비참함으로부터 구원받은 인생이 왜 선한 행위를 해야 하는지를 묻고 있다. 그 이유는 거듭난 인생은 하나님의 형상을 닮았기에 삶으로 하나님의 은총에 감사드리고, 우리를 통하여 하나님을 찬양하며, 선한 행위라는 열매를 통하여 자기 믿음에 대한 확신을 얻게 되며, 경건한 삶을 통하여 다른 사람을 그리스도에게로 인도할 수 있기 때문이라고 한다.[129] 여기서 강조하는 것은 "선행의 필수성"이다. 선행은 이를 통해 두 가지를 얻을 수 있는데, 하나는 구원의 확신(Heilsgewissheit)이고, 다른 하나는 이웃을 그리스도에게로 인도하는 것이다.[130] 옛 사람이 죽고(mortificatio) 새사람으로 거듭나는 것(vivificatio)은 위의 죄를 슬퍼하고 증오하며 죄에서 빠져나오는 것을 의미함과 동시에 그리스도로 말미암아 마음이 즐겁고 하나님의 뜻에 따라 선을 행하고 사랑하며 기뻐하는 삶을 사는 것이다.[131] 결국 「하이델베르크 교리문답」은 감사와 회개의 삶은 구원받은 자의 의무임을 단언하

---

128. HK. 85, BSRK., p. 706.
129. HK. 86, BSRK., p. 706.
130. Wolfgang Schnabel, p. 172.
131. HK. 88-90, BSRK., p. 707.

고 있다.

앞부분의 본론 격인 십계명 해설은 제92문에서부터 시작되는데, 십계명을 둘로 나누어서 첫째, 하나님에 대한 우리의 태도와 둘째, 이웃에 대한 우리의 의무로 구별하고 있다.[132]

인간은 하나님만을 예배해야 하기 때문에 반드시 피하고 제거해야 할 것은 "우상숭배, 마술, 미신, 성인숭배, 피조물 숭배" 등이다.[133] 동시에 제2계명 해설에서는 하나님을 형상으로 만들지 말 것을 가르치면서 이런 질문을 던지고 있다. "그 어떤 형상도 만들면 안 됩니까?"[134] 하나님은 어떤 형상으로도 가시화될 수 없다. 그리고 만드는 일도 금지되었다. "비록 피조물은 형상화될 수 있다고 해도 하나님께서는 그 형상을 숭배하거나 혹은 그 형상들로 하나님을 경배하는 데 쓰려고 만들거나 소유하는 일을 금하신다."[135]는 것이다. 「하이델베르크 교리문답」은 여기서 매우 중요한 질문을 던지고 있다. 피조물의 형상들을 신자 교육에 쓰도록 용인해 주면 안 되겠느냐는 질문이다. 그러나 피조물의 형상을 '평신도를 위한 책'(Leyen bücher)으로 삼는 것보다는 살아 있는 말씀의 선포를 통하여 가르치기를 권고한다.[136]

교리문답은 10가지의 계명을 차례로 해설하여 거듭난 자의 경건한 삶을 제시하고 있다. 제115문에서는 어느 누구도 완전하게 지킬 수 없는

---

132. HK. 93, BSRK., p. 708.
133. HK. 94, BSRK., p. 709.
134. HK. 97, BSRK., p. 710. '형상'으로 번역되는 단어는 'Bildnis'이다. 모상(模像) 또는 화상(畫像)의 의미이다. 조각품이거나 그림 등 하나님을 형상화하는 모든 것을 의미한다. 따라서 여기서는 형상(形像)이라는 용어를 사용하기로 한다.
135. HK. 98, BSRK., p. 710. 결국 형상금지는 하나님을 상징하는 것과 피조물의 형상을 만들어 직접 이를 숭배하거나(성 화상 숭배) 또는 하나님을 섬기기 위한 도구로 사용하는 일체의 것을 금하고 있다.
136. HK. 99, BSRK., p. 710. 교리문답은 성 화상의 교육적 기능에 대한 로마 가톨릭교회의 주장을 일축하고 있다.

율법을 강조하는 이유에 대하여 설명한다. 그 답은 "평생 사는 동안 점점 더 우리 죄된 본성을 잘 알게 하고, …… 둘째, 하나님의 형상으로 변화되는 노력을 하도록"이라는 것이다. 이 항목에서「하이델베르크 교리문답」은 죄를 깨닫게 하는 율법의 기능과 아울러 우리를 성화에 이르게 하는 기능을 강조하고 있다.

② 기 도

일반적으로 기도는 감사의 중요한 부분이다. 기도하는 자는 마음을 다하여 기도해야 하고, 우리의 비참함을 알고 겸손히 구해야 한다. 그리고 우리 기도가 응답되는 것은 우리에게 받을 자격이 있어서가 아니라 그리스도 때문에 우리 기도를 들으신다는 확신 때문이다.[137]

뒤를 이어서 제129문까지는 "주의 기도"를 해설하고 있다.

8. 제2스위스 신앙고백(1565)

1) 신앙고백서를 작성하게 된 신학적 과제

(1) 스위스 개혁교회의 신학적 상황

1549년에 체결된 "취리히 일치신앙고백"(Consensus Tigurinus)을 통하여 취리히의 불링거와 제네바의 칼빈은 최소한 성만찬론에서 일치를 보았다. 그런데 이것은 시작이었고, 앞으로도 계속하여 많은 난제(難題)들을 대화의 탁자 위에 올려놓고 신학적인 씨름을 해야 했다. 이제부터는 예정론이 주된 논쟁 주제로 부각되었고, 이와 결부된 구원의 보편성(Heilsuniversalismus) 역시 논쟁점으로 부각되었다. 또한 취리히의 교회

---

137. HK. 117, BSRK., pp. 715-716.

체제를 비판하는 칼빈은 불링거의 교회론에 대하여 신학적으로 씨름하되 특별히 '교회와 국가의 관계성'에 대하여 논쟁해야 했다. 루터교와 개혁교회의 신학적인 차이로 말미암아 독일의 개혁교회 지역(예, 팔츠〈Pfalz〉지역)은 날이 갈수록 곤란한 상황에 처했다. 가톨릭교회에 대한 개혁교회의 태도 또한 이전보다 한결 더 단호하였다.

① 하나님의 예정에 관하여

"오직 은총!"(sola gratia)을 강조한 종교개혁자들의 은총이해와 구원이해(인간이 자유의지로 하나님의 구원사역에 동역할 수 있다는 견해를 단호히 거부)는 예정론을 펼치는 신학적인 근거였다. 즉, 영원하신 하나님께서 이 사람은 구원으로 또 저 사람은 형벌로 '미리 정해 놓으셨다'(Vorherbestimmung)는 것이다. 그러나 예정론은 처음부터 체계적인 신학에서 출발한 것이 아니었고 목회현장에서 경험한 대로 "그리스도 안에 있는 구원을 어떤 이는 받아들이고 또 어떤 이는 거부하는데 도대체 그 까닭이 무엇인가?"에 대한 대답을 찾는 가운데서 촉발되었다. 예정론은 칼빈의 후계자 베자(Theodor von Beza)의 신학사상과 개혁교회 정통주의 시대에 이르러서야 비로소 신학적인 체계를 확립하였다.

예정론 논쟁은 구약신학자이며 종교학자인 비블리안더(Theodor Bibliander, 1564년 사망)가 불을 지폈다. 비블리안더는 하나님의 사랑이 우주적인 차원으로 임하심을 성경주석을 통해 밝혀 내고자 하였다. 1535년 여름에 비블리안더가 바젤의 뮈코니우스(Myconius)에게 쓴 편지글에서 하나님의 '예지'(미리 아심, Praezienz)와 '예정'(미리 정하심, Praedestination)을 구별하였다. 하나님이 미리 아신다고(예지) 해서 모두 다 예정된 것이 아니라는 것이다. 비블리안더는 구원이 전적으로 하나님의 은총에 속한 것이고, 반면에 형벌은 전적으로 인간의 죄로 말미암은 것이라 보았다. 뮈코니우스는 이러한 견해를 반박하였다. 그는 예지와 예정을 구분짓지 말아야 하고, 또 구원받는 모든 사람은 분명히 예정되어 있다고 보았다. 이때부터 약 10년 동안 내내 비블리안더는 여러 차례 신학적으로 공격을 받았으나 자신의 견해를 흔들림 없이 지켜 나갔다. 1546년 11월에 그는 취리히의 시민권을 받게 되었다. 이때 다시 한번 그의 예정론을 거부하던 사람들이 문제를 제기하였다. 그러자 불링거가 여기에 개입하여 더 이상 이 문제가 확산되지 않도록 조처하였다. 당시의 비블리안더는 '펠라기우스주의자'로 널리 알려졌다.

1550년에 제네바에서 칼빈과 볼섹(Jerome Bolsec)이 예정론에 관하여 논쟁하였다. 이 문제 때문에 결국 볼섹은 1551년에 제네바를 떠나야만 했다. 이 소문이 취리히 사람들의 귀에 들어오자 그동안 잠잠해 있던 예정론 논쟁이 이 도시에서 되살아났다. 그러한 가운데서 지난날 뮈코니우스와 비블리안더가 주고받은 편지글 논쟁이 또다시 거론되었다.

1556년에 새로운 상황이 시작되었다. 4월 5일에 취리히의 구약 선생 펠리칸(Konrad Pellikan)이 세상을 떠나자 취리히는 그의 뒤를 이을 신학자를 찾았다. 취리히는 슈트라스부르크에서 일하는 베르미글리(Pietro Matire Vermigli, 1562년 사망)를 청빙하였다. 베르미글리는 신학적으로 칼빈의 노선을 전적으로 따르고 있었으며, 당시의 슈트라스부르크는 루터교의 도시였으므로, 베르미글리는 개혁교회의 도시에서 일하고자 기꺼이 취리히의 청빙을 받아들였다. 그는 배타적인 이중 예정론자였다. 그런데 이 입장이 불링거와의 긴장을 형성하게 하였다. 불링거 역시 예정론의 중요성을 충분히 인식하고 있으되, 그의 무게중심은 비블리안더의 입장에 조금 더 기울어져 있었다. 8월 24일에 베르미글리는 취리히에서 취임강연을 하였다. 구약성경 사무엘서에 대하여 강의하면서 그는 예정론을 소상하게 설명하였다. 그의 의도는 취리히에 칼빈의 신학을 확실하게 심어 놓자는 데 있었다. 그리고 나서 9개월 뒤에 베르미글리와 비블리안더의 신학논쟁이 시작되었다. 그런데 취리히의 신학자들은 하나님의 우주적 사랑과 구원의 보편성을 추구하는 비블리안더의 편을 들지 않고 베르미글리의 편을 들었다. 격렬해진 이 논쟁을 끝내기 위하여

1560년 2월 8일에 취리히 시당국이 비블리안더를 파면시켰다. 그 이후로 취리히에는 엄격한 이중예정론이 득세하게 되었으며, 또 이 도시의 신학을 개혁교회 - 정통주의가 지배하였다.

② 교회와 국가의 관계성
교회와 국가의 관계성에 대한 칼빈의 견해는 츠빙글리의 입장을 따르지 않았고, 또 불링거의 견해와도 달랐다. 따라서 제네바에는 취리히와 베른에서 성립된 국가교회가 형성되지 않았다. 츠빙글리를 계승한 불링거는 성도의 생활규칙을 전적으로 국가(정부, Obrigkeit)의 손에 맡겼다. 그런데 이를 위한 중요한 전제(前提)가 있었다. 즉, 국가는 철두철미 하나님의 말씀에 순종하는 그리스도교의 정부여야 한다고 보았다. 국가는 국민(백성)과 교회를 고압적으로 함부로 다루며 제 마음대로 다스리지 말아야 하고, 오직 하나님의 말씀을 좇아 순종하는 가운데서 다스려야 한다는 것이다.

계속해서 1549년 이래로, 베른에서 일한 신학자 무스쿨루스(Wolfgang Musculus)는 신학적으로 루터와 츠빙글리의 중간에 서 있었고, 칼빈의 영향을 거의 받지 않았다. 무스쿨루스는 베른의 국가교회 체제를 다른 지역에, 특별히 칼빈의 영향 아래 있는 도시 바트(Waadt)에, 주입해야 한다는 일종의 의무감을 갖고 있었다. 무스쿨루스는 구약성경을 연구하면서 이스라엘 백성의 왕권을 파악하였고, 그러면서 가부장적 교회관을 체득하였다. 그는 또한 국가와 교회의 관계를 목자와 양 떼의 관계로 마치 목자의 인도를 따라가는 양 무리처럼 비유하면서, 교회는 국가가 이끄는 대로 따라가야 한다고 보았다. 이런 점에서 그는 교회의 자치권과 자율성을 부인하였다. 이를 바탕으로 그가 일하는 베른에서는 교회 지도자가 국가의 공직을 겸직하였다.

무스쿨루스의 견해를 칼빈과 그의 동료들은, 특별히 비레(Pierre Viret)는 단호히 거부하였다. 칼빈은 교회의 자치권이야말로 교회의 본질에 해당된다고 보았고, 또 교회는 자율적으로 성도의 규율을 바르게 세워 나가야 한다고 보았다.

③ 성만찬

앞에서 언급한 대로 "취리히 일치신앙고백"을 통하여 취리히와 제네바는 성만찬론에 있어서 일치되었으며, 이와 함께 개혁교회와 루터교의 신학논쟁은 새로운 국면으로 들어서게 되었다. "취리히 일치신앙고백"에 대하여 독일 루터교 신학자 베스트팔(Joachim Westphal, 1510-1574)이 자주 공격하였다. 1552년에 베스트팔은 성만찬이 베풀어지는 동안에 "그리스도의 몸이 실재로 임하신다."고 가르쳤다. 그러면서 그는 성만찬의 떡과 잔을 '입으로 먹는 것'(manducatio oralis)을 강조하였다. 1556년에 성만찬론에 관한 신학논쟁이 베스트팔과 칼빈 사이에서 시작되었다. 불링거도 이 싸움에 끼어들었다. 불링거는 취리히 개혁교회의 성만찬이 베스트팔의 주장과 달리 그 어떠한 이단사상을 포함하지 않으며, 또한 이뿐만 아니라 취리히의 성만찬은 고대시대 공(公, catholic)교회에서 가르치고 실천한 바른 신앙과 일치한다고 주장하였다.

④ 대화를 위한 노력

루터교와 스위스 개혁교회 지도자들의 불화에도 불구하고 양편의 대화 노력이 끊임없이 추진되었다. 이를 위해 특별히 베자와 파렐(Farel)의 수고가 대단히 컸으며, 이 두 사람은 스위스와 독일을 여러 차례 오가며 지역의 영주들을 만나서 교회일치를 위해 설득하였다.

1556년 6월에 독일 레겐스부르크(Regensburg)에서 모인 제국의회는 이듬해에 보름스에서 양편(루터교와 개혁교회)의 대화모임을 갖자고 합의하였다. 그리고 1557년 9월 27일에 약속된 모임을 가졌다. 그런데 루터교의 내부 분열로 말미암아 양편의 대화가 원활하게 진행되지 못했고, 별 성과 없이 마무리되었다. 대화모임을 새롭게 추진하기 위하여 불링거와 칼빈은 적극적으로 나서지 않았다. 그러나 베자와 파렐은 달랐다. 두 사람은 다시 한번 독일의 여러 지역을 돌아다니며 영주들을 방문하고 루터교 신학자들을 만났다. 그러면서 둘은 프랑스 프로테스탄트(위그노)가 지금 힘겹게 박해를 견디고 있다는 사실을 설명하면서 그들을 위한 루터교와 개혁교회의 일치를 호소하였다. 이와 함께 둘이서 작성한 신앙고백서를 내보였다. 이 신앙고백서에 대하여 루터교 신학자들은 몇 가지 문제점을 지적하면서도 비교적 만족스러운 입장을 취하였다. 이와 달리 스위스의 신학자들은 이 신앙고백서에 대하여 매우 부정적이었다. 스위스는 루터교가 오로지 아우구스부르크 신앙고백에 집착해 있는 한 일치를 위한 노력이 성사될 수 없다고 보았다. 1558년 2월에 베자가 프랑스의 위그노를 돕고자, 이제 그는 세 번째 독일여행을 감행하였다. 그는 스위스의 여러 동료들에게도(불링거, 칼빈 등) 대화에 적극적으로 나서도록 주선하였고, 3월 1일에는 바젤로 가서 슐처(Simon Sulzer)와 만나 양편의 일치를 위해 궁리하였다. 그는 또한 슈트라스부르크에서 마르바흐(Johannes Marbach)를 만나 역시 같은 주제를 놓고 협상하였다. 프랑크푸르트에서 베자는 위그노를 위하여 프랑스 황제에게 간청하였다.

2) 신앙고백서 작성의 역사적 배경과 과정

「제2스위스 신앙고백」의 작성은 1560년경 유럽 그리스도교의 상황과 직결되어 있었다. 이 신앙고백서는 스위스 개혁교회의 요구에 따라 작성된 것이 아니었고, 불링거의 개인 차원에서 비롯되었다. 이러한 개인적 신앙고백서가 당시에 이미 독일의 개혁교회 지역인 팔츠에서 잘 알려졌고, 그러다가 나중에 이 신앙고백서가 공적인 신앙고백문서로 발전하였다. 더 나아가서 이 신앙고백문서는 유럽 전역에 있는 개혁교회의 신앙고백서로 받아들여졌다.

가톨릭교회의 개혁을 위해 소집된 '트렌트 공의회'가 「제2스위스 신앙고백」을 작성하게 되는 동기를 심어 주었다. 이 공의회에 교황청이 스위스의 가톨릭교회 지도자들을 초청하였으나 이들은 참석하지 않았다. 교황청은 스위스의 개혁교회 지도자들도 초청하였으나 이들 역시 참석하지 않았다. 더욱이 개혁교회의 지도자들은 지난날 '콘스탄츠 공의회'(1414-1418)에서 체코의 종교개혁자 후스(Jan Hus)가 처형당한 사실을 떠올리면서 이 초청 속에는 모종의 음모가 감추어져 있다고 의심하였다.

불링거는 교황을 그리스도의 대리자로 내세우는 가톨릭교회의 입장이 종교개혁정신에 비추어볼 때 도무지 터무니없는 것으로 보았다. 그는 교황이 아니라 성경이 신앙과 행위의 판단근거와 기준이 되어야 한다고 보았다. 그는 또한 이번의 공의회가 모이는 첫 번째 목적이 교황의 지위를 확고하게 다시 세우려는 데 있기 때문에 이 공의회는 고대교회시대의 에큐메니칼 공의회와 전혀 관련이 없다고 판단하였다. 칼빈 역시 이번의 공의회에 대해서 부정적으로 판단하였다. 그도 불링거처럼 가톨릭교회의 전통과 교황직이 절대권위를 가지는 점을 강력하게 비판하였다. 그는 심지어 가톨릭교회와의 대화 가능성이 없다고 보았다.

개혁교회의 지도자들이 이처럼 확고한 입장을 가졌으나 정치-사회적 현실상황이 그 확고함을 지탱할 수 없게 만들었다. 예컨대 슈말칼덴전쟁에서 승리한 황제는 가톨릭교회를 재건하려는 종교정책을 펼쳤으므로 프로테스탄트 진영은 정치적으로 불안한 상황에 처해 있었다. 게다가 1555년에 확정된 독일의 종교정책은 가톨릭교회와 루터교회만을 인정하였고 개혁교회는 인정하지 않았으므로, 개혁교회의 앞날이 그리 밝지 못하였다. 또한 프랑스에서는 개혁교회 교인들이(위그노) 박해를 받았고, 이 가운데서 일부는 박해를 피해 제네바로 피난을 오고 있었다. 스위스의 개혁교회는 신학적인 논쟁과 대립으로 말미암아 분위기가 어수선하였다. 수년 전에 합의된 「취리히 일치신앙고백」으로 여러 지역의 교회가 성만찬론을 공유하고 있긴 하지만 그래도 여전히 해결해야 할 신학적, 정치적 난제가 쌓여 있었다. 예를 들어 1550년대 중반에 제네바와 베른은 예정론에 대한 견해 차이로 말미암아 논쟁 중이었고, 취리히 역시 예정론 문제로 늘 어수선하였다.

이러한 상황에서, 1563년에 독일의 개혁교회 지역 팔츠에서 「하이델베르크 신조」(*Heidelberger Katechismus*)가 작성되었다. 신학자 우르시누스(Zacharias Ursinus, 1534-1583)와 올레비아누스(Kaspar Olevianus, 1536-1587)가 팔츠의 영주(선제후, Kurfuerst) 프리드리히 3세(Friedrich Ⅲ)의 위탁을 받아 이 문서를 작성하였다. 그리고 나서 프리드리히는 루터교회에서 개혁교회(칼빈)로 교적을 옮긴다고 천명하였다. 이와 함께 그는 위험한 상황에 처하게 되었다. 황제 막시밀리안 2세(Maximilian Ⅱ)가 팔츠 지역에 개혁교회의 뿌리를 완전히 뽑아내고 그 자리에 루터교를 심고자 프리드리히와 두 신학자를 공격하려 했다. 위기에 처한 프리드리히는 1565년 11월과 12월에 자신의 주치의사인 에라스투스(Thomas Erastus)를 취리히와 제네바로 보내어 구원의 손을 내밀면서 칼빈이나 불링거에게 신앙고백서를 작성해 주도록 요청하였다.

때마침 불링거에게 개인적으로 미리 작성해 둔 신앙고백서가 있었다. 1562년에 작성해 놓은 이 신앙고백서를 다시 고쳐서, 이것을 1565년 12월에 팔츠로 보냈다. 이듬해 1월 21일에 불링거는 팔츠로부터 긍정적인 답장을 받았다. 불링거는 이제 이 신앙고백서를 스위스 여러 지역의 개혁교회에 회람시키며 검토케 하였고, 다시 수정한 이 신앙고백서를 그 해 2월 21일에 출판하였다. 그 제목이 「참된 그리스도교를 위한 바른 신앙과 보편 타당한 교리에 관한 서술과 고백」(*Confessio et expositio simplex orthodoxae fidei et dogmatum Catholicorum syncerae religionis Christianae*)이었다. 이 문서의 제목을 간단하게 줄여서 「제2스위스 신앙고백」으로 붙였다. 이 신앙고백서는 불링거가 일생 동안 매진해 온 모든 신학 작업을 압축한 것이다. 이 신앙고백서와 함께, 이제 스위스 개혁교회의 지원을 받은 팔츠의 영주 프리드리히는 위기에서 벗어날 수 있었고, 또 독일에서는 개혁교회를 '이상한 종파(Sekt)'로 몰아치지 못하게 되었다.

이 신앙고백서는 바젤을 제외한 스위스의 모든 개혁교회들이 받아들였다. 바젤은 이 당시에 루터의 영향을 강하게 받고 있었다. 그러다가 바젤도 1644년에 이 신앙고백서를 받아들였다. 「제2스위스 신앙고백」은 「제1스위스 신앙고백」(1536)과 「취리히 일치신앙고백」(1549)에서 이루지 못한 점을 성사시켰는데, 그것은 스위스 개혁교회들이 신학적 일치를 통해 하나의 공동신앙고백서를 만들었다는 것이다. 더 나아가, 이 신앙고백서를 다른 나라의 개혁교회들도 받아들였다. 예컨대 프랑스, 헝가리, 폴란드, 체코의 보헤미아 형제단, 네델란드의 개혁교회가 이 신앙고백서를 받아들였다. 이로부터 백년 이상 이 신앙고백서는 스위스 개혁교회와 유럽 전역 개혁교회의 기본 신앙고백으로 자리 잡았다.

3) 신앙고백서의 내용과 신학적 특징

「제2스위스 신앙고백」의 서문에는 이 신앙고백서를 작성하려는 목적을 서술하였다. 그것은 '일치추구와 경계선 긋기'로 집약되는데, 고대교회시대로부터 현재에 이르는 모든 시대 그리스도교의 신앙일치를 도모하고 이와 동시에 진리에 대한 잘못된 가르침과 빗나간 집단에 대하여는 분명하게 경계선을 긋는다는 뜻이다.

「제2스위스 신앙고백」은 대단히 포괄적인 신앙내용을 담은 신앙고백서인데, 성경을 인용하면서 전체 30장으로 이루어졌다. 신앙고백서의 주제들은 대체로 사도신경의 순서에 바탕을 두고 있으면서도 「제1스위스 신앙고백」의 내용과 연계되어 있다. 이것은 불링거가 「제1스위스 신앙고백」을 작성하였으므로 그렇게 되었다고 본다. 「제2스위스 신앙고백」의 중심 알맹이는 '계약사상'이다. 이 신앙고백서는 또한 그리스도인의 '실천적 신앙'을 강조하였다.

제1~2장은 하나님의 계시를 다루었다. 여기에서는 하나님 말씀으로서의 성경과 성경해석에 관하여 다루었고, 또 성경을 가르치는 직책(성직자)과 전통에 관하여도 다루었다. 이와 더불어 제1장에서는 성경을 통하여 지금도 여전히 우리에게 말씀하시는 하나님을 고백한 다음에 "하나님의 말씀선포(설교)는 하나님의 말씀"(Praedicatio verbi Dei est verbum Dei)이라고 말하였다. 그러므로 교회는 마땅히 바른 성경해석에 힘써야 한다고 하였다.

제3~7장은 신론을 다루었다. 여기에서는 삼위일체 창조주 하나님에 관하여, 이 하나님을 바르게 섬기는 것과 그렇지 못한 것에 관하여, 하나님의 미리 보심(섭리)과 창조에 관하여 다루었다.

제8~9장은 인간론을 다루었다. 여기에서는 하나님께서 지으신 인간이 타락하였고 또한 거듭났다고 서술하였다. 이어서 제10장은 예정론을 다루었다. 여기에서 불링거는 예정론과 섭리론이 서로 뒤섞이는 것을 방지하면서, 섭리론에 근거하여 예정론을 다루었다. 그가 이렇게 하나님의 섭리를 먼저 다루고 나서 예정론을 다룬 까닭이 있는데, 그것은 섭리와 예정을 동일시하지 않았기 때문이다. 불링거는 섭리를 창조론에 포함시켰고, 또한 예정을 구원론 속에다 넣었다. 그러면서 그는 하나님의 섭리에 바탕을 둔 하나님의 선택을 모두에게 해당되는 것이 아니라 제한된 것으로 보았다. 그리고 나서 그는 예정론에서 기독론을 다루었다. 불링거는 '그리스도 중심의 선택론'을 서술하였다. 그렇지만 그는 선택받지 아니한 자들의 형벌에 관하여는 다루지 않았다.

제11~16장은 기독론을 다루었다. 제11장에서는 그리스도에 관한 고대교회의 가르침을 반복 서술하였고, 이와 함께 그리스도의 구원사역에 관하여 자세히 설명하였다. 제12~16장은 구원에 관하여 방대하게 다루었다. 율법과 복음, 회개와 칭의, 신앙과 착한 행실 등의 주제를 다루었다.

제17~28장은 교회에 관하여 다루었고, 이 부분의 분량이 이 신앙고백서 전체의 절반 정도를 차지한다. 이 점은 이 신앙고백서가 교회론을 중요하게 다루었다는 것을 뜻한다. 제17~18장은 하나의 보편적 교회, 교회의 직책들, 복음의 선포 등을 다루었다. 제19~21장은 성례에 관하여 다루었다. 살아 계신 예수 그리스도께서 성례가 베풀어지는 동안에 당신의 실재(Wirklichkeit)를 은총으로 주신다고 하였다. 세례를 구약성경의 할례와 동일시하면서 계약사상 안에서 다루었다. 성만찬론을 고대 교회시대에 칼케돈에서 확정된 그리스도의 양성(신성과 인성) 교리와 "취리히 일치신앙고백"(Consensus Tigurinus)에 근거하여 서술하였다. 성만찬을 베풀 때에 "그리스도께서 몸으로 임재하신다."(leibliche Gegenwart Christi)는 가르침과 관련하여, 루터와 루터교가 강조하는 바 "그리스도는 어디에나 모든 곳에 계신다."(Ubiquitaet)는 교리가 여기에서 거부되었다. 그러나 동시에 성령으로 그리스도의 몸이 실재로 임재하신다는 점이 강조되었다. 성만찬이 베풀어지는 동안에 성도들은 그리스도의 몸을 '영적으로'(geistlich) 맛본다고 하였다. 제22~28장은 예배, 기도, 교회 행사와 관례에 관하여 설명하였다. 예컨대 명절, 금식, 청소년 신앙교육, 환자돌봄, 장례절차 등이다.

마지막으로, 제29~30장은 두 가지 실천적인 주제를 다루었다. 제29장은 결혼과 가정에 관히여, 제30장은 정부의 국가에 관하여 다루었다.

이 신앙고백서의 구조를 살펴보면 다음과 같은 6가지 특징이 드러난다. 1) 하나님의 섭리를 삼위일체론과 창조론 사이에서 다루면서 창조론 앞에 두었다. 2) 하나님의 예정과 선택을 기독론 앞에서 다루었고, 또 인간론을 다룬 다음에 서술하였다. 3) 회개와 칭의에 관하여는 율법과 복음을 설명한 다음에 서술하였다. 4) 교회생활에 관하여 구체적으로 다루었다. 5) 성례를 교회질서의 한 부분으로 다루었다. 6) 결혼에 관하여 다루었다.

이 신앙고백서는 하나님께서 성경 안에서(in der Bibel) 말씀하시는 점을 근거로 하여 성경의 권위를 확립하였다. 즉, 이전에 믿음의 조상들과 예언자들과 사도들에게 말씀하셨던 하나님께서 지금도 여전히 성경을 통하여 우리에게 말씀하신다는 것이다. 이에 따라 교회(중세적 가톨릭교회)는 결코 신앙의 문제를 다룸에 있어서 최종권위(절대권위)를 요구할 수 없다. 또한 거꾸로, 기록된 하나님의 말씀(성경)을 부정하려는 재세례파의 주장도 비판하였다. 하나님의 말씀은 '살아 있는 말씀'(viva vox)이라는 불링거의 기본입장은 설교도 하나님의 말씀으로 받아들이게 했다. 왜냐하면 계시의 말씀이 (설교자의) 입에서 토해 내는 말씀을 통해 사건(역사, geschieht)으로 일어나기 때문이다. 이를 바탕으로 하여, 성경의 이해와 해석은 조심스럽고도 세심하게 다루어져야 한다고 강조했다.

이 신앙고백서를 통하여 개혁교회 바깥에 있는 여러 교회(가톨릭교회, 루터교, 재세례파 등)에 대한 불링거의 입장이 좀더 분명하게 드러났다. 개혁교회의 '정체성'을 분명하게 드러내면서도 다른 교파를 향해 '열린 자세'를 취했다. 즉, 화해의 손을 내밀었다. 그렇지만 불링거는 재세례파를 이단이며 빗나간 종파라고 못박았고, 교황이 교회의 머리가 된 가톨릭교회를 거부하였다. 이에 비하여, 그는 루터교의 가르침에 대해서는 그리 크게 문제삼지 않았다.

불링거는 츠빙글리와 칼빈의 신학사상을 하나로 엮어 내었고, 또 이를 통하여 취리히와 제네바를 개혁교회의 이름으로 결속시켰다.

4) 제2스위스 신앙고백[138]

(1) 하나님의 참된 말씀인 성경에 대해

1. 우리는 성경이 하나님의 참된 말씀이며 인간과는 상관없이 그 자신

---

138. 대한예수교장로회총회교육자원부 편,「16세기 종교개혁과 개혁교회의 유산」, (서울 : 한국장로교출판사, 2003). ; Jacobs, Paul. Theologie reformierter Bekenntnisschriften in Grundzuegen, Neukirchener Verlag, 1959. ; Koch, Ernst. Die Theologie der Confessio Helvetica Posterior, Neukirchenerverlag, 1968. ; Kressner, Helmut. Schweizer Urspruenge des anglikanischen Staatskirchentums, Schriften des Vereins fuer Reformationsgeschichte 59, Nr. 170, Guetersloh, 1953. ; Pfister, Rudolf. Kirchengeschichte der Schweiz 2., Zuerich : Theologischer Verlag, 1974.

안에 충분한 권위를 가지고 있다고 믿으며 고백한다. …… 이 성경 안에는 구원에 이르는 믿음과 하나님의 마음에 맞는 삶이 무엇인지 아는 데 필요한 모든 것이 기록되어 있다. …… 그러므로 우리는 완전한 지혜와 경건, 교회를 갱신하는 것과 다스리는 것, 경건에 이르는 교육과 교리를 증명하는 것과 반증하며 모든 이단 교리들을 반박하는 것과 모든 훈계와 격려 등을 성경에서 찾을 수 있다. …… 주님께서는 "말하는 이는 너희가 아니라 너희 속에서 말씀하시는 이 곧 너희 아버지의 성령이시니라"(마 10 : 20)고 말씀하셨다. 그러므로 "너희 말을 듣는 자는 곧 내 말을 듣는 것이요 너희를 저버리는 자는 나 보내신 이를 저버리는 것이라"(눅 10 : 16).

  2. 그러므로 오늘날 위탁 받은 설교자들을 통하여 하나님의 말씀이 교회에서 선포될 때, 우리는 하나님의 말씀 자체가 선포되고 있다는 것과 신자들에 의하여 하나님의 말씀으로 받아들여져야 하며, 다른 어떤 말씀을 고안해서는 안 되고, 또한 하늘로부터 기다려서도 안 된다는 것을 믿는다. 또한 우리는 선포하는 설교자가 아니라 선포되는 말씀 자체에 유념해야 한다. 설사 설교자가 악한 인간이며 죄인이라 할지라도, 선포되는 하나님의 말씀은 참되며 선한 것이다. 또한 우리는 참된 신앙을 가르치는 것이 성령의 내적 조명에 의한 것이라는 이유로 밖으로 드러나는 설교를 쓸모없는 것으로 간주해서는 안 된다고 생각한다.

  …… 하나님께서는 하나님의 말씀이 예배공동체에서 공적으로 설교되기를 원하신다는 것을 우리는 알고 있다.

  …… 왜냐하면 성령의 은사를 통하여 사람들을 내적으로 조명하는 바로 그가 자신의 제자들에게 다음과 같이 명령했기 때문이다. "너희는 온 천하에 다니며 만민에게 복음을 전파하라"(막 16 : 15).

  …… 바울은 이것을 매우 설득력 있게 말한다. "믿음은 들음에서 나며 들음은 그리스도의 말씀으로 말미암았느니라"(롬 10 : 17). 물론 우리는 하나님께서 외적인 일꾼 없이도 사람들을 조명하실 수 있다는 것을 부인하는 것은 아니다.

…… 우리는 사람들을 교육하는 일반적인 방법, 즉 하나님의 명령과 예를 통하여 우리에게 전해진 방법에 대해 말하는 것이다.
　3. 우리는 성경이 성령에 의해 기록되었다는 것을 부정하거나, 성경의 어떤 부분을 인정하지 않거나, 첨가하여 성경을 변질시키는 모든 이단들을 거부한다. 우리는 외경에 대해 미혹되지 않는다. 외경이 신앙을 굳건하게 하는 데 사용되어서는 안 된다. 교회에서 낭독되기를 원하는 사람들이 있을지 모르지만…… .이 외경은 정경에 포함되어 있지 않으며 경건을 위해 우리가 가지고 있는 성경으로 충분하다.

(2) 성경의 해석에 대해, 교부들과 공의회와 전승들에 대해

　1. 베드로후서 1 : 20에 따라 우리는 모든 임의의 주석에 동의하지 않는다. 우리가 바르고 순수한 성서주석으로 인정하는 것은 성서 자체로부터 얻어진 것으로(성서가 쓰여진 바로 그 언어의 영으로부터 얻어지고, 앞뒤 문맥과의 관계 속에서 그리고 비슷하거나 다르거나, 무엇보다 더 명확한 부분들의 이해를 통해 얻어진 것으로) 신앙의 규범과 사랑과 일치하며, 특별히 하나님의 영광과 인간의 구원에 도움이 되는 주석이다.
　2. 우리는 거룩한 헬라 교부들과 라틴 교부들의 주석을 경멸하지 않는다. 우리는 또한 교회의 역사에 대한 그들의 고찰들과 논문들이 성서와 일치할 경우에는 배척하지 않는다. 그러나 그들이 성경에 생소하거나 반대되는 것들을 더 선호할 경우에는 조심스럽게 그들과 관계를 끊는다. …… 공의회의 해석들과 법령들에 대해서는 교부들에 대해 취하는 입장과 같다. 그러므로 종교나 신앙과 관련해 논란의 여지가 있는 문제가 있을 때 곧바로 교부들의 주장이나 공의회의 결정이나 받아들여진 관습이나 다양한 의견들이나 장로의 규정으로 달려가는 것을 허용하지 않는다. 우리는 신앙의 문제에 있어서 무엇이 참이고 거짓인지, 무엇이 명령되었고 무엇을 피해야 하는지 성경을 통해 선포하시는 하나님 이외의 그 어떠한 재판관도 인정하지 않는다.

3. 또한 우리에게 신이나 사도적 근원을 가지는 것처럼 위엄 있는 권위가 주어지지만……. 성경에 나타난 사도들의 선포와는 대립되는 인간적인 전통들을 거부한다.

(3) 하나님에 대해, 그의 단일성과 삼위일체에 대해
(4) 하나님과 그리스도와 성인들의 상에 대해
(5) 유일한 중보자인 예수 그리스도를 통해 하나님을 경배하고 예배하고 기도하는 것에 대해
(6) 하나님의 섭리에 대해
(7) 창조에 대해
(8) 인간의 타락과 죄와 죄의 근원에 대해
(9) 자유 의지와 인간의 능력에 대해

(10) 하나님의 예정과 선택에 대해
1. 하나님은 영원 전부터 자유롭게 그리고 순전히 은총으로, 즉 인간의 행위를 고려하지 않고, 그리스도 안에서 거룩하게 하고자 하는 이들을 예정하거나 선택하였다.
2. 하나님이 우리를 아무런 수단 없이 선택한 것은 아니다. 그러나 우리 인간의 공로 때문이 아니라 그리스도 안에서 그리고 그리스도를 위하여 선택한 것이다. 그래서 믿음을 통하여 그리스도 안에 심겨진 사람들은 이미 선택된 것이다. 그러나 그리스도 밖에 있는 자들은 버림을 받은 자들이다.

하나님이 거룩한 자들을 그리스도 안에서 선택한 것은 특별한 목적을 위한 것인데, 그것은 사도가 에베소서 1 : 4~6에 말한 것이다 : "곧 창세 전에 그리스도 안에서 우리를 택하사 우리로 사랑 안에서 그 앞에 거룩하고 흠이 없게 하시려고 그 기쁘신 뜻대로 우리를 예정하사 예수 그리스도로 말미암아 자기의 아들들이 되게 하셨으니 이는 그가 사랑하시는

자 안에서 우리에게 거저 주시는 바 그의 은혜의 영광을 찬송하게 하려는 것이라".

비록 하나님은 누가 당신의 사람인지 알고 계시며 또한 선택받은 자의 수가 적다고 말씀하였지만, 그럼에도 불구하고 우리는 모든 사람들에 대해 희망을 가지고 있어야 하며 아무 생각 없이 누군가를 버림받은 자로 간주해서는 안 된다.

주님께서 누가복음 13 : 23 이하에서 왜 구원받는 자가 적은지에 대한 질문을 받았을 때, 구원받거나 망하는 자들이 적거나 많다고 대답하지 않고 모두가 좁은 문으로 들어가도록 힘써야 한다고 경고하였다. 이 말의 뜻은 이런 일들에 대해 호기심을 가지고 묻는 것이 너희의 과제가 아니므로 하늘 나라로 가는 좁은 길로 가기 위해 힘쓰라는 것이다.

3. 그러므로 우리는 다음과 같은 불경건한 말들에 동의하지 않는다 : "적은 수의 사람만이 선택되었다. 그리고 내가 이 적은 자의 수에 속하는지 확실하지 않기 때문에, 나는 내 기쁨을 빼앗기지 않을 것이다.", "내가 하나님에 의해 예정되거나 선택되었다면, 내가 무엇을 하건 그 어떤 것도 나에게 이미 확실해진 구원에 방해가 되지 않을 것이다. 반면에 내가 저주받은 자의 수에 속한다면, 어떤 믿음과 어떤 회개도 나에게 도움이 되지 않는다. 왜냐하면 하나님의 결정은 변하지 않기 때문이다. 그러므로 모든 가르침과 훈계가 쓸모 없는 것이다".

이러한 말에 대해 사도는 다음과 같이 이의를 제기한다 : "주의 종은 마땅히 다투지 아니하고 모든 사람에 대하여 온유하며 가르치기를 잘하며 참으며 거역하는 자를 온유함으로 훈계할지니 혹 하나님이 그들에게 회개함을 주사 진리를 알게 하실까 하며 그들로 깨어 마귀의 올무에서 벗어나 하나님께 사로잡힌 바 되어 그 뜻을 따르게 하실까 함이라"(딤후 2 : 24 - 26).

아우구스티누스도 그의 책 「인내의 선함」 제14장과 다른 여러 곳에서 한편으로는 (하나님의) 자유로운 선택과 예정이, 다른 한편으로는 훈계와 가르침이 함께 설교되어야 한다고 가르친다.

우리는 자신들이 영원 전부터 선택되었는지에 대해, 그리고 하나님께서 영원 전부터 그들에 대해 무엇을 결정하였는지를 그리스도 없이 묻는 자들에게 찬성하지 않는다. 우리는 (다음과 같은) 복음의 설교에 귀를 기울여야 하며, 이 복음을 믿고 이것이 의심의 여지가 없다고 간주해야 한다 : "네가 믿음을 가지고 그리스도 안에 있으면, 너는 선택된 자다. 아버지께서 우리에게 당신의 예정의 영원한 결단을 그리스도 안에서 계시하셨다". 그러므로 우리가 무엇보다 가르치고 명심해야 할 것은 우리를 향한 아버지의 놀라운 사랑이 그리스도 안에서 계시되었다는 것이다. …… 기록되었으되 "하나님이 세상을 이처럼 사랑하사 독생자를 주셨으니 이는 그를 믿는 자마다 멸망하지 않고 영생을 얻게 하려 하심이라"(요 3 : 16).

그러므로 그리스도는 우리가 우리의 예정을 비리보는 거울이다. 우리가 가지고 있는 하나의 명백하고 확실한 증거는 우리가 그리스도와 연합하고 참된 믿음 안에서 그가 우리에게 속하고 우리가 그에게 속하게 될 때 우리가 생명책에 기록된다는 것이다.

(11) 예수 그리스도에 대해
(12) 하나님의 율법에 대해
(13) 예수 그리스도의 복음에 대해
(14) 인간의 회개와 회심에 대해
(15) 신자들의 참된 칭의에 대해
(16) 믿음과 선한 행위에 대해

(17) 보편적이고 거룩한 하나님의 교회와 교회의 유일한 머리(수장)에 대해

1. 하나님께서는 태초부터 인간들이 구원을 받고 진리를 아는 데 이르

기를 원하셨기 때문에 항상 교회는 있어야 했으며, 지금과 세상의 끝까지 교회는 있어야 한다. 교회란 세상으로부터 부름을 받고 모인 신자들의 무리, 즉 모든 성도들의 공동체로 이 성도들이란 참된 하나님을 구원자이신 그리스도 안에서 말씀과 성령을 통해 바르게 인식하고 예배하며 그리스도를 통하여 선물 형식으로 주어진 모든 은혜를 같이 누리는 자들이다. 이들 모두는 한 도성(civitas)의 시민이며, 같은 주님과 같은 법 아래 살며, 같은 몫의 재산을 가지는 자들이다. 그래서 사도는 이들을 (하나님 나라에 있는) 성도들과 동일한 시민이요 하나님의 권속이라고 칭했던 것이다(엡 2 : 19).

2. 그리고 항상 한 하나님만 계셨으며, 하나님과 인간 사이에 메시야로 오신 예수 한 분 중보자만, 한 분 목자만, 하나의 머리만, 하나의 영과 하나의 구원과 하나의 신앙과 하나의 성경 및 하나의 계약만 있기 때문에, 하나의 교회만 있다는 결론이 필연적으로 나온다. 이 교회를 우리는 보편적인 교회라 부른다. 왜냐하면 교회가 공간적으로나 시간적으로 제한되지 않고 보편적이기 때문이다. 그래서 우리는 교회를 아프리카의 한 구석에 한정시키고자 했던 도나투스파들을 단죄한다. 또한 우리는 단지 로마 교회만을 보편적인 교회로 과시하는 로마의 성직자들에게 찬성하지 않는다.

3. 비록 교회가 다양한 부분이나 형태로 나뉘지만 이것은 교회가 그 자체 안에서 분리되거나 찢어져서가 아니라 지체들의 다양성 때문에 구별되는 것이다. 한편으로는 투쟁하는 교회가 있는가 하면, 다른 한편으로는 개가를 부르는 교회가 있다. 전자는 땅에서 육체와 세상과 이 세상의 지배자인 사탄과 죄와 죽음과 싸운다. 후자는 투쟁이 끝난 뒤 하늘에서 승전가를 부르며 완전히 승리한 것에 대해 하나님 앞에서 기뻐한다. 그럼에도 불구하고 이 두 교회는 서로서로 유대 관계를 가지고 있다.

4. 지상에서 싸우고 있는 교회는 항상 많은 형태의 교회들을 가지고

있는데 그럼에도 불구하고 모두 다 보편적 교회의 연합에 속해 있다. 이 보편적 교회는 족장 시대의 법 아래에서와 모세의 법을 통해서와 그리스도 이후 복음을 통해 각기 다른 형태로 설립되었다. 일반적으로 두 종류의 백성에 대해 말하는데 이스라엘 백성과 이방인 백성 또는 유대인과 이방인 중에서 교회 안에서 연합된 백성을 말한다. 이와 마찬가지로 두 성경이 있는데, 구약과 신약이 그것이다.

그럼에도 불구하고 이 두 백성은 모두 하나의 머리 아래 한 몸을 이룬 지체로서 하나의 신앙으로 결합되고 같은 영적 음식과 음료에 참여함을 통해 과거에도 하나의 공동체였으며, 지금도 하나의 공동체이고 한 분 메시야 안에서 하나의 구원을 가진다. 그럼에도 불구하고 우리는 약속되었다가 나타나신 메시야와 연관하여 다양한 시간과 고백들이 있었다는 것과 제사의식이 폐지된 이후 빛이 우리에게 더 밝게 비추며 더 많은 하나님의 은사와 더 안전한 자유가 주어졌다는 것을 인정한다.

5. 하나님의 거룩한 교회는 살아 계신 하나님의 집이라 칭해지며, 살아 있고 영적인 돌들로 지어지며, 움직이지 않는 반석 위에 세워진다. …… 그래서 교회는 진리의 기둥과 터라고 불린다(딤전 3 : 15). 교회가 반석이신 그리스도와 선지자들과 사도들의 터 위에 근거하고 있는 동안에는 넘어지지 않는다. 교회가 진리이신 그리스도를 떠날 때에 넘어지는 것은 그리 놀라운 일이 아니다. 교회는 또한 그리스도의 동정녀요 신부로, 특별히 유일하고 사랑 받는 신부로 불린다. …… 교회는 목자이신 그리스도 아래 있는 양 떼로 불린다. …… 교회는 또한 그리스도의 몸으로 불린다. 왜냐하면 신자들은 머리이신 그리스도 아래서 그분의 살아 있는 지체이기 때문이다.

6. …… 교회는 그리스도 외에 다른 머리를 가질 수 없다. 왜냐하면 교회가 하나의 영적 몸이라면 그것은 자신에게 영적으로 알맞은 머리를 가져야 한다. 그리고 교회는 그리스도의 영 말고는 다른 영에 의해 지배를 받을 수 없다. …… 우리는 로마 교황을 보편적인 목자요 최고의 머

리로, 심지어는 지상에서 싸우는 교회에 대한 그리스도의 참된 대리인으로 만들며, 그가 교회에서 최고의 통치권을 가지고 있다고 말하는 로마-가톨릭 성직자의 교리를 인정하지 않는다. 왜냐하면 우리는 그리스도가 주님이시며 유일한 보편적 목자라고 가르치기 때문이다. 그리스도는 하나님 아버지 앞과 교회에서 제사장과 목자의 모든 직무들을 스스로 수행하신다. 그러므로 어떤 대리인도 필요하지 않는다. 그리스도는 교회에 현존하고 계시며 교회를 살아 있게 만드는 머리이다. 그는 사도들과 사도들의 후계자들에게 교회에서의 수위권과 통치권 행사를 아주 엄격하게 금지하였다.

7. 우리가 로마 교회의 수장을 거절한다 할지라도, 그리스도의 교회에 어떤 무질서나 혼돈을 일으키는 것이 아니다. 왜냐하면 사도들에 의해 우리에게 전해진 교회를 감독하는 방법이 교회를 질서 있게 유지하는 데 충분하다고 가르치기 때문이다. 또한 로마 교회의 수장이 존재하지 않았던 때에도 교회는 문란하고 무질서하지 않았기 때문이다.

8. 우리 교회가 로마 교회와 분리된 이후에 로마 교회는 우리들 사이에 논쟁이 일어남을 지적하면서 우리가 참된 교회가 아니라고 비난하였다. 마치 로마 교회에는 이단들이 전혀 없었으며, 의견의 차이와 논쟁이 전혀 없었던 것처럼 말이다. 물론 우리는 사도가 말한 바와 같이 하나님은 무질서의 하나님이 아니라 평화의 하나님이시며(고전 14 : 33), 시기와 분쟁이 있는 것은 우리가 육신에 속해 있기 때문이라는 점을(고전 3 : 3) 인정한다. 그럼에도 불구하고 하나님께서는 고린도 교회에 계셨으며, 다툼과 의견의 차이들이 있었지만 그래도 고린도 교회는 참된 교회였다는 점이 부정될 수 없다. …… 극심한 다툼들이 교회에는 항상 있었다. 교회의 유명한 지도자들이 아주 작은 일들에 서로 일치되지 못했었다. 이러한 논쟁 가운데시도 교회는 교회의 본래 모습을 버리지 않았다. 교회의 의견의 차이들을 오히려 하나님의 이름에 영광을 돌리며 하나님의 진리를 찬미하기 위해 사용하는 것을 하나님께서 좋아하시는

것이다.

9. 우리가 그리스도 외에 다른 어떤 것도 교회의 머리로 인정하지 않는 것처럼, 자신을 참되다고 주장하는 모든 교회를 다 참된 교회로 인정하지 않는다. 우리는 참된 교회의 특징과 징표가 발견되는 교회만을 참된 교회라고 가르친다. (참된 교회의 특징과 징표 중) 무엇보다 중요한 것은 하나님 말씀을 선지자들과 사도들의 책을 통해 우리에게 전승된 대로 바르게 선포하는 것이다.

참된 교회는 한 신앙과 한 성령을 가지며, 한 하나님만 경배하며, 영과 진리 안에서 그에게만 예배한다. 온 마음과 힘을 다해 하나님만을 사랑하고, 그리스도의 이름으로 하나님에게만 기도하며 그리스도와 하나님에 대한 신앙 밖에서 어떤 의나 삶도 구하지 않는다. 참된 교회는 그리스도만을 교회의 머리요 기초로 인정하며 그 위에 세워졌으며 날마다 참회를 통하여 새로워지기 때문에, 교회는 그들에게 지워진 십자가를 인내 가운데서 지고 가며 그리스도의 모든 지체들과 온전한 사랑으로 결합되며 이를 통해 그리스도의 제자로 나타난다. 동시에 참된 교회는 그리스도에 의해 제정되고 제자들에 의해 전해진 성례에 참여하며 이 성례를 제자들이 주님으로부터 받은 대로 실행한다. …… 그러므로 우리는 주교직의 계속적인 승계와 통일된 하나의 조직과 오랜 전통을 자랑한다 할지라도 전해 들은 것에 머물지 않는 교회는 참된 교회가 아니라고 단죄한다. 사도들은 우상과 바벨론을 피하고, 하나님께서 내리시는 벌을 받지 않고자 한다면 그들과 관계를 맺지 말라고 분명하게 명령했다.

10. 우리는 참된 교회에 속하는 것을 매우 중요시하여 참된 교회와 관계를 맺지 않고 분리된 자들은 하나님 앞에서 설 수 없다고 주장한다. 왜냐하면 노아의 방주 밖에는 홍수 속에 있는 세상을 위해 어떠한 구원도 없는 것처럼, 그리스도 밖에는 어떠한 구원도 없다고 믿기 때문이다. 그러므로 살고자 하는 자는 그리스도의 참된 교회와 분리되어서는 안 된

다고 가르친다.

11. 그럼에도 불구하고 성례에 참여하지 못했지만 그것이 성례를 원하지 않거나 무시해서가 아니라 피할 수 없는 이유로 인해, 다시 말해 그들의 의지에 반해 성례에 불참한 모든 사람들이 교회 밖에 있다고 가르치지는 않는다. 또한 우리는 신앙이 약해졌지만 신앙이 완전히 소멸되지 않는 자를 배제하지 않는다. 그리고 약함과 오점이나 오류들이 발견되는 자들을 배제하지 않는다. …… 우리는 바벨론 포로시기에 하나님의 백성에게 어떤 일이 일어났는지 알고 있다. 즉, 그들은 70년 동안이나 희생제사를 포기해야 했다. 우리는 베드로가 예수님을 부인할 때 어떤 일이 일어났는지 알고 있다. 즉, 이것은 선택된 하나님의 자녀들이 잘못하거나 약할 때 늘상 일어나는 일이었다. 우리는 또한 사도 바울의 시대에 갈라디아 교회와 고린도 교회가 어떠했는지도 알고 있다. 사도가 많은 무거운 불법에 대해 문책하였지만 그래도 이 교회들을 그리스도의 거룩한 교회라 불렀던 것이다.

때로는 하나님께서 당신의 말씀의 진리와 보편적인 신앙과 하나님을 바르게 예배하는 것을 세상에 알려지지 않게 하고 파괴하게 하여 교회가 엘리야 시대처럼 거의 말살되고 더 이상 남아 있는 것이 없는 것처럼 보이기도 한다. 그러나 하나님께서는 이 어두운 세상에 참된 예배자를 남겨 놓고 있는데 그 수가 7,000명이나 그 이상이 된다(왕상 19 : 18, 계 7 : 3ff). …… 그러므로 교회는 또한 보이지 않는다고 칭해질 수 있다. 교회에 모이는 사람들이 보이지 않기 때문이 아니라 교회가 우리의 눈에는 숨겨져 있고, 오직 하나님에게만 알려지기 때문이다.

12. 반면에 교회에 속하는 모든 자가 교회의 거룩하고, 살아 있는 참된 지체가 아니다. 왜냐하면 (교회에는) 많은 위선자들이 있기 때문이다. 이들은 하나님의 말씀을 건성으로 늘으며 성례를 사람들 앞에서 받으며, 그리스도를 통해서만 하나님께 기도하며, 그리스도를 그들의 유일한 의로 고백하며, 하나님께 예배하며, 이웃 사랑을 온전히 실천하고 환난의

순간에 인내로 견디는 것처럼 보인다. 그러나 내적으로는 성령의 조명과 믿음과 마음의 신실함과 마지막까지 견디는 점이 부족하다. …… 그럼에도 불구하고 이들이 진정으로 교회에는 속하지는 않지만 그래도 경건의 흉내를 내는 동안에는 교회의 일원으로 여겨진다. …… 그러므로 하나님의 교회는 모든 종류의 고기들을 낚는 그물과 가라지 알곡이 같이 자라는 밭으로 비유된다. 그래서 주님께서 저주하고자 아니했거나 교회에 피해를 주지 않았으므로 배제할 수 없는 자들을 조급한 판단으로 인해 배제하고 저주하고 뽑아 버리려고 하는 것을 삼가야 한다.

13. 또한 우리는 경솔하게 분열을 조장하지 않고 교회 안에 따뜻하게 품기 위해 교회의 진리와 하나됨이 어디에 존재하는지를 신중하게 살펴야 한다고 가르친다. 하나됨은 외적인 종교 예식에 있는 것이 아니라 보편적 신앙의 진리와의 일치에 있는 것이다. 보편적 신앙은 우리에게 인간적인 법을 통해서가 아니라 성경을 통해서 전수되었는데 이 성경의 요약이 바로 사도신경이다. 그러므로 우리는 초대교회 교부들 사이에는 종교 예식에 있어서 다양성, 즉 자유로운 다양성이 있었지만 이것 때문에 교회의 일치가 깨진다고 간주되지는 않았다는 것을 읽는다. 그러므로 우리는 교리에 있어서 교회의 참된 일치는 그리스도의 복음을 참되고 조화 있게 선포하는 것과 주님으로부터 특별히 전수된 예식을 행함에 있다고 말한다.

(18) 성직자와 그들의 임명과 그들의 직무에 대해

(19) 그리스도 교회의 성례에 대해

1. 하나님께서는 거의 처음부터 교회에서 말씀을 선포하는 것과 성례를 연결하였다. 성례는 신비로운 징표(symbola)이며, 거룩한 예전이요, 거룩한 행위이다. 하나님 자신에 의해 제정되었으며, 하나님의 말씀과 보이는 표지(signa)로 구성되어 있다. 하나님께서는 성례를 통하여 당신

의 사랑에 대해 기억하게 하며 이 기억을 계속적으로 갱신한다. 또한 성례를 통해 당신의 약속들을 확인하고 우리에게 내적으로 선물하신 것을 외적으로 보이게 하며, 성령을 통해 우리의 신앙을 강하게 하고 성장하게 한다. 마지막으로 하나님께서는 성례를 통하여 우리를 모든 다른 백성이나 종교와 분리하며, 우리만을 성별하며 은혜를 끼치며 우리에게 요구하시는 것이 무엇인지 알게 하신다.

2. 옛 계약과 새 계약의 성례들이 있다. 옛 계약 백성의 성례로는 할례와 봉헌되어야 하기에 제사로 불리는 유월절 양이 있다. 새 계약 백성의 성례로는 세례와 성만찬이 있다. 새 계약 백성의 성례를 7개로 보는 사람들이 있다. 이 7개 중에 회개와 성직자의 안수와 혼인예식은 하나님에 의해 제정된 유익한 것이라고 인정은 하지만 성례로는 인정하지 않는다. 견신례와 종부성사는 인간이 고안해 낸 것으로 교회가 어떤 피해도 입지 않고 포기할 수 있는 것이다.

모든 성례의 제정자는 인간이 아니라 하나님 자신이다. 인간은 어떤 성례도 제정할 수 없다. 왜냐하면 성례는 예배에 속하는 것이므로 인간이 예배를 제정하고 만드는 권한이 없기 때문이다. 인간에게는 단지 하나님이 주신 것을 받아들이고 보존하는 권리만 있다. 이 성례에는 신앙을 요구하는 약속들이 결합되어 있는데 이 신앙은 오직 하나님의 말씀에 근거한다. 하나님의 말씀이 편지로 간주된다면 성례는 하나님께서 편지에 직접 찍는 봉인으로 파악된다.

성례의 제정자이신 하나님께서는 성례가 바르게 실행되는 교회에서 계속해서 일을 하시기에 성도들은 그들이 성직자들로부터 성례를 받을 때 이 성례의 과정 속에 하나님께서 일하고 계신다는 것을 인정한다. 그러므로 그들은 하나님 자신의 손으로 성례를 받는 것이다. 성직자 자신들의 결점은 (그것이 어떤 것이든) 그들에게 해가 되지 않는다. 성례의 온전함이 주님의 제정에 의해 오는 것임을 알기 때문이다. 그러므로 그들은 성례 자체가 주님 자신으로부터 주어지지만 성례의 표지는 성직자들에 의해 주어진다는 것을 고백하며 주님 자신과 주님의 일꾼들을 구분한다.

(20) 거룩한 세례에 대해

(21) 성만찬에 대해

1. 주의 마지막 만찬은 성만찬이라 불린다. 왜냐하면 이 성만찬을 그리스도께서 마지막 만찬 시간에 제정하였고, 오늘날까지 실천되고 있으며 신자들이 이것을 영적으로 먹고 마시기 때문이다. 성만찬의 제정자는 천사나 어떤 인간이 아니라 바로 하나님의 아들이신 우리 주님 예수 그리스도 자신이다. 이분이 첫 번째로 교회의 성만찬을 거룩하게 하였는데 이 거룩함이 오늘날까지 주님께서 제정하신 성만찬 외에 다른 만찬을 거행하지 않는 모든 사람들에게 나타난다.

주님께서는 이 거룩한 행위를 통해 죽을 수밖에 없는 자들에게 나타난 큰 사랑을 생생하게 기억하게 하고자 하신다. 이 사랑이란 그리스도가 당신의 찢긴 몸과 흘린 피를 통해 우리의 모든 죄를 용서하고, 영원한 죽음과 사탄의 지배로부터 구원하고, 자신의 몸을 먹이고 자신의 피를 마시게 하여 영생에 이르게 하는 것이다. 그는 이 위대한 사랑을 주의 성만찬이 거행될 때마다 새롭게 하시다. 왜냐하면 주께서 "그것을 행함으로 나를 기념하라."고 말씀하셨기 때문이다. 이 성만찬을 통해 주의 몸이 우리를 위하여 희생되며 주의 피가 우리 죄의 사함을 위해 쏟아진다.

우리의 영 안에서 성령의 역사로 눈으로 보지 못하는 선물로 주어진 이 성례를 통해 성직자들로 말미암아 눈으로 보게 된다. 외적으로 성직자에 의해 빵이 제공되고 주님의 말씀이 들려진다 : "받으라, 먹으라. 이것은 내 몸이다. 받고 서로 나누라. 모든 것을 마시라. 이것은 내 피다". 신자들은 성직자가 베푸는 것을 받아 주님의 빵을 먹고 주님의 잔을 마신다. 이를 통해 성도들은 성령을 통한 그리스도의 제사로서 주님의 살과 피를 받아 영원한 생명을 위해 먹는다. 왜냐하면 그리스도의 살과 피는 영원한 생명에 이르는 참된 음식이요, 음료이기 때문이다. 그리고 그리스도 자신은 그가 우리를 위해 희생되고 우리의 구주가 되셨기 때문에, 성만찬에서 가장 중요한 핵심이다. 그래서 우리는 (성만찬에서) 어떤 다른 것이 그를 대신하는 것을 허락하지 않는다.

어떻게 그리스도의 살과 피가 신자들의 음식과 음료가 되는지, 그리고 어떻게 신자들이 영원한 생명에 이르기 위해 그것들을 받게 되는지 좀더 자세히 이해하기 위해 다음의 것을 보태고자 한다 : 먹는 것은 한 가지 방법으로만 이루어지는 것이 아니다. 육적인 식사가 있는데 그것은 사람들이 음식을 입으로 넣으며, 이로 씹으며, 삼켜 위로 보내는 것이다. 옛날에 가버나움의 사람들은 주의 몸을 먹어야 한다는 것을 바로 이러한 방법으로 이해했다. 그러나 그들은 주님에 의해 반박되었다(요 6 : 63). 왜냐하면 그리스도의 몸을 무시무시한 잔혹함 없이 먹을 수 없으며, 그것은 또한 위를 위한 음식이 아니기 때문이다. 이것은 모든 사람이 시인해야 한다. 그러므로 우리는 교황의 교령 중에서 *Ego Berengarius* 제2장에 나오는 '성체·성혈 축성(祝聖)'을 인정하지 않는다. 왜냐하면 경건한 교부들과 우리는 그리스도의 몸을 입으로나 실제적으로 먹을 수 없다는 점을 믿기 때문이다.

2. 그런데 그리스도의 몸에 대한 영적인 식사가 있다. 물론 음식 자체가 영으로 변화된다고 생각하는 것이 아니라 주님의 살과 피가 그것의 본질과 고유성을 유지하면서 우리에게 영적으로 분배된다는 것이다. 어떻든 우리가 육체적인 방법으로뿐만 아니라 영적인 방법으로, 즉 성령을 통해 주님의 몸과 피를 먹고 마시는 것이다. 성령은 우리가 주님의 살과 피를 통해 죄사함과 해방과 영원한 삶을 얻도록 하여서 그리스도가 우리 안에, 우리가 그 안에 살게 되었다. 성령은 또한 우리가 참된 신앙 안에서 그리스도 자신을 우리의 영적인 음식과 음료로 받아들이도록 만든다.

육적인 음식과 음료가 우리의 몸에 원기를 북돋아 줄 뿐만 아니라 생명을 보존하게 하는 것처럼, 우리를 위하여 희생된 그리스도의 살과 우리를 위하여 흘린 그리스도의 피도 우리의 영혼에 원기를 북돋아 줄 뿐만 아니라 생명을 보존하게 한다. 이것은 그리스도의 살과 피를 육체적으로 먹고 마시기 때문이 아니라 성령을 통해 영적인 방법으로 우리에게 분배되기 때문이다.

음식이 우리 안에서 효력을 발하게 하기 위해서는 우리가 그 음식을 먹음으로 우리 안에 받아들여야 하는 것처럼, 그리스도도 그가 우리가 되어 우리 안에 살고 우리가 그 안에 살기 위해 신앙을 통해 받아들여야 한다. 왜냐하면 그리스도께서 "나를 먹는 자는 나로 인해 살 것이며 그가 내 안에 나는 그 안에 있을 것이다."라고 말씀하셨기 때문이다.

이 모든 것으로부터 분명해지는 것은 우리가 영적인 음식이라고 해서 어떤 가상의 음식을 말하는 것이 아니라 우리를 위해 희생된 주님의 몸 자체를 말하는데, 이 몸은 신자들에 의해 육적으로가 아니라 신앙을 통해 영적으로 받아들여진다는 것이다. 이 점에 있어서 우리는 요한복음 6장에 나타난 예수 그리스도의 가르침을 철저히 따른다.

그리스도의 살을 먹고 피를 마시는 것은 어떤 사람도 이것을 먹고 마시지 않고는 구원에 이를 수 없을 정도로 구원에 절대적으로 필요한 것이다. 그런데 이 영적으로 먹고 마시는 것은 성만찬 밖에서도 일어나는데, 바로 그리스도를 믿을 때 항상 일어난다. 이것에 대한 전거는 아마도 아우구스티누스의 말이 될 것이다 : "너는 무엇을 이와 위와 동등하게 평가하는가? 믿으라! 그리하면 너는 먹은 것이다."

3. 성찬을 받음에 있어 영적인 의미가 더 크지만 그러나 이 영적인 의미 말고 또다른 의미가 있다. 주님의 몸을 먹음을 통해 신자는 주님의 참된 살과 피에 영적이고 내적으로 참여할 뿐만 아니라 또한 외적으로도 보이는 성찬을 받게 된다. 신자는 이미 전에 신앙 안에서 생명을 주는 음식을 받았고 지금까지 누리고 있다. 그럼에도 불구하고 신자는 또다시 성찬을 받을 때 그 외에 다른 것도 받게 된다. 지속적으로 주님의 살과 피를

받는 것을 통해 그는 성장하기 때문이다. 성찬을 통해 신앙은 더욱더 불붙고, 자라고, 영적인 영양분에 의해 활기를 띠게 된다. 우리가 살아 있는 동안 신앙은 항상 성장한다. 참된 신앙으로 성찬을 받는 자는 단지 표지만을 받는 것이 아니라 본질 자체도 누리는 자이다. 이 외에도 그는 성찬을 외적으로 받을 때 주님의 규정과 명령에 순종하며, 기쁜 마음으로 자신과 전 인류의 구속에 대해 감사하며, 주님의 죽음에 대해 경건하게 기억하며, 교회 앞에서 그들의 지체임을 증언하는 것이다.

4. 그러나 신앙이 없이 주님의 거룩한 식탁으로 오는 자는 단지 성찬에 참여만 하는 자로서 생명과 구원이 되는 성찬의 본질을 받지 못하는 자이다. 이들은 주님의 식탁에서 부적절하게 식사를 한다. 합당하지 않게 주님의 빵을 먹고 주님의 잔을 마시는 자는 주님의 살과 피를 더럽히는 것이며 자신을 심판에 이르게 하는 자이다. 참된 신앙 없이 성찬에 참여하지 않는 자는 그리스도의 죽음을 모욕하는 자이며 그의 먹고 마심이 자신을 저주에 이르게 하는 것이다.

5. 우리는 다음과 같이 주장할 정도로 주님의 살과 피를 빵과 포도주와 밀접히 관련짓지 않는다. "빵 자체가 주님의 몸이다." 혹은 "빵 속에 주님의 몸이 육체적으로 숨겨져 있어 그가 빵의 형태 아래에서도 경배를 받을 수 있다." 혹은 "(성찬의) 표지를 받는 자는 동시에 본질 자체도 받는다."라는 것이다. 그리스도의 몸은 하늘의 아버지 우편에 계신다. 그러므로 마음을 높여야지 빵에 집착해서는 안 된다. 그리고 주님은 빵의 형태 속에서 경배되어서는 안 된다. 그럼에도 불구하고 주님은 성찬식을 거행하는 교회 공동체에 멀리 떨어져 있지 않는다. 태양이 우리에게서 멀리 하늘에 있지만 우리에게 영향을 미치며 우리 가운데 현존한다. 의의 태양이신 그리스도는 육체적으로는 우리에게서는 먼 하늘에 계시지만 생명을 주는 활동을 통해 영적으로 더욱더 우리와 현존하고 계신다. 이것은 주님께서 마지막 만찬을 하실 때 당신이 우리와 함께하시겠다고 말씀하신 그대로이다(요 14-16장). 결론은 우리가 그리스도 없이

성만찬을 할 수 없으며 또한 피를 흘리지 않는 신비한 성만찬을 거행할 수 있다는 것이다.

6. 우리는 또한 성만찬 거행을 통하여 우리가 어떤 몸의 지체가 되었는지와 모든 형제와 하나가 되었음을 생각하도록 권면을 받는다. 이것을 생각해야 하는 목적은 이를 통해 우리가 거룩하게 살고 우리를 죄악이나 낯선 종교들로 더럽히지 않고, 삶이 다하는 날까지 참된 신앙 가운데 거하고 거룩한 삶을 통해 우리를 고귀하게 하고자 노력하기 때문이다.

그러므로 우리가 성만찬에 참여하고자 할 때 사도의 조언에 따라 다음과 같이 우리 자신을 돌아보아야 한다. 무엇보다 먼저 "우리가 어떤 신앙을 가지고 있는가?", "그리스도께서 죄인들을 구원하고 참회로 부르신다는 것을 믿는가?", "모든 사람이 자신이 그리스도를 통해 해방되고 구원된 자의 수에 속한다고 믿는가?", "악한 삶을 변화하여 거룩히게 살고 주님의 도우심으로 참된 신앙과 형제들과 일치 속에 머물며 하나님께 해방에 합당한 감사를 드리고 있는가?" 등이다.

7. 성만찬을 시행하는 방법으로는 주님의 만찬과 사도들의 가르침에 가장 가까운 방법이 최선일 것이다. 이 방법은 하나님 말씀의 선포, 경건한 기도, 주님 자신의 행위와 이의 반복, 주님의 살을 먹고 피를 마심, 주님의 죽음을 회상하는 것, 감사를 드리는 것, 교회 몸의 일치를 위한 거룩한 교제로 이루어져 있다. 그러므로 우리는 주님의 잔을 신자들에게 주지 않는 자들을 배척한다. 왜냐하면 이들은 빵에 대해서는 별도로 말하지 않았으나 (잔에 대해서는 말한) "모두 이 잔을 마셔라."고 하신 주님의 규정을 어기고 죄를 짓는 자들이기 때문이다.

미사가 교부들에게서 용인될 수 있는 것이었는지 아닌지에 대해서는 논의하지는 않는다. 우리가 승인할 수 없는 것은 구원을 가져다주는 열매와 동떨어진 내용이 없는 구경거리와 공로가 만들어지고, 돈을 받고 행해지고, 사제가 주님의 몸 자체를 만들고 이것을 살아 있는 자와 죽은 자의 죄를 사하기 위해, 그리고 하늘에 있는 성인들에게 영광을 돌리며 축하하거나 기억하기 위해 희생한다고 말하는 것이다.

(22) 교회 공동체의 거룩한 모임에 대해
(23) 예배기도와 찬송과 정해진 매일의 기도시간에 대해
(24) 축제일과 금식과 음식의 선택에 대해
(25) 교리교육과 병자를 위로하는 것과 심방하는 것에 대해
(26) 신자의 장례와 죽은 자를 돌보는 것과 연옥과 환영에 대해
(27) 전례(典禮) 양식과 전례 의식과 (허용되는) 중간 매체에 대해
(28) 교회의 재산에 대해
(29) 독신과 혼인과 가정에 대해

(30) 세속 정부에 대해
1. 모든 종류의 세속 정부는 인류의 평화와 평안을 위해 하나님이 세우신 것으로서 이 세상에서는 첫 번째 자리를 차지한다. 세속 정부가 교회의 적대자일 때는 교회를 난처하게 만들며 혼란시킬 수 있다. 그러나 세속 정부가 교회의 친구이자 지체일 경우에는 교회에 매우 유익하고 가장 잘 도와줄 수 있는 좋은 지체이다.
2. 세속 정부의 가장 중요한 과제는 공공의 평화와 안녕을 돌보고 유지하는 것이다. 이 과제를 세속 정부는 자신이 진실로 하나님을 경외하며 경건하고 거룩한 왕들과 제후들의 모범을 따라 진리의 설교와 순수한 믿음을 촉진하고, 거짓과 모든 미신을 온갖 불경건과 우상을 섬기는 것을 제거하고 교회를 보호할 때 가장 행복한 방법으로 할 수 있다. 그러므로 우리가 경건에 관심을 쏟는 것은 거룩한 세속 정부의 가장 중요한 임무이다.
세속 정부는 스스로 하나님의 말씀을 손에 잡고 그 말씀에 위배되는 어떤 것도 가르쳐지지 말도록 해야 한다. 또한 선하고 하나님의 말씀에 일치하는 법을 가지고 하나님께 위탁된 백성들을 다스리며 그들을 규율과 의무와 순종 가운데 있게 해야 한다. 재판을 바르게 해야 하며 사람들의 눈치를 보거나 선물을 받아서는 안 된다. 과부와 고아와 곤궁에 빠진 사람들을 도와주어야 하며 불의한 자와 거짓말하는 자와 포악한 자들을 징벌해야 하며 심지어는 근절시켜야 한다. 왜냐하면 세속 정부가 아무런 이유 없이 하나님으로부터 검을 받은 것이 아니기 때문이다(롬 13 : 4). 세속 정부는 하나님의 검을 모든 범죄자, 반란자, 노상 강도와 살인자, 억압자, 하나님을 저주하는 자, 거짓 맹세하는 자들과 하나님께서 벌을 주라고, 심지어는 죽이라고 명하신 모든 자들을 향해 뽑아야 한다. 세속 정부는 또한 교화시킬 수 없는 이단들을, 그들이 하나님의 위엄을 모독하고 하나님의 교회를 혼돈에 빠지게 하며 심지어는 타락하게 하는 것을 그치지 않을 때 징벌해야 한다.

 백성의 안녕을 전쟁을 통해서나마 보존해야 할 필요가 있을 경우에 세속 정부는 주님의 이름으로 전쟁을 해야 한다. 단 그 전에 모든 수단을 이용하여 평화를 추구해야 하며 전쟁을 통하지 않고는 자신의 백성을 보존할 수 없을 경우에만 한한다. 이것을 세속 정부가 신앙 안에서 행할 때, 그는 하나님을 섬기는 것이며 주님으로부터 복을 받는다. 우리는 그리스도인이 세속 정부의 일을 할 수 있다는 것과 누군가가 세속 정부에 의해 타당하게 사형에 처해질 수 있다는 것과 세속 정부가 전쟁을 수행할 수 있으며, 세속 정부에 서약을 할 수 있다는 것을 부정하는 재세례파들을 배척한다.

 3. 하나님께서 당신의 백성의 안녕을 위하여 그가 아버지로서 세속 정부를 통하여 일하시기 원하는 것처럼, 모든 신하들이 세속 정부 안에 있는 하나님의 은총을 인정하도록 명령하셨다. 그들은 하나님의 조력자인 세속 정부에 경의를 표하고 존경해야 하며, 사랑하고 호의를 보이며, 아버지를 위해 기도하는 것처럼 그들을 위해 기도해야 하며, 그들의 바르고 정당한 모든 명령들을 순종해야 하고 조세와 관세와 각종 부채를 신실하게 지불해야 한다. 조국의 공공적인 안녕이나 정의가 요구하고 세속 정부

가 피할 수 없이 전쟁을 수행할 때, 그들은 자신의 생명을 내놓아야 하며 전체의 안녕과 세속 정부를 위해 하나님의 이름으로, 자발적으로 그리고 기쁜 마음으로 피를 흘려야 한다. 왜냐하면 세속 정부에 반대하는 자는 자신을 향한 하나님의 무서운 진노를 불러일으키기 때문이다.

II 프랑스와 네덜란드의 개혁교회 신앙고백

1. 프랑스 신앙고백(1559)

1) 「프랑스 신앙고백」(1559)의 배경과 개요

조국을 떠나 망명생활을 하던 종교개혁자 칼빈은 「기독교 강요」 초판(1536)을 헌정사와 함께 그의 조국 프랑스 왕 프란시스 1세에게 헌정할 만큼 조국 프랑스와 프랑스의 종교개혁 진영에 대한 사랑이 깊었다. 프랑스 개혁교회 창립총회가 1559년 파리에서 열렸을 때, 총회장이었던 드 모렐(François de Morel)은 칼빈에게 신앙고백에 대한 자문을 구했다. 칼빈은 1557년에 35개 조항으로 구성된 신앙고백을 만들었고, 파리 총회에 이 신앙고백과 함께 대표자들도 파송했다. 파리 총회는 칼빈이 보낸 이 신앙고백을 검토하여 몇 군데를 약간 수정하고, 하나님에 대한 조항(신론)과 하나님의 말씀에 대한 조항(계시론/말씀론), 즉 처음 두 개 조항을 고치고, 6개 조항을 첨가하여 모두 40개 조항으로 만들었다. 파리 총회는 이 신앙고백을 지금은 지역 교회의 자료로서만 채택하기로 하고, 나중에 꼭 필요할 경우 행정관 또는 왕에 의해 다루어져야 한다고 생각했다. 그럼에도 불구하고 이 신앙고백은 1559년 제네바의 성경출판사에 의해서 출판되었고, 특별 편집출판 역시 「신앙고백」(*Confession de foy, faicte dun commun accord par les François, qui desirent vivre selon la pureté de l'Evangile de notre Seigneur Jesus Christ*⟨motto : 1 Petr. 3 : 15⟩)이라는 이름이 붙여졌다. 칼빈의 후계자인 베자(T. Beza)가 1560년 프랑스 왕 프란시스 2세에게 서문과 함께 이 신앙고백을 발송하였다.

  1571년 프랑스 개혁교회의 제7차 총회가 로셸(Rochelle)에서 개최되었을 때, 이 신앙고백이 공식적으로 승인되었다. 그러므로 이 신앙고백은 「라 로셸 신앙고백」(*Confession de foi de La Rochelle*), 「위그노들의 신앙고백」, 「프랑스 신앙고백」(*The French Confession of Faith*), 「갈리칸 신앙고백」(*Confessio Gallican*) 등으로 다양하게 불리고 있다.

  우리가 잘 알다시피 프랑스는 역사적으로 강력한 로마 가톨릭 국가이기 때문에 항상 개신교 내지 개혁교회는 심한 박해를 받았다. 나중에 개신교를 동정하고 인정한 앙리 4세가 왕이 되었을 때, 그는 이 신앙고백을 엄숙하게 공인했다. 처음에 프랑스어로 작성된 이 신앙고백은 칼빈에게서보다 더 강한 자연신학 사상과 스콜라신학 사상이 첨가되기는 했지만 대체로 칼빈의 사상을 기조로 하고 있으며, 피에몬트(Piemont)의 보도와 사람들(Vaudois)과 제네바에 살던 이탈리아의 피난민들의 신앙고백으로 사용되기도 했다. 특히 이 신앙고백은 독일에서는 베젤(Wesel)에서 1568년에 채택되었고, 1571년 독일 엠덴(Emden)에서 열린 네덜란드 개혁교회 창립총회에 의해서 「네덜란드 신앙고백」과 함께 공식적으로 채택되었고, 이 신앙고백은 「네덜란드 신앙고백」과 「스코틀랜드 신앙고백」

의 형성에 지대한 신학적 영향을 미쳤다.[1]

이미 앞에서 말했다시피 「프랑스 신앙고백」은 40개 조항으로 구성되어 있는데, 우리가 내용을 기준으로 독자들에게 편리함을 주기 위해서 임의적으로 다음과 같이 나눌 수도 있을 것이다.

1. 신론과 계시론(제1-8조)에서 '세 위격들 안에 있는 한 유일한 본질'이라는 내용으로 삼위일체 하나님이 고백되어져 있다. 이 부분에는 약간의 자연 신학적 사상과 스콜라 신학적 방법론이 나타난다. 하나님은 창조주와 섭리주이시며, 하나님은 자신을 자연을 통해서, 그리고 성경 말씀을 통해서 계시하신다. 성경은 성령의 증언과 내적 조명을 통해서 이해되어진다.

2. 인간론과 죄론(제9-11조)에서 인간은 하나님의 형상으로 완전하게 창조되었지만, 사탄의 유혹과 인간의 범죄로 인간은 전적으로 타락하였다고 고백한다. 인간의 죄는 펠라기우스주의자들의 주장처럼 단순한 조상들에 대한 모방이 아니라, 인간은 유전죄로써 원죄를 가지고 태어난다.

3. 그리스도론(제12-24조)에서 그리스도는 영원한 하나님의 아들과 지혜였으나 인간을 구원하기 위해서 한 인격 안에서 참하나님과 참인간이

---

1. *CR* IX, 715ff ; E. F. K. Müller, *Die Bekenntnisschriften der Reformierten Kirche*(1903) S. 221 ; W. Niesel, W. Niesel(Hrg.), *Bekenntnisschriften und Kirchenordnungen der nach Gottes Wort reformierten Kirche* (Zürich : Evangelischer Verlag A. G., 1938^3), S. 65-75 ; Société Commerciale d'Edition et de Librairie(Ed.), *Le catéchisme de Jean Calvin*(Éditions JE SERS : Paris, 1934), pp. 130-175 ; Arthur C. Cochrane(Ed.), *Reformed Confessions of Sixteenth Century*(Westerminster John Knox Press : Louisville·London, 2003), pp. 137-158 ; L. Doekes, *Credo : Handboek voor de Gereformeerde symboliek*(Ton Bolland : Amsterdam, 1975), pp. 51-52 ; 이장식(편역), 「기독교 신조사」(서울 : 컨콜디아사, 1979), pp. 205-219.

되신 중보자로 오셨다고 고백한다. 예수 그리스도만이 하나님과 인간 사이에 유일한 중보자요, 변호자이시다. 예수 그리스도는 신자들의 의와 성화와 구속이 되셨다.

4. 교회론(제29-38조)에서 교회의 본질(제25-28조)은 하나님의 선택된 자들의 모임이지만, 교회 안에는 위선자들과 유기된 자들도 있다고 고백한다. 참교회는 하나님의 말씀이 선포되는 곳에, 신앙고백이 행해지는 곳에, 성례전이 집례되는 곳에 있다. 교회의 조직(제29-33조)과 관련하여 하나님은 교회의 질서를 원하셔서 목사, 장로, 집사라는 질서를 세우셨다. 성례전(제34-38조)과 관련하여 성경이 인정하는 성례는 세례와 성찬이다. 세례와 성찬의 내용은 예수 그리스도이시며, 성례는 성령을 통해서 효과가 발생된다. 세례는 그리스도의 몸에 접붙임과 죄용서와 새 생명으로의 중생이다. 성찬은 그리스도와의 연합으로써 그리스도의 살과 피라는 영적인 양식과 음료를 제공받아 신앙을 강화하는 하나님의 은혜의 수단이다. 본 신앙고백은 교회론에서 특별히 로마 가톨릭교회의 연옥설을 강하게 비판하고, 세례론에서는 유아세례를 인정하지 않는 자들을 비판하고, 성찬론에서는 로마 가톨릭교회의 미사의 희생개념과 열광주의자들과 성찬주의자들을 비판하고 있다.

5. 국가론(제39-40조)에서 합당한 모든 정치체제는 하나님이 그것의 창조자이시기 때문에, 신자는 그들을 행정 관료로, 그리고 특별히 하나님의 대리자와 공직자로서 존경하고 복종해야 한다고 고백한다. 국가론에서 본 신앙고백은 합법적인 정부를 부정하는 열광주의자들을 비판하고 있다.

2) 「프랑스 신앙고백」(1559)의 발췌번역
이것은 우리 주 예수 그리스도의 복음의 순수성에 따라 살아가기를 원하는 프랑스 사람들이 하나로 일치된 가운데 주후 1559년에 만든 「신앙고백」이다.

I. 우리는 다음과 같이 믿고 고백한다. 유일하고, 단순한 한 본질이시며, 영적이고, 영원하고, 불가시적이며, 불변하시며, 무한하고, 불가해하고, 이루 말로 다할 수 없고, 전능하신 한 하나님만이 계신다. 그리고 가장 지혜로우시며(toute sage), 가장 선하시며, 가장 의로우시며, 가장 자비로우신 한 하나님만이 계신다.

II. 하나님은 자신을 사람들에게 다음과 같이 계시하신다. 첫째, 만물의 보전과 다스림(conduire) 운영통제에서와 마찬가지로 만물에 대한 하나님이 행하신 일들과 이들에 대한 창조 안에서, 둘째, 더욱더 분명하게 하나님의 말씀 속에서 계시하셨는데, 말씀은 처음에는 신탁을 통해서 계시된 말씀과 그리고 나중에는 우리가 성경이라고 부르는 책이 기록되게 위임하셨던 말씀이 있다.

III. 이 성경들은 신약과 구약의 정경 안에 포함되어 있다. 그 목록은 다음과 같다. 모세오경인 창세기, 출애굽기, 레위기, 민수기, 신명기, …… 요한계시록이다.

IV. 우리는 이 책들이 정경이며, 우리의 신앙의 확실한 규칙임을 안다. 그것은 교회의 합의된 일치와 동의에 의해서가 아니라 성령의 증언과 내적 조명에 의한 것이다. 성령의 증언과 내적 조명이 우리로 하여금 정경을 교회의 다른 책들과 구별할 수 있게 한다. 비록 교회의 다른 책들은 유용하기는 할지라도 여기에서 우리는 신앙의 어떤 조항도 발견할 수 없다.

Ⅴ. 성경 안에 포함된 말씀은 하나님으로부터 왔으며, 성경의 권위는 인간으로부터가 아니라 하나님으로부터만 주어진다는 사실을 우리는 믿는다. 성경이 하나님을 섬기는 일과 인간 구원을 위해서 필요한 모든 것을 내포하면서, 모든 진리의 규칙인 한 성경에서 가감하거나 바꾸는 것은 사람들에게나 심지어 천사들에게까지도 불법이다. 고전이나 관습이나 다수나 인간적 지혜나 판단이나 선포나 칙령이나 포고나 회의나 환상이나 기적이라도 이 성경에 반대할 어떤 권한도 없고, 이와 정반대로 모든 것은 성경에 따라 시험되고, 규제되고, 개혁되어져야 한다. 그러므로 사도신경, 니케아 신조와 아타나시우스 신조가 하나님의 말씀에 일치하는 것을 알기 때문에 우리는 이 세 가지 신조를 고백한다.

Ⅵ. 성경은 다음의 사실을 우리에게 가르치신다. 우리가 고백했던 유일하고 단순한 이 한 본질 안에 세 인격들, 즉 아버지, 아들, 성령이 계신다. 아버지는 만물의 최초 원인, 원리, 기원이시며, 아들은 성부의 말씀이요, 영원한 지혜이시며, 성령은 아버지의 능력과 힘과 효력이시다. 아들은 영원부터 아버지로부터 나셨으며, 성령은 영원히 아버지와 아들로부터 출원(발출)하신다. 세 인격들은 혼동되지 아니하지만 구별되고, 분리되지 아니하지만 동일한 본질에 속하며, 영원성과 능력에서 동등하시다. 이 점에서 우리는 고대 회의들에 의해서 확립된 것을 고백하며, 성 힐러리, 성 아타나시우스, 성 암브로시우스, 그리고 성 씨릴과 같은 거룩한 박사(교사)들에 의해서 거부된 모든 종파들과 이단들을 혐오한다.

Ⅶ. 협력하시는 세 인격들 안에 계시는 하나님은 자신의 힘과 지혜와 불가해한 선을 통해서 천지와 그 안에 있는 모든 것을 창조하셨을 뿐만 아니라 불가시적 영들을 창조하셨는데, 이 영들 중에 일부는 타락하여 멸망한 반면, 다른 일부는 계속적으로 순종하고 있다. 마귀에 의해서 타락한 전자는 모든 선(善)의 원수가 되어 결과적으로 온 교회의 원수가 되

었다. 하나님의 은혜에 의해서 보존된 후자는 하나님의 이름을 영화롭게 하고, 하나님의 선택된 자들의 구원을 증진시키는 사역자들이다.

Ⅷ. 하나님께서 만물을 창조하셨을 뿐만 아니라 세계에 있는 모든 것을 그의 주권적 의지를 통해서 처분하시고, 명령하시면서, 만물을 통치하시고 인도하신다는 사실을 우리는 믿는다. 하나님은 악의 창조자가 아니며 또는 악에 대한 책임이 하나님께 전가될 수도 없다. 왜냐하면 하나님의 뜻은 정의와 공의에 대한 주권적이며, 무오한 법칙이기 때문이다. 그러나 하나님은 악마들과 죄인들을 사용하는 놀랄 만한 수단들을 가지고 계셔서, 하나님은 그들이 범죄하고, 책임을 져야 할 악을 선으로 바꾸실 수가 있다. (이하 생략)

Ⅸ. 인간은 하나님의 형상으로 순전하고 완전하게 창조되었으며, 자기 자신의 죄로 인해 인간은 그가 받았던 은혜로부터 떨어졌으며, 그 결과 인간은 하나님과 공의와 모든 선의 근원으로부터 소외되어서 인간의 본성은 전적으로 타락하였다는 사실을 우리는 믿는다. (이하 생략)

Ⅹ. 아담의 모든 후손은 펠라기우스주의자들이 선언했던 단순한 악에 대한 모방이 아니라 유전적 악인 원죄에 묶여 있다는 사실을 우리는 믿는다. 우리는 그들의 오류들을 혐오한다. (이하 생략)

Ⅺ. 이 악은 참으로 죄이며, 비록 모태에 있는 어린이까지도 포함하여 전 인류를 정죄하기에 충분하며, 하나님도 그 악을 그렇게 생각하신다고 우리는 믿는다. 세례를 받은 후에도 죄의 본성은 여전하지만, 죄에 대한 저주가 하나님의 자유로운 은혜와 사랑에 의해서 하나님의 자녀들로부터 없어졌다. 그리고 한 걸음 더 나아가서, 죄는 악의와 반역을 열매로 생산하는 외고집이기 때문에 가장 거룩한 사람이 죄를 저항한다고

할지라도, 삶을 사는 동안 그들은 많은 약함과 불완전함으로 여전히 오염되어 있다.

XII. 모든 인간이 빠져 있는 이 같은 부패와 일반적인 저주로부터 하나님은 자신의 영원하고도 부동한 결의에 따라 그들의 공로를 고려하지 않으시고, 그들에게 하나님의 자비의 풍성하심을 보여 주기 위하여 우리 주 예수 그리스도 안에 있는 하나님의 선과 자비만으로 하나님이 택하신 자들을 부르신다는 사실을 우리는 믿는다. 하나님은 나머지 사람들은 그들 안에 하나님의 공의를 보여 주시기 위해서 이같이 동일한 타락과 저주 가운데 내버려 두신다는 사실을 우리는 믿는다. (이하 생략)

XIII. 우리는 다음의 사실을 믿는다. 우리의 구원을 위해서 필요한 모든 것이 예수 그리스도 안에서 제공되었고, 전달되었다. 예수 그리스도는 우리의 구원을 위해서 우리에게 주어진 분이시며, '우리에게 지혜와 의와 성화와 구속이 되셨다.' 그러므로 만약 우리가 그리스도를 거절하면, 우리는 아버지의 자비를 취소하는 것이다. 우리는 하나님의 자비 안에서만 안식처를 발견할 수 있다.

XIV. 우리는 다음의 사실을 믿는다. 하나님의 지혜이시며, 하나님의 영원한 아들이신 예수 그리스도가 한 위격 안에 하나님과 인간(Dieu et homme en une personne)이 되시기 위해서 우리의 육신을 입으셨으며, 우리처럼 몸과 영혼의 고통을 당할 수 있으면서도 죄의 모든 감염으로부터 벗어나 계신다. (이하 생략)

XV. 우리는 다음의 사실을 믿는다. 한 인격, 즉 예수 그리스도 안에서 두 본성(les deux natures)이 실제적으로 그리고 분리되지 않게 결합되어 하나가 되어 있지만, 각 본성은 그 본래의 성격을 지니고 있다. 그 결과 이 연합 속에 신성(神性)은 그 속성들을 유지하기 때문에, 신성은 창조되지 않고, 무한하며, 편재하고 있다. 인성(人性)은 자신의 형태와 크기와 속성들을 가지고 유한하게 남아 있다. 비록 예수 그리스도는 죽음으로부터 부활하여 그의 몸에 불멸성이 주어졌지만, 그는 그 몸으로부터 몸의 참본성이 제거되지 않았다. 그러므로 우리는 예수 그리스도를 그의 신성 가운데 생각할 때 우리는 그로부터 그의 인성을 제거하지 않는다.

XVI. 우리는 다음의 사실을 믿는다. 하나님은 자신의 아들을 보내시어 모든 의를 성취하시기 위해 그를 죽게 하시고, 우리에게 천상적 생명을 보장해 주시기 위해 그를 죽음으로부터 부활시키심으로써 우리에게 하나님의 사랑과 측량할 수 없는 선을 보여 주시기를 계획하셨다.

XVII. 우리는 다음의 사실을 믿는다. 주 예수 그리스도께서 십자가에서 바치신 완전한 희생 제물에 의해 우리는 하나님과 화해하게 되었고, 하나님 앞에서 의롭다 함을 받았다. 왜냐하면 하나님께서 우리의 모든 죄를 용서하시고, 도말하시는 것 외에는 우리가 하나님께 받아들여질 수도 없고, 입양(adoption)의 은혜에 대한 참여자들이 될 수가 없기 때문이다. 따라서 우리는 예수 그리스도를 통해서 우리가 깨끗함을 받았고, 완전해졌으며, 그의 죽음을 통해서 우리가 완전히 의롭게 되었고, 그를 통해서만 우리가 우리의 죄악(forfaits)과 부패(iniquités)로부터 구원받았다고 선언한다.

XVIII. 우리는 다음의 사실을 믿는다. 우리의 모든 칭의는 시편 기자가 말했다시피(시 32:2) 우리의 죄의 용서에 달렸으며, 여기에 우리의 유일한 축복도 있다. 그러므로 우리는 하나님 앞에서 의롭다 함을 받는 다른 모든 수단들을 거부하고, 어떤 덕이나 공로를 주장하지 않고, 우리로 하여금 하나님의 면전에서 은혜와 호의를 발견함과 동시에 우리의 죄를 도말하기 위하여 우리에게 전가된 예수 그리스도에 대한 순종만을 의존한다. (이하 생략)

XIX. 우리는 다음의 사실을 믿는다. 이 수단에 의해서 하나님께서 자신을 우리에게 아버지로 보여 주시리라는 완전한 확신 속에서 하나님께 기도할 자유와 특권을 우리는 가진다. 왜냐하면 우리는 이 중보자를 통하는 것 이외에 아버지께로 갈 수가 없기 때문이다. 그의 이름으로 기도가 상달되기 위해서 우리는 우리의 주인이신 그로부터 우리의 생명을 소유해야 한다.

XX. "그는 우리의 구원을 위해서 고난을 받으셨기 때문에, 그를 믿는 자는 누구든지 멸망치 않는다."라는 말씀대로, 믿음에 의해서만 우리는 이 칭의의 참여자들이 되었음을 우리는 믿는다. (이하 생략)

XXI. 우리는 다음의 사실을 믿는다. 우리는 성령의 신비한 능력에 의해서 신앙 안에서 조명되었는데, 그것은 하나님께서 자신이 원하시는 자에게 허락하시는 하나님의 은혜로우신 특별한 은사이기 때문에, 선택된 자들이 영광을 받을 이유가 전혀 없고, 다만 자신들이 다른 사람들보다 더 낫게 여기심을 받은 데 대하여 갑절의 감사를 드릴 수밖에 없다. 우리는 다음의 사실을 믿는다. 신앙은 선택된 자에게 그들을 올바른 길로 들어서게 하기 위해서만 주어진 것이 아니라 끝까지 그들을 인도하기 위해서도 주어진 것이다. 왜냐하면 일을 시작하신 하나님께서 그 일을 완성하기를 원하시기 때문이다.

XXII. 우리는 다음의 사실을 믿는다. 본성적으로 죄를 짓고 있음에도 불구하고, 우리는 이 신앙에 의해서 새 생명 가운데 중생하였다. 지금 복음에 의해서 우리에게 주어진 약속을 받아들이면서, 우리는 신앙에 의해서 거룩하게, 그리고 하나님을 경외하면서 살아갈 은혜를 받는다. 즉, 하나님은 우리에게 성령을 주시기 원하신다. 이 신앙은 우리가 거룩한 삶을 살지 못하도록 방해하지 못하며, 또는 의의 사람으로부터 우리가 돌아서지 못하게 하고, 반드시 우리 안에 모든 선행의 열매를 맺게 한다. 더구나 하나님은 우리의 구원을 위해서 우리 안에서 일하시고, 우리의 마음을 새롭게 하시고, 우리가 선한 모든 일을 하도록 우리로 하여금 결심하게 만드신다. 그러나 우리가 행한 선행은 하나님의 영으로부터 나온 것임을 우리는 고백한다. 우리가 행한 선행은 우리의 칭의를 위해서 어떤 기여도 할 수가 없고, 우리에게 양자(養子)와 양녀가 될 수 있는 어떤 자격도 부여하지 않는다. 만약 우리가 예수 그리스도께서 (십자가를 통해서-필자주) 우리에게 베풀어 주신 만족(satisfaction)에 의존하지 않을 경우, 우리의 마음속에 의심과 불안이 항상 있게 된다.

XXIII. 예수 그리스도의 강림으로 율법의 규정들은 끝이 났다. 그러나 비록 의식(儀式)들은 더 이상 사용되지 않을지라도 율법의 본질과 진리는 예수 그리스도의 위격 안에 남아 있다. 왜냐하면 예수 그리스도 안에서 의식들이 성취되었기 때문이다. (이하 생략)

XXIV. 우리는 다음의 사실을 믿는다. 예수 그리스도는 우리의 유일한 변호자이며, 그는 우리에게 그의 이름으로 아버지께 간구하도록 명령하시기 때문에 하나님께서 하나님의 말씀에 따라 우리에게 가르쳐 주신 방법에 일치하는 것 외에 다른 것으로 우리가 기도하는 것은 불법이다. 죽은 성도들의 중보와 관계된 인간의 모든 상상은 인간을 예배의 올바른 길로부터 이탈하게 하는 사탄의 오용과 고안물이다. 또한 우리는 인간이 자신을 하나님 앞에서 구원하려고 예수 그리스도의 희생과 고난을 훼손시키는 그와 같은 모든 수단과 방법을 거부한다. 마지막으로, 우리는 연옥은 똑 같은 곳으로부터 나오는 환상으로 간주한다. 또한 이 연옥으로부터 수도원 서약, 순례, 결혼과 육식금지, 특정제일의 준수, 고해성사, 면죄부, 용서와 구원의 공로를 얻고자 하는 모든 것들이 나온다. 우리가 이 모든 것들은 거부하는 이유는 그것들과 연결되어 있는 공로의 거짓 사상 때문만 아니라 그것들은 양심에다가 멍에를 씌우는 인간의 발명품들이기 때문이다.

XXV. 지금 우리는 오직 복음을 통해서만 그리스도를 향유한다 (iouissons). 우리는 다음의 사실을 믿는다. 그리스도의 권위에 의해 세워진 교회의 질서는 신성불가침한 것이 되어야 하며, 그러므로 교회는 교훈하는 목사가 없이는 존재할 수가 없다. 그러므로 그들이 정당하게 부름 받았고, 신실하게 그들의 직무를 수행할 때 우리는 그들을 존경하고, 그들의 교훈에 경청해야 한다. 하나님께서 그 같은 도움과 부차적인 수단들에 묶어 계시기 때문이 아니라 하나님께서 그 같은 강제수단들을 통해서 우리를 다스리시기를 기뻐하시기 때문이다. 이 점에서 우리는 사역자와 말씀선포와 성례전을 파괴하기 위해서 자신들의 힘이 닿는 데까지 행동하기를 좋아하는 모든 공상가들을 혐오한다.

XXVII. 그럼에도 불구하고 우리는 다음의 사실을 믿는다. 어떤 것이 참된 교회인지 구별하기 위해서 주의와 신중을 기하는 것이 중요하다. 왜냐하면 참된 교회라는 용어는 많이 오용되어 왔기 때문이다. 하나님의 말씀에 따라 우리는 다음과 같이 말한다. 하나님의 말씀을 따르기로 동의하고, 하나님의 말씀이 가르치는 순수한 종교를 따르기로 동의하며, 성장과 진전의 부족함을 느낄 때마다 하나님의 말씀과 종교 안에서 자신들의 모든 삶을 발전시키고, 하나님에 대한 경외를 더욱 높여 가는 신자들의 모임(la compagnie des fideles)이 참된 교회이다. …… 그럼에도 불구하고 우리는 신자들 가운데서도 위선자들(des hypocrites)과 유기된 자들(reprouvés)이 있다는 사실을 부인하지는 않는다. 그러나 그들의 사악함이 교회의 명칭을 파괴할 수는 없다.

XXVIII. 적절하게 말한다면, 우리는 이 신앙 안에서 다음과 같이 선언한다. 하나님의 말씀이 받아들여지지 않거나 신앙고백이 하나님의 말씀에 종속되지 않거나 성례전이 사용되지 않는 곳에는 교회가 있을 수가 없다. 그러므로 우리는 교황의 집회들을 정죄한다. 왜냐하면 하나님의 순수한 말씀이 그곳으로부터 사라졌으며, 그들의 성례들은 부패하였거나 거짓되었거나 훼손되었고, 모든 미신들과 우상숭배들이 그곳에 있기 때문이다. 이 모든 행동에 동참하고, 그 교회 안에서 교제하는 모든 사람들은 그리스도의 거룩한 몸으로부터 자신을 분리하고, 절단하는 것이라고 우리는 주장한다. 그럼에도 불구하고 교회의 어떤 흔적이 교황의 교회 안에 남아 있고, 세례의 힘과 본질이 남아 있다. 왜냐하면 세례의 효과는 세례를 베푸는 사람에게 종속되지 않기 때문이다. 여기서 세례를 받은 자들은 두 번 세례를 받을 필요가 없다고 우리는 고백한다. 그러나 교황의 교회의 부패함 때문에, 우리는 어린이들을 교황의 교회에서 세례 받게 할 때에 어린이들을 오염시킬 수밖에 없다.

XXIX. 참된 교회와 관련해서 우리는 다음의 사실을 믿는다. 참된 교회는 주 예수 그리스도에 의해서 세워진 질서에 따라 통치되어야 한다. 참된 교회에는 목사들과 장로들과 집사들이 있어야 한다. 그래서 참된 교리가 유지되고, 잘못이 교정되며, 감독되고, 가난한 자들과 고통 가운데 있는 자들이 그들의 필요에 따라 도움을 받아야 한다. 집회들은 하나님의 이름으로 모여야 하며, 성인과 어린이 모두 교육받아 교화되어야 한다.

XXX. 우리는 다음의 사실을 믿는다. 어디에 있든지 간에 모든 참된 목사들은 한 머리 되시며, 주권적이고도 우주적인 한 유일한 감독이 되시는 예수 그리스도 밑에서 동일한 권위와 동등한 힘을 갖는다. 이 결과 어떤 교회도 어떤 다른 교회에 대한 권위를 주장하거나 지배권을 가져서는 안 된다.

XXXI. 우리는 다음의 사실을 믿는다. 어떤 사람도 자신의 권위로 교회를 통치하는 책임을 맡을 수가 없고, 가능한 한 그리고 하나님께서 허락하시는 한, 이것은 선거를 통해서 이루어져야 한다. 하지만 우리가 특별히 예외적인 조건을 만드는 이유는 오늘날의 상황과 같이 가끔 교회의 상태가 방해를 받아 파멸과 붕괴 가운데 있는 교회를 회복시키기 위해 특별한 방법 하에서 사람을 세우는 것이 하나님께 필요했기 때문이다. 그러나 그럼에도 불구하고, 모든 목사들과 장로들과 집사들은 그들의 직무로 부름을 받은 증거를 가져야만 한다.

XXXIV. 우리는 다음의 사실을 믿는다. 성례는 보다 충분한 확증을 위하여 말씀에 부가되었다. 성례는 하나님의 은혜의 약속과 보증이다. 우리 안에 있는 약함 때문에 성례를 통해서 신앙의 도움과 위로를 얻는다. 성례는 외적 징표이며, 이 징표를 통해서 하나님은 그의 영으로 일하시고, 하나님은 어떤 일도 우리에게 무익하게 보여 주지 않으신다. 그러나 우리는 성례의 본질과 진리는 예수 그리스도 안에서 찾아야 하며, 성례 그 자체는 오직 연기와 그림자에 불과하다.

XXXV. 우리는 모든 교회에 공통적인 두 가지 성례만을 고백한다. 그 중에 하나가 세례인데, 세례는 우리의 입양의 증거이다. 왜냐하면 세례를 통하여 우리는 그리스도의 몸에 접붙임을 받고, 그리스도의 피로 씻은 바 되고, 깨끗함을 받고, 그리스도의 성령에 의해서 삶의 정결함 가운데 새롭게 된다. 비록 우리가 단 한 번만 세례를 받을지라도, 세례가 우리에게 상징하는 유익은 우리의 전 생애를 거쳐서 우리의 죽음에까지 도달한다. 그 결과 우리는 예수 그리스도께서 항상 우리의 칭의와 성화가 되실 것이라는 지속적인 증언을 가지고 있다. 그럼에도 불구하고 세례는 신앙과 회개의 성례이다. 그러나 하나님께서 유아들을 그들의 부모와 함께 교회 안으로 받아들일 때 우리는 예수 그리스도의 권위에 의존하여 믿는 양친들의 자녀들은 세례를 받아야 한다고 말한다.

XXXVI. 두 번째, 성례인 성찬은 우리가 그리스도와 갖는 연합에 대한 증거라는 사실을 우리는 고백한다. 그리스도께서 우리를 위하여 죽었다가 다시 부활하신 것뿐만 아니라 우리는 그리스도 안에서 하나가 되어, 우리의 생명은 그리스도의 생명과 공유하게 된다. 비록 그리스도는 이 땅에 있는 모든 것을 심판하시기 위해서 다시 오실 때까지 하늘에 계시지만, 그리스도는 여전히 그의 영의 신비하고도 불가해한 능력을 통해서 그의 몸과 피의 본질을 가지고 우리를 먹이시고 강화시키고 계신다는 사실을 우리는 믿는다. 이것은 영적으로 이루어졌다는 사실을 우리는 주장하는데, 우리가 사실과 진리 대신에 상상과 공상을 하기 때문이 아니라, 이 같은 큰 신비는 우리의 감각과 자연법을 초월하기 때문이다. 간단히 말하면, 이것은 하늘에 속한 일이며, 신앙에 의해서 이해될 수 있는 일이기 때문이다.

XXXVII. …… (생략) 왜냐하면 빵과 포도주가 몸에 영양분을 공급하듯이 예수 그리스도의 살과 피는 영혼에 음식과 음료를 제공하기 때문이다.

XXXVIII. 그러므로 물은 미약한 요소이지만, 진리 안에서 우리에게 성령의 효과를 통해서 예수 그리스도의 피 안에서 우리의 영혼을 내적으로 씻어 줌을 증거한다는 사실을 우리는 주장한다. 성찬에서 우리에게 제공된 빵과 포도주는 우리의 영적인 영양분을 제공한다는 사실을 우리는 주장한다. 우리가 보다시피 그리스도의 몸은 우리의 음식이요, 그리스도의 피라는 사실을 빵과 포도주가 보여 준다. 비록 우리의 구세주께서 "이것은 나의 몸이요, 이 잔은 나의 피라."고 말씀하셨을지라도, 그 같은 표징(signes)과 표식(marques)을 받아들이지 않는 열광주의자들과 성례주의자들을 우리는 거부한다.

XXXIX. 하나님은 무질서한 욕망들을 억제하시기 위해서 세상이 법률들과 행정 관료들에 의해서 통치되기를 원하신다는 사실을 우리는 믿는다. 그리고 하나님은 왕국, 공화국, 세습적 또는 다른 모든 종류의 정치 형태들을 세우셨기 때문에, 정당한 정부에 속하는 모든 정치 형태는 하나님이 그들의 주인인 것을 고려하기를 원하신다. 그래서 하나님은 십계명의 둘째 돌판은 물론 첫째 돌판에 대적하는 범죄를 제압하기 위하여 행정 관료들의 손에 칼을 쥐어 주셨다. 그러므로 우리는 하나님으로 인해 고관으로서 행정 관료들에게 복종할 뿐만 아니라 하나님의 대리자와 공무자로서 그들을 존경하고, 경의를 표해야 한다. 합법적이고도 거룩한 권위를 행사하도록 하나님께서 그들을 임명하셨다.

XL. 그러므로 우리는 그들의 법률과 법규에 복종해야 하며, 세금, 조세, 그리고 그 밖의 의무를 준행하며, 선하고 자유로운 의지를 가지고 복종의 멍에를 짊어져야 한다. 비록 그들이 불신자들일지라도 하나님의 주권적 제국이 침해되지 않는 한 우리는 그렇게 해야 한다고 주장한다. 그러므로 우리는 권위를 거부하고 재산의 공유와 혼란을 조장하여 공의의 질서를 전복하기 원하는 자들을 혐오한다.[2]

---

2. 이 신앙고백 마지막에 총회장 프랑소와 드 모렐의 사인이 되어 있다. "Ainsi signé en l'orginal : FRANÇOIS DE MOREL, élu pour prédiser au synode, au nom de tou. Fait à Paris, le vingt-huitième de mai 1559, dans le règne du roy Henri, l'an 13."

2. 네덜란드 신앙고백(1561)

1) 「네덜란드 신앙고백」(1561)의 배경과 개요

「벨기에 신앙고백」(Confessio Belgica ; the Belgic Confession of Faith)으로 널리 알려진 「네덜란드 신앙고백」을 작성한 사람은 순교한 구이도 드 브레스(Guido 또는 Guy de Brès, 1522-1567)이다. 그 당시에는 오늘날의 벨기에와 네덜란드가 분리되지 않은 한 나라로서 벨기에로 불렸다. 여러 가지 이유, 특히 정치적, 종교적 이유로 벨기에와 네덜란드가 갈라지게 되었지만, 오늘날도 라틴어로 네덜란드 국가를 부르는 칭호는 '벨기카'(Belgica)이다. 그러므로 신앙고백의 제목을 직역할 경우 「벨기에 신앙고백」이 맞지만, 현재의 나라를 기준으로 할 경우 「네덜란드 신앙고백」으로 번역하는 것이 올바르다고 생각되어 필자는 여기서 후자로 번역하여 사용하기로 한다.[3]

드 브레스는 1522년 벨기에의 몽(Mons ; Bergen)에서 태어났지만, 로마 가톨릭교회의 핍박으로 인해 1548년 영국으로 피난했다. 그는 영국 런던에 있는 네덜란드 피난민교회에서 신앙훈련을 철저하게 받은 뒤에 1552년 네덜란드 남쪽지방에 위치한 릴르(Lille ; Rijssel)에 있는 교회에

---

3. J. N. Bakhuizen van den Brink, De Nederlandse Belijdenisgeschriften(Amsterdam : Uitgeverij Ton Bolland, 1976²) ; E. F. K. Müller, Die Bekenntnisschriften der Reformierten Kirche, (1903) S. ? ; W. Niesel, W. Niesel(Hrg.), Bekenntnisschriften und Kirchenordnungen der nach Gottes Wort reformierten Kirche(Zürich : Evangelischer Verlag A. G., 1938³), S. 119-136 ; Société Commerciale d'Edition et de Librairie(Ed.), Le catéchisme de Jean Calvin(Éditions «JE SERS» : Paris, 1934), pp. 177-239 ; Arthur C. Cochrane(Ed.), Reformed Confessions of Sixteenth Century(Westerminster John Knox Press : Louisville·London, 2003), pp. 185-219 ; L. Doekes, Credo : Handboek voor de Gereformeerde symboliek(Ton Bolland : Amsterdam, 1975), pp. 54-62 ; 이장식(편역), 「기독교 신조사 I」(서울 : 컨콜디아사, 1979), pp. 243-270.

서 목회하였다. 여기서 그는 그의 한 저서 *La Baston de la Foy Chrestienne*에서 로마 가톨릭교회의 교리와 재세례파들의 사상을 강력하게 비판했다. 그는 1556년에 로마 가톨릭교회의 심한 핍박으로 인해 프랑크푸르트(Frankfurt a. M.)로 이주하여 피난민교회를 창립하여 목회했는데, 여기서 아 라스코(à Lasco)와 칼빈을 만났다. 그 후 그는 제네바에 가서 칼빈과 베자(T. Beza) 밑에서 수학했다. 그는 1559년 다시 네덜란드로 돌아와 라몽(Catherine Ramon)과 결혼했다. 그는 프랑스와 벨기에의 국경 지역에서 여러 교회를 목회하면서 그의 거처를 도르니크(Doornik)로 정했는데, 조그마한 집 연구실에서 유명한 네덜란드 신앙고백을 작성하였다. 그는 이 신앙고백을 출판하기 전에 안트베르펜(Antwerpen)에 있는 몇몇 동료 목회자들(A. de Saravia, H. Modeld, Chr. Fabricius)에게 자신이 작성한 신앙고백을 회람시켰다.

이 신앙고백은 처음에는 프랑스어(1561, Rouen)로 작성되었는데, 나중에 네덜란드어(1562, Emden)와 라틴어(1581, Genève ; 베자에 의해 번역됨.)로 번역되었다. 빌립 샤아프 등 영·미 등에서 사용되는 영어 번역본은 라틴어본에서 번역된 것이다. 드 브레스가 「프랑스 신앙고백」(1559)을 참고했음에도 불구하고, 양자 사이에 많은 차이점이 존재하는 이유가 무엇일까? 정치적으로 찰스 5세와 프란시스(Francis) 사이의 전쟁 후에 브뤼셀의 정부가 매우 활동적이었기 때문에, 그들은 프랑스와의 접촉에 반대하였다. 그러므로 드 브레스는 「프랑스 신앙고백」을 그대로 모방할 수가 없었다. 드 브레스는 신학적으로 재세례파 운동의 부정적인 측면들을 많이 보았기 때문에, 그의 신앙고백은 이 운동에 대한 비판적인 관점을 많이 담고 있다.

1561년 11월 1일부터 2일 밤에 그는 신앙고백의 한 샘플을 도르니크에 있는 성 외벽에 붙였다. 신앙고백의 모토는 「프랑스 신앙고백」과 똑같이 베드로전서 3 : 15이었다. 프랑스어 신앙고백은 서문과 함께 1562년 왕 빌립 2세(Philip Ⅱ)에게 보내졌다. 1562년 초에 도르니크의 사람들은 드 브레스의 은신처를 발견했는데, 그곳에서 240개의 신앙고백 샘플이 발견되었다. 1566년에 안트베르펜 총회는 이 신앙고백을 낭독함으로써 시작하였다. 이 총회는 이 신앙고백의 텍스트 몇 군데를 고쳤지만, 더욱 분명하게 하였고, 내용상의 수정은 가하지 않았다.

드 브레스는 로마 가톨릭교회 당국에 체포되어 투옥되었다가 1567년 5월 31일 아침 그의 동료들과 함께 교수형으로 순교했다. 그는 재판석에서 재판관에게 다음과 같이 선언했다.

> "당신이 들었던 이 교리는 사도들에 의해서 가르친 바 되었고, 초대교회에서 보존되었으며, 모든 순교자들의 피에 의해서 인친 바 되었고, 확증된 교리와 동일합니다. 그리고 하나님께서 내가 죽는 것을 기뻐하실 경우, 나는 그것을 조금도 반대하지 않고, 나 자신의 피를 통해서 이 교리에 인칠 것입니다." 그리고 그는 그의 부인에게 다음과 같은 편지를 썼다. "이 순간조차도 나는 나의 주 예수 그리스도에 대한 신실함을 느끼고 있습니다. 나는 지금 내가 그렇게도 자주 다른 사람들에게 설교했던 것을 지금 막 실천하려고 합니다."[4]

1568년 독일 베젤(Wesel)의 개혁교회 모임은 이 신앙고백을 받아들이고, 1571년 엠덴(Emden)에서 개최된 개혁교회 창립총회가 이 신앙고백에 공식적으로 서명하였다. 네덜란드 항변파 사람들이(Remonstranten) 신앙고백을 받아들이지 않고 반대하였을 때, 베이르(Veere) 총회는 1611년에 이 신앙고백을 개정 출판했다. 또한 도르트 총회(1618-1619)도 이 신앙고백에 대한 약간의 수정을 가했는데, 가령 제1조항에 '전능한'(almachtig)이라는 단어를 첨가했다. 이 총회는 진정성이 있는 사본으로서 네덜란드어 텍스트와 프랑스어 텍스트만을 출판했다. 도르트 총회는 이 텍스트 안에 있던 성경증거본문과 신앙고백 조항의 표제를 삭제했다. 네덜란드 개혁교회 총회(De Synode der Nederlandse Gereforemeerde kerken)는 1905년

---

4. O. J. de Jong, *Nederlandse Kerkgeschiedenis*(Nijkerk : Uitgeverij G. F. Callenbach, 1972), p. 128.

에 제36조항 중의 한 구절을 삭제하였다.[5]

「네덜란드 신앙고백」은 모두 37개 조항으로 구성되어 있는데, 중요 내용은 다음과 같다. 제1조는 유일하신 하나님에 대해, 제2조는 하나님 인식(지식)의 두 가지 방법, 즉 자연과 성경에 대해 고백하고, 제2~7조는 성경에 대해 고백하고 있다. 제8~11조는 삼위일체 하나님에 대해 고백하는데, 특히 제10조는 성자의 신성에 대해, 제11조는 성령의 신성에 대해 고백하고 있다. 제12~13조는 하나님의 섭리와 천사의 창조와 타락에 대해 고백하고, 제14조는 인간의 창조와 타락에 대해, 제15조는 원죄에 대해, 제16조는 선택에 대해, 제17조는 인간의 회복에 대해 고백하고 있다. 제18~21조는 예수 그리스도의 위격과 사역에 대해 고백하고, 제22~24조는 인간의 구원에 대해, 제25조는 율법에 대해 고백하고 있다. 제26조는 예수 그리스도의 중보에 대해, 제27~35조는 교회에 대해 고백하고 있다. 제36조는 정부 또는 국가에 대해, 제37조는 최후심판에 대해 고백하고 있다.

2) 「네덜란드 신앙고백」(1561)의 발췌번역[6]
Ⅰ. 유일하신 하나님이 계신다.

---

5. 삭제된 구절 : "모든 우상숭배와 거짓 종교를 제거하고, 송두리째 뽑고, 적그리스도의 왕국을 파괴하기 위하여"("om te weren en uit te roeien alle afgoderij en valse godsdient en het rijk van de antichrist te gronde te werpen.").
6. J. N. Bakhuizen van den Brink의 다음 문헌에는 1561년 프랑스어판, 1562년 네덜란드어판, 그리고 라틴어판이 나란히 수록되어 있다 : J. N. Bakhuizen van den Brink, *De Nederlandse Belijdenisgeschriften*(Uitgeverij Ton Bolland : Amsterdam, 1976²), pp. 70-146 ; *De Nederlandse Belijdenisgeschriften* (Uitgeverij Boekencentrum B. V. : Zoetermeer, 1992), pp. 16-45 ; 라틴어판은 W. Niesel, *Bekenntnisschriften und Kirchenordnungen der nach Gottes nach reformierten Kirchen*(Evangelischer Verlag A. G. Zollikon : Zürich, 1938³), S. 119-136에 실려 있고, 도르트레흐트(Dortrecht) 총회 때 개정된 신앙고백으로부터 번역된 영어판이 A. C. Cochrane(Ed.), *Reformed Confession of the Sixteenth Century*, pp. 190-219에 수록되어 있다.

우리 모두는 다음의 사실을 마음으로 믿고, 입으로 고백한다. 우리가 부르는 하나님은 한 유일하시고, 단일하시며, 영적 본질이시다. 하나님은 영원하시고, 불가해하시며, 불가시적이시고, 불변하시며, 무한하시고, 전능하시며, 완전히 지혜로우시며, 의로우시고, 선하시고, 모든 선이 흘러넘치는 샘이시다.

II. 어떤 방법으로 하나님은 우리에게 알려지셨는가?

우리는 두 가지 방법으로 하나님을 안다. 먼저 우주의 창조, 보존, 그리고 통치이다. 이것은 가장 고상한 책으로서 우리의 눈앞에 있고, 이 안에 있는 크고 작은 모든 피조물들은 많은 글자들처럼 하나님의 보이지 않는 것들, 즉 사도 바울이 말한 것처럼(롬 1 : 20) 영원한 능력과 신성을 우리로 하여금 명상하도록 인도하고 있다. 이 모든 것들이 사람들을 확신시키기에 충분하여 그들에게 변명의 여지를 남기지 않는다.

III. 성경에 관하여

우리는 하나님의 이 말씀이 인간의 뜻에 의해서 보내진 것도 아니고, 전달되어진 것도 아니며, 사도 베드로가 말한 바와 같이, 하나님의 거룩한 사람들이 성령에 의해서 감동받은 대로 말하였다고 고백한다. 그리고 나중에 하나님이 우리와 우리의 구원을 위해서 가지신 특별한 배려로부터 그의 종들, 즉 예언자들과 사도들에게 그의 계시된 말씀을 기록하도록 명령하셨다. 그리고 하나님은 손수 그의 손가락으로 율법의 두 석판을 쓰셨다. 따라서 우리는 그 같은 작품들을 거룩하고도 신적인 성경이라고 부른다.

IV. 성경의 정경들에 대해서

우리는 성경은 두 권의 책, 즉 신약과 구약을 포함하고, 신약과 구약은 정경이며, 여기에 대해 어떤 이의(異議)도 제기될 수 없다고 믿는다.

이 책들은 하나님의 교회에서 다음과 같이 불린다. 구약성경의 책들은 모세오경, …… 말라기이며, 신약성경의 책들은 사복음서들, …… 사도 요한의 계시록이다.

V. 성경의 위엄과 권위는 어디서부터 오는가?

우리는 이 모든 책들을, 우리의 구원의 규칙과 기초와 확정을 위해서 거룩하고도 정경적인 유일한 책들로 받아들인다. 교회가 이 책들을 그렇게 받아들이고 동의하기 때문이 아니라 더욱 특별히 성령께서 이 책들이 하나님으로부터 기원했다는 사실을 우리의 마음속에 증거하시기 때문이며, 이 책들은 자신들 안에 증거를 가지고 있기 때문에 의심 없는 신앙과 모든 것이 이 책들 안에 포함되어 있다.

VI. 정경과 외경의 구별에 관하여

우리는 이 거룩한 책들을 외경과 구별한다. …… 이 모든 외경은 정경과 일치할 경우에만 교회는 외경을 읽고, 외경으로부터 교훈을 얻을 수가 있다. (이하 생략)

VII. 성경의 완전성에 관하여

우리는 이 성경은 하나님의 뜻을 완전하게 담고 있으며, 구원을 위해서 믿어야 할 모든 것이 이 안에서 충분히 가르쳐졌다고 믿는다. (이하 생략)

VIII. 하나님은 본질 안에서 한 분이지만, 세 위격들 안에서 구별된다.

이 진리와 하나님의 이 말씀에 따라 우리는 위격들(Persons)의 교환할 수 없는 고유성에 따라 참으로, 진실로, 영원히, 아버지와 아들과 성령으로 구별되는 세 위격들 안에 있는 유일한 한 본질 되시는 유일하신 한 하나님을 믿는다. 아버지는 보이는 것과 보이지 않는 모든 만물의 원인과 기원과 시초이시며, 아들은 말씀과 지혜와 아버지의 형상이시며, 아버지와 아들로부터 출원(발원)하시는 성령은 영원한 능력과 힘이시다. 그럼에도 불구하고 이 구별에 의하여 셋으로 분할되지 않는다. 왜냐하면 성경은 아버지, 아들, 성령은 각각의 고유성에 의해서 구별된 자신의 인격성을 가지고 계시면서도, 그 같은 방식 안에서 이 세 위격들은 한 유일한 한 하나님이시라고 우리에게 가르치시기 때문이다. 그러므로 아버지는 아들이 아니시며, 아들은 아버지가 아니신 것이 분명하며, 마찬가지로 성령이 아버지도 아니시고, 아들도 아니시다. 그럼에도 불구하고 구별된 세 위격들은 분할되지도 않고, 혼합되지도 않는다. 왜냐하면, 아버지가 육신을 입으신 것도 아니고, 성령이 육신을 입으신 것이 아니라, 아들만이 육신을 입으신 것이기 때문이다. 아버지는 그의 아들이 없이 또는 그의 성령이 없이 계신 적이 결코 없었다. 왜냐하면 세 위격들 모두 똑같이 영원하시고, 똑같이 본질적이시기 때문이다. 처음 되시는 분도 마지막 되시는 분도 없다. 왜냐하면 세 위격들 모두는 진리와 힘과 선과 자비에서 한 분이시기 때문이다.

IX. 성경은 삼위일체 하나님에 대한 앞의 8조의 증거를 밑받침해 준다.

우리는 이 모든 진리를 세 위격들의 사역들로부터만이 아니라, 성경의 증거들로부터 알고 있다. 주로 우리는 세 위격들의 사역들에 의해서 우리 자신 안에서 하나님의 임재를 느끼고 있다. 이 성삼위일체를 우리가 믿도록 가르치는 성경의 증거들은 구약성경의 많은 곳에 기록되어 있는데, 이 구절들을 일일이 열거할 필요는 없으나 신중한 판단을 통해서 이 구절들을 선택할 필요는 있다(창 3:26-27). …… 창세기 3:26~27과 창세기 3:22은 몇몇 위격들이 있는지에 대해서 말하지 않는 것이 사실이지만, 구약성경에서 희미한 어떤 것이 신약성경 안에서는 우리에게 매우 분명하게 보인다는 것은 사실이다. …… 위에 인용된 신약성경 구절들(마 3:16-17, 28:19, 요 5:7, 눅 1:35, 고후 13:13) 속에서 우리는 유일한 한 신적 본질 안에 있는 세 위격들이 있다는 사실을 충분히 배우게 된다. 그리고 비록 이 교리는 모든 인간적 지혜를 훨씬 초월할지라도, 그럼에도 불구하고 우리는 지금 하나님의 말씀에 의해서 그것을 믿으며, 사후(死後)에 하늘에서 완전한 지식과 유익을 향유할 것을 기대한다. 게다가 우리는 우리를 향한 이 세 위격들의 특별한 직무들과 사역들을 관찰해야 한다. 아버지는 그의 능력에 의해 우리의 창조주로 불리며, 아들은 그의 보혈에 의해 우리의 구세주와 구속주이시며, 성령은 우리 마음속에 내주하심으로써 우리의 성화자이시다. …… 그러므로 이 점에서 우리는 세 신앙고백들, 즉 사도신경과 니케아 신조와 아타나시우스 신조를 받아들이고, 마찬가지로 이 신조들과 일치하는 것으로써 고대 교부들에 의해서 합의된 신조들을 받아들인다.

X. 예수 그리스도는 참되고 영원한 하나님이시다.

예수 그리스도는 그의 신성에 따라 하나님의 독생자이시며, 영원부터 출생하셔서 만들어지거나 창조되지 않으셨고(왜냐하면 그럴 경우 그가 피조물이기 때문이다.), 아버지와 본질적으로 동일하시며, 동일하게 영원하시며, 하나님의 위격의 형상의 나타나심이요, 하나님의 영광의 광채시요, 모든 것에서 아버지와 동등하시다. …… 그러므로 우리는 다음과 같이 주장해야만 한다. 하나님과 말씀과 아들과 예수 그리스도로 불리는 그는 모든 만물이 그에 의해서 창조될 때도 존재하셨다. 그러므로 미가는 "그의 근본은 상고에 태초에니라."고 말씀하셨고, 사도는 "그는 시작한 날도 없고 생명의 끝도 없다."라고 말씀하셨다. 그러므로 그는 참되고, 영원하고, 전능한 하나님이시며, 우리는 그분에게 간구하고, 그분을 예배하고, 섬긴다.

XI. 성령은 참되고 영원한 하나님이시다.

우리는 성령이 아버지와 아들로부터 발원하신다고 믿고 또한 고백한다. 그러므로 성령은 만들어지거나 창조되지 않고, 출생하지도 않으며,

다만 발원하신다. 성령은 질서 상으로 성삼위일체의 제3위격이시다. 성령은 아버지와 아들과 함께 하나이시고, 동일한 본질, 위엄, 영광을 가지신다. 그러므로 성경이 우리에게 가르치는 바대로 성령은 참되고 영원한 하나님이시다.

XII. 창조에 관하여

우리는 아버지께서 말씀이신 그의 아들을 통하여 천지와 모든 만물이 그가 보시기에 선하게 보이도록 무로부터 창조하시고, 각 피조물에게 그 존재와 모양과 형태를 부여하시며, 창조주를 섬기도록 여러 가지 직책을 주셨다는 것을 믿는다. 그리고 우리는 아버지께서 또한 지금도 인류의 봉사를 위해 그의 영원한 섭리와 무한한 능력으로 인류를 유지하시고 통치하셔서 마침내 인간이 그의 하나님을 섬기도록 하신다는 사실을 믿는다. 하나님은 또한 천사도 선하게 창조하셔서 하나님의 사자(使者)로 삼아 하나님에 의해서 선택된 자들을 섬기게 하셨다. 그런데 하나님께서 창조하신 그들의 탁월성으로부터 타락한 어떤 천사들은 영원히 멸망하게 되었다. (이하 생략)

XIII. 신적 섭리에 관하여

모든 만물을 창조하신 후에 이 동일한 하나님은 만물을 저버리시거나 운명과 우연에 맡겨 버리지 않으시고, 자신의 거룩한 뜻에 따라 만물을 다스리시고, 통치하셔서, 어떤 것도 이 세계 안에서 그의 명령이 없이 일어나지 않는다. 그럼에도 불구하고 하나님은 범죄의 창시자도 아니시며, 범죄에 대해 책임을 지실 수 있는 분도 아니시다. 왜냐하면 그의 능력과 선은 너무나도 크고 측량할 수 없어서 악마와 악한 사람들이 부당하게 행동할지라도 하나님은 자신의 가장 탁월하고도 정당한 방법으로 자신의 사역을 명령하시고 수행하시기 때문이다. (이하 생략)

XIV. 인간의 창조, 타락과 참된 선을 수행할 수 없음에 관하여

우리는 하나님께서 땅의 흙으로 사람을 창조하시고, 하나님의 형상과 모양에 따라 인간을 만드시고 조성하시며, 모든 일에서 하나님의 뜻이 나타나기를 원하시고, 선하시고, 의롭고, 거룩하고도 능력 있게 하셨다는 것을 믿는다. 그러나 인간은 영예 속에 있었으나 그것을 이해하지 못했고, 그의 탁월성을 알지 못했으며, 사탄의 말에 귀를 기울임으로써 자신을 죄짓는 데 기꺼이 복종시켰고, 그 결과 자신을 죽음과 저주에 복종시켰다. 왜냐하면 인간이 받았던 생명의 계명을 어겼기 때문이다. 죄에 의해서 인간은 자신의 참된 생명이신 하나님으로부터 분리되게 되었고, 그의 전 본성은 타락했고, 육체적인 죽음과 영적인 죽음으로 쉽사리 전락하게 되었다. 따라서 그의 모든 면에서 사악하며, 완고하고, 부패하게 되어, 인간은 하나님으로부터 받은 그의 모든 탁월한 은사들을 잃어버렸고, 다만 몇 가지만 남아 있게 되었는데, 이것은 인간을 변명하지 못하게 하는 데 충분하다. …… 이 같은 가르침에 반대하면서 인간의 자유의지에 대해서 가르치는 모든 교훈을 우리는 거부한다. 왜냐하면, 인간은 죄의 노예에 불과하기 때문에, 만약 그것이 하늘로부터 주어지지 아니하면, 인간은 자기 자신으로부터 아무것도 가질 수 없기 때문이다. (이하 생략)

XV. 원죄에 관하여

우리는 아담의 불순종을 통해서 원죄가 모든 인류에게까지 뻗쳐진 것을 믿는다. 이것은 전(全) 본성의 부패이고, 유전적 질병이며, 이것 때문에 유아들도 그들의 어머니의 태에서조차 감염되었고, 인간 안에 모든 종류의 죄를 생산케 하며, 죄의 뿌리로서 인간 속에 뿌리박혀 있다. …… 그러므로 우리는 죄는 오직 모방으로부터만 나온다고 주장하는 펠라기우스주의자들의 오류를 거부한다.

XVI. 영원한 선택에 대하여

아담의 모든 후손은 우리의 첫 부모의 죄에 의해서 멸망과 파멸로 전락했다는 사실을 우리는 믿는다. 여기서 하나님은 자기 자신을 그대로 나타내 보이셨는데, 말하자면 하나님은 자비로우시며 의로우시다는 것이다. 하나님은 자비로우시다. 왜냐하면 사람들의 행동과 관계없이 하나님께서 하나님의 영원하고도 불변하는 결의(決議, raet) 안에서 자비와 순전한 선하심으로 그리스도 예수 우리 주 안에서 선택한 자들을 구원하시고 보전하시기 때문이다. 하나님은 공의로우시다. 왜냐하면 하나님께서는 다른 사람들을 스스로 가담한 타락과 멸망 속에 내버려 두셨기 때문이다.

XVII. 타락한 인간의 회복에 관하여

우리는 겸탄할 만한 지혜와 선을 가지신 가장 은혜로우신 하나님께서 인간이 자신을 육체적인 죽음과 영적 죽음에 내던져서 자신을 완전히 비참하게 만들고, 하나님의 현존으로부터 피하여 무서워 떨고 있는 것을 보시고, 인간을 찾으시고 위로하시기를 기뻐하셨다는 것을 믿는다. 이를 위해서 하나님은 인간에게 여인의 후손에서 나서 뱀의 머리를 깨뜨려 인간을 행복하게 해 주실 그의 아들을 주시기로 약속하셨다.

XVIII. 예수 그리스도의 성육신에 관하여

…… 우리의 영혼과 몸, 모두를 구원하시기 위해 예수 그리스도께서 영혼과 몸 모두를 취하시는 것이 필요했다. 왜냐하면 우리의 영혼뿐만 아니라 우리의 몸도 잃어버린 바 되었기 때문이다. 그러므로 (그리스도께서 그의 모친의 인간적 육신을 취했다는 사실을 부인하는 재세례파 이단에 반대하여) 그리스도는 어린이들의 육신과 피에 참여한 자가 되었으며, 육신으로는 다윗의 자손이어서 육신으로 다윗의 씨로부터 태어나셨으며, 동정녀 마리아의 태의 열매이시고, 여인으로부터 태어나셨으며, 다윗의

가지시며, 이새의 뿌리에서 나셨고, 유다의 지파로부터 나셨으며, 육신으로 유대인으로부터 나셨고, 아브라함의 씨를 받아 아브라함의 씨로부터 태어나셨기 때문에, 죄를 제외하고는 모든 일에는 그의 형제들과 똑같으시며, 그러므로 그는 참으로 우리의 '임마누엘', 즉 '우리와 함께 계시는 하나님'이시라는 사실을 우리는 믿는다.

XIX. 그리스도의 위격 안에서 두 본성의 연합과 구별에 관하여

예수 그리스도께서 성령으로 잉태하심으로써 아들의 위격이 인성(人性)과 분리되지 않게 연합되고, 연결되어서 하나님의 두 아들들이나 두 위격들이 존재하는 것이 아니라 두 본성이 유일한 한 위격 안에 연합되어서, 각 본성은 각각 구별되는 고유성들을 가지고 있다는 사실을 우리는 믿는다. 따라서 신성(神性)은 시작의 날이나 마치는 생이 없이 하늘과 땅을 가득 채우면서 창조되지 않는 채로 있는 것처럼 인성도 그 고유성들을 잃어버리지 않고, 시작의 날과 유한성을 가지며, 참된 몸의 모든 고유성을 보유하면서 피조물로 남아 있다. 비록 예수 그리스도께서 부활을 통해서 똑같은 몸에 불멸성을 다시 받으셨지만, 그럼에도 불구하고 그의 인성의 실재성은 바뀌지 않았다. 우리의 구원과 마찬가지로 우리의 부활도 그의 몸의 실재성에 의존한다. 그러나 이 두 본성은 너무나도 밀접하게 한 위격 안에서 연합되었으므로, 이 두 본성은 그의 죽음을 통해서조차 분리되지 않았다. 그러므로 그가 죽으실 때, 그의 몸으로부터 떠나서, 그의 아버지의 손에 부탁하신 것은 그의 참된 영혼이었다. 그러나 얼마 후 그가 무덤에 누워 있을 때조차도 신성은 항상 인성과 연합된 채로 있었다. 신격(Godhead, Godheydt)은 예수 그리스도께서 유아일 때조차도, 잠시 동안 분명하게 나타나지는 않았을지라도, 예수 그리스도 안에서 중지된 적이 없었다. 그러므로 우리는 예수 그리스도가 참하나님인 동시에 참사람이신 것을 고백한다. 다시 말하면, 그는 그의 능력으로 죽음을 정복하신 참하나님이시요, 그의 육신의 연약함에 따라 우리를 위해 죽으신 참인간이시다.

XX. 하나님께서 그리스도 안에서 자신의 공의와 자비를 나타내셨다.
완전히 자비로우실 뿐만 아니라 완전히 공의로우신 하나님께서 그의 아들을 보내셔서 불순종의 죄를 범한 그 같은 본성을 취하게 하시고, 동시에 만족을 이루시기 위해서 자신의 가장 고통스런 고난과 죽음을 통해서 형벌을 받으시도록 하셨다는 사실을 우리는 믿는다. (이하 생략)

XXI. 우리를 위한 우리의 유일한 대제사장이신 그리스도의 만족에 대하여
예수 그리스도께서 멜기세덱의 반차를 좇아 영원한 대제사장이 되도록 임명되었다는 사실을 우리는 믿는다. 선지자들이 예언한 대로 예수 그리스도께서 자신의 완전한 만족을 통해서 아버지의 진노를 진정시키기 위해서 우리를 대신하여 그의 아버지 앞에 나아가실 뿐만 아니라 우리의 죄를 도말하기 위해서 십자가 위에서 자신을 희생 제물로 드리시고 보혈을 흘리셨다. (이하 생략)

XXII. 예수 그리스도에 대한 신앙을 통한 우리의 칭의에 대하여
이 위대한 신비의 참지식을 얻기 위해 성령은 우리 가슴에 올바른 신앙에 불을 붙이신다. 이 신앙은 자신의 모든 공로들을 가지고 계시는 그리스도를 포옹하고, 그리스도를 소유하며, 그리스도 밖에서는 그 이상의 어떤 것도 찾지 않는다. (중략)
그러므로 우리는 사도 바울처럼 "우리는 신앙에 의해서만 또는 행위 없이 신앙에 의해서 칭의된다."는 사실을 올바르게 말한다. 그러나 보다 더 분명하게 말하자면, 우리가 의도하는 바는 신앙 자체가 우리를 의롭게 하는 것은 아니다. 왜냐하면 신앙은 우리가 우리의 의가 되신 그리스도를 포옹하는 도구에 불과하기 때문이다. (이하 생략)

XXIII. 우리의 칭의는 죄용서와 그리스도의 의의 전가에 있다.

우리의 구원은 예수 그리스도로 인한 우리의 죄에 대한 용서에 있다는 사실과 하나님 앞에서 우리의 의가 이 죄용서 안에 포함되어 있다는 사실을 우리는 믿는다. 이것이 인간의 행복이라고 선언하면서 다윗과 바울이 하나님께서 공로 없이 인간에게 의를 전가하신다고 우리에게 가르친다. (이하 생략)

XXIV. 인간의 성화와 선행에 관하여

하나님의 말씀을 들음으로써 그리고 성령의 역사(役事)를 통해서 인간 안에 생긴 참신앙이 중생시키며, 사람을 새 사람으로 만들어 새로운 삶을 살도록 하며, 죄의 굴레로부터 자유롭게 한다는 사실을 우리는 믿는다. 그러므로 의롭게 하는 신앙이 사람들로 하여금 경건하고도 거룩한 삶에서 게으르게 만든다는 것은 진실로부터 거리가 너무도 멀다. 이와는 정반대로 의롭게 하는 신앙 없이 사람들은 아무것도 하나님에 대한 사랑으로부터 하지 않고, 다만 자기애(自己愛) 또는 저주에 대한 두려움으로부터 어떤 것을 행할 것이다. 그러므로 이 거룩한 신앙이 사람 안에서 열매를 맺지 않을 수 없는 것은 불가능하다. 왜냐하면 우리는 무익한 신앙에 대해서 말하는 것이 아니라, 소위 성경이 말하는 사랑으로 역사하는 신앙이 거룩한 신앙이다. 이 신앙은 하나님께서 그의 말씀 속에서 명령했던 이 같은 선행들을 실천하는 신앙이다. 신앙의 선한 뿌리로부터 생긴 이 같은 선행들 모두가 하나님의 은혜에 의해서 성화된 것인 한, 이 선행들은 하나님의 면전에서 선하고, 받을 만한 것이다. 그러나 이 선행들은 우리의 칭의에는 어떤 기여도 하지 않는다. 왜냐하면 우리가 선행을 하기 전에조차도 우리가 의롭다 함을 받는 것은 그리스도에 대한 신앙에 의해서이기 때문이다. 그렇지 않으면, 나무 자체가 선하기 전에 그 나무의 열매가 선하게 될 수 없듯이 그 행위들이 선한 행위가 될 수 없기 때문이다. 그러므로 우리가 선행들을 행하되, 그것들에 의해서 우리가 공로를 세울 수는

없다(우리가 무슨 공로를 세울 수가 있겠는가?). (이하 생략)

XXV. 의식법의 폐지에 관하여

율법의 의식들과 상징들이 그리스도의 오심을 통해서 폐지되었다는 사실과 모든 그림자들이 성취되었다는 사실을 우리는 믿는다. 그러므로 율법의 의식들과 상징들의 사용은 그리스도인들 가운데서 폐지되어야만 한다. 그러나 율법의 의식들과 상징들의 진리와 실체는 우리와 함께 예수 그리스도 안에서 남아 있다. 율법의 의식들과 상징들의 완성은 예수 그리스도 안에 있다. 우리가 복음의 교리를 확신하고, 하나님의 뜻에 따라 우리의 삶을 하나님의 영광에 매우 알맞게 맞추기 위해 우리는 율법과 예언자들로부터 취하여 낸 증거들을 지금도 여전히 사용한다.

XXVI. 그리스도의 중보에 관하여

유일한 중보자시며, 변호자이신 의로운 분 예수 그리스도를 통하지 아니하고는 우리가 하나님께 나아갈 어떤 길도 없다는 사실을 우리는 믿는다. 이를 위해서 그는 신성과 인성을 한 위격 안에서 연합하여 인간이 되시고 그리하여 우리 사람들은 신적인 위엄에 접근할 수 있게 되었다. 다른 어떤 접근 방법도 우리를 가로막을 수가 없다. …… 그러므로 우리가 주의 기도 속에서 가르침을 받는 바와 같이 그리스도의 이름으로 아버지께 간구하는 것은 무엇이든지 우리에게 허락될 것이라는 사실을 확신하면서 그리스도의 명령에 따라 우리는 우리의 유일한 중보자 예수 그리스도를 통해서 하늘의 아버지께 간구한다.

XXVII. 보편적 기독교회에 관하여

우리는 하나의 보편적인 또는 우주적인 교회를 믿고 고백한다. 이 교회는 예수 그리스도 안에 있는 그들 모두의 구원을 기다리면서, 그리스도의 피로 씻어졌고, 성령에 의해서 성화되었으며, 인친 바 된 참된 기

독교 신자들의 거룩한 모임(eene Heylige vergadering)이다.[7]

이 교회는 세계의 시작부터 존재해 왔고, 세계의 마지막까지 존재할 것이다. 이 진리는 그리스도께서 영원한 왕이시며, 백성이 없이는 그리스도이실 수가 없다는 사실로부터 분명하다. 이 거룩한 교회는 전 세계의 질풍노도에 대항하여 하나님에 의해 보전되고, 지원받게 된다. 교회가 아합의 위험한 때처럼 (잠시 동안) 가끔 사람들의 눈에 매우 작게 아무 것도 남지 않은 것처럼 보일지라도, 그때조차도 주님은 바알에게 무릎을 꿇지 않았던 7천 명을 보존해 주셨다.

더구나 이 거룩한 교회는 어떤 장소나 어떤 개인들에게 국한되고, 매어 있거나 제한된 것이 아니라 마음과 뜻으로 신앙의 힘으로 동일하고도 하나 된 영으로 동참하고, 연합되었다.

XXVIII. 각 성도는 참된 교회에 동참하지 않을 수 없다.

이 거룩한 모임(dese heylige vergadering)은 구원받은 자들의 회집(een versamelinghe)이어서, 그 밖에서는 구원이 없기 때문에, 어떤 상태나 어떤 조건에 있는 사람이라도 교회로부터 분리된 상태 속에 살기 위해 자신을 교회로부터 물러가서는 안 된다고 우리는 믿는다. 모든 사람들은 교회의 일치성을 유지하고, 교회의 교리와 치리에 순복하며, 예수 그리스도의 멍에 아래 목을 굽히고, 동일한 몸의 지체들로서 하나님께서 자신들에게 주신 재능에 따라 형제들의 교회에 봉사함으로써, 교회에 동참하고, 연합할 의무를 지닌다는 것을 우리는 믿는다. 그리고 이것이 보다 더 잘 지켜지기 위해 행정 관료들과 군주들의 칙령들이 그것을 반대하고, 심지어 죽음이나 육체적 처벌을 받을 때조차도 모든 신자들은 하나님의 말씀에 따라 교회에 속하지 않는 사람들로부터 자신들을 분리시키고, 하나님께서 세우신 이 회중에 동참할 의무를 가진다.

---

7. 참고, 네덜란드어판과는 달리, 불어판, 라틴어판, 영어판에는 "거룩한 회중과 총회"(une saincte congregation et assemblée)로 되어 있다.

XXIX. 참된 교회와 거짓 교회를 구별하는 참된 교회의 표지들에 대하여

우리는 하나님의 말씀으로부터 열심과 신중성을 가지고 참된 교회가 무엇인지를 식별해야 한다. 왜냐하면 세상 안에 있는 모든 분파들이 교회의 이름을 자칭하기 때문이다. …… 참된 교회가 알려지는 표지들(de merck-teeckenen)은 다음과 같다. 만약 복음의 순수한 교리가 교회 안에서 선포되어진다면, 그리고 만약 교회가 그리스도에 의해 제정된 성례전의 순수한 시행을 유지하고 있다면, 그리고 만약 교회 치리가 죄에 대한 처벌로 실시되고 있다면, 간단하게 말하면 만약 모든 것이 하나님의 순수한 말씀에 따라 운영되고, 하나님의 순수한 말씀에 반대되는 모든 것이 거부되고, 예수 그리스도가 교회의 유일한 머리로서 인정되어진다면, 바로 여기에 참된 교회가 확실하게 알려질 수 있다. 이 교회로부터 어떤 사람도 자신을 분리시킬 권리를 갖고 있지 않다. 교회의 회원(지체)인 자들과 관련해서 그들은 그리스도인들의 표지들, 즉 신앙에 의해서 알려질 수 있다. 즉, 그들이 예수 그리스도를 유일한 구세주로 받아들이고, 죄를 피하고, 의를 따르며, 참된 하나님과 그들의 이웃을 사랑하고, 좌로나 우로나 치우치지 아니하며, 자신들의 업적들과 함께 육신을 십자가에 못 박을 때 가능하다. 그러나 이것은 그들 안에 큰 결점들이 남아 있지 않았던 것처럼 이해되어서는 안 된다. (이하 생략)

XXX. 교회행정과 직분에 관하여

이 참된 교회는 우리 주님께서 자신의 말씀 속에서 우리에게 가르치셨던 영적 정치에 의해서 통치되어야 한다는 사실을 우리는 믿는다. 다시 말하면, 하나님의 말씀을 선포하고, 성례전을 집례하는 교역자들 또는 목사들뿐만 아니라 목사들과 함께 교회의 회의를 구성하는 장로들과 집사들이 있어야 한다. 이 수단들을 통해서 참된 종교가 보전되고, 참된 교리가 어디든지 전파되며, 마찬가지로 범법자들이 영적인 수단들에 의해서 처벌되고 제어되며, 가난하고 고통당하는 자들이 그들의 필요에

따라 구제되고, 위로받을 수 있게 된다. (이하 생략)

XXXI. 교역자들, 장로들, 그리고 집사들에 관하여

하나님의 말씀의 교역자들, 장로들, 그리고 집사들이 주님의 이름에 부름받아 하나님의 말씀이 가르치시는 그 질서 안에서 교회의 합법적인 선거를 통해서 그들 각각의 직무들로 피택되어야 한다는 사실을 우리는 믿는다. …… 하나님의 말씀의 교역자들은 유일한 보편적 감독이시며, 교회의 유일한 머리가 되시는 그리스도의 모든 교역자들이기 때문에, 그들은 똑같이 동일한 힘과 권위를 갖는다. (이하 생략)

XXXII. 교회의 질서와 치리에 관하여

…… 그러므로 우리는 조화와 일치를 신장시키고, 보전하며, 모든 사람들이 하나님께 순종하면서 지키는 그와 같은 규정(칙)들만을 인정한다. 하나님의 말씀에 따라 이 목적을 위해서 교회의 출교나 교회의 치리는 교회가 처한 여러 가지 상황들과 함께 필요하다.

XXXIII. 성례전에 관하여

우리의 연약함과 결점 때문에 우리의 은혜로우신 하나님께서 우리에게 자신의 약속을 인치시고, 우리에 대한 하나님의 선하신 뜻과 은혜의 보증이 되며, 또한 우리의 신앙을 육성시키고, 강화시키기 위해 우리를 위한 성례전을 제정하셨다는 사실을 우리는 믿는다. …… 왜냐하면 성례전은 내적이며, 불가시적인 것에 대한 가시적인 표징과 봉인이기 때문에 성례전과 하나님께서 성령의 능력을 통해서 우리 안에서 역사하신다. 그러므로 표징은 우리를 속이는 것처럼 아무것도 아니거나 중요하지 않는 것이 아니다. 왜냐하면 예수 그리스도께서 성례전에 의해서 표현되는 참된 대상이시며, 예수 그리스도가 없는 성례전은 아무런 중요성이 없기 때문이다. 게다가 우리는 우리 주님 그리스도께서 제정하셨던 성례전의 숫자에 만족한다. 오직 두 가지인데, 곧 세례와 우리 주 그리스도 예수의 성찬이다.

XXXIV. 거룩한 세례에 관하여

…… 그러므로 예수 그리스도께서 그에게 속한 모든 사람들에게 아버지와 아들과 성령의 이름으로 세례를 받도록 명령하셨다. 물이 몸에 더러운 것을 씻어 주듯이 물이 세례받는 자의 몸에 부어지고 뿌려질 때 성령의 능력으로 그리스도의 피가 뿌려져서 죄로부터 깨끗하게 되고, 진노의 자녀로부터 하나님의 자녀로 중생하게 된다. …… 그러므로 영생을 얻기를 진지하게 소원하는 모든 사람은 같은 세례를 반복하지 말고, 이 유일한 세례를 한 번만 받아야만 하는 이유는 우리가 두 번씩이나 중생할 수 없기 때문이다. 이 세례는 물이 우리 위에 부어지고, 우리에 의해서 받아질 때에 우리에게 유효할 뿐만 아니라 우리의 전(全) 생애를 통해서도 유효하다. 그러므로 우리는 재세례파들의 과오를 몹시 싫어한다. 왜냐하면 그들은 단 한 번만 받는 세례에 만족하지 않고, 다시 세례를 받을 뿐만 아니라 신자들의 어린이들이 세례받는 것을 저주하기 때문이다. (이하 생략)

XXXV. 우리 주 예수 그리스도의 성찬에 관하여

우리 구세주 예수 그리스도께서 그의 교회, 즉 그의 가족으로 이미 중생하고, 가입된 사람들을 양육하고, 지탱하기 위해 성찬의 성례전을 명령하시고, 제정하셨다는 사실을 우리는 믿고 고백한다. 지금 이미 중생한 사람들은 그들 안에 이중적 생명(삶)을 가지고 있는데, 사람들이 처음으로 태어나면서부터 가지고 모든 사람들에게 공통된 육체적이고도 일시적인 생명이 그 하나이며, 복음의 말씀에 의해서 생긴 그들의 두 번째 출생 안에서, 그리스도의 몸의 교제 안에서 주어진 영적이며 천상적인 생명이 다른 하나이다. 후자의 생명은 공통된 것이 아니라 하나님의 선택에 특별히 해당된다. 이처럼 하나님께서 육체적이며 지상적인 생명을 유지하기 위해 지상적이며 공통된 빵을 우리에게 주셔서 이 빵이 우리의 생명에 도움이 되게 하며, 생명 자체처럼 모든 사람들에게 공통적으로 해당된다. 그러나 신자들이 가지고 있는 영적이며, 천상적인 생명의 유지를 위하여 하나님께서 하늘로부터 내려온 살아 있는 빵, 즉 예수 그리스도를 보내셨다. 신자들이 예수 그리스도를 먹을 때, 다시 말하면 신자들이 신앙으로 성령 안에서 그리스도께 의뢰하고 그를 받아들일 때, 그는 신자들의 영적 생명을 양육하고, 강화시키신다. 그리스도께서 우리에게 이 영적이며, 천상적인 빵을 우리에게 제시하시기 위해 그의 몸의 성례전으로서 지상적이며, 가시적인 빵과 그의 피의 성례전으로서 포도주를 제정하셨다. 그는 빵과 포도주를 통해서 다음의 사실을 확증하셨다. 우리가 우리의 손으로 이 성례전을 받아서 간직하고, 우리의 입으로 동일한 것을 먹고 마실 때처럼 확실하게 이를 통해서 우리의 생명이 나중에 양육되어지듯이, 우리도 (우리 영혼의 손과 입으로서) 신앙을 통해 확실히 우리의 영적인 생명의 유지를 위하여 그리스도 우리 주님 구세주의 참된 몸과 피를 우리의 영혼이 확실히 받는다. …… 동일한 성례전에 우리가 참여하는 방법은 입으로 참여하는 것이 아니라 신앙을 통해서 성령에 의해서 참여하는 것이다. 그러므로 비록 그리스도께서 하늘에 있는 그의 아버지의 보좌 우편에 항상 앉아 계실지라도, 신앙에 의해서 우리를 그 자신에 대한 참여자들로 만드시는 것을 멈추지 않으신다. 이 만찬은 영적인 식탁이다. …… 더 나아가서 비록 성례전은 의미된 것과 연결되어 있을지라도, 그럼에도 불구하고 이 두 가지는 모든 사람에 의해서 받아들여지는 것은 아니다. 참으로 불경건한 자가 성례전을 받음으로써 저주를 받게 되지만, 성례전의 진리를 받아들이지는 않는다. …… 그러므로 우리는 사람들이 성례전에다가 첨가하고 혼합시킨 혼합물과 저주스런 발명품을 거부한다. 우리는 그리스도와 그의 사도들이 우리에게 가르치셨던 규정에 만족해야만 하며, 그들이 말했던 것과 똑같은 방식으로 우리는 성례전에 대해서 말해야 한다는 사실을 우리는 확신한다.

XXXVI. 행정관료에 관하여

우리의 은혜로우신 하나님께서 인류의 타락 때문에 왕과 군주와 행정관료를 임명하셔서 세계가 어떤 법률과 정책에 의해서 통치되기를 원하셨다는 사실을 우리는 믿는다. 그 결과 사람들의 방종이 제어되고, 모든 것이 선한 질서와 고상함으로 그들 가운데서 이루어진다. 이 목적을 위해 하나님께서 무기(武器)를 행정관료에게 주셨으니 악행자들을 처벌하고, 선행자에게는 상을 주시기 위함이다. 그들의 직무는 시민정부의 복지를 중시하고, 지켜볼 뿐만 아니라 거룩한 목회사역을 보호하여 모든 우상과 거짓된 예배를 제거하고, 방지하기 위함이다. 그 결과 적그리스도의 나라가 파괴되고, 그리스도의 나라가 증진하게 되기 위함이다. 그러므로 행정관료는 복음의 말씀의 설교에 호의를 보여, 하나님께서 그의 말씀 안에서 명령하신 대로 하나님이 어디서든지 모든 사람에 의해서 영화롭게 되고, 예배되도록 해야 한다. …… 그러므로 우리는 재세례파들과 다른 선동적인 사람들과 높은 권세와 행정관료를 일반적으로 거부하고 공의를 파괴하며, 종파적 신앙공산사회를 창출하고, 하나님께서 사람들 가운데 세우셨던 고상함과 선한 질서를 어지럽히는 자들의 과오를 몹시 싫어한다.

XXXVII. 마지막 심판에 관하여

마지막으로 하나님의 말씀에 따라 주님에 의해서 지정된 때(모든 피조물에게는 알려지지 않은)가 오고, 선택된 자의 숫자가 찰 때 우리 주님 예수 그리스도께서 큰 영광과 장엄함으로 승천하신 것처럼 육체적으로 그리고 가시적으로 내려오셔서 자신을 산 자와 죽은 자의 심판주로 선언하시고, 이 옛 세계를 정화하시기 위해 불과 불꽃으로 태우실 것을 우리는 믿는다. …… 모든 죽은 자들이 땅으로부터 일어날 것이요, 그들의 영혼들이 이전에 살았던 그들의 본래적인 몸과 함께 연합할 것이다. 그때 살아 있을 사람들은 다른 사람들처럼 죽지 않고, 눈 깜짝할 사이에 썩을 것으로부터 썩지 아니할 것으로 변화될 것이다.

그때 책들(말하자면, 양심들)이 펼쳐지고, 죽은 자들이 선한 일이든지 악한 일이든지 그들이 이 세상에서 했던 것에 따라서 심판받을 것이다. 아니 모든 사람들은 세상이 다만 오락과 농담으로 간주하는 것으로 말했던 모든 무익한 말에 대해 설명해야 할 것이다. …… 그들은 자신의 양심의 증거에 의해서 고발될 것이며, 악마와 그의 천사들을 위해서 예비된 저 영원한 불 안에서 영원히 죽지 않으면서 고통을 당할 것이다. 그러나 그 반대로 신실하고 선택된 자들은 영광과 영예로 관이 씌워질 것이다. 그리고 하나님의 아들이 그의 아버지 하나님과 그의 선택한 천사들 앞에서 그들의 이름을 공언할 것이다. …… 그러므로 우리는 그리스도 예수 우리 주님 안에서 하나님의 약속을 완전히 향유할 수 있도록 가장 간절한 열망이 담긴 소원으로 그 위대한 날을 기다린다.[8]

3. 도르트 신앙고백(1618-1619)

1) 「도르트 신앙고백」의 배경과 개요

네덜란드의 도르트레흐트(Dordrecht)에서 소위 '도르트 장로회총회'(the National Synod)가 1618년 11월 13일부터 1619년 5월까지 개최되었다. 여기서 결정된 문서가 영어로는 「도르트 신조」(*Cannons of Dordt*)로 번역되었고,[9] 이 신조의 주요 내용은 소위 '칼빈주의 5대 강령'인데,

---

8. 영어판은 "……아멘 주 예수여 오시옵소서"(계 22:20)로 끝나고, 라틴어판은 "아멘"으로 끝나지만, 불어판과 네덜란드어판에는 이 같은 말이 없다.
9. 네덜란드어로는 Dordtse leerregels 또는 De leerlegels van Dordrecht로 표기된다. 참고로 도르트 국제총회의 유디키움의 원본의 앞부분은 다음과 같이 기록되어 있다. "Iudicium synodi nationalis, reformatarum ecclesiarum Belgicarum,

전적 타락(Total depravity), 무조건적 예정(Unconditional election), 제한 속죄(Limited atonement), 불가항력적 은총(Irresistible grace), 성도의 견인(Perseverance of the Saints)에 관한 것이고, 영어의 머리글자를 모아 '튤립'(TULIP)이라는 꽃 이름으로 명명되곤 한다.

아르미니우스(Jacob Arminius, 1560-1609)의 예지예정(豫知豫定)을 따르는 주로 아르미니우스주의자들로 구성된 항변파 사람들(Remonstranten)과 무조건적 예정을 주장하는 칼빈주의자들 사이에 일어난 충돌에서 「도르트 신조」는 항변파들을 정죄하고, 후자의 편을 들어 주었다. 도르트 장로회총회는 국제적인 총회였다. 네덜란드 외에도 영국, 스코틀랜드, 스위스의 베른, 취리히, 바젤, 샤펜하우젠, 제네바, 독일의 헷세, 나사우, 브레멘, 엠덴, 팔라틴 지방(Palatinate) 등 외국대표가 28명이나 되었다.

총회의 의장은 요하네스 보헤르만(Johannes Bogerman, 1576-1637)이었고, 선두에서 아르미니우수주의의 주장을 가장 잘 반박한 지도자들 중에 한 사람은 프란시스 호마루스(Francis Gomarus, 1563-1641)였다.

이 총회가 채택한 신조는 크게 서론, 5개 장, 결론, 즉 세 부분으로 구성되어 있다. 5개 장의 각 장은 두 부분으로 구성되어 있는데, 각 장의 앞부분에는 총회 자체의 신앙고백에 대한 선포를 담고 있고, 각 장의 뒷부분은 총회의 신조들과 배치되는 반대자들의 오류들에 대한 거부를 담고 있다. 좀더 세부적으로 설명하면 다음과 같다. "교리의 제1장, 곧 신적 선택과 유기에 관하여"라는 제1장의 앞부분의 선언은 18개 조로 구성되고, 제1장의 뒷부분의 반대자들의 오류들에 대한 거부는 9개 조로 구성되어 있다. "교리의 제2장, 곧 그리스도의 죽음과 이를 통한 인간의 구속에

---

habitae Dordrechti, Anno 1618 & 1619. Cui etiam intersuerunt plurimi insignes Theologi Reformatarum Ecclesiarum Magnae Britanniae, Palatinatus Electoralis, Hassiae, Helvetiae, Correspondentiae Vedderavicae, Genevensis, Bremensis & Emdanae, de Quinque doctrinae Capitibus in Ecclesis Belgicis Controversis."

관하여"라는 제2장의 앞부분은 9개 조로 구성되어 있고, 제2장의 뒷부분의 반대자들의 오류들에 대한 거부는 7개 조로 구성되어 있다. "교리의 제3장과 제4장, 곧 인간의 타락과 하나님에 대한 인간의 회개와 그 방법에 관하여"라는 함께 묶인 제3장과 제4장의 앞부분은 17개 조로 구성되고, 제3장과 4장의 뒷부분의 반대자들의 오류들에 대한 거부는 9개 조로 구성되어 있다. "교리의 제5장, 곧 성도의 견인에 관하여"라는 제5장의 앞부분은 15개 조로 구성되어 있고, 제5장의 뒷부분의 반대자들의 오류들에 대한 거부는 9개 조로 구성되어 있다. 따라서 5개 장들의 앞부분의 선언은 총 59개 조이고, 5개 장들의 뒷부분의 반대자들의 오류들에 대한 거부는 34개 조로 구성되어, 이 신조의 5개 장들은 결국 93개 조를 가지고 있는 셈이 된다.[10]

2)「도르트 신조」의 발췌번역

(1) 서론 – 우리의 주님이시며 구원자이신 예수 그리스도의 이름으로, 아멘.

우리 주님이시며 구원자이신 예수 그리스도께서 이 어려운 순례의 길에서 전투하고 있는 그의 교회에게 주시는 심히 많은 위로 중에, 예수 그리스도께서 하늘나라에 계시는 그의 아버지께 가실 때 "내가 세상 끝날까지 너희와 항상 함께 있으리라."라고 말씀하시면서 교회에 남겨 주셨던 이 진리가 올바르게 가장 우선적으로 존중되어야 한다. …… 따라서 이 총회는 하나님의 영광을 위해 구원하는 진리의 진실함과 양심의

---

10. 다음의 van den Bakhuizen의 책으로부터 번역했다. J. N. Bakhuizen van den Brink, *De Nederlandse Belijdenisgeschriften*(Amsterdam : Uitgeverij Ton Bolland, 1976^2), pp. 224–293 ; De Generale Synode van NHK, CGKN, GKN(ed.), *De Nederlandse Belijdenisgeschriften*(Uitgeverij Boekencentrum B. V. : Zoetermeer, 1992), pp. 80–121 ; 참고, 이장식(편역),「기독교 신조사 Ⅱ」(서울 : 컨콜디아사, 1983), pp. 11–28.

안식과 평화와 네덜란드 교회의 번영을 유지하기 위해 다음과 같은 판단을 …… 공적으로 선포하고, 정직하게 알린다.

(2) 교리의 제1장, 곧 신적 선택과 유기에 관하여

Ⅰ. 아담 안에서 모든 사람들이 죄를 지어 저주와 영원한 죽음을 맞게 되었으므로, 하나님께서 전 인류를 죄와 저주 안에 내버려 두시고, 죄에 대해 심판하셨을지라도, 하나님은 어떤 사람에게도 불의하게 행하신 것이 아니다. 사도 바울의 말에 따르면 "이는 모든 입을 막고 온 세상으로 하나님의 심판 아래에 있게 하려 함이라"(롬 3 : 19)라고 한다. 왜냐하면 "모든 사람이 죄를 범하였으매 하나님의 영광에 이르지 못했기" 때문이다(롬 3 : 23). 그리고 "죄의 삯은 사망"이다(롬 6 : 23).

Ⅱ. 그러나 여기서 하나님의 사랑이 나타났는데, 하나님께서 그의 독생자를 세상에 보내심은 그를 믿는 자마다 멸망치 않고 영생을 얻게 하기 위함이었다(요 3 : 16, 요일 4 : 9).

Ⅲ. 사람들이 신앙을 갖도록 하나님은 그의 자비하심으로 자신이 원하는 자에게, 그리고 자신이 원하는 곳에 가장 기쁜 소식을 전하는 사신(使臣)들을 보내신다. 그들의 사역을 통해서 사람들은 회개로 부름 받고, 십자가에 못박혔던 자인 그리스도를 믿게 된다. 그런즉 그들이 듣지도 못한 이를 어찌 믿으리요? 전파하는 자가 없이 어찌 들으리요? 보내심을 받지 아니하였으면 어찌 전파하리요?(롬 10 : 14-15)

Ⅳ. 하나님의 진노는 이 복음을 믿지 않는 자들 위에 머물러 있다. 그러나 참되고, 살아 있는 신앙으로 구세주 예수를 영접하고, 승인하는 자는 그에 의해서 하나님의 진노와 파멸로부터 구속되고, 그를 통해서 영생을 얻게 된다.

제2장 종교개혁기의 개혁교회 신앙고백

Ⅴ. 모든 다른 죄들과 마찬가지로 불신앙의 원인 또는 죄과는 전적으로 하나님 안에 있는 것이 아니라 인간 안에 있다. 그러나 예수 그리스도를 믿는 것과 그를 통해 구원받는 것은 다음과 같이 기록된 바 하나님의 은혜로운 선물이다. "너희는 그 은혜에 의하여 믿음으로 말미암아 구원을 받았으나 이것은 너희에게서 난 것이 아니요 하나님의 선물이라"(엡 2 : 8). "너희에게 은혜를 주신 것은 다만 그를 믿을 뿐 아니라……"(빌 1 : 29).

Ⅵ. 하나님께서 시간 속에서 어떤 사람들에게는 신앙을 주시고, 다른 사람들에게는 주시지 않는 것은 하나님의 영원한 결의(eeuwich besluyt ; aeterno decreto)로부터 나온다. 왜냐하면 하나님의 모든 일은 영원부터 자신에게 알린 바 되었다(행 15 : 18). 그리고 하나님은 모든 일을 자신의 뜻의 결정에 따라(naer den raedt sijns willens) 행하신다(엡 1 : 11). 이 결의에 따라서 선택된 자들의 가슴이 아무리 딱딱할지라도 하나님은 은혜로 그들을 부드럽게 만들고, 무릎을 꿇게 만들어 그들로 하여금 믿게 하시고, 선택되지 않는 자들에게는 하나님의 공의로운 심판에 따라 그들의 사악함과 완고함 속에 내버려 두신다. 파멸의 동일한 상황 안에 있는 사람들 사이에 이 깊은 은혜의 구별과 동시에 공의로운 구별이 바로 여기에서 우리에게 분명하게 보인다. 이것은 바로 하나님의 말씀 안에서 계시된 선택과 유기에 대한 결의이다. 그 결의는 거짓되고, 부정(不淨)하고, 변덕스런 사람들에게는 그들의 멸망으로 나아가게 하는 것과 같이 거룩하고 경건한 영혼들에게는 형언할 수 없는 위로를 준다.

Ⅶ. 선택은 하나님의 변하지 않는 결정이다. 이 결정을 통해서 하나님은 세계창조 이전에 선택된 사람들과 함께 동일한 불행 속에 있던 다른 사람들보다 더 낫거나 더 가치가 있지 않은 일정한 수의 사람들을 자신의 죄로 인해 원의(原義)로부터 죄와 부패로 타락했던 전 인류로부터 하

나님의 뜻과 자유로운 기뻐하심에 따라 오직 은혜로부터 그리스도 안에 있는 구원으로 선택하셨다. 하나님은 또한 영원부터 그리스도를 모든 선택된 자들의 중보자와 머리와 구원의 기초로 삼으셨다. 그들을 구원하시기 위해 하나님은 또한 그들을 그리스도에게 주시고, 그의 말씀과 성령을 통해서 능력으로 그리스도와의 교제에로 부르시고, 인도하시기로 결정하셨다. 다시 말하면 하나님께서 그들에게 그리스도에 대한 참된 신앙을 선사하시고, 그들을 의롭다 하시며, 거룩하게 하시고, 그의 아들과의 교제 속에서 능력 있게 하시고, 마지막에는 영화롭게 하시며, 하나님의 자비를 보여 주게 하시고, 하나님의 영광스런 은혜의 풍성함을 찬양토록 하셨다. (이하 생략)

VIII. 신약성경에서와 마찬가지로 구약성경에서 이 선택은 종류별로 구별되지 아니하고, 구원받을 모든 자들에게는 하나이며 동일하다. 성경은 항상 하나님의 한 가지 유일한 기뻐하심, 하나님의 뜻의 결정과 결의를 선포한다. 이것을 통해서 하나님은 영원부터 우리가 그 속에서 다니도록 하나님께서 예비하신 은혜와 영화와 구원과 구원의 길로 선택하셨다.

IX. 예견하는 신앙과 순종, 거룩함, 또는 다른 선한 특성, 선한 상태로부터, 그리고 선택된 인간 안에서 미리 요구된 원인이나 조건으로부터 이 선택이 이루어진 것이 아니라 신앙과 순종과 거룩힘 등에 이르도록 우리가 선택된 것이다. 그러므로 선택은 구원으로 인도하는 모든 선한 것의 원천이다. 신앙과 거룩함과 다른 구원하는 은사들과 마지막으로 열매로써 영생 자체가 선택으로부터 흘러나온다. 사도의 증언에 따르면, 우리의 됨됨이 때문이 아니라 하나님의 면전에서 우리가 거룩하고, 흠이 없도록 되기 위해서 하나님은 항상 우리를 그리스도 안에서 선택하셨다(엡 1 : 4).

Ⅹ. 이 은혜로운 선택의 원인은 하나님의 기뻐하심뿐이다. 하나님께서 인간들의 특성이나 행위들에 의해서 규정된 모든 가능한 조건들로부터 구원을 위한 조건으로 선택하셨다는 사실 속에 선택의 원인이 있는 것이 아니라 하나님께서 모든 죄인들로부터 정해진 사람들을 그의 소유로 삼으셨다는 사실에 있다. (이하 생략)

Ⅺ. 하나님 자신은 완전하시고, 불변하시며, 전지하시고, 전능하시기 때문에 하나님에 의한 선택은 중단되지도 변하지도 아니하고, 취소되거나 수행되지 않거나 하지도 아니하며, 선택된 자들은 결코 버림받을 수도 없으며, 정해진 숫자가 결코 감소될 수도 없다.

Ⅻ. 비록 다양한 단계를 거치고, 정도는 다를지라도 선택된 자들은 그들의 때에 영원하고도 불변하는 선택에서 구원까지 확실하게 보증된다. 선택된 자들이 호기심으로 하나님의 감추어지심과 심오함을 탐색하는 것이 아니라 선택된 자들은 자신 속에 있는 하나님의 말씀 안에 나타난 선택의 틀림없는 열매들을(가령 그리스도에 대한 순전한 신앙, 자녀로서 하나님에 대한 두려움, 하나님의 뜻에 따라 죄에 대해서 슬퍼함, 의에 대한 주림과 목마름 등을) 영적 기쁨과 거룩한 즐거움과 함께 받아들인다.

ⅩⅢ. 하나님의 자녀들은 자신을 하나님 앞에 겸손히 낮추고, 하나님의 깊은 자비를 찬양하며, 자신을 정결케 하고, 자신들을 먼저 특별히 사랑하셨던 하나님께 불같이 뜨거운 상호사랑을 보여 주어야 할 더 많은 이유를 이 선택에 대한 의식과 확실성으로부터 가져온다.
　선택론과 선택론에 대한 묵상으로 인해 선택된 자들이 하나님의 계명의 실천에 게으르다거나 육신적인 방법으로 맥이 빠진 생활을 하게 된다는 말 역시 사실과는 거리가 멀다. 이것은 선택의 은혜 앞에서 스스로 경솔하게 처신하거나 동시에 맥이 빠진 생활과 철면피 같은 생활을 하면서 선택된 자들의 길을 걷지 않는 자들에게 하나님의 의로운 심판에 따라 이 같은 일이 일어나곤 한다.

XIV. 게다가 하나님의 지혜로우신 방법에 의하면, 신약성경과 마찬가지로 구약성경에서 예언자들과 그리스도 자신과 사도들에 의해서 신적 선택의 이 교리가 선포되었듯이 선택론은 그것이 맡겨진 오늘날의 하나님의 교회에서 더 적절한 시간과 장소에서 분별력 있는 판단과 경건한 경배와 함께 거룩한 정신 안에서 가장 높으신 분의 길에 대한 호기심 어린 탐색 없이 하나님의 거룩한 이름에 대한 경배와 하나님의 백성에 대한 능력 있는 위로에 이르도록 설명되어져야 한다.

XV. 모든 사람들이 선택된 것이 아니라 하나님의 영원한 선택에서 간과된 어떤 사람들은 선택되지 않았다는 사실을 성경이 계속적으로 증언할 때, 성경은 우리의 선택에 대한 이 영원하고도 거저 주시는 은혜를 우리에게 보여 주며 추천하고 있다. 이 사람들은 바로 하나님께서 자신의 완전히 자유롭고도, 의로우시며, 잘못이 없고, 변하지 않는 기뻐하심으로 그들이 그들 자신들의 죄책을 통해서 죽었던 공통된 불행 속에 내버려 두시고, 그들에게 구원하는 신앙과 회개의 은혜를 주시지 않고, 하나님의 의로우신 심판 아래 그들 자신의 길로 가게 내버려 두시며, 하나님의 의를 보여 주시기 위해 모든 다른 죄들을 심판하시고, 영원히 처벌하시기로 결정하셨다. 이것이 바로 유기에 대한 결의인데, 이것은 결코 하나님을 죄의 창조자로 만드는 것이 아니라(그렇게 생각하는 것은 신성모독이다.) 하나님을 죄에 대한 무섭고도 잘못이 없으시며, 의로운 심판자이시며, 복수자로 만드는 것이다.

XVI. 그리스도에 대한 살아 있는 신앙이나 마음의 확고부동한 신뢰, 그리고 양심의 평화, 자녀로서 하나님에 대한 순종의 연습, 그리스도를 통해서 하나님 안에서의 자랑을 자신 속에 있는 것을 아직도 강력하게 느끼지 않음에도 불구하고, 하나님께서 우리 안에서 이 일들을 하시기로 약속했던 수단들을 사용하는 사람들은 그들이 유기에 관해서 말할 때, 자신을 유기된 자들 가운데 있는 것으로 간주하지 말고, 용기를 잃어서는 안 되고, 수단들을 불같이 열심히 계속 사용해야 하며, 더욱 풍성한 은혜의 때를 불같이 사모하고, 경배와 겸손으로 기다려야 한다. 하나님께 회개하고, 하나님만을 기뻐하며, 죽음의 몸으로부터 구속될 것을 진지하게 소원하는 자들은 이 유기의 교리를 통해서 두려움에 처하는 대신 차라리 그들이 원할 때, 그들은 머지않아 경건과 신앙의 길로 갈 수가 있다. 자비로우신 하나님께서 꺼져 가는 심지를 끄지 않으시며, 상한 갈대도 꺾지 않으신다고 항상 약속하셨다. 그러나 하나님과 구원자이신 그리스도를 잊고, 세상의 염려와 육신의 욕망에 자신을 전적으로 내맡기면서도, 진지함으로 하나님에 대해 회개하지 않는 사람들에게는 이 유기의 교리는 참으로 무서운 것이다.

XVII. 우리는 하나님의 말씀으로부터 그의 뜻을 이해해야만 하고, 이것은 다음의 사실을 증언한다. 즉, 신자들의 자녀들은 본성으로부터가 아니라 은혜언(계)약의 능력으로부터 거룩한데, 그들은 그들의 부모들과 함께 은혜언약 안에 포함되어 있기 때문에, 경건한 부모들은 하나님께서 그들이 어렸을 때 그들을 이생으로부터 데려가실지라도 그들의 자녀들의 선택과 구원을 의심하지 않아야 한다.

XVIII. 무상으로 주시는 선택의 이 은혜와 공의로운 유기의 이 엄격성을 반대하는 사람들에게 우리는 바울의 다음의 말씀을 간직하고자 한다. "이 사람아 네가 누구이기에 감히 하나님께 반문하느냐"(롬 9 : 20). 그리고 우리의 구원자의 말씀은 다음과 같다. "내 것을 가지고 내 뜻대로 할 것이 아니냐"(마 20 : 15). 우리는 경건한 경외심을 가지고 이 숨은 비밀을 경배하면서 사도와 함께 다음과 같이 선포한다. "깊도다 하나님의 지혜와 지식의 풍성함이여 그의 판단은 헤아리지 못할 것이며 그의 길은 찾지 못할 것이로다 누가 주의 마음을 알았느냐 누가 그의 모사가 되었느냐 누가 주께 먼저 드려서 갚으심을 받겠느냐 이는 만물이 주에게서 나오고 주로 말미암고 주에게로 돌아감이라 그에게 영광이 세세에 있을지어다 아멘"(롬 11:33-36).

총회(Synodus)는 선택과 유기에 대한 정통교리를 선포한 후에 (첫 이탤릭체의 내용을 가르치는) 그들의 오류들을 거부한다.

Ⅰ. *믿고, 신앙과 신앙의 순종 가운데서 견인될 사람들을 구원하시기 위한 하나님의 뜻, 다시 말하면 구원에 이르는 선택에 대한 완전한 결의, 이 결의는 하나님의 말씀 안에 계시되었다.*
왜냐하면 이 사람들은 순진한 사람들을 유혹하고, 다음과 같이 증거하는 성경과 분명히 모순에 이른다. 성경은 하나님께서 믿어서 구원받을 사람들을 선택하실 뿐만 아니라, 하나님은 영원부터 일정한 사람들을 선택하셨다. 이 일정한 사람들에게 하나님은 때가 되면 다른 사람들을 초월하여, 그리스도에 대한 신앙과 견인을 선물로 주신다. 성경에 다음과 같이 기록되어 있다. "세상 중에서 내게 주신 사람들에게 내가 아버지의 이름을 나타내었나이다……"(요 17:6). 그리고 "……영생을 주시기로 작정된 자는 다 믿더라"(행 13:48). 그리고 "곧 창세 전에 그리스도 안에서 우리를 택하사 우리로 사랑 안에서 그 앞에 거룩하고 흠이 없게 하시려고"(엡 1:4).

Ⅱ. *영생에 이르는 하나님의 선택은 여러 종류들로 나뉘어진다. 그중에 하나는 일반적이고도 정해지지 않은 선택이고, 다른 하나는 특별하고도 정해진 선택이다. 다시 말하면, 하나는 불완전하고, 취소될 수 있*

고, 결정적이지 않으며, 조건적인 경우이고, 다른 하나는 완전하며, 취소될 수가 없고, 결정적이며, 무조건적인 경우이다. 마찬가지로 신앙에 이르는 선택과 구원에 이르는 다른 선택이 존재하며, 또한 의롭게 하는 신앙에 이르는 선택은 구원에 이르는 결정적인 선택 없이도 존재할 수가 있다.

왜냐하면 이 같은 사상은 인간의 두뇌가 모조한 고안물이며, 성경을 벗어난 사상이기 때문이다. 이 사상은 선택교리를 위협하고, "또 미리 정하신 그들을 또한 부르시고 부르신 그들을 또한 의롭다 하시고 의롭다 하신 그들을 또한 영화롭게 하셨느니라"(롬 8 : 30)라는 내용의 황금사슬을 깨뜨리게 된다.

Ⅲ. *성경이 선택론에서 말씀하시는 하나님의 기뻐하심과 결정은 하나님께서 다른 사람들을 초월하여 정해진 사람들을 선택하셨다는 사실에 있는 것이 아니라 하나님께서 모든 가능한 조건들이나, 가령 이 조건들 안에는 율법을 실천한 행위들도 포함되는데, 모든 것들에 대한 포괄적인 총체, 가령 구원의 조건으로서 신앙의 비공로적인 행위 자체와 불완전한 신앙의 순종으로부터 선택하셨고, 하나님은 은혜로부터 이것들을 완전한 순종으로 간주하시고, 영생에 내포된 보상을 가치 있는 것으로 여기신다.*

왜냐하면 독약처럼 해로운 이 오류들로 인해 하나님의 기뻐하심과 그리스도의 공로는 아무런 효과가 없어지게 되고, 사람들은 이 무익한 의문들로 인해 은혜로 인한 칭의의 진리와 성경의 순수성으로부터 떠나게 되기 때문에, 비진리인 이 사상은 거부되어야 한다. "하나님이 우리를 구원하사 거룩하신 소명으로 부르심은 우리의 행위대로 하심이 아니요 오직 자기의 뜻과 영원 전부터 그리스도 예수 안에서 우리에게 주신 은혜대로 하심이라"(딤후 1 : 9).

Ⅳ. 신앙에 이르는 선택에서 인간이 자연의 빛을 선하게 사용하는 조건이 요구되는 것이 경건이며, 작고도 겸손하며, 영생으로 예정되었다고, 마치 선택이 어떤 점에서 이런 것들에 종속된 것처럼 가르치는 자들의 오류들은 거부되어야 한다.

왜냐하면 이 사상은 페라기우스주의의 주장과 비슷하고, 사도가 아래와 같이 말하는 그의 교리와도 모순되기 때문이다(엡 2 : 2-9).

Ⅴ. 구원에 이르기 위해 정해진 사람들의 불완전하고도 비결정적인 선택은 방금 시작되었든지 이미 일정 기간 동안 지속되었든지 간에, 예지된 신앙, 회개, 거룩함과 경건에 근거하여 일어났다. 그러나 완전하고도 결정적인 선택은 신앙과 회개와 거룩함과 경건 안에서 예지된 견인에 근거하여 끝까지 일어났다. 이것이 은혜이며, 복음적인 진리이다. 이를 통해서 선택된 자들은 선택되지 않는 자들보다 더 가치가 있다. 그리고 특별히 신앙과 신앙의 순종과 거룩함과 경건과 견인은 영화에 이르는 불변하는 선택의 열매들이 아니라 완전히 선택되어질 사람들 안에서 미리 제시되었고, 예지로 성취되어진 조건들이다. 이런 것들이 없이는 영화에 이르는 불변하는 선택도 일어나지 않는다.

이 사상은 우리에게 여러 곳에서 다음과 같은 내용으로 가르치는 성경과 모순된다. 하나님의 선택하시는 결정은 행위에 근거하지 않고, 하나님의 부르심에 근거해 있다(롬 9 : 11). 영생을 주시기로 작정된 사람들은 다 믿었다(행 13 : 48). 우리가 거룩하게 되도록 하시기 위해, 하나님께서 우리를 그리스도 안에서 선택하셨다(엡 1 : 4). 너희가 나를 선택한 것이 아니라 내가 너희를 선택했다(요 15 : 16). 만일 그것이 은혜로 말미암았으면, 그것은 더 이상 행위로 온 것이 아니다(롬 11 : 6). 사랑은 여기 있으니 우리가 하나님을 사랑한 것이 아니요 오직 하나님이 우리를 사랑하사 (우리 죄를 위하여 화목제로) 그 아들을 보내셨다(요일 4 : 10).

Ⅵ. 구원에 이르는 선택은 항사 불변하는 것이 아니라 어떤 사람들은 하나님의 결의로 선택되었음에도 잃어버릴 수가 있고, 참으로 영원히 잃어버릴 수가 있다.

이 큰 오류들을 통해서 그들은 하나님을 변개하시는 분으로 만들고, 경건한 자들이 그들의 선택의 견고함으로부터 길어낸 위로를 폐기시켜 버리고, 그들은 성경이 가르치는 다음의 내용과는 모순되게 말하고 있다. 선택된 자들은 미혹될 수가 없다(마 14 : 24). 그리스도께서는 아버지께서 그에게 주신 자들을 잃어버리지 않으실 것이다(요 6 : 39). 하나님께서는 미리 정하신 자들을 부르시고, 의롭다 하시고, 또한 영화롭게 하셨다(롬 8 : 30).

Ⅶ. 이생에서 영화에 이르는 선택에 대한 어떤 열매도 어떤 의식도 어떤 확실성도 없다면, 이런 것은 가변적이고도 불확실한 조건에 달려 있다.

왜냐하면, 특별히 불확실한 확실성을 받아들인다는 것은 모순되기 때문이다. 왜냐하면 이것은 또한 사도와 함께 성도 자신들의 선택에 대한 경험에 근거하여 기뻐하고 하나님의 이 같은 행위를 자랑하는(엡 1 : 12) 성도들의 경험과 모순되기 때문이다. 성도들은 그리스도의 명령에 따라 사도들과 함께 그들의 이름이 하늘에 기록된 것에 대해서 기뻐했다(눅 10 : 20). 그리고 성도들은 누가 하나님의 선택하신 자들을 송사하리요(롬 8 : 33)라고 말하면서 마귀의 시험의 불화살에 대항하여 자신들의 선택의 경험을 주장한다.

Ⅷ. 하나님은 자신의 공의로운 의지에 근거하여 어떤 사람을 아담의 타락과 죄의 상태와 저주에 빠지도록 내버려 두시지 않거나 신앙과 회개에 필수불가결한 은혜의 분여 속에 지나가게 하시지 않았다고 가르치는 자들이 있다.

왜냐하면 이것은 다음의 사실들을 확정하는 것이기 때문이다. 하나님께서 하고자 하시는 자를 긍휼히 여기시고, 하고자 하시는 자를 강퍅하게 하신다(롬 9 : 18). 또 천국의 비밀을 아는 것은 너희에게는 허락되었으나 저희에게는 아니되었다(마 13 : 11). 그리고 천지의 주재이신 아버지여 이것을 지혜롭고 슬기 있는 자들에게는 숨기시고 어린아이들에게는 나타내심을 감사하나이다(마 11 : 25 - 26).

Ⅸ. 하나님께서 다른 민족보다도 어떤 민족에게 복음을 먼저 보내시는 이유는 단지 하나님의 기뻐하심 때문이 아니라 어떤 민족은 복음이 알려지지 않은 다른 민족보다도 더 낫고 더 가치가 있기 때문이라고 가르치는 자들이 있다.

왜냐하면 모세는 이것을 부인하기 때문이다. 모세가 이스라엘 백성에게 다음과 같이 말한다. 하늘과 모든 하늘의 하늘과 땅과 그 위에 만물은 본래 네 하나님 여호와께 속한 것이로되 여호와께서 오직 네 열조를 기뻐하시고 그들을 사랑하사 그 후손 너희를 만민 중에서 택하셨음이 오늘날과 같으니라(신 10 : 14 - 15). 그리고 그리스도께서도 다음과 같이 말씀하신다. 화가 있을진저 고라신아 화가 있을진저 벳새다야 너희에게 행한 모든 권능을 두로와 시돈에서 행하였더면 저희가 벌써 베옷을 입고 재에 앉아 회개하였으리라(마 11 : 21).

(3) 교리의 제2장, 곧 그리스도의 죽음과 이를 통한 인간의 구속에 관하여

Ⅰ. 하나님은 완전히 자비로우실 뿐만 아니라 완전히 공의로우시기도 하다. (하나님께서 자신의 말씀에서 스스로 계시하셨던 것처럼) 하나님의 공의는 그의 무한한 엄위를 침범한 우리의 죄들이 영혼과 육체에 따라 일시적인 형벌뿐만 아니라 영원한 형벌을 받을 것을 요구한다. 하나님의 공의에 대한 만족이 일어나지 않는 한, 우리는 이 형벌을 피할 수가 없다.

Ⅱ. 그러므로 우리 자신은 어떤 만족도 드릴 수가 없고 우리를 하나님

의 진노로부터 해방시킬 수 없기 때문에, 하나님은 무한한 자비로부터 그의 독생자를 우리에게 보증으로 주셨다. 우리를 위해 만족을 주시기 위해 아들이 우리를 대신하여 십자가에서 죄인이 되시고, 저주를 받으셨다.

Ⅲ. 하나님의 아들의 죽음은 죄에 대한 유일하고도 완전한 희생제물과 만족이며, 전 세계의 죄의 화목을 위해 무한한 능력이 있고, 무한한 가치가 있으며, 흘러넘칠 정도로 충분하다.

Ⅳ. 이 죽음은 너무나도 큰 능력과 가치를 가진다. 왜냐하면 그는 우리의 구원자이셔야 하는 것처럼, 그 자신이 지니시는 인격은 참되고, 완전하고, 거룩한 인간이실 뿐만 아니라 아버지와 성령과 영원하고도, 무한한 동일본질이신 하나님의 독생자이시기 때문이다. 게다가 왜냐하면 그의 죽음은 우리가 우리의 죄로 인해서 받아야 할 하나님의 진노와 저주에 대한 체험을 동반하기 때문이다.

Ⅴ. 복음의 약속은 십자가에 못박히셨던 그리스도를 믿는 사람은 누구든지 멸망치 않고, 영생을 얻는다는 것이다. 이 약속은 자신이 회개하고 믿어야 하는 명령과 함께 하나님께서 그의 기뻐하심 속에서 복음을 보내시는 모든 백성들과 사람들에게 선포되어지고, 설명되어져야 한다.

Ⅵ. 복음에 의해서 부름 받은 많은 사람들이 회개하지도 않고, 그리스도를 믿지 않으며, 불신앙 속에서 멸망하고 있다는 사실은 십자가에서 그리스도의 희생제물의 부족함이나 불충분성을 통해서 오는 것이 아니라 그들 자신의 죄를 통해서 오는 것이다.

Ⅶ. 진정으로 믿는 모든 사람들은 그리스도의 죽음을 통해서 죄와 파

멸로부터 구속되고 구원받아, 하나님께서 어떤 다른 사람에게 돌리지 않고 영원부터 그리스도 안에서 주어진 하나님의 은총에만 근거된 유익을 향유한다.

VIII. 왜냐하면 이것은 하나님 아버지의 주권적인 결의와 은혜로운 의지와 결정이기 때문이다. 하나님의 아들의 고귀한 죽음의 살리고 구원하는 능력은 선택된 자들에게만 칭의하는 신앙을 주고, 이 신앙을 통해서 실수하지 않고 그들을 구원하기 위해서 선택된 사람들에게 해당된다. 말하자면 하나님께서 다음의 사실을 원하셨다. 그리스도는 십자가에서 흘리신 자신의 피를 통해서(십자가를 통해서 하나님께서 그리스도를 새 언약으로 확정하셨다.) 모든 민족들, 지파들, 종족들, 그리고 참으로 수많은 방언들로부터 영원부터 구원으로 선택되고, 아버지에 의해서 그리스도에게 주신 바 된 자들만을 구속하신다. 그리스도께서 이 선택된 자들에게 신앙을 선물로 주시고, 그의 죽음을 통해서 성령의 구원하는 풍성한 은사들을 우리를 위해 획득하셨다. 그들이 태어날 때 가지고 있던 죄와 마찬가지로 신앙을 갖기 이전이나 이후에 그들 자신이 범했던 모든 죄들을 그리스도께서 자신의 피를 통해서 정결케 하시고, 끝까지 그들에게 신실하심을 보전하시고, 마지막에는 그들이 티나 주름이 잡힌 것이 없이 영화롭게 그리스도 앞에 시게 하심이다.

IX. 선택된 자들을 향한 하나님의 사랑으로부터 흘러나오는 이 결의는 죽음의 나라의 문들의 아무 소용없는 반대에도 불구하고, 세상의 시작부터 지금까지 능력 있게 성취되고, 또한 계속적으로 성취되어 선택된 자들은 하나님의 때가 되면 하나로 모아질 것이다. 이를 통해서 그리스도의 피에 기초를 둔 신자들의 교회는 항상 존재할 것이며, 자신의 신부를 위한 신랑으로서 교회를 위하여 십자가에서 자신의 생명을 주셨던 교회의 구원자이신 그리스도를 교회는 항구적으로 사랑하고, 그를 계속적으로 섬기고, 여기서, 그리고 영원 무궁히 그를 찬양한다.

총회(Synodus)는 정통교리를 선포한 후에 (첫 이탤릭체의 내용을 가르치는) 그들의 오류들을 거부한다.

Ⅰ~Ⅶ(번역생략)

(4) 교리의 제3장과 제4장, 곧 인간의 타락과 하나님에 대한 인간의 회개와 그 방법에 관하여

Ⅰ. 인간은 본래 하나님의 형상에 따라 창조되어, 이해력에서는 그의 창조주와 영적인 것들에 대한 참되고도 구원하는 지식을, 의지와 마음에는 의를, 영혼의 전(全) 삶에는 깨끗함을 갖추고 있었다. 따라서 인간은 완전히 거룩했다. 그러나 마귀의 부추김과 자신의 자유의지를 통해 하나님으로부터 벗어나 자신으로부터 이 탁월한 은사들을 빼앗겨 버리고, 그 대신에 이해력에는 눈이 멀어짐, 무시무시한 어두움, 경솔함, 오판(誤判)이 오게 되고, 의지와 마음속에는 사악함, 갈등, 완고함이 오게 되고, 간단히 말해서 전 영혼의 삶 안에는 불결함이 오게 되었다.

Ⅱ. 타락사건 이래 인간이 타락한 것처럼, 인간 역시 타락한 자녀들을 낳게 되었다. 오직 그리스도만을 제외하고, 아담으로부터 그의 모든 후손들에 대한 하나님의 공의로운 심판에 따라 펠라기우스주의자들이 주장하는 것처럼 앞에 있는 자들을 모방함을 통해 배워서가 아니라 죄적 본성의 유전을 통해 타락이 왔다.

Ⅲ. 따라서 모든 인간들은 죄 가운데서 받아들여지고, 진노의 자녀들로서 태어나서 구원하는 어떤 선도 행할 수가 없고, 죄 속에서 악과 죽음으로 향하고 있다. 결과적으로 그들은 죄의 노예들이다. 그들을 새롭

게 하는 성령의 은혜가 없이 그들은 하나님께 가려고도 하지 않고, 갈 수도 없으며, 타락한 본성을 개선하거나 이 개선을 위해 자신을 준비하기를 원하지도 않고, 원할 수도 없다.

Ⅳ. 타락 이후에 인간 안에 아직도 자연의 어떤 빛이 남아 있다. 이것을 통해서 인간은 하나님과 자연적인 일들과 예의 바른 것과 예의 바르지 않는 것 사이의 구별에 대한 어느 정도의 지식을 가지고 있어서, 인간은 어느 정도의 덕을 실천하고, 외적으로 선한 도덕행위를 한다. 그러나 자연의 이 빛을 통해서 인간은 하나님의 구원하는 지식에는 결코 이르지 못하고, 하나님께로 결코 회개하지는 못한다. 인간은 역시 자연적이고도 사회적인 일들 안에서도 이 빛을 정당한 방법으로 사용하지 않는다. 아니 참으로 이 빛이 있음에도 불구하고 인간은 여러 가지 방법으로 이 빛을 전적으로 혼동시키며, 부당하게 사용하고 있다. 그리고 인간은 이렇게 하고 있기 때문에 하나님에 대해 더 이상 어떤 변명거리도 가지고 있지 않다.

Ⅴ. 자연의 빛에 해당되는 것은 하나님께서 모세를 통해 특별히 유대인들에게 주셨던 십계명의 율법에 해당된다. 왜냐하면 율법은 죄의 중대성을 밝히며, 인간에게 자신의 죄에 대해 더욱더 증거히지만, 이 죄에 대한 어떤 치료책을 만들지도 않고, 이 불행으로부터 벗어날 어떤 능력도 선물로 주지 않는다. 따라서 율법은 육신을 통해서 무력해지며, 불법자를 저주 아래 두게 한다. 이러한 이유 때문에 인간은 율법을 통해서는 구원하는 은혜를 얻을 수가 없다.

Ⅵ. 자연의 빛과 율법이 할 수 없는 것을 하나님은 성령의 능력과 말씀 사역, 또는 화해의 사역을 통해서 하신다. 이것이 바로 메시야의 복음인데, 이를 통해서 하나님은 구약에서와 마찬가지로 신약에서도 신자

들을 구원하시기를 기뻐하셨다.

Ⅶ. 하나님께서 구약에서는 그의 뜻의 비밀을 소수의 사람들에게만 알리셨고, 신약에서는 더 많은 사람들에게 계시하시는데, 지금은 백성들 사이에 존재하는 구별이 없어졌다. 이 처분의 근거는 어떤 백성이 다른 백성들보다 더 나은 가치에 있는 것도 아니고, 어떤 백성이 다른 백성보다 자연의 빛을 더 잘 사용하는 데 있는 것도 아니다. 그것은 하나님의 주권적인 기뻐하심과 하나님의 무공로적인 사랑에 있다. 그러므로 참으로 자신들의 공로들 없이, 아니 자신들의 공로들과는 정반대로 큰 은혜에 참여하는 자들은 겸손하고도 감사하는 마음으로 그것을 인정해야 하고, 이 은혜에 참여하지 않는 자들 안에서는 사도가 말한 바와 같이 결코 호기심으로 탐구하지 말고, 하나님의 심판의 엄격성과 의로우심을 경배해야 한다.

Ⅷ. 복음을 통해서 부름을 받은 모든 사람들은 가장 진지함 속에서 부름을 받게 된다. 왜냐하면 하나님은 진지하게 그리고 자신이 기뻐하시는 진리에 따라 자신의 말씀 안에서 보여 주시기 때문이다. 다시 말하면, 부름을 받은 자들이 그에게 오기 때문이다. 자신에게 나아와서 믿는 모든 자들에게 하나님은 그들의 영혼을 위한 안식과 영생을 주시겠다고 진지하게 약속까지 하신다.

Ⅸ. 복음의 사역을 통해서 부름을 받은 많은 사람들은 나아오지도 않고, 회개하지도 않는 것은 복음이나 복음을 통해서 제공되는 그리스도나 복음을 통해서 부르시고 부름을 받은 자들에게 다양한 은사들을 부여하시는 하나님의 과실도 아니다. 이 과실은 그들 자신에게 있다. 그들 중에 어떤 사람들은 생명의 말씀을 부주의하게 받아들이고, 다른 사람들은 받아들이기는 하지만, 마음속 깊은 곳에 받아들이지 않고, 일시적

신앙의 가벼운 기쁨을 맛본 뒤에 다시 지리멸렬하게 다른 곳으로 가 버린다. 또다른 사람들은 말씀의 씨앗을 세상의 염려와 욕심의 가시떨기 아래에서 질식시켜 버리고, 어떤 열매도 맺지 않는다. 우리의 구원자께서 이것을 씨 뿌리는 자의 비유에서 우리에게 가르치신다.

X. 마치 우리가 신앙과 회개에 이르는 매우 크고도 충분한 은혜를 받은 다른 사람들과 자유의지를 통한 우리 자신 사이를 구별하고자 하는 것처럼 (그리고 교만한 펠라기우스주의자들의 이단이 소원한 것처럼) 복음의 사역을 통하여 부름을 받은 다른 자들이 나아와서 회개하는 것을 우리에게 그 원인을 돌려서는 안 되고, 하나님에게만 그 원인을 돌려야 한다. 사도의 서신들이 여러 곳에서 증거하듯이 하나님께서 영원부터 그리스도 안에서 자신에게 속한 자들을 선택하시고, 또한 때가 되어 그들을 능력 있게 부르시고, 그들에게 신앙과 회개를 선물로 주시고, 흑암의 권세로부터 그의 아들의 나라로 그들을 옮기시고(골 1:13), 어두운 데서 불러내어 그의 기이한 빛에 들어가게 하신 자의 아름다운 덕을 선전하게 하셨다(벧전 2:9).

XI. 하나님께서 자신이 기뻐하시는 것을 선택된 자들 안에 가져오시고, 참된 회개를 그들 안에 불러일으키실 때, 하나님은 복음을 외적으로 선포하실 뿐만 아니라 성령을 통해 그들의 이해력을 능력 있게 하신다. 그 결과 그들은 하나님의 영에 속한 것들을 잘 배워서 이해하고 구별한다. 또한 하나님은 새롭게 하시는 영의 능력 있는 역사를 통해서 그들의 가장 깊은 곳까지 침투해 들어가신다. 그는 닫힌 마음을 여시고, 굳은 마음을 부드럽게 하시며, 할례 받지 않은 마음에 할례를 행하신다. 그는 의지에 새로운 것을 선물로 주셔서 죽은 의지를 살아 있게 만드시고, 악한 의지를 선하게 만드시며, 원하지 않는 의지를 원하게 만드시고, 반항하는 의지를 순종하게 만드신다. 인간이 선한 나무로서 선행의 열매를 맺을 수 있도록 그는 의지를 움직이시고 강하게 하신다.

XII. 이것이 바로 중생, 새롭게 함, 새 창조, 죽음으로부터 부활과 살림이며, 여기에 관해서 성경은 영화로울 정도로 말씀하시며, 하나님은 우리가 없이 우리 안에 이것을 행하신다. 하나님께서 그의 사역을 단번에 완성하셨을 때, 이것은 외부로부터 우리에게 오는 설교만이나 우리의 마음에 대한 강권만을 통해서 우리 안에 일어나지 않으며, 또한 중생의 여부와 회개의 여부는 인간의 능력 안에 있는 그 어떤 것으로 가능한 것이 아니다. 성경의 증언에 따르면 (이 사역이 나오는 분에 의해서 부어지는) 이것은 완전히 초자연적이며, 심히 강력하고, 동시에 매우 기쁘고도 놀라우며, 숨어 있고, 형언할 수 없는 사역으로써 창조나 죽음으로부터의 부활보다 더 약하거나 모자라지 않다. 하나님께서 이 놀라운 방법으로 역사하시는 자들의 마음속에서 그들은 완전히 확실하게, 그리고 강력하게 중생하게 되고, 참으로 믿는다. 지금 새롭게 된 의지는 하나님에 의해서 추진되고, 움직여질 뿐만 아니라 의지 자체도 활동한다. 그러므로 인간은 자신이 받은 은혜를 통해서 믿고, 회개한다는 말은 맞는 말이다.

XIII. 하나님의 이 같은 일이 어떻게 일어나는지를 신자들은 현재의 삶 안에서 완전히 이해할 수가 없다. 그럼에도 불구하고, 그들은 마음으로 하나님의 이 은혜를 믿음으로써, 그리고 그들의 구원자를 사랑함으로써 알고, 그리고 경험하는 바로 그곳에서 그들의 안식을 발견한다.

XIV. 신앙은 하나님의 은사(선물)이다. 신앙이 인간의 자유의지에다 하나님에 의해서 제공되었기 때문이 아니라 신앙이 인간에게 실제적으로 선물로 주어지고, 주입되거나 부은 바 되었기 때문이다. 또한 하나님께서 믿는 능력만을 주시고, 그 후에 인간의 자유의지에 일치하거나 행동하는 신앙을 기대하시기 때문이 아니라 하나님은 행위뿐만 아니라 의

지까지도, 참으로 모든 것 안에 있는 모든 것, 즉 믿을 의지를 인간 안에 일으키시고, 신앙 자체로 이르게 하시기 때문이다.

XV. 하나님은 이 은혜를 베푸셔야 할 빚을 어느 누구에게도 지고 계시지 않다. 왜냐하면 보상을 요구할 수 있는 어떤 것도 하나님께서 드릴 수가 없는 자에게 하나님이 왜 그에게 빚을 지고 계신다는 말인가? 더욱 강하게 말하자면, 자신으로부터 죄와 거짓 이외에 아무것도 가지고 있지 않은 자에게 하나님이 왜 빚을 지고 계시다는 말인가? 이 은혜를 받는 자는 여기에 대해 하나님께만 영원한 감사를 드릴 빚을 지며, 참으로 역시 이것에 대해서 하나님께 감사드린다. 이 은혜를 받지 않은 자는 이 영적인 것들에 대해 전적으로 무관심하거나 자족하거나 자신이 가지고 있지 않는 소유물에 대한 근거 없이 그의 부주의함 가운데서 스스로 자랑한다.
또한 우리는 사도들의 모범을 따라 자신들의 신앙을 공적으로 고백하고, 자신들의 삶을 개선시키는 사람들에 대해 가장 좋게 판단하고, 말해야 한다. 왜냐하면 마음의 가장 깊은 곳은 우리에게 알려지지 않기 때문이다. 아직도 부름을 받지 못한 그 밖의 사람들과 관련해서, 우리는 없는 것으로부터 있는 것으로 부르시는 하나님께 그들을 위해서 기도해야 한다. 마치 우리 자신이 믿지 않는 자들과 구별되는 것이 우리 자신으로부터 비롯된 것처럼 어떤 경우에도 우리는 그들에 대해서 교만하게 행동해서는 안 된다.

XVI. 타락을 통해서 인간이 인간인 것이 중지되는 것이 아니며, 인간은 이해력과 의지를 가지고 있으며, 마찬가지로 인류에게 침투한 죄는 인간의 본성을 제거한 것이 아니라 다만 부패시키고, 영적으로 죽였다. 중생의 신적 은혜는 인간들이 사물인 것처럼 그렇게 그들 안에서 작용하는 것이 아니다. 중생의 은혜는 의지와 의지의 고유성을 폐기시키는 것이 아니고, 더구나 폭력으로 그것을 강요하는 것이 아니라 의지를 영적으로 살게 하며, 치유하고, 개선하며, 즐겁고도 능력 있는 방법으로 의지의 허리를 굽히게 한다. 한때는 육신의 완고한 반대가 완전히 지배하던 바로 그곳에 지금은 성령께서 기꺼이 원하고 올바른 순종이 지배하게 된다. 바로 여기에 우리의 의지의 참되고도 영적인 새로움과 자유가 있게 될 것이다. 만약 모든 선의 기적적인 창조자께서 이런 방법으로 우리를 다루시면, 인간은 자신의 자유의지를 통해서 타락으로부터 부활할 수 있다는 어떤 희망도 가지지 않을 것이다. 사실 자유의지를 통해서 인간이 아직도 서 있었을 때, 그 자신이 부패 속에서 죽었다.

XVII. 하나님께서 우리에게 자연적 생명을 주시고, 보전하시는 그의 전능하신 사역은 하나님께서 그의 무한한 지혜와 선하심 안에서 그의 능력을 행하시기를 원하시는 수단들의 사용을 배제시키는 것이 아니라 도리어 그 수단들을 요구하신다. 따라서 하나님께서 우리를 새롭게 하시는, 앞에서 언급된 초자연적인 그의 사역은 가장 지혜로우신 하나님께서 중생의 씨와 영혼을 위한 양식으로 정하셨던 복음의 사용을 배제시키는 것이 아니다. 사도들과 마찬가지로 그들의 뒤를 따르고 있는 교사들은 하나님의 이 은혜 안에서 백성들이 하나님을 경배하며, 모든 인간적 교만을 낮추도록 신실하고도 헌신적인 마음으로 백성들을 가르쳤고, 또한 그럼에도 불구하고, 말씀과 성례전의 집행과 교회치리의 시행 중에 복음의 거룩한 경책들을 빠뜨리지 않았다. 그러므로 오늘날에도 교회에서 가르치거나 가르침을 받는 자들은 하나님께서 그의 기뻐하심에 따라 원하셨던 일들, 이 일들이 하나님께서 기뻐하시는 일들과 밀접하게 결합되어 있는 바, 이 일들을 분리시킴으로써 하나님을 감히 시험해서는 안 된다. 왜냐하면 경책을 통해서도 은혜가 주어지기 때문이다. 우리가 우리의 부름에 신중할수록, 우리 안에서 역사하시는 하나님의 은혜가 더욱 영광스럽게 계시되고, 그의 사역이 더 잘 발전하기 때문이다. 수단들과 마찬가지로 수단들에 대한 구원하는 효과 작용으로 인하여 그에게만 모든 영광이 오기를 기원한다. 아멘.

총회(Synodus)는 선택과 유기에 대한 정통교리를 선포한 후에 (첫 이탤릭체의 내용을 가르치는) 그들의 오류들을 거부한다.

제1조~IX(생략)

(5) 교리의 제5장, 곧 성도의 견인에 관하여

Ⅰ. 하나님은 자신의 결정에 따라 그의 아들이신 우리 주님 예수 그리스도와 교제에로 부르시고, 성령을 통해서 중생하게 하시는 모든 자들을 죄의 지배와 노예로부터 구속하시지만, 이생에서는 그들을 완전하게 죄의 육신과 몸으로부터 구속하시지는 않는다.

Ⅱ. 여기서부터 약함이라는 일상적인 죄늘이 생기고, 성도늘의 죄선의 행위들에도 결점들이 붙어 있다. 그들이 죽음의 몸으로부터 구속되어 하나님의 어린양과 함께 천국에서 통치하기 위해 약함과 결점들은 성도들로 하여금 하나님 앞에서 스스로를 겸손하게 하며, 자신들의 피난처로서 십자가에 못박히신 그리스도로 받아들이게 하며, 기도의 영과 경건의 거룩한 연습을 통해서 육신을 항상 죽여야 하는 이유를 성도들에게 제공한다.

Ⅲ. 우리 안에 있는 죄의 잔재물 때문에, 그리고 역시 세상과 사탄의 유혹들 때문에, 만약 회개한 자들도 그들 자신의 능력에 맡기는 한, 그들은 은혜 안에서 어떤 상태도 유지할 수가 없다. 그러나 하나님은 신실하셔서 자신의 자비를 통해서 그들에게 한 번 주어진 은혜 안에서 그들을 견고하게 하시고, 능력으로 끝까지 보전하신다.

Ⅳ. 비록 하나님께서 그의 능력으로 참된 신자들을 은혜 안에서 견고

하게 하시고 보전하실지라도, 죄는 육신을 통해서 극복될 수 없을 만큼 너무나도 커서 회개한 자들도 하나님에 의해서 항상 인도되고, 감동받는 것은 아니다. 회개한 자들은 그들 자신의 죄책을 통해서 특정한 행위들에서는 은혜의 인도로부터 벗어나고, 육신의 욕심에 의해서 유혹되고, 그것에 귀를 기울인다.

그러므로 자신들이 시험에 들지 않도록 끊임없이 깨어서 기도해야 한다. 그렇지 않을 경우, 그들은 육신과 세상과 사탄에 의해서 무겁고도 무서운 죄에 함께 빠지게 될 가능성이 있을 뿐만 아니라 참으로 하나님의 공의로우신 허락 하에 가끔 이 속에 빠질 수도 있다. 성경이 우리에게 기록한 바대로, 이 같은 경우가 다윗과 베드로와 다른 성도들의 슬퍼하는 타락을 통해서 나타난다.

V. 그와 같은 큰 죄와 함께 그들은 하나님을 가장 많이 슬프게 해 드리고, 죽음의 죄 안에 타락하여 성령을 근심되게 하며, 신앙의 연습을 방해하고, 그들의 양심에 심각할 정도로 상처를 입히며, 가끔은 잠시 동안 은혜에 대한 의식을 잃어버린다. 그러나 그들이 진지한 참회를 통해 선한 길로 돌아올 때 하나님의 부성적인 얼굴이 그들 위에 다시 비춰게 된다.

VI. 왜냐하면 자비가 풍성하신 하나님께서 선택의 불변하는 결정에 따라 성령을 자신에게 속한 자들로부터 거두어 가시지 않기 때문이다. 그들이 비참한 방법으로 타락했을 때조차도 하나님은 그들을 멀리까지 미끄러지도록 내버려 두지 않으신다. 다시 말하면, 하나님의 자녀들로 삼으신 은혜와 칭의의 상태로부터 타락한다든지 그들이 죽음에 이르는 죄를 짓는다든지 성령을 훼방하는 죄를 짓는다든지 하나님에 의해서 전적으로 버림받고, 영원한 파멸에 던져질 정도까지 멀리 나아가지는 않는다.

Ⅶ. 왜냐하면 첫째로 하나님께서 죄와 그 같은 타락 속에서도 그들 안에 있는 중생한 하나님의 불멸의 씨앗을 여전히 보존하시기 때문이다. 이 씨앗은 사라지거나 던져 버려지지 않기 때문이다.

둘째로 그들이 마음으로 하나님의 뜻에 따라 타락한 죄에 대해 슬퍼하도록 하기 위해 하나님은 확실하고도 능력 있는 방법으로 그의 말씀과 영을 통해 그들을 회개에로 새롭게 하신다. 그들은 신앙을 통해서 상한 마음과 함께 중보자의 피 속에 있는 용서를 구하여 얻고, 지금 그들과 화해된 하나님의 자비를 다시 경험하고, 하나님께서 자신의 신실하심 속에서 보여 주셨던 자비를 찬미하고, 앞으로 두려움과 떨림으로 더욱 더 큰 긴장을 가지고 그들의 구원을 이루어 나간다.

Ⅷ. 그들이 신앙과 은혜로부터 완전히 벗어나서 타락하지 아니하고, 그들의 타락 가운데서도 끝까지 잃어버리지 않고 머무는 것은 그들 자신의 공로나 그들 자신의 능력 때문이 아니라 하나님의 은혜로우신 자비 때문이다. 그들 자신에게 의존하는 한, 이것은 쉽게 일어날 수 있을 뿐만 아니라 의심의 여지없이 일어난다. 그러나 사람이 하나님을 향하고 있을 때 이것은 전적으로 일어날 수가 없고, 하나님의 결의는 변할 수가 없으며, 하나님의 약속은 파기될 수가 없고, 그의 뜻에 따른 부름은 취소될 수가 없다. 그리고 그리스도의 공로와 중보기도와 지켜 주심은 무력하지 않고, 성령의 인 치심은 좌절되거나 폐기되지 않는다.

Ⅸ. 그들의 구원으로 선택된 자에 대한 지켜 주심과 신앙 안에 있는 참된 신자들의 견인으로부터 신자들 자신은 확실히 보장될 수가 있다. 그들이 교회의 참되고 살아 있는 지체들이고, 항상 머무를 것이며, 죄의 용서와 영생을 가지고 있다는 사실을 그들은 점점 더 확실하게 믿게 된다.

Ⅹ. 이 확실성은 하나님의 말씀이 없이 또는 하나님의 말씀 밖에서 일

어난 이런저런 특별한 계시로부터 흘러나오는 것이 아니라 하나님께서 자신의 말씀 안에서 우리의 위로를 위해 풍성하게 계시하셨던 하나님의 약속들에 대한 신앙으로부터 흘러나오며, 다음으로 우리가 하나님의 자녀이며, 후사인 것을(롬 8 : 16, 17) 우리의 영과 함께 증거하시는 성령의 증거로부터 흘러나오며, 마지막으로 선한 양심에 대한 진지하고도 거룩한 연습과 선행의 실천으로부터 흘러나온다. 만약 하나님의 선택된 자들이 이 세상에서 그들이 승리를 얻을 것과 영원한 영화에 대한 확실한 보증을 얻었다는 확고한 위로를 빼앗겨 버린다면, 그들은 모든 사람들 중에서 가장 불쌍한 사람들일 것이다.

XI. 신자들은 이 세상에서 모든 종류의 육신의 의심들과 싸우며, 참된 유혹 가운데서 완전한 신앙의 확신과 견인의 이 확실성을 항상 느끼지 않는다는 사실을 성경이 특별히 증거하신다. 그러나 모든 위로의 하나님 아버지께서 그들이 감당치 못할 시험을 당함을 허락지 아니하시고, 시험당할 즈음에 피할 길을 주시고(고전 10 : 13), 다시 그들 안에 성령의 견인의 확실성을 불러일으키신다.

XII. 견인의 이 확실성이 참된 신자들을 교만하게 하고, 태만하게 만든다는 것은 확실하지 않다. 오히려 그와는 정반대로, 견인의 확실성은 겸손, 자녀다운 경외심, 참된 경건, 모든 싸움 가운데서 견인하며, 불같이 뜨거운 기도, 십자가를 굳게 붙잡음과 진리고백에서 확고부동한 신념 및 하나님 안에 있는 영구적인 기쁨의 뿌리이다. 성경의 증거들과 성도들의 모범들 속에 나타나듯이, 이 은혜들을 묵상하는 것이 그들에게는 감사드림에 대한 진지하고도 지속적인 훈련에 대한 동기가 되며, 선행들의 실천에 대한 동기가 된다.

XIII. 견인에 대한 확신은 그들의 타락으로부터 다시 살게 된 자들에게 경건에 대한 경솔함이나 경시함을 낳게 하는 것이 아니라 주님의 길에 주의를 집중하는 보다 세심한 관심을 가져다준다. 그들이 걸어가는 길들이 그들의 견인의 확실성을 보존할 수 있도록 이 길들은 항상 미리 준비되어 있다.

그들과 화해된 하나님의 얼굴은(이 얼굴을 바라보는 것은 신자들에게는 생명보다도 더 달고, 하나님의 얼굴의 숨김은 죽음보다도 더 비통한 것이다.) 하나님의 부성적인 자비의 오용으로 인해 더 이상 그들로부터 돌리지 않을 것이다. 하나님께서 자신의 얼굴을 돌리실 경우, 그들은 아직도 더욱더 무거운 마음의 고통 속으로 빠질 것이다.

XIV. 하나님은 오늘날 복음의 선포(설교)를 시작하심으로써 은혜에 대한 자신의 사역을 기뻐하셨던 것처럼, 하나님은 그것을 굳게 붙잡으셔서 복음을 들음과 읽음과 묵상을 통해서, 경책과 경고와 약속을 통해서, 심지어 성례전의 사용을 통해서 그의 사역을 계속하시고, 완성하신다.

XV. 하나님께서 자신의 이름의 영광을 위하여, 그리고 경건한 영혼들의 위로를 위하여 자신의 말씀 안에서 아주 풍성하게 계시하시고, 신자들의 마음속에 새기셨던 이 교리와 교리의 확실성, 다시 말하면 신자들과 성도들이 이 견인교리와 이 교리의 확실성은 침으로 자연인(自然人)에 의해서는 이해되지 않으며, 사탄에 의해서는 미움을 받고, 세상에 의해서는 조롱을 당하고, 경험하지 못한 자들과 위선자들에 의해서는 오용되며, 이단자들에 의해서는 싸움의 대상이 된다. 그러나 그리스도의 신부는 이 교리를 항상 헤아릴 수 없는 가치를 가진 보물로서 내적으로 사랑하고, 이 교리를 확고부동하게 옹호했다. 어떤 계획도 하나님으로 하여금 성취시키게 할 수가 없고, 어떤 대항세력도 하나님에 대해서 일어날 수 없기 때문에, 그리스도의 신부가 장래에도 그것을 하도록 하나님은 돌보아 주실 것이다. 그분, 유일하신 하나님, 아버지와 아들과 성령께 영광과 영화가 영원히 있을지어다. 아멘.

  총회(Synodus)는 선택과 유기에 대한 정통교리를 선포한 후에 (첫 이탤릭체의 내용을 가르치는) 그들의 오류들을 거부한다.

제1조~IX(생략)

3) 결 론
  이것은 네덜란드에서 다르게 존재하는 5개 장들(5개 조들, der vijf Artijckelen ; de quinque Articulis)에 대한 정통교리의 분명하며, 단순하고, 올바른 선언이며, 네덜란드 교회가 일정 기간 동안 고통당했던 오류들에 대한 거부이다. 총회는 이 선언과 거부가 하나님의 말씀으로부터 가져온 것이며, 개혁교회의 신앙고백과 일치하고 있다고 판단한다. …… 그의 아버지의 우편에 앉아 계시고, 사람들에게 은사들을 주시는 하나님의 아들이 우리를 진리 가운데서 거룩하게 하실 수가 있고, 잘못된 길로 간 자들을 진리로 돌아오게 하실 수 있으며, 건전한 교리를 중상하는 자들의 입을 막으실 수가 있고, 그의 말씀의 신실한 종들에게 지혜와 분별의 영을 선물로 주셔서, 그들이 말하는 모든 것이 하나님의 영광과 그들의 청중들을 일으키는 데 기여할 수 있게 하실 것이다. 아멘.

III. 영어권의 개혁교회 신앙고백

1. 스코틀랜드 신앙고백(1560)

1) 해 설

(1) 역사적 배경

역사적으로 스코틀랜드는 프랑스의 지원을 받으면서 영국(England)과 적대적이었다. 16세기에 스코틀랜드는 영국과 우호적인 관계를 갖게 되기도 했지만, 그러한 우호적 관계는 다시 실패로 돌아가게 된다. 결국 스코틀랜드와 영국은 완전히 대립적인 관계가 되었다. 스코틀랜드는 가톨릭적인 프랑스 영향권에 들어가고 영국은 헨리 8세 이후 종교개혁에 돌입하였다.[1]

¹⁾이때에 스코틀랜드에 개신교가 들어오게 된다. 새로 들어온 개신교는 이미 들어온 롤라드파(the Lollards)와 후스파(the Hussits)와 연결되었다. 이때에 독일로부터 루터교가 아닌 개혁교회가 스코틀랜드로 유입된다. 그러면서 개혁교회는 스코틀랜드에 급속히 확산되었다.

가톨릭에 기울어져 있는 스코틀랜드는 개혁교회를 박해하였다. 이러한 상황에 존 낙스가 등장하게 되고, 이 사람은 스코틀랜드 신앙고백의 저자가 된다.[2]

존 낙스는 스코틀랜드 개혁교회를 위해 설교하게 되었다. 그러나 그는 가톨릭의 지지를 받는 스코틀랜드 정부군에 체포되어 19개월 복역한 후에 영국에 청교도 운동에 선구자 역할을 하였다. 그는 에드워드 6세의 궁정목사 6명 중 한 사람이었는데, 에드워드 6세가 죽은 후에 열렬한 가톨릭 지지자인 메리 여왕의 등장으로 그는 대륙으로 피난하게 되었다. 이런 상황에서 존 낙스는 5년 동안 프랑크푸르트와 제네바에 머물면서 신학을 공부하였다. 이때 그는 네 살 아래의 칼빈에게 수학하였다. 그는 거기서 '사도시대 이후 가장 완전한 그리스도의 학파'를 만났다고 했다. 그는 제네바에 머무는 동안 성경번역을 도왔다. 그리고 그는 여러모로 영국과 스코틀랜드의 복음주의를 위해 글을 썼다.

메리 여왕 다음에 엘리자베스 여왕이 즉위하게 되자 존 낙스는 다시 스코틀랜드로 돌아오게 된다. 그는 그 후 12년 동안 스코틀랜드 조국을 위해 종교개혁에 헌신하였다. 낙스는 죽기 얼마 전에 프랑스에서 위그노 대학살 사건이 일어나자 이를 비판하는 설교를 하였다. 그는 67세로 주님의 품 안에 안겼다.[3]

루터가 독일 종교개혁의 중심 인물인 것처럼 존 낙스는 스코틀랜드의 종교개혁의 중심 인물이었다. 존 낙스는 스코틀랜드에 장로교 정치를

---

1. 이형기, 「세계개혁교회의 신앙고백」(서울 : 한국장로교출판사, 1991), p. 62.
2. Ibid., p. 63.
3. Ibid., p. 64.

뿌리내리게 하였다.[4]

(2) 「스코틀랜드 신앙고백」의 기원

「스코틀랜드 신앙고백」과 스코틀랜드의 교회는 같은 순간에 역사에 출현하게 된다. 그러므로 어느 것이 먼저인지 말하기 어렵다. 스코틀랜드 장로교회는 1567년 의회 법령(Act of Parliament)에 의해 비로소 수립되었다. 이것은 스코틀랜드 신앙고백이 채택되고 제1차 총회가 열린 지 7년 후의 일이었다. 그러나 이것은 많은 귀족들과 신사들의 행동 개시에 도움을 입었다. 그들은 1557년 12월 3일에 에딘버러에 모여 "그리스도의 모든 교회와 그 회원들"의 죽음을 막고, 양육하고, 변호하기로 계약을 체결하였다. 그 지도자들은 "회중의 경(卿)들"(Lords of the Congregation)이라고 알려졌다. 1556년 제네바의 영국인 회중(English Congregation at Geneva)의 신앙고백과 에드워드 4세의 예배모범(Liturgy)이 수년 동안 사용되었다. 그렇지만 "1560년 전에 교리적 표준을 인정한 공식적 기록은 없었다."[5]

스코틀랜드에서 종교개혁이 수행될 수 있기 전에, 오랜 투쟁은 1560년 8월 1일 에딘버러에서 선포된 평화와 함께 끝났다. 이 평화는 프랑스의 섭정 아래 있었던 메리(Mary of Guise), 곧 프랑스 동맹과 개신교 귀족과 영국 사이에 이루어진 것이다. 이 평화 조약은 에딘버러에서 8월 1일 의회가 소집되어야 하는 조건으로 결정되었다. 이 의회는 스코틀랜드 역사상 가장 많이 의원들이 참석하였으며, 의회가 진행되는 중에 존 낙스는 학개서로부터 성전 재건에 대한 일련의 설교를 하였다. 이 설교의 영향으로 존 낙스와 그의 동료들은 의회에 청원을 제출하였다. 이 청원은 의회의 법령(Act of Parliament)으로 "우상숭배와 그 교리들"의 폐지를 요

---

4. Ibid., p. 64.
5. Arthur C. Cochrane, *Reformed Cofessions of the Sixteenth Century* (Westminster John Knox Press : 2003), p. 159.

구하였다. 그러한 교리들은 화체설, 빵의 형태로 그리스도의 몸의 숭배, 행위의 공로와 그 공로로 칭의, 교황의 면죄부 교리, 연옥, 순례, 죽은 성자에게 드리는 기도, 교황의 권위, 그리고 성직자의 삶과 태도의 개혁을 위한 교리, 참된 말씀의 종을 도와주는 교회세의 바침, 학습의 증진, 가난한 자를 구제하는 교리를 청원하였다. 이때 위원회가 조직되었다. 이 위원회는 6명으로 구성되었고, 4일 만에 완성되었다. 6명 중 존 낙스는 제일 중요한 저자였다. 그 이유는 그가 「종교에 대한 에드워드 조항」(Edwardine Articles of Religion)에 대하여 상의하였고, 제네바의 영국인 회중의 신앙고백을 준비하였기 때문이다. 그리고 스위스 신앙고백에 익숙하였기 때문이다.[6]

이 신앙고백이 작성된 지 7년이 지난 1567년에 스코틀랜드 정부는 스코틀랜드 개혁교회를 공식적으로 인정하였다. 즉, 당국은 "복음을 설교하는 목사들과 스코틀랜드 신앙고백에 따라 그리스도를 고백하는 사람들만이 스코틀랜드에서 유일하고 참되며 거룩한 예수 그리스도의 교회"라고 선포하였다. 1572년에 모든 목사들이 이 신앙고백서에 서명하였다. 이때부터 1688년 혁명 때까지 이 신앙고백서는 스코틀랜드의 장로교회와 감독교회가 공동으로 사용하는 합법적 교리 표준이 되었다. 그러나 '언약파들'(the Covenants)은 스코틀랜드 신앙고백 대신에 「웨스트민스터 신앙고백」을 채택하였다. 스코틀랜드 총회는 「제2스위스 신앙고백」, 「칼빈의 교리문답」 및 「하이델베르크 교리문답」을 사용하도록 했으나 이에 대한 서명을 요구하지는 않았다.[7]

(3) 「스코틀랜드 신앙고백」의 성격

이 신앙고백서의 짧은 서론은 순교를 각오하는 신앙고백을 명시함으로써 이 신앙고백이 작성되던 상황을 알게 해 준다. 이 신앙고백은 신론

---

6. Ibid., p. 160.
7. 이형기, op.cit., p. 65.

으로 시작하고 교회론, 성례론을 거쳐 국가론으로 끝난다. 이 신앙고백은 에큐메니칼적이며 복음적 교리를 담고 있다. 특별히 이 신앙고백은 영국, 스위스, 프랑스, 네덜란드의 개혁교회 신앙을 요약하고 있다. 이 신앙고백의 성격은 칼빈적이지만 17세기 칼빈주의적 교리주의와는 확실히 구별된다.[8]

이 신앙고백서는 예언자적 성격을 강하게 띠고 있다. 존 낙스의 투옥과 박해로 인하여 전투적이고 투쟁적이다. 그리고 바쁜 단기간에 작성되었지만, 존 낙스가 이미「제1스위스 신앙고백」을 잘 알고 있었고, 칼빈 신학에 깊은 조예가 있었으므로 이 고백서는 수사학적 정확성보다 설교적 열정을 기조로 하고 있었다.[9]

이 신앙고백은 스코틀랜드의 민족적이고 토착적인 고백이다. 또한 이 신앙고백은 그 고백이 나타나게 되는 시대인 격동기의 정신을 나타내고 있다. 이 신앙고백은 그 말이나 목적에서 신학적이기보다 실천적이다. 그 당시의 필요에 따라 생생한 내용이다. 그 내용은 논쟁보다 설득이다. 서문의 언어가 로마 가톨릭교회에 대하여 단호하고 엄격하다면, 그것은 결코 단순한 독설이나 풍자가 아니다. 그것은 이미 보았고 고통을 당한 사람들의 솔직하고 진리로 가득한 말이다. 찬사나 아첨 없이, 또 논리적 정확한 꾸밈이나 유식한 정확성 없이 솔직하고, 당당하게 가장 정직한 문체로 쓰여졌다.[10]

2)「스코틀랜드 신앙고백」의 구조

「스코틀랜드 신앙고백」의 전체는 25개 조항으로 이루어졌다. 사도신경의 구조를 따라 성부, 성자, 성령, 교회 및 종말적 완성으로 되어 있다. 칼빈의「기독교 강요」(1559)가 성부, 성자, 성령, 교회의 사도신경의

---

8. 이형기, p. 65.
9. Ibid.
10. James Hustings, p. 872.

구조를 따르는 것과 같다.[11]

3) 「스코틀랜드 신앙고백」의 내용

1. 서언 부분은 인상적인 서론으로 생생하고, 아름답고, 활발하고, 아주 가치 있는 찬사를 받는 주제였다. 「바젤의 제일 신앙고백」(the First Confession of Basel, 1534)처럼, 이 신앙고백은 성경을 근거로 하여 잘못된 것을 지적해 달라고 요청하며, 이 신앙고백의 무오함을 부정한다. "어떤 사람이 우리의 이 신앙고백에서 하나님의 거룩한 말씀에 모순되는 한 조항이나 문장을 발견하여 그리스도인의 사랑으로 온유하게 하나님의 그것을 써서 우리에게 지적해 준다면 반가운 일이 될 것이다. 우리는 명예와 신실성을 가지고 하나님의 말씀, 즉 거룩한 성서로부터 그에게 만족할 만한 대답을 해 주거나 아니면 잘못이 입증될 경우 고칠 것을 약속한다." 이 서언은 다음과 같은 말로 시작한다. "친애하는 형제들, 우리가 고백하는 교리가 세상에 알려지기를 우리는 오랫동안 갈구하였습니다. 그리고 그것을 위하여 우리는 학대와 어려움을 당했습니다." 그리고 이 서언은 다음과 같은 말로 끝난다. "우리 주 예수 그리스도의 능력 많은 성령께서 도와주심으로 우리는 확고하게 끝까지 다음의 조항들의 신앙고백으로 살려고 한다."[12]

2. 이 고백은 25장에 걸쳐 "하나님, 인간의 창조, 원죄, 약속의 계시, 교회의 지속과 성장과 보존, 성육신, 왜 중보자는 참 하나님, 참인간이 되어야 하는가? 선택, 그리스도의 죽음, 수난과 장례, 부활, 승천, 성령을 믿는 것에 대하여, 선행의 원인, 어떤 선행이 하나님 앞에서 선하다고 평가받는가, 율법의 완전함과 인간의 불완전함, 교회, 영혼의 불멸, 그 교회가 참된 교회인지 거짓 교회로부터 구별되는 것을 아는 것, 그리

---

11. 이형기, p. 66.
12. Arthur C. Cochrane, op. cit., pp. 164-165.

고 누가 교리의 심판자가 되는지, 성경의 권위, 총회, 성례, 성례의 바른 집행, 그 성례에 참여에 관하여, 관공리에 관하여, 교회에 값없이 주신 은사들" 등에 대하여 다루고 있다. 이 신앙고백은 종교개혁의 다른 표준들과 마찬가지로 보편교회적 신조들에 근거하여 이단을 비판한다.

선택에 관한 조항(7, 8장)은 다음과 같은 특징을 가지고 있다.[13] "그리스도 안에 신성과 인성의 결합은 영원한 하나님의 뜻에서 나온다." "하나님의 은혜만 의지하여 하나님의 아들 예수 그리스도 안에서 우리를 선택하신 아버지 되시는 하나님은 창세 이전부터 그를 우리의 머리로 삼으시고 우리의 형제이며, 우리의 목자로서 우리 영혼의 위대한 감독으로 정하셨다. …… 믿는 자에게 하나님의 아들이 되도록 권세를 주셨다. 그렇게 하여 아담 안에서 우리가 가졌던 거룩한 교제가 회복되었다. 이제 아무것도 유기(遺棄)에 대하여 하나님의 뜻으로 말할 수 없다. '유기된 자'가 선택된 자와 구별된 부류라고 언급할 수 없다. 그러나 성화의 영이 없이 죄 가운데 사는 사람은 그들이 회개하고 변화될 때까지 그늘의 마음에 살아 있는 그리스도를 가질 수 없다(13장).[14] 선행은 믿음의 열매이다. 그리고 믿음은 성령의 은사이다(12-13장).[15] 참된 교회는 눈에 보이지 않는다. 오직 하나님에게만 알려져 있고, 하나님은 그가 선택한 자를 아신다. 참된 교회는 이미 세상을 떠난 선택된 사람들도 포함한다. 이들은 이미 영광 중에 있는 성도들이며, 그리고 지금 살아서 죄와 더불어 싸우고 있는 성도들을 포함하는데, 우리는 이것을 승리의 교회라고 부른다. 이 승리의 교회에는 영광 가운데 있는 성도들과 지상에서 죄와 싸우면서 살아가는 성도인 하나님의 자녀들을 포함한다. 그리스도가 아니고서는 안 되는 것처럼, 그 참된 교회의 밖에 어떤 구원이 없다. 그리스도 없이는 생명도 구원도 없다. 그것은 아무리 사람들이 공평과 정의를

---

13. Ibid., pp. 168-169 요약.
14. Ibid., p. 172.
15. Ibid., pp. 171-172 요약.

따라 산다고 해도 그렇다(16장).[16]

참된 교회의 표지는 3가지이다.[17] 하나님의 말씀의 참된 설교, 올바른 성례(세례와 성만찬)의 집행, 올바른 권징의 집행이 그것이다. 성경해석은 개인에 속하는 것도 아니고 공적인 사람에 속하는 것도 아니다. 어떤 세상적인 탁월함으로 말미암아 어떤 교회에도 속하지 않고, 성서의 저자인 하나님의 성령에 속한다. 의심이 생길 때 우리는 성경의 전체(the body of Scripture) 안에서 성령의 말씀과 그리스도자신의 본과 그의 명령을 바라보아야 한다. 성경으로 모든 교사와 교회 회의가 판단되어야 한다(18-20장).[18]

총회는 아무리 잘해도 오류가 있다. "우리는 어떠한 정치와 질서도 그것이 모든 시대와 장소를 위하여 제정된 것으로 생각하지 않는다. 왜냐하면 의식(儀式)은 사람들이 계획한 것이고 일시적인 것이기 때문이다. 그것들이 교회를 교화(敎化)하기보다 오히려 미신을 조장할 경우는 그것을 변경해도 좋으며 또 변경시켜야 한다"(20장).[19]

신약의 두 가지 성례는 구약의 할례와 유월절에 상응한다. 그 두 가지 성례는 눈으로 볼 수 있게 하나님의 백성을 다른 백성과 구별하게 할 뿐만 아니라 그들의 신앙을 실천하게 하고, 그들의 마음 속에 하나님의 약속에 대한 확신과 그리스도와 연합에 대한 확신을 인 친다. 그 두 가지 성례는 "단순하고 공허한 표징"이 아니다. 세례는 그리스도와 연합하여 그리스도의 의에 참여하는 자가 되어 그것으로 우리의 죄가 가리워지고 용서된다. 그리고 성찬은 우리 영혼의 양식과 영양이 된다. 그 성례에 의하여 우리는 그리스도에 접붙여지고 그리스도에 의해 길러진다. 그

---

16. Ibid., p. 175.
17. 스코틀랜드 신앙고백과 네덜란드 신앙고백(Belgic Confession)에서는 셋으로 주장되고, 16세기 나머지 신앙고백서들은 '권징'을 제외하고 설교와 성례를 교회의 표지로 본다.
18. Ibid., pp. 176-178.
19. Ibid., p. 178.

표징들은 숭배되어서도 안 되고, 또 가볍게 다루어져서도 안 되며, 존경되어야 한다. 그리스도는 멀리 하늘에 계시지만 그리스도의 살과 피는 그의 신성에 의하여 우리에게 전달된다. 하지만 어떤 화체(化體)에 의해서가 아니고, 신앙으로 말미암아 성령의 능력에 의하여 교통하게 된다. 성찬을 통하여 주님은 우리 안에 있고 우리는 주님 안에 있다. 그러므로 우리는 그의 살 중의 살이 되고 그의 뼈 중의 뼈가 된다. 그리고 우리는 "생명과 영생을 받게 된다. …… 이 특전은 단순히 일시적으로 준 것이 아니고, 성례전의 힘과 덕에 의하여 우리에게 주는 것도 아니고, 신앙이 돈독한 사람들만이 주님의 성찬을 바르게 받을 때 자연인이 이해할 수 없는 예수 그리스도와 결합을 갖는다는 것을 우리는 확신한다"(21장).[20]

교황주의자들은 성례를 부패시켰고, 신성을 더럽혔고, 혼합시켰다. 하나님의 백성으로부터 그들이 그 잔을 훔친 것은 신성모독이다(22장).[21]

세속정부의 시민 관리(civil magistrate)는 하나님의 정하신 것이다. 우리는 이러한 관리들을 존경해야 하고 두려워하고, 순종해야 한다. 왜냐하면 그들은 회의 때 하나님 자신이 앉아서 재판하는 하나님의 대리자이기 때문이다. 왕과 관리들은 종교의 보존과 정화를 위한 임무를 가진 것으로 우리는 확신한다. 그러므로 이들의 권세는 다만 자신의 의무를 행하는 데 불과하며 그것에 저항하는 것은 하나님의 명령에 저항하는 것이며 죄가 된다고 우리는 확신한다. "최고의 권세에 저항하는 자들은 하나님의 제정을 저항하는 것이므로 결코 무죄할 수 없다고 우리는 고백한다. 영주들과 통치자들이 부지런히 그들의 직무를 수행하는 한 누구든지 그들을 돕지 않고, 조언해 주지 않고, 봉사하지 않으면, 이는 하나님께 하지 않는 것과 다름없다는 사실을 우리는 덧붙여서 천명한다"(24장).[22]

교회가 모든 참된 표지를 다 가진다고 해도 "우리는 그리스도 예수가

---

20. Ibid., pp. 179-180.
21. Ibid., p. 181.
22. Ibid., p. 182.

선택한 사람들로 특별한 사람들만이 이 교제에 연합되었다고 의미하지 않는다. 왜냐하면 가라지도 곡식과 함께 파종되어 함께 자라기 때문"이다. 송영이 있은 다음에 이 신앙고백은 다음과 같이 끝맺는다. "주여 일어나셔서 당신의 원수들을 쳐부수소서. 당신의 거룩한 이름을 미워하는 그들이 당신 앞에서 도망쳐 가게 하소서. 당신의 종에게 힘을 주셔서 확신을 가지고 용감하게 당신의 말씀을 전하게 하소서. 모든 백성들이 당신의 참된 지식을 알게 하소서. 아멘"(25장).[23]

4) 맺는 말

스코틀랜드 의회에서 비준된 이 신앙고백서는 칼빈적이지만 칼빈주의 신학과는 구별되는 입장에서 작성된 것이다. 이 신앙고백서는 1647년 「웨스트민스터 신앙고백」이 채택될 때까지 스코틀랜드 개혁교회의 신앙고백서로 존재하였다.

2. 웨스트민스터 신앙고백과 대소교리문답들(1646 - 1647)

「웨스트민스터 신앙고백과 교리문답들」(1648)의 역사적 배경

영국의 개신교도를 청교도라고 한다. 이들은 엘리자베스 여왕의 국교정책에 불만을 품고 제네바의 종교개혁을 본받아서 더 적극적인 종교개혁을 요구했다. 청교도들은 감독제를 비판하고 장로제도를 도입할 것을 주장하였다. 그러나 엘리자베스 1세는 그들의 요구를 묵살하였고, 국교회 제도를 고수하였다. 또한 일부 청교도들은 회중교회를 주창하였다. 1642년 소위 청교도 혁명이 크롬웰(O. Cromwell)에 의해 일어났고, 1660년 왕정복고가 이루어지기까지 20여 년은 청교도의 전성기였다. 그리하여

---

23. Ibid., pp. 183-184.

국교회 제도가 폐지되어 장로제도로 바뀌었다. 정치도 회중주의로 바뀌었다. 1658년 크롬웰이 죽고 1660년 찰스 2세가 집권하자 청교도는 정치적 박해를 받게 되었지만 꾸준히 발전하였다.

웨스트민스터 총회는 1643년 6월 12일에 영국 장기 국회(Long Parliament)에 의해 소집되었다. 이 국회에 의하여 선택되고 임명된 성직자들로 구성된 웨스트민스터 총회는 「웨스트민스터 신앙고백과 교리문답들」을 작성하였다. 영국의회가 총회를 소집한 목적은 영국 국교회, 다시 말하여 성공회(the Church of England)의 정치제도와 예배 의식을 결정하기 위해, 그리고 잘못된 비방과 해석으로부터 영국 국교회를 보호하고 분명하게 하는 것이었다. 총회가 열리기 전 이미 1640년에 스코틀랜드에서 온 위원들이 "왕의 영토에 있는 모든 교회가 하나의 신앙고백과 하나의 형식의 교리문답과 공중예배를 위한 하나의 예배 모범이 있기를 바란다."는 진정(陳情)을 하였다. 이에 대해 영국의회도 같은 희망을 나타내었다.[24]

의회의 양원은 국왕의 동의 없이 감독제도를 "왕국에 나쁘고 해로우며 부담스러운 것"으로 정죄하였다. 그리하여 "하나님의 말씀에 가장 일치하고, 국내에서 교회의 평화를 이룩하고 보전하기에 가장 적합하며, 스코틀랜드 교회 및 국외의 다른 개혁교회와 가장 가깝게 일치하는"[25] 교회의 정치제도를 수립하기로 결의하였다.

총회는 151명의 대표들로 구성되었다. 그중 30명은 상원 의원 10명과 하원 의원 20명으로 구성된 평신도들이었다. 그리고 영국 각지에서 온 성직자 대표들이 있었다. 그들의 구성은 온건한 감독파와 가장 큰 장로파로 이루어졌다. 장로파에서는 장로제도가 성서와 일치하는 인간의 법(jus humanum)이라고 주장하는 사람들도 있었고, 어떤 사람들은 장로제

---

24. James Hastings, *Encyclopaedia of Religion and Ethics*, Vol. Ⅲ (Edinburgh : T&T Clark, 1974), p. 874.
25. Ibid.

제2장 종교개혁기의 개혁교회 신앙고백

도는 성서에서 명령하는 하나님의 법(jus divinum)에 근거한 것이라는 주장도 있었다. 그 대표들은 예외 없이 정통파 칼빈주의자들이었고, 아르미니우스주의 요소는 전혀 없었다.[26]

총회는 원래 의회에 의하여 에드워드 6세 때 마르틴 부처(Martin Bucer)의 영향으로 작성된 영국 국교회의 「39개 조항」을 개정하는 것을 위임받았다. 그러므로 「웨스트민스터 신앙고백」은 어느 정도로는 이 「39개 조항」의 개정판이었다. 그러나 엄숙동맹(Solemn League와 Covenant)[27]이 잉글랜드와 스코틀랜드에서 1643년에 나타났다. 총회는 전체 왕국을 위한 신앙고백을 작성하는 것을 다시 위임받았다.

웨스트민스터 총회의 절차는 스코틀랜드 총회 교회에게는 너무나 느렸다. 스코틀랜드 총회는 1645년에 그 절차를 재촉하기로 하였다. 영국 하원의 압력은 1646년에 신앙고백 완성에 영향을 미쳤다. 그러나 하원은 이 고백에 만족하지 못하였다. 그 결과 1647년에 몇몇 "교정 본문"이 제3판에 첨가되었다. 제3판 사본이 1647년 말에 스코틀랜드 총회의 교회에 전달되었다. 그때에 웨스트민스터에서 스코틀랜드의 위원 중에 한 사람인 로버트 베일리(Robert Baillie)는 신앙고백이 훌륭하게 완성되었다는 사실을 확인하였다. 총회는 그것을 인정하였고, 그 고백이 교회의 표준이라고 선언하였다. 스코틀랜드 의회는 그 고백을 2년 후에 인정하였다.[28]

영국 하원은 1647년 5월에 그 신앙고백에 대한 토론을 시작하여 10개월 동안 계속하였다. 그 고백의 공식 명칭은 "의회의 권위로 웨스트민스터에 참석한 성직자들의 총회의 조언을 받아들이고 의회 양원에서 승인

---

26. Ibid.
27. 이 동맹은 잉글랜드와 스코틀랜드 양국의회 사이에 맺어진 협약이다. 이 협약은 스코틀랜드, 아일랜드, 잉글랜드에 있어 장로교회주의의 존속을 약정한 것이다.
28. Philip W. Comfort, *Christian Classics*(Wheaton : Tyndale House, 1999), p. 71.

받고 통과된 기독교 신앙조항들"이었다. 「웨스트민스터 신앙고백」이 스코틀랜드에서처럼 열렬하게 환영받은 것만큼 영국에서는 환영받지 못하였다. 그리고 「웨스트민스터 신앙고백」은 결코 영국의 신조가 되지 못하였다. 그 고백은 1648년 6월에 일반적인 회람을 위해 처음 출판되었다.[29]

1) 해 설

(1) 「웨스트민스터 신앙고백」의 작성과 그 특징

「웨스트민스터 신앙고백」은 그 고백의 명료성과 간결성에 대하여, 그리고 "국제적 칼빈주의의 신학적 일치"라고 불리어지는 점에서 주목할 만하다.

이 신앙고백은 하나님의 계시를 7가지 면으로 다루고 33장으로 나누어진다. 이 신앙고백은 성경, 하나님, 인간, 그리스도, 구원, 교회, 그리고 종말로 이루어진다. 자료의 순서는 영국교회(Anglicanism)의 「39개 조항」과 다르고 다른 스코틀랜드의 고백들과도 다르다.[30]

이 「웨스트민스터 신앙고백」은 대주교 제임스 어셔(James Usser)에 의해 작성되고 1615년 아일랜드 개신교에 의해 비준된 아일랜드의(Irish) 신앙고백에 의해 강하게 영향 받았다. 「웨스트민스터 신앙고백」은 공식적으로 1660년에 왕정복고(Restoration)와 함께 영국 국교회에 의해 폐지되었다. 그러나 이 신앙고백은 영국과 미국 장로교의 성격을 형성하는 데 도움을 주었으며, 또한 미국의 침례교와 회중교회 교파에 영향을 미쳤다. 이 신앙고백의 특징은 마지막까지 스코틀랜드에서 살아남아 있었다.[31]

이 「웨스트민스터 신앙고백과 대소교리문답들」은 300년 이상 영어를

---

29. Ibid., p. 72.
30. Ibid.
31. Ibid.

사용하는 지역의 장로교회의 기본적인 신조문서였다. 이 신앙고백은 1517년 루터의 95개 조항으로 시작된 위대한 시대의 신학활동의 최종적 문서 가운데 하나였다. 16세기 첫 반세기의 종교개혁자들의 성공은 1564년 칼빈의 죽음 이후 개혁교회의 신학적 작업과 대조적이다. 즉, 첫 번 시대는 갱신이 특징이고, 새로운 통찰과 발견에 대한 기대와 심지어는 황홀함(ecstasy)이 특징이 된다. 두 번째 시대는 갱신보다 보수적으로 교리의 정의와 정확함이 특징이다. 츠빙글리, 칼빈, 불링거에 의해 시작된 일은 제3세대 종교개혁자들에 의해 완성되었다고 볼 수 있다. 실제로 「웨스트민스터 신앙고백」은 125년의 신학 작업의 산물이었으며, 또한 125년의 개신교 신학의 결론이었다. 그뿐만 아니라 17세기 신앙고백이면서, 16세기 신학 작업의 결론이었다.[32]

이 신앙고백을 작성할 때 웨스트민스터 총회원들은 공동서약을 하고 토론하였다. 아래의 서약은 매주일 작업을 시작할 때 읽었던 것이다.

> 나는 총회의 일원으로 이 총회에서 교리보다는 하나님의 말씀에 가장 부합된다고 믿는 것을 주장하고, 규칙보다는 하나님의 영광과 그의 교회의 평화와 선을 위하여 가장 적합함을 주장하기로 전능하신 하나님 앞에서 굳게 약속하고 서약한다.[33]

의회는 처음에 웨스트민스터에 있는 헨리 7세의 부속 예배당에서 모였다. 그 다음에 사제장(司祭長)의 공관(公館)인 예루살렘관(Jerusalem Chamber)에서 모였다. 39개 조항을 칼빈주의적인 형태로 개정하는 데 10주를 보냈다. 처음 15개 조항이 완성되었고, 성서적 근거를 제시하였다. 그 후에 총회는 의회의 지시에 따라 왕국 어디서나 사용할 신앙고백과 교리문답들과 규칙서를 마련하는 일에 관심을 기울였다. 2년 3개월

---

32. John H. Leith, *Assembly at Westminster*(Atlanta : John Knox Press, 1973), p. 12.
33. James Hastings, op. cit., p. 874.

동안 끈기 있게 작업한 결과 신앙고백이 마련되었다. 교리문답들과 규칙서도 동시에 작성되었다. 그렇게 마련된 신앙고백은 인쇄되어 1646년 12월에 제출되었다. 그리고 1647년 4월에 다시 제출되었다.[34]

모든 문장들은 자유롭고 신중하게 공개적으로 토론을 거쳤다. 의회는 각 조항을 신중하게 검토했다. 이 작품은 1648년에 의회의 권위로 영어와 라틴어로 발표되었다. 그리고 왕정복고 때까지 영국 전체의 신앙고백적 표준으로 유일한 권위를 가지게 되었다. 이것은 1690년 윌리엄(William)과 메리(Mary) 치하에 처음으로 국왕의 재가를 얻었다. 스코틀랜드에서는 1647년의 총회에서 이 신앙고백을 승인하였다. 1649년에 스코틀랜드 의회도 역시 이 신앙고백을 승인하였다. 총회는 "글을 읽을 수 있는 사람이 있는 모든 가정에「웨스트민스터 대소교리문답」과「웨스트민스터 신앙고백」과 가정예배를 위한 규칙서를 적어도 한 부씩 비치할 것"을 명령하였다.[35]

(2)「웨스트민스터 신앙고백」의 구성

이 신앙고백은 33개의 장으로 완전한 형태를 가지고 있다. 지금도 그대로 사용되고 있다. 그리고 각 장은 몇 개의 항목들로 이루어져 있다.

각 장으로는 성경, 삼위일체, 하나님의 결의(God's Decree), 창조, 섭리, 타락, 죄와 형벌, 하나님과 인간 사이의 계약, 중보자 그리스도, 자유 의지, 효과적 부름(effectual calling), 칭의, 입양, 성화, 구원의 신앙, 생명에 이르는 회개, 선행, 성도의 견인, 은혜와 구원의 확신, 율법, 그리스도인의 자유와 양심의 자유, 예배와 안식일, 합법적인 맹세와 서약, 시민정부(civil Magistrate), 결혼과 이혼, 교회, 성도의 교제, 성례, 세례, 성만찬, 교회의 징계, 대회와 총회, 사후 상태와 부활, 최후의 심판을 다루고 있다. 이 신앙고백은 성경론에서 시작하여 최후의 심판으로 끝나

---

34. Ibid.
35. Ibid.

제2장 종교개혁기의 개혁교회 신앙고백

는 1615년의 아일랜드의 19개 조문의 순서를 따르고 있다. 그러나 조금 가감하고 세분하였고, 좀더 신학적인 조문인 영국 성공회의 39개 조문의 순서를 따랐다. 이 신앙고백은 현대에 가장 일반적으로 받아들이는 기독교 교리의 구분법 중 하나인 서언, 성서, 하나님, 인간, 그리스도, 구원, 교회, 종말의 순서를 예시한다.[36]

(3) 「웨스트민스터 신앙고백」[37]의 내용

① 성 경

제1장에서는 "성경에 대하여"란 제목 아래 1절에서 10절까지 설명하고 있다. "성경에 대한 교리는 신학적인 고전이다. 그리고 그 내용은 인용할 가치가 있다. 왜냐하면 웨스트민스터 총회의 정신과 그 대표들이 천재적이라는 점과, 또한 그들의 위엄과 이해력과 가치를 지니고 있기 때문이다."[38]

1절에서 1장의 서문을 쓰고 있다. "성경에 대하여"란 제목 아래 서문의 내용은 다음과 같다.

> 자연의 빛과 창조 때에 하나님이 하신 일들과 섭리가 인간으로 하여금 핑계할 수 없을 정도로 하나님의 선하심과 지혜와 권세를 너무나 분명하게 나타내고 있지만, 그런 것들이 구원에 이를 만큼 필연적인 하나님을 아는 지식과 하나님의 뜻을 제공하기에는 충분하지 못하다. 그러므로 하나님은 여러 시대에 그리고 여러 가지 방식으로 자신을 계시하는 것을 기뻐하셨고, 그의 뜻을 교회에 선포하기를 기뻐하셨다. 그리고 그 후에 진리를 더 잘 보존하고 전파하는 것을 위하여, 그리고 육의 부패와 사단과 세상의 사악함에 대항해서 교회를 더 굳게 세우고 위로하기 위하여 그 진리를 완전하게 기록하게 하셨다. 그것이 바로 성경이 가장 필요하게

---

36. Ibid.
37. *The Book of Confessions*, pp. 125-168.
38. Ibid., p. 875.

된 원인이다. 이제 하나님이 자기 백성들에게 자기의 뜻을 계시하던 이전의 방식들은 중지되었다.[39]

2절에서는 기록된 하나님의 말씀 또는 성경의 책명으로 모든 구약과 신약의 이름을 열거하고 있으며, 그 성경책명을 열거한 후에 2절에서는 다음과 같은 내용을 밝히고 있다.

> 하나님의 영감에 의해 주어진 모든 성경은 신앙과 삶의 법칙이 되도록 주어진 성경이다.[40]

3절 : 보통 외경이라고 부르는 책들은 영감으로 된 것이 아니고, 정경의 일부도 아니다. 그러므로 하나님의 교회에서 어떤 권위도 없다. 또한 다른 어떤 인간적인 저작과 다르게 인정되어서는 안 되고, 사용되어서도 안 된다.[41]

4절 : 우리가 믿고 복종해야 하는 성경의 권위는 어떤 인간의 증거나 교회의 증거에 달려 있는 것이 아니고, 진리의 저자인 하나님(그분은 진리 자체이다.)에 전적으로 달려 있다. 그러므로 성경은 받아들여져야 하는데 왜냐하면 성경은 하나님의 말씀이기 때문이다.[42]

5절 : 우리는 교회의 증거에 의하여 성경의 고귀한 평가를 받을 수 있도록 감동을 받을 수 있고, 또 실득될 수 있다. 그리고 내용이 친상(天上)의 것이며, 교리의 효력, 문체의 위엄, 모든 부분이 일치하는 것과 전체적인 범위(하나님에게 모든 영광을 돌리는), 인간의 구원에 이르는 유일한

---

39. *The Book of Confessions*(Louisville, KY : by the Office of the General Assembly, 1996), p. 125. 이 서문은 1861년의 미국 장로교회(PCUS)의 본문과 1958년의 미국 연합장로교회(UPCUSA)의 본문과 일치하고 있다. 이하의 웨스트민스터 신앙고백문 내용은 동일한 본문(Book of Confession)에서 인용하고 본문을 번역하였으나 모든 본문을 다 실을 수 없음을 밝힌다.
40. Ibid., p. 126.
41. Ibid.
42. Ibid.

길을 완전하게 보여 주는 것, 그리고 그밖에 여러 가지 비교할 수 없는 탁월성과 그것의 완전성은 성경이 하나님의 말씀이란 것을 풍부하게 증거하여 주는 주장들이다. 그런 것은 말할 것 없이, 우리가 무오한 진리를 완전히 믿고 확신하게 되는 것은 우리 마음에 말씀과 함께, 그리고 말씀에 의해 증거된, 성령의 내적 역사로 되는 것이다.[43]

6절 : 하나님 자신의 영광, 인간의 구원, 그리고 신앙과 삶을 위하여 필요한 모든 것에 관한 하나님의 온전한 계획은 성경에 분명하게 기록되어 있거나, 또 성경으로부터 선하고 필연적인 결론에 의해 얻어진다. 성령의 새로운 계시든지 인간의 전승에 의해서든지 성경에 아무것도 어느 때든지 더해져서는 안 된다. 그러나 우리는 하나님의 성령의 내적 조명이 말씀에 계시된 것들을 이해하게 하여 구원을 얻게 하는 데 있어 필수적인 것임을 인정한다. 그리고 하나님을 예배하는 것과 교회 정치에 관하여는 이성의 빛과 기독교적 분별력으로 주어진 상황에 맞게 해야 하는데, 항상 하나님의 말씀의 일반적 규범을 전제한다. 그러나 기독교인의 행위나 사회생활 역시 언제나 준수되어야 할 말씀의 일반적 원칙에 따라 자연의 빛과 그리스도인의 신중함에 의해서 정해져야 한다는 것을 인정한다.[44]

7절 : 성경 안에 모든 것들은 똑같이 그 자체로 평이하지 않고, 또 똑같이 모든 사람에게 명확하지도 않다. 하지만 구원을 위해 반드시 알고, 믿고, 지켜져야 하는 그런 것들은 성경 어디나 분명히 나타나 있고, 밝혀져 있으므로, 학식 있는 사람뿐만 아니라 학식 없는 사람도 일상적인 방편들을 적절히 사용함으로써 그것들에 대한 충분한 이해에 도달할 수 있다.[45]

8절 : 히브리어로 기록된 구약(히브리어는 옛날 하나님의 백성의 토착 언어였다.)과 희랍어로 기록된 신약(희랍어는 신약이 쓰여질 때 민족들에게 가장 일반적으로 알려져 있었다.)은 하나님에 의하여 직접적으로 영감 받았고, 하나님의 특별한 배려와 섭리로 모든 시대를 통해 순수하게

---

43. Ibid., pp. 126-127.
44. Ibid., p. 127.
45. Ibid., p. 127.

지켜져 왔으므로, 진정한 것이다. 그래서 교회는 종교에 관한 모든 논쟁에서 최종적으로 성경에 호소해야 한다. 그러나 성경을 읽을 권리가 있고 성경에 관심을 가진 모든 하나님의 백성이 이 원어들을 아는 것이 아니고 또 하나님을 경외하면서 그 성경을 읽고 연구하라는 명령 때문에 성경은 모든 민족의 방언으로 번역되어야 한다. 그리하여 하나님의 말씀이 모든 사람 안에 풍성하게 거하므로 하나님이 받을 만한 방법으로 하나님에게 예배드릴 수 있게 될 것이고, 성경이 가르치는 인내와 위로를 통해 희망을 가지도록 하기 위한 것이다.[46]

9절 : 성경 해석의 무오한 법칙은 성경 자체이다. 그러므로 성경의 어떤 진정한 그리고 완전한 뜻(그것은 여러 가지가 있는 것이 아니고 하나이다.)에 대한 의문이 있을 때, 그것은 더 분명하게 말씀하는 다른 성경 구절에 의하여 연구되고 알아져야 한다.[47]

10절 : 최고의 심판자는 성경 안에서 말씀하시는 성령일 뿐이다. 그 심판자에 의해 종교에 대한 모든 논쟁들이 결정되어야 하고, 모든 종교회의의 명령들과, 고대 저작자들의 견해들과 인간의 교리들과 개인의 영이 검토되어야 하고, 우리는 그의 선언에 따라야 한다.[48]

② 칼빈주의 성격의 신앙고백

제3장은 하나님의 결의(Divine Decree), 제5장은 섭리, 제9장은 자유의지, 제17장은 성도의 견인에 관한 것을 각기 다루고 있다. 이러한 장(章)들은 확고한 칼빈주의를 표명하지만 타락 전 예정론의 극단적인 형태의 칼빈주의를 표명하지는 않는다. 하나님의 결의, 창조, 섭리에서 「웨스트민스터 신앙고백」은 칼빈의 신학을 따라 삼위일체 하나님의 주권을 강조하고 있다.[49] 하나님의 결의에서 예정론은 선택과 유기(遺棄) 이중예정론을 말하고 있다. 제한속죄에 대해서 강하게 서술하지만 유기에 대

---

46. Ibid., p. 127.
47. Ibid., pp. 127-128.
48. Ibid., p. 128.
49. 이형기, 「세계개혁교회의 신앙고백서」(서울 : 한국장로교출판사, 1991), p. 309.

해서는 지극히 약하게 서술하고 있다. 하나님은 그의 영광과 그의 의를 위하여 유기된 자들에 대하여는 심판하시고 간과하신다. 제3장 하나님의 결의에서 타락 전 예정이 아니고 타락 후 예정을 지향하고 있다.[50]

「웨스트민스터 신앙고백」은 타락 후 예정론을 주장하므로 극단적 칼빈주의라고 할 수 없다. 또한 「웨스트민스터 신앙고백」은 중요한 개혁파 신앙고백들을 충분히 검토해서 작성되었고, 「39개 조항」보다는 하나님의 뜻의 더 어두운 측면을 강조하였다. 그러므로 이 장들은 「39개 조항」, 「스코틀랜드 신앙고백」, 「하이델베르크 교리문답」, 「스위스 신앙고백」들을 능가한다. 그러나 「도르트 신조」와 「아이랜드의 조항」처럼 앞에서 언급한 신앙고백들은 엄격하게 타락 후 예정론을 주장한다. 트위스(Twisse) 같은 탁월한 총회원들이 타락 후 예정론 칼빈주의자들이었다. 타락과 그것으로 말미암는 파멸은 원인적이거나 결과적인 하나님의 뜻 아래 있는 것이 아니고, 허용적인 하나님의 뜻 아래 있는 것이다. '유기'라는 말을 사용하지 않고, 그 대신 '간과'(看過), '지나감' 같은 말로 더 부드럽게 유기란 말을 대신하였다. 아마 이것은 문안 기초위원회의 캘

---

50. Ibid., 여기서 우리가 타락 전 예정과 타락 후 예정이 어떻게 다르다는 것을 이해하는 것은 중요하다. 하나님의 결의의 순서의 방식에 차이가 있기 때문에 타락 전, 타락 후 예정론의 논쟁이 생기게 된다. 이것은 도르트 회의의 결과였다. 타락 전 예정은 이중예정의 결의(decree)가 먼저이고, 다음에 하나님의 창조의 결의가 따라오고, 그 다음에 인간의 타락을 허락하는 하나님의 결의, 그 다음에 선택을 위하여 구원의 수단인 그리스도와 복음을 마련해 주는 결의, 선택된 자에게 구원(그리스도의 의)을 적용하는 하나님의 작성의 순서로 예정론을 이해하는 것이 타락 전 예정론이다. 그리고 타락 후 예정론은 세상과 인간을 창조하는 하나님의 결의가 먼저이고, 그 다음에 인간의 타락을 허용하는 하나님의 결의, 그 다음에 이중예정으로 선택하는 하나님의 결의, 그 다음에 선택된 자에게 구원의 수단(그리스도)을 마련해 주는 하나님의 결의, 이중예정으로 선택 유기의 결의 순서로 이해하는 예정론이다. 이 순서는 논리적 순서이지 연대기적 순서가 아니다. 타락 전 예정은 하나님의 예정하는 결의에 먼저 관심을 갖고, 타락 후 예정은 세상과 인간을 창조하는 하나님의 결의에 먼저 관심을 갖는다. 그러나 어느 것이든지 이중예정론이다.

러미(Calamy)와 애로우스미스(Arrowsmith) 같은 사람들이 영향을 미쳤기 때문이며, 그들은 아뮈로주의의 '가설적 보편구원설'(hypothetical universalism)[51]에 공감하였다. '가설적 보편구원설'은 인간의 자유를 긍정하였고, '자유 또는 이차적인 원인들의 우연성'이 하나님의 주권과 양립할 수 있는 것으로 긍정된다. 이 「웨스트민스터 신앙고백」은 '무조건적 선택'과 '가설적 보편 구원설' 사이에 머무른다. 토론에서는 양쪽의 지지자들이 다 있었다.[52]

---

51. '가설적 보편구원설'이란 비록 선택된 자들만이 은혜로 믿음을 통해 구원받았지만 예수 그리스도는 실제로 모든 사람을 구원하기 위해 죽으셨다는 교리이다. 그러나 이 말은 이상한 표현이다. 이것은 그들이 받아들이는 복음진리로서 행복한 불일치이다. 우리는 교인에게 보통으로 물을 때 예수가 모든 사람을 위해 십자가에서 죽었느냐는 질문에 그렇다고 대답한다. 이것은 펠라기우스의 냄새가 나는 表現이나. 신학체계의 복잡하고 자세힌 것을 모르기 때문에 당시의 칼빈주의나 아르미니안주의자들이 혼동하여 하나님이 그리스도의 속죄를 선택된 자에게 적용한다 하더라도 그리스도는 모든 사람을 위하여 죽었다는 것을 믿었다. 이것이 가설적 보편구원설이다. 당시의 혼동된 칼빈주의자나 아르미니안주의자가 이 교리 체계를 널리 퍼뜨렸다. 우리는 이것을 아뮈로주의(Amyraldianism)라고 한다. 아뮈로(Moise Amyraut)는 소뮈르(Saumur)에서 프랑스 개신교 아카데미와 관계된 17세기 프랑스 신학자이다. 1598년에 이 아카데미는 프랑스 국가적 개혁교회 대회에 의해 설립되었고, 그는 가설적 보편구원설의 가장 대표적인 전파자이다. 어떤 사람들은 아뮈로주의를 '개혁' 교리의 다른 체계로 보려고 하였다. 그러나 "이것은 전혀 그렇지 않다."는 말이 강조된다. 왜냐하면 이 교리는 '개혁정통주의'를 일컫는 교리와 정반대이기 때문이다. 개혁정통주의 교리를 보증하는 중요한 교리는 예수 그리스도와 복음의 제한된 속죄이기 때문이다. 칼빈주의는 TULIP(Total Depravity, Unconditional Election, Limited Atonement, Irresistible Grace 그리고 Perseverance of Saints)을 믿는데, 아미로주의는 "4포인트 칼빈주의"(TUIP)로 제한 속죄를 버리는 칼빈주의자이다. 이들의 칼빈주의는 피상적이며 '칼빈주의자'라고 주장해도 그들은 정통칼빈주의의 정교한 교리체계를 이해하고 있지 않다. 아뮈로는 아르미니안주의와 칼빈주의를 결합하려고 했다. 이것은 성서적으로, 그리고 신학적으로 논리적으로 하나의 불가능이다.

52. James Hastings, p. 875.

③ 인간론

「웨스트민스터 신앙고백」 제6~9장은 인간론으로서 아일랜드 조문에 나타난 언약개념의 발전이 포함되어 있다. 동일 목적을 지향하는 두 가지 제정(ordinances)인 두 개의 언약 곧, 아담 안에서 행위의 언약, 그리스도 안에서 은혜의 언약이 구별되어 있다. 이것은 아마 인간의 자유를 강조한 불링거(Bullinger)에게 소급될 수 있는 신학적 도식(scheme)이다. 그리고 스코틀랜드의 롤록(Rollock), 영국의 카트라이트(Cartwright), 독일에서 올레비아누스(Olevianus), 그리고 네덜란드에서 코케이우스(Cocceius)가 성서적 근거 위에서 가르친 언약신학 도식이다.[53]

④ 칭의론

「웨스트민스터 신앙고백」 제10~18장은 칭의와 관계된 교리들을 특별히 완전하고 조심스럽게 진술하고 있다.

⑤ 예배와 안식일

「웨스트민스터 신앙고백」 제21장은 예배와 안식일에 대하여 다루고 있다. 예배와 안식일 준수에 대한 청교도적 견해를 긍정한다. 히브리 안식일은 주일로 변경되었다. 그리스도께서 부활하신 안식 후 첫날, 즉 주의 날로 '변경되어' 영원히 지키도록 되었다.[54]

⑥ 교회론

「웨스트민스터 신앙고백」 제25장은 교회론이다. 불가시적 교회, 곧 선택된 모든 사람 전체와 가시적인 보편(가톨릭)교회로 구별하고 있으며, 후자에 대하여 이렇게 말한다.

---

53. Ibid.
54. Ibid.

'눈으로 볼 수 있는 교회'는 …… "참된 종교를 고백하는 모든 사람들과 그의 자녀들로 이루어지며, 주 예수 그리스도의 나라이다. 그리고 그것은 하나님의 집과 권속이며 이 교회 밖에는 어떤 일반적인 구원의 가능성이 없다." "이 보편(가톨릭)교회는 때로는 더 가시적이었고 때로는 덜 가시적이었다." "하늘 아래서 가장 순수한 교회라고 해도 혼합되어 있고 오류가 있다. 그리고 어떤 교회들은 너무 타락하여 그리스도의 교회가 아니고 사단의 회당이었다." "주 예수 그리스도 이외에는 다른 아무도 교회의 머리가 아니다. 로마의 교황은 어떤 의미에서도 교회의 머리가 될 수 없으며, 교회 안에서 그리스도와 그리고 하나님이라 불리는 모든 것을 대적하여 자기를 높이는 적그리스도이며 죄의 사람이며 멸망의 아들이다."[55]

「웨스트민스터 신앙고백」 제26장은 훌륭한 말로 천상의 성도들의 교제(heavenly communion of saints)와 지상의 성도들의 교제(earthly communion of saints)를 다루며, 그 안에 내포된 거룩한 임무들을 다루고 있다.

⑦ 성례론
「웨스트민스터 신앙고백」 제27~29장에서는 성례의 총론과 각론을 완전한 칼빈주의적 입장에서 면밀하게 설명하고 있다. 루터교와 구별되는 개혁파 교회의 모든 파기 만족할 수 있는 말로 설명한다.[56]

⑧ 교회의 치리
「웨스트민스터 신앙고백」 제30장 교회의 치리론에서 하나님의 나라, 곧 가시적 교회의 열쇠를 갖고, 그리스도의 권위로 임명된 직임자들을 통해 징계해야 한다고 말한다.[57]

---

55. The Book Confessions, op. cit., pp. 156-157.
56. James Hastings, op. cit., p. 875.
57. Ibid.

⑨ 대회들과 총회

「웨스트민스터 신앙고백」 제31장은 대회 및 총회에 대하여 다루고 있다. 대회나 총회는 시민정부의 시민 통치자의 권위로 또는 그들 자신의 권위로 소집되었을 때 그들의 합법적 소집을 인정하고 있다. 신앙의 논쟁이나 양심의 문제들을 '목회적으로' 결정할 권한을 인정한다. 그리고 하나님의 말씀과 일치하면 영적인 문제들에 대하여 그들의 명령 발휘권을 인정한다. 그리고 다음과 같이 선언하는데, 이 선언은 대회들과 총회들에도 적용되는 것이다.[58]

> 사도시대 이후 모든 대회나 총회는 세계적이든 지역적이든 오류를 범할 수 있었다. 그러므로 그것들은 신앙이나 실천의 규칙이 될 수 없고, 보조적인 것으로 이용될 수 있다. (참조 : 20장 2항 "하나님만이 양심의 주인이며 그리고 자신의 말씀과 상반되는 모든 것이나 그 외에 신앙이나 예배의 문제에 있어서 인간들이 만든 교리나 계명으로부터 양심을 자유롭게 하였다. 그래서 양심을 떠나 그런 교리를 믿거나 그런 계명에 순종하는 것은 양심의 참된 자유를 배반하는 것이며, 맹목적 신앙이나 절대적이고 맹목적인 순종을 요구하는 것 또한 양심과 이성의 자유를 파괴하는 것이다.") 대회와 총회는 교회적인 문제 이외에는 아무것도 다루거나 결정해서는 안 된다. 그리고 국가에 관계되는 세속적 문제에 대해서 특별한 경우에 겸손하게 요청하거나 혹은 세속 관리가 조언을 요구할 때 양심에 따라 조언하는 경우가 아니고는 세속적 문제에 간섭해서는 안 된다.[59]

⑩ 부 활

「웨스트민스터 신앙고백」 제32장은 다음과 같이 선언한다.

> 인간의 몸은 죽은 후에 티끌로 돌아가 부패하지만 인간의 영혼은 죽지도 않고 잠자지도 않는다. 불멸의 실체로서 즉시 그것을 주신 하나님께

---

58. Ibid.
59. *The Book of Confessions*, op. cit., pp. 162-163.

되돌아간다. 의인들의 영혼은 그때 온전히 거룩해져서 최고의 하늘에 들어가 거기서 빛과 영광 중에 계신 하나님의 얼굴을 보면서 몸의 완전한 구속을 기다린다. 그리고 악인들의 영혼은 지옥에 던져져 거기서 고통과 암흑 속에 거하면서 대심판의 날까지 머문다. 성경은 몸을 떠난 영혼들이 있을 이 두 장소 이외에 아무 곳도 인정하지 않는다. 마지막 날에 생존한 자들은 죽지 않고 변화될 것이다. 그리고 죽은 자들은 그 몸의 성질은 다르지만 바로 이전의 몸으로 부활할 것이며, 그 영혼과 다시 결합하여 영원히 살 것이다. 불의한 자들의 몸은 그리스도의 능력에 의해 수치스럽게 부활할 것이며 의로운 자들의 몸은 그리스도의 영에 의해 영광스럽게 부활하여 그리스도의 영광스러운 몸과 일치하게 될 것이다.[60]

⑪ 최후의 심판

「웨스트민스터 신앙고백」 제33장은 최후의 심판의 성격과 그 목적에 대해 이렇게 설명한다.

선택된 자의 영원한 구원에서 하나님의 자비의 영광을 드러내고 사악하고 불순종하는 유기된 자의 저주에서 하나님의 공의의 영광을 드러내기 위한 것이다. …… 그리스도께서는 모든 사람들이 죄를 짓지 않도록 하기 위해서 그리고 경건한 자들이 역경에서 더 큰 위로를 얻도록 하기 위해서 심판의 날이 있을 것임을 우리에게 확신시키려고 하였다. 또한 그리스도께서는 그날을 사람들이 모르게 하실 것이다. 이는 사람들이 어느 때에 주님이 오실지 알지 못하기 때문에 모든 육적인 안도감을 버리고 항상 깨어 있도록 하며 언제나 "오소서, 주 예수여, 어서 오소서. 아멘." 하고 말할 준비가 되어 있도록 한 것이다.[61]

⑫ 예정과 선택

이 신앙고백의 두 부분 예정과 선택에 관한 제3장과 제10장, 시민 정부(Civil Magistrate)에 관한 제23장은 교회에서 문제가 되어 왔다.[62]

---

60. Ibid., p. 163.
61. Ibid., pp. 163-164.
62. James Hastings, p. 876.

예정과 선택에 관한 내용은 "하나님은 영원부터 자기 자신의 뜻의 가장 현명하고 거룩한 계획에 따라 일어날 모든 일을 자유롭게, 불변적으로 결정하셨다. 하지만 하나님이 그렇게 하셨다고 해서 죄의 창시자는 아니며, 또한 피조물의 의지를 침해하는 것도 아니고, 이차적인 원인인 자유나 우연성을 제거하는 것도 아니고, 오히려 굳게 세운다."[63]라고 말하고 계속해서 어떤 사람들과 천사들은 하나님의 값없는 은혜와 사랑으로 그 피조물의 신앙이나 선행 또는 다른 어떤 것을 미리 보지 않고 영원한 생명으로 예정하였다고 긍정하며, 그 숫자는 일정하다고 한다. 그런가 하면 인류의 나머지는 그들의 죄 때문에, 하나님의 영광스러운 공의를 나타내기 위하여, 영원한 사망으로 유기되도록 예정되었다고 한다. 또 비슷하게 이렇게 말한다.[64]

  선택된 유아는 유아기에 죽을지라도 그리스도에 의해 성령을 통해 중생하고 구원 얻는다. 성령은 자신이 기뻐하는 때 장소, 방법으로 일하신다. 또한 말씀의 사역에 의해 외적으로 부름 받을 수 없는 다른 모든 선택된 자들도 선택된 유아의 경우와 마찬가지이다. 말씀의 사역에 의해 부름을 받고 성령의 일반적 역사를 경험했다 하더라도 선택되지 않은 사람들은 참으로 주께 오지 않으며 그러므로 구원을 받을 수 없다. 더구나 기독교 신앙을 고백하지 않는 사람은 자연의 빛과 자기들이 믿는 종교의 법에 따라 아무리 힘쓰며 산다고 해도 다른 방법으로는 구원받을 수 없다. 그들이 구원받을 수 있다고 주장하고 단언하는 것은 가증스럽고 해로운 것이다(10장 3항).[65]

이러한 것들은 본질적으로 1619년 도르트 회의의 입장이며, 동일한 비판과 오해를 받은 주제들이었다. 선택된 자가 소수라고 전혀 말하지 않는다. 선택된 자를 인식할 수 있는 어떤 외적 내적 방편을 지적하지도

---

63. *The Book of Confessions*, op. cit., p. 129.
64. James Hastings op. cit., p. 876.
65. *The Book of Confessions*, op. cit., p. 139.

않는다. '인류의 나머지'는 적을 수도 있고 많을 수도 있다. 어떤 유아들은 선택을 받지 않은 상태에서 죽는다고는 분명히 말하지는 않으나, 그러나 성인들의 선택이 그들의 공로나 가치를 미리 고려하지 않고 된 일이듯이 그런 유아들이 많지는 않을지 몰라도 다소 있다는 암시는 자연스럽게 주고 있다. 도르트에 모였던 그들의 친지들과 선배들처럼, 웨스트민스터 성직자들이 그렇게 말하는 것을 그들의 의무로 느껴야 했던 것은 놀라운 일이 아니었다.[66)]

예정에 대한 이 최고의 신비한 교리는 특별히 신중하고 조심스럽게 다루어져야 한다. 말씀 가운데 계시된 하나님의 뜻을 주목하고 그 뜻에 순종하는 사람들이 그들의 효과적인 부름의 확신으로부터 그들의 영원한 선택을 확신할 수 있도록 하기 위함이다. 그래서 이 교리는 하나님에 대한 찬양과 경외, 그리고 감탄을 자아내고, 복음에 참으로 순종하는 모든 사람들에게 겸손과 근면과 풍성한 위로를 제공한다(3장 8항).[67)]

세속 시민정부에 관한 다른 구절은 시민정부의 권위가 하나님으로부터 온 것임을 주장하고 그 책임을 말한다. 교회 안에 일치와 평화가 보존되고, 하나님의 진리가 순수하고 완전하게 보존되도록 하며, 모든 신성모독과 이단이 억제되게 하며, 예배와 모범에서 모든 부패와 남용을 막고 또 개혁한다. 그리고 하나님의 명령들이 적절하게 확립되고, 다루어지고 준수되게 한다. 그러나 계속하여 말하기를 "이를 보다 효과적으로 집행하기 위해 대회를 소집하고, 거기에 참석하고, 대회에서 결정된 것이 하나님의 마음(mind)에 일치하도록 보살펴 줄 권한이 있다." 하지만 그(시민정부)는 자기 자신이 말씀과 성례를 집행하려고 하거나 천국열쇠의 권한을 가지려고 해서는 안 된다.[68)]

---

66. James Hastings op. cit., p. 876.
67. *The Book of Confessions*, op. cit., p. 130.
68. James Hastings, p. 876.

교회가 영적인 문제를 성경적으로 처리하는 한, 시민정부는 영적인 문제들에 간섭해서는 안 된다. 그리고 시민정부는 강한 권력으로 교회의 법정과 결정을 강화시켜 주어야 한다. 여기서 또한 이 신앙고백은 미래에 생겨날 어려움을 미리 배제하지 못했음을 인정할 수밖에 없다.[69]

「도르트의 신앙고백」(the Cannons of Dort)이 하나의 교리를 확정했다고 하면, 「웨스트민스터 신앙고백」은 칼빈주의적 교리 전체 체계를 확립하였다. 가장 잘 계발(啓發)되고 경건한 청교도 정신과 이 웨스트민스터 신앙고백이 만나므로, 이 신앙고백은 성서적 계시의 도식(scheme)의 가장 성숙하고 가장 정교한 체계를 특징으로 한다. 이 신앙고백은 칼빈주의에 있어 최후의 위대한 신조였다. 그리고 지적으로 또 신학적으로 이 신앙고백은 성서를 사랑하는 사람들에게 위엄 있고 고상한 표준이 되는 칼빈의 「기독교강요」(1559)의 훌륭한 열매이다.[70]

이 신앙고백은 대륙의 학문과 논쟁의 영향을 받지 않을 수 없었다. 그러나 그 전통과 배경은 본질적으로 영국적이다. 왜냐하면 그 신앙고백은 마르틴 부처가 작성한 「39개 조항」에 기초하고 있기 때문이고, 람베스(Lambeth)와 더블린(Dublin)에서 명확하게 칼빈주의적 개념으로 수정되고 보완되었을 뿐만 아니라, 어셔(Usser)의 아일랜드의 조항들의 제목과 순서를 받아들이고, 전체 문장이나 문단을 한 단어도 바꾸지 않고 사용하므로 문자적으로 구체화하고 있기 때문이다. 독자가 그 두 문서를 읽어 보면 그 영향이 표면적인 것에서부터 사상 깊숙이까지 퍼져 있음을 알 수 있을 것이다. 어셔(Usser)가 왕을 버리고 예루살렘 챔버에 마련된 회의장에 참석했었더라면 큰 영향을 미치지 못하였을 것이다. 로드파(Laudian)의 영국 국교도들만이 이 신앙고백의 교리를 거부할 수 있었을 것이다. 이 신앙고백은 남부 왕국의 수도에 있는 템즈 강변에서 태어나서, 왕정복고파에게는 장기의회의 단호함을 고통스럽게 기억하게 하는

---

69. Ibid.
70. Ibid.

것 자체였다. 그리고 이 신앙고백은 국교회를 위해 마련되었지만, 그 국교회는 이 신앙고백을 곧바로 배척하였다.[71]

그러나 이 신앙고백은 곧바로 스코틀랜드에 정착하여 환영을 받았다. 스코틀랜드로부터 이 신앙고백은 그 끈기 있고 강인한 이민들에 의해 전 세계로 전해졌다. 그들은 자기들의 삶을 개척해 나가는 곳마다 자기들의 신앙을 심었다. 시대가 변하고 신앙형식이 변했음에도 불구하고 이 신앙고백은 여전히 영국과 미합중국에서 강력한 교회의 존경받는 신앙고백으로 남아 있다.[72]

영국과 미합중국에서 이 신앙고백을 받아들인 교회의 교인들 중에는 세계 최고의 물질적, 사회적, 교육적, 도덕적, 종교적 지도자들이 많이 있다. 전 세계에 있는 영어를 사용하는 장로교회들은 예외 없이 이 신앙고백이나 혹은 이 신앙고백을 조금 수정한 형태를 고수하고 있다. 또한 미국의 경우 회중파와 침례파와 기타 다른 파에서 이 신앙고백을 직접직으로 혹은 간접적으로 지지하고 있기 때문에 이 신앙고백이 교육과 신앙 부흥에 있어서 보다 더 큰 힘을 행사하고 있다.[73]

한국에서 장로교를 소개한 선교사들이 「웨스트민스터 신앙고백」을 한국교회에 소개한 것은 큰 역사적 의미를 갖는다. 한국교회 교인들은 신앙과 신학에 있어 이 「웨스트민스터신앙고백」과 「대, 소교리 문답」에 빚지고 있다. 대한예수교장로회 통합측은 '1967년도 미 연합장로교회의 신앙고백'에 대한 반발로 1968년 총회에서 영국판이 아닌 미국판을 채택하였다. (미국판은 1903년에 제34장, 제35장 및 선언문을 첨가 채택하였고, 1788년에도 제23장, 제24장, 제25장을 어느 정도 수정하였다.) 즉, 한국 장로교회는 정식으로 이 「웨스트민스터 신앙고백」을 총회가 채택하기 전에 이미 선교 초기부터 사용해 왔으나 의식적으로 채택한 것은 1968년이었

---

71. Ibid.
72. Ibid.
73. Ibid.

다. 사실상 한국 장로교회가 「웨스트민스터 신앙고백」보다 먼저 채택한 것은 12신조였다.[74] 즉, 1907년 평양의 장대현교회에서 네 장로교회 선교회 대표가 모체가 되어 '대한민국예수교장로회' 독노회(獨老會)가 조직되었는데, 이 총회는 선교공의회의 추천을 받아 12신조[75]를 정식으로 채택하였다.

2) 웨스트민스터 교리문답

(1) 「대교리문답」[76]

「웨스트민스터 대교리문답」은 1647년에 「웨스트민스터 신앙고백」과 동시에, 그리고 「소교리문답」보다 앞서 작성되었다. 주로 허버트 팔머(Herbert Palmer)와 앤토니 터크니(Anthony Tuckney)가 초안하였다. 팔머는 그 자신의 독특한 방법으로 그 「대교리문답」으로 인하여 명성이 높았던 사람으로서 1640년에 교리문답의 저자였다. 그리고 터크니는 박학한 케임브리지 대학의 신학교수였다. 다른 문서들처럼 이 「교리문답」은 주의 깊게 수집된 성경적 증거들을 첨부한 것이다. 이 교리문답의 교리의 기초는 팔머의 교리문답과 어셔의 「신학총론」(*Body of Divinity*)이었다.[77] 그리고 물론 웨스트민스터 신앙고백 자체에 대한 토론의 결론이 그 기초였다. 1648년의 스코틀랜드의 총회는 이 교리문답을 승인하였다. '종교의 근거에 대해서 어느 정도 잘 알고 있는 사람들을 교육시키는 지침'으로써 이 교리문답을 승인하였다. 그리고 이 교리문답이 아동을 위한 편람으로 생각해서는 안 된다. 이 교리문답은 196개의 문답을 포함한다. 포괄적인 교리문답으로 만들려고 했기 때문에 보통 매우 길지만 감탄할

---

74. 이형기, 「세계개혁교회의 신앙고백」, p. 328.
75. 「12신조」는 1905년 남인도 자유장로교회가 채택한 것으로 웨스트민스터 신앙고백을 보다 간략하게 항목화시킨 것이었다.
76. *The Book of Confessions*, pp. 201-237.
77. James Hastings, op. cit., p. 877.

정도로 분명하다.[78]

　이 대교리문답은 이렇게 시작한다. "인간의 제일가는 최고의 목적이 무엇입니까? 인간의 제일가는 최고의 목적은 하나님을 영화롭게 하고 영원히 그를 완전히 즐거워하는 것입니다. 하나님이 계신다는 것이 어떻게 나타납니까? 인간 안에 있는 자연의 빛과 하나님이 하신 일들이 한 분 하나님이 계신다는 것을 분명히 선포합니다. 그러나 하나님의 말씀과 성령만이 인간의 구원을 위해 인간에게 하나님을 완전하게, 그리고 효과적으로 제시합니다." 그리고 이 신앙고백은 "주기도의 결론이 무엇을 가르칩니까?" 하는 질문으로 끝맺는다. 그 사이에는 신론, 하나님의 결의(His decrees), 창조, 타락, 죄와 형벌, 은혜의 언약, 중보자 그리스도, 그리스도의 직분, 낮아지심과 높아지심, 영원한 공로, 교회, 그리스도 안에 지체, 구원의 경험과 내용, 미래 심판, 그리스도인의 의무인 십계명, 인간은 십계명을 지킬 능력이 없음, 죄의 특별한 증대, 은혜의 방편 — 말씀, 성례 및 기도와 그것의 고유한 의미와 용법에 대한 교리들을 설명하고 있으며, 끝으로 주기도문을 설명하고 있다.[79]

　너무나 정교해서 대중적이지는 못하지만, 「대교리문답」은 역사적으로 「웨스트민스터 신앙고백」의 주석과 보충으로 도움이 되기도 하고, 대중적인 「소교리문답」의 기초가 되는 역할을 하고 있다.[80]

(2) 「소교리문답」[81]

　「소교리문답」은 「웨스트민스터 신앙고백」과 「대교리문답」이 나온 직후에 한 소위원회에서 작성되었다. 그리고 위의 「웨스트민스터 신앙고백」과 「대교리문답」과 마찬가지로 「소교리문답」은 1648년에 스코틀랜드교회에서 "좀더 연약한 능력의 사람들을 교육하는 지침"으로 승인 받

---

78. Ibid.
79. *The Book of Confessions*, pp. 201-237 요약.
80. James Hastings, p. 877.
81. *The Book of Confessions*, pp. 181-193.

았다. 인정받은 걸작품으로 이「소교리문답」은 아름다운 배열과 압축되고 포괄적인 교훈과 명료하고 강력한 표현을 하고 있는 성공적인 작품이다. 터크니(Tuckney)는 마지막 단계에서 이 위원회 위원장으로서「소교리문답」작성의 책임을 맡았고, 그 교리문답의 문장을 최종적으로 손질하는 데 큰 역할을 하였다. 그리고 탁월한 캠브리지 수학자이고, 성직자인 이 위원회의 서기이며 팔머(Palmer)의 절친한 친구인 존 월리스(John Wallis)가 이「소교리문답」작성에 큰 역할을 하였다. 이「소교리문답」의 자료는「웨스트민스터 신앙고백」과「대교리문답」및 그것들의 자료에서 왔고, 그 당시 유포되어 있던 다른 교리문답서들로부터 왔다.[82]

스코틀랜드 대표들은 이 교리문답을 준비하는 데 크게 관여할 수 없었다. 그 이유는 그 대표들 대부분이 이 교리문답의 편집이 실제로 진전되기 전에 본국으로 돌아갔기 때문이다. 그러나 이「소교리문답」은 스코틀랜드에서 곧 가정의 책이요, 축소판 성경이요, 그 민족의 기초적인 신앙고백서가 되었다. 우리 시대에 이「소교리문답」의 교훈이 '좀더 약한 능력의 사람들'에게 어렵게 보인다면 그 책임은 현대교육에 있는 것이다. 현대교육은 아동들의 관심을 세속적인 것에 분산시킴으로 이전에 종교적 신학적 관심에 아동들의 주의를 집중시켰는 데 반하여 지금은 어렵게 되었다. 이「소교리문답」은 기독교교리 교육과 암송을 위해 신학적 도식에 따라 배열한 교리 개요로 가장 성공적인 것이었다. 이 문답의 신학적 용어는 대체로 바울 서신에서 온 것으로 아동들에게는 어려운 것이었다. 그러나 기억하기 쉽게 진리를 압축하고 있다. 선생이 설명할 기본 자료로 적합하였지만, 선생이 없이 학습하도록 되어 있지는 않다. 그렇다고 해서 선생이 가르치면서 단조롭다고 불평할 정도도 아니다. 이「소교리문답」은 아동들이 가져야 할 지식의 모형에 따라 대답하도록 최고의 주의를 기울인 것이다.[83]

---

82. Ibid.
83. Ibid.

「소교리문답」은 107개의 질문[84]으로 되어 있다. 첫째 질문과 마지막 질문은 「대교리문답」과 같지만 그 대답들은 좀더 간단하고 좀더 아름답다. 대답들 중에 많은 것은 고전적 표현들이고 기억과 지성에서 떠나지 않는다.

(1) "인간의 최고 목적은 하나님을 영화롭게 하고 영원히 그를 즐거워하는 것이다." (3) "성경은 주로 사람이 하나님에 관하여 무엇을 믿어야 하며 하나님은 사람에게 무엇을 요구하는지를 가르친다."
(14) "죄는 하나님의 율법을 따르는 데 부족하거나 어기는 것이다."
(23) "그리스도는 우리의 구속자로서 그의 낮아지시고 높아지신 두 상태에 있어서 예언자와 제사장과 왕의 직무를 수행한다." (24) "그리스도는 그의 말씀과 성령에 의해 우리 구원을 위한 하나님의 뜻을 우리에게 계시함으로써 예언자의 직무를 수행한다." (25) "그리스도는 하나님의 공의를 만족시키고 우리를 하나님과 화해시키기 위해 단번에 자신을 희생제물로 바치고 우리를 위해 계속 중보함으로 제사장의 직무를 수행한다." (26) "그리스도는 우리를 자기에게 복종시키고 우리를 다스리고 보호함으로써 그리고 그와 우리의 모든 원수들을 제재하고 정복함으로써 왕의 직무를 수행한다." (30) "성령은 우리 안에 역사하는 믿음과 그리고 그 믿음에 의해 우리의 효과적인 부름 속에 우리와 그리스도를 연합시킴으로써 그리스도가 성취한 구속을 우리에게 적용시킨다." (31) "효과적 부름이란 하나님의 영의 사역으로서, 그 사역에 의해 우리에게 우리의 죄와 비참함을 알게 하고 그리스도에 대한 지식으로 우리 마음을 밝게 하고 우리의 뜻을 새롭게 함으로써 우리로 하여금 복음 안에서 우리에게 값없이 준 예수 그리스도를 받아들이도록 권하는 것이다." (33) "칭의란 하나님의 값없는 은혜의 행위로서 그 안에서 하나님이 우리의 모든 죄를 용서하며 우리를 하나님 보기에 의로운 자로 받아 준다. 이것은 다만 우리에게 전가되고 그리고 믿음에 의해서만 받아지는 그리스도의 의로 말미암는 것이다."
(34) "입양이란 하나님의 값없는 은혜의 행위로서 그것에 의해 우리는

---

84. 괄호 안의 숫자는 「소교리문답」 107개 질문 중 질문번호이고, 나머지는 그 질문에 대한 대답이다 : The Book of Confessions, pp. 181-192 요약.

하나님의 아들들의 수에 들어가고 그 모든 특권에 따른 권리를 가지게 된다."(35) "성화란 하나님의 값없는 은혜의 사역으로서 그것에 의해 우리가 하나님의 형상에 따라 전인적으로 중생되며 점점 더 죄에 대해 죽고 의에 대해 살 수 있게 된다."(36) "금생에 있어서 칭의와 입양은 성화와 함께 나타나거나, 혹은 이것들로부터 나오는 혜택들은 하나님의 사랑에 대한 확신과 양심의 평화와 성령 안에서 기쁨과 은혜의 증진과 끝까지 은혜 안에서 인내하는 것이다."(37) "신자들의 영혼은 그들이 죽을 때 완전히 거룩해지고 즉시 영광 중에 들어가며 그들의 몸은 여전히 그리스도와 연합되어 부활 때까지 무덤에서 쉰다."(82) "타락 이후 아무도 금생에서 하나님의 계명을 완전히 지킬 수 없으며 매일 생각과 말과 행위 속에서 범하고 있다."(86) "예수 그리스도에 대한 믿음은 구원의 은혜로서 그것에 의해 우리는 복음 안에서 우리에게 제시된 대로 구원을 위해 그만을 받아들이고 그만 의지한다."(88) "그리스도가 구원의 은혜를 우리에게 전달하는 외적, 일상적 방편들은 그가 제정하신 규례들, 특히 말씀과 성례와 기도이며 이 모든 것은 구원을 위해 선택된 자들에게 효력이 있다."(90) "말씀이 구원을 위해 효력이 있도록 하기 위해 우리는 부지런한 준비와 기도로 말씀에 관심을 기울여야 하며 믿음과 사랑으로 받아들여야 하며, 우리 마음에 간직하고 우리 생활에 실천해야 한다."(92) "성례는 그리스도가 제정하신 거룩한 의식으로 그 가운데 감각적 표시들에 의해 그리스도와 새 언약의 혜택들이 신자들에게 제시되고 인쳐지고 적용된다."

사도신경은 이 교리문답 본문에 공식적으로 삽입되지 않고 설명되어 지지 않는다. 그러나 끝에 있는 사려 깊은 주(註)에서 다음과 같이 말하고 있다.[85]

이 축소판에 사도신경이라고 하는 신조에 포함된 교리 내용이 각 문답들에서 완전히 나타나 있으므로 사도신경 자체를 삽입할 필요가 없다. 그러나 여기에 사도신경을 첨가하는 것은 그것이 사도들에 의해 작성되었거나 아니면 십계명이나 주기도처럼 성서의 정경으로 존중 받아야 하

---

85. James Hastings, p. 877.

기 때문이다. (그런데 무지한 사람들은 사도신경과 십계명을 기도로 생각하기도 하는데 사도신경은 결코 기도가 아니다.) 기독교 신앙을 간단하게 요약한 것으로 하나님의 말씀에 일치하며 고대에 그리스도의 교회들에서 받아들였기 때문이다.

이 교리문답은 훌륭한 문장으로 되어 있고, 성경에 충실하고 위엄 있게 꾸밈없는 언어로 표현되어 있다. 그러므로 모든 점에서「웨스트민스터 신앙고백」의 저자들의 작품으로 손색이 없다. 따라서 교회들의 열렬한 환영을 받을 만하다. 이 교리문답은 그 후 여러 세대를 지나오면서 그 교회들 안에 있는 젊은이들을 영적 진리로 양육해 왔다. 그리고 나이든 어른들은 그 문장이 암송하기 쉬워 그것을 암송하므로 도움과 위로를 받았다.[86]

3) 맺는 말

「웨스트민스터 신앙고백」은 칼빈주의 정통신학의 정신을 가장 분명하게 표현한 문서이다. 이 신앙고백은「도르트 신앙고백」보다 상세하고 광범위한 문제들을 취급하였다. 영국의 칼빈주의 정통신학을 나타내는「웨스트민스터 신앙고백」은 그 내용이나 엄격한 정통신학에 충실하려고 한 점에서 도르트 회의의「도르트 신앙고백」의 성격과 비슷하다. 그러므로「도르트 신앙고백」이나「웨스트민스터 신앙고백」을 연구하면 17~18세기 칼빈주의 정통신학을 이해하게 될 것이다.

---

86. Ibid.

Ⅳ 종교개혁기 개혁교회 신앙고백에 대한 결론

개혁교회의 신앙고백은 1523년 츠빙글리가 제1차 취리히 논쟁에 제출한 개혁주제인 "67개 조항"이 그 출발점이라고 할 수 있다. 종교개혁기의 신앙고백은 대략 6단계로 나뉘어 고찰할 수 있는데, 대체로 다음과 같은 지역적인 구분이다. 즉 취리히, 제네바, 칼빈주의, 독일 개혁파, 네덜란드, 영국으로 구분된다. 우리는 본서에서 종교개혁기의 개혁교회의 신앙고백을 크게 세 부분으로 나누어 고찰할 것이다. 첫째, 루터 이후 칼빈까지 스위스와 독일의 개혁교회 신조, 둘째, 칼빈 이후 16세기 동안의 불어권 신조들, 그리고 셋째, 같은 기간 영어 사용권을 중심으로 한 신조이다.

1. 스위스와 독일의 개혁교회 신앙고백

독일어 사용권 스위스에서 종교개혁은 시의회의 주도로 수행되었다. 시의회는 다양한 종교적 분파들을 토론회의 대표로 참여시켰고, 여기에서 모든 판단의 기준은 성서였다. 츠빙글리가 제시한 67개 조항의 내용을 놓고 토론하는 데에서도 유리한 논박의 근거는 성서일 수밖에 없다. 취리히와 마찬가지로 베른에서의 개혁도 공권력과 깊은 연관이 있다. 시의회가 논쟁에 초청을 하였다. 취리히와 바젤을 대표하는 츠빙글리와 외콜람파디우스 외에도 스트라스부르크, 쾰른, 멤밍헨, 린다우, 울름, 아우구스부르크 등 남부 독일도시의 대표들이 베른 논쟁에 참여하였다. 베른 조항은 할러(Berthold Haller)와 콜브(Franz Kolb)에 의하여 작성되었고 츠빙글리가 편집하였다.

베른 조항(1528)은 남부 독일과 연합한 독일어권 도시의 연합 신앙고백이라는 점에 일차적으로 그 의의를 지닌다. 그러나 이 조항에서 루터와 츠빙글리 사이에 벌어진 성찬논쟁 문제는 해결을 보지 못하였다. 루터는 열광주의자들의 등장으로 말미암아 점점 더 성만찬에서 그리스도의 실재 임재 쪽으로 기울어지고, 츠빙글리는 상징적인 이해로 기울어지는 양극화 현상은 1529년에 마부르크에서 회의를 열게 하였다. 비텐베르크 대표들과 스위스, 남부 독일의 대표들은 "실재 임재" 조항을 제외하고는 일치를 이루어 냈다.

분명하게 정리되지 못한 실재 임재 문제에 관하여 비텐베르크 측은 아우구스부르크 신앙고백(1530)을 통하여 츠빙글리의 성찬론을 배격하였고, 이는 결국 남부 독일 도시들의 반박을 불러일으켰다. 스트라스부르크, 멤밍헨, 콘스탄츠, 린다우 네 도시는 과거 베른 조항 때의 연합을 기억하고 1530년에 「4대 도시 신앙고백」(*Confessio Tetrapolitana*)을 발표하였다. 결국 4대 도시 신앙고백은 남부 독일적인 위치에서 부처와 카피토의 지도 하에 루터와 츠빙글리의 입장을 중재한 것이라 할 수 있다.

제2장 종교개혁기의 개혁교회 신앙고백

우리가 칼빈의 등장 이전에 위의 네 가지 신앙고백을 다룬 것은 독일어권 개혁파 신앙고백의 기원을 설명하기 위함이었다. 루터의 「소교리문답」(1529)은 평신도 교육용으로 애용되었으며 아우구스부르크 신앙고백에 영향을 끼쳤다는 점에서 채택되었다. 본격적인 개혁교회 신앙고백들은 칼빈 이후에 등장하였다.

스위스에서 신앙고백의 일치를 본 것은 「제1스위스 신조」(1536)이다. 이 고백의 의의는 독일어를 사용하는 거의 모든 스위스 도시들이 참여하였다는 것이다. 그해에 칼빈은 「기독교 강요」를 출판하며 종교개혁자의 반열에 올랐다. 칼빈의 제네바 종교개혁은 스트라스부르크로 떠났다가 다시 돌아온 1541년부터 본격적으로 진행되었고, 그해에 처음 나온 「제네바 교리문답」이 매우 중요한 역할을 하였다. 이 교리문답은 이전 1537년에 사용하던 것을 보충한 것으로써 제네바 교회의 교육을 위하여 요긴한 것이었고, 개혁교회의 교육전통의 기초를 놓았다는 점에서 매우 중요한 것이다.

반면에 취리히에서는 성만찬에 관한 일치문제가 모색되고 있었다. 칼빈은 취리히나 베른의 신학자들로부터 루터의 영향을 받고 있다고 오해를 사고 있었는데, 이 문제를 두고 칼빈과 불링거는 대화를 진행하였다. 오랜 논의 과정을 거친 결과 1549년 「취리히 협약」(*Consensus Tigurinus*)이 탄생하였다. 이는 훗날 독일 내 개혁교회 교리문답인 「하이델베르크 교리문답」(1563)처럼 상호 중재적인 신앙고백의 원조였다는 점에서 그 의의를 인정받고 있다.

「하이델베르크 교리문답」(1563)은 독일 팔츠 주에 자리 잡은 개혁교회의 신앙고백이라는 점에서 중요하다. 칼빈의 영향을 받은 올레비아누스와 비텐베르크에서 배운 우르시누스에 의하여 기록된 것으로써 팔츠 주 내부에 있는 종교개혁 진영 간의 일치를 그 목표로 한 것이다.

「제2스위스 신조」(1565)는 가톨릭교회가 트렌트 공의회에서 계속적으로 교황을 그리스도의 대리자로 내세우는 것에 반대하려는 목적을 지녔다. 1563년 팔츠 주에서 나온 「하이델베르크 교리문답」의 여파로 생명의 위협을 느낀 프리드리히 3세는 불링거에게 편지하여 도움을 요청하였고, 이에 대한 결론적인 답신이 「제2스위스 신조」로 귀결된 것이다. 이 신조는 바젤을 제외한 스위스의 모든 교회가 받아들인 것이다.

이상의 네 가지 신앙고백은 칼빈의 영향이 크게 드러나는 스위스와 독일 지역의 신앙고백이다.

2. 프랑스와 네덜란드의 개혁교회 신앙고백

스위스를 벗어난 지역 중에 불어를 사용하는 지역교회들에 대한 칼빈의 영향은 지속되었다. 그 결과 다음의 세 가지 신앙고백이 중요하다.

프랑스에서는 칼빈이 기초한 신앙고백을 수정하여 1559년에 40개 조항으로 된 「프랑스 신앙고백」을 발표하였다. 이는 위그노 교회를 중심으로 일어난 개혁교회의 개념이 강하게 드러난 신앙고백으로서 국가교회를 완전히 지양하고 국가와 교회를 완전 분리하는 방향으로의 전환을 의미하였다.

네덜란드의 신앙고백은 「벨기에 신앙고백」(1561)이라고도 불리는데, 프랑스의 영향을 강하게 받은 것이다. 빌립 2세가 신교를 박해하던 것에 대한 변증으로 계획된 것으로써 프랑스 신앙고백보다 더 강하게 성서의 중요성을 강조한다. 이 신앙고백은 네덜란드 신앙고백의 표준이다.

1618년의 「도르트 신조」는 네덜란드의 도르트레히트에서 열린 개혁교회 국제 총회에서 탄생한 신조이다. 이 신조는 정통 칼빈주의자와 아르미니우스주의자 사이에 야기되었던 예정론 논쟁의 결과로 나온 것이다. 이 회의에는 양측 인사 외에도 독일과 스위스, 영국과 스코틀랜드 등 외국의 대표가 다수 참가하였다. 단, 프랑스에서는 루이 13세의 금지령으로 인해 참가하지 못하였다. 이 회의에서는 네덜란드 신앙고백의 기준이「벨기에 신앙고백」과「하이델베르크 교리문답」임을 확인하였다.

3. 영어권의 개혁교회 신앙고백

　메리 스튜어트 통치기간에 대륙으로 피신하였던 존 낙스는 제네바에서 피난민 지도자로 활동하였고, 메리의 실각 이후 다시 스코틀랜드로 돌아와서「스코틀랜드 신앙고백」(1650)을 썼다. 따라서 이 신앙고백은 칼빈 신학의 전통 위에서 기록되었다. 이 고백은 반교황적인 동시에 성서에 대한 열정을 담고 있다.
　장로교회의 표준적인 고백으로 여겨지는「웨스트민스터 신앙고백」(1648)은 영국의 국교인 성공회와 투쟁하던 청교도 사이에서 기초된 신앙고백이다. 이 신앙고백은 영국 국회에 상정되었지만 통과되지 못하였고, 오히려 스코틀랜드에서는 크게 환영을 받은 신앙고백이 되었다.

　이상과 같이 종교개혁기의 개혁교회 신앙고백을 다루는 과정에서 그 내용을 분석하고 해설한 신조의 수는 총 13개이다. 이 가운데는 루터의 신조인「소교리문답」과「아우구스부르크 신앙고백」이 포함되었는데, 이는 개혁교회에 대한 루터의 영향을 고려하여 포함시킨 것이다. 다른 11개의 신앙고백 가운데에「베른 신조」와「4대 도시 신조」를 제외하고는 칼빈의 영향이 매우 두드러진다. 그러므로 16~17세기 개혁교회의 신앙고백들은 츠빙글리와 부처를 포함하여 칼빈의 직·간접적인 영향 아래서 저술되었던 것이다.

제 3 장
20세기 개혁교회 신앙고백

　Ⅰ. 12개 신앙조항(1904) / 359
　Ⅱ. 바르멘 신학선언(1934) / 364
　Ⅲ. 1967년 신앙고백 / 394
　Ⅳ. 미국장로교회의 신앙선언(1990) / 432
　Ⅴ. 대한예수교장로회 신앙고백서(1986) / 455
　Ⅵ. 21세기 대한예수교장로회 신앙고백(2001) / 509
　Ⅶ. 20세기 개혁교회 신앙고백에 대한 결론 / 530

I

12개 신앙조항(1904)

1. 해 설

중국에서(1890년), 그리고 인도(남부는 1901년, 인도 전 지역은 1904년)에서 장로교 선교 교회(Presbyterian Mission Churches) 연맹은 11개 조문과 12개 조문에 의해 형성되었다. 이 「12신조」는 「웨스트민스터 신앙고백」을 요약한 것이다. 「웨스트민스터 신앙고백」과 비슷한 노선을 따라, 긍정적이고, 성서적이고, 비논쟁적이고, 선교적 상황에서 절실히 요구된 특수한 교리를 강조하고 있다. 그리고 모교회의 표준인 「웨스트민스터 신앙고백」과 「대소교리 문답」, 「하이델베르크 교리문답」과 「도르트 신앙고백」에 충실할 것을 분명하게 확인하고 있다. 「12신조」는 '우리

의 교회와 신학교에서 가르쳐지는 하나님의 말씀의 교리체계'로「웨스트민스터 신앙고백」교리의 요약이다.[1]

남인도 장로교회의「12신조」는 1904년 12월에 알라하바드(Allahabad)에서 채택되었다(1905년에 알라하바드 선교부 출판사에서 인쇄된 것이다).[2]

한국교회가「웨스트민스터 신앙고백」을 채택하기 전에 먼저 채택한 것은「12신조」였다. 즉, 1907년 평양의 장대현교회에서 네 장로교회 선교회(미국 남/북, 캐나다, 호주) 대표가 모체가 되어 '대한예수교장로회' 독노회(獨老會)가 조직되었는데, 이 총회는 선교 공의회의 추천을 받아「12신조」를 정식으로 채택하였다. 이「12신조」는 1905년 남인도의 자유 장로교회가 채택한 것으로「웨스트민스터 신앙고백」을 보다 간략하게 항목화시킨 것이다. 그 당시 선교사들과 독노회가 이「12신조」를 채택한 이유는 '아시아 각국 장로회의 신경(信經)이 되어 각 교회가 상호 연락하는 기관이 되기를 길망'하기 때문이라 했고, '조선야소교장로회 형편에 적합한 신경을 택하는 것이 가한 줄 인정'했기 때문이었다.[3]

2. 전체가 12개 신조로 이루어졌다

3. 신조의 내용

제1조
성경이 '하나님의 말씀'임과 신앙과 의무의 유일하고 오류 없는 법칙

---

1. James Hastings, *Encyclopaedia of Religion and Ethics*, Vol. Ⅲ(Edinburgh : T&T Clark, 1974), p. 878.
2. Ibid.
3. 이형기,「세계교회의 신앙고백」(서울 : 한국장로교출판사, 1991), p. 328.

임을 확인한다.[4]

제2조
하나님을 '영으로서 정의하면서, 자존하고, 무소부재하지만 다른 영들과 구별되며, 다른 물질적인 것들과 구별된다. 무한하고, 영원하고, 그의 존재에서, 지혜, 능력, 거룩, 정의, 선하심, 진리와 사랑'에서 구별된다.[5]

제3조
삼위일체를 확인한다.[6]

제4조
하나님의 창조, 섭리, 통치를 긍정하며, 하나님은 죄에 대해서는 책임이 없다고 한다.[7]

제5조
인간의 본래적 지위는 하나님의 형상에 따른 것이며 "모든 사람은 동일한 기원을 갖고 있는 형제들"이다.[8]

제6조
아담의 타락을 설명한다. 아담 안에 있는 모든 자손들의 죄를 인정하며 부패와 형벌로 버림받음에 대한 실제적인 죄를 인간에게 더하는 것을

---

4. James Hastings, p. 878.
5. Ibid.
6. Ibid.
7. Ibid.
8. Ibid.

확인한다.[9]

제7조
하나님의 독생자 예수 그리스도를 구주로서 하나님이 선물로 준 것을 확인한다. 그의 참하나님과 참인간인 두 가지로 구별되는 본성, '하나님의 정의를 만족시키고 하나님에게 인간을 화해시키기 위한 그의 잉태와 출생, 완전한 순종과 희생', 그의 죽음과 장사지냄과 부활, 승천, 중보기도, 그리고 '죽은 자를 살리고 세상을 심판하기 위하여', 미래에 재림[10]에 대해서 고백하고 있다.

제8조
'인간이 구원에 참여하게 하는 성령'을 다룬다.[11]

제9조
하나님의 구원하는 목적과 은혜의 방법을 설명한다. '창세 전에 그리스도 안에서 하나님이 사람들을 선택하였는가 하면, 사랑에서 그의 앞에 흠 없이, 그리고 거룩해야만 했다. 그것은 그의 기쁘신 뜻을 따라, 사랑하는 자 안에서 그에게 값없이 주신 그의 은혜를 찬양하기 위하여 예수 그리스도를 통해서 그들을 하나님의 아들로 입양하기로 예정하셨다. 그는 모든 사람에게 넘치고 값없는 구원을 주셨고, 그들에게 그들의 죄를 회개하라고 명령하셨다. 그것은 주 예수 그리스도를 그들의 구주로 믿게 하고 그의 본을 따라 거룩한 삶을 살게 하기 위해서이다. 그리고 계시된 하나님의 뜻에 순종하도록 하기 위해서이다.

그리스도를 믿고 순종하는 사람들은 구원받는다. 그리고 그들이 받는

---

9. Ibid.
10. Ibid.
11. Ibid.

가장 큰 은혜는 칭의이고, 하나님의 자녀의 숫자에 입양되는 것이고, 성령의 내주로 성화되고, 그리고 영원히 영화롭게 되는 것이다. 신자들은 이 세상에서 또한 구원의 확신을 누릴 수 있다. 그의 은혜로운 역사로 성령은 은혜의 방편을 사용하신다. 특별히 말씀, 성례, 그리고 기도를 사용하신다.[12]

제10조

단순히 성례를 취급하고, 표징으로, 그리고 인치심으로써 그 성례의 의미를 다루고 있다.[13]

제11조

그리스도인의 의무를 설명하고 있다.[14]

제12조

부활, 장차 올 심판, 보상과 형벌을 설명한다. "그리스도를 믿고 그에게 순종하는 사람들은 공개적으로 사면되고 영광을 받게 된다. 그러나 믿지 않고 악하고 정죄받은 사람들은 그들의 죄 때문에 벌을 받게 될 것이다."[15]

그 다음에 수락되는 형식이 나온다. "나는 이 신앙고백이 하나님의 말씀에 근거하고 있으며, 그것에 일치하므로 받아들이고 채택한다. 그리고 나는 그것이 나의 신앙고백임을 선언한다." 그 다음에 선언문이 나온다. 교회 법정은 "이 시험표를 사용할 때 하나님의 말씀이 요구하고 교회의 유익을 위해 필요한 분별과 자비를 실천한다." 그 다음에 15개의

---

12. Ibid.
13. Ibid.
14. Ibid.
15. Ibid.

조항 교회 헌장이 나오고, 27개의 규칙이 나오고, 그리고 지역조직이 나온다. 전체 작품은 제 삼자인 독자가 보기에 현명하고, 신중하고, 실용적이고, 사려 깊으며 표현력이 좋으며, 그리고 놀랍게도 인도 교회의 필요에 적합하다. 서구의 논쟁의 반향은 그 내부에서 가능한 만큼 억제되어 있다.[16)]

4. 맺는 말

「12신조」는 한국교회가 「웨스트민스터 신앙고백」을 채택하기 전에 채택한 신조로 가장 「웨스트민스터 신앙고백」, 「하이델베르크 신앙고백」에 충실한 칼빈주의적 신앙고백이었다.

---

16. Ibid.

II

바르멘 신학선언(1934)

1. 본 문[1]

1) 독일 안에 있는 개신교 개교회들과 그리스도인을 향한 호소

 1934년 5월 29일에서 31일까지 독일의 바르멘에서 독일 개신교 출신의 고백교회들의 대회가 개최되었다. 독일의 모든 개신교 교파 교회들로부터 파송된 대표들이 여기에 모여 하나의, 거룩한, 사도적 교회의 한 주님을 한 마음으로 고백하였다. 루터교회와 개혁교회와 연합교회의 회원들은 각각 자신들의 '신앙고백'에 충실하면서 우리 시대에 살고 있는

---

1. *The Book of Confessions*, published by The Office of the General Assembly(Louisville, K. Y. : 100 Witherspoon Street, 1996), pp. 255-258.

교회의 필요와 시험에 대처하기 위한 하나의 공통 메시지를 모색하였다. 이들은 이 시대의 교회를 향해서 외쳐야 할 공통 메시지를 이미 부여받았다는 사실을 확신하고 하나님께 감사를 올렸다. 그들의 의도는 어떤 새 교회를 세우거나 연합체를 형성하려는 것이 아니었다. 그도 그럴 것이 그들의 마음속에는 기성교회들의 교파적 신분을 없애 버리려는 생각이 추호도 없었기 때문이었다. 오히려 그들의 의도는 '신앙고백'(the Confession of Faith)의 파괴, 즉 독일 개신교의 파괴를 신앙과 일치로 항거하려는 것이었다. 독일 고백교회들의 대회는 거짓 교리와 강제력과 불성실한 실천들에 의한 독일 개신교의 일치에 반대하여, 독일 개신교의 일치는 성령을 통해서 신앙하는 하나님의 말씀으로부터만 가능하다고 주장하였다. 교회는 이렇게 해서만 갱신되는 것이다.

그러므로 이들 고백교회들의 대회는 각 개교회들이 배후에서 기도로써 참여할 것과 각각 자기 교파의 신앙고백에 충성하는 목사들과 신학자들 주위에 꾸준히 모일 것을 호소한다.

우리가 국가통일을 반대하려는 의도를 가졌다고 떠들어대는 흑색선전에 속아서는 안 될 것이다. 마치 우리가 독일 개신교의 일치를 저해하거나 역대 선배들의 신앙고백서들을 없애 버리는 것처럼 말함으로 우리의 의도를 왜곡시키려는 유혹자들의 말을 듣지 마시오.

영들을 시험하여 그깃들이 하나님께로부터 나온 것인가를 분별하시오! 또한 본 독일 개신교로 구성된 고백교회들의 대회의 말들이 성경과 일치하는지, 그리고 고전적인 신앙고백서들과 일치하는지를 증명하시오. 만일 우리들이 성경에 위배되는 것을 조금이라고 말하고 있음을 발견할 경우 우리의 말을 듣지 마시오! 그러나 여러분들이 우리가 성경 위에 기초하고 있다는 사실을 발견한다면 당신들은 하나님의 말씀을 신앙하고 순종하는 이 길을 우리와 더불어 걸어가기 위하여 그 어떤 두려움과 시험도 극복하시오. 이로써 하나님의 백성은 이 땅 위에서 한 마음이 되고, 우리는 주께서 친히 하신 말씀인 "내가 결코 너희를 떠나지 않고 버리지 않으리라."를 신앙으로 경험하게 되는 것이다. 그러므로 우리는 "적은 무리여, 두려워 말라. 당신들에게 그 나라를 주는 것이 당신들의 아버지의 기뻐하시는 바이다."라고 하는 말씀을 신앙으로 경험하는 것이다.

2) 독일 개신교가 당면한 현 상황에 관한 신학 선언

독일 개신교의 1933년 7월 11일자 헌장의 서두에 의한즉, 독일의 개신교는 종교개혁에 뿌리를 둔 바 교파교회들의 연맹으로써 이 교파교회들은 동등한 권한을 갖고 있다. 위의 헌장은 1933년 7월 13일자로 독일의 나치정권에 의하여 승인된 것인데, 본 헌장의 제1조와 제2조는 이 교파교회들의 일치를 위한 신학적인 근거를 다음과 같이 선언하고 있다.

  제1조 : 독일 개신교의 불요불굴의 초석은 성경이 우리에게 증언하는 예수 그리스도의 복음인데, 이는 종교개혁의 신앙고백서들에서도 증언되고 있는 것이다. 교회가 자기들의 사명들을 수행하기 위해서 필요로 하는 모든 힘은 이 예수 그리스도의 복음에 의하여 규정되며, 제약을 받는다.
  제2조, 제1항 : 독일의 개신교는 여러 지역 교회들(Landeskirchen)로 나뉘어져 있다.

우리들은 독일의 루터교회, 개혁교회, 연합교회의 대표들이요, 국가로부터 독립한 자유대회들, 교회들의 총회들, 교구 조직체들의 대표들로서 독일 개신교에 속한 고백교회들의 대회에 참여하여 일치를 지향하고 있다. 이러한 우리 대표들은 독일 교파교회의 연맹으로써 독일 개신교와 동일한 초석 위에 서 있다. 말하자면 우리는 하나의 거룩한, 보편적(catholic), 사도적 교회의 한 주님을 함께 고백함으로 하나로 결속되어 있는 것이다.

우리들이 독일에 있는 모든 개신교의 개교회들 앞에서 공적으로 선언하는 것은 이들이 공통으로 고백하고 있는 고백의 공통분모가 심히 위태롭게 되었고, 이와 더불어 독일 개신교의 통일도 위태롭게 되었다는 사실이다. 그것은 소위 '독일의 그리스도인들'이라 불리는 어용 집권교회에 의해서 수행되는 교육방법과 행동에 의해서, 그리고 이들에 의해서 실행되고 있는 교회행정에 의해서 위협을 받고 있다. 이런 일들은 독일 개신교가 생겨난 첫 해 동안에 더욱 명백해졌다. 이와 같은 위협은 독일 개신교의 일치 원리인 신학적 기초가 '독일 그리스도인들'과 집권교회의 행정 기관 측의 성경 외(外)적 원리들에 의하여 지속적으로, 그리고 조직적으로 방해를 받았고, 효과를 발휘할 수 없게 된 것에 기인한다. 이와 같은 성경 외적 원리들이 타당성을 갖는 것으로 주장되는 한, 교회는 교회 되기를 그만 둘 것이고, 독일의 개신교가 교파교회들의 연맹으로서 존속할 수 없을 것이다. 이는 우리 교파교회들 안에 효력을 갖고 있는 모든 신앙고백서들이 증언하는 바이다.

우리는 루터교회, 개혁교회, 연합교회의 회원으로서 오늘 이 일에 관하여 한 목소리로 선포해야 한다. 우리들은 우리들이 소속해 있는 교파의 각각의 신앙고백에 충실하기를 원하고 계속 충실하기를 원한다. 바로 이런 이유에서 우리는 또한 침묵해서는 안 된다. 그도 그럴 것이 우리는 이 시대의 공통의 필요와 시험에 대처하여 외쳐야 할 공동의 메시지를 이미 부여받았기 때문이다. 이것이 우리 고백교회들의 상호관계를 위하여 무엇을 의미하는가에 관해서는 하나님이 아신다.

현재 독일의 교회를 파멸로 이끌어 가고 있으며, 이로써 독일 개신교의 일치를 깨뜨리고 있는 현 히틀러 치하의 국가교회에 소속한 소위 '독일의 그리스도인들'이 저지르고 있는 잘못들을 저지하기 위하여 우리는 다음과 같은 복음적 진리들을 고백한다.

(1) "……내가 곧 길이요 진리요 생명이니 나로 말미암지 않고는 아버지께로 올 자가 없느니라"(요 14 : 6). "내가 진실로 진실로 너희에게 이르노니 문을 통하여 양의 우리에 들어가지 아니하고 다른 데로 넘어가는 자는 절도며 강도요 …… 내가 문이니 누구든지 나로 말미암아 들어가면 구원을 받고……"(요 10 : 1, 9).

성경이 우리에게 증언하는 예수 그리스도는 우리가 죽든지 살든지 청종해야 하고 신뢰해야 하고 순종해야 할, 한 하나님의 말씀(the one Word of God)이시다.

우리는 마치 교회가 이 한 하나님의 말씀을 떠나서, 혹은 이 말씀 이외에 다른 사건들과 권세들, 그리고 다른 인물들과 진리들을 하나님의 계시로 보고, 이를 교회 선포의 근원으로 인정할 수 있거나 인정해야 할 것이라고 가르치는 거짓 교리를 배격한다.

(2) "······예수는 하나님으로부터 나와서 우리에게 지혜와 의로움과 거룩함과 구원함이 되셨으니"(고전 1 : 30).

예수 그리스도는 우리의 모든 죄를 용서하시는 하나님의 확증이다. 동시에 이 예수 그리스도는 동일한 방법과 동일한 진지성으로 우리의 삶 전체를 강하게 주장하시고, 그의 뜻을 따라 살 것을 요청하시는 하나님의 요구이다. 이 세상의 불신앙적인 속박의 쇠사슬에서 기쁘게 벗어나 하나님의 피조물에 대한 감사에 넘치는 자유로운 봉사는 저 예수 그리스도를 통하여 사건화하는 것이다.

우리는 마치 우리들의 삶의 영역들 가운데에 예수 그리스도에게 속하지 않고 다른 주(主)들에게 속하는 영역이 있는 것처럼 주장하거나, 예수 그리스도로 말미암는 칭의와 성화가 필요 없는 삶의 영역이 있는 것처럼 가르치는 거짓 교리를 배격한다.

(3) "오직 사랑 안에서 참된 것을 하여 범사에 그에게까지 자랄지라 그는 머리니 곧 그리스도라 그에게서 온 몸이 각 마디를 통하여 도움을 받음으로 연결되고 결합되어 각 지체의 분량대로 역사하여······"(엡 4 : 15-16).

그리스도의 교회란 예수 그리스도께서 그 안에서 성령을 통하여 말씀과 성례전으로 현재 역사하시는 주님의 형제자매들의 회중이다. 용서받은 죄인들의 교회로서 교회란 죄 많은 세상의 한복판에서 신앙으로뿐만 아니라 순종으로, 메시지로뿐만 아니라 직제로 다음과 같은 사실을 증거해야 할 책임이 있다. 즉, 교회란 그리스도의 소유요, 그리스도의 나타나심을 기대하는 가운데에 오직 그리스도의 위로와 인도하심을 따라 살고, 그렇게 살기를 원한다는 사실이다.

우리는 마치 교회가 자기 안일에 빠지거나 자기 시대를 지배하고 있는 이념적 확신들이나 정치적 확신들로 변질되어 자신의 메시지와 직제의 형식을 버릴 수 있도록 허락되는 것처럼 가르치는 거짓 가르침을 배격한다.

(4) "……이방인의 집권자들이 그들을 임의로 주관하고 그 고관들이 그들에게 권세를 부리는 줄을 너희가 알거니와 너희 중에는 그렇지 않아야 하나니 너희 중에 누구든지 크고자 하는 자는 너희를 섬기는 자가 되고"(마 20 : 25-26).

교회 안에 있는 여러 직책들은 누가 누구위에 군림하기 위해서 세워진 것이 아니라, 반대로 전 회중에게 위탁되었고 명령된 교역을 수행하기 위해 제정된 것이다. 교회가 이와 같은 교역은 수행하지 않고, 마치 군림하는 권세를 가진 특별한 통치자들을 스스로 제정하거나 밖으로부터 부여받을 수 있는 것처럼 가르치는 거짓 가르침을 배격한다.

(5) "……하나님을 두려워하며 왕을 존대하라"(벧전 2 : 17).

성경에 의한즉, 교회는 아직 구속받지 못한 세상 속에서 실존하는데, 국가는 바로 이 세상 속에서 정의와 평화를 확립해야 할 과제를 맡았다. 이는 하나님이 정하신 바다. 국가는 인간의 판단력과 능력의 정도를 따라 위협과 강권력을 발동하여 이 과제를 수행한다. 교회는 이와 같은 신(神)적 제도의 덕택을 인정하면서 하나님께 감사드리며 하나님 앞에서 경외를 느낀다. 교회는 하나님의 나라와 하나님의 명령과 하나님의 의를 상기시키고, 이로써 통치자들과 피통치자들 쌍방의 의무를 일깨워 준다. 교회는 하나님께서 그것에 의하여 만물을 붙드시는 말씀의 능력을 신뢰하고 복종한다.

우리는 마치 국가가 자신의 특수 임무의 한계를 뛰어 넘어 월권적으로 인간의 삶의 독재적이고, 전체주의적인 질서(Ordnung)가 되어, 특히 교회가 해야 할 일까지 모두 해야 하고, 할 수 있는 것처럼 가르치는 거짓된 가르침도 배격한다.

반면에 우리는 마치 교회가 자신의 임무 영역의 한계를 뛰어넘어 월권적으로 자신이 국가의 한 기관이나 된 듯이 국가의 특성들과 과제들과 위엄을 자기 것으로 해야 하고, 할 수 있는 것처럼 가르치는 거짓 가르침도 배격한다.

(6) "볼지어다 내가 세상 끝날까지 너희와 항상 함께 있으리라 하시니라"(마 28 : 20). "하나님의 말씀은 매이지 아니하니라"(딤후 2 : 9).

교회의 임무는 그리스도를 대리(代理)하여 모든 사람들에게 값없이 주어지는 하나님의 은혜의 메시지를 전달하는 것이요, 설교와 성례전을 수단으로 하여 그리스도 자신의 말씀과 사역을 위해서 교역하는 것이다. 교회의 자유는 이 임무 위에 세워진다.

우리는 마치 교회가 인간적 오만으로 가득 차서 주님의 말씀과 사역이 인위적으로 선택된 욕망들과 목적들과 계획을 위해서 존재할 수 있는 것처럼 가르치는 거짓된 가르침을 배격한다.

독일 개신교에 속한 고백교회들의 대회는 위에 언급한 진리들을 인정하고 거짓 가르침들을 배격하면서 교파교회들의 연맹으로서의 독일 개신교의 필수불가결한 신학적 기초를 천명하고 선포한다. 본 대회는 이 선언을 받아들일 수 있는 모든 사람들에게 그들의 교회 정치를 위한 결정에 있어서 이 신학적 원리들을 명심하기를 권유한다. 본 대회는 관련된 모든 사람들이 신앙과 사랑과 소망의 일치에로 돌아갈 것을 탄원하는 바이다.

2. 해 설

1) 저자와 배경

본 선언은 19세기 자유주의의 낙관적인 인간관과 사회관, 그리고 19세기 자유주의 신학의 낙관주의 신학을 비판하고 나온 칼 바르트의 작품으로서 당시 반히틀러 운동에 가담한 고백교회의 여러 고백서 중의 하나이다. 바르트가 참여한 고백교회운동은 성경, 고대교회의 신조 및 종교개혁 전통을 중요시한다는 점에서 위의 19세기적 시대정신에 반대하였고, 히틀러의 낙관론적 이데올로기에도 반기를 들었다. 그러나 다위(Edward Dowey)의 말대로 "이 고백교회의 투쟁은 주로 히틀러 정권에 반대한 것이라기보다는 교회 안에 있는 파괴적 힘(대체로 히틀러의 이데올로기에 동조하는 '독일 기독교인들')에 반대한 것"[2]이다.

독일은 제1차 세계대전에서 참패한 후 정치, 군사, 경제, 영적인 모든 분야에서 커다란 공백이 생겼다. 이와 같은 상황에서 히틀러는 600만 명이나 되는 무죄한 유태인들을 남녀노소 가리지 않고 학살하도록 하였다. 독일교회는 바로 이 히틀러의 깃발 아래 모였다. 독일 민족 대부분이, 아니 독일의 루터교인들과 가톨릭교인들 대부분이 히틀러의 민족적 국가사회주의(Nazism)에 찬성하였다. '독일의 그리스도인들'(German Christians)은 볼셰비즘과 민주주의를 배격하면서 모두 히틀러의 영도력 하에서 유토피아를 꿈꾸었다. 이에 대해 다위는 다음과 같이 비판한다.

> 국가와 교회, 조국과 교회, 복음과 애국주의, 기독교적 소망과 민족적 운명의 혼란으로 독일 기독교는 비판적인 시야와 예언자적 능력을 상실하였다. 복음은 문화 속에 흡수되었고, 소금은 그 맛을 잃었으며, 누룩은 떡 덩어리를 변화시킬 힘을 잃었다……[3]

---

2. Edward A. Dowey, Jr., *A Commentary on the Confession of 1967 and Introduction to the Book of Confessions*(Philadelphia : The Westminster Press, 1968), p. 251.

이와 같은 상황에서 고백교회운동이 일어났고, 이 운동이 문서로 표출된 것이 바로「바르멘 신학선언」이었다. 다위는 "그러나 바르멘 대회는 예수 그리스도의 복음을 시련의 시대와 대면하여 역사상 유례 없었던 명쾌함, 박력, 그리고 용기로써 고백하였다."[4]고 말한다. 아래에서 우리는 바르멘 선언이 나오게 된 역사적인 배경을 더 자세하게 살펴볼 것이다. 바르멘 신학선언은 그 어느 시대의 신앙고백보다도 그것의 역사적인 배경이 중요하다고 생각되어, 이 글에서 그것을 다소 상세하게 소개하려고 한다.

2) 역사적 배경

(1) 민족주의적 사회주의(National Socialism)의 등장

독일은 제1차 세계대전 이전 프러시아 시대부터 반민주주의적인 민족주의를 지향하였는데, 전쟁에 실패하자 휴전 협정의 조건에 대해서뿐만 아니라 바이마르 공화국 자체에 대해서 큰 불만을 지니게 되었다. 특히, 많은 독일 사람들은 정부 지도자들과 국제 유대인 단체에 대해서 못마땅하게 생각하였다. 이와 같은 갈등 상황에서 히틀러가 나타나서, 1919년에 '인종과 피와 땅'에 헌신하는 민족주의적 사회주의 정당을 창립하였다. 그는 독일 사람들을 거듭나게 하고, 마르크스주의자들, 유대인들, 자본주의자들, 민주주의자들, 프리메이슨주의자들로부터 독일을 구원하는 메시야적 사명을 자신이 지녔다고 느꼈다. 히틀러는 1925년에 쓴「나의 투쟁」에서 다음과 같이 기록하고 있다.

> 오늘의 유대인들은 독일을 완전히 파괴하려는 큰 선동자들이다. 제1차 대전을 일으킨 것도 유대인들이요, 국제 자본주의와 국제 볼셰비즘이라고 하는 독일의 두 원수의 배후 세력도 결국 유대인들이다.

---

3. Ibid., p. 252.
4. Ibid.

히틀러는 전쟁 혹은 군사력을 통해서 영토를 확장하기 전에, 인종청소, 계급차별의 철폐, 정파들과 종파들과 같은 사회 분열적 요소들을 제거하는 시도를 먼저 감행하였다.[5]

(2) 독일 기독교인들

1918년 독일의 패전은 기독교와 민족을 하나로 혼합시켰던 독일 국가교회에게 큰 타격이었다. 1919년 8월 11일 독일(The German Reich)의 헌법은 국가교회를 종식시켰다. 그리고 1922년엔 비텐베르크에서 독일 개신교 교파들의 연맹체가 형성되었다. 이 연맹체는 28개의 독일 지역별 개신교회들(Landeskirchen)의 독립을 저해하지는 않았으나, 공통의 관심사에 관하여는 이들로 하여금 함께 행동할 것을 의도하였다. 그런데 이와 같은 상황에서 교회들 안에 '독일 기독교인들'이 등장하였는데, 이들은 1919년의 민족주의적 사회주의의 등장과 동반하여 일어났다. 이들 기독교인들의 '신앙운동'(Faith Movement)은 1932년 6월에 탄생하였으니, 이들의 운동 원칙은 민족주의적 사회주의 정당의 주요 원칙들과 일치하였다. 그리하여 이들은 민족주의적인 성향을 지닌 여러 단체들을 끌어들였다. 이때까지만 해도 교회들은 장차 히틀러가 교회에게 줄 피해와 타격을 상상할 수 없었다. 당시 교회들은 히틀러의 민족주의적 사회주의에 대해서 어느 정도 비판을 하면서도, 그것이 지닌 가치들을 인정하는 경향이었다. 이런 상황에서, 1932년에 클로츠(Leopold Klotz)는 「교회와 제3제국 : 독일 신학자들의 질문들과 요구 사항들」이란 책을 출판하여 신학적으로 민족주의적 사회주의에 반대하였고, 이들과의 논쟁을 촉구하였다.[6]

---

5. Jack Rogers, *Presbyterian Creeds : A Guide to the Book of Confessions* (Philadelphia : The Westminster Press, 1985), p. 177.
6. Ibid., pp. 177-178.

(3) Zwischen den Zeiten(Between the Times)

1917~1933년 어간의 독일 교회는, 위에서 지적한 정치적 영향뿐만 아니라 신학적인 영향도 크게 받았다. 즉, 칼 바르트가 1919년에 「로마서 강해」 제1판을, 1922년엔 그것의 제2판을 출판하여 유럽 개신교 신학의 방향을 전환시켰다. 급기야 바르트와 고가르텐과 투르나이젠은 1922년에 '변증법적 신학' 혹은 '위기신학'을 표방하는 *Zwischen den Zeiten*이라고 하는 신학 잡지를 발간하기 시작하였으니, 이는 19세기 독일의 자유주의 개신교 신학의 유산을 정면으로 대항하는 것이었다. 그리고 이와 때를 같이 하여 칼 홀의 루터 르네상스와 빌헬름 니이젤과 피터 브루너의 칼빈 르네상스가 있었으며, 구원에 있어서 하나님의 은총의 주권을 강조하는 콜부류게(1803-1875)와 같은 네덜란드 신학자도 있었으니, 칼 바르트의 「바르멘 신학선언」의 신학이 이상과 같은 새로운 신학적인 흐름과 전혀 무관할 수가 없다고 보인다. 바르트 등은 바로 이와 같은 새로운 신학적인 흐름에 비추어서 '독일 기독교인들'의 신학을 비판하였고, 기타 유수한 독일 신학자들의 신학의 위험성을 지적하였으니, 이런 의미에서 「바르멘 신학선언」은 상당한 신학사적 의미를 지니고 있다고 판단된다.

(4) 고백교회

1933년 1월 11일에 21명의 목사들이 알토나에 모여서 '독일 기독교인들'에 항거하였고, "공적인 삶에 있어서 곤궁과 혼란에 대한 발언과 고백"이라고 하는 선언문을 발표하였다. 이 문서는 많은 기독교인들이 도대체 교회란 무엇인가라는 질문을 던지고 있다고 적고 있다. 이 단체의 지도자인 아스무쎈은 양심을 민감케 하고 복음을 선포하는 것이 바로 교회의 책임이라고 하였다. 1933년 1월 30일에 히틀러는 총리가 되었고, 국회에서 다수를 차지하였다. 하지만 1933년 3월 23일 첫 국회의 선언은 독일의 주정부들과 교회들의 기존 헌법을 인정하였고, 각 교파의 독립성을 인정하였으며, 기독교가 "우리 민족의 도덕적이고 윤리적인 삶의 흔들릴 수 없는 초석"이라고 하여 다행스러웠으나, 곧바로 이것이 지켜질 수 없었다. 그리고 이어서 1933년 4월 3~5일에 베를린에서 '독일 기독교인들'이 자기들의 국가 차원의 총회를 개최하였는데, 그들의 슬로건은 "히틀러의 국가가 교회에게 호소하니, 교회는 그의 부름을 경청하지 않으면 안 된다."는 것이었다. 이들의 고위 지도자들 가운데에는 괴링(Hermann Goering)과 같은 고위 정부 관료들과 나치 당원들도 포함되어 있었다. 이들의 대회의 결의문은 다음과 같은 민족주의와 인종주의 냄새를 풍기는 구절도 내포하고 있었다.

> 하나님은 나를 한 독일인으로 창조하셨다. 독일주의는 하나님의 은혜이다. 하나님은 나로 하여금 나의 독일을 위해서 싸우기를 원하신다. 군 복무는 기독교적 양심에 위배되는 것이 아니요, 하나님에 대한 복종이다. 믿는 사람은 어둠의 권세를 증진시키는 국가에 항거하여 혁명을 일으킬 권리를 소유하고 있다…….[7]

(5) 국가교회 혹은 민족교회

히틀러는 1933년 4월 메클렌부르크 지역 교회를 감독할 어용 행정관 임명을 둘러싸고, 그가 첫 국회 때에 약속했던 교회 불간섭 원칙을 지키지 않았다. 그리고 이어서 히틀러는 '독일 기독교인들' 가운데 좌파 지도자를 피하고, 온건한 입장을 지향하는 뮬러를 교회 문제들을 풀어 가는 신임 받는 고문과 대표로 뽑았고, 또한 그에게 독일 국가교회(Reich Church) 창립을 위탁하였다. 그리하여 급기야 1933년 7월 14일에는 '독일 개신교의 헌법'이 통과되어 히틀러 등의 서명 날인을 받았는데, 그것의 첫 항목은 계속 지켜지지가 않아 문제가 되기도 하였으나, 「바르멘 신학선언」이 공유하는 내용으로써, 이 선언은 독일 개신교가 이와 같은

---

7. Ibid., pp. 181-182.

노선을 계속 지킬 것을 호소하였다. 그 내용은 다음과 같다.

> 독일 개신교의 흔들릴 수 없는 초석은 성경에서 증언되었고, 종교개혁 신앙고백들에서 다시 밝혀진 예수 그리스도의 복음이다. 교회가 자기의 사명수행을 위해서 필요로 하는 충만한 권세는 그것에 의해서 결정되고, 또한 제약을 받는다.

그런데 이와 같은 헌법이 통과된 후, 교회 간 권력 다툼을 거쳐 '독일 기독교인들'이 국가교회를 장악하게 되었으니, 이들 '독일 기독교인들' 정당은 히틀러의 전적인 지지를 받아 권력 기반을 든든히 하였다. 그리고 히틀러는 이제 총리인 동시에 대통령이 되었다. 바로 이즈음 주정부별 지역 교회들 가운데 가장 큰 교회인 프러시아 교회의 지도부가 8월 4일에 뮐러를 감독으로 선출하였고, 9월 27일에는 프러시아 교회 총회가 그를 '국가 총주교'(Reich Bishop)로 선출함으로써, 프러시아 교회까지도 국가교회 안에 완전히 포섭되었던 것이다.[8]

(6) 목사들의 긴급 연맹체

프러시아 총회를 뒤이어서, 베를린 - 달렘 루터교회의 목사인 마틴 니뮐러(Martin Niemoeller)는 '목사들의 긴급 연맹체'를 형성하였다. 그가 1933년 9월 21일에 이 연맹체 결성을 호소하는 하나의 편지를 독일 전역의 교회 목사들에게 보냈는데, 그 반응 숫자가 계속 증가하여 1934년 1월에는 7천 명이나 서명 날인하였다. 그러던 중 1933년 11월에, 자신들의 '신앙운동'을 일깨우는 '독일 기독교인들'의 큰 시위 집회는 '목사들의 긴급 연맹체'의 분노와 항의를 샀고, 이들에게 첫 번째 주된 행동을 감행하게 하였다. 이때에 라인홀드 크라우제(Reinhold Krause)는 2만 관중에게 불같은 강연을 하면서, 루터가 시작한 독일의 종교개혁은 '힘

---

8. Ibid., pp. 182 - 184.

있고, 모두를 포괄하는 독일 민족교회'라고 하는 새로운 교회의 형성에 의해서 제3제국 안에서 완성될 것이라고 하였다. 이때에 크라우제는 진정한 독일 토착교회를 창출해 내기 위해서는 마치 고대 마르시온주의처럼 구약을 제거해야 하고, 바울의 글들로부터 구약의 제사 종교적인 부분들을 제거해야 할 것을 역설하였다. 그리고 예수님의 경우에도 험악한 십자가의 예수님보다는 '영웅적'인 예수님을 선호하였다.

 이상과 같은 국가교회의 횡포에 대응하여 니뮐러 등 '목사들의 긴급연맹체'가 항거하였는데, 특히 크라우제를 겨냥하였다. 다음 주일 날인 11월 19일, 이 연맹체의 1천 9백만 이상의 회원들이 자신들의 강단에서 일제히 국가교회를 항거하는 선언문을 읽었다. 그런데 민족주의적 사회주의 정당은 이와 같은 소요를 못마땅하게 생각하여, 이 연맹체에게 국가를 간섭하지 말고 중립을 지키라고 하였다. 그리고 이로 인하여 '독일 기독교인들'이 나치의 지지를 받을 수 없게 되었고, 나치당을 위해서 이들이 더 이상 필요가 없다고 생각되었다.

 이와 같은 혼란스럽고 불확실한 상황에 대응하여, '제일자유장로교회대회'가 1934년 1월 3~4일에 바르멘-게마르케에서 열렸다. 여기에는 320명의 장로들과 목사들이 모였었는데, 니뮐러도 여기에 있었다. 그리고 칼 바르트는 전년의 두 신앙선언문에 이어서, "현재의 독일 개신교에 있어서 종교개혁 신앙고백들에 대한 바른 이해에 대한 선언"을 발표하였다. 이는 개인 신학자들이 아니라 교회공동체에 의해서 발표된 첫 번째 반나치 신앙고백이었다. 이 고백은 비록 장로교대회에 의해서 선언된 것이기는 하지만, 엄청난 잘못을 공유하고 있는 예수 그리스도의 한 개신교를 대변하였다. 그리고 1934년 1월 4일에는 국가교회의 총주교인 뮬러가 교회행정 혹은 교회문제의 공론화를 금지하는 법안을 내렸고, '목사들의 긴급 연맹체'는 또한 이에 대해서도 문서로 응전하였으니, 그것이 4천 교회에서 읽혀졌다.[9)]

(7) 교회 지도자들이 히틀러를 회동하다

동시에 뮬러는 소외당한 '독일 기독교인들' 지지자들로부터 공격을 받았다. 이때에 히틀러가 개입하여 뮬러 편을 들었고, 불리해질 수 있는 신문 기고를 제어하였다. 그는 1월 25일, 40명이나 되는 중량급 교회 지도자들을 총리실로 불러서 회의를 했는데, 이때에 뮬러를 그의 옆 자리에 앉게 하였다. 그리고 히틀러가 준비된 문건을 몇 줄 정도 읽어 내려갔을 때, 괴링은 니묄러와 발터 큐넷 사이의 전화 내용을 문제 삼아서 히틀러를 분노케 하였다. 이때에 니묄러가 히틀러에게 해명을 하려 하자, 히틀러는 니묄러에게 제3제국은 나에게 맡기고 너는 교회나 돌보라고 경고하였다. 이어서 괴링은 히틀러에게 '목사들의 긴급 연맹체'가 외국과 연계되어 있다고 보고하였다. 1934년 1월 26일은 마틴 니묄러에게 암울한 날임에 틀림없었다. 그도 그럴 것이 히틀러 사무실에 참석했던 목사들 가운데 한 사람만을 제외하고 모두가 니묄러의 언동과 태도와 행동이 지나쳐서 히틀러와 타협을 할 수 없었기 때문이었다고 생각했기 때문이었다.[10]

(8) 바르멘 대회로 인도했던 사건들

향후 몇 개월 동안 아무런 타협도 없었다. 그리고 국가교회의 총주교인 뮬러의 권력은 더욱더 커져만 갔다. 4월에는 반기독교적인 인사가 법무부 장관에 임명되어, 교회를 탄압하려는 히틀러의 의도가 더 분명해졌다. 그리고 1934년 4월 22일에는 '목사들의 긴급 연맹체'의 지도자들은 '독일의 헌법적 개신교'(the Constitutional Evangelical Church of Germany)를 형성하여, 그것을 '독일 개신교' 안에 있는 참교회라고 선포하였다. 형제들의 협의회라 불리는 '목사들의 긴급 연맹체'의 지도자들은 1934년 5월 말에 가서 '독일의 헌법적 개신교 대회'를 소집하였다.

---

9. Ibid., pp. 185–186.
10. Ibid., p. 187.

이 대회는 바르멘에서 개최될 것인데, 이 지도자들은 신학 문서를 만들어서 이 대회에 제출케 하였으니, 아스무쎈과 브라이트와 칼 바르트가 위원회 구성원이었다.

긴급 연맹체의 지도자들은 '독일 기독교인들' 및 나치 정권과 결코 타협하지 않았다. 이 지도자들은 국가교회의 기초가 법 대신에 인위적인 권력에 있었기 때문에, 그것은 신앙고백(the Confession of Faith)을 옹호하기는커녕, 그것을 저해하며 고백교회에 적대적이라고 하였다. 이 위원회가 작성한 처음 선언은 종교개혁의 신앙고백들을 강조하였고, 독일 개신교파들의 일치는 성령을 통해서 신앙되고 있는 하나님의 말씀(the Word of God)으로부터 온다고 믿었다. 이들은 이와 같은 거짓 가르침과 권력과 신실치 못한 실천들에 의해서 독일 개신교를 일치시키려고 하는 시도들에 반대하였다고 하였다.

바르멘 고백교회 대회 일자는 1934년 5월 29~31일로 확정되었고, 위에서 언급한 세 신학사가 신학문건을 준비해 오기로 하였다. 이들은 성경, 종교개혁 신앙고백들, "공적인 삶에 있어서 곤궁과 혼란에 대한 발언과 고백", "현재의 독일 개신교에 있어서 종교개혁 신앙고백들에 대한 바른 이해에 대한 선언"을 자료로 하였다. 그리고 이 세 신학자들은 독일 개신교 헌법의 제1항목과 제4항목에서 출발하였으니, 첫 항목은 "독일 개신교의 흔들릴 수 없는 초석은 성경에서 증언되었고, 종교개혁 신앙고백들에서 다시 밝혀진 예수 그리스도의 복음이다."였고, 제4항목은 '교회의 신적 사명의 완성'이었다. 이들이 여기에서 출발한 이유는 이와 같은 초석이 국가교회와 히틀러 정부에 의해서 깨졌다고 하는 데 있었다. 이들은 개신교의 구조의 문제는 그것의 신앙고백의 문제와 불가분리하다고 생각하여 계시와 칭의와 성화의 원천에 대해서 하나의 입장을 취하지 않으면 안 되었다.

바르멘 대회는 예정대로 1934년 5월 29일에 개최되었다. 대표들은 여러 지역과 여러 교파들과 여러 다양한 신학적인 배경을 지닌 사람들로서 대체로 40대 미만의 젊은 사람들이었다. 이 대회에 칼 바르트도 부름 받아 왔다. 1934년 5월 30일, 바르멘 신학선언문은 대회의 총대들에게 배부되었다. 아스무쎈이 대회에서 지지 연설을 하였고, 브라이트를 위원장으로 하는 8인 신학확대위원회가 구성되어 대회가 요구한 수정보완을 만족시키기 위해서 마지막 손질을 하였다. 그리하여 대회는 5월 31일에 그것을 만장일치로 통과시켰다. 바야흐로 독일 개신교 안에 소수자들이 바르멘 신학선언의 말로 자신들의 신앙을 표명함으로써 자신들의 정체성을 '고백교회'로 굳혀 갔다.[11]

3) 내용 구조와 내용 분석

(1) 호 소

여기에서 취급하려고 하는 내용은 바르멘 선언 전부가 아니라 'Ⅰ. 독일 내의 개신교 교회들과 기독교인들에 대한 호소'와 'Ⅱ. 독일 개신교회의 현 상황에 대한 신학 선언'에 대한 부분이다. 교회의 법적 지위와 실천적 교역, 교직 임명 등에 대한 부분은 여기에서 취급되지 않는다. 가장 중요한 부분이 'Ⅱ. 독일 개신교회의 현 상황에 대한 신학 선언'이기 때문에 여기에 초점을 맞추고자 한다.

본 선언문은 "Ⅰ. 호소" 부분에서 "독일 교회들이 성경과 교부들 및 종교개혁자들의 신앙고백에 동의하는가 보라."고 호소하면서 "만약에 여러분들이 우리의 선언 중에 성경과 위배되는 것을 발견한다면 우리의 선언을 경청할 필요가 없다."고 못 박았다. 이는 당시 히틀러에 동조하는 교회들이 성경과 16세기 루터 종교개혁의 유산을 물려받은 교회이지만 그 근원으로부터 한참 멀어졌다고 하는 것을 지적하고 있는 것이다. 그리고 고백교회는 히틀러의 이념을 지지하는 '독일 기독교인들'과 국가교회 당국으로 인하여 독일 개신교의 분열을 염려하면서, 교회의 일치는

---

11. Ibid., pp. 188-190.

국가의 이데올로기에 입각하여 이루어지는 것이 아니라 '오직 성령을 통한 말씀에 대한 신앙'(from the Word of God in faith through the Holy Spirit)으로만 가능하다고 고백하였다.

고백교회는 자신이 분리주의 노선을 지향하는 것이 아니라고 단언한다. 즉 "우리들은 우리들이 소속해 있는 교파의 각각의 신앙고백에 충실하기를 원하고 계속 충실하기를 원한다."고 고백하고, 이어서 당시 독일 개신교 교파들의 연맹과 기독교의 근본 신앙을 함께 공유하고 있다고 말한다. 즉 "우리는 하나의 거룩한, 보편적(catholic), 사도적 교회의 한 주님을 함께 고백함으로 하나로 결속되어 있는 것이다."라는 것이다.

(2) 전체 내용구조

'Ⅱ. 신학선언'은 모두 6항목으로 구성되어 있다. 각 항목은 세 가지 요소를 내포한다. 즉, ① 성경구절 ② 신학적인 명제 ③ 히틀러주의와 이에 동조하는 '독일 기독교인들'과 국가교회에 대한 반박으로 되어 있다. 비록 본 신학선언의 전체 내용구조에 있어서 성경구절이 제일 먼저 나오고 있지만, 이것은 17세기 정통주의 개신교 신학이나 20세기 초 미국 개신교 근본주의가 지향하는 명제주의(propositionalism)에 입각한 신학을 따르고 있는 것은 아니다. 그도 그럴 것이 제1항목에서 "성경 안에서 우리를 위하여 증거되고 있는 예수 그리스도는 우리가 살든지 죽든지 간에 경청해야 하고 신뢰해야 하며 순종해야 할 하나의 하나님 말씀(the one Word of God)이다."라고 고백하고 있기 때문이다.

제1항목은 히틀러나 그 누구도 아니라 예수 그리스도께서 유일한 구주이심을 밝히고, 이 예수 그리스도는 "우리가 죽든지 살든지 청종하면서 신뢰하고 순종해야 할 하나님의 말씀"이라고 고백하며, "성경 안에서 우리를 위하여 증거되시는 분은 예수 그리스도"라고 진술한다. 즉, 본 항목은 중세의 잘못된 신학과 교황주의가 아니라 '독일 기독교인들'과 '독일 국가교회'에 항거하여 "오직 그리스도", "오직 성경"이라는 종교개혁 신

학의 부르짖음을 확인하고 있다. 이 명제는 다음 5항목의 기초가 된다. 다위에 따르면, 본 항목은 하이델베르크 교리문답 제1항목과 제2스위스 신앙고백 제1장을 생각나게 한다고 보면서, 「베른 10개 명제」(1528) 중 한 명제가 본 항목의 참된 모체라고 주장한다. 즉 "오직 그 머리가 그리스도이신 거룩한 교회는 하나님의 말씀(the Word of God)으로부터 태어나고, 이 동일한 말씀 안에 거하며, 목자가 아닌 낯선 자의 목소리는 듣지 아니한다."라는 것이다.[12]

본 항목은 끝부분에서 교회의 선포는 오직 이 '하나의 하나님 말씀'을 떠나서는 있을 수 없다고 하며, 이 말씀은 특별하고 유일무이한 계시로서 자연과 역사로부터의 그 어떤 계시도 허락하지 않는다. 즉, 당시의 '독일 기독교인들'은 히틀러의 제3제국을, 하나님의 섭리에 의한 하나님의 발걸음이요, 하나님의 계시라고 생각했을 것이기 때문이다. 환언하면, "다른 사건들, 다른 권세들, 다른 인물들 및 다른 진리들"이란 예수 그리스도와 성경을 떠난 자연계시와 역사를 통한 계시에 다름 아니다. 말하자면 국가와 역사가 하나님의 계시라고 하는 입장에서 볼 때 히틀러와 그 민족적 사회주의는 역사를 통한 하나님의 계시가 될 수도 있을 것이기 때문이다. 그러나 본 선언은 정치, 경제, 군사적 세력이나 혈통, 조국, 인종적 순수성 등은 결코 성경이 증언하는 진리가 아니라고 단언한다. 본 명제는 직접적으로는 '독일 기독교인들'과 '독일 국가교회'에, 그리고 간접적으로는 히틀러에 반대하는 명제로써 예수 그리스도와 성경을 내세우고 있으며, 구약을 무시하는 친히틀러 신학자들에 반하여 성경 전체의 중심이신 예수 그리스도를 강조하였다.

제2항목은 제1항목에서 제시한 "하나의 하나님 말씀"(예수 그리스도=복음)이 무엇을 뜻하는지를 말한다. 즉, 하나의 하나님 말씀이신 예수 그리스도가 인류를 무조건 사죄하시는 복음이시요, 동시에 이 예수 그리

---

12. Edward A. Dowey, Jr., op. cit., pp. 255-256.

스도께서 우리의 모든 삶을 주장하시는 바, 하나님의 요구라고 하는 종교개혁 신학과 성경의 중심임을 말한다. 이것은 '복음과 율법'이라고 하는 신학적인 주제로서 웨스트민스터 신앙고백서의 제1항목에 나오는 성경의 중심인 '신앙과 행위'에 해당하기도 한다. 즉, 이는 복음을 통하여 성령의 역사로 은혜로 말미암아 구원 얻은 성도들(신앙)은 예수 그리스도를 삶의 모범으로 삼아야 한다(행위)는 말과도 같다. 그런데 이 예수 그리스도의 요구는 교회 영역에서뿐만 아니라 역사와 사회, 그리고 국가의 영역에도 해당된다. 믿는 사람들은 교회 안에서나 히틀러가 주장하는 일반 역사의 장 속에서도 예수 그리스도의 요구와 성경의 요구에 따라 살아야 한다는 것이다.

아마도 이와 같은 주장은 루터교 전통이 강하게 주장해 오고 있는 "율법과 복음"이라고 하는 주제와는 구별되어야 할 것이다. 그도 그럴 것이 "율법과 복음"에 있어서 '율법'은 우리로 하여금 우리의 죄를 생각나게 하고 고발하여, 인간이 하나님 앞에서 아무것도 아니라는 사실을 폭로하는 바, 바울이 말하는 '몽학선생'에 해당하는 것으로서, 복음을 위한 길잡이 역할을 하기 때문이다. 이와 같은 입장에서는 '율법'은 '복음'에로 인도하는 길 준비 역할만을 하고, '복음'으로 말미암아 믿음으로 얻는 구원이 그 절정에 놓임으로써, 구원 받은 이후의 기독교적인 삶에 무게를 두지 않는다. 따라서 고백교회는 이와 같은 루터교 전통의 약점을 의식하면서, 개혁전통에서 그것을 보완하였다고 보인다.

그래서 히틀러와 히틀러를 옹호하는 교회에 대하여 본 명제는 국가와 역사, 그리고 사회의 모든 차원에서도 예수 그리스도의 통치와 요구는 적용되어야 함을 강조하였다. 즉, 믿는 사람들은(교회) 교회 안에서만 하나님의 뜻에 순종해야 할 것이 아니라 히틀러가 주장하는 역사의 장에서도 하나님의 요구에 순종해야 한다는 것이다. 사실상 히틀러 정권은 독일 교회로 하여금 복음을 순수하게 설교할 것만을 허락하고 교회의 정치, 사회, 참여를 정식으로 금하였다(1934). 칭의는 교회 외적 성화로 나가야 하고, 칭의가 개인 구원에 안착하지 말고 공적인 윤리의 차원으로 이어져야 한다. 비록 본 항목이 적극적인 사회윤리 내용을 제시하지는 않으나 '독일 기독교인들' 및 독일 국가교회의 잘못된 사회윤리에 반대하고 있는 것은 확실하며, 실제로 다위에 의하면 1936년 고백교회는 반유대주의, 강제수용소, 국법 위에 있는 비밀경찰 등에 반대하는 문서를 히틀러에게 보냈다.[13]

본 항목은 루터교 전통이 잘못 이해한 '두 왕국' 사상도 생각나게 한다. 이신칭의 받아 성화의 삶을 사는 기독교인들이 교회 안에 안주하여 사사로운 기독교적인 삶만을 영위하면서 자신들은 '그리스도의 왕국' 안에 있다고 자부하고, '세상 왕국' 속에서 공적인 기독교 사회윤리를 실천하는 일을 소홀히 할 경우에, '독일 기독교인들'과 독일 국가교회와 같은 반기독교적인 상황에 대해서 결코 행동할 수 없을 것이다. 우리 주 예수 그리스도는 교회의 머리이시고, 동시에 역사의 주님이시기 때문에, 우리 기독교인들은 교회공동체와 인류사회 모두에 있어서 바로 이 주님의 요구를 따라서 살아야 한다는 말이다.

제3항목은 그리스도는 말씀이시요(제1항목), 그리스도는 구주시요, 동시에 주님(제2항목)이라 고백한 것에 이어 이 그리스도는 교회의 머리시요, 교회의 통치자이심을 말하고 이어서 종교개혁 신학에 입각하여 교회를 정의한다. 본 항목은 하나의 하나님 말씀에 대한 정의에 이어서, 이 "말씀에서 태어났고, 이 동일한 말씀 안에 거하는 교회"(베른 10개 신학명제)에 대한 정의를 하고 있다. 즉, 본 항목은 교회의 고유한 본질은 교회의 머리 되시며 주님 되시는 예수 그리스도에 대한 선포와 세례와 성만찬이라고 규정하고, 이것은 교회를 일반사회와 구별하는 교회의 고유성인 바 종교개혁 신학이 말하고 있는 교회의 두 표지(말씀 선포와 성례전 집행)에 해당된다고 한다. 즉, 이는 교회가 국가화하고, 국가가 교회화하는 상

---

13. Ibid., p. 258.

황에서 교회를 교회 되게 하라는 메시지를 담고 있다. 그런데 루터교는 이 두 표지에만 관심하였으나 칼빈 등 개혁교회는 말씀에 대한 순종에도 관심하였으니, 본 바르멘 선언은 개혁교회적 특징을 나타내고 있다. 즉, 에베소서 4 : 15~16에 근거하여 교회가 머리이신 예수 그리스도에까지 성장해야 한다고 말했고, "용서받은 죄인인 교회는 죄악의 세상 한복판에서 신앙과 순종으로, 그리고 메시지와 교회의 질서로서 증거해야 한다."고 선포했다. 따라서 히틀러와 히틀러를 따르는 교회에 대하여 고백교회는 교회의 머리, 교회의 메시지 및 교회의 질서를 히틀러의 이데올로기적-정치적 확신과 혼동해서는 안 된다고 경고한다.

제4항목은 제3항에서 정의한 교회의 직책이나 직분에 대해서 고백한다. 본 항목은, 직책과 직분을 맡은 사람들은, 국가의 공직자들이나 히틀러에 동조하는 국가교회의 교직자들과는 달리 마태복음 20 : 25~26에 근거하여 섬기는 자세를 지녀야 할 것을 촉구한다. 이는 당시 히틀러의 이념을 따르는 국가교회의 지도자들과 '독일 기독교인들'의 지도자들을 겨냥하고 있는 것으로 보인다. 역시 교회가 국가화하고, 국가가 교회화하고 있는 상황에서, 지도력의 타락이 엿보이고 있다 하겠다. 그리고 이와 같은 주장은 국가와 교회의 분립과 협조를 함께 주장하는 개혁교회의 신학전통에 가깝다고 생각된다. 다위에 의하면, 본 항목은 주로 뮬러(Ludwig Mueller)와 같은 국가교회의 총대주교와 '독일 기독교인들'의 지도층을 겨냥하고 있다. 그리고 다위에 따르면, 본 항목은 교회가 선포하는 복음 메시지와 교회의 직제 사이의 생명적인 관계를 말하고 있는 것으로 본다.[14]

제5항목은 베드로전서 2 : 17의 "……하나님을 두려워하며 왕을 존대 경하라."에 근거하여 국가공동체의 권위와 임무 및 임무의 한계를 말한다. 제4항목은 교회의 직분들에 대하여 말하였는데, 제5항목은 국가 공

---

14. Ibid., p. 260.

직자들에 대하여 고백한다. 본 항목은 "국가란 하나님으로부터 의와 평화를 마련하고 유지해 주는 사명을 받았다. 그래서 이 국가는 인간적인 판단과 능력에 따라 강제력을 사용해서까지 이 사명을 수행해야 한다."고 규정하면서, 교회는 아직 구원받지 못한 세상 속에서 살면서 이 국가의 사명과 임무를 존중해야 한다는 것이다. 본 항목은 "이 국가야말로 하나님의 나라, 하나님의 명령과 의, 이에 따르는 통치자와 피통치자의 책임을 생각나게 한다."고 고백하고 있다. 이 항목은 당시 '독일 기독교인들'과 독일 국가교회를 향하여 국가의 진정한 정체성과 사명에 대한 적극적인 진술을 제시함으로써, 간접적으로는 이들을 비판하고 있고, 이들로 하여금 참된 기독교적 국가관을 갖도록 촉구하는 것이다. 본문은 적극적으로 교회의 예언자적인 입장을 천명하고 있다. 즉, "교회는 하나님의 나라와 하나님의 명령과 하나님의 의를 상기시키고, 이로써 통치자들과 피통치자들 쌍방의 의무를 일깨워 준다."고 한다.

대체로 어거스틴의 전통을 잇는 루터교 전통은 국가의 존재 목적을 적극적으로 이해하지 않고, 국가란 인간의 원죄 까닭에 존재할 수밖에 없다고 하는 소극적인 국가관을 가지고 있고, 나아가서 우리가 지적한 '두 왕국론'에 입각하여 '세상 나라'에 대한 교회의 책임을 소홀히 하는 데 반하여 위에서 언급한 본 항목의 국가관은 매우 적극적이면서도, 루터교 전통의 '두 왕국론'의 약점을 모두 보완하고 있다 하겠다.

본 항목이 히틀러가 추구하는 제3제국을 눈앞에 보면서 "……하나님을 두려워하며 왕을 존대하라."고 할 때, 이 베드로전서 2 : 17과 로마서 13장이야말로 모든 국가권력에게 복종하라는 말씀으로 들릴 수도 있을 것이다. 이에 관하여 로저스는 "교회는 정부를 존중한다. 여기에서 표명된 교회의 국가에 대한 태도는 '합법적인 정부에 순종하라. 그러나 비합법적 정부에 항거하라.'고 하는 스코틀랜드 신앙고백의 그것과 같다."[15]

---

15. Rogers, op. cit., p. 192.

고 말한다. 그리고 본 항목은 "인간의 삶의 독재적이고, 전체주의적인 질서"(Ordnung)가 되어서 가정, 학교, 문화단체, 사회 등 모든 다른 질서들을 억압하고, 소외시키며, 무시하는 국가의 정체성과 사명에 대해서 반대한다. 이와 같은 '질서'(Ordnung)[16]가 창조주 하나님의 제정으로써 자연계시와 보편은총으로 여겨지는 한, 본 신학선언은 이를 전적으로 반대한다. 그래서 본 항목은 기존 국가 '질서'를 신성시하지 않고, "정의와 평화를 공급하라."고 하는 하나님이 위탁하신 국가의 임무를 중요시한다.

따라서 국가는 자기의 고유한 권한과 의무를 망각하고 전체주의나 독재주의로 나감으로 교회의 사명과 권한을 침해해서는 안 된다. 본 항목은 교회와 국가의 엄격한 분리를 선언하면서 교회의 고유한 사명과 권한 및 국가의 고유한 사명과 권한을 선포하고 있다. 국가는 결코 교회의 사명을 대행할 수 없으며, 교회의 고유한 권한을 침범해서는 안 된다고 하는 것이다. 본 신학선언은 제1항목에서 제4항목까지 주로 "교회를 교회되게 하라."는 메시지를 주고 있으나, 본 항목에서는 "국가를 국가 되게 하라는 메시지를 주고 있다."고 보인다.

제6항목은 제1항목에서 고백된 하나님의 말씀이 유일무이하고, 독립적이요, 자유하다는 사실을 반복하되 여기에서는 "미래적 기대에 닻을 내리고 있다."[17] 본문은 당시 히틀러와 히틀러를 따르는 교회의 '소망들, 목적들 및 계획들'이, 이 하나의 하나님의 말씀에 대한 교회의 소망을 방해할 수 없다고 말한다. 주님의 말씀과 사역은 그의 피조물들을 섬기는 일에 있어서 결코 매이지 않는다는 말이다. 그리고 본문은 하나님의 말씀이 이 세상에 의하여 방해받거나 속박받지 않고 불신의 세상으로부터 믿는 자들을 계속 자유케 하실 것이라는 종말론적 소망을 지향한다.

---

16. 참고 : Dowey, op. cit., p. 261 : 다위에 의하면, '구조'란 하나님에 의해서 제정된 구조이기 때문에 비판을 받지 않는다.

17. Dowey, op. cit., p. 264.

구체적으로는 이 하나님의 말씀의 자유는 결코 히틀러의 정권과 히틀러를 추종하는 교회 세력에도 불구하고 종말론적 미래를 향하여 자유케 하는 역사를 계속한다고 하는 것이다. 그래서 본문은 "볼지어다. 내가 세상 끝날까지 너희와 항상 함께 있으리라."고 고백하고, 이어서 "하나님의 말씀은 매이지 아니한다."고 고백한다.

그리고 본 항목은 위와 같은 종말론적인 비전을 가지고, 교회를 국가화하고 국가를 교회화하는 상황에 대응하여, 다시 한번 교회를 교회되게 하라는 메시지를 주고 있다. 즉, 본문은 이렇게 고백한다.

> 교회의 임무는 그리스도를 대리(代理)하여 모든 사람들에게 값없이 주어지는 하나님의 은혜의 메시지를 전달하는 것이요, 설교와 성례전을 수단으로 하여 그리스도 자신의 말씀과 사역을 위해서 교역하는 것이다. 교회의 자유는 이 임무 위에 세워진다.

4) 특 징

(1) 에큐메니칼 신앙고백

'선언'(declaration)이란 독일어로 '설명'(Erklärung)의 번역어인데, 내용상 본 선언문은 역사상 전례가 없는 상황에 직면하여 교회의 고전적 신앙고백들을 설명하고 있으며, 어떤 노선들은 결코 택해서는 안 된다고 규정한다. 다위는 본 선언문의 특징을 세 가지로 요약한다. 첫 번째, 본 선언문은 고대교회의 신조들과 교회의 신앙고백들 위에 기초하고 있다. 두 번째, 이 선언문은 교회의 연합 메시지였으며, 긴급한 상황에 대면하는 교회 제도를 낳았다. 그러나 이 선언문은 교회의 영구적인 일치를 가져오지는 못했다. 이 선언은 루터교회와 개혁교회 및 연합교회 모두가 공동으로 고백하는 메시지를 내포하면서도 각 교파의 특징 있는 고백을 허용한다. 이는 에큐메니칼 운동에 공헌하였다. 세 번째, 본 선언은 국가화한 교회 일치를 거부한다. 즉, 본 선언은 독일의 국가교회인

'독일 기독교인들'에 대하여 공식적으로 반대하고 있다.[18]

(2) 개혁교회의 신앙고백

본 신학선언은 성경과 종교개혁 신앙고백들과 고대 신조들을 중요시 하면서도, 적어도 당시의 루터교와 개혁교회와 연합교회가 공유할 수 있는 에큐메니칼 신앙고백이다. 이와 같은 전제 하에서 본 신학선언은 동시에 개혁교회의 신학 전통을 살렸다고 보인다. 츠빙글리와 칼빈 등 개혁신학 전통은 창조주와 피조물의 무한한 질적 차이를 강조하고, 제2계명에 입각하여 교황과 성만찬과 성화상 등 중세적인 우상화의 위험성을 매우 강하게 경계하는 바, 이와 같은 개혁 전통은 교회의 지도자나 국가의 지도자를 막론하고 그에게 대한 절대적인 충성을 우상숭배로 보고, 그 어떤 피조물의 가치도 절대화하지 않는다. '인종과 피와 땅'이나 히틀러의 나치당의 이념이나 독일의 국가교회도 결코 절대적인 충성을 받을 만한 절대적인 가치가 될 수 없다고 하는 것이다. 이는 구약의 하나님께서 거듭 반복해서 이스라엘 백성의 우상숭배를 심판하시는 이야기와 일맥상통한다고 생각된다. 개혁신학 전통은 그의 전 역사를 통해서 우상숭배를 배격해 왔다.

로저스에 의하면, 바르멘 신학선언은 6가지 복음적 진리를 고백하면서 동시에 '독일 기독교인들'의 거짓 가르침들을 지적하는 바, 첫째로 성경구절이 나오고, 그 다음에 신학적인 주장이 이어지며, 끝으로 '독일 기독교인들'의 오류가 반박되고 있다는 것이다. 로저스는 특히 4형태의 우상숭배를 지적한다. 하나는 "자기 시대를 지배하고 있는 이념적 확신들이나 정치적 확신들"(제3항), "군림하는 권세를 가진 특별한 통치자들"(제4항), "마치 국가가 자신의 특수 임무의 한계를 뛰어넘어 월권적으로 인간의 모든 질서를 독재적으로 지배하고 전체주의적으로 다스리되,

---

18. Edward A. Dowey, Jr., op. cit., p. 254.

특히 교회가 해야 할 일까지 모두 해야 하고 할 수 있는 것"(제5항), 그리고 "마치 교회가 자신의 임무 영역의 한계를 뛰어넘어 월권적으로 자신이 국가의 한 기관이나 된 듯이 국가의 특성들과 과제들과 위엄을 자기 것으로 해야 하고 할 수 있다고 하는 것"(제5항)이 그것이다.[19] 그러나 제1항목("마치 교회가 이 한 하나님의 말씀을 떠나서 혹은 이 말씀 이외에 다른 사건들과 권세들, 그리고 다른 인물들과 진리들을 하나님의 계시로 보고, 이를 교회선포의 근원으로 인정할 수 있거나 인정해야 할 것이라고 가르치는 거짓 교리") 역시 우상숭배와 관계가 있다.

그리고 로저스는 신학선언으로부터 위의 우상숭배에 대응하는 예수 그리스도의 주권개념을 제시하고 있다. 이것 역시 개혁교회 전통에 입각해 있다고 보는 것이다. 로저스는 우선 "하나의 하나님의 말씀"이란 하나님과 동일 본질이시고, 참인간이신 예수 그리스도라고 하면서, 이 하나님의 말씀을 교회와 세상을 다스리시는 주님으로 본다. 자연이나 역사 속에서 그 무엇도 그 누구도 이 하나님의 한 말씀을 대신할 수 없고, 하나님의 계획과 목적을 나타낼 수가 없다. 이런 의미에서 제1항목은 모든 자연계시를 배제한다. 이미 지적한 대로, 제1항목은 "말씀 이외에 다른 사건들과 권세들, 그리고 다른 인물들과 진리들을 하나님의 계시로 할 수 없다."고 하였다. 그리고 제2항목은 기독교인들이 예수 그리스도 안에서 하나님의 은혜로 이신칭의를 받아 교회 영역 안에서만 거룩한 삶을 살고, 사회와 문화와 역사 속에서의 예수 그리스도의 주권을 무시하는 바, 루터교 전통 가운데서 종종 발견되는 잘못된 구원론을 경계한다. 이것 역시 주권의 문제이다. 바르멘은 확실히 루터교 전통이 알고 있는 두 왕국론을 비판하고 있다. 제2항은 이렇게 고백한다.[20]

우리는 마치 우리들의 삶의 영역들 가운데에 예수 그리스도에게 속하

---

19. Ibid., p. 192.
20. Ibid., pp. 193-194.

지 않고 다른 주(主)들에게 속하는 영역이 있는 것처럼 주장하거나, 예수 그리스도로 말미암은 칭의와 성화가 필요 없는 삶의 영역이 있는 것처럼 가르치는 거짓 교리를 배격한다.

끝으로 로저스는 제3항 역시 예수 그리스도의 주권을 강조하고 있는 것으로 본다. 제3항목은 교회에 대해서, 이렇게 고백하고 있기 때문이다. 즉, "그리스도의 교회란 예수 그리스도께서 그 안에서 성령을 통하여 말씀과 성례전으로 현재 역사하시는 주님의 형제자매들의 회중이다."라는 것이다.[21]

5) 의 의

고대교회의 신조들은 이단들의 도전에의 응전이다. 삼위일체 신조가 그러했고 기독론도 그러하였다. 루터의 '복음의 재발견' 내지는 구원론 역시 로마 가톨릭의 잘못된 신학 전통에 대한 항거였다. 바르멘 신학선언 역시 히틀러의 이데올로기에 반대하여 작성되었은즉, 이것 역시 일종의 이단에 대한 반응이었다. 특히 그 당시 히틀러의 이념에 동조하는 '독일 기독교인들'의 거짓된 가르침들이야말로 이단에 해당하는 것으로 보인다. 물론 바르트는 히틀러주의와 이에 동조하는 '독일의 기독교인들'이 역사에 등장하기 이전에 이미 본 선언에 나타난 신학적인 입장을 가지고 있었다. 따라서 19세기적 낙관론과 자유주의 신학에 뿌리를 내린 히틀러주의에의 항거는 바르트 신학에 있어서 너무나도 당연한 것이었다. 더욱이 본 선언이 19세기 독일 자유주의 신학의 흐름을 역류하여 종교개혁 신학과 고대 신조에 이어 성경으로 소급하였다는 사실은 현대 개혁신학의 방향을 재조정한 것이나 다름없으며, 1967년도 미국연합장로교의 신앙고백의 전주곡 역할까지 했다.

끝으로 독재에 항거하는 고백교회의 행동으로서 본 바르멘 선언은 제

---

21. Ibid., pp. 194-195.

3세계들의 반독재 신앙고백 형성에도 크게 자극을 주었다. 그러나 하나의 신앙고백이 절대적일 수 없으며 완전할 수도 없다. 신앙고백이란 규범하는 규범(norma normans)인 성경과는 달리, 규범된 규범(norma normata)으로써 특수한 역사적 상황이나 정치·사회적 상황에 대처하여 계속 반복적으로 작성되어야 할 것이다. "개혁된 교회는 항상 다시 개혁되어야 한다."(Ecclesia reformata est semper reformanda)라고 하는 개혁전통의 에토스는 교회의 삶과 신학을 끊임없이 새롭게 할 것을 요구하는 바, 개혁교회의 신앙고백은 계속해서 작성되고 고백되어야 한다.

III 1967년 신앙고백

1. 본 문[1]

교회가 자신의 신앙을 고백하는 것은 그것이 예수 그리스도 안에 주어진 하나님의 은혜를 현재적으로 증거할 때이다.

교회는 시대마다 각 시대의 필요에 따라 자신의 증거를 말과 행동으로 표현해 왔다. 우리는 신앙고백의 최초의 실례들을 성경 안에서 발견한다. 신앙고백적 진술들이 취해 온 형태들은 다양하다. 즉, 그것은 찬미, 예배 의식, 교리적 정의, 요리문답, 요약된 신학 체계, 위협하는 악을 대처하는 목적을 지닌 선언문 등이다.

---

1. *The Book of Confessions*, pp. 261-270.

제3장 20세기 개혁교회 신앙고백

신앙고백들과 선언문들은 교회 안에서 종속적인 표준들이다. 즉, 그것들은 성경이 증언하는 하나님의 말씀이신 예수 그리스도의 권위에 종속한다. 어느 형태의 신앙고백도 배타적인 타당성을 지닐 수 없고 그 어느 신앙고백적 진술도 변경될 수 없는 것은 하나도 없다. 예수 그리스도에 대한 순종만이 하나의 보편적(catholic) 교회를 입증해 주고 교회가 지녀온 전통의 연속성을 공급한다. 이 순종은 하나님의 섭리 속에서 시대가 요구하는 대로 생활과 교리에 있어서 자신을 개혁하는 교회의 의무와 자유의 초석이다.

미국연합장로교회(UPCUSA)는 복음을 이해하는 일에 있어서 교부시대부터 지금까지의 모든 교회의 증언에 의해서 도움을 받고 있다는 사실을 스스로 인정한다. 특히 본 교단이 본 1967년도 신앙고백서를 작성함에 있어서 도움을 얻은 신앙고백들은 초대교회 때부터 내려오는 니케아 신조와 사도신경, 종교개혁시대에 기원한 스코틀랜드 신앙고백, 하이델베르크 요리문답, 제2스위스 신앙고백, 제17세기에 생겨난 웨스트민스터 신앙고백과 소요리문답, 그리고 20세기에 작성된 바르멘 신학선언이다.

1967년도 신앙고백의 목적은 오늘의 제자들에게 요청되는 바 신앙고백과 사명에 있어서의 일치를 교회에게 촉구하는 것이다. 본 신앙고백은 하나의 '교리체계'가 아니며, 신학의 모든 전통적 주제들을 포함하는 것도 아니다. 예컨대 우리는 여기에서 삼위일체와 그리스도의 위격(the person of Christ)을 다시 정의하지 않는다. 우리는 다만 이 교리들이 기독교 신앙의 초석이요, 기독교 신앙의 구조를 결정한다는 사실을 인정하며 재확인할 따름이다.

모든 시대를 통해서 인정되는 복음의 진수는 예수 그리스도 안에서 일어난 하나님의 화해사역이요, 화해의 사명인바 하나님께서는 교회를 불러서 이 화해의 사명을 위탁하셨다. 우리 세대는 그리스도 안에서 일어난 화해를 특별히 필요로 하고 있다. 따라서 본 1967년도 신앙고백의 초석은 바로 이 '화해'라고 하는 주제이다.

2. 신앙고백(The Confession)

하나님께서는 예수 그리스도 안에서 세상을 자기 자신과 화해하셨다. 이 예수 그리스도는 하나님의 영원한 아들로서 인간이 되셨고, 우리 인간들과 함께 사심으로 화해의 사역을 완수하셨다. 이 예수 그리스도께서는 성령의 능력에 의하여 교회 안에 현존하시면서 그의 사명을 계속하시고 완성하신다. 이 하나님의 사역, 곧 성부와 성자와 성령의 이 사역은 하나님과 인간과 세상에 관한 모든 신앙고백적 진술들의 초석이 된다. 그러므로 교회는 사람들이 하나님과 화해하고 사람들 상호간에 화해할 것을 촉구하는 것이다.

제1부 하나님의 화해사역

제1장 우리 주 예수 그리스도의 은혜

(1) 예수 그리스도

나사렛 예수 안에서 참인간성이 유일회적으로 실현되었다. 팔레스타인의 한 유대인이었던 예수는 유대인들과 함께 사셨고, 이들의 궁핍과 시험과 기쁨과 슬픔을 함께 나누셨다. 그는 하나님의 사랑을 말과 행동으로 표현하셨고, 모든 종류의 죄인들에게 형제가 되셨다. 그러나 그의 하나님께 대한 완벽한 순종은 마침내 그를 그의 백성들과의 충돌로 인도하셨다. 예수 그리스도의 삶과 가르침은 유대인들의 선(善)과 종교적 열망과 민족적 희망을 심판하셨다. 따라서 많은 사람들이 그를 버렸고, 그의 죽음을 요구하였다. 그러나 예수 그리스도께서는 그들에게 자신을 거저 내어주심으로 온 인류가 유죄 판결 하에 당했어야 할 심판을 스스로 짊어지신 것이다. 그런데 하나님께서는 그를 죽은 자 가운데서 다시 살리시어, 그를 메시야와 주님으로 입증하셨다. 이처럼 죄의 희생자가 승리자가 되셨고, 인류를 위하여 죄와 죽음을 극복하시고 승리하셨다.

예수 그리스도 안에서 일어난 하나님의 화해의 행동은 여러 모양으로 묘사되는 하나의 신비이다. 성경은 그것을 어린양의 희생제사, 자신의 양떼를 위하여 바친 목자의 생명, 제사장에 의한 속죄, 노예를 다시 찾기 위한 몸값, 빚의 갚음, 법적 처벌에 대한 대리 배상, 악의 세력에 대한 승리 등으로 묘사한다. 이와 같은 표현들은 인류에 대한 하나님의 한없이 깊은 사랑이 인간의 모든 이론을 초월하는 진리를 나타낸다는 사실을 보여 준다. 이 표현들은 하나님의 화해 사역의 무게와 값과 확실한 성취를 나타내 보인다.

부활하신 그리스도는 모든 인류의 구주이시다. 신앙에 의하여 이 부활하신 그리스도와 연합한 사람들은 하나님과 정상적인 관계를 갖게 되었고, 이들은 그리스도의 화해의 공동체로서 섬기도록 위탁을 받았다. 그리스도께서는 이 공동체 곧 교회의 머리로서, 이 교회는 사도들과 더불어 시작되었고, 향후 계속해서 모든 세대를 통하여 존속한다.

이 동일한 예수 그리스도는 모든 인류의 심판자이시다. 그의 심판은 인생의 궁극적인 심각성을 노출시키고 죄와 죽음의 권세에 대한 하나님의 승리를 약속한다. 부활하신 주님으로부터 생명을 받는다는 것은 영생을 소유하는 것이요, 이 부활하신 주님으로부터 오는 생명을 거부하는 것은 하나님으로부터의 분리인 죽음을 택하는 것이다. 그리스도를 신뢰하는 모든 사람들은 하나님의 심판을 두려움 없이 대면한다. 그리스도는 심판자로서 그들의 구속자이시기 때문이다.

(2) 인간의 죄

예수 그리스도 안에서 일어난 하나님의 화해의 행동은 사람들 속에 있는 악을 하나님의 존전에서 죄로 노출시킨다. 인간은 죄 가운데서 자신의 삶을 마음대로 주장하고, 하나님과 동료 인간들과 불화관계에 있으며, 이 세상의 착취자와 약탈자가 되었다. 인류는 하잘것없는 일에 힘을 쏟으면서 인간성을 상실하고 있고, 결국 반역과 절망과 고립 속에 빠져 있다.

　모든 세대를 통해서 슬기롭고 덕스러운 사람들은 자유, 정의, 평화, 진리, 아름다움에 헌신하면서 최고의 선을 추구해 왔다. 그러나 모든 인간의 덕목은 예수 그리스도 안에 나타난 하나님의 사랑에 조명해 볼 때 인간의 자기 이익과 적대감에 의하여 전염되어 있는 것이다. 사람은 선하든지 악하든지 간에 다 한 가지로 하나님 앞에서 죄인이기 때문에 하나님의 용서함 없이는 스스로를 구원할 수 없다. 이처럼 인류는 하나님의 심판을 받았다. 하나님 앞에서 죄가 없다고 하거나 자신은 도덕적으로 남보다 더 우월하다고 생각하는 사람보다 더 하나님의 심판을 받을 사람은 없다.

　하나님의 사랑은 결코 변하지 않는다. 하나님께서는 자신을 반역하고 배반한 모든 인류에게 진노 가운데서 그의 사랑을 보여 주셨다. 하나님께서 예수 그리스도 안에서 일어난 심판과 모욕스러운 죽음을 스스로 짊어지심으로 이 사랑을 나타내신바, 이는 인류를 회개와 새로운 삶에로 이끌기 위함이었다.

제2장　하나님의 사랑

　하나님의 주권적 사랑은 인간의 이성이 알 수 없는 하나의 신비이다. 인간의 사고는 능력과 지혜와 선의 최상급을 하나님께 돌린다. 그러나 하나님께서는 종의 모습으로서 그의 능력을, 십자가의 어리석음으로 그의 지혜를, 그리고 죄인을 용납하심으로, 그의 선을 보이심으로 예수 그리스도 안에서 그의 사랑을 계시하신 것이다. 그리스도 안에 나타난 하나님의 사랑은 이 세상을 변화시키는 하나님의 능력이다. 이로써 우리는 구속자 예수 그리스도께서 모든 인간과 피조물로 하여금 하나님의 사랑에 봉사케 하시는 주님이시요, 창조주이심을 안다.

하나님께서는 시간과 공간의 세계를 창조하시어 인간을 다루는 영역과 무대로 삼으셨다. 이 세계는 아름답고, 광활하고, 숭고하고, 경이롭고, 질서와 무질서의 세계인 바, 믿는 사람들은 이 세계 속에 창조자의 위엄과 신비가 반사되어 있음을 볼 수 있다.

하나님께서는 인간을 창조하시되 자신과 인격적인 관계를 맺게 하시어, 창조자의 사랑에 응답케 하셨다. 그는 남자와 여자를 창조하시고 이들에게 생명을 부여하셨다. 인간은 이 땅 위에 태어나서 죽음에 이르고, 인간의 생명은 계속해서 대를 이어 나가고 복잡한 사회관계 속에 있다. 하나님께서는 세상으로 하여금 인간의 필요를 채우고, 세상의 좋은 것들을 즐길 수 있는 능력을 인간에게 부여하셨다. 생(生)이란 우리들이 감사함으로 받아들여야 할 선물이요, 용기 있게 추구해야 할 과제이다. 인간은 하나님의 목적 범위 내에서 그의 삶을 추구할 자유를 지니고 있다. 예컨대, 인간은 인류 공통의 안녕을 위하여 자연의 자원을 개발할 수 있고 보호할 수 있는 자유를 가지고 있으며, 사회의 정의와 평화를 위하여 일할 수 있는 자유와 인간 생활의 성취를 위하여 그의 창조적 능력을 다른 방법으로도 사용할 자유를 가지고 있는 것이다.

하나님께서는 이스라엘을 통하여 온 인류에 대한 그의 사랑을 표현하셨다. 하나님께서는 이스라엘 백성을 택하시어 그의 언약의 백성으로 삼으셨고, 사랑과 신실성으로 자신을 섬기게 하신 것이다. 그러나 이스라엘 백성이 신실치 못했을 때, 하나님께서는 그의 심판으로 이스라엘 민족을 징계하셨고, 예언자들, 제사장들, 교사들 및 참된 신자들을 통하여 그의 목표를 달성하였다. 이 증인들은 모든 이스라엘 사람들에게 하나님을 신실하게 섬기고 이방 나라들에게 빛이 되어야 할 운명을 일깨워 주었다. 또한 이 증인들은 새 시대의 도래를 선포하였고, 하나님의 참된 종이 나타날 것을 예견하였으니, 이 하나님의 종은 이스라엘과 인류를 위한 하나님의 목적을 실현하실 것이라고 하였다.

때가 차매 하나님께서는 이스라엘 백성 중에서 예수를 키우셨다. 이 예수님의 신앙과 순종은 하나님의 완전한 아이의 반응이었다. 예수님은 이스라엘에 대한 하나님의 약속을 성취하셨고, 새 창조를 시발시켰으며, 새 인류의 선구자로 나타나셨다. 그는 인류 역사에 의미와 방향을 주셨고, 교회에게 세상의 화해를 위한 그의 종이 될 것을 촉구하였다.

제3장 성령의 교제

하나님이신 성령께서는 예수 그리스도 안에서 완성된 화해의 사역을 인간 속에 실현하신다. 성령은 교회를 창조하시고 갱신시키시는 바, 이 교회는 인간과 하나님의 화해, 나아가서 인간과 인간의 화해가 일어나는 공동체이다. 성령께서는 사람들이 하나님의 용서를 받아들여 서로를 용서할 수 있게 하시고, 하나님의 평화를 누리게 하시어 자기들 사이에 화평을 이루게 하실 수 있다. 인간에게 죄가 있을지라도 성령은 예수 그리스도의 대리자들, 곧 모든 인류를 위한 하나님의 화해의 복음의 대리자들이 될 수 있는 능력을 그들에게 주신다.

(1) 새로운 삶

예수님의 화해의 사역은 인류의 삶에 최고의 위기를 가져왔다. 복음이 설교되고 믿어질 때, 이 예수님의 십자가와 부활은 사람들의 개인적인 위기요, 현재적 소망인 것이다. 성령께서 이 복음을 경험케 하신다. 즉, 이 성령은 하나님의 사죄를 인간에게 일으키고, 인간으로 하여금 신앙과 회개와 순종으로 반응하도록 감동하시고, 그리스도 안에서 새 삶을 시발시키신다.

하나님께서 인간의 죄악에도 불구하고 인간을 사랑하시고, 인간을 용납하신다는 사실을 아는 공동체인 교회 안에서 이 새로운 삶이 형성된다. 그러므로 인간은 하나님의 은총 이외에는 그 어디에도, 그리고 그 무엇에도 자신이 설 수 있는 지반이 없음을 알고, 자기 자신들을 용납하고 다른 사람들을 사랑한다.

그러나 새로운 삶에 이미 돌입한 신자는 항상 불신앙, 교만, 욕정, 두려움과 싸운다. 신자는 낙심시키는 난관들과 문제들을 해결하기 위하여 여전히 투쟁해야 한다. 그럼에도 불구하고 신자가 그리스도와 연합하는 삶에 있어서 사랑과 신실함이 성숙해질 때, 그는 새로운 삶이 하나님을 기쁘시게 하며 이웃들에게 유익하다는 사실을 확신하는 가운데에 기쁠 때나 슬플 때나 복음증거의 삶을 자유롭고 유쾌하게 살아간다.

이 새로운 삶의 방향은 예수님의 생애, 그의 행동들과 말씀들, 시험을 이기려는 그의 고투, 그의 애정, 그의 분노, 죽음을 달게 받으려는 그의 의지에서 발견된다. 사도들과 예언자들의 가르침 역시 이와 같은 삶을 영위함에 있어서 길잡이 역할을 하며, 기독교적 공동체는 신자들을 양육하고 무장시켜서 그들의 교역활동을 감당케 한다.

교회의 회원들은 평화의 사자(使者)들로서 정치와 문화와 경제에 있어서 국가 권력과 협조하면서 인간의 선을 추구한다. 그러나 국가권력이 인간의 안녕을 저해하고 위태롭게 할 경우에 교회의 회원들은 국가의 오만과 불의에 항거해야 하는 것이다. 교회 회원들의 힘은 사람의 계략이 아니라 하나님의 목적이 결국 승리하리라고 하는 확신에 있다.

그리스도 안에 있는 삶은 영원한 삶이다. 예수님의 부활은 하나님께서 죽음을 극복하신 후 그의 창조와 화해의 사역을 완성시키시겠다고 하는 표시요, 그리스도 안에서 시작된 새로운 삶을 완성시키시겠다고 하는 표시이다.

(2) 성 경

하나님의 유일하고도 충족한 계시는 성육신하신 하나님의 말씀(the

Word of God)이신 예수 그리스도이시다. 성령께서 성경을 통하여 이 하나님의 말씀을 증거하고 있는데, 이 성경의 증언은 유일하고 권위 있는 증언이다. 그래서 우리는 이 성경을 기록된 하나님의 말씀(the word of God written)으로 받아들이고 순종한다. 성경은 여러 다른 증언들 가운데 하나가 아니라 그 무엇과도 비교될 수 없는 유일한 증언이다. 교회는 구약과 신약의 책들을 예언자들과 사도들의 증언으로 받아들이고, 이 증언의 말씀 속에서 하나님의 말씀을 듣고, 교회의 신앙과 순종은 이 말씀에 의해서 양육 받으며 규제되는 것이다.

　신약성경은 나사렛 예수, 곧 메시야의 오심에 대한 사도들의 증언과 교회에게 성령을 보내신 일에 대한 사도들의 증언을 기록한 것이다. 구약성경은 이스라엘 백성과 맺으신 하나님의 언약에 대한 하나님의 신실하심을 증거하고 하나님의 목적이 그리스도 안에서 성취될 것을 예시하고 지시하고 있다. 구약성경은 신약성경을 위해서 필수 불가결하지만 신약성경 없이는 구약 그 자체가 완전히 이해되지 않는다.

　성경은 그리스도 안에서 성취된 하나님의 화해 사역에 조명해서 이해되고 해석되어야 한다. 성경은 성령의 지도 하에 주어진 것이지만, 그것이 기록될 당시의 언어, 사고 형식, 문학 형태에 의해 조건 지어졌다. 성경은 기록될 당시의 인생관, 역사관, 우주관을 반영하고 있다. 그러므로 교회는 문헌적이고 역사적인 이해를 가지고 성경을 접근해야 할 의무를 갖는다. 하나님께서는 이미 다양한 문화적 상황 속에서 그의 말씀을 말씀하셨기 때문에 그가 또한 변천하는 세계 속에서, 그리고 온갖 형태의 문화 속에서 성경을 통하여 계속 말씀하실 것을 교회는 확신한다.

　성경이 성령의 조명에 의존하여 신실하게 설교되고, 주의 깊게 읽혀지며, 그것의 진리와 지시(指示)가 지체 없이 수용되는 태도로 설교되고, 읽혀지는 곳에서는 오늘날에도 하나님의 말씀이 교회에게 말씀되고 있는 것이다.

제2부 화해의 교역

제1장 교회의 사명

(1) 방 향

하나님과 화해한다고 하는 것은 하나님의 화해케 하시는 공동체로서 이 세상에 파송되는 것이다. 이 공동체는 보편적인 교회로서 하나님의 화해의 메시지를 위탁받았고, 하나님과 인간 사이에, 그리고 인간과 인간 사이의 적대관계를 치유하시는 하나님의 노고에 동참한다. 그리스도는 이 사명에로 교회를 부르셨고, 이 교회에게 성령의 선물을 주셨다. 교회는 사도들과의 연속성은 물론 이스라엘과의 연속성을 유지하면서, 이 부르심에 충실히 순종한다.

예수 그리스도의 삶, 죽음, 부활, 약속된 재림은 교회가 위탁받은 사명의 틀을 마련해 준다. 사람으로서의 예수 그리스도의 삶은 교회로 하여금 사람들의 일상적인 삶에 동참케 한다. 그의 인간에 대한 섬김은 교회로 하여금 모든 형태의 인간의 안녕을 위하여 일하게 한다. 그의 고난은 교회로 하여금 인류가 당하는 모든 고난에 대하여 민감하게 한다. 따라서 교회는 온갖 종류의 곤경 속에 있는 사람들의 얼굴에서 그리스도의 얼굴을 보게 된다. 그의 십자가에 못 박히심은 인간이 인간에게 가한 비인간성에 대한 하나님의 심판을 교회에게 노출시키시는 것이요, 교회 역시 공모한 부정의(不正義)가 초래하는 무서운 결과에 대한 하나님의 심판을 교회에게 노출시킨다. 부활하신 그리스도의 권능과 그의 재림에 대한 소망 가운데서 교회는 인간의 사회적 삶을 새롭게 하실 하나님의 약속을 보며, 죄악을 극복하는 하나님의 승리에 대한 약속을 보는 것이다.

교회는 자신의 생활 형식과 행동 방법을 위해서 이 본보기를 따른다. 그렇게 살고 섬기는 것 자체가 그리스도를 주님으로 고백하는 것이다.

(2) 형식과 직제

하나님의 백성들의 제도들은 각기 다른 시간과 다른 장소에서 그들의 사명이 요청하는 데 따라서 변하고 상이해진다. 교회의 일치는 형식의 차이가 아무리 커도 유지될 수 있다. 그러나 여러 형식들이 굳어 버린 나머지 소종파적 분열들, 배타적 교파들, 경쟁적 당파들로 화(化)할 경우 교회의 일치는 은폐되고 왜곡된다.

교회가 실존하는 곳은 어디에서나 그 회원들이 모여서 공동체 생활을 영위하는 동시에 세상 속에서의 사명을 위하여 사회 속으로 흩어진다.

교회는 하나님을 찬양하고, 인류를 위한 하나님의 말씀을 청종하며, 세례를 베풀고, 성찬에 참여하기 위해서 모인다. 교회는 예배하는 중 세상을 위해서 기도하고, 이 세상을 하나님께 드리기 위해서 모인다. 교회는 사귐을 즐기고, 교육과 힘과 위로를 받으며, 공동체적 삶을 질서 있게 하고 조직하고 검증을 받으며, 새로워지고, 개혁되며, 시대적 요구에 적절히 부응하여 이 세상일들을 위해서 말하고 행동하기 위해서 모인다.

교회는 그 회원이 있는 곳에서는 어디에서든지, 즉 그들이 일하고 있든지 놀고 있든지, 그들이 사생활을 하고 있든지 사회생활을 하고 있든지 간에 하나님을 섬기기 위하여 흩어진다. 그들의(교회 회원) 기도와 성경공부는 교회의 예배와 교회의 신학적 사고의 한 부분이다. 그들의 증인은 복음전도이다. 세상 속에서의 그들의 일상적 행동은 세상을 향해서 사명을 수행하고 있는 교회인 것이다. 다른 사람들과 맺고 있는 그들의 관계의 질이 곧 교회의 성실성을 척도로 한다.

각 회원은 성령에 의하여 은사를 부여받아 자기가 처한 특수한 상황에서 증거활동을 온전히 해야 할 책임을 지닌 바, 세상 속으로 파송된 교회인 것이다. 각 회원은 기독교적 공동체를 지도하고 지탱해야 할 자격을 가졌고, 동시에 이 공동체의 충고와 교정을 받아야 한다. 그 다음에 그는 그의 능력에 따라 교회의 지도를 돕는다.

교회는 성령의 특수 은사들을 인정하고 공동체로서 교회의 삶을 유지하기 위하여 어떤 회원들을 불러서 훈련하고, 공적으로 인정하여 교회를 지도하게 하고 감독하게 한다. 우리는 이와 같은 의무를 수행할 수 있는 적격자들을 교회의 정치 형태에 알맞게 안수나 기타 적절한 행위에 의하여 뽑은 다음 그들로 하여금 그들의 특수 교역을 책임지게 하는 것이다.

교회의 삶은 이처럼 제도화되는데, 그것은 헌장, 정치 형태, 직원들, 재정기구 및 행정규칙 등을 갖는다. 이와 같은 제도는 교회가 자신의 사명을 수행하는 도구에 불과할 뿐이지 결코 그 자체가 목적은 아니다. 여러 가지 다양한 직제들이 복음을 섬겨 왔다. 그 어떤 직제든 배타적 타당성을 주장할 수 없다. 장로교 정치 형태는 모든 회원이 교역의 책임을 짊어져야 할 것을 인정하고 모든 개교회들의 유기적 관계를 유지한다. 그것은 교회를 교권과 국가 권력의 횡포와 야심에서 보호한다. 교회의 직제마다 항상 개혁에로 개방되어 있어야 한다. 그것은 시대의 요구에 따라 화해의 사명을 더 효과적으로 수행하는 도구가 되어야 한다.

(3) 계시와 종교

교회는 자기의 사명을 수행하면서 사람들의 여러 종교들을 만나며, 이 만남을 통하여 교회도 종교로서의 자신의 인간적 성격을 의식하게 된다. 이스라엘에 대한 하나님의 계시는 셈족의 문화를 통해서 표현되는 바, 이는 히브리 사람들의 종교를 일으켰다. 예수 그리스도 안에 나타난 하나님의 계시는 유대인들과 희랍인들의 반응을 불러일으켰고, 유대 사상과 헬라 사상에 의해서 조건 지어진 기독교적 종교로 표출되었다. 기독교적 종교는 하나님의 자기 계시와는 구별되는 것으로 그 전 역사를 통해서 주위에 있던 문화 형태들에 의하여 형성되어 왔다.

그리스도인은 타종교들과 자신의 종교 사이에 유사점들을 발견하고 모든 타종교들을 열린 마음과 존경심을 가지고 접근해야 한다. 하나님께서는 교회의 갱신을 촉구하기 위하여 비기독교인들의 통찰력을 거듭 사용해 왔다. 그러나 복음이라고 하는 화해의 말씀은 기독교적 종교를 포함한 모든 형태의 종교에 대한 하나님의 심판이다. 그리스도 안에 주어진 하나님의 선물은 모든 사람을 위한 것이다. 그러므로 교회는 사람들이 어떤 종교를 가졌든지 또는 그들이 아무 종교도 공언하지 않더라도 이 모든 사람들에게 복음을 전하도록 위탁을 받았다.

　(4) 사회에서의 화해
　어느 시대, 어느 장소에든 특수한 문제들과 위기들이 있다. 하나님은 이런 것을 통하여 교회를 행동하도록 촉구한다. 교회는 성령의 인도를 받으므로 자신의 공범행위에 의하여 겸허해지고, 도달 가능한 모든 지식에 의해서 교육을 받으면서 이와 같은 구체적 상황에 대처하여 하나님의 뜻을 분별하고 순종하는 방법을 모색한다. 다음의 문제들과 위기들이 현재 우리가 당면한 긴급한 상황인 것이다.
　① 하나님께서는 하나의 우주적 가속이 되게 하시려고 이 땅 위에 어러 민족들을 창조하셨다. 하나님께서는 그의 화해의 사랑으로 형제와 형제 사이의 장벽을 극복하시고, 사실이거나 상상에 의한 것이든 간에 인종차별이나 소수 민족에 대한 차별을 모두 없애 버리신다. 교회는 모든 사람들로 하여금 삶의 모든 관계에 있어서 서로를 인격으로 받아들이고 인격으로 지탱하도록 촉구한다. 즉 고용, 주거, 교육, 여가, 결혼, 가정, 교회 및 정치적 권리의 행사 등에서 그렇다. 그러므로 교회는 모든 인종차별을 없애기 위해 힘쓰고 이 인종차별로 말미암아 불이익을 당한 사람들을 섬긴다. 동료 인간을 소외시키거나 군림하고 지배하거나 이 동료 인간에 대하여 보호자인 척하는 개교회들이나 개인으로서의 기독교인들이나 집단으로서의 기독교인은 아무리 교묘하게 그렇게 할지라도 하나님의 명령을 항거하며 자신들이 공적으로 고백하는 신앙을 경멸하는 것이다.
　② 예수 그리스도 안에서 일어난 하나님의 화해는 민족들 사이에 평

화와 정의와 자유의 근거이다. 정부의 권력은 이 평화와 정의와 자유를 섬기기 위하여 부름을 받았다. 교회는 자신의 삶 속에서 원수의 죄를 용서하기 위하여 부름 받았고, 국가들에게는 협력과 평화의 추구를 정치적으로 실현하도록 촉구하도록 부름 받았다. 이 때문에 우리는 분쟁의 영역들을 감소시키고 국제적 이해를 넓히기 위해서 모든 갈등을 극복하고, 심지어 국가안보의 위협을 무릅쓰고서라도 새롭고도 책임적인 관계들을 추구해야 한다. 국가들이 그들의 인력과 기타 자원을 건설적으로 사용하지 않고 인류 파멸을 무릅쓰면서 핵무기, 화학무기, 생물 파괴적 무기들을 개발하고 있을 때, 나라들 사이의 화해는 특별히 시급하다. 나라들은 역사 속에서 하나님의 목적을 달성할 수도 있으나, 교회의 경우 어느 한 국가의 주권이나 어느 한 가지 생활 방식을 하나님의 목적 자체와 동일시할 때, 그것은 그리스도의 주권을 거부하는 것이요, 교회의 소명을 배신하는 것이다.

③ 예수 그리스도를 통해서 일어난 인간의 화해는 풍요로운 세계 속에 있는 노예적 궁핍이야말로 하나님의 선한 창조를 무자비하게 침해하고 있다는 사실을 밝혀 준다. 예수님은 자기 자신을 궁핍한 자들과 착취 당하는 자들과 동일시하셨기 때문에, 이 세상의 가난한 사람들의 주장이 곧 예수님의 제자들의 주장이다. 교회는 이 가난이 불의한 사회구조의 결과든, 어쩔 수 없는 사람들에 대한 착취의 결과든, 인구의 급격한 증가로 인한 것이든 간에 그것을 묵과하거나 간과할 수 없다. 교회는 각 사람에게 각자의 가족 부양과 공동복지의 증진을 위하여 각자의 능력과 소유와 기술의 결과들을 하나님께서 그에게 맡겨 주신 선물로 알고 활용할 것을 촉구한다. 교회는 인간 사회 안에서 이와 같은 힘들이 활용될 것을 장려한다. 그 이유는 이러한 힘들의 활용이 보다 나은 생활 여건에 대한 희망을 북돋워 주고 어지간한 삶의 기회를 인간에게 마련해 주기 때문이다. 가난에 대하여 무관심하거나, 경제 문제에 대한 책임을 회피하거나, 사회의 어느 특정 계층을 옹호하거나, 자신이 베푼 은택에 대한

감사를 기대하는 교회는 화해를 조롱거리로 만드는 것이요, 하나님께서 기뻐 받으실 만한 예배를 하나님께 드리지 못하는 것이다.

④ 남성과 여성 사이의 관계는 하나님께서 인류를 창조하실 때에 목적하신바 대인관계의 삶을 기본적으로 예증한다. 성관계의 무질서야말로 인간이 하나님과 이웃과 자기 자신으로부터 소외되어 있다는 징후이다. 성(性)의 의미에 대한 새로운 혼동이 우리 시대에 와서 더욱 악화된 이유는 산아제한의 새로운 수단들을 어디에서나 쉽게 얻을 수 있고, 성감염이 쉽게 치료될 수 있으며, 도시화의 압력이 강화되고, 매스컴을 통해서 성적 노출이 심화되며, 세계 인구가 급증하기 때문이다. 하나님의 가족으로서 교회는 사람들을 이와 같은 소외에서 해방시켜 그리스도 안에서 새로운 삶을 영위해야 할 책임적 자유에로 인도해 내도록 부름을 받았다. 각 사람은 하나님과 화해하였기 때문에 자기 자신의 인간성과 다른 사람의 인간성 안에서 즐거워하고, 이 인간성을 존중하며, 한 남성과 한 여성은 결혼할 수 있고, 함께 몫을 나누는 삶에 깊숙이 동참할 수 있으며, 상호간에 예민한 관심을 가지고 평생토록 서로 반응할 수 있고, 부모는 자녀들을 사랑으로 돌보며 자녀들의 개성을 양육할 수 있는 은혜를 받는다. 교회가 남성들과 여성들에게 함께 사는 삶의 충만한 의미를 깨닫게 해 주지 못하거나 우리 시대의 도덕적 혼돈 속에 빠져 있는 사람들에게 그리스도의 사랑을 베풀지 않는다면 하나님의 심판을 받을 것이요, 사람들에 의하여 버림받을 것이다.

제2장 교회의 장비(裝備)

예수 그리스도는 교회에게 사람들을 위하여 하나님을 섬기는 수단들로서 설교와 가르침, 찬양과 기도, 세례와 성만찬을 주셨다. 이와 같은 하나님의 선물들은 늘 존속할 것이지만, 교회는 세대와 문화의 변화에 적절히 부응하여 섬김의 형식들을 변경시켜야 한다.

(1) 설교와 가르침

하나님께서는 설교와 가르침을 통하여 그의 교회를 가르치시고, 교회를 이 설교와 가르침으로 무장시켜 그의 사명을 수행케 하신다. 이 설교와 가르침이 성경에 충실히 근거하여 진행되고 성령을 의존하는 가운데에 진행될 경우, 사람들은 이 설교와 가르침을 통하여 하나님의 말씀을 듣고 그리스도를 받아들여 그리스도를 따르는 삶을 살아가는 것이다. 그런데 이 설교와 가르침의 메시지는 구체적이고 특수한 상황 속에 있는 구체적인 인간에게 전달되어야 한다. 그러므로 우리들이 효과 있게 설교하고, 가르치고, 증거하기 위해서는 성경과 현대 세계에 대한 전문적인 연구를 해야 한다. 모든 공적 예배 행위들은 인간이 구체적인 시간과 공간 속에서 복음을 듣고 적절한 순종의 반응을 보이는 일에 도움을 주어야 한다.

(2) 찬양과 기도

교회는 화해의 메시지에 대하여 찬양과 기도로써 응답한다. 이와 같은 응답이야말로 교회가 자신의 사명을 새롭게 의식하고, 이 사명에 참여하며, 신앙과 순종의 심화를 경험하고, 복음에 대한 개방적 증거를 다짐하는 계기인 것이다. 하나님께 대한 경배는 피조물이 창조자를 인정하는 행위이다. 죄의 고백이란 하나님 앞에서 모든 인생이 유죄하다는 사실에 대한 인정이요, 하나님의 사죄의 대한 필요성을 인정하는 것이다. 감사란 모든 인간을 향한 하나님의 선하심을 즐거워하는 것이요, 궁핍한 자들에게 나눠 주는 것을 기뻐하는 것이다. 우리들은 하나님의 선하심이 지속될 것과 하나님께서 사람들의 병을 고쳐 주실 것과 하나님께서 모든 종류의 억압으로부터 인간을 구출해 주실 것을 위하여 하나님께 간구하고 중보하는 기도를 올린다. 예술, 특히 음악과 건축은 사람들로 하여금 그것 자체를 넘어서서 하나님을 바라보게 하고 사랑의 대상으로써 세상을 바라보게 할 경우, 그것들은 개교회의 찬양과 기도에 도움이 된다.

(3) 세 례

그리스도께서는 요한의 세례에 겸손히 복종하심으로 화해와 사죄를 필요로 하는 인간 상황에 동참하셨고, 성령의 능력으로 그의 화해 사역에 진입하셨다. 세례를 받은 모든 사람들은 이 세례에 의하여 동일한 성령을 받았다고 하는 표징을 받는다.

물세례는 죄의 씻음뿐만 아니라 그리스도와 더불어 죽고 그리스도와 더불어 기쁘게 살아나서 새 삶을 영위하는 것을 뜻한다. 이 세례는 모든 수세자들로 하여금 죄에 대하여 매일 죽고, 의에 대하여 매일 사는 일에 참여케 하는 것이다. 하나님께서는 구약의 자기 백성을 언약으로 자기에게 연결시켜 놓으셨는데, 세례란 이 언약의 갱신을 축하하는 것이다. 개인들은 세례를 통하여 공적으로 교회의 한 회원이 되어 이 교회의 삶과 교역에 동참한다. 또한 이 교회는 이 수세자들을 그리스도의 제자가 되도록 훈련시키고 지지해 줄 책임을 진다. 세례 받은 자들이 영아일 경우, 그들의 부모는 물론 그 해당 교회는 이들을 기독교적 삶을 살도록 양육하고 이들이 장성하여 수세 시 부음 받은 하나님의 사랑에 대하여 개인적인 응답을 하도록 인도해야 하는 것이다.

(4) 주의 성만찬

주님의 만찬은 하나님과 인간의 화해, 그리고 인간과 인간의 화해를 축하하는 것이다. 여기에 참여하는 사람들은 그들의 구주(救主)의 식탁에서 즐겁게 먹고 마신다. 예수 그리스도는 자기의 교회로 하여금 자신의 죽음은 죄인들을 위한 것이었다는 사실을 기억케 하심으로, 사람들은 이 성만찬에 참여함으로 예수 그리스도와의 교제는 물론 다른 성도들, 나아가서 이 예수 그리스도에게로 모여올 모든 사람들과의 교제를 갖는다. 성찬에 참여한 사람들은 그리스도께서 제정하신 대로 떡을 먹고 즙을 마심으로 예수 그리스도와 연합을 이룩하며, 이로써 그들은 부활하셔서 살아 계신 주님으로부터 그리스도의 죽음과 부활의 은택을 받는다. 이들은 하나님께서 그리스도의 약속된 재림 때에 완성하실 하나님의 나라를 미리 맛보며, 이 주님의 식탁으로부터 용기와 소망을 가지고 세상으로 나아가 주님께서 불러서 맡기신 봉사에 참여하는 것이다.

제3부 화해의 실현

예수 그리스도 안에서 일어난 하나님의 구속 사역은 인간 생활의 전체, 곧 사회와 문화, 경제와 정치, 과학과 기술, 개인과 집단 전부를 포함한다. 그것은 또한 인간의 범죄로 인하여 착취당하고 약탈당하는 인간의 자연환경을 포함한다. 인간의 모든 삶이 지향해야 할 하나님의 목적은 그리스도의 통치 하에서 실현될 것이고, 또한 그의 창조의 세계로부터 악이 축출되어 버리는 것은 하나님의 뜻이다.

하늘의 도성(都城), 아버지의 집, 새 하늘과 새 땅, 혼인 잔치, 끝없는 날 등은 그리스도의 통치에 대한 성경적 비전과 형상들인데, 이것들의 절정은 왕국(the kingdom)의 형상이다. 왕국은 곧 하나님의 뜻에 항거하고 그의 창조를 파괴하는 모든 것에 대한 하나님의 승리를 뜻한다. 하나님의 통치는 이미 이 세상 속에 누룩으로 현존하면서 사람 속에 소망을 불러일으키고 세상으로 하여금 궁극적인 심판과 구속을 받도록 준비시킨다.

이 소망에서 솟아난 긴박감을 가지고 교회는 현대의 여러 문제들을 해결하기 위하여 애써야 하고, 보다 나은 세상을 건설하기 위하여 힘써야 할 것이다. 교회는 이 지상에서의 제한된 발전과 진보를 하나님의 나라와 동일시하지 않으며, 낙심과 패배 앞에서도 결코 절망하지 않으며, 교회는 모든 부분적 성취들을 넘어서 있는 하나님의 궁극적 승리를 꾸준한 소망을 가지고 바라보아야 한다.

"이제는 우리들 속에서 역사하시는 능력에 의하여 우리들이 요구하고 생각하는 모든 것보다 훨씬 더 많은 것을 행하실 수 있는 그분께, 교회와 예수 그리스도 안에서 모든 사람들을 위하여 세세 무궁토록 영광이 있을지어다. 아멘."

3. 해 설

1) 저 자

1956년 168차 총회 때에 미국연합장로교(the United Presbyterian Church in the United States of America=UPCUSA)는 노회로부터 웨스트민스터 소요리문답을 현대어로 개정할 것으로 요청 받았으나, 1958년 170차 총회는 교회로 하여금 "간략한 현대적 신앙 성명"(brief contemporary statement of faith)을 작성케 하였다. 그리하여 북미연합장로교회(the United Presbyterian Church of the North America)와 미국장로교회(UPCUSA)가 연합하던 1958년 프린스턴 신학교의 다위(Edward A. Dowey. Jr.) 교수를 위원장으로 하는 '특별위원회'가 구성되어 7년 동안 작업 끝에 1965년 총회에 연구 결과가 보고되었다. 그런데 이 초안을 검토하는 중, 약간의 수정보완이 필요하여 다시 '15명의 특별위원회'가 구성되었다. 그리하여 15명의 위원들은 전(前) 위원들과 상의하여 수정된 본문을 만들어 1966년 총회에서 인준을 받았다. 결국 1967년에 최종 본문이 출판되었다. 그리고 본 신앙고백서 작성에 있어서 주도적인 역할을 한 사람은 다위 교수였다.

그런데 1967년 미국연합장로교의 본 신앙고백은 고대교회의 에큐메니칼한 신조인 니케아 신조와 사도신경을 받아들이고 있으며, 개혁교회의 고전적인 신앙고백서들인 스코틀랜드 신앙고백, 하이델베르크 요리문답, 제2스위스 신앙고백, 웨스트민스터 신앙고백, 웨스트민스터 소요리문답, 그리고 반히틀러 투쟁을 위한 1934년 독일 고백교회의 바르멘 선언까지 전제한다. 사실상 1967년 미국연합장로교의 총회가 출판한 「신앙고백집」

제3장　20세기 개혁교회 신앙고백

(*The Confession of 1967*)은 이상의 신조들과 신앙고백서들을 모두 취급한 다음 마지막 장에서 '1967년도 신앙고백'(The Confession of 1967)을 다루고 있다. 물론 1990년 "간략한 신앙진술"이 나오면서, '1967년도 신앙고백'이 마지막에서 두 번째에 놓이게 되었지만 말이다. 따라서 본 신앙고백서는 고대교회의 신조나 개혁교회의 고전적 신앙고백서들을 배격하는 것이 아니라, 이와 같은 것들 이외에 그 당시 미국의 역사적 상황과 사회적, 정치적 컨텍스트를 의식하면서 이에 상응하는 신학적 주제를 부각시키고 있다. 다위는 「1967년도 신앙고백의 해설」 서론에서 본 신앙고백서의 특징을 다음과 같이 말한다.

> 1967년도 신앙고백의 목적은 오늘날 제자들에게 요구되는 바 신앙고백과 사명에 있어서 교회의 일치를 촉구함에 있다. 본 신앙고백은 '교리체계'도 아니요 모든 고전적인 신학적 주제들을 포함하지도 않는다. 예컨대 삼위일체 하나님이나 그리스도의 위격(The Person of Christ) 같은 것은 기독교 신앙의 기초를 이루며 기독교 신앙의 구조를 형성하는 바 고대교회의 그것을 인정하며 재확인할 따름이지 그것을 다시 정의할 필요는 없다.[2]

이어서 다위는 본 신앙고백은 성경의 중심과 종교개혁신학을 미국의 당면문제에 연결시켰다고 한다.

> 예수 그리스도 안에서 성취된 하나님의 화해사역과 교회가 부름 받은 화해 사명은 어느 시대에 있어서든 복음의 중심이다. 오늘 우리 세대는 그리스도 안에 있어야 할 특수한 화해의 필요를 경험하고 있다. 따라서 1967년도 신앙고백은 이 주제 위에 세워져 있다.[3]

---

2. Edward A. Dowey, Jr., *A Commentary on the Confession of 1967 and Introduction to the Book of Confessions*(Philadelphia : The Westminster Press, 1968), p. 14.
3. Ibid.

2) 신학사적 배경

이 글은 "간략한 신앙진술"을 논할 때, 해설 부분에서 미국장로교의 교회사적 배경에 대해서 "미국장로교의 재연합과정"이라는 제목으로 논했다. 그리고 같은 장소에서 "신학적인 재통합과정 : 특히 성경관"에 대해서 논하는 과정에서, 어느 정도 미국장로교의 신학사를 일별한 셈이나 마찬가지이다. 따라서 이 글은 이 부분에서 1920년대에 '근본주의 대 자유주의 논쟁'이 있었고, 급기야 1930년대와 1940년대와 1950년대에는 칼 바르트와 라인홀드 니버 등 미국의 '신정통주의 신학'이 미국교회를 지배하여 미국장로교의 신학교 교육, 주일학교 교과과정, 총회의 정책 방향 역시 이와 같은 신학노선을 따랐고, 이를 신앙고백화한 것이 1967년도 신앙고백이라는 사실을 확인하면서,[4] 1920년대 이전의 신학사를 간단하게 살펴보려고 한다.

19세기 후반 이후로 미국교회는 유럽으로부터 흘러들어온 자유주의 사상으로 큰 홍역을 치렀다. 다윈의 신화론, '싱겅비평학'의 발전, 그리고 산업화의 등장이 그것이었으니, 이와 같은 영향으로부터 미국장로교도 자유로울 수 없었다. 이와 같은 시대의 흐름 속에서 뉴욕 유니온 신학교의 브릭스(Charles A. Briggs) 교수가 1893년 목사직과 신학교 교수직을 박탈당하는 사건이 일어났던 것이다. 무엇보다도 그는 '웨스트민스터 신앙고백'이 '고등비평학'에 비추어 볼 때 고쳐야 할 부분이 많다고 주장함에 따라 그와 같은 정죄를 받았다.[5]

그리하여 브릭스는 향후 미국장로교가 겪었던 수십 년간의 신학적인 갈등의 도화선에 다름 없었다. 바야흐로 미국장로교 총회는 목사 안수나 장로 안수 등 안수 후보자들이 받아들이지 않으면 안 되는 5개의 '꼭 필요한 본질적 교리'를 채택하였으니 (1) 성경무오설, (2) 그리스도의 동

---

4. Jack Rogers, *Presbyterian Creeds : A Guide to the Book of Confessions* (Philadelphia : The Westminster Press, 1985), p. 202.
5. Ibid., p. 205.

정녀 탄생, (3) 그리스도의 대속 교리, (4) 그리스도의 육체적 부활, (5) 그리스도의 권능 있는 기적들에 대한 신빙성이 그것이었다.

그리하여 1916년 총회와 1923년 총회도 이를 재확인하였다. 그런데 타 교파들도 이 5가지를 사용했는데, 어떤 교파는 두 번째 항목을 '그리스도의 신성'으로 바꾸었고, 그 당시 흥왕하였던 독립 교단의 성경공부 대회들과 성경학교들과 세대주의의 영향을 받은 독립 교회들은 다섯 번째 항목의 그리스도의 기적들 대신에 '그리스도의 전천년설적 재림'을 삽입하기도 하였다. 세대주의자들은 기성 교회 교단들이 매우 세상적이 되었고, 근본적인 교리적 신앙을 저버렸다고 비판하면서, 문자주의적이고 미래주의적인 시간표에 따른 종말론을 펼쳤다. 그리하여 1920년대에는 장로교의 5가지 '꼭 필요한 본질적 교리'가 '5가지 근본 교리'라고 하는 근본주의의 교리가 되었다.[6]

1922년 포스딕이 '뉴욕 제일교회'에서 "근본주의자들이 과연 승리할 것인가?"라고 하는 제목으로 설교를 하자, 이에 대하여 브라이언 목사가 뉴욕 타임즈를 통해서 논쟁을 벌였고, 맥카트니 목사는 "불신앙이 과연 승리할 수 있을까?"라는 설교로써 포스딕에 맞섰다. 그리고 1923년에는 프린스턴 신학교의 교수인 메첸(J. Gresham Machen)의 그 유명한 「기독교와 자유주의」라는 책이 발간되었는데, 그는 이 책에서 자유주의자들은 비기독교인들이고, 이와 같은 기독교는 '기독교와는 다른 종교'라고 정죄하였다. 그러던 중, 1924년에 장로교의 목사 13퍼센트가 '오번 선언'(Auburn Affirmation)에 서명하여, 5가지 근본주의 교리는 성경과 웨스트민스터 신앙고백으로부터 빗나간 교리라고 하였으나, 같은 해 장로교 총회는 다시 보수 쪽으로 선회하여서, 1925년에는 포스딕을 뉴욕 제일교회로부터 축출하였다.[7]

이 당시 미국장로교 안에 신학적인 입장을 달리하는 세 정파가 있었

---

6. Ibid., pp. 205-206.
7. Ibid., pp. 206-207.

다. 하나는 신학적인 자유주의자들로서 누구든지 교회 회원으로 환영하는 포괄적인 교회를 믿는 사람들이요, 둘은 교리적인 근본주의자들로서 이미 지적한 '5가지 근본 교리'에 동의하는 사람들만을 교회 회원으로 인정하는 근본주의자들이요, 셋은 가장 큰 집단으로서 신학적으로는 보수주의적인 경향을 띠지만, 교회의 평화와 일치와 선교를 위해서 포괄주의적 교회를 지향하는 온건파들이다. 이와 같은 미국교회의 신학적이고 교회정치적인 상황에서 1925년에 총회장으로 당선된 프린스턴의 실천신학 교수인 어드만(Charles R. Erdman)은 미국장로교의 영적 상태를 연구할 '특별위원회'를 제안하여 구성케 하였다.[8]

1925년 여름에 미국 공립학교에서 진화론을 가르쳐서는 안 되고, 성경을 문자적으로 해석할 것을 주장한 브라이언이 논쟁의 핵심에 놓여 있었으나, 급기야 그를 비롯한 근본주의는 힘을 잃어 갔다. 그래서 '특별위원회'는 1926년에 "관용의 기독교적 원리"라고 하는 잠정 보고서를 총회에 제출하였다. 그리고 1927년엔 '특별위원회'가 최종적인 완전 보고를 하였으니, 그 누구도, 아니 총회조차도 그 어떤 교리들(예컨대 5가지 근본 교리)을 제시할 권한이 없고, 그것을 모든 사람들을 위해서 "꼭 필요하고 본질적이라고 할 수 없다."고 하였다. 이를 받아들인 총회는 1929년에 프린스턴 신학교의 이사회를 재구성하여, 근본주의 신학이 프린스턴 신학교를 지배할 수 없게 하였다. 그리하여 메첸 교수는 다른 세 교수와 함께 프린스턴 신학을 떠나서, 필라델피아에 웨스트민스터 신학교를 건립하였다.[9]

그리고 그는 미국장로교의 해외 선교가 자유주의로 나간다고 비난하면서, '장로교 해외 독립 선교국'을 만들었는데, 총회가 이를 위헌적이라고 규정하자, 1935년에 본 교단을 떠났다. 이들은 '정통 장로교'(the Orthodox Presbyterian Church)를 형성하였으니, 유럽의 17세기 개혁신

---

8. Ibid., p. 207.
9. Ibid., pp. 207-208.

학 전통과 미국적인 개신교 근본주의를 고수하였다. 그리하여 1930년대에는 미국의 대부분의 기독교인들이 신학적인 싸움에 신물을 느꼈고, 경제 공황으로 인해 어려움을 겪고 있는 상황에서 유럽으로부터 새로운 신학의 물결과 더불어 새로운 에토스의 기독교가 소개되었다. 그것은 다름 아니라 '변증법적 신학', '위기신학', '신종교개혁 신학', '신칼빈주의', 혹은 '신정통주의'라는 이름의 신학이요, 이와 같은 전통이 주장하는 기독교였다. 스위스의 칼 바르트, 에밀 브루너, 그리고 미국의 라인홀드 니버가 이를 대표하였다. 그리하여 1930년대, 1940년대, 1950년대, 그리고 1960년대 중반까지 미국장로교를 지배했던 신학은 이와 같은 신학이었으니, '1967년도 (미국 북장로교의) 신앙고백'은 그 당시 장로교의 신학을 신앙고백화한 것이나 다름없다.[10] 로저스는 "1967년 이후로 미국에 있어서 신학 방법론에 대한 실질적 합의는 조각이 나기 시작하였고, 신학적 다원주의의 현 시대가 도래하였다."[11]라고 하였다.

3) 전체 내용 구조와 핵심 주제

(1) 핵심 주제

본 신앙고백의 모티프(motif)는 서론 끝 부분에 놓여 있는 "신앙고백"(The Confession)에서 발견된다. 그 내용은 화해인 바, 이는 나머지 내용들이 거기에 의존하고 있는 핵심내용이다. 본 신앙고백의 초안자인 다위는 "1967년도 신앙고백"의 핵심은 '화해'를 진술하고 있는 이 작은 단락이다. 그 다음에 나오는 모든 내용은 이 '신앙고백'의 내용에 달렸다[12]고 하면서, 이 '화해'의 개념을 세 가지로 정의한다. 그것을 요약해서 소개하면, 첫 번째는 오직 하나님께서 이 세상을 자신에게 화해시키

---

10. Ibid., p. 208.
11. Rogers, op. cit., p. 203.
12. Edward A. Dowey, Jr., op. cit., p. 39.

셨다고 한다. 이 세상은 이 화해를 위해서 할 것이 아무것도 없고, 이런 식의 화해를 갈망하지도 않으며, 그것을 상상할 능력도 없기 때문이다. 두 번째로 화해는 갈등을 전제하는데, 이 갈등은 예수 그리스도를 통해서 나타났다. 무엇보다도 이 갈등해소의 한복판에 십자가를 짊어지신 예수님이 계신 바, 이분은 성경이 제시하는 대로 하나님을 대적하는 인간과 우주의 적대관계의 절정이시다. 세 번째는 종말론적인 약속으로의 '화해'이다. 즉, 그것은 성령의 역사로 교회를 통해서 구현되지만, 역사의 지평 속에서는 항상 불완전하다는 것이다.

(2) 전체 내용구조

본 신앙고백은 3부로 구성되었다. 제1부는 "하나님의 화해사역"이요, 제2부는 "교회의 화해교역"이요, 제3부는 "화해의 종말론적인 성취"이다. 이미 지적한 대로, 본 신앙고백은 '화해'를 모티프로 하여 혹은 핵심개념 (the key-concept)으로 하여 전체의 내용을 구조화하였다. 즉, 제1부는 하나님께서 예수 그리스도를 통하여 모든 인류를 위해서 이룩하신 하나님 자신의 화해사역이요, 제2부는 성령께서 교회공동체의 교역을 통해서 역사 속에 실현하시는 교회의 화해교역이요, 제3부는 예수 그리스도를 통해서 수행된 하나님의 화해 사역은 완전하고, 종말론적으로 완성될 약속이시만, 이 역사의 지평 속에서는 항상 불완전한 것으로 남아 있다고 하는 내용이다.

이미 이 글이 "신학사적 배경"에서 지적한 대로, 본 신앙고백은 1930년대부터 1960년대까지 미국장로교의 신학과 에토스를 결정했던 칼 바르트 등의 신학의 영향을 크게 반영한다. 특히, 우리는 '화해' 개념을 신학의 중심 주제로 삼은 신학자가 누구보다도 칼 바르트라는 사실을 잘 안다. 따라서 이 글은 잠시 바르트의 「교회교의학」 Ⅳ에 나타난 화해론의 내용구조를 살펴보려고 한다. 우선 바르트 화해론의 특징적 내용은 예수 그리스도의 위격과 사역(the Person and Work of Jesus Christ)에 집중된 화해론의 '세 계기'로써, 이 예수 그리스도를 통해서 일어난 화해 사건은 '원칙적으로'(de iure) 하나님과 모든 인류, 나아가서는 모든 우주만물과의 화해라고 하는 주장이다.

첫 번째 계기는 하나님의 아들 혹은 주님이 인간이 되시어, 모든 인류를 위해서, 그리고 모든 인류를 대신하여 십자가를 짊어지셨다고 하는 하나님의 하강운동이다. 여기에서 예수 그리스도는 종이 되신 주님이시요, 제사장으로서 인류를 대신하여 유죄 판결을 받으시고, 사형선고를 받으시어, 십자가를 지셨다는 말이다. 이로써 하나님은 인류의 죄를 노출시키셨고, 동시에 인류의 죄를 대속하셨다. 하나님은 화해의 이 첫 번째 계기를 통해서 인류를 칭의하셨다.

두 번째 계기는 상승운동이다. 종이 되셨던 하나님의 아들 혹은 주님이신 예수님께서 부활 승천, 그리고 승귀하시어, 왕 같은 인간(the Royal Man)이 되셨다. 이는 우리 인간의 나태한 상태를 노출시키시고, 동시에 우리 인류를 왕 같은 인간 존재로 만드신 것이다.

세 번째 계시는 부활 승천, 그리고 승귀하시어 하나님 우편에 앉아 계신 하나님의 아들 혹은 주님께서는 동시에 참 하나님과 참인간으로서 중보자와 예언자의 사역을 수행하시는바, 그는 역사의 지평 속에서 교회와 세상을 통해서 그의 화해사역을 이루어 가신다는 것이다. 성령을 통한 교회의 모든 교역활동이 여기에 속한다. 이는 예수 그리스도를 통한 하나님의 화해사역의 종말론적인 완성을 지향하지만, 그것이 역사의 지평 속에서는 항상 불완전한 채로 남아 있다는 것이다. 하지만 바르트는 화해의 종말론적인 완성을 논하는 「교회교의학」 V 의 "구원론"(Erloesung=Redemption)을 출간하지 못하고 세상을 떠나야 했다.

이상 화해론의 세 계기는 제사장, 왕, 예언자로의 예수 그리스도의 화해사역(삼중직=munus triplex)으로서 '원칙적으로' 인간의 수용(믿음, 소망, 사랑)과 관계 없이 모든 인류와 모든 우주만물을 위해서 일어났다. 그런데 바르트는 성령론과 교회론을 이상과 같은 '화해론'의 '세 계기'의 각각에 상응시키어 논하는바, 성령의 역사를 통해서 저 예수 그리스도를 통한 하나님의 화해사역의 첫 계기를 교회 안에서, 그리고 교회를 통해서 '실질적으로'(de facto) 받아들인 사람들이 다름 아닌 '이신 칭의' 받은 '모이는 교회'요, 역시 성령 역사로 화해의 두 번째 계기를 '실질적으로' 받아들인 사람들이 '성화'되어 '든든히 서 가는 교회'요, 끝으로 화해의 세 번째 계기를 역시 성령의 역사로 받아들인 사람들이 다름 아닌 이 세상을 위해서 이 세상 속으로 '흩어지는 교회'이다.

본 "1967년도 신앙고백"은 대체로 위에서 지적한 칼 바르트의 화해론의 구조를 염두에 두고 구조화되었다고 보인다. 하지만 본 신앙고백의 내용구조는 제1부와 제2부와 제3부를 하나의 화해론의 세 계기로 하지 않고, 그 셋을 각론으로 다루고 있는 것이 특징이다. 물론 '화해' 개념이 모티브요, 핵심 개념으로 사용되고 있지만 말이다. 그리고 각 각론에 있어서도 칼 바르트의 "화해론 구조"와 좀 다른 측면들이 발견된다.

첫째로 본 신앙고백은 "제1부 : 하나님의 화해사역"은 고린도후서 13 : 13 (주 예수 그리스도의 은혜와 하나님의 사랑과 성령의 교통하심이 너희 무리와 함께 있을지어다)을 따라서 제1장에서 "우리 주 예수 그리스도의 은혜"를, 제2장에서 "하나님의 사랑"을, 그리고 제3장에서는 "성령의 교통하심"을 각각 논하였다. 즉, 오늘날 교회의 '축도'의 정식을 따랐다.

둘째로 "제2부 : 교회의 화해교역"은 제1장에서 "교회의 사명"(방향, 형식들과 직제, 계시와 종교, 사회 속에서의 화해)을, 그리고 제2장에서 "교회의 장비"(설교와 가르침, 세례, 성만찬)을 다루었다. 즉, 화해된 공동체로서 교회의 성령을 통한 화해사역을 말하고 있는 것이다. 끝으로 제3장에서는 "화해의 종말론적인 완성"을 고백하고 있다.

결국 바르트의 「교회교의학」 IV 식으로 하면, 본 신앙고백의 제1부가 제2부와 제3부를 모두 포함해야 하는데, 본 신앙고백은 이를 셋으로 각론함으로써 동일한 내용을 많은 평신도들이 이해하기 쉽게 구조화시켰다고 판단된다.

4) 내용 분석

(1) 제1부 하나님의 화해사역

① 제1장 우리 주 예수 그리스도의 은혜

"제1부 : 하나님의 화해사역" 중, "제1장 : 우리 주 예수 그리스도의 은혜" 안에 있는 "1. 예수 그리스도"와 "2. 죄"에 대해서 논한다면, 본 항목은 예수 그리스도를 통한 하나님의 일방통행적인 은혜의 화해사역을 먼저 논하고, 그 다음에 '죄'에 대해서 논하고 있다. 이는 바르트가 '화해론의 세 계기'에서 각각 기독론에 입각한 세 가지 죄를 논하고 있는 것을 생각나게 한다. 물론 이와 같은 입장은 창조론 다음에 타락에 따른 죄론을 위치시키는 전통적인 조직신학의 죄론의 자리매김과 다르다. 바르트에 따르면, 낮아지신 주님 혹은 종이 되신 주님과의 관계에서 인류는 교만한 상태에 있다는 것이고, 높아지신 왕 같은 주님과의 관계에서 인류는 나태하고 비참한 상태에 놓여 있다는 것이며, 예언자로서의 예수 그리스도와의 관계에서는 인류가 거짓 가운데 실존하고 있다고 하는 것이다. 본문(2. 인간의 죄)은 다음과 같이 말한다.

> 예수 그리스도 안에서 일어난 하나님의 화해의 행동은 사람들 속에 있는 악을 하나님의 존전에서 죄로 노출시킨다. 인간은 죄 가운데서 자신의 삶을 마음대로 주장하고, 하나님과 동료 인간들과 불화관계에 있으며, 이 세상의 착취자와 약탈자가 되었다. 인류는 하잘 것 없는 일에 힘을 쏟으면서 인간성을 상실하고 있고, 결국 반역과 절망과 고립 속에 빠져 있다.

따라서 인간이 최고의 지식이나 최상의 덕목, 아니 인간의 그 어떠한 고상함이나 탁월함도 하나님 존전에서는 죄악이라는 것이다. 특히 자신이 하나님 앞에 무죄하다고 하는 것만큼 더 큰 죄악은 없다고 한다.

이상과 같은 기독론에 입각한 인간이해는 성육신 하신 하나님의 아들로서 참인간이신 예수께서 참인간의 모습을 보이심으로, 또한 그것의 그림자를 보이셨다고 하는 변증법에 근거한 것이라고 생각된다.

② 제2장 하나님의 사랑

다음엔 하나님의 사랑에 대해서 논하고자 한다. 제1부, 제2장은 '하나님의 사랑'을 논하는데 위에서 언급한 예수 그리스도의 화해사업에 근거하여 하나님의 본질을 '주권적 사랑'으로 규명하고, 특히 창조자 하나님의 우주 창조와 인간 창조의 동기와 목적은 사랑이었으며, 인간은 결국 이 우주와 역사를 무대로 하여 하나님의 사랑에 응답하여야 하는 존재라는 것이다. 본 신앙고백은 화해 내지는 화해 사건을 창조신학보다 먼저 다루고 있다. 하나님은 이미 이스라엘의 구속사를 통하여 인류에 대한 그의 사랑을 보여 주셨고, 때가 차매 새 창조의 시작이요, 새 인간성의 개척자인 예수 그리스도를 통하여 그의 사랑을 실증하셨고, 교회는 이 사랑의 화해를 이룩해야 하는 바, 이 예수 그리스도는 역사의 방향이요, 의미라는 것이다. 그리고 이처럼 성경의 하나님은 주권적 사랑의 하나님이라고 하면서 이 하나님에 대하여 인간이 첨가할 수 있는 최상의 형용사들(전능, 최고의 지혜, 지고의 선)을 완전한 계시이신 예수 그리스도를 통하여 재규정하였다. 즉, "하나님은 예수 그리스도 안에서 그의 사랑을 보이실 때 종의 모습으로 그의 능력을, 십자가의 어리석음으로 그의 지혜를, 그리고 죄인을 용납하심으로 그의 선하심을 계시하신 것이다."라고 하였다.

위에서 하나님의 본질을 '사랑'으로 규정하는 한, 웨스트민스터 신앙고백과 17세기 정통주의 개혁신학이 주장하는 '하나님의 영원한 작정' 안에 포함된 '이중 예정론'과 최후 심판 후의 이중적 결과(지옥과 천당)론은 힘을 잃을 것이다. 무엇보다도 예수 그리스도의 화해사역을 통해서 계시되고 약속된 하나님과 인류 및 우주만물의 화해가 하나님의 본질을 사랑으로 계시하고 있기 때문이다. 바르트에게 있어서 'de iure'(원칙론적) 차원에서 일어난 화해가 'de facto'(실제론적) 차원에서 실현되고, 결국 종말론적으로 완성될 것이기 때문에, 이중 예정론과 최후 심판 후의 이중적 결과는 '궁극적인 진리'(the ultimate truth)가 아니라 '궁극 이전의 진리'(the penultimate truth)일 것이다. 웨스트민스터 신앙고백이 명제적인 진리를 절대화하는 성경관을 제일 먼저 다루고, 이중 예정론을 포함하는 '하나님의 영원한 작정'을 그 다음에 두는 것은 화해론을 제일 앞에 놓고 있는 바르트와 "1967년도 신앙고백"과 다른 점이라 할 수 있다.

③ 제3장 성령의 교제

제1부 끝장인 제3장은 '성령의 교제'를 말하는데, 이 성령론 안에서 "1. 새로운 삶" 및 "2. 성경"에 대해서 고백한다. 본 '성령의 교제'에 있어서 가장 중요한 내용은 예수 그리스도를 통해서 성취된 화해의 사역이 성령을 통하여 역사 속에서 실현된다는 것이다. 특히, 본 신앙고백은 성령께서 교회를 통해서 역사 속에서 그것을 구현하신다고 한다. 그래서 교회의 기원과 생성은 이 하나님의 화해사역에 기초한 성령의 사역으로 말미암고, 교회의 존재이유는 이 화해사역을 성령을 통해서 역사의 지평 속에 가장 넓게, 그리고 가장 깊게 실현하는 데에 있다. 본문은 다음과 같이 말한다. "성령 하나님께서는 인간 안에서 예수 그리스도의 화해사역을 실현하신다. 성령은 교회를 창조하셨고 계속 새롭게 하시며, 이 교회공동체 안에서 인간들이 하나님과 화해케 하시고 또한 인간 상호 간에도 화해케 하신다……." 즉, 화해된 공동체인 교회는 성령을 통하여 이 세상을 위해서 이 세상 속에서 하나님의 화해사역을 구현한다는 말이다.

다음에는 '1. 새로운 삶'에 대해서 분석해 보자. 즉, 본문에는 이 복음에 대한 경험 안에서 "……성령은 하나님의 용서를 인간에게 주시며, 이들을 신앙, 회개, 순종으로 반응케 하시며 그리스도 안에서의 새로운 삶을 일으키신다."라고 한다. 그럼에도 불구하고 기독교인은 죄인이라는 점을 밝히고 계속 죄에 대적하여 싸울 것과 승리할 것을 기독교인에게 촉구한다. 끝으로 교회와 기독교인들의 행동 규범은 '예수님의 삶, 행동들, 말씀들, 시험에 대한 투쟁, 그의 측은지심, 그의 분노, 죽음을 무릅쓰는 용기'요 사도들과 예언자들의 가르침에 나타난 행동 명령들임을 강조하고 있다. 이처럼 본 항목은 성령을 복음과 긴밀히 연결시키고, 성령을 예수님과 예언자들과 사도들의 말씀과 행동에 긴밀히 연결시키고 있다. 성령론이 기독론과 동떨어질 때, 성령은 기독교적인 성령론이기를 그만두기 시작하기 때문이다.

그리고 이어서 교회가 인류 공동체의 선행(善行)과 유대(紐帶)를 가져야 할 것을 촉구하고 있다. 즉, 본문은 "교회의 회원들은 평화의 사자들이요, 정치, 문화, 경제에 있어서 인류와 더불어 인간의 공동선을 추구한다."고 하고, 나아가서 "그러나 교회의 회원들은 이 정치, 문화, 경제의 권세가 인간의 복지를 저해할 때에는 이들의 오만과 부정의에 항거하여 싸워야 한다……"라고 고백한다. 끝으로 본문이 "예수님의 부활이란 하나님께서 죽음 저편에 이르도록 창조와 화해의 사역을 완성하실 것이고, 그리스도 안에서 시작된 새로운 삶을 완성할 것이다."라고 할 때, 역시 그것은 성령의 역사를 통한 화해의 종말론적인 완성을 바라보고 있다 하겠다.

다음에 "2. 성경에 관하여"를, 본 신앙고백이 웨스트민스터 신앙고백이나 17세기 정통주의 개혁신학과는 달리, 예수 그리스도의 화해 사업과 성령에 의한 화해의 실현 다음에 언급하는 이유는 성경이란 예수 그리스도를 통해서 화해된 교회의 책이기 때문이다. 즉, 복음을 통하여 성령의 역사로 구원 얻은 사람에게 성경은 하나님의 말씀이다. 본 성경론이 바르트의 신학을 따른 예수 그리스도 중심적이라는 것을 우리는 다음 인용에서 알 수 있다.

하나님의 완전한 계시는 성육신하신 말씀이신 예수 그리스도이시다.

성령은 성경을 통한 이 예수 그리스도에 대한 유일하고 권위 있는 증언자이다. 이 성경이야말로 기록된 말씀으로써 우리가 순종해야 할 말씀이다.

본 항목은 1934년의 "바르멘 신학선언"이 고백하고 있는, 성육하신 하나님의 아들로서 하나님 나라를 선포하시고, 모든 인류를 위해서 십자가에 달리셨다가 부활하신 하나의 하나님의 말씀, 즉 위에서 이미 지적한 화해를 내용으로 하는 복음이 다름 아닌 하나의 하나님의 말씀을, 기록된 성경 말씀이 증언하고 있는 유일무이한 하나님의 말씀으로 본다. 이는 성경의 명제들을 하나하나를 하나님의 말씀 그 자체로 보는 웨스트민스터 신앙고백이나 17세기 정통주의 개혁신학의 그것과 크게 다르다. 하지만 본 항목은 성경을 작은 글자로 '기록된 하나님의 말씀'(the word of God written)이라 하였다. 즉, 성경은 화해의 복음과 일치하는 한(限) 하나님의 말씀이 된다는 것이고, 성경은 이 화해의 복음에 대한 유일무이한 규범적인 증언들이라고 하는 것이다. 따라서 성경은 어디까지나 간접적으로 하나님의 말씀이다.

그리고 본 항목 역시 바르트의 성경관에서처럼 기록된 말씀으로서 성경은 예수 그리스도의 두 본성론에 유추하여 신성과 인성을 가지고 있다고 하는 전제 하에 성경의 인성에 해당하는 바, 역사적으로나 문화적으로 조건 지워짐에 대해서 이렇게 말한다.

성경은 그리스도 안에서 성취된 하나님의 화해사역에 조명해서 이해되고 해석되어야 한다. 성경은 성령의 지도 하에 주어진 것이지만, 그것이 기록될 당시의 언어, 사고형식, 문학형태에 의해 조건지어졌다. 성경은 기록될 당시의 인생관, 역사관, 우주관을 반영하고 있다. 그러므로 교회는 문헌적이고 역사적인 이해를 가지고 성경을 접근해야 할 의무를 갖는다. 하나님께서는 이미 다양한 문화적 상황 속에서 그의 말씀을 말씀하셨기 때문에 그가 또한 변천하는 세계 속에서, 그리고 온갖 형태의 문화 속에서 성경을 통하여 계속 말씀하실 것을 교회는 확신한다.

(2) 제2부 교회의 화해교역

제2부 '화해의 교역' 중 제1장은 '교회의 사명'을 논한다. 이미 지적한 대로 예수 그리스도의 화해의 사역과 성령의 화해의 실현(Gabe=Gift)을 전제한 하나님의 명령(Aufgabe=Task)에 속하는 부분이 다름 아닌 '교회의 사명'이다. 제1장은 "제2장 교회의 장비"(설교와 가르침, 찬양과 기도, 세례와 성만찬)를 논하기에 앞서 제1절 "교회의 사명"에서 교회의 기본 방향과 목적과 존재 이유에 대해서 제시한다. 즉, 장비는 교회의 근본적인 존재 목적과 존재 이유를 위해서 필요하다는 논리로 보인다. 본문이 제시하는 교회의 기본 방향과 존재 이유는 아래와 같다.

> 하나님과 화해되었다 함은 하나님의 화해케 하시는 공동체로서 이 세상에 보냄을 받았다고 하는 것이다. 보편적인 교회로서 이 공동체는 하나님의 화해의 메시지를 위탁받았고 하나님과 인간 사이에, 인간과 인간을 분리시키는 모든 적대관계를 치료하는 작업을 하나님과 나누어 갖는다. 그리스도는 이 사명에로 교회를 부르셨고, 이것을 위하여 성령의 선물을 주셨다.

위의 인용에서 중요한 것은 이미 화해된 공동체인 모이는 교회는 '장비'를 통해서 든든히 서 가야 하고, 나아가서 이렇게 완전 무장하여 이 세상을 위해서 이 세상 속으로 파송되어야 한다는 것이다. 바르트와 본 신앙고백은 교회의 구심력과 원심력의 긴장을 지향하는 것으로 이해된다. 예수 그리스도의 화해사역을 통해서 인류를 부르시고, 인류를 든든히 서 가게 하시며, 인류를 이 세상 속으로 파송하시는 하나님께서는 이 화해사역을 통해서 성령의 역사로(de facto) 교회를 부르시고(이신칭의), 든든히 서 가게 하시며(성화=사랑), 이 세상 속으로 파송하시기 때문이다(소망). 즉, 파송 받는 교회는 다시 모이는 교회로, 그리고 모이는 교회는 항상 다시 든든히 서 가는 교회가 되어야 하기 때문이다.

그리고 제1장 제2절 '교회의 형태와 직제'에서 '하나님의 백성'의 '제도들'은 기본적으로 교회가 시공간적 제약 속에서 사명을 감당해야 하므로 항상 가변적일 수 있다고 한다. 하지만 본 항목은 교회란 "하나의 헌장, 정치, 직분자들, 재정, 그리고 행정 규칙들을 지닌 하나의 제도"라고 하면서, 이런 것들은 "사명수행의 수단이지, 결코 그 자체가 목적이 아니다."라고 한다. 그리고 그 어느 한 교파의 직제를 절대화할 수 없다고 못 박으면서도 평신도의 교역활성화를 강조하고, 개교회들의 유기적 관계를 중요시하며, 국가권력과 야합하지 않는 장로교 제도를 다음과 같이 권장하고 있다.

> 장로교 정치 형태는 모든 회원이 교역의 책임을 짊어져야 할 것을 인정하고 모든 개교회들의 유기적 관계를 유지한다. 그것은 교회를 교권과 국가 권력의 횡포와 야심에서 보호한다. 교회의 직제마다 항상 개혁에로 개방되어 있어야 한다. 그것은 시대의 요구에 따라 화해의 사명을 더 효과적으로 수행하는 도구가 되어야 한다.

그리고 모이는 교회와 흩어지는 교회를 언급하면서 전자의 경우 하나님 찬양, 말씀의 청종, 세례, 성만찬, 기도, 성도의 교제 등을 말하며, 후자의 경우에는 세상 속에 침투하여 여러 사명을 감당하는 교회를 말한다. 그리고 제2부 '화해의 사역' 중 제1장 제3절은 '화해의 복음'은 타종교에서 발견될 수 없다는 것을 전제한 타종교와의 대화를 논하되, 기독교 역시 이 화해의 복음에 의해서 심판받아야 할 여러 종교 중의 하나라고 보고 있다.

그 다음 제2부 제1장 제4절 '사회 속에서의 화해'는 제2부의 핵심에 해당된다. 이는 이 세상을 위해서, 그리고 이 세상을 대신하여 이 세상 속으로 파송 받은 혹은 흩어진 교회로서 교회가 감당해야 할, 세상을 향한 모든 화해교역을 말하고 있다. 즉, 교회의 '화해사역'은 미국 사회가 안고 있는 여러 차원에서의 화해의 문제들로 집중하고 있다. 여기서 논의되는 내용은 a. 인종차별과 이민 온 소수 민족의 차별로 인해서 일어나는 사회적 불화, b. 국가 간의 적대관계와 전쟁, c. 가진 자와 못 가진 자와의 계급투쟁, d. 남자와 여자의 불화와 적대관계인 바 이는 미국 사회의 불화 요인들이다. 교회는 성령을 통해서 예수 그리스도의 화해의 사역을 이와 같이 보편사 속에서 구현하여야 한다.

이상과 같은 흩어지는 교회의 사회참여는 1960년대의 미국사회와 인류사회의 급박한 상황의 도전에 대한 응답으로 이해된다. 1960년대에 미국은 케네디 대통령과 마틴 루터 킹 목사의 암살을 경험하였고, 인류사회는 베트남 전쟁, 중국의 문화혁명, 일본과 유럽 여러 나라들에 있어서 학생들의 데모, 그리고 네오마르크스시즘을 경험하였으며, '세계교회협의회'(WCC)는 1968년 웁살라 총회에서 교회의 사회참여를 그 어느 시기보다도 더 강조하는 '하나님의 선교'의 첨예화를 경험하였다. 물론 이 글이 「바르멘 신학선언」에 대한 해설에서 밝힌 대로, 이 신학선언이 히틀러의 이념에 동조하는 '독일 기독교인들'과 독일의 국가교회와 나치당에 항거하는 의미를 갖는 만큼 교회의 사회참여를 촉구하고 있다고 보아, 여러 측면에서 바르멘의 신학선언의 영향을 받은 미국의 "1967년도 신앙고백"이 그 사회참여에 있어서 바르멘에 빚진 바 없지 않다고 보인다.

그리고 1962~1965년에는 제2바티칸 공의회 역시 교회의 사회참여를 강조하였으니, 중남미의 로마 제2는 1969년 제2차 메델린 주교 총회에서 해방신학의 등장을 막을 수 없었다. 1972년 구티에레츠의 「해방의 신학」은 해방신학의 고전으로서, "1967년도 신앙고백"의 교회의 사회참여 신학과도 무관하지 않았던 것 같았다. 미국의 경우, 1970년대에 들어서면서 남성과 여성의 동등권의 문제가 등장하여 여성들이 교회의 행정부서에서 지도력을 크게 발휘하였고, 신학교에도 많이 등록하였다.

로저스와[13] 더불어 우리는 본 신앙고백에 나타난 교회의 사회참여 부분이 개혁교회 전통의 특징을 보여 주는 동시에, 사회참여의 정도에 있

---

13. Rogers, op. cit., p. 221.

어서 매우 과격하기까지 하다고 볼 수 있다. 이 부분은 상당한 정도로 칼 바르트의 화해론을 사회참여 쪽으로 적용한 것으로써, 바르트의 그 부분보다 훨씬 더 상황적 적용으로 나갔다고 보인다. 이는 방금 위에서 지적한 대로 1960년대의 상황 때문이었을 것이다. 그리고 로저스는 갈라디아서 3 : 28(너희는 유대인이나 헬라인이나 종이나 자유인이나 남자나 여자나 다 그리스도 예수 안에서 하나이니라)에 근거하여, 이 부분의 기본 입장을 "모든 인간은 하나님 앞에서 평등하다."고 하는 평등 원리로 본다.[14] 그도 그럴 것이 본 항목에 나타난 4가지 미국사회의 문제와 나아가서 국제사회의 문제가 모두 이 '평등 원리'에 입각해 있는 것으로 보이기 때문이다.

끝으로 제2부 제2장은 '교회의 무장'을 다루고 있다. 즉, 교회의 가장 중요한 사명이 무엇인가에 대해서 말한 다음에, 혹은 이 세상에 파송 받은 교회의 사명이 얼마나 중요한가를 논한 다음에, 본 항목은 교회가 이 사명을 수행하기 위하여 어떻게 무장되어야 하는지를 말하고 있다. 즉, 1. 설교와 가르침, 2. 찬양과 기도, 3. 세례, 4. 성만찬에 대하여 고백하고 있다.

(3) 제3부 화해의 실현

끝으로 제3부는 '화해'의 실현이 사회, 문화, 경제, 정치, 과학, 기술, 자연 등 보편적 세계에로 확산되어 그리스도의 통치가 계속 확장되어야 할 것을 말하고, 이어서 하나님 나라의 우주적, 종말적 실현의 소망을 선포하고 있다. 종말론적인 화해의 완성을 바라보는 교회는 이미 화해된 공동체로서 종말론적인 긴장과 충동을 가지고 성령의 역사로 교회 자체 내의 화해는 물론 사회, 문화, 경제, 정치, 과학, 기술, 자연과 같은

---

14. Rogers, op. cit., pp. 221-222. 로저스는 이 책에서 '인종차별', '나라들 사이의 평화', '노예화하는 빈곤', 그리고 '여성과 남성의 평등권'에 대해서 대체로 미국 역사에 비추어 자세히 논하고 있다.

교회 밖의 세계에 있어서의 화해를 위해서 힘써야 할 것이라고 한다. 하나님의 최종 승리로 죄악이 완전히 제거되는 '새 하늘과 새 땅'을 향하여 교회는 이 세상의 여정 속에서 하나님의 화해사역을 성령을 통해서 이 땅 위에 구현시켜야 한다. 본문을 다시 읽어 보자.

> 하늘의 도성(都城), 아버지의 집, 새 하늘과 새 땅, 혼인 잔치, 끝없는 날 등은 그리스도의 통치에 대한 성경적 비전과 형상들인데, 이것들의 절정은 왕국(the kingdom)의 형상이다. 왕국은 곧 하나님의 뜻에 항거하고 그의 창조를 파괴하는 모든 것에 대한 하나님의 승리를 뜻한다. 하나님의 통치는 이미 이 세상 속에 누룩으로 현존하면서 사람 속에 소망을 불러일으키고 세상으로 하여금 궁극적인 심판과 구속을 받도록 준비시킨다.

5) 의의와 비평

미국장로교회가 웨스트민스터 신앙고백 등 고전적인 개혁교회의 신앙고백만 사용해 오던 중, 현대 개혁신학자인 칼 바르트의 신학을 전적으로 수용하여 현대적인 신앙고백을 간결하게 표현했다는 데에 본 신앙고백서의 의의가 있다. 본 신앙고백서는 이미 논한 대로 고대교회의 신조나 16세기의 고전적 개혁교회의 신앙고백과 20세기의 바르멘 선언을 나름대로 인정하면서 미국적인 문제들(정치, 사회적 문제로서의 화해)을 바르트가 보는 성경의 중심(화해의 복음)과 연결시켰다는 점에서 공헌이 크나 할 수 있다. 비록 본 신앙고백이 흩어지는 교회의 사회참여에 있어서 바르트보다 한 걸음 더 나갔지만 말이다. 본 신앙고백은 웨스트민스터 신앙고백처럼 교리표준서가 아니라 성경의 중심 메시지와 상황을 연결시켰다. 그리고 이 신앙고백이 발표된 이후, 1983년 미국연합장로교(UPCUSA)와 남장로교(PCUS)가 미국장로교(Presbyterian Church in the USA)(PCUSA)로 통합되어, 1990년에는 "간략한 신앙진술"(A Brief Statement of Faith)이 작성되었지만 말이다.

"1967년도 신앙고백"이 우리나라 장로교에 대해서 어떤 의미를 지니는가? 우리 통합 측 장로교는 1968년도에 이 신앙고백을 둘러싸고 크게 논쟁을 벌였다. 그 이유는, 주로 그것이 신정통주의 신학의 성향과 첨예화된 교회의 사회참여를 말하고 있기 때문이요, 다른 한편 그것은 웨스트민스터 신앙고백을 비롯한 전통적인 개혁교회의 신학 전통으로부터 빗나갔기 때문이라고 하는 것이었다. 때문에 통합 측은 이를 배격하고, 웨스트민스터 전통을 재확인하였으나, 기장 측은 바야흐로 1972년에 웨스트민스터 신앙고백과 17세기 정통주의 개혁신학을 극복하는 '새 신앙고백'을 채택하였다. 이는 미국 장로교의 영향이라고 판단된다. 하지만 오늘날 한국장로교 안에는 '1967년도 신앙고백'과 '간결한 신앙진술'을 적극적으로 인정하는 사람들이 다수를 차지하고 있는 것으로 보이고, 이를 반영이나 하듯 통합 측이 2001년에 내놓은 "21세기 대한예수교장로회의 신앙고백서"는 신정통주의 신학에서 한 걸음 더 나아가 에큐메니즘을 지향하였다.

IV 미국장로교회의 신앙선언(1990)

1. 본 문[1]

1) 머리말

1983년에 미국에서 제일 큰 두 장로교단이 다시 연합하였다. 이 재연합 계획은 개혁신앙을 간결하게 진술하는 글을 준비하여「신앙고백집」(*the Book of Confessions*)에 삽입할 수 있게 하자는 안을 세웠다. 그러나 이 고백은 우리 개혁교회의 다른 고백들과 별도로 취급되기로 의도된 것이 아니다. 이 고백은 우리가 믿는 것들을 빠짐없이 열거한다거나 그것들 중 어느 것을 상세히 설명하려는 것도 아니다. 다만 공중예배 시

---

1. *The Book of Confessions*, pp. 273-276.

에 온 회중이 다같이 고백할 수 있도록 고안된 것이다. 또한 그것은 목사와 교사들이 기독교교육을 하는 데 도움이 될 수 있을 것이다. 우리가 다양성을 가지고 있음에도 불구하고, 하나의 공통된 신앙과 공통된 과업으로 함께 결속되어 있는 것을 다시금 발견하면서, 이 고백으로 그것을 축하하려는 것이다.

우리가 고백하는 신앙은 우리를 하나의 보편적인 교회(the one, universal Church)와 연합시킨다. 장로교인들의 가장 중요한 신앙들은 우리가 다른 그리스도인들과 공유하는 것이며, 특히 프로테스탄트 종교개혁을 예수 그리스도의 복음에 대한 하나의 갱신으로 보는 다른 복음적 그리스도인들과 공유하는 것들이다. 다양성은 그대로 남아 있다. 하지만 우리가 감사할 일은 우리 시대에 많은 교회들이 다양성을 수용하고 또 긍정하면서도 분열하지 않는 법을 배우고 있다는 사실이다. 그것은 어느 개인이나 어느 한 전통의 지혜보다도 하나님의 온전하신 계획이 월등하기 때문이다. 교회들이 다같이 하나님의 말씀의 생도들이 되기를 기뻐할 때 진리의 영(the Spirit of Truth)은 교회들에게 새로운 빛을 던져 줄 것이다. 그러므로 이 진술이 의도하는 것은 보편교회의 신앙을 고백하려는 것이다.

우리가 확신하는 바는 전체 교회의 유익을 위하여 보편교회의 신앙(the catholic faith)에 대한 명확한 비전이 개혁교회들에게 위탁되었다는 사실이다. 따라서 이 "간결한 신앙진술"(예배 모범집, 제2장 : 정치 형태에 언급된 바와 같이)은 개혁전통의 주요 주제들을 담았고, 그 주제들이 우리만의 사유물이라는 주장을 하지 않았다. 그것은 우리들 자신이 우리의 전통 밖의 다른 전통들이 가진 지혜와 통찰을 배우고, 또 나누어 가지기를 희망하기 때문이다. 그리고 이 고백은 보편교회적이고(catholic), 또한 개혁교회적인 것이 되기를 추구하기 때문에, 그것은(고후 13 : 13에 있는 사도의 축복을 따라서) 삼위일체론적인 고백이 되었고, 이 삼위일체의 틀거리 안에서 예수 그리스도의 은혜가 하나님의 주권적 사랑에 대한 우리의 지식과 성령 안에서 가지는 우리의 공동생활의 기초로서 제일 앞에 놓여졌다.

어떤 신앙고백도 단순히 과거만을 돌아보는 것은 아니다. 신앙고백서마다 현 시점의 요구들에 대해서 매우 가치 높은 유산의 빛을 던져 주고, 또한 미래를 형성하려고 노력한다. 특히 개혁교회의 고백들은 필요에 따라서는 하나님의 말씀(the Word of God)에 비추어서 그 전통 자체를 개혁하기까지도 한다. 개혁교회들은 처음부터 교회의 갱신이 반드시 인간 생활과 사회의 변혁 속에 가시적으로 이루어져야 한다는 것을 주장해 왔다. 그래서 이 "간결한 신앙진술"은 우리 시대에 있어서 교회의 주목을 가장 절실하게 끄는 관심사들을 제기하였다. 교회는 세상으로부터의 도피처가 아니다. 선택받은 백성은 만국으로 하여금 복을 받도록 하려고 택함을 받았다. 그러므로 건전한 신앙고백의 진가는 그것이 교회로 하여금 그러한 사명(the Church's mission)에 몰두하도록 양육할 때, 그리고 그 고백하는 교회 자체가 그리스도의 지상 사역의 복을 만국에게 계속하여 주는 도구가 될 때에 입증된다.

1. 사나 죽으나 우리는 하나님께 속해 있다.
2. 우리 주 예수 그리스도의 은혜와
3. 하나님의 사랑과
4. 성령의 교통하심으로,
5. 우리는 오직 한 분 삼위일체 하나님, 이스라엘의 거룩하신 분을 믿으며,
6. 그분만을 예배하고 섬긴다.
7. 우리는 예수 그리스도를 믿는다.
8. 그는 완전한 사람이시고, 완전한 하나님이시다.
9. 예수님은 하나님의 통치를 선포하셨고,
10. 가난한 자에게 복음을 전하시며,
11. 포로된 자에게 해방을 선포하시고,
12. 말씀과 행위로써 가르치시며,
13. 어린이를 축복하시고,

14. 병든 자를 고치시며,
15. 마음 상한 자를 싸매어 주시고,
16. 버림받은 자와 함께 잡수시며,
17. 죄인을 용서하시고,
18. 모든 사람을 불러 회개하고 복음을 믿게 하셨다.
19. 예수님은 신성모독과 소요선동죄로 부당하게 정죄되어
20. 십자가에 못 박히시고,
21. 인간의 고통의 깊이를 몸소 겪으시며,
22. 세상 죄를 위하여 자기 생명을 내어 주셨다.
23. 하나님은 이 예수를 죽은 자들 가운데서 살리시어
24. 그의 죄 없는 삶을 변호하시고,
25. 죄와 악의 권세를 깨뜨려
26. 우리를 죽음에서 건져 영생에 이르게 하셨다.
27. 우리는 하나님을 믿는다.
28. 예수님은 그를 아빠, 곧 아버지라 부르셨다.
29. 하나님은 주권적 사랑으로 세상을 선하게 창조하셨으며,
30. 각 사람을 하나님의 형상대로 동등하게 지으시어
31. 남자와 여자, 각 인종과 백성을
32. 한 공동체로 살게 하셨다.
33. 그러나 우리는 하나님을 반역하고, 우리의 창조자를 피하여 숨는다.
34. 하나님의 계명을 무시하고,
35. 다른 사람과 우리 자신 속에 있는 하나님의 형상을 깨뜨리며,
36. 거짓을 참이라고 받아들이고,
37. 이웃과 자연을 착취하며,
38. 우리에게 맡겨 돌보게 하신 지구를 죽음에 직면케 하고 있다.
39. 우리는 하나님의 정죄를 받아 마땅하다.
40. 그래도 하나님은 창조하신 세상을 구속하시려고 공의와 자비로 행동하신다.
41. 영원한 사랑으로
42. 아브라함과 사라의 하나님은 언약의 백성을 택하시어
43. 이 땅 만민이 복을 받게 하셨다.
44. 그들의 울부짖음을 들으시고,
45. 하나님은 이스라엘 자손을

46. 종 되었던 집에서 구원해 주셨다.
47. 지금도 우리를 사랑하셔서
48. 하나님은 그리스도와 더불어 우리를 언약의 상속자로 삼으신다.
49. 마치 젖먹이를 물리치지 않는 어머니처럼
50. 집으로 돌아오는 탕자를 맞으러 달려가는 아버지처럼
51. 하나님은 여전히 신실하시다.
52. 우리는 하나님이신 성령을 믿는다.
53. 그는 어디서나 생명을 주시고, 생명을 새롭게 하시는 분이시다.
54. 성령은 은혜로 믿음을 통하여 우리를 의롭게 하시고
55. 우리를 자유케 하사 자신을 받아들이게 하시며 하나님과 이웃을 사랑하게 하시고,
56. 우리를 모든 믿는 자와 함께 묶어
57. 그리스도의 한 몸인 교회 되게 하신다.
58. 바로 이 성령께서
59. 일찍이 선지자와 사도들을 감동시키셨고,
60. 이제는 성경을 통하여 그리스도 안에서 우리의 신앙과 생활을 다스리시며,
61. 선포된 말씀을 통하여 우리를 붙드시고,
62. 세례의 물로 우리를 자기의 소유로 삼으시며,
63. 생명의 떡과 구원의 잔으로 우리를 먹이시고,
64. 여자와 남자를 교회의 모든 교역(all the ministries of the Church)으로 부르신다.
65. 깨어지고 두려운 세상에서
66. 성령은 우리에게 용기를 주시어
67. 쉬지 않고 기도하게 하시고,
68. 모든 백성 중에서 그리스도를 주와 구세주로 증언케 하시며,
69. 교회와 문화 속에 있는 우상숭배를 폭로케 하시고,
70. 오랫동안 말 못하고 살던 사람들의 소리를 듣게 하시며,
71. 정의, 자유, 평화를 위하여 다른 사람들과 함께 일하게 하신다.
72. 하나님께 감사하면서 성령이 주시는 힘으로
73. 우리는 일상생활에서 그리스도를 섬기며,
74. 거룩하고 기쁘게 살기를 힘쓰며,
75. 하나님의 새 하늘과 새 땅을 깨어 기다리면서,

76. "주 예수여 어서 오시옵소서."라고 기도한다.
77. 모든 시대와 장소의 믿는 자들과 더불어
78. 우리가 기뻐하는 것은 사나 죽으나 그 아무것이라도
79. 우리 주 그리스도 예수 안에 있는 하나님의 사랑에서 우리를 끊을 수 없기 때문이다.
80. 성부와 성자와 성령께 영광을 돌릴지어다.[2] 아멘.*

* 이 줄을 읽는 대신 회중은 성삼위 송영 찬송 중의 하나를 부를 수 있다.

2. 해 설

1) 미국장로교의 재연합과정

19세기 말 남북전쟁 이래로 4분 5열 된 미국의 장로교회는 1937년부터 연합을 위해서 애쓰기 시작하여 1950년대에 오면 보다 본격적인 연합을 추진한다. 북미에 있는 미국장로교(The Presbyterian Church in USA)는 1958년 북미연합장로교(The United Presbyterian Church of North America)와 합류하여 미국연합장로교(The United Presbyterian Church in the USA)(UPCUSA)가 되었다.

이와 같은 통합과정의 역사를 돌이켜 보면, 이미 1944년에서 1950년까지 북미연합장로교가 개혁장로교(The Reformed Church in America)와도 통합을 위한 노력을 기울였고, 북미의 미국장로교(PCUSA)와 남장로교(The Presbyterian Church in the US)와의 일치협상에도 참여하였다. 남장로교와 북미의 미국장로교와 북미의 연합장로교는 개혁장로교연합회(The Associate Reformed Presbyterian Church)와 각각 통합을 위한 협상을

---

2. 역자는 나채운, 「주기도, 사도신조, 축도」(서울 : 성지출판사, 2001), pp. 436 - 441에 실려 있는 번역본을 참고하였다.

벌였으나, 열매를 거둘 수가 없었다.

   1954년에서 1955년까지 남장로교의 노회들은 일치반대 투표를 했으나, 이미 지적한 대로 북미의 장로교(PCUSA)와 북미의 연합장로교(UPC)는 통합을 위한 대화를 계속 추진하여 1958년에는 미국연합장로교(UPCUSA)로 통합되었다. 1961년에 남장로교는 개혁장로교(RCA)와의 통합협상을 다시 시작하여, 1969년엔 남장로교의 노회들의 경우는 통합에 찬성하는 투표가 우세하였고, 개혁장로교는 통합반대 투표를 했다. 그 후, 미국연합장로교와 남장로교는 1960년대부터 본격적인 재통합을 추진하였는데, 1970년대 들어와서 좀더 본격적으로 추진하여 1982년 양 교단의 정기총회에서 재통합 계획안을 놓고 각각 가결투표를 했다.[3]

   그리하여 미국의 장로교는 1983년 6월 10일 조지아 주 애틀랜타 총회에서 122년간의 분열을 접고, 미국연합장로교(UPCUSA)와 남장로교(PCUS)가 '미국장로교'(Presbyterian Church in the USA)(PCUSA)로 통합되었다.

   이상에서 논한 미국장로교의 재통합 과정은 상당 부분 정치적인 차원에서 이루어진 것이 사실이다. 그도 그럴 것이 로버트 H. 블로그는 그의 논고의 부제(副題)를 '정치적인 차원'이라고 제한하였기 때문이다. 때문에 우리는 미국장로교의 재통합 과정에서 신학 외적인 요인들도 중요시해야 한다. 다원화 목회, 1960년대의 교회의 사회참여, 공동 예배모범 특위의 활동, 선교에 초점을 맞춘 교단의 구조조정 특위 활동, 교육 프로그램, 통합 노회들, 평화를 위한 프로그램, 보수적 복음주의자들의 협조, 1981년의 재통합안 등은 미국장로교의 재통합을 실제로 가능케 했던 신학 외적인 요인들이다.[4] 사실상 교회일치를 위한 신학 작업의 구체

---

  3. Robert H. Bullock, Jr., "Presbyterian Reunion and Union Negotiations, 1937–1955 : The Political Dimensions", in *Journal of Presbyterian History*(Summer, 1982), p. 145.
  4. Lofferts A. Loetscher, *A Brief History of Presbyterians*(The Westminster

적인 표현인 "간결한 신앙진술"(A Brief Statement of Faith)은 재통합이 이룩된(1983) 이후 1990년에 나왔다.

2) 신학적인 재통합과정 - 특히 성경관

대체로 미국의 북쪽에 있는 장로교단들이 남장로교단보다 신학적으로 진보적이었고, 개혁 장로교는 가장 보수적이었다. 이 글은 미국의 장로교단들이 신학적인 보수 대 진보의 싸움으로 오랫동안 통합을 이룩할 수 없었던 것으로 보고, 재통합의 신학적인 요인, 특히 성경관을 둘러싼 갈등과 화해의 과정을 살펴볼 것이다.

1729년 미국의 장로교 목사들이 목사 안수를 받거나 노회에 가입할 경우에 웨스트민스터 신앙고백에 서명을 해야 했으나, 그럼에도 불구하고 어느 정도 이 신앙고백을 자유롭게 해석할 수 있었고, 이 신앙고백의 신앙 항목들 가운데 본질적인 것과 그렇지 않은 것을 구분도 할 수도 있었다. 그러나 1700년대와 1800년대에 장로교 내의 신학 논쟁으로 장로교 신학의 정체성이 문제된 후, 1892년엔 미국의 장로교가 웨스트민스터 신앙고백을 더욱 보수지향적으로 해석하였고, 장로교 정치체제를 더욱 경직화시켰다. 바로 이때부터 성경관이 더욱 경직화되었고, 17세기 정통 개혁신학이 더욱 강조되었던 것이다.[5]

그런데 1920년대 말과 1930년대에 들어서면서 미국의 장로교(북쪽의 그것이든, 남쪽의 그것이든지)는 칼 바르트 등 신정통주의 신학의 영향으로 신학적인 보수 대 진보의 갈등의 변화를 보이기 시작하였다. 급기야 1926년과 1927년에 북쪽에 있는 미국장로교(The Presbyterian Church in the USA)의 경우, 총회가 웨스트민스터 신앙고백의 본질적 신앙 항목들

Press, 1978), pp. 172 이하.
5. James H. Moorhead, "Redefining Confessionalism : American Presbyterians in the Twentieth Century", in *The Confessional Mosaic*, ed. by Milton J. Coalter, John M. Mulder and Louis Weeks(Westminster Press, 1990), p. 82.

(essential articles)을 단언적으로 정의할 수 있는 권한을 소유하고 있지 않다고 하는 보고서를 채택하였다.[6]

북쪽은 위의 결의에 이어, 1948년 「기독교 신앙과 삶」(*Christian Faith and Life*) 등 주일학교 교과내용에 있어서 신정통주의 신학을 수용하였고, "1967년도 미국연합장로교의 신앙고백"에 의하여 교단 신학의 방향을 확정지었다. 그러나 1920년대 말과 1930년대의 신학적인 기상 변화는 남장로교에서도 일어났다. 1940년대의 「남쪽의 장로교인들」(*The Presbyterians in the South*)이라는 주간지, 1963년의 「해석」(*Interpretation*)이라고 하는 성경 신학 잡지, 1962년 신학적인 변화에 부응하여 남장로교 총회가 내놓은 「간략한 신앙진술」(*A Brief Statement of Belief*) 및 1976년 「신앙고백집」(*The Book of Confessions*)에 포함시킬 것을 제안하였으나 가결될 수 없었던 「신앙선언」(*A Declaration of Faith*)은 북쪽 장로교에 상응하는 신학적인 기후의 변화를 웅변적으로 말해 주고 있다.[7]

그런데 이상과 같은 북·남 미국장로교의 신학적인 변화과정은 미국장로교 내에 신학적인 다원화의 과정을 초래하였다. 그리하여 1983년 재통합 이후 미국장로교 제200차 총회는 "그리스도는 나뉘었는가? 장로교 신앙공동체 안에서의 신학적인 다원주의를 위한 특별연구위원회의 보고서"에서 미국장로교 안에서의 신학적인 다원주의를 공식화한 셈이다. 또한 재조직된 미국장로교 안에 '신학과 예배 위원회'(Theology and Worship Ministry Unit)가 생겼는데, 이 기구 산하에 '다원주의' 분과가 있게 되었다.[8]

위 보고서는 성경내용의 통일성과 다양성을 제시함으로써 미국장로교 내에서의 신학의 통일성과 다양성도 아울러 암시하고 있다. 다음의

---

6. Ibid., pp. 59–60.
7. Ibid., pp. 61–75.
8. Jack B. Rogers and Donald K. McKim, "Pluralism and Policy in Presbyterian Views of Structure", in *The Confessional Mosaic*, p. 55.

제3장 20세기 개혁교회 신앙고백

인용을 읽어 보자.

> 장로교인들은 성경이 '예수 그리스도에 대한 유일하고 권위 있는 증언'이요, 신앙과 행위에 대한 오류 없는 유일한 길잡이라고 고백한다. 하지만 성경내용은 한 가지가 아니라 여러 가지이다. 성경은 증언들과 표지판들의 모음이기 때문이다.[9]

> ……성경의 여러 책들을 통일시키고, 이것들을 경전으로 묶는 것은 예수 그리스도에 관한 이야기에서 절정에 달하는 하나님의 인류와의 이야기에 대한 일관성 있는 증언이다.[10]

이제 결론적으로 1990년에 채택된 "간결한 신앙진술"(A Brief Statement of Faith)에서 성경의 자리매김을 살펴보자. 본 신앙진술은 아래와 같이 말한다.

> 예언자들과 사도들을 영감시켰던 동일한 성령께서 예수 그리스도 안에서 성경을 통하여 우리의 신앙과 삶을 지배하시고, 선포된 말씀을 통하여 우리에게 관여하신다.[11]

즉, 본 신앙진술은 우리 믿는 자와 삼위일체 하나님과의 관계, 예수 그리스도의 위격과 사역, 하나님의 창조와 예수 그리스도에게서 절정에 도달하는 은혜의 언약을 논한 다음, 성령을 언급하는 맥락에서 '성경'과 '설교된 말씀'에 대해서 언급하고 있다. 그리고 '성경관'이 말씀을 통해

---

9. "Is Christ Divided? Report of the Task Force On Theological Pluralism Within the Presbyterian Community of Faith"(Louisville, Kentucky : Office of the General Assembly, PCUSA, 1988), p. 5, 재인용 : *The Confessional Mosaic*……, p. 55.
10. "Is Christ Divided?", p. 6.
11. A Brief Statement of Faith : Presbyterian Church(USA), Approved by the 202nd General Assembly(1990).

서 성령 역사로 일어나는 칭의론 직후에 나타나고, 이 성경에 대한 언급에 이어서 세례와 성만찬, 그리고 교회의 사회참여로 나가고 있는 것은 복음을 성령 역사로 수용하여 세례와 성만찬에 참여하면서 사회참여에 동참하는 믿는 사람이라야 성경을 그의 신앙과 삶의 표준으로 삼는다는 말이다.

이상과 같은 "간결한 신앙진술"에 나타난 성경관은 성경 안에 있는 '여러 진리들'(a set of truths)이 아니라 신학화 이전의 '하나님의 구원행위' 혹은 '복음'을 성경의 통일성으로 본다. 우리는 여기에서 성경의 중심 메시지에 의한 통일성과 성경의 여러 메시지들에 의한 다양성, 그리고 장로교단 내의 신학적인 통일성과 다양성을 찾아 인정하면서 서로가 서로를 받아들여야 할 것이다.[12]

작성 과정, 제목 결정, 그리고 성격 : "재연합 계획"은 1984년 5월, 21인 위원회를 구성하여 초안을 작성케 하였다. 그리하여 향후 5년 동안 수차례의 협의회를 거쳐서 1989년에 하나의 새로운 "간결한 신앙진술"이 총회에 제출되었고, 이 총회는 논의 끝에 소폭 수정을 요구하면서 15인 위원회(예배 모범에 규정된 대로)를 새로 구성하여 다음 해까지 마무리하도록 했다. 그래서 1990년엔 수정 보완된 판이 받아들여졌고, 각 노회로 보내서 모든 노회의 3분의 2 이상의 투표를 받는 수의과정을 거치도록 하였다. 그리하여 1991년 볼티모어 총회에서 완전히 통과되었다.

본래 제안된 제목은 "개혁신앙의 간결한 진술"(A Brief Statement of Reformed Faith)이었다. 그런데 결과적으로 본 문서는 논란의 여지가 많은 개혁신학보다는 성경적 신앙과 보편교회의 신앙(the catholic Faith)을 더 강조해야 한다고 하는 일치된 주장에 따라서 결국 그 최종 제목을 "간결한 신앙진술"(A Brief Statement of Faith)이라고 확정지었다. 미국장로교 헌법의 다른 한 부분인 "예배모범"은 "삼위일체 하나님의 신비"와 "예

---

12. Lofferts A. Loetscher, *A Brief History of Presbyterians*, p. 167.

수 그리스도 안에서 일어난 하나님의 영원한 말씀의 성육신"과 같은 가톨릭교회와 공유하는 보편교회의 신앙과 "은혜만으로, 신앙만으로, 그리고 성경만으로"와 같은 모든 개신교가 중요시 여기는 주제들 외에 다음과 같은 개혁교회 혹은 장로교 고유의 신학적인 주제들을 소개하고 있다.

구원과 섬김을 위한 하나님의 백성의 선택, 하나님의 말씀을 따른, 교회 안에의 엄격한 치리와 권징의 삶으로 특징 지워지는 언약의 삶, 하나님의 창조세계의 선물을 낭비하거나 남용하지 않고 바르게 사용하는 하나의 신실한 청지기직, 우상숭배와 폭정에로의 인간적인 경향에 대한 인정과, 정의와 하나님의 말씀에 순종하는 삶을 추구함으로써 사회를 변화시키기 위한 하나님 백성의 부름(The Book of Order, 2.0300-2.0500).

하지만 위에서 열거된 개혁신학이 논란의 여지를 지니고 있는 부분(선택교리 같은 것)도 있고, 상당 부분은 다른 개신교 신학에서도 발견될 수 있는 것들이기 때문에, 작성 위원들은 결국 제목을 "개혁신앙의 간결한 진술"(A Brief Statement of Reformed Faith)이라 하지 않고, "간결한 신앙 진술"(A Brief Statement of Faith)이라 하였다.[13]

대체로 역사를 돌이켜 보면, 신앙고백들은 이단논박의 상황에서, 국가나 사회나 문화의 위기 상황에서, 혹은 예배와 기독교교육을 위한 지침서가 필요한 상황에서 작성되곤 했는데, 본 신앙진술은 "신실한 공동체의 삶에서 유용한 기능을 발휘하게 하기 위한 것"[14]이다. 구체적으로 그것은 교회의 삶에 관계된 바, 예배와 기독교교육을 위해서 사용될 것을 기대하였다. 그러면 본 신앙진술은 어떤 상황에서 작성하지 않으면 안 되었을까? 대부분의 목사들은 목회를 하는 동안 회중들로 하여금 장로교의 기본신앙을 알려야 할 필요성을 느꼈고, 많은 평신도들이 장로

---

13. William C. Placher and David Willis-Watkins, *Belonging to God : A Commentary on A Brief Statement of Faith*(Louisville, Kentucky : Westminster/John Knox Press, 1992), pp. 8-11.
14. Ibid., p. 13.

교인으로 성장하지 못하는 경우들이 많음을 경험하였으며, 미국의 문화와 교회교육이 성경과 기독교 교리들에 대한 최소한의 지식도 제공할 수 없다고 생각하였다. 장로들의 경우 장립식에서 「신앙고백집」(*The Book of Confessions*)에 의해서 지도를 받는다고 약속하지만, 그것이 너무 방대한 분량의 내용이기 때문에 그렇게 쉽게 인도함을 받을 수가 없다고 생각되었던 것이다. 때문에 "간결한 신앙진술"이 나왔다.

본 신앙진술은 삼위일체론과 기독론을 전제하는 정도로 다룬 "1967년도 신앙고백"과는 달리, 그것을 정면에 부각시킬 뿐만 아니라 삼위일체를 내용 전체의 틀 거리로 삼고 있고 지구환경을 의식하였으며, 남성 중심의 언어가 아니라 '포괄적인 언어'를 의식하였으며, 끝으로 현대사회와 교회의 폭 넓은 다양성과 다원성과 지역화를 염두에 두었다.[15] 아마도 개혁교회의 다양성과 기독교의 다양성, 그리고 문화의 지역화를 하나로 묶어 통일성을 지향하기 위해서 본 신앙진술은 그렇게나 짧게, 그러나 그 어떤 기독교인도 거부하기 힘든 기독교 신앙의 본질을 제시하였다고 보인다.

3) "간결한 신앙진술"과 「신앙고백집」

위의 "간결한 신앙진술"은 「신앙고백집」(*The Book of Confessions*)에 포함되었다. 여기에 포함된 이유는 본 "간결한 신앙진술"을, 그동안 미국장로교가 귀하게 여긴 9개의 개혁신학 전통의 신앙고백들로부터 고립시키거나 절대화시킨 것이 아니라 개혁신앙의 고백사(史) 속에 자리 매김시키려 의도하였기 때문이다. 이 9개의 신앙고백들을 열거하면, 니케아 신조와 사도신경과 같은 고대 에큐메니칼 신조, 스코틀랜드 신앙고백, 하이델베르크 교리문답, 제2스위스 신앙고백, 웨스트민스터 신앙고백, 웨스트민스터 소요리문답과 대요리문답, 바르멘 신학성명, 그리고

---

15. Ibid., pp. 12-13.

1967년도 미국연합장로교의 신앙고백이다. 놀라운 것은 웨스트민스터 신앙고백과 바르멘 신학성명 혹은 1967년도 신앙고백이 상호 충돌하는 부분들을 가지고 있음에도 불구하고, 하나의「신앙고백집」에 실었다고 하는 점이다. 이는 오늘날 미국장로교가 성경과 신학의 다양성 차원에서 이 둘을 받아들이고, 동시에 복음을 성경과 신학의 통일성으로 보기 때문이다. 또한 이「신앙고백집」은「예배모범집」과 함께 미국장로교 헌법의 내용을 구축하고 있다.

3. 본문 전체의 내용구조

본 신앙진술의 내용구조는 다섯 부분으로 되어 있다. 그것을 소개하면 아래와 같다.

   Ⅰ. 삼위일체 하나님에 대한 신앙
      1. 우리의 소속(1-6)

   Ⅱ. 예수 그리스도에 대한 신앙
      전적으로 인간이시고, 전적으로 하나님이신 예수 그리스도
      2. 성육신(7-8)
      3. 교역(9-18)
      4. 십자가(19-22)
      5. 부활(23-26)

   Ⅲ. 하나님에 대한 신앙
      예수께서 아빠, 아버지라고 부르신 하나님
      6. 하나님-아빠-아버지(27-28)
      7. 창조(29-32)
      8. 죄(33-39)
      9. 언약(40-51)

Ⅳ. 하나님이신 성령에 대한 신앙
   10. 성령의 생명(52 - 57)
   11. 교회의 회집(58 - 64)
   12. 하나님의 백성의 증언(65 - 71)
   13. 기쁨에 찬 견인(72 - 76)

Ⅴ. 결 론
   14. 소망과 영광(77 - 80)

4. 본문에 대한 신학적인 해석

1) 삼위일체 하나님에 대한 신앙

(1) 우리의 소속(1 - 6)

우리는 위에서 제시한 내용구조를 신학적으로 설명할 수 있다. '결론'까지 다섯 부분으로 되어 있는 본 '간결한 신앙진술'은 '삼위일체 하나님에 대한 신앙'을 첫 번째 부분에(1-6) 놓고 있고, 이어서 '예수 그리스도에 대한 신앙'을 두 번째 부분에, '하나님에 대한 신앙'을 세 번째 부분에, 그리고 '하나님이신 성령에 대한 신앙'을 네 번째 부분에 놓고 있는 바, 결국 두 번째, 세 번째, 그리고 네 번째 부분은 첫 번째 부분의 삼위일체론을 각 위격별로 진술하고 있다. 이처럼 본 "간결한 신앙진술"의 전체 구조는 삼위일체론적이다. 적어도 본 신앙진술은 사도신경과 니케아-콘스탄티노플 신조와 같은 고대 에큐메니칼 신조와 같은 보편교회의 삼위일체 신앙을 매우 존중하고 있는 것으로 보인다. 위격의 각론 부분에서 기독론의 경우 예수 그리스도를 '참하나님과 참인간'(vere Deus et vere Homo)이라 하였고, 성령론의 경우 성령을 '생명의 부여자'(the Life-Giver)라고 한 것 역시 보편교회의 정통 기독론과 정통 성령론에 해당한다.

이처럼 개혁전통이 삼위일체론을 중요시 여기게 된 배경으로는 1975년 WCC 나이로비 총회가 신앙과 직제 위원회에게 사도적 신앙의 공동 표현을 연구하여 확정지으라고 하는 위임을 주어, 결국 1981년부터 그와 같은 작업을 시작하여 1991년엔 「하나의 신앙을 고백하면서 : 니케아-콘스탄티노플 신조(381)로 고백된 사도적 신앙에 대한 에큐메니칼 해석」을 마무리하여 출간하였으며, '세계개혁교회 연맹'(WARC)과 동방정교회가 삼위일체론에 대해서 1988년부터 공식적인 양자 간 신학대화를 통해서 1992년 취리히의 카펠에서 "성삼위일체론에 대한 일치된 진술"(Agreed Statement on the Holy Trinity)을 내놓은 것을 들 수 있을 것이다.

1~6에 있어서 우리는 통상 축도로 사용되는 고린도후서 13 : 13에 근거한 삼위일체론을 고백하고, 이 삼위일체 하나님을 이스라엘의 거룩하신 분과 완전히 동일시하고 있는 것을 발견한다. 우리는 죽든지 살든지 이 하나님만을 믿고 예배하며 섬겨야 한다고 한다. 본 신앙진술은 우리가 신뢰하여야 할, 그리고 죽으나 사나 우리가 속해 있는 하나님의 정체성에 관하여, 구약의 야훼 유일신이나, 이슬람의 유일신이나, 그 어떤 철학적인 유일신이나, 삼신론이나 범신론이나 그 어떤 단일신론이나 다신론도 거부한다. 이 신앙진술은 "창조세계를 지키시고 지탱하시며, 우리를 구속하시고 화해케 하시며, 우리 가운데 지금도 역사하시는 은혜와 사랑의 하나님"[16]을 고백하고 있다. 특히 본 신앙진술은 고린도후서 13 : 13에 근거하여, 삼위의 각각을 진술함에 있어서 기독론, 성부론, 성령론을 논하고 난 다음에 결론에서 종말론을 논한다. 이처럼 위격의 각론에서 기독론으로 시작하는 신학은 칼 바르트 등 '신정통주의 신학'의 영향으로 보인다. 하나님의 아들, 예수 그리스도의 사역은 성령의 역사 가운데 일어난 '계시'요, 하나님과 인류 사이의 '화해'로서 성령을 통한 아버지 하나님의 자기 계시요, 성령을 통한 아버지 하나님의 화해사역

---

16. Ibid., p. 14.

이기 때문이다.

"사나 죽으나 우리는 하나님께 속해 있다."고 하는 확신은 비인격적인 세계로부터 우리를 인격적인 하나님께로 부르고, '다원세계의 갈등하는 충성의 대상들'[17] 가운데 우리를 삼위일체 하나님에 대한 절대적인 충성으로 부른다. 여기에서 우리는 하나님의 정체성과 아울러 우리 믿는 사람들의 정체성과 삶의 기본적인 목적과 방향을 발견한다. 이처럼 하나님과 우리 믿는 사람들 사이의 불가분리의 관계는 개혁교회의 예배예전에서 사용되는 시편 100편에서 발견되고, 칼빈의 「기독교 강요」(1559)와 「하이델베르크 교리문답」(1562)에서도 만난다.

……우리는 하나님의 것이다. 때문에 우리는 하나님을 위해서 살고 하나님을 위해서 죽읍시다. 우리는 하나님의 것이다. 때문에 하나님의 지혜와 뜻이 우리의 모든 행동들을 다스리게 합시다. 우리는 하나님의 것이다. 때문에 우리의 삶의 모든 부분들이 우리의 유일한 합법적인 목표이신 하나님을 향하여 힘쓰고 애씁시다(Inst. 3. 7. 1).

(문1) 살든지 죽든지 당신의 유일한 위로는 무엇입니까?
(답) 살든지 죽든지 간에 나의 몸과 영혼은 모두 나 자신에게 속한 것이 아니라 나의 신실하신 구주 예수 그리스도에게 속한 것입니다. 이 예수 그리스도는 그의 십자가의 피값으로 나의 모든 죄를 속하셨고, 나를 악마의 굴레에서 해방시키셨습니다. 바로 이분이 나를 잘 지켜 주시기 때문에 하늘에 계신 아버지 하나님의 뜻이 아니고는 머리털 하나라도 상할 수가 없습니다…….[18]

2) 예수 그리스도에 대한 신앙

(2) 성육신(7-8)
본 신앙진술은 칼케돈 공의회(451)의 정통 기독론(vere Deus et vere

---

17. Ibid., p. 37.
18. Ibid., p. 39.

Homo)을 따라서 성육신을 이해하고 있다. 즉, 나사렛 예수께서 하나님의 아들로서 참인간이 되신 그리스도라고 하는 것이다.

(3) 교역(9-18)

본 신앙진술은 공관복음서가 이야기하고 있는 예수님은 바로 위에서 지적한 하나님의 아들과 그리스도(메시야)로서 그의 지상 교역을 감당하셨는데, 무엇보다도 '하나님의 통치' 혹은 '하나님의 나라'를 선포하셨다고 한다. 그리고 10~18은 이 '하나님 나라'의 교역 내용을 말한다.

(4) 십자가(19-22)

본 신앙진술은 하나님의 아들이시요, 그리스도이신 예수께서 십자가를 지심으로써 "인간의 고통을 몸소 겪으시며", "세상 죄를 위하여 자기 생명을 내어 주셨다."고 한다.

(5) 부활(23-26)

본 신앙진술은 끝으로 하나님께서 예수님을 "죽은 자들 가운데서" 부활시키셨으니, 이는 "죄와 악의 권세를 깨뜨려 우리를 죽음에서 건져 영생에 이르게 하셨다."고 한다.

3) 하나님에 대한 신앙

(6) 하나님 - 아빠 - 아버지(27-28)

우리는 아빠, 아버지이신 하나님을 믿는다. 하나님의 아들 예수님은 겟세마네 동산에서 "아빠 아버지여 아버지께는 모든 것이 가능하오니 이 잔을 내게서 옮기시옵소서"(막 14:36 상)라고 절규하시면서 십자가의 쓴 잔을 피하시고 싶으신 참인간의 모습을 보이셨다. 여기에서 하나님은 하나님의 아들이신 예수께서 아버지라고 부르신 그 하나님이시요, 하나님의 아들 예수님을 죽은 자들 가운데서 부활시키신 아버지 하나님이시요,

나아가서 사도들과 초기 기독교회가 아버지라고 부른 그 하나님이시다. 적어도 하나님은 아들 및 성령과의 관계에서 아버지 하나님이시다. 즉, 아버지 하나님께서 영원히 아들을 낳으시고, 성령을 내쉬시면서 이 성령을 아들 안에 머물게 하시다가 우리에게 선물로 파송하신다.

(7) 창조(29-32)

창조의 동기는 하나님 아버지의 주권적인 사랑이고, 인간을 그의 형상대로 지으시되 남성과 여성, 모든 인종과 종족들로 하나의 공동체를 이루게 하셨다고 한다. 우리에게 하나님 아버지의 사랑을 성령을 통해서 계시하신 하나님의 아들 예수 그리스도께서는 창조의 중보자이시기 때문에, 창조의 세계와 인간의 역사는 본디 사랑의 동기에서, 그리고 사랑을 목적으로 지은 바 되었다. 삼위일체 하나님과 인간공동체와 우주만물이 함께 사랑으로 서로 교류하고 내주하여, 사랑의 샬롬 공동체를 이루는 것이 바로 하나님이 본래 뜻하시고 원하셨던 것이있다.

(8) 죄(33-39)

그러나 인간은 하나님을 반역하고, 하나님의 계명을 무시하며, 하나님의 형상을 깨뜨리고, 자연을 착취하며, 지구를 죽음으로 내모는 죄를 범하였다. 그래서 인간은 정죄를 받아 마땅하다는 것이다. 결국 그래서 샬롬 공동체가 파괴된 것이다.

(9) 언약(40-51)

그럼에도 불구하고 하나님께서는 창조하신 세상과 인류의 역사를 그의 공의와 자비로 구속하신다. 본 신앙진술은 구약의 구속사 속에서 행동하시는 하나님을 말한다. 즉, 하나님께서 이 땅 만민을 위해서 이스라엘을 언약의 백성으로 삼으시어 출애굽의 역사를 일으키셨으며, 결국 신약의 구속사 속에서 예수 그리스도 안에서 인류를 위한 영원한 언약을 성취하셨다고 하는 것이다. 그리하여 하나님께서는 인류의 죄악에도 불구하고 그의 구약성경의 구속사에서 시작된 언약의 역사를 신약성경의 구속사에서 완성된 언약의 역사를 통해서 창조세계와 인류공동체를 구속하셨다. 하나님은 말로 할 수 없을 정도로 신실하시다. 결국 본문은 예수 그리스도를 통해서 계시된 하나님, 그리고 구약의 출애굽의 하나님과 언약사의 하나님은 어머니와 같고, 또한 아버지와 같다고 하는 '신앙의 유추'(analogia fidei)를 사용하였다. 즉, '마치 젖먹이를 물리치지 않는 어머니처럼' 그리고 '집으로 돌아오는 탕자를 맞이하러 달려가는 아버지처럼' 하나님 아버지께서는 신실하시다고 하는 말이다. 하나님은 인간적인 부성과 모성 모두를 초월하시지만 말이다.

4) 하나님이신 성령에 대한 신앙

(10) 성령의 생명(52-57)

우리는 "생명을 주시고, 생명을 새롭게 하시는", "하나님이신 성령을 믿는다." 물론 성령께서는 창조 시에 인류와 우주만물에게 생명을 부어주신 분이시지만, 특히 방금 위에서 진술한 구약에서 신약에 이르는 객관적이고 보편적이요, 종말론적인 구속사 속의 은혜의 언약을 믿음으로 받아들여 새 생명을 얻게 하신다. 이 성령께서는 믿음으로 칭의를 얻게 하시고, 하나님의 뜻을 사랑 가운데 행하게 하시며, 종말론적인 비전(소망)을 갖게 하신다. 성령께서는 예수 그리스도의 화해사역을 성령을 통해서 우리 인간에게 적용(신망애)하신다. 이런 뜻에서 성령께서는 생명을 주시는 분이요, 생명을 새롭게 하는 분이시다. 즉, 성령께서는 이와 같은 믿음과 사랑과 소망 가운데 있는 사람들을 하나로 묶으시어 교회되게 하신다. 뿐만 아니라 그는 창조주 아버지 하나님의 영으로서 창조세계의 모든 생명의 기원이시요, 부여자시요, 생명을 풍요롭게 하는 분이시요, 생명을 새롭게 하는 분이시다.

(11) 교회의 회집(58-64)

구약의 구속사를 배경으로 하는 하나님의 은혜의 언약이 신약의 구속사를 배경으로 예수 그리스도를 통해서 객관적으로, 보편적으로, 그리고 종말론적으로 완전히 성취되었으니, 성령께서는 교회 안에서, 그리고 교회를 통하여 이 은혜의 언약에 대해서 믿음으로 응답하는 사람들을 낳으시고, 이들의 삶을 성경을 통해서 다스리시며, 설교와 세례와 성만찬을 통해서 더욱 강건하게 만드시고, 이와 같은 모든 여자와 남자들을 교회의 교역(ministry)으로 부르신다. 성령께서는 온 인류를 하나님께 화해시키신 예수 그리스도의 화해사역을 통해서 그의 백성을 모으시고, 든든히 서 가게 하시며, 세상 속으로 파송하신다.

(12) 하나님의 백성의 증언(65-71)

이 부분은 성령께서 하나님의 백성을 세상 속으로 파송하시어, 복음을 증언케 하시고, 하나님 나라를 구현케 하시는 내용이나. 성령께서는 하나님의 백성으로 하여금 기도하는 가운데, 만민 중에서 그리스도를 주님과 구세주로 증언케 하시고, 교회와 문화 속에서 우상숭배를 타파하시며, 정의와 자유와 평화를 위하여 다른 세상 사람들과 연대하여 힘쓰게 하신다.

(13) 기쁨에 찬 견인(72-76)

이 부분은 그리스도인들에게 "하나님께 감사하면서, 성령이 주시는 힘으로" 견인 신앙을 가지고 살아갈 것을 촉구한다. 모든 그리스도인들은 새 하늘과 새 땅에 대한 종말론적인 비전을 가지고 종말론적인 긴장 가운데 "주 예수여 어서 오시옵소서."라고 기도하면서, 모이는 교회와 든든히 서 가는 교회와 세상 속으로 파송 받는 교회로서든 기독교적인 삶을 살아야 한다. 특히 '새 하늘과 새 땅'은 교회와 세상으로 하여금 종말 이전의(the penultimate) 지평에서 역사와 자연을 개변(transformation)

시킬 것을 촉구하는 종말론적인 비전과 긴장이다.

5) 결 론

(14) 소망과 영광(77-80)

본 신앙진술은 "사나 죽으나 우리는 하나님께 속해 있다."로 시작했는데, 이제 "높음이나 깊음이나 다른 어떤 피조물이라도 우리 주 그리스도 예수 안에 있는 하나님의 사랑에서 끊을 수 없으리라"(롬 8 : 39)로 끝맺는다. 이는 우리 믿는 자들 안에 있는 소망이다. 그리고 삼위일체 하나님에 대한 신앙으로 시작하여 다시 삼위일체 하나님으로 끝내고 있다. 즉, 본문은 "성부와 성자와 성령께 영광을 돌릴지어다."라고 송영한다.

본문은 '예수 그리스도에 대한 신앙', '하나님 아버지에 대한 신앙', 그리고 '하나님이신 성령에 대한 신앙'에서 각각 각 위격과 사역, 그리고 이에 대한 신앙을 고백하고, 이제 결론 부분에서 성부, 성자, 성령 삼위로 일체 되시는 하나님께 영광을 돌린다. 삼위일체 하나님의 위격과 모든 사역, 그리고 모든 사역 이후 삼위일체 하나님의 영원한 코이노니아의 삶은 영원무궁토록 영광을 받아 마땅하기 때문이다. 우리가 하나님을 예배하고 섬기며 그에게만 영광을 돌리는 것은 비단 그가 우리에게 은혜를 베푸셨기 때문만이 아니라 하나님 자신의 가치 때문이기도 하다.[19]

5. 예배예전과 기독교교육을 위한 용도

교회는 이 "간결한 신앙진술"을 우선 예배예전에서 사용하고, 이처럼

---

19. Ibid., pp. 190-191.

예배예전에서 익숙해진 신앙진술을 그 다음으로 기독교교육을 위해서 사용할 수 있다. 물론 교회가 전통적으로 사용해 오고 있는 "사도신경"이나 "니케아-콘스탄티노플 신조"를 없애 버리고, 이 신앙진술만을 내세우자고 하는 것은 아니다. 우리 대한예수교장로교 역시 "21세기 대한예수교장로교 신앙고백"을 "소신앙고백"과 "대신앙고백"으로 나누어서, 전자를 예배예전을 위해서 사용할 것을 천거하였다. 따라서 우리는 이와 같은 "간결한 신앙진술"을, 교회의 새 가족들을 위해서 혹은 교회력 가운데 적절한 주일 예배나 기타 예배 시에도 사용할 수 있을 것이다. 플렛쳐와 윌리스 왓킨즈는 세 가지 용도를 제시하고 있다.

1. 서론 부분, 세 중간 내용 중 하나, 그리고 결론은 각각 그렇게 길지 않은 내용들로 되어 있어서 세 주 연속으로 사용하기에 적당하다. 즉, 1~6, 7~26, 77~80 혹은 1~6, 27~51, 77~80 혹은 106, 52~76, 77~80과 같이, 전체 내용구조를 세 묶음으로 나누어서 교육할 경우, 많은 유익이 있을 수 있다.
2. 종종 지도자를 정해 놓고, 이 지도자와 회중이 교독하는 방법을 취하면 더 좋다.
3. 우리는 본 진술의 여러 부분들을 예배 시의 여러 시점에서 읽을 수도 있다. 예컨대 1~6은 예배로의 부름 혹은 예배로의 초대를 위해서, 27~51은 죄의 고백과 사죄에 대한 확신을 위해서, 52~64는 조명(illumination)을 위한 기도로, 7~26은 신앙의 확언으로, 65~76은 봉헌기도로, 77~80은 축도로 각각 사용될 수 있다.[20]

---

20. William C. Placher and David Willis-Watkins, op. cit., pp. 19-20.

대한예수교장로회 신앙고백서(1986)[1]

1. 본 문[2]

1) 서 문

우리는 성삼위일체 하나님의 성호를 찬미하며, 그 신비하신 섭리와 은총에 감사드린다. 예수 그리스도의 복음이 우리 한국에 전해진 지 백년이 되었다. 그간 우리 교회는 사도시대로부터 전승된 신앙을 토대로 하고, 겨레의 영광과 고난을 함께 나누면서 꾸준히 성장을 거듭하여, 오

---

1. 제71회 총회에서 확정(1986. 9.).
2. 대한예수교장로회총회, 「대한예수교장로회 헌법」(서울 : 한국장로교출판사, 1999 〈개정2판〉), pp. 144 – 165.

늘날 안으로는 민족사회 속에서 무게 있는 위치를 차지하고, 밖으로는 세계의 교회가 주목하는 교회로 성장하게 되었다.

돌이켜 보면 우리 교회는 수난의 민족사 속에서 수난의 길을 걸어왔다. 한국교회의 초창기는 우리 민족의 국권이 열강에 의해 침해를 당하고 있을 때였다. 계속하여 일제의 군국 정치, 조국 광복에 이은 남북 분단과 한국전쟁 등 격동의 연속 속에서 우리 교회는 때로는 신앙의 자유를 속박당했고, 때로는 정면적인 탄압을 받아 수많은 순교자를 내기도 하였다. 그러나 우리 한국교회는 불타는 떨기나무처럼 환난 중에서 오히려 빛난 성장에 속도를 더해 왔다.

그간 우리 교회는 초대교회 때부터 모든 교회가 공통적으로 사용하고 있는 사도신조와 종교개혁의 근본 신앙을 담고 있는 웨스트민스터 신앙고백서와 요리문답서와 12신조 등을 채택하여 표준으로 삼아 왔다.

그러나 오늘날 우리 한국교회는 그 외형적 성장 이면에 여러 가지 문제들을 가지고 있다. 그 문제들을 해결함으로 우리 교회가 너 든든한 기반 위에서 계속적인 성장을 가하는 것이 이 시점에 선 우리들의 사명일 것이다.

교회의 건실한 발전은 신앙고백의 정착에서 시작된다. 현재 우리 한국교회는 시대적인 여러 과제들을 안고 있다. 그러나 우리들의 첫째 과제는 우리가 믿는 신앙내용을 보다 명백하게 정리하고 이를 정착시키는 일이며, 그렇게 함으로써 모든 시대적 과제들을 보다 신속하게, 그리고 복음적으로 해결할 수 있을 것이다. 이와 같은 사정에서 우리 교회가 100주년을 맞는 이 역사적인 시점에 그간 우리 교회가 지켜온 신조들과 총회가 채택한 신앙지침서 등을 골격으로 한 우리의 신앙내용을 우리 교회의 오늘의 말로 정리하여, 보다 조직적으로 제시함으로 우리의 신앙과 신학을 통일하고, 보다 조화된 신앙공동체로서 계속적인 전진을 촉진하고자 한다.

우리 한국교회는 그 초창기부터 복음을 전하는 교회로 성장하여 왔다. 그리고 현재도 민족복음화는 한국의 모든 교회의 공동목표가 되고 있다. 교회가 그 시대와 지역을 따라 복음 선교를 위주로 하는 것은 한국교회의 전통이기도 하다. 그러므로 우리 대한예수교장로회 총회는 지난날 우리의 복음선교에 충성한 결실로 응답하신 하나님의 은총에 감사하면서 앞으로 다른 교회들과 대열을 가다듬고 민족복음화라는 시대적 사명을 다하고자 한다.

본 신앙고백서는 이와 같은 우리의 시대적 사명을 명시하고, 그 수행을 효과적으로 하기 위해 엮어진 것이다.

2) 제1장 성경

1. 우리는 신·구약 성경이 하나님의 말씀이며, 종교개혁자들이 내건 '성경만'이라는 기치처럼 우리의 신앙과 행위에 대한 정확 무오한 유일의 법칙임을 믿는다. 신비체험이나 기적 등이 신앙에 도움이 될 수는 있으나 그 근거는 될 수 없다. 성경은 신앙과 행위에 관한 가장 정확한 표준이므로 그것에 관련된 모든 것은 성경에 의해서 판단 받아야 한다.

2. 성경은 39권의 구약과 27권의 신약을 합한 66권으로 된 정경을 가리킨다. 외경 또는 위경도 있으나 그것들은 정경보다 열등하며, 그 가치는 성경에 의해 판단 받아야 한다.

3. 성경은 하나님의 영감으로 기록되었다(딤후 3 : 16 - 17, 벧후 1 : 21). 성경은 인간의 말로 기록된 하나님의 말씀이요, 따라서 거기에는 인간적인 요소와 신적인 요소가 함께 있다. 그러나 하나님은 저자가 지니고 있던 시대적이며, 문화적인 배경 등 인간적 요소들을 그의 섭리를 성취하기 위하여 사용하셨으므로, 성경은 전적으로 하나님의 말씀이다.

4. 하나님의 계시는 자연이나(롬 1 : 20) 역사나(단 2 : 36 - 45) 혹은 인간의 본능을 통해서도(행 12 : 27, 롬 1 : 19) 어느 정도 나타나지만, 완전한 계시는 성육하신 예수 그리스도시다. 성경은 그리스도에 대해 증언하는 것이므로(요 5 : 39, 46), 결국 성경은 가장 확실한 계시서이다.

5. 구약성경은 천지창조에서 시작하여 이스라엘 민족의 성공과 실패의 자취를 따르면서 오실 메시야에게 초점을 두고 있다. 즉, 구약성경의 모든 사건은 직접 또는 간접적으로 그리스도에 대한 준비와 예언이다. 신약성경은 이미 오신 그리스도의 생애와 가르침과 사도들의 예수 그리스도에 대한 증언과 가르침을 수록한 것으로서 그리스도에 대한 증언이다. 그러므로 신약은 구약의 배경에서 이해되어야 한다. 따라서 구약을 떠나 신약을 바로 이해할 수 없고, 신약을 떠나서는 구약의 참뜻을 이해할 수가 없다.

6. 성경의 이해와 해석과 응용은 각각 구분되어야 한다. 성경의 해석이란 본문의 원뜻을 밝히는 것으로 그 기록의 배경을 상고하고, 그 속에서 하나님의 뜻을 밝혀내는 것을 가리킨다. 그리고 성경은 같은 하나님의 영감으로 된 것이므로 전체가 하나님의 말씀이다. 그러므로 성경은 성경으로써 해석해야 하고, 성경 전체에 흐르고 있는 기본적인 교리를 파악하고, 그 빛 아래서 부분을 해석해야 할 것이다. 성경의 응용이란 이해되고 해석된 성경의 가르침을 신자들이 현실생활에서 만나는 여러 가지 문제들을 해결하기 위하여 활용하는 것을 의미한다.

7. 성경의 가르침은 계속해서 개혁되고 갱신되어야 할 개인과 교회와 사회와 역사의 원리가 된다. 하나님은 성경과 세계 안에서 사역하시는 성령에 의해서 모든 것을 새롭게 만드신다. 그러므로 성경은 모든 개혁운동의 원리인 동시에 원동력이 된다(딤후 3 : 16-17).

3) 제2장 하나님

1. 우리는 스스로 계시며(출 3 : 14), 사랑이시고(요일 4 : 16), 홀로 한 분이신(신 6 : 4, 요 17 : 3, 고전 8 : 4) 하나님을 믿는다.

하나님은 전능하시며(출 15 : 11, 딤전 6 : 15), 전지하시며(시 139 : 1-4, 롬 8 : 29), 편재하시고(시 139 : 1-16, 행 17 : 24), 영원하시며(시 90 : 2, 102 : 26-27, 계 10 : 6), 무한히 거룩하시며(사 6 : 3, 계 4 : 8), 무한히 의로우시

며(신 32 : 4, 행 10 : 34), 무한히 지혜로우시고(롬 11 : 33-36, 16 : 27), 무한히 자비로우시며(출 34 : 6, 마 5 : 45), 무한히 선하시며(시 119 : 68, 눅 18 : 19), 무한히 자유하시고(시 115 : 3, 롬 9 : 14-21), 광대하시고(시 145 : 3), 불변하사(약 1 : 17) 항상 영광 중에 계신다(왕상 8 : 11, 롬 11 : 36).

2. 하나님은 본질에 있어서 한 분이시나 삼위로 계신다. 삼위는 성부와 성자와 성령이시다. 삼위는 서로 혼동되거나 혼합될 수 없고, 완전히 분리할 수도 없다. 삼위는 그 신성과 능력과 존재 서열과 영광에 있어서 완전히 동등하시다.

성자는 성부에게서 영원히 나시고(요 1 : 14, 18), 성령은 성부와 성자에게서 나오신다(요 15 : 26). 사람은 성자를 통하지 않고는 성부에게 갈 수 없고(요 14 : 6), 성부께서 이끌어 주시지 않으면 성자에게 갈 수 없으며(요 6 : 44), 또 성령을 통하지 않고는 성자를 "주"라고 말할 수도 없다(고전 12 : 3). 성 삼위는 모든 사역에서 공동으로 사역하시나, 성부는 주로 계획하시고(마 24 : 36, 행 1 : 7), 성자는 계획된 것을 실현시키며(요 1 : 18-19 : 30), 성령은 모든 은총을 보존하고(엡 1 : 13) 더하신다.

3. 하나님은 창조하시고 섭리하시고 심판하신다. 하나님의 창조는 태초에 아무것도 없는 데서 보이는 것이나 보이지 않는 모든 것을 창조하셨다(창 1 : 1). 창조는 하나님의 신성과 영광을 선포하기 위한 것이며(시 104 : 24, 롬 1 : 20), 하나님은 지으신 만물을 보시고 선하다 하시며 기뻐하셨다(창 1 : 4, 31, 딤전 4 : 4). 하나님은 모든 피조물을 지으신 후에 하나님의 형상을 따라 사람을 창조하셔서 다른 피조물을 주관하게 하셨다(창 1 : 26-27, 시 8 : 6).

4. 하나님의 섭리는 그의 창조 목적을 실현하기 위하여 창조하신 만물을 보존하시며, 지배하시고, 인도하심을 가리킨다. 하나님은 그의 섭리에 따라 자연법, 동물의 본능, 인간의 이성과 양심 등을 사용하시나, 그의 공의와 지혜와 능력과 사랑으로 섭리하사 그의 영원하신 창조 목적을 성취하신다(롬 11 : 33-36). 그러나 가장 의로우시고 선하신 하나님은

죄를 만드시거나 인정하시지 않는다(약 1 : 13, 요일 2 : 16). 하나님은 절대자이시고, 만물의 창조자이시므로 다른 신적 존재를 허용하지 않으신다(출 20 : 5). 따라서 우리는 다른 신을 섬기는 모든 종교의 구속(救贖)적 가치를 인정하지 않는다(행 4 : 12).

5. 하나님의 최후 심판은 그의 우주 섭리의 종결로서 의와 불의를 가려 상벌하심을 가리킨다(마 25 : 31-46). 하나님의 심판은 현 역사 속에서 정확하고도 강력한 판단의 힘으로 나타나기도 하나(출 14 : 12-15, 단 5 : 1-30) 그것은 오히려 표본적이며(눅 13 : 1-5, 단 5 : 1-30), 하나님은 역사 종말에 가서 명백하고도 공정한 대심판을 행하신다(계 20 : 11-15).

4) 제3장 예수 그리스도

1. 우리는 예수 그리스도가 하나님의 아들로서 사람이 되셨다는 것과(요 1 : 14), 그가 하나님이시며, 또한 사람이시며, 하나님과 사람 사이의 유일한 중보자가 되신 것을 믿는다(딤 2 : 5, 엡 2 : 13-16). 그는 성령으로 잉태하사 동정녀 마리아의 몸에서 나시사 완전한 사람이 되어 인류 역사 안에서 생활하셨다(마 1 : 23). 이와 같은 그리스도의 성육신은 단 한 번으로 완결된 사건이요, 최대의 기적에 속하는 사건이다(히 9 : 28).

2. 하나님과 사람 사이의 중보자가 되신 그리스도는 사람에 대한 하나님의 완전한 계시이다. 이 계시는 자연에 나타난 계시나(시 19 : 1-4, 롬 1 : 20), 구약성경의 예언적 계시(히 1 : 2) 이상이요, 모든 계시의 완성이다. 그리스도가 하나님의 완전한 계시이므로 사람은 그를 통하지 않고는 하나님을 완전히 알 수 없고(요 1 : 18, 14 : 9), 그가 보여 주신 이상의 하나님을 알 수도 없다. 그리스도의 계시성은 성경에서 증언되고 있으며(요 5 : 39), 그의 절대적인 예언자직을 가리킨다. 그리스도교는 이와 같은 그리스도의 계시에 입각한 계시 종교이다. 그것은 인간 문화에 의해 발생한 것도, 인간의 깨달음에서 조직된 것도 아니다. 그리스도교는 그와 같은 요소를 가지면서도 그 신앙의 근거를 오직 그리스도의 계시에

두는 계시 종교이다.

3. 성육신 사건은 낮아지심을 의미하는 것이요, 그의 낮아지심은 십자가의 죽음에서 그 극에 이르렀다(빌 2 : 6-8). 그는 이와 같은 극단의 낮아지심으로 인한 죽음을 통해 만민의 죄를 대속하셨다(막 10 : 45). 그것은 구약의 속죄제물의 완성으로써 그 자신이 완전한 제물이 되시고, 또 완전한 대제사장이 되시어 단번으로 영원하신 속죄제사를 드리셨다(히 7 : 17, 27). 그리스도의 이와 같은 대속의 죽음은 하나님의 공의에 따라 드린 화목제물이었으며(창 2 : 17, 사 53 : 11, 히 7 : 22, 요일 2 : 2), 범죄로 인해 멀어졌던 하나님과 인간 사이를 화목케 하셨다(고후 5 : 18-19, 엡 2 : 13-18).

4. 십자가에 죽으신 그리스도는 사흘 만에 부활하심으로써 다시 높아지셨다(빌 2 : 9-11). 그의 죽음이 우리 죄의 대속인 것처럼, 그의 부활은 우리의 새로운 삶의 시작이 되신 것이다(고전 15 : 20). 부활하신 그리스도는 승천하사 하나님 보좌 우편에서 우리를 위해 계속 기도하시며(히 7 : 25, 9 : 24), 만물 위의 모든 권세를 잡으시고 왕권을 행사하심으로(마 28 : 18, 엡 1 : 21, 계 11 : 15), 그를 의지하는 모든 성도를 끝까지 다스리신다.

5. 예수 그리스도의 십자가와 부활은 인간을 죄와 죽음의 권세에서 해방시켜 하나님의 자녀가 되게 한 사건이다(롬 6 : 18, 22, 8 : 2, 21).

6. 그리스도 안에서 하나님과 화목하고(고후 5 : 18-19, 골 1 : 20), 새 생명을 얻은 그리스도인들은 먼저 모든 사람들과 화해하고, 이 화해의 복음을 다른 사람들에게 전할 사명이 있다(고후 5 : 18). 그러므로 그 화해의 근본이 된 그리스도의 십자가와 부활이 언제나 선교의 주제가 되어야 한다(행 2 : 32-36, 10 : 39-40, 13 : 34, 25 : 19). 현재 우리는 다른 그리스도인과 화해하지 못하고 심한 분열에 빠져 있음을 회개하는 동시에 주 안에서 하나가 되어 복음을 더 효과적으로 전파하도록 노력해야 한다.

5) 제4장 성령

1. 우리는 예수 그리스도께서 부활, 승천하신 후 성부와 성자로부터 보내심을 받아 오신 성령이(요 15 : 26, 16 : 7), 신자에게 임재하시면서 신자들을 은총 안에 머물게 하시고, 가르치시고, 구원으로 이끄시고, 교회를 세우시고, 성장케 하시는 것을 믿는다. 성령은 영원 전부터 성부와 성자와 함께 계시면서 구약시대에도 활동하셨고(출 31 : 3, 삼상 16 : 13, 사 63 : 10-11), 성자가 세상에 계실 때도 사역하셨다(마 3 : 16, 눅 4 : 1-2, 요 1 : 33). 그러나 오순절 이후 성령은 모든 신자에게 주어졌고(행 2 : 17), 영원히 임재하시면서(요 14 : 16) 그리스도가 이룩하신 구속사업을 더욱 충만케 하신다.

2. 성령은 성부와 성자와 동일한 인격을 가진 영이시다. 그는 신자에게 임재하시면서(요 14 : 17) 자기의 죄를 확인하여 회개케 하시고(요 16 : 8), 인도하시어(요 16 : 3) 그들이 하나님의 백성으로서 합당한 성결의 생활을 하도록 도우신다(살전 5 : 22, 살후 2 : 13).

3. 성령의 사역은 일반적인 은혜와 특수한 은사로 나타난다. 일반 은혜라 함은 사람을 믿음으로 인도하사 구원에 이르게 하시는 것을 가리킨다. 즉, 성령은 사람을 감동하사 거듭나게 하시며(요 3 : 5), 죄를 깨달아 회개하고(요 16 : 7-9), 예수를 믿게 하심으로(고전 12 : 3), 세상의 다른 영과 구별되게 하신다(요일 4 : 3). 이와 같이 성령은 사람으로 하여금 그리스도를 믿음으로 의롭다 함을 받게 하시며(롬 3 : 22, 갈 2 : 16), 성결하게 하사(롬 15 : 16, 벧전 1 : 2), 성령의 열매를 맺게 하시며(갈 5 : 22-23), 미래의 영광을 대망하게 하신다(롬 8 : 23).

4. 성령의 특수 은사는 사람에 따라 다양하게 나타난다(고전 12 : 4-11). 이는 믿고 구원받은 자들의 봉사를 위해 주신 선물로 신자들에게 다양하게 주어진다. 그러므로 어떤 한 가지를 가지고 성령의 은사를 전체적으로 규정해서는 안 되며, 각자는 자신의 받은 은사를 지키고, 남이 받은 은사를 소중히 여겨야 할 것이며, 모든 은사는 오직 복음을 증거하

는 데에만 쓰여져야 한다.

  5. 그리스도의 교회는 오순절 때 성령의 강림에 의해서 시작되었다(행 2 : 1-4). 따라서 교회 안에는 성령이 언제든지 임재하시면서 그리스도인을 믿음 안에서 성장케 하신다. 성령은 하나님이 섭리에 따라 사람에게 은사를 주시고, 정성을 다하여 예배하게 하시고, 성도의 교제를 갖게 하시며(행 2 : 42-47), 목사들로 하여금 말씀을 선포케 하며, 교인들이 말씀을 듣고 깨닫게 하며, 세상에 나가서 예수 그리스도의 십자가의 부활의 증인이 될 지혜와 의욕과 용기를 갖게 하신다(행 1 : 8, 16 : 7, 요 14 : 26, 15 : 26-27).

6) 제5장 인간

  1. 우리는 인간이 원래 하나님의 형상에 따라 바르게 지음 받았으나(창 1 : 27), 범죄로 인해 타락하여 죽음과 비참한 상태에 놓이게 되었다가(창 3 : 16-17) 하나님의 은혜로 구원받고 하나님의 창조의 본래 목적을 이룩하기 위해 살아가는 존재임을 믿는다.

  2. 인간은 하나님의 형상에 따라 지음 받은 피조자이다. 그는 모든 면에서 유한한 존재이다. 그러나 하나님이 인간에게만 주신 몇 가지 본성이 있다. 거룩함과 의와 선과 영원한 자유가 그것이다. 이러한 본성은 하나님의 은혜의 도움의 빛 안에서만 그 기능을 발휘할 수 있다. 또한 하나님으로부터 받은 이성과 감성과 의지력을 통하여 자기의 죄적인 상태를 벗어나 하나님의 뜻에 따라 그의 자녀가 되려고 하는 삶을 영위하는 존재이다.

  3. 사람은 일남일녀로 창조되어 그들의 결합에 의하여 한 가정을 구성한다(창 2 : 21-25). 사람은 남녀의 바른 결합에서 그 능력을 발휘하고, 생을 즐겁게 살 수 있으며, 하나님께 영광을 돌릴 수 있다. 그러나 성이 가정을 떠나 오용될 때에는 불행을 초래하게 된다. 그러므로 그리스도인은 신앙으로 순결을 지키고 특권을 누려야 하며, 인위적인 이혼은 금

지되어야 한다(마 19 : 6).

 4. 인간의 조상이 하나님께 불순종하여 금지된 열매를 먹고 타락하였고(창 3 : 13), 그 결과 그의 후손은 처음부터 원죄를 가지게 되며(롬 5 : 12, 엡 2 : 1-3), 거기에서 모든 범죄가 나타나 인간을 부패케 한다. 이러한 타락한 상태에서 인간은 하나님과의 교제를 잃어버리고, 개인적이며 사회적 또는 국가적인 혼란과 불행을 끊임없이 당하게 된다.

 5. 이러한 상태에 빠져 있는 인간을 하나님은 그의 은혜로 그리스도를 믿고 의지하게 함으로 의로움과 거룩함을 얻으며, 창조 때의 원상태를 회복하고, 나아가 완전한 구원에 이르게 한다. 구원받은 인간은 그리스도 안에서 새로운 피조물이 되고(고후 5 : 17), 인종과 계급, 그리고 남녀의 구별 없이 동등한 특권을 누린다(갈 3 : 27-28). 그러므로 모든 사람의 인권은 하나님이 주신 은사이다. 따라서 우리는 인권수호에 깊은 관심을 가지며(롬 8 : 31-34), 인간의 존엄성을 지키는 데 힘써야 한다.

7) 제6장 구원

 1. 우리는 인간의 범죄로 인해 하나님과 격리되고, 그 결과 인간 사이에도 부조화와 온갖 불행의 상태에 놓여졌으나 하나님의 은혜로 인하여 믿음으로 구원받아(엡 2 : 8), 다시 하나님과 화목하여 그의 자녀가 되고, 구원의 축복을 누리다가 세상의 종말에 부활함으로 우리의 구원이 완성될 것을 믿는다.

 2. 인간의 구원은 하나님의 섭리를 따르는 은혜로써 이루어진다(창 15 : 6, 합 2 : 4, 롬 3 : 24, 6 : 23). 구약 시대에 있어서의 인간은 하나님의 율법을 지키도록 명령을 받았으나 그 명령을 지키지 못했으므로 율법의 저주 아래 있게 되었다(창 2 : 16, 17, 호 6 : 5, 갈 3 : 10). 때가 차매 그리스도가 오셔서 십자가를 통하여 율법의 권세를 소멸하고 하나님과 화목케 함으로써 구원의 길을 열어 주셨다. 그러므로 누구든지 그의 십자가의 공로를 믿으면 의롭게 되는 동시에 구원을 얻게 된다(요 3 : 16, 롬 3 : 23-24, 5 : 8).

3. 구원은 하나님이 주시는 은혜로써 믿음에 의한 것이나 믿음에는 회개가 따른다. 회개는 하나님에 대한 불순종(롬 5:17-19)과 원수의 관계에서(엡 2:14-15, 고후 5:18-19) 화목의 관계로 돌아서는 것을 의미한다. 그러므로 회개를 경험하지 않고는 구원을 체험할 수 없다.

4. 사람은 믿음으로 값없이 의롭다 하심을 받는 동시에(롬 3:24, 8:1), 하나님의 자녀의 특권을 누리게 된다(요 1:12, 롬 8:17). 그리스도인은 칭의(稱義)된 자리에 머물러 있지 않고 성령의 인도를 받아 하나님의 자녀답게 사는 성화의 생활이 계속된다(롬 8:4-6). 칭의(稱義)의 은총은 일회적이나 성화의 생활은 일생을 통하여 계속된다. 그리고 구원의 완성은 세상의 마지막 날인 그리스도의 재림 때 부활에서 성취된다(롬 8:23-25). 그것은 영원한 생명으로 이어질 것으로 모든 성도가 굳게 지녀야 할 최후의 소망이다.

5. 구원은 우주 지배를 포함한 하나님의 영원하신 섭리에 의해서 이루어진다. 인간의 자발적인 노력이나 공로에 의한 것이 아니라 하나님의 자비로우신 경륜에 의한 선행적(先行的)인 은총에 의한다. 선행 은총 안에는 하나님의 영원 전부터 예수 그리스도를 통한 예정섭리(롬 8:29-30, 엡 1:4-6)가 있다. 예정섭리는 인간의 자유나 선행을 약화시키는 것이 아니라 더 강화된다. 그러므로 그리스도인의 삶에 있어서 예정신앙과 자유의지는 모순되거나 배타적인 것이 아니라 오히려 서로 보완한다.

6. 믿음으로 구원을 받은 그리스도인은 완전히 의롭게 되거나 성화가 되지 못하나 하나님의 자녀에 합당한 생활을 해야 한다. 이러한 성화의 생활은 죽을 때까지 계속되어야 한다(빌 3:2). 그러므로 누구든지 지상생활에서 완전한 성화의 단계에 도달했다고 하거나 완전한 의인이 되었다고 해서는 안 된다(시 14:1-4, 53:1-3, 롬 3:10). 그리스도인이라 해도 지상에서 사는 동안에는 계속해서 하나님의 은총과 도움이 필요하다(고전 12:31).

7. 그리스도인은 예수 그리스도의 생활과 교훈에 따라 사랑과 공의와 거룩한 생활을 해야 한다(살전 5 : 23, 17 : 23). 남을 이용하고 남으로부터 빼앗으려는 것이 아니라 그들을 도와주고 그들에게 봉사하는 사랑의 생활을 계속해야 한다. 또한 하나님은 공의로우신 분이며, 그의 공의를 보여 주셨으므로 그리스도인은 하나님의 공의가 개인과 사회와 국가의 기초가 되도록 노력해야 한다. 세상의 모든 죄와 부정은 하나님의 공의에 대립되는 것이다. 그러므로 그리스도인은 하나님과 같이 거룩한 자가 되도록 노력해야 한다(벧전 1 : 16).

8) 제7장 교회

1. 우리는 교회가 시대와 종족과 인간의 계급을 초월한 그리스도의 몸임을 믿는다(엡 1 : 23, 4 : 16). 그리스도인들은 한 곳에 모여 하나님께 감사하는 마음으로 찬송과 기도를 드리며, 세우심을 받은 자들로부터 하나님의 말씀을 듣고, 주님의 몸에 접붙임을 받기 위하여 세례를 받고, 주님의 구속적 사역인 십자가의 사건을 기억하고, 영적으로 그 사건에 동참하기 위하여 성만찬식에 참여한다. 이러한 예식을 통하여 그리스도인들은 교제를 증진한다.

2. 교회는 그리스도인들의 신앙생활을 공고히 하기 위하여 말씀으로 훈련하며, 필요에 따라서는 권징을 시행한다. 그리스도인들은 그리스도가 교회에 위탁하신 임무를 수행하기 위하여 세상에 나가서 복음을 전파하여 땅 위에 하나님의 뜻이 성취되도록 노력한다.

3. 교회는 하나님의 일을 하기 위하여 택함을 받은 사람들에 의해서 구성되므로 구약시대에서 그 예를 볼 수 있다. 예수 그리스도가 이 세상에 오셔서 제자들을 불러 그의 일을 맡겨 주심으로 보이는 교회의 원형이 시작되었으나, 예수 그리스도의 부활과 오순절의 성령강림을 통하여 비로소 보이는 교회의 실재가 지상에 형성되었다. 교회는 보이는 교회와 보이지 않는 교회가 있다. 보이는 교회는 예수 그리스도를 구주로 믿

는 신앙을 고백한 사람들의 모임으로써, 거기에서는 최후에 구원을 받을 사람과 받지 못할 사람들이 함께 생활한다(마 13 : 24-30). 보이지 않는 교회는 하나님의 택함을 받아 구원이 확실한 전 세계에 흩어져 있는 모든 사람들로서 구성된다. 그러나 후자는 전자를 떠나서 단독으로 존재하지 않는다.

4. 교회는 그리스도의 몸으로서 언제, 어디서나, 누구에 의해서 구성되었든지 간에 하나인 동시에 거룩하며, 사도의 전통을 이어받은 보편적 특징을 가지고 있다. 교회는 하나이어야 하므로 교파간의 연합 사업을 적극적으로 추진할 것이며, 거룩한 모임이므로 교회를 모든 세상적 더러움에 오염되지 않도록 해야 한다. 또한 교회는 사도적 믿음과 가르침과 증언 위에 세워진 것이므로 사도성을 고수해야 하며, 개별성을 가지는 동시에 보편성을 견지해야 한다.

5. 교회는 하나님으로부터 받은 임무를 수행하기 위하여 교회 안에서와 교회 밖에서 활동한다. 교회 안에서는 성경에 기록된 말씀의 선포를 통하여 하나님의 창조주 되심과 역사의 주관자 되심과 예수 그리스도를 통해서만 인류의 구원이 가능하다는 것을 재확인하고, 성경연구를 통하여 하나님의 섭리를 더 자세히 알고, 성례전을 통해서 그리스도인으로서의 활동을 수행해야 한다. 그리스도인은 세상의 소금과 빛의 역할을 해야 한다(마 5 : 13-16). 그들은 세상에 속하지는 않으나 세상을 떠나서는 존재하지 않는다(요 17 : 14-15). 세상의 부패를 막고, 하나님의 공의를 확립하여 모든 사람들이 하나님으로부터 받은 은총을 향유하도록 하며, 세상 사람들이 눈이 어두워서 바른 길을 가지 못할 때, 그들에게 그리스도의 빛을 비춰 줌으로써 어두운 세상을 밝게 해 주어야 한다.

6. 지상에서의 교회는 성장과 갱신과 악에 대한 투쟁을 계속한다. 현 역사 안에서 교회가 완성되어 휴식의 단계에 들어갈 수는 없다. 교회는 하나님의 뜻이 이 땅에서 실현되기 위하여 투쟁을 계속해야 한다.

9) 제8장 국가

1. 우리는 모든 그리스도인들이 주 안에서 그가 속한 민족을 사랑하고, 국가에 복종할 의무가 있음을 믿는다(벧전 2 : 13-15). 지상의 권세 자체가 하나님의 권세를 대행하는 것은 아니나 하나님은 지상 국가와 사회의 질서를 유지하기 위하여 그 권세를 지상의 특정인에게 주셨다(롬 13 : 1). 그러므로 우리 그리스도인도 지상 국가의 법과 권세에 복종해야 한다.

2. 국가는 하나님의 통치권 아래 존재하며, 하나님이 허락한 한도 안에서만 지상권세를 행사할 수 있다(단 4 : 25). 따라서 국가의 존립목적은 하나님의 창조질서를 유지하고, 인류구원을 위한 예수 그리스도의 사역의 전파를 도우며, 그리스도의 몸인 교회의 성장과 발전에 협조하여 하나님 나라 완성을 촉진하는 데 있다.

3. 만약 지상의 권세가 하나님의 우주 통치권을 부인하고, 하나님이 역사의 주인이심과 예수 그리스도가 인류의 구주가 되심을 부인하거나, 그리스도의 몸인 교회와 그의 지체인 그리스도인을 박해할 때 교회는 성경이 허락하는 모든 방법으로 그것에 항거해야 한다.

4. 그리스도인은 두 가지 국적을 가지고 있다. 지상국가의 국적과 하나님 나라의 국적이다(빌 3 : 20). 이 두 국적은 상호 배타적이거나 적대 관계에 있는 것이 아니라 상호 보완적이다. 만약 양자택일을 강요당했다면, 지상국적을 버리고 하나님의 나라의 국적을 고수해야 한다.

5. 국가에 전쟁이 발발했을 때 교회는 그 전쟁이 하나님의 공의에 모순되는 것인가를 예의 검토할 것이며, 국가의 불의의 세력에 의해서 침략을 당했을 때, 모든 그리스도인은 교회와 복음과 하나님의 나라를 수호하기 위하여 일어나 불의의 세력과 싸워야 한다.

6. 우리는 분단된 조국이 그대로 계속되는 것이 하나님의 뜻이 아니며, 하나님은 하나가 될 것을 원하고 계심을 믿는다. 그러므로 우리 그리스도인은 민족과 국가가 통일이 되어 전 국토와 온 국민이 하나님을

믿어 구원을 얻도록 전력을 다해야 한다. 하나님은 개인이나 국민이 적대관계에 있는 것을 원치 않으신다. 모든 원수관계를 없게 하고, 화해의 대업을 성취하신 예수 그리스도를 본받아 우리도 민족을 신앙과 자유의 토대에서 화해케 하고, 이 땅에 평화를 정착시키는 사명을 다해야 한다.

10) 제9장 선교

1. 우리는 선교가 모든 그리스도인에게 주어진 지상명령임을 믿는다. 예수 그리스도는 생전에 제자들에게 각지에 가서 복음을 전하도록 명하셨을 뿐만 아니라(눅 9 : 1-6) 부활 후에도 제자들에게 명하시기를 천하의 모든 족속과 땅 끝까지 가서 복음을 전하라고 하셨다(마 28 : 19, 행 1 : 8).

2. 선교에는 국내선교와 국외선교가 있다. 국내선교에는 교회를 중심하여 복음을 전하는 일반선교와 특수 지역을 대상으로 한 특수 선교가 있다. 현대사회는 복합적인 구조를 가지고 있으므로 정상적인 선교방법으로는 불가능한 지역과 대상을 위하여 특수선교를 추진해야 한다. 즉, 군대와 학원과 산업사회를 위시하여 모든 분야를 대상으로 한 선교를 적극적으로 추진해야 한다.

3. 현재 지구상에는 예수 그리스도의 복음을 듣지 못한 사람들이 많이 있으므로 우리는 국외선교를 적극적으로 추진해야 한다. 하나님은 한 사람의 생명도 멸망받기를 원치 않으시므로(벧후 3 : 9) 모든 사람이 다 복음을 듣고 구원을 받을 때까지 국외선교를 추진하는 것이 교회와 그리스도인의 임무요(막 16 : 15), 우리 한국교회가 받은 은혜에 보답하는 길이다.

4. 선교의 대상에는 제한이 없다. 모든 인종과 민족과 국가와 사상과 계급이 다 그리스도의 복음의 선교 대상이다. 모든 사람이 하나님의 지으심을 받은 것과 같이 모든 사람이 예수 그리스도의 십자가의 구속의 은총의 대상이므로 한 사람도 복음 선교의 대상에서 제외되어서는 안 된다(롬 1 : 14).

5. 종교 간의 대화에는 긍정적인 면이 있기는 하나 타종교 안에 그리스도의 복음과 같은 구원에 이르는 복음이 있음을 인정할 수 없다. 그러나 그리스도인은 타 종교인을 적대시할 것이 아니라 복음선교의 자세에서 그들과의 대화를 게을리 하지 않아야 할 것이다(행 17 : 22-31).

11) 제10장 종말

1. 우리는 개인과 역사에 종말이 있는 것과 하나님의 마지막 심판에 의해서 우리의 구원이 완성되고 하나님의 나라가 완성될 것을 믿는다(롬 14 : 10, 고후 5 : 10).

2. 사람이 죽으면 육체는 흙으로 돌아가나(창 3 : 19, 행 13 : 36) 그리스도인의 영혼은 하나님께로 돌아간다(고후 5 : 1, 6, 8, 히 12 : 23). 거기서 그들은 빛과 영광 가운데서 마지막 날에 그들의 육체까지 완전한 구원을 얻을 날을 기다린다. 이와는 달리 예수를 믿지 않고 거역한 사람들의 영혼은 음부에 던져져 고통과 절망 가운데서 최후 심판 날을 기다리게 된다(눅 16 : 23-24, 유 6-7, 벧전 3 : 19).

3. 그리스도가 주관하시는 마지막 심판대에서 모든 사람은 심판을 받게 된다(마 25 : 31-32, 행 10 : 42, 롬 14 : 10, 고후 5 : 10). 거기서 하나님으로부터 믿음으로 옳다고 인정받는 사람은 영광의 처소로, 옳지 못하다고 인정받은 사람은 고통의 처소로 가게 된다(단 12 : 2, 마 25 : 46, 요 5 : 29, 10 : 28, 롬 2 : 7).

4. 하나님의 나라는 인류 역사가 시작되었을 때부터 그 안에 보이지 않는 형태로 임재하고 있다. 그러나 예수 그리스도가 육체를 입고 세상에 오심으로 하나님의 나라는 역사 안에 보이는 형태로 나타나게 되었다(마 3 : 2, 4 : 17). 하나님의 나라는 지상에 교회가 형성됨에 따라 교회와 함께 성장하게 된다(마 13 : 31, 막 4 : 30-32, 눅 13 : 8, 17 : 21). 세상의 마지막 날에 그리스도께서 재림하여 모든 존재에 대한 심판이 있은 다음에 하나님의 나라가 완성되어 성도들과 함께 영속된다(고후 5 : 1, 계 21 : 1-6).

제3장 20세기 개혁교회 신앙고백

2. 해 설

1) 저 자

 1986년 9월 제71회 총회는 노회의 수의과정을 거친 본 신앙고백을 채택하였다. 본 신앙고백은 이상근 목사를 위시하여 곽선희, 림인식, 박창환, 한철하, 박조준, 이종성, 그리고 한완석 목사에 의하여 작성되기 시작하였는데, 이상근 목사가 그 초안을 마련하였다. 물론 본 신앙고백은 공동체의 결과물이다. 그것이 총회의 토의를 거쳤고, 공청회의 논찬과 모든 노회들의 논의를 통과하고 투표를 받은 것이기 때문이다.

2) 역사적 배경
(1) 개신교의 신앙고백의 역사

 고대교회는 교리논쟁으로 지중해 세계 기독교가 분열 위기를 맞이할 때, 에큐메니칼 공의회를 열어서 니케아 신조(325), 콘스탄티노플 신조(381), 칼케돈 신조(451) 등 고대 에큐메니칼 신조들을 공의회 차원에서 결의하여 당시 보편교회의 분열의 위기를 극복하였다. 그리고 중세교회를 지배했던 로마 제2는 위의 에큐메니칼 신조들을 존중하면서도 그들 나름의 공의회를 통해서 계속해서 교리문서들을 만들어 냈고, 동방교회는 고대 7에큐메니칼 공의회의 교리들을 항상 보수하는 경향이다.

 대체로 개신교의 신앙고백은 16세기 종교개혁으로 비롯되었다. 16세기 종교개혁이 유럽에 확산되면서 각 개신교 국가 안에는 다양한 신앙고백들이 형성되었다. 루터교의 아우구스부르크 신앙고백, 개혁교회의 베른 10개 항목, 제네바 교리문답, 스코틀랜드 신앙고백, 하이델베르크 교리문답, 벨기에 신앙고백, 갈리칸 신앙고백, 제2스위스 신앙고백 등, 그리고 과격파 종교개혁파의 '슐라이트하임 신앙고백' 등이 그 예라고 할 수 있다. 그리하여 17세기는 교파주의(confessionalism) 시대를 맞이하게 되어, 급기야 교파주의적 신앙고백 혹은 신학적 주장을 절대화함으로

30년 종교전쟁을 경험한다.

　그러나 이성을 강조하는 18세기 계몽주의 시대와 감성을 강조하는 18세기 경건주의 시대는 신앙고백을 전적으로 무시하였다. 경전주의 전통을 잇는 18세기 영미계통의 복음주의 부흥운동 역시 그러하였다. 관념철학과 낭만주의가 지배하던 19세기, 과학주의와 산업사회와 제국주의의 지배를 받던 19세기, 그리고 역사방법론과 성경의 역사비평 연구가 활발했던 19세기 역시 신앙고백을 경멸하였다. 20세기 개신교가 신앙고백을 다시 중요시하게 된 것은 칼 바르트가 초안한 독일 고백교회의「바르멘 신학선언」(1934)에 빚진 바가 크다. 본인이 편집한「세계 개혁교회의 신앙고백서」안에 실린 대부분의 신앙고백들(고대교회와 16세기 종교개혁의 고전적인 신조들과 신앙고백들을 제외하면)은 전적으로「바르멘 신학선언」이후의 것들이다.「바르멘 신학선언」은 성경과 종교개혁 신앙고백들의 유산을 매우 중요시하는 바, 미국장로교의「1967년도 신앙고백」에 직접적인 영향을 끼쳤다.

　따라서 우리 한국의 대한예수교장로회의 본 신앙고백서 역시 이와 같은 신앙고백의 역사적 맥락 속에서 작성되었다. 물론 보다 직접적으로는 미국의 북장로교인 연합장로교(United Presbyterian Church in the United States of America=UPCUSA)가 작성한「1967년도 신앙고백」에 영향을 받은 것이지만 말이다. 우리 한국의 기독교장로회는 미국의 1967년도 신앙고백의 영향으로 1972년에 "새 신앙고백"을 내놓았고, 우리 통합 측은 1968년에 미국의 1967년도 신앙고백에 대한 논쟁으로 이를 거부하고 웨스트민스터 신앙고백을 총회 차원에서 다시 확인하였다. 우리 통합 측은 1986년에 본 신앙고백을 채택하였으나. 이 고백의 신학적인 경향은 웨스트민스터 신앙고백의 신학적인 경향으로부터 칼 바르트와 같은 '신정통주의 신학'으로의 패러다임 이동 중에 있는 것으로 보인다. 하지만 2001년에 나온 우리 통합 측의「21세기 대한예수교장로회 신앙고백」은 '신정통주의 신학'을 넘어서서 에큐메니칼 신학을 지향하고 있다고 하겠다.

(2) 대한예수교장로회 신앙고백의 역사

한국장로교가 선교사들의 영향을 받아 처음 채택한 신앙고백은 12신조였다. 1907년 평양의 장대현교회에서 4장로교회(북장로교, 남장로교, 호주 장로교, 캐나다 장로교) 선교회 대표가 모체가 되어 '대한예수교장로회' 독노회가 조직되었는데, 이 노회는 선교사들로 구성된 선교공의회의 추천을 받아서 12신조를 정식으로 채택하였다. 이 12신조는 1905년 남인도 자유 장로교회가 채택했던 것이다. 선교사들과 독노회는 본 12신조를 채택한 이유에 대해서 "아시아 각국의 장로회 신경이 되어 각 교회가 상호 연락하는 기관이 되기를 갈망하기 때문이다."라고 하였고, "조선야소교장로회 형편에 적합한 신경을 택하는 것이 가한 줄 인정했기 때문이다."라고 하였다.

그런데 위의 12신조는 웨스트민스터 신앙고백(1647)을 간략하게 축소시키어 항목화한 것으로 웨스트민스터 신앙고백과 동일한 개혁신학 전통을 따르고 있다. 그리고 우리는 초기부터 웨스트민스터 대·소교리문답도 사용해 오고 있다. 따라서 우리 한국장로교의 초기 신학은 선교사들의 영향 하에 이와 같은 17세기 정통주의 개혁신학에 빚진 바가 크다 하겠다. 웨스트민스터 신앙고백과 그것의 교리문답은 우리 총회가 정식으로 인정하여 받아들인 적은 없으나, 1968년에 미국의 「1967년도 신앙고백」을 반대하는 맥락에서 총회 차원에서 재확인된 것이나 마찬가지이다. 그런데 다행한 것은 우리가 사용해 오고 있는 웨스트민스터 신앙고백은 영국이나 스코틀랜드 원판이 아니라 미국장로교에 의해서 1903년에 보완한 판이다. 이미 1788년에 제23장, 제24장, 제25장을 어느 정도로 수정하였으나, 1903년엔 제34장(성령에 대해서), 제35장(하나님의 사랑의 복음과 선교에 대해서), 그리고 선언문을 첨가하였다.

새로 보완된 제34장과 제35장과 '선언문'은 미국장로교회가 18~19세기의 제1각성운동과 제2각성운동 등 미국적인 복음주의 부흥운동과 18~19세기 동안의 복음 선교운동을 통해서 얻은 경험을 전제하고 작성된 것이라고 생각된다. 성령과 사랑에 대한 강조는 17세기에 굳어진 정통주의 개혁신학의 '하나님의 영원한 작정'에 입각한 '이중 예정론'을 의식하였고, 성령론에 인색한 교리주의적인 정통주의 개혁신학을 의식하였을 것이다. 제35장 성령론은 제1항과 제2항에서 성령께서 삼위일체의 제3의 위격임을 부각시키고, 니케아-콘스탄티노플 신조에 따라서 성령께서 생명의 부여자이심을 힘주어 말한다. 그리고 '이중 예정론'을 의식하면서 다음과 같이 고백한다.

> 아버지 하나님께서는 누구든지 성령을 간구하는 자에게 성령을 주시기를 기뻐하시는 바, 이 성령은 예수 그리스도께서 성취하신 구속을 효과적으로 우리에게 적용하시는 행동자이다. 성령은 그의 은혜로 사람들을 중생시키시고, 인간이 유죄함을 알려주시며, 인간으로 하여금 회개하게 하시고, 신앙으로 예수 그리스도를 받아들일 수 있도록 권고하시며 받아들일 수 있는 능력을 주신다……[3]

그리고 제34장은 정통주의 개혁신학이 약화시켰던 교회의 공동체성과, 경직되게 제도화시켰던 교회의 직제와, 단순히 객관화시켰던 하나님의 말씀과 세례와 성만찬을 생각하면서, 성령의 역사에 의한 각각의 회복을 주장한다.

> 성령은 모든 신자들 안에 내주하신다. 이로써 모든 신자들은 그리스도와 생명적으로 연합되어 있고, 그리스도의 몸인 교회 안에서 상호 긴밀히 연합되어 있다. 성령은 교역자들을 부르시어, 직분을 맡기시며, 교회 안에 다른 직분들도 세우시어 특수 사명을 감당케 하시고 지체들에게 여러 가지 은사들을 베풀어 주신다. 성령은 성경말씀과 세례와 성만찬을 효과있게 하신다……[4]

---

3. 이형기, 「세계개혁교회의 신앙고백서」(서울 : 한국장로교출판사, 1991), p. 296.

제35장은 무엇보다도 예수 그리스도를 통한 하나님의 구속사역이 모든 인류를 위한 것임을 역설하고 있다. 역시 '하나님의 영원한 작정'에 의해서 결정론적으로 '유기된 사람들'의 운명이 결정되는 '이중 예정론'을 의식하면서, 다음과 같이 예수 그리스도를 통해서 계시된 하나님의 보편적인 사랑을 선포하고 있다.

> 무한하고 완전한 사랑의 하나님은 주 예수 그리스도의 중보와 십자가의 희생제사를 통하여 은혜의 언약을 통해서 생명과 구원의 길을 마련하셨으니, 이는 모든 상실된 인류를 위해서 충분하고 적합한 것이다. 이처럼 사랑의 하나님은 주 예수 그리스도를 통하여 복음 안에서 이 구원을 모든 사람들에게 그냥 제공하신다.[5]

끝으로 '선언문' 역시 '이중 예정론'을 비판하고 있다.

> 첫째로 본 신앙고백의 제3장이 문제이다. 이 제3장은 그리스도 안에서 구원받은 사람들에 관하여 말하는 바, 하나님의 이와 같은 작정론(God's eternal decree)은 모든 인류에 대한 하나님의 사랑의 교리와 조화를 이루도록 주장되어야 한다. 하나님의 아들을 통한 하나님의 은혜는 온 인류의 죄를 위한 속죄요, 하나님께서는 자신을 찾는 자들에게는 누구에게나 그의 구원하시는 은혜를 베푸실 준비가 되어 있으시기 때문이다. 이 제3장은 그 다음에 멸망 받을 사람들에 관하여 고백하고 있는 바, 이와 같은 하나님의 영원한 작정론은 하나님께서는 그 어떤 죄인의 죽음도 원치 아니하신다고 하는 가르침과 조화를 이루도록 주장되어야 한다. 하나님께서는 그리스도 안에서 모든 인류를 위해서 충분한 구원을 마련해 주셨고, 이 구원은 모든 사람들에게 적합한 것이요, 복음 안에서는 모든 인간이 값없이 구원을 제공 받는다. 인간은 하나님의 은혜를 수용해야 할 충분한 책임이 있다. 하나님의 작정은 이 은혜를 받아들이지 못하게 방해하지 않으며, 아무도 자기 자신의 죄로 말미암지 않고는 정죄를 당하지 않는다.[6]

---

4. Ibid.
5. Ibid., pp. 296-297.

따라서 의식적이든 무의식적이든 우리 교단이 위와 같은 수정보완판 웨스트민스터 신앙고백을 사용해 오고 있는 것은 너무도 다행한 일이 아닐 수가 없다.
　우리 교단이 1983년에 시작하여 1986년에 완성한 본 신앙고백을 채택한 것이 비록 뒤늦은 감이 없지 않으나, 본 신앙고백이 우리 한국인의 손에 의하여 작성되었다고 하는 점에서 큰 의미를 지닌다. 그리고 본 신앙고백은 12신조와 웨스트민스터 신앙고백의 유산을 물려받음으로써 그 나름의 개혁신학 전통을 잇고 있는 것으로 보이지만 너무 고전적인 개혁신학 유산에 머물러 있어서 미흡한 점들이 많이 있다고 본다. 이는 우리 교단의 지배적인 신학이 무엇인가를 말해 주고 있는 바, 어떤 교회의 신앙고백이든 그 고백이 나온 교회의 지배적인 신학을 넘어서기가 어렵기 때문이다. 이 글이 미국의「1967년도 신앙고백」을 해설하는 부분에서 지적한 바, 1930년대에서 1960년대까지 미국교회는 칼 바르트와 라인홀드 니버의 신학 전통을 잇는 신학에 의해서 지배를 받았기 때문에, 웨스트민스터 신학과 17세기 개신교 정통주의 신학과 미국의 20세기 초 개신교 근본주의 신학을 극복할 수 있었다고 판단된다. 본인 생각에는 2001년에 확정된「21세기 대한예수교장로회 신앙고백서」야말로 '신정통주의 신학'에서 한 걸음 더 나아가 에큐메니칼 운동에 나타난 신학을 추구한 것이라고 생각된다.

3) 전체 내용구조와 신학적인 경향

　본 신앙고백은 10개 항목으로 구성되었는데, "제9장 : 선교"를 제외하고, 나머지 다른 항목들은 모두 웨스트민스터 신앙고백의 항목들 가운데 포함되어 있는 것들이다. "제8장 : 국가"가 어느 정도로 한국적인 역사적 상황을 고려하였고, "제9장 : 선교" 역시 선교가 활발히 진행되고 있었던 1980년대의 상황에 대한 응답이었다면, 나머지 항목들은 개혁신

---

6. Ibid., p. 298.

학에 따른 성경의 요약이라고 생각된다. '선교' 항목에 관하여는 17세기 개신교 정통주의와 웨스트민스터 신앙고백 모두가 무시하는 경향이기 때문에, 이 항목이 17세기 신앙내용에서 배제되고 있다고 보인다. 개신교의 선교활동은 18세기 경건주의 운동 이후였으니 말이다. 물론 우리는 내용분석에서 본 신앙고백의 항목들이 각 항목에 있어서 웨스트민스터 신앙고백의 항목들과 무엇이 같고 무엇이 다른가를 밝히려고 한다.

그러나 본 신앙고백이 17세기 개신교 정통주의 신학에서처럼 사도신경과 니케아 신조(325)와 칼케돈 정통 기독론(451)과 같은 고대 에큐메니칼 신조를 포함하고 있다. 예컨대, 제2장의 신론이 니케아 신조의 삼위일체 하나님을 진술하고 있는 바, 이는 어디까지나 성령론을 부가한 콘스탄티노플 신조를 고려한 것이고, 586년 톨레도 회의에서 첨가된 '그리고 아들로부터도'(filioque)를 삽입한 것이다. 그리고 제3장은 칼케돈의 정통 기독론을 수용하고 있고, 제34장의 성령론은 성령의 위격을 충분히 확보하면서, 니케아-콘스탄티노플 신조(381)의 성령론을 따른다. 그리고 이미 지적한 바, 제34장과 제35장과 '선언문'은 웨스트민스터 신앙고백의 약점을 보완하고 있다.

그리고 본 신앙고백과 웨스트민스터 신앙고백의 주제 순서를 보면, 후자가 전자를 포함하면서 더 많은 주제들을 다루고 있는 것으로 나타난다. 우선 각 주제의 내용이 아니더라도 단순히 각 주제에 있어서 이와 같은 공통점이 있다고 하는 것은 본 신앙고백이 17세기 개신교 정통주의와 웨스트민스터 신학 전통 유산을 매우 귀하게 여기고 있는 것으로 판단된다. 그 주제들을 비교하면 아래와 같다.

〈본 신앙고백〉
1. 성경   2. 하나님   3. 예수 그리스도
4. 성령   5. 인간   6. 구원
7. 교회   8. 국가   9. 선교   10. 종말

〈웨스트민스터 신앙고백〉
 1. 성경
 2. 하나님과 성삼위일체에 관하여
 3. 하나님의 영원한 작정에 관하여
 4. 창조에 관하여
 5. 섭리에 관하여
 6. 인간의 타락과 죄와 죄의 형벌에 관하여
 7. 사람과 맺으신 하나님의 언약에 관하여
 8. 중보자이신 그리스도에 관하여
 9. 자유의지에 관하여
10. 효과적인 소명에 관하여
11. 칭의에 관하여
12. 양자에 관하여
13. 성화에 관하여
14. 구원에 이르게 할 믿음에 관하여
15. 생명에 이르는 회개에 관하여
16. 선행에 관하여
17. 성도들의 견인에 관하여
18. 은혜와 구원에 대한 확신에 관하여
19. 하나님의 율법에 관하여
20. 기독교적 자유와 양심의 자유에 관하여
21. 예배와 안식일에 관하여
22. 합당한 맹세와 서원에 관하여
23. 국가의 공직에 관하여
24. 결혼과 이혼에 관하여
25. 교회에 관하여
26. 성도의 교제에 관하여
27. 성례전에 관하여
28. 세례에 관하여
29. 주님의 만찬에 관하여
30. 교회의 치리에 관하여
31. 대회와 공의회에 관하여
32. 죽음 이후의 상태와 죽은 자들의 부활에 관하여
33. 최후 심판에 관하여

34. 성령에 관하여
　　35. 하나님의 사랑의 복음과 선교에 관하여, 선언문
　　(이 본문은 1958년 미국 연합장로교회=UPCUSA가 채택한 것이다.)

　하지만 본 신앙고백 중, 제2항(하나님)은 웨스트민스터 신앙고백의 제4항과 제5항을 포함하고 있고, 전자의 제4항(성령)은 제34항에 해당하고, 전자의 제5항(인간)은 후자의 제6항과 제9항을 포함하며, 전자의 제6항(구원)은 후자의 제10~18항까지를 포함한다. 그리고 전자의 제7항(교회)은 후자의 제25~31항까지를, 전자의 제10항(종말)은 후자의 제32~33항까지를 포함한다. 따라서 본 신앙고백에서 포함되지 않은 웨스트민스터 신앙고백의 항목들은 제3항과 제21항과 제22항, 제24항과 제30항, 제31항에 불과하다. 웨스트민스터의 제34항과 제35항, 그리고 선언문은 의식적이든 무의식적이든 본 신앙고백에 반영이 된 셈이라고 생각된다. 그도 그럴 것이 본 신앙고백은 '하나님의 영원한 작정'을 제외시켰고, 웨스트민스터 신앙고백보다 성령과 사랑의 복음을 더 강조하고 있으며, 선교 또한 더 강조하고 있기 때문이다.

4) 내용분석
(1) 제1항 성경
　제1장 제1조의 말씀론(우리는 신·구약 성경이 하나님의 말씀이며, 종교개혁자들이 내건 '성경만'으로의 기치처럼 우리의 신앙과 행위에 대한 정확 무오한 유일의 법칙임을 믿는다.)은 웨스트민스터 신앙고백의 그것과 꼭 같다. 하지만 제1항 제3조는 "성경이 하나님의 영감으로 기록되었다."고 하면서, 동시에 "성경은 인간의 말로 기록된 하나님의 말씀이요, 따라서 거기에는 인간적인 요소와 신적인 요소가 함께 있다. 그러나 하나님은 저자가 지니고 있던 시대적이며, 문화적인 배경 등 인간적 요소들을 그의 섭리를 성취하기 위하여 사용하셨으므로, 성경은 전적으로 하나님의 말씀이다."라고 하였고, 제1항 제4조는 성경의 중심이 "완전한 계시이신 예수

그리스도"요, 성경은 이 예수 그리스도를 '증언'하고 있다고 고백한다. 그리고 제1항 제5조는 "구약성경의 모든 사건은 직접 또는 간접으로 그리스도에 대한 준비와 예언이다. 신약성경은 이미 오신 그리스도의 생애와 가르침과 사도들의 예수 그리스도에 대한 증언과 가르침을 수록한 것으로서 그리스도에 대한 증언이다."라고 힘주어 고백하였다. 그래서 이와 같이 기독론을 강조하는 부분들은「웨스트민스터 신앙고백」의 말씀론과 다르다.

끝으로 제1항 제6조의 성경 해석방법에 대한 진술은 오늘 우리에게도 큰 도움을 준다. 제6조 역시 "성경의 본문의 뜻(본문비평)을 밝히고, 그것의 기록 배경(역사비평)을 상고하면서 그 속에서 하나님의 뜻을 밝혀내야 한다."고 하면서, 성경은 전체적으로 하나님의 말씀이므로 "성경은 성경으로써 해석해야 하고, 성경 전체에 흐르고 있는 기본적인 교리를 파악하고, 그 빛 아래서 부분을 해석해야 할 것이다."라고 고백한다. 그리고 제1항 제5조는 구약이 신약의 예수 그리스도를 지향하고 있기 때문에, 신약은 구약을 배경으로, 그리고 구약은 신약을 바라보면서 해석되어야 한다는 말이다.

〈비 평〉

본 신앙고백은 17세기 정통주의적 개혁신학과 웨스트민스터 신앙고백과 20세기 미국 개신교의 근본주의의 성경관을 따르고 있으면서도, 상당 부분 칼 바르트로 비롯되는 '신정통주의 신학'의 성경관을 제시하고 있는 바, 성경관에 있어서 패러다임 이동을 보이고 있는 것이 확실하다. 그러니까 이와 같은 새로운 부분들은 1934년 '바르멘 신학선언'과 '1967년도 신앙고백'과 1990년 '간결한 신앙진술'의 그것과 같다고 보인다. 그러나 본 신앙고백은 완전한 패러다임 이동을 보이고 있는 것이 아니라, 이동 중에 있는 것으로 보인다. 그도 그럴 것이 두 가지 성경관이 혼재되어 있기 때문이다. 즉, 제1항 제3조는 본문비평과 역사비평의 사용을 전적으로 허락하는 바, 이와 같은 성경비평학은 적어도 18~19세기적 모더니즘의 소산이요, 본 신앙고백의 성경영감론은 그 이전 정통주의 교회의 유산이기 때문이다.

성경보다 더 중요한 것은 성경 안에 있는, 구약에서 신약으로 이어지는 구속사요, 이 구속사를 배경으로 하는 복음(the Person and Work of Jesus Christ)이다. 우리는 성경의 어떤 명제를 지적(intellectually)으로 이해하고 수긍하며 구원을 얻는 것이 아니라 성령의 크신 역사로 교회 안에서, 그리고 교회를 통하여 선포되는 설교말씀과 성경공부 등을 통해서 복음을 믿어 구원에 이르는 것이다. 우리는 사랑과 은혜의 복음을 믿음으로 받아들여, 칭의를 받고, 성화로 나가며, 종말론적으로 영화롭게 될 것을 소망하는 것이다. 그래서 교회는 믿음과 사랑과 소망의 공동체이다.

그러니까 신·구약성경의 모든 명제들이 그 자체로서 하나님의 말씀이라기보다는 구약은 신약을 지향하고 있고, 무엇보다도 신약 역시 그 중심 메시지인 예수 그리스도의 위격과 사역(the Person and Work of Jesus Christ), 곧 복음을 지향하고 있는 것이다. 구약의 구속사는 신약의 구속사를 지향하기 때문에, 구약 이야기의 온전한 뜻은 신약의 구속사의 빛에 비추어서 이해되어야 한다. 그리고 신약의 구속사의 중심은 이미 지적한 복음이다.

성경의 기원에 있어서나 성경의 내용에 있어서, 이와 같은 복음의 중요성 때문에 대체로 '바르멘 신학선언' 이후의 개혁신학 전통은 복음을 성경보다 앞세우고, 성경관은 통상 성령론 다음, 교회의 직제와 사명을 논하는 맥락에서 다루며, 제2항에서 논할 삼위일체론 역시 기독론 다음에 놓여진다.

(2) 제2항 하나님

기독교의 하나님은 다신론(polytheism)이나 일신론(henotheism)도 아니요, 철학적 유신론(theism)이나 범신론(pantheism)도 아니요, 심지어 단순히 유대교적 유일신관(monotheism)이나 이슬람교적 유일신관도 아니다. 본 항목은 삼위일체 하나님은 성경에 나타난 하나님이라고 고백한다. 그래서 제2항 제2조는 "하나님은 본질에 있어서 한 분이시나 삼위로 계신다. 삼위는 성부와 성자와 성령이다. 삼위는 서로 혼동되거나 혼합될 수 없고, 완전히 분리할 수도 없다. 삼위는 그 신성과 능력과 존재 서열과 영광에 있어서 완전히 동등하시다."라고 하는 서방교회 전통의 정통 삼위일체론을 제시하고 있다.

그리고 제2항 제1조는 이 삼위일체 하나님의 각 위격(the Person)이 공유하고 있는 신적 본질을 규명하였고, 나머지 제3조, 제4조, 제5조는 이 삼위일체 하나님의 사역(Works)을 말하고 있다. 그런데 하나님의 사역에 관하여, 본 항목은 주로 우주와 인간 창조, 창조주 하나님의 우주통치와 역사 섭리, 그리고 구원과 심판에 관하여만 간단히 고백하였다. 그도 그럴 것이 제3장이 기독론을, 제4장이 성령론을, 제6장이 구원론을, 그리고 제10장이 종말론을 정식으로 고백하고 있기 때문이다.

그런데 본 항목의 특징은 개혁신학 전통이 가르쳐 온 삼위일체 하나님의 거룩성과 위엄, 주권과 영광, 그리고 이 삼위일체 하나님의 뜻의 주권적인 성취이다. 본 항 제2조 후반부에 나오는 구원사역 역시 전적으로 삼위일체 하나님의 주권에 의한 것이다. 즉, "사람은 성자를 통하지 않고는 성부에게 갈 수 없고(요 14 : 6), 성부께서 이끌어 주시지 않으면 성자에게 갈 수 없으며(요 6 : 44), 또 성령을 통하지 않고는 성자를 주라고 말할 수도 없다."(고전 12 : 3)라고 하였다. 그리고 이 삼위일체 하나님은 창조, 우주통치, 역사 섭리, 인간구원 및 역사심판에 있어서 공동체적으로 사역하시면서도, 각 위격의 고유한 사역을 담당하신다.

〈비 평〉

본 신앙고백의 삼위일체 하나님은 위에서 지적한 대로 본질론에서 출발하여 삼위의 고유한 사역론으로 진행하고 있다. 이는 삼위일체 하나님의 통일성에서 출발하여 삼위로 나아가는 전형적인 서방교회의 삼위일체론이다. 그리고 성령이 '아들에게서도'(filioque) 나오셨다고 하는 서방교회의 'filioque'를 그대로 사용하고 있다. 오늘날 에큐메니칼 운동(특히 신앙과 직제 운동)으로, 우리 개혁교회 역시 동방정교회의 삼위일체 하나님 신학을 대폭 수용하고 있는 상황에서, 우리도 전형적인 서방교회의 삼위일체론을 극복해야 할 것이다. '세계개혁교회 연맹'은 동방정교회와의 신학 대화를 통해서 1992년「삼위일체 하나님에 대한 일치된 진술」(Agreed Statement on the Holy Trinity)을 만들기까지 하였다. 그리고 몰트만 역시 동방교회의 삼위일체론을 대폭 수용하고 있다.

그리고 대체로 본 삼위일체론은 주로 '경세적 삼위일체론'에 집중하고 있다고 보인다. 하지만 본 신앙고백은 10개 항목을 각각 진술할 뿐 이들 주제들(loci) 상호간의 연결을 무시하고 있다. 예컨대 우리는 복음 중심적인 삼위일체 하나님을 모든 주제에 관련시킬 수가 있고, 나아가서 종말론을 모든 항목들에 관련시켜 고백할 수도 있을 것이다.

끝으로 본 항 제1조의 '하나님의 본질'에 관하여 비판한다면, 여기에서 성경구절들로 구축된 모든 하나님의 본질적 속성들은 '완전한 계시'요, 종말론적인 계시이신 예수 그리스도를 통하여 재규정되어야 한다. 즉 성육신하셨고, 하나님 나라를 설교하셨으며, 가르치셨고, 하나님 나라를 미리 보여 주는 여러 가지 사랑의 행동을 보여 주셨으며, 급기야 하나님 나라를 계시하시고 약속하시려고 십자가에 달리셨다가 부활하신 예수 그리스도를 통하여 하나님의 본질이 계시되었기 때문에 성경구절들이 말하는 하나님의 본질은 이 완전한 계시를 통해서 다시 규정되어야 한다는 말이다. 예수 그리스도(참인간이실 뿐만 아니라)는 참하나님이시기 때문이다. 그를 본 자는 아버지를 본 자가 아닌가?

예컨대 전지전능, 편재, 영원성, 거룩성, 의, 선, 자유, 광대, 불변, 영광은 예수 그리스도의 위격과 사역을 통해서 재규정되어야 한다. 우리는 예수 그리스도와 성령을 통한 하나님의 역사 개입에서 계시된 하나님의 본질적 속성을 본다. 즉, 하나님은 예수 그리스도 안에서 그의 아가페 사랑을 계시하실 때 종의 모습으로 그의 능력을, 십자가의 어리석음으로 그의 지혜를, 그리고 죄인을 용서하심으로 그의 선하심을 계시하신 것이다. '전능'과 '의' 역시 예수 그리스도를 통해서 계시된 아가페(사랑)와의 관계에서, 그리고 '영광'과 '자유'는 예수 그리스도의 십자가의 고난과 죽음과의 관련 속에서 재규정되어야 할 것이다. 이와 같은 기독론에 입각한 '역설들'(paradoxes)은 자연신학의 약점을 극복하게 한다.

(3) 제3항 예수 그리스도

본 신앙고백은 이미 삼위일체론 부분에서, 삼위일체 하나님의 위격과 사역에 대해서 진술했는데, 이제 기독론 역시 예수 그리스도의 위격과 사역(the Person and Work of Jesus Christ)에 대해서 말한다. 즉, 본 항의 제1조와 제2조는 예수 그리스도가 누구신가(위격)에 대해서, 그리고 제3조와 제4조는 그가 인류를 위해서 무엇을 행하셨는가(사역)에 대해서 고백한다. 삼위일체론과 기독론에 모두에 있어서 위격과 사역은 불가분리하지만, 통상 개별적으로 다루어져 왔다.

본 항의 제1조는 예수 그리스도께서는 하나님의 아들로서 동정녀 마리아의 몸에서 유일회적으로 성육신하신 참사람인 바, 그는 참하나님이시요, 참인간으로서 인류 구속을 위한 유일한 중보자라고 진술한다. 이처럼 본 기독론은 칼케돈의 기독론을 따르면서 하나님의 인류 구원을 겨냥함으로써, 예수 그리스도의 중보자직을 강조하고 있다. 칼케돈 신조가 예수 그리스도의 위격과 본성에 대해서만 말하고 있는 데 반하여, 본 기독론은 성육신을 곧바로 예수 그리스도의 중보자직에 직결시키어, 하나님과 인류 사이의 화해사역의 위격적 기초를 튼튼히 하였다.

그리고 이어서 본 항의 제2조 역시 예수 그리스도의 위격에 대해서 고백하고 있는 바, 중보자이신 예수 그리스도께서는 '하나님의 완전한 계시'로서, '모든 계시의 완성'이라고 말하고 있고, 나아가서 이 계시의 초월성을 강조하고 있으며, 이 계시를 통한 하나님 인식을 주장하고 있다. 그리고 여기에서 말하고 있는 '하나님의 완전한 계시'이신 예수 그리스도란 그의 전(全) 위격과 사역 혹은 '전 그리스도'(totus Christus)를 말한다.

다음에 제3조와 제4조는 예수 그리스도의 사역 중 핵심적인 사역에 대해서 고백한다. 전자는 십자가의 사역을, 후자는 부활과 승천, 그리고 하나님 우편으로의 승귀를 말한다. 첫째로 제3조는 성육신하시어 참인간이 되시고, 십자가에까지 낮아지신 하나님의 아들이 하나님과 인류 사이를 화해케 하셨다고 하는 내용이다. 이는 하나님의 아들의 하강운동(칼 바르트)이다. 하나님 자신이 탕자와 같이 낮고 천한 이 세상 속으로 들어오시어, 인류의 죄 된 역사에 동참하셨다는 말이다. "그는 이와 같은 극단의 낮아지심을 통해서 만민의 죄를 대속하셨다."고 하고, "온전한 대제사장이 되시어 단번으로 영원한 속죄 제사를 드리셨다."고 하였다. 즉, 하나님과 인류 사이의 화해사역을 이룩하셨다는 것이다.

그리고 제4조는 예수 그리스도께서 "사흘 만에 부활하심으로 높아지셨다."고 고백한다. 그는 낮고 천한 탕자의 세상으로부터 다시 아버지 집으로 귀향하신 것이다(칼 바르트). 제4조는 그의 부활이 우리의 새로운 삶의 시작이라고 보고, 종이 되셨던 예수 그리스도는 부활 승천하시고, 승귀하시어 하나님 아버지 우편에 앉아 계신 주님으로서 "만물 위의 모든 권세를 잡으시고 왕권을 행사하심으로(마 28:18, 엡 1:21, 계 11:15), 그를 의지하는 모든 성도들을 끝까지 다스리신다."고 고백하였다. 제3조가 대체로 십자가에서 희생제물이 되시고, 대제사장 자신이시기도 하신 예수 그리스도에 대해서 진술했다면, 제4조는 부활하시어 왕이 되신 참인간(the Royal Man) 예수 그리스도를 고백하고 있다. 그리고 제5조는 제3조와 제4조를 총괄하고 있다. 즉, 제4조는 "예수 그리스도의 십자가와 부활은 인간을 죄와 죽음의 권세에서 해방시켜 하나님의 자녀가 되게 한 사건이다."라고 말하기 때문이다.

⟨비 평⟩

제3조(십자가)와 제4조(부활)는 결국 화해사역의 핵심으로 고백되고 있는데, 예수 그리스도께서 완전한 대제사장이시요, 흠과 티가 없으신 제물로서 십자가 위에서 죽으셨다고 할 때, '유일회적인 희생제사'라는 말을 사용했어야 했고, 부활에 대한 이해에 있어서 인류역사와 우주만물의 모든 부정성을 극복하는 '부정의 부정'(negation of the negative)으로서의 부활의 의미를 더 부각시켰으면 좋았을 것이다. 그리고 제6조는 역사 속에서의 화해의 실현 혹은 화해의 적용으로서 제4장 성령론에서 진술되었어야 했다. 그도 그럴 것이 칼빈과 칼 바르트와 같은 개혁신학자들의 신학에 있어서, 그리고 다른 고전적인 개혁신학 전통에 있어서 화해의 역사적인 실현은 기독론이 아니라 성령론 부분에서 취급되고 있기 때문이다.

그리고 제4조에서 예수 그리스도의 주권이 다만 하나님의 백성에게 국한되어 있으나, 우리는 인류의 보편사에 대한 그분의 섭리와 우주만물에 대한 그분의 통치를 덧붙여야 할 것이다.

하지만 다행한 것은 칼빈의 최종판 「기독교 강요」(1559) 제Ⅱ권(기독론)이 그렇고, 칼 바르트의 「교회교의학」 Ⅳ의 화해론이 그렇듯 본 항목의 기독론은 '제한 속죄론'(the limited Atonement)을 지향하지 않고, 보편구속론을 지향하고 있다는 사실이다. 즉, 하나님께서는 예수 그리스도를 통하여 모든 인류를 구속하시고, 자신과 화해케 하셨다고 하는 것이다. 그래서 믿는 사람들의 공동체(교회)의 특수성은 성령론 부분에서 나오고 있다. 즉, 객관적이고 보편적이며 종말론적인 화해사역을 교회 안에서, 그리고 교회를 통하여 성령의 역사로 믿어 모이는 교회에 동참하고, 이 교회 안에서 사랑으로 든든히 서 가며, 하나님 나라를 소망하는 가운데 이 세상을 위해서 이 세상 속으로 파송되어 역사 속에서 하나님 나라를 구현해 가는 사람들이 다름 아닌 교회라고 하는 것이다. 이런 의미에서 교회는 신망애의 특수 공동체인 것이다. 그리고 본 기독론 항목에서 아쉬운 점은 예수 그리스도의 삼중직에서 제사장직과 왕직은 그래도 상당히 소개되고 있으나, 그의 예언자직은 '계시론'에 국한되어 있다는 것이다.

(4) 제4항 성령

이 글은 삼위일체론(제2항)과 기독론(제3항)의 경우처럼 성령론을 그의 위격과 사역(the Person and Work of the Holy Spirit)으로 구분하여 논한다. 본 항목(성령론) 전체 속에 성령의 '위격' 부분과 '사역' 부분이 서로 침투되어 있고 뒤얽혀 있으나, 이 글은 이를 구분하여 논한다. 우선 성령의 위격에 대해서 생각해 보자. 성령의 위격에 대해서, 본 항 제1조는 "예수 그리스도께서 부활, 승천하신 후 성부와 성자로부터 보내심을 받아 오신 성령", "성령은 예전부터 성부와 성자와 함께 계시면서……"라고 진술하였고, 제2조는 "성령은 성부와 성자와 동일한 인격을 가진 영이시다."라고 고백하였다. 본 항목(성령론) 중 성령의 위격에 대한 진술 내용은 이것이 전부이다. 이로써 우리는 우선 본 항목이 성령의 위격에 대해서는 최소한도로 고백하고, 그의 사역에 대해서는 최대한도로 언급하고 있다고 하는 사실을 알 수 있다.

〈비 평〉

성령의 위격에 대해서는 1903년에 보완된 웨스트민스터 신앙고백 제34항(성령론)이 충분히 확보하고 있다. 이미 이 글은 이에 대해서 논하였으나, 본 교단의 신앙고백이 성령의 위격에 관하여 좀더 보완하기를 바라는 의미에서 웨스트민스터 신앙고백 제34항의 성령론을 소개하려고 한다. 우리 한국장로교는 경건주의 전통의 뒤를 잇는 미국의 18~19세기 복음주의 부흥운동과 복음전도의 영향으로 삼위일체론의 맥락 속에서의 성령의 위격 혹은 내재적 삼위일체 하나님의 세 위격 중 한 분으로서 성령의 위격, 그리고 아버지 하나님과 성령과의 관계에서의 성령의 위격을 무시하는 경향이고, 칭의, 회개와 회심, 성화, 기도생활 등에 있어서 성령의 기능을 강조하는 경향이다. 즉, 성부와 성자와 더불어 영원토록 우리의 예배를 받으시고 영광을 받으시는 성령, 그리고 생명의 부여자이신 성령을 믿기보다는 믿는 사람들 안에 내주하시어 역사하시는 성령의 기능을 더 중요시한다. 때문에 송영론적인 성령이해도 매우 약하다고 생각된다. 그리고 우리 교단 신앙고백은 보편사와 우주만물 속에서 역사하시는 성령에 대해서도 매우 약하다. 웨스트민스터 신앙고백 제34항은 다음과 같이 성령의 위격을 강조하여 고백하였다.

> 성령은 삼위일체 하나님의 제3 위격으로서 성부와 성자로부터 나오셨으나, 신적 본질에 있어서 성부와도 같고 성자와도 같으시고 능력과 영광에 있어서도 성부와 성자와 동등하시다. 우리는 성부와 성자를 믿고 사랑하고 순종하며 영원토록 예배해야 하듯이 이 성령을 믿고 사랑하고 순종하며 영원토록 예배해야 한다.
> 성령은 주님이시고 생명의 부여자로서 어디에서나 계시고 사람 안에 있는 모든 선한 생각들과 순수한 욕구와 거룩한 의도와 계획의 근원이시다……

그리고 본 교단의 신앙고백의 본 항목은 서방교회의 성령론 전통을 따라서 성령이 '아버지 하나님께로서만'이 아니라 '아들에게서도'(filioque) 나오셨다고 고백한다. 이것 역시 성령의 위격의 문제이다. 즉, 서방교회가 586년 톨레도 공의회에서 단독적으로(동방정교회를 제외하고), 'filioque'를 첨가한 이유는 아버지 하나님과 본질이 동일하신 아들을 강조하기 위함이었으나, 동방교회는 영원한 차원에서 아버지 하나님으로부터 나오시고, 아들 안에 거하시다가 시간 차원으로 파송 받으시는 은혜의 성령을 주장할 때에, 그 초점이 성령의 위격을 강조하는 데에 있다고 할 수 있다. 즉, 동방정교회의 신학전통에 있어서 이 성령(위격)은 아버지와 아들을 연결시키시고, 아버지의 사랑을 아들에게 전달하시고, 아들로 하여금 이 아버지의 사랑에 반응케 하신다. 따라서 시간 속에 오신 성령께서는 예수 그리스도(아들)의 교회로 하여금 아버지의 사랑을 깨닫게 하시고, 이 아들의 교회로 하여금 아버지의 사랑에 반응하게 하신다. 오늘날 세계교회는 'filioque' 없는, 본래의 니케아-콘스탄티노플 신조를 함께 고백한다. 그러나 웨스트민스터 신앙고백은 제34항이든, 본래의 성령론이든 간에 'filioque'를 첨가한 서방교회의 성령론을 고백한다.

이제 성령의 사역에 대해서 논하자. 본 항목(성령론)이 성령의 사역을 여러 가지로 진술하고 있는데, 신학논리상 성령의 어떤 사역이 제일 먼저 와야 하고, 어떤 것이 그 다음에 와야 하며, 어떤 것이 제일 나중에 와야 하나를 전혀 고려하고 있지 않았다. 성령의 사역 중 가장 중요한 것은 제3항의 기독론의 내용을 역사 속에 실현시키는 것이다. 즉, 성령께서는 십자가와 부활을 통하여 성취된 예수 그리스도의 화해사역을 역사 속에 실현시키신다고 하는 것이다. 이미 제3항에서 지적한 대로, 예수 그리스도께서는 참하나님과 참인간으로서 하나님과 인류 사이를 중보하시되, 삼중직(제사장직, 왕직, 예언자직)을 수행하심으로써 하나님과 인류 사이를 화해케 하셨다. 그리하여 이 객관적이고 보편적이며 종말론적인 이 화해사역을 성령의 역사로 받아들인 믿음과 사랑과 소망의 공동체인 교회야말로 화해된 공동체인 것이다. 이제 인류는 이 화해된 공동체를 통해서, 그리고 이 화해된 공동체 안에서 말씀을 통하여 성령의 역사로 저 화해의 복음을 믿어 칭의에 이르고, 성화의 삶을 살며, 종말론적인 영화롭게 됨을 소망하는 것이다. 이와 같은 성령의 가장 중요한 사역을 염두에 두면서 본 항목이 진술하고 있는 성령의 사역들을 읽어 보자.

제1조에서 말하는 성령의 사역들은 다음과 같다.

"구약에서도 활동하셨고, 성자가 세상에 계실 때도 사역하셨다. 그러나 오순절 이후 성령은 모든 신자에게 주어졌고, 영원히 임재하시면서, 그리스도께서 이룩하신 구속사역을 더욱 충만하게 하신다."

제2조에서 말하는 성령의 사역들은 다음과 같다.

"신자에게 임하시면서, 그의 죄를 확인하여 회개케 하시고, 인도하시어, 그들로 하여금 하나님의 백성으로서 합당한 성결의 생활을 하도록 도우신다."

제5조에서 말하는 성령의 사역들은 다음과 같다.

"그리스도의 교회는 오순절 성령의 강림에 의해서 시작되었다. 따라서 교회 안에는 성령이 언제든지 임재하시면서 그리스도인을 믿음 안에서 성장케 하신다. 성령은 하나님의 섭리에 따라 사람에게 은사를 주시고, 성성을 나하여 예배히게 하시고, 성도의 교제를 갖게 하시며, 목사들로 하여금 말씀을 선포케 하며, 교인들이 말씀을 듣고 깨닫게 하며, 세상에 나가서 예수 그리스도의 십자가의 부활의 증인이 될 지혜와 의욕과 용기를 갖게 하신다."

그리고 제3조는 성령의 일반적인 은사를, 제4조는 성령의 특수한 은사를 고백하고 있는데, 전자는 이신칭의와 성화와 은사와 같은 기독교인이 받는 기본적인 은사를 말하고, 후자는 직분 수행을 위해 더 주어지는 성령의 특별한 은사를 말한다. 웨스트민스터 신앙고백과 17세기 정통주의 개혁신학에 있어서는 은사론이 매우 약하나, 본 신앙고백은 은사론을 매우 잘 정리하였다고 보인다. 이것도 한국교회가 풍부한 은사를 경험하고 있는 것에 대한 반영인 것으로 보인다.

그런데 본 항목은 교회의 성화를 다분히 교회 내향적 성화로 보고, 교회의 역사와 사회참여를 위한 성령의 역사는 매우 소홀히 하였다. 끝으로 본 항목은 인류역사와 사회, 그리고 인류문화 속에서 역사하시는 성령을 전적으로 간과하고 있다. 삼위일체 하나님은 우주만물과 인류 역사 속에서도 그의 사역을 지속하고 계시기 때문이다. 우리는 제3항 기독론 부분에서 예수 그리스도의 화해사역이 매우 객관적이고 보편적이며 종말론적이라는 사실을 밝힌 바 있다. 즉, 우주적 기독론은 우주적 성령론으로 이어져야 하고, 결국 우주적 삼위일체 하나님을 우리는 고백해야 할 것이다.

(5) 제5항 인간

지금까지 논한 내용은 제1장 성경관을 제외하면 성부, 성자, 성령 삼위일체 하나님에 대한 고백이었다. 즉, 성경이 제시하는 하나님을 제시한 다음, 본 항목은 피조물의 으뜸이요, 우주의 중심인 인간에 대하여 진술한다. 본 항목은 전적으로 신학적인 인간론(a theological anthropology)을 다루고 있다. 즉 인간이 하나님과의 관계 속에서, 그리고 하나님께 대면하여 누군가를 문제 삼는다. 하나님 존전에서의 인간, 하나님 말씀에 비추어 본 인간을 논하는 인간론이 다름 아닌 신학적인 인간론이다. 본 항목의 인간론은 단순히 심리학적인 인간, 사회학적인 인간, 정치적인 인간, 자연과학적인 인간이 아니라 신학적인 인간을 진술하고 있다. 상론하면 '하나님의 형상'(제1조), '범죄로 인한 죽음과 비참한 상태'(제1조), '하나님과의 교제를 잃어버리고'(제4조) 및 '구원받은 인간은 그리스도 안에서 새 피조물이 되고'(제5조)는 모두 신학적인 인간이해의 예에 해당한다.

인간의 창조, 타락, 구원, 성화는 신학적 인간이해의 기본 구조이다. 이제 우리는 타락 전 인간의 모습인 하나님의 형상, 타락 후 인간의 형편, 그리고 하나님과의 적대관계에 있는 인간의 구원에 대해서 알아보자. 첫째로 인간은 피조물이요, 이미 논한 삼위일체 하나님의 형상이다. 인간은 '이성과 감성과 의지력'(제2조)을 지녔으며 '거룩함과 의와 선과 영원과 자유'(제2조)를 소유했기 때문에, 이와 같은 능력의 소유자인 인간은 하나님의 은총의 빛과 도움을 받아서 유한하기는 하지만 범죄함이 없이 하나님과 화해(코이노니아)를 누리면서 영원토록 성화의 삶을 유지할 수 있었다.

그러나 두 번째로 인간의 타락이 진술되고 있다. 즉, 제4조는 아담의 범죄와 더불어 인류가 죄를 범하여 하나님과의 코이노니아가 파괴되었다고 하는 원죄를 말하고, 이 원죄로 인하여 "개인적이며 사회적인 또는 국가적인 혼란과 불행을 끊임없이 당하게 된다."고 진술하고 있다. 세 번째로 인간은 오직 은혜로 예수 그리스도(제3항 기독론)를 믿고(제4항 성령론), 오직 은혜로 이신칭의와 성화를 얻어 구원에 이르러 창조 시의 원 상태로 회복된다고 한다. 즉, 아담 안에서 타락하고 부패한 인간이 그리스도 안에서 오직 은혜로 새 피조물이 된다고 하는 것이다.

끝으로 본 인간에 관한 항목은 제3조에서 가정공동체의 고귀함과 성윤리에 대해서 언급하였고, 제5조에서는 인권에 대하여 고백하고 있다.

〈비 평〉

본 항목이 신학적인 인간이해를, 자연인에 대한 보편적인 인간이해 혹은 학문적인 인간이해와 구별하여 언급했으면 더 좋을 뻔하였다. 그리고 하나님의 아들이 성육신하시어, 참인간이 되신 예수 그리스도의 인간되심에 비추어서 인간이 누구인가를 규명했으면 좀더 구체적인 인간이해에 도달했을 것이라고 여겨진다. 즉, 하나님과 인간의 연합체로서 예수 그리스도는 하나님과의 관계 속에 있는 인간의 모습을 가장 구체적으로 보여 주셨다.

그는 참인간으로 하나님 앞에서 인간이 얼마나 죄인이고, 죽을 수밖에 없는 존재인가를 보여 주셨다. 그의 십자가는 인류의 유죄를 선고할 뿐만 아니라 유죄에 따른 심판과 형벌을 말해 주고 있지 않는가? 하지만 십자가는 인류를 구속하시어 하나님 아버지와 화해케 하는 하나님의 사랑이었다. 즉, 하나님께서는 예수님을 심판하심으로써 인류를 심판하셨고, 예수님을 구속하심으로써 인류를 구속하시었다. 나아가서 성령을 통하여 예수님을 죽은 자들 가운데서 부활시키신 하나님 아버지께서는 인류의 부활과 영생을 계시하시고 약속하신 것이다. 그리고 공관복음서에 나타난 예수님의 하나님 나라 선포와 이 하나님 나라를 미리 보여 주시는 치유와 축귀, 가난한 자와 병든 자에 대한 애정, 그리고 소외되고 억눌린 자에 대한 그의 자유케 하시는 사랑은 하나님 나라에 속한 인간의 모습을 매우 구체적으로 보여 주신 것이다. 따라서 본 항목은 인간론을 다룸에 있어서 참인간이신 예수 그리스도와 그를 통해서 선포된 하나님 나라를 척도로 삼았어야 했다.

그리고 나아가서 본 항목은 인간이 거룩성, 의, 사랑, 자유와 같은 속성을 하나님으로부터 받았기 때문에 인간은 삼위일체 하나님의 형상이라고 한다. 이와 같은 형상론은 웨스트민스터 신앙고백과 17세기 정통주의 개혁신학의 입장이다. 즉, 이와 같은 입장은 인간을 관계 속에서가 아니라 개인주의적으로 보게 하는 특징을 갖는다. 우리는 인간을 삼위일체 하나님의 개체성과 공동체성, 다양성과 통일성에 비추어서 인간 사회의 개체성과 공동체성의 조화 가능성, 다양성과 통일성의 조화 가능성을 모색해야 할 것이다. 개체성과 통일성만을 추구하는 모더니즘도 아니고, 다양성만을 추구한 나머지 통일성과 공동체성을 상실한 포스트모더니즘도 아닌 삼위일체론적 인간이해를 추구해야 할 것이다.

끝으로 본 항목은 인간중심주의를 크게 벗어나지 못하고 있다. 생태계의 파괴와 지구생명공동체의 해체에 직면한 오늘날의 신학은 인간을 전 지구생명공동체의 구성원들 가운데 하나로 본다. 하나님의 창조사역에 있어서, 제6일에 창조된 인간이 그 절정이 아니라 제7일 하나님의 안식이 그 절정이라고 하는 주장(몰트만)이 큰 설득력을 얻는다. 이것은 인간 중심적인 피조물 이해가 아니라 하나님 중심적인 피조물 이해를 지향한다. 인간은 나머지 생명체들 및 자연환경과 네트워크를 이루고 있고, 모든 존재는 하나의 직물처럼 짜여 있는 것이기 때문에 인간을 나머지 피조물들로부터 고립시키는 것은 말이 되지 않는다. 창조주 하나님 아버지께서 그의 아들을 통해서 성령의 역사로 인간만이 아니라 인간과 더불어 우주만물 모두를 구속하신 것이다. 그래서 새 하늘과 새 땅은 부활한 인류와 새롭게 된 우주만물 모두를 포함할 것이다. "장차 올 세계의 삶"(the life of the world to come)(니케아-콘스탄티노플 신조)은 인간만을 포함하는 새로운 세계가 아니다. 때문에 인간의 구원역시 '실낙원'(the paradise lost)으로부터 '복낙원'(the paradise regained)으로의 복원이 아니라 부활을 통해서 얻는 영생, '복낙원' 정도하고는 비교도 될 수 없는 엄청나게 영광스러운 존재를 약속하고 있는 것이다.

끝으로 제5조 인권에 대한 고백은 '새 피조물'에 대한 진술 직후에 언급될 것이 아니라 하나님의 형상론에서 고백되었어야 할 것이다.

(6) 제6항 구원

본 구원론은 이미 성령론에서 언급된 내용과 많이 겹친다. 그도 그럴 것이 성령께서는 은총의 수단들(설교, 세례, 성찬, 성경읽기, 기도)을 통하여 예수 그리스도께서 성취하신 화해사역(구속사역)을 역사 속에 적용하시고 구현시키시기 때문이다. 이것이 바로 구원의 역사(歷史)이다. 그리하여 여기에서 개진되고 있는 구원론은 예수 그리스도의 화해사역 혹은 구속사역을 전제하고, 이어서 성령역사를 전제하는 것이다.

구원론의 문제는 이신칭의(신)와 성화(애), 나아가서 종말론적으로 영화롭게 됨에 대한 소망(망)에 관한 것인데, 본 항목은 개혁신학 전통을 따라서 칭의를 구원의 관건으로 보면서도 결코 이 칭의와 분리될 수 없는 성화를 역설한다. 결국 이것이 본 항목이 고백하는 구원론의 요약이다. 상론하면 제1조에서 이신칭의가 구원임이 확실하고, 이어서 하나님과의 화해와 하나님의 자녀됨을 말한다. 그런데 본 항목은 몇 군데에서 부활 후 영생에 대해서 고백한다. 영화롭게 됨과 영생이 구원론에 포함되어 있다는 말이다. 즉, 제1조는 "우리는 인간의 범죄로 인해 하나님과

격리되고, 그 결과 인간 사이에도 부조화와 온갖 불행의 상태에 놓여졌으나 하나님의 은혜로 인하여 믿음으로 구원받아(엡 2 : 8) 다시 하나님과 화목하여 그의 자녀가 되고, 구원의 축복을 누리다가 세상의 종말에 부활함으로 우리의 구원이 완성될 것을 믿는다."라고 고백한다.

제3조는 이신칭의에 이어서 회개의 경험이 반드시 일어난다고 고백한다. 본 신앙고백은 칼빈의 신학과 같이 회개를 이신칭의의 결과로 본다. 제3조는 회개란 "하나님에 대한 불순종과 원수의 관계에서 화목의 관계로 돌아서는 것을 의미한다."고 하였다. 다음에 제4조, 제6조, 제7조는 그리스도인의 성화에 대해서 고백하는데, 이 성화의 삶은 일평생 계속되어야 하고, 부활을 통해 영화롭게 됨과 영생으로 이어진다고 본다. 특히, 제6조는 이와 같은 성화의 과정 속에서도 그리스도인은 항상 부족한 죄인이기 때문에 하나님의 은혜를 필요로 한다고 진술하고 있다. 그리고 제7조는 성화를 교회 내적인 것으로만 보지 않고, 역사와 사회를 향한 하나님의 공의와 사랑의 실현으로 본다. 끝으로 제5조는 인간의 모든 노력과 공로는 거부하는 하나님의 선행(先行) 은총, 나아가서 하나님의 이중 예정론을 고백하고 있다.

〈비 평〉

본 항목은 구원론의 신학적인 자리 매김을 지적하지 않았다. 즉, 하나님과 인간의 소외관계, 예수 그리스도를 통한 하나님과 인간의 화해사역, 이 예수 그리스도의 화해사역을 역사 속에 구현하시는 성령의 사역을 전제하는 구원론이어야 했다. 그리고 본 항목은 성령께서 예수 그리스도의 화해사역을 은총의 수단을 통하여 실현시키심으로써 일어나는 칭의, 성화, 영화, 영생에 대하여 신학적인 논리순서를 따라서 진술했어야 함에도 불구하고, 각 조의 순서가 혼선을 보이고 있다.

무엇보다도 본 항목은 '구원'이란 성령을 통한 예수 그리스도와의 연합임을 간과하고 있다. 이 신비적인 연합으로(unio mystica)으로 칭의,

회개, 성화, 기도 등이 일어나며, 역으로 칭의, 회개, 성화, 기도 등을 통하여 이 예수 그리스도와의 연합이 두터워진다. 그리고 구원(이신칭의)의 유일회성을 고백한 것은 좋았으나, 회개 역시 유일회적이라고 한 것은 문제가 있다. 회개란 성화를 뒤집어 놓은 것으로써 그리스도인의 전 생애를 통해서 항상 다시 일어나야 하는 것이기 때문이다. 반면에 회심이란 유일회적인 것으로 구원과 직결되어 있다.

그리고 본 항목이 신망애를 고백할 때에 인간의 신망애는 상대화시키고, 예수님의 그것을 절대화시켜야 한다. 예수님은 하나님의 아들로서 그리고 성육신하신 참인간으로서 진정한 신망애를 계시하시고 약속하셨기 때문이다. 예수 그리스도는 참사람이 되신 하나님의 아들로서 하나님 보시기에 가장 아름다운 믿음과 소망과 사랑을 보여 주셨다. 그는 모든 인류를 대신하여, 그리고 모든 인류를 위하여 성령 충만한 가운데 하나님 아버지께 가장 완전한 반응(the Response)을 보이신 것이다. 그는 겟세마네 동산에서 모든 인류를 위하여 아버지 하나님께로부터 버림을 받으시는 고통의 순간에 혹은 아버지와의 소외의 순간에 아버지를 불신하지 아니하시고, 그 쓴 잔을 받으시는 믿음을 보이셨고, 그는 가난한 자들, 병든 자들, 소외된 자들, 눌린 자들, 장애인들, 죄인들, 그리고 여성들을 사랑하셨으며, 인류를 사랑하셨고, 하나님 나라를 선포하셨을 뿐만 아니라 이 하나님 나라에 대한 소망으로 일관하는 삶을 사셨다.

끝으로 이 글이 제5항 인간론에서 지적한 대로 본 항의 구원론은 인간뿐만 아니라 나머지 모든 피조물들의 그것을 논했어야 한다. 창조주께서 다름 아닌 구속주이시기 때문이다(이레네우스). 하나님 아버지께서는 그의 두 손(성자와 성령)으로 우주만물을 지으시고, 나아가서 이와 같은 창조의 두 손으로 인류와 나머지 모든 피조물들을 구속하실 것이다. 인간의 구속은 우주만물의 구속과 불가분리하다. 인간은 지구생명공동체의 일원이기 때문이다. 그리고 제5조의 이중 예정론은 웨스트민스터 신앙고백의 경우처럼 '하나님의 영원한 작정'(God's eternal Decree)을 전제한 것이 아니어서, 매우 약한 주장이라고 생각된다. 더군다나 본 항목은 이 예정론을 하나님의 선행은총을 강조하고 인간의 노력과 공로를 무력화시키는 맥락에서 고백하고 있기 때문에 매우 다행한 것으로 보인다.

(7) 제7항 교회

본 항목은 교회를 정의함에 있어서 제4조에서 '하나의 거룩하며 보편적이고 사도적인 교회'(the One, Holy, Catholic, Apostolic Church)라고 하는 니케아-콘스탄티노플 신조(381)의 교회정의를 계승하였고, 제1조와 제5조에 있어서는 '말씀설교'와 '성례전'(세례와 성찬)이라고 하는 16세기 종교개혁이 주장하는 두 가지 교회의 표지론(notae ecclesiae=marks of the church)을 따르고 있다. 그런데 루터가 말하는 교회의 두 가지 표지론을 칼빈도 받아들이고 있으나, 후자는 전자와 달리 말씀에 대한 순종 차원을 더 강조하고 있다. 본 신앙고백은 이와 같은 개혁신학적 특징을 보여 주고 있다. 즉, 제2조는 "교회는 그리스도인들의 신앙생활을 공고히 하기 위하여 말씀으로 훈련하고, 필요에 따라서 권징을 수행하고 ……."라고 고백하기 때문이다.

다음에 우리는 '하나의 거룩하며 보편적이고 사도적인 교회'에 대해서 논하자. 제4조는 "교회는 하나이어야 하므로 교파간의 연합사업을 적극적으로 추진할 것이며, 거룩한 모임이므로 교회를 모든 세상적 더러움에 오염되지 않도록 해야 한다. 또한 교회는 사도적 믿음과 가르침과 증언 위에 세워진 것이므로 사도성을 고수해야 하며, 개별성을 가지는 동시에 보편성을 견지해야 한다."고 고백하였다. 본 항목은 개교회와 보편교회의 불가분리성을 말하고, 사도성에 있어서는 교황의 사도적 승계와는 달리 '사도적 믿음, 사도적 가르침과 증언'을 강조하고, '거룩하다'고 할 때, 교회의 넓은 의미에서의 성화를 말하고 있다.

그러면 이처럼 정의된 교회는 무엇을 해야 하나? 결국 이미 논한 교회의 두 가지 표지와 4가지 본질적 속성들이 대체로 교회의 내적인 사명을 포괄하고(제1조), 나아가서 교회는 이 세상을 위해서 이 세상 속에서 '빛과 소금의 역할'(제5조)을 해야 한다고 하는 것이다. 제2조는 교회는 "세상에 나가서 복음을 전파하고 땅 위에 하나님의 뜻이 성취되도록 노력한다."고 하였다.

끝으로 제3조는 교회의 기원에 대해서 고백한다. 즉, "예수 그리스도가 이 세상에 오셔서 제자들을 불러 그의 일을 맡겨 주심으로 보이는 교회의 원형이 시작되었으나, 예수 그리스도의 부활과 오순절의 성령강림을 통하여 비로소 보이는 교회의 실재가 지상에 형성되었다."고 한다. 본 항목은 교회의 원형을 택함 받고 부름 받은 제자들의 공동체까지 소급하고, 한 걸음 더 나아가 구약의 선민 이스라엘에서 그 예표를 보고 있다. 하지만 본문은 12제자를 이스라엘의 12지파로 보면서, 바로 이 제자들의 공동체를 통해서 구약의 이스라엘 백성과 신약의 그리스도의 몸이 연결되고 있음은 간과하고 있는 것으로 보인다.

그리고 제4조는 '이중 예정론'에 따라서 보이는 교회와 보이지 않는 교회를 말한다. 즉, 보이는 교회 안에 궁극적으로 예정되지 않은 사람들도 포함되어 있으나, 하나님 이외에는 아무도 그것을 볼 수 없으며, 보이지 않는 교회 혹은 하나님만이 보실 수 있는 교회란 전 세계에 흩어져 있는 모든 하나님의 택함을 받은 사람들을 말한다. 우리는 '이중 예정론'에 대해서 이미 제6항 구원론 부분에서 언급하였다. 그리고 제6조에 따르면, 본 항목은 승리적인 교회가 아니라 역사 속에 실존하는 전투적 교회에 강조점을 두고 있다. 본 항목은 교회의 기원과 이중 예정론에 입각한 교회론을 말한다.

〈비 평〉

본 항목은 교회를 하나님 나라에 대한 비전을 가진 종말론적인 하나님의 백성으로 보지 않았다. 비록 본 신앙고백이 제10항에서 종말론을 진술하고 있기는 하지만, 교회론을 하나님 나라와 전혀 관련시키지 않고 있다. 교회는 장차 임할 하나님 나라의 미리 맛봄이요, 그 징표요, 그것을 역사 속에 구현하는 도구이다. 바로 이 교회는 '이미' 이루어진 하나님 나라와 '아직' 임하지 않은 하나님 나라 사이에 끼어 있는 중간시기 속에서 실존하면서, 이 땅 위에서 하나님 나라 사명을 감당해야 한다. 그리하여 교회는 예수 그리스도의 몸으로서, 하나님의 백성으로서, 그리고 성령의 전이라고 하는 삼위일체 하나님의 형상으로서, 하나님 나라에 대한 복음에서 기원하였고, 이 하나님 나라를 위해서 존재한다. 교회의 존재목적은 이 하나님 나라 구현에 있다. '21세기 대한예수교장로회 신앙고백서'는 제5항에서 '교회와 하나님 나라'를 고백하였다.

> 우리는 교회가 예수 그리스도를 통해서 계시되고 약속된 새 하늘과 새 땅을 이 땅 위에 실현하기 위하여 이 세상 속으로 파송 받은 새로운 '하나님의 백성'임을 믿는다. 성부 하나님께서 이 교회를 통하여 죄의 지배 아래에서 저주에 빠진 사람들을 구속하시고, 이 땅 위에 하나님의 나라를 세우시며, 하나님이 지으신 선한 창조를 회복하시고, 새 창조의 세계를 약속하셨다. 교회는 "하나의, 거룩한, 보편적, 사도적 교회"(니케아-콘스탄티노플 신조, 381)로서 죄와 죽음의 세상으로부터 부름 받은 모이는 교회일 뿐만 아니라(요 17 : 14, 16, 행 2 : 27-47), 이 세상을 위하여 이 세상 속으로 파송 받은 흩어지는 교회이다(요 20 : 21). 이 교회는 믿지 않는 사람들에게 복음을 전할 뿐만 아니라 정치, 경제, 사회, 문화 및 가치관과 인생관들을 그리스도 중심적으로 재정립하여 이 세상에 하나님의 나라를 확장하고, 하나님의 선한 창조세계의 보전을 위해서 힘써야 한다.

따라서 하나의 거룩하며 보편적이고 사도적인 교회(니케아-콘스탄티노플 신조, 381)라고 하는 고대교회의 교회론과 두 가지 표지를 논하는 16세기 종교개혁 교회의 교회론 모두는 위에서 지적한 하나님 나라와의 관계에서 이해되고 해석되어야 할 것이다. 그리고 교회의 방향과 사명 역시 이 하나님 나라에 대한 비전에 비추어서 이해되고 해석되어야 한다. 다시 말하면, 교회는 하나님 나라의 복음을 설교해야 하고, 이 복음 신앙을 인치는 표로써 세례를 받아서 하나님 나라의 잔치를 앞당겨서 축하하는 주님의 만찬에 동참해야 한다. 그리고 교회는 개교회 차원에서만 실존하는 것이 아니라 종말론적으로 완성될 보편교회(계 7장과 21장)를 바라보면서 역사의 지평에서 시공간적인 보편교회를 구현해 나가야 하고, 종말론적으로 예수 그리스도와 삼위일체 하나님 안에서 완성될 하나됨을 향하여 이 땅 위에서 하나 됨을 지향해야 한다. 그리고 이 교회는 예수 그리스도의 몸이요, 성령의 전으로서, 그리고 하나님의 백성이기 때문에 이미 거룩한데, 역시 종말론적인 완전한 거룩성을 바라보면서, 이 땅 위에서 거룩성을 실현해 나가야 한다. 끝으로 이 교회는 종말 이전의 중간 시기 동안에 실존하는 한, 이 시기 동안에 사도적 직무를 성령의 역사로 힘을 다해 성실히 수행해야 할 것이다.

그리하여 교회의 방향과 사명은 모두 하나님 나라에 대한 소망의 빛에서 정의되고 확성되어야 한다. 위에서 지적한 교회의 설교와 성례전 등 교회 내적인 사명은 물론 정치, 경제, 사회, 문화를 통해서도 하나님 나라를 구현해 나가야 할 것이다. 즉, 복음전도와 하나님의 선교와 교회의 사회참여와 교회의 창조세계 보전 모두에 있어서 하나님 나라에 정위(定位)되어야 하고, 하나님 나라를 목표로 해야 한다. 교회는 하나님 나라 복음의 부름을 듣고 모인 사람들이요, 이 하나님 나라를 위해서 든든히 세움을 받아야 하며, 이 하나님 나라 구현을 위해서 이 세상 속으로 파송되어야 할 것이다. 그런데 본 신앙고백의 교회론은 대체로 모이는 교회를 힘주어 말하고 있기 때문에 교회의 구심력은 있으나, 그것의 원심력이 매우 부족하다 하겠다. 그리고 든든히 세움 받는 교회가 성만찬과 기독교교육 등 하나님 나라 구현을 위해서 영적이고, 신학적인 훈련을 받는 단계라고 할 때, 본 교단의 교회론은 이 부분에 있어서 매우 취약하고, 파송 받는 교회 차원은 더 빈약한 것으로 여겨진다.

(8) 제8항 국가

지금까지 논한 내용은 대체로 '그리스도의 왕국'(교회, 나아가서 하나님 나라)에 관한 것인데, 본 항목은 '세상 왕국'에 대한 것이다. 이것은 어거스틴의 '두 도성' 사상에서 기원한 루터와 칼빈의 '두 왕국론'에 해당한다. 그리스도인은 이 지상에서 실존하는 동안 이와 같은 '두 왕국'에 모두 소속되어 있다. 믿는 사람들은 모두 예수 그리스도의 교회에 지체이면서 동시에 한 국가의 구성원이다. 그는 '그리스도의 왕국'의 구성원이면서, 동시에 이 '세상 왕국' 속에서 살 수밖에 없다. 그리스도인은 구속사에 동참한 사람들로서 동시에 인류의 보편사에도 동참하고 있다. 제4조는 이렇게 말한다. "그리스도인은 두 가지 국적으로 가지고 있다. 지상국가의 국적과 하나님 나라의 국적이다."라고 고백함으로써, 두 왕국의 적대관계나 배타성을 반대하고 이 두 왕국의 유기적 상호협조 관계를 내세운다. 하지만 본 항목은 만약에 국가가 그리스도인에게 하나님 나라를 포기하고 지상 나라를 선택하도록 강요할 경우엔 그리스도인은 단연 하나님 나라를 선택하고 국가를 포기할 것을 말한다.

본 항목 제1조는 국가의 기원을 어거스틴의 가르침에서처럼 단순히 인간의 죄성으로 보지 않고, 로마서 13장에 근거하여 어느 정도로 국가의 기원에 대해서 적극적으로 고백한다. 즉, "지상의 권세 자체가 하나님의 권세를 대행하는 것은 아니다. 하나님은 지상국가와 사회질서를 유지하시기 위해서 그 권세를 특정인들에게 주셨다."고 한다. 그리고 제2조는 국가의 존재목적에 대해서도 적극적으로 진술한다. 즉, "국가의 존립 목적은 하나님의 창조질서를 유지하고, 인류 구원을 위한 예수 그리스도의 전파를 도우며, 그리스도의 몸인 교회의 성장과 발전에 협조하며, 하나님 나라의 완성을 촉진하는 데 있다."고 고백한다. 이와 같은 전통은 개혁교회의 신학전통으로서, 본 개혁교회의 신앙고백 역시 원칙적으로 국가의 법과 권세에 순종해야 한다고 본다.

하지만 본 항목은 국가권력에 대한 무조건적인 복종을 결코 말하지 않는다. 그도 그럴 것이 제1조의 끝 부분에 나오는 "그러므로 우리 그리스도인들도 지상 국가의 법과 권세에 복종해야 한다."고 하는 고백은 제2조 처음에 나오는 "국가는 하나님의 통치권 아래 존재하며, 하나님이 허락하는 한도 안에서만 지상 권세를 행사할 수 있다."고 진술하고 있기 때문이다. 그래서 본 항목은 국가의 권력이 교회를 억압하거나 기독교의 신앙과 순종을 방해할 경우에는 교회가 이에 대해서 항거할 것을 촉구하고 있다. 이는 어느 정도 칼빈이 더욱이 존 녹스가 이미 실천했고, 「바르멘 신학선언」을 고백했던 독일의 "고백교회가 감행했던 바, 개혁교회 전통의 국가권력에 대한 태도와 행동을 말해 주고 있다. 본문을 읽어 보자. 즉, 제3조는 "국가가 하나님의 우주통치를 부인하고, 하나님이 역사의 주인이심과 예수 그리스도가 인류의 구주 되심을 부인하거나, 그리스도의 몸인 교회와 그의 지체인 그리스도인을 박해할 때, 교회는 성경이 허락하는 모든 방법으로 그것에 항거해야 한다."고 고백함으로써, 교회의 국가에 대한 복종의 한계와 국가에 대한 항거의 여지를 분명히 제시하고 있다.

제5조는 일찍이 어거스틴이 주장한 의로운 전쟁(혹은 정당 전쟁)을 넘어서서, 복음, 교회, 하나님 나라를 수호하기 위해서 의로운 전쟁을 하지 않으면 안 된다고 고백한다. 그리고 제6조는 "화해의 대업을 성취하신 예수 그리스도를 본받아" 우리가 민족의 통일과 사회의 화합을 위해서 힘쓸 것을 힘주어 진술하고 있다. 본 항목은 남북통일이야말로 화해의 복음에 입각해서 볼 때 신학적인 당위성과 필연성을 가지고 있다고 본다. '어떻게'의 문제는 전혀 언급하지 않지만 말이다.

〈비 평〉

본 국가관련 항목은 일제 식민지 통치시대와 해방을 경험하였고, 한국전쟁과 5·16 군사혁명과 4·19혁명을 겪었으며, 1970년대의 군사 독재 시대와 1980년대의 민주화운동을 몸소 경험한 우리 대한예수교장로회

통합 측 장로교가 상당 부분 시국적인 상황에 대응하여 국가에 대한 신앙을 고백하고 있다. 퍽 다행스럽게도 본 교단은 개혁전통을 따라서 국가와 교회 관계를, 그리고 교회의 국가에 대한 바른 태도와 행동을 바르게 고백하고 있는 것으로 보인다. 또한 본 항목은 국가의 존재 기원과 존재 이유에 대해서, 그리고 '정당전쟁'(bellum iustum)에 대해서도 어거스틴의 주장을 넘어서고 있고, 남북통일의 신학적인 당위성과 필연성, 그리고 사회통합의 그것을 '예수 그리스도를 통한 하나님의 화해사역'에 근거시키고 있는 것도 매우 돋보인다.

하지만 몇 가지 비판적으로 지적할 점들도 있다. 첫째로 어거스틴의 '두 도성' 사상과 루터와 칼빈의 '두 왕국론'에 대한 명시적인 언급이 아쉽다. 그리고 비록 이와 같은 두 왕국은 인류역사가 끝날 때까지 존속할 것이지만, 어거스틴과 칼빈의 '이중 예정론', 그리고 17세기 웨스트민스터 신앙고백의 '하나님의 영원한 작정'(God's eternal Decree)에 따른 '이중 예정론'이 '두 왕국론'에 이어 최후 심판의 '이중적 결과'(천국과 지옥)로 이어진다고 보는 전통적인 개혁신학은 칼 바르트 이후 개혁신학 전통에서는 더 이상 주장되지 않고 있다.

그리고 제1조에서 "그리스도인도 지상국가의 법과 권세에 복종해야 한다."고 진술할 때, 국가의 실정법(實定法, the positive law)이 복음의 요구와 성경에 위배되지 않을 경우에 한해서 복종한다고 고백했으면 더 좋았을 것이다. 둘째로 정의로운 국가권력에 대한 교회의 복종에 대해서 로마서 13장보다는 베드로전서 2 : 17 "……하나님을 두려워하며 왕을 존대하라"를 인용하는 것이 더 좋았을 것이다. 대체로 로마서 13장은 히틀러의 국가교회와 교회를 탄압하던 일본 군국주의에 의해서 교회에게 설교하도록 강요되었던 성경구절이요, 베드로전서 2 : 13은 "바르멘 신학선언"에 의해서 사용된 성경구절이기 때문이다. 셋째로 "성경이 허락하는 항거방법"이라고 할 때, 신약성경으로 국한시켜야 할 것이다. 구약에는 폭력과 폭력전쟁의 예가 너무 많기 때문이다.

(9) 제9항 선교

물론 본 항목은 제6항의 구원론과 제7항의 교회론을 전제한다. 즉, 구원과 교회공동체의 구성원 됨이 사회참여와 복음전도의 대전제라는 말이다. 복음과 성령을 통해서 구원을 얻은 교회는 역사와 사회 속에서 하나님의 사랑과 공의를 실천할 뿐만 아니라 하나님의 복음전파의 명령에도 순종해야 한다. 그래서 제1조는 은혜와 신앙으로 구원 얻은 교회가 하나님께로부터 위탁 받는 선교명령인 것이다. 즉, 제1조는 "우리는 선교가 모든 그리스도인에게 주어진 지상명령임을 믿는다. 예수 그리스도는 생전에 제자들에게 각지에 가서 복음을 전하도록 명하셨을 뿐만 아니라 부활 후에도 제자들에게 명하시기를 천하의 모든 족속과 땅 끝까지 가서 복음을 전하라고 하셨다."라고 고백하기 때문이다.

제2조와 제3조는 선교의 종류를 말한다. 이것은 이미 선교 100주년을 맞이한 우리 통합 측 장로교의 1970년대와 1980년대의 선교경험을 전제로 한다. 즉, 제3조는 국내선교와 국외선교, 그리고 복음을 전하는 전통적인 일반선교와 군대, 학원, 병원, 산업사회 등에 대한 특수선교를 진술하고 있다. 그리고 제4조는 "선교의 대상에는 제한이 없다."고 하였고, 제5조는 복음과 교회의 정체성을 분명히 하면서 타종교와의 대화를 장려하고 있다.

〈비 평〉

이미 지적한 대로 본 항목은 한국교회의 선교경험을 전제로 한다. 그러나 1970~1980년대의 한국 개신교 선교가 빚어낸 여러 가지 문제점들을 의식하는 가운데, 선교신학 지침서를 대신하는 선교신학적인 진술이 여기에서 개진되었으면 더 좋았을 것이다. 1990년대에 들어와서 비로소 본 교단 '세계선교부'가 「선교신학지침서」를 총회를 거쳐 마련하였지만 말이다.

그런데 본 항목의 가장 큰 약점은 1952년 빌링겐 '국제선교협의회'(International Missionary Council=IMC)가 지향하기 시작한 '하나님의 선교'(missio Dei)에 대한 언급이 전혀 없는 것이다. 1963년 멕시코 '세계 선교와 복음전도대회'(Conference on World Mission and Evangelism=CWME) 이래로 역대 CWME는 '복음전도'와 '하나님의 선교'를 함께 다루어 왔으니, 오늘날 세계교회는 믿지 않는 사람들에게 구두로써 복음을 전하여 회심시키고, 교회를 개척하며, 교회를 성장시키는 복음전도(Evangelism) 이외에 교회가 하나님의 선교에 동참할 것을 한 목소리로 요구하고 있다. 즉, 성부 하나님께서 성자를 이 땅 위에 파송하시고, 또한 성령을 파송하시어 이 화해의 복음을 역사와 사회와 문화 속에 구현하시는 하나님의 선교에 교회가 동참해야 한다고 하는 것이다. 교회는 삼위일체 하나님의 선교에 동참해야 한다는 말이다. 삼위일체 하나님의 역사와 사회와 문화 참여에 교회도 동참해야 한다.

(10) 제10항 종말

본 항목의 종말론은 전천년설(premillenarianism)이나 후천년설(postmillenariansim)이 아니라 어거스틴, 루터, 칼빈 신학 전통의 무천년설(amillenarianism)의 입장을 따르고 있다. 한국개신교의 다수가 미국 근본주의 계통의 영향 아래 '전천년설'적인 종말론을 따르고 있으나, 우리 통합 측 신앙고백은 '무천년설'적 종말론을 물려받고 있다. 더군다나 우리 한국 개신교들 가운데 많은 사람들은 요한계시록 20 : 1~7에 나오는 1,000년을 문자 그대로 받아들이고 있고, 기타 종말론적인 사건들도 문자(文字) 그대로 마치 시간표를 따라서 일어나듯 일어날 것으로 보는 경향이다. 문자주의적인 한, '후천년설'도 비슷한 경향이지만 말이다.

그리고 본 항목은 '최후 심판의 이중적인 결과'(the double Outcome of the Last Judgment)(몰트만)를 주장하여, 결국 그리스도인들만이 영생에로의 약속을 받았다고 한다. 즉, 제2조는 "사람이 죽으면 육체는 흙으로 돌아가나 그리스도인의 영혼은 하나님께로 돌아간다. 거기서 그들은 빛과 영광 가운데서 마지막 날에 그들의 육체까지 완전한 구원을 얻을 날을 기다린다. 이와는 달리 예수를 믿지 않고 거역한 사람들의 영혼은 음부에 던져져 고통과 절망 가운데서 최후 심판 날을 기다리게 된다."라고 고백한다. 그리하여 제4조는 최후 심판 이후 하나님 나라의 완성과 성도들의 영생을 말한다.

〈비 평〉

예수 그리스도의 지상 재림 이전 천년 동안 성도들이 공중 재림하시는 예수 그리스도와 더불어 천년 동안을 왕 노릇한다고 하는 '전천년설'은 기독교인들로 하여금 현 역사와 사회와 문화에 대한 하나님의 선교에 동참하게 하지 않고, '이미'와 '아직 아님'의 중간 시기를 다만 천년 왕국을 기다리는 정거장으로 여기게 한다면, 미래의 어느 시점부터 천년이 경과하여 예수 그리스도께서 재림하신다고 소망하는 '후천년설'은 이 천년 동안 전개될 복음전파와 정의와 평화의 낙관적인 지상구현을 강조한 나머지, 새 창조의 세계를 소망하기보다는 이 지상의 복을 종말화시킬 위험성을 안고 있다고 여겨진다.

반면에 이미 결정적인 예수 그리스도의 사건 이래로 믿는 사람들은 이미 이 역사의 과정 속에서 예수 그리스도와 더불어 죄와 죽음에 대해서 왕 노릇하고 있다고 보는 무천년설은 중세의 승리적인 교회를 낳는 등 '하나님의 선교'보다는 교회주의를 지향할 위험성을 갖고 있다 하겠다. 우리는 '천년'을 문자적으로 받아들이지 않으면서도, 임박한 종말론을 말해야 하고, 재창조의 세계에 대한 소망을 말하면서도, 역사와 창조 세계에 대한 변혁을 일으켜 나가야 할 것이다. 이 맥락에서도 '하나님의 선교'는 매우 중요하다. 교회는 이 '하나님의 선교'의 대행자여야 할 것이다.

끝으로 우리는 '심판 이후 하나님 나라의 완성'(제4조)이 역사의 완성뿐만 아니라 칼빈과 17세기 개혁전통이 주장하는 대로 창조세계의 변형을 포함한다고 보아야 하고, 칼빈의 이중 예정론과 웨스트민스터 신앙고백과 17세기 정통 개혁신학의 '하나님의 영원한 작정'에 따른 '이중 예정론'과 이에 따른 이원론적인 '두 왕국론', 그리고 '최후 심판의 이중적인 결과'에 대한 주장이 칼 바르트와 몰트만과 에큐메니칼 운동에 나타난 신학의 종말론에 의해서 극복되고 있음을 알아야 할 것이다.[7]

5) 특징과 용도

본 신앙고백은 어떤 특정한 역사 사회적인 상황을 의식하면서 작성된 시국 신학성명이나 신앙진술이 아니요, 고전적인 개혁신학 전통을 따르는 성경의 요약으로써 성경해석을 위해서 필요한 기본적인 신학적 주제들을 제시하고 있다. 특히 성경에 대한 본문비평과 역사비평을 잘못 사용하여, 성경을 해부하고 분석한 나머지 성경 전체의 가르침을 상실해 가는 한국교회는 이 고전적인 개혁신학의 요약을 항상 귀감으로 삼아 성경 해석의 틀 거리로 삼아야 할 것이다. 성경해석은 먼저 우리가 그리스도인이 될 것을 요구하고, 그 다음 숲을 보면서 나무 하나하나를 볼 것을 요청한다.

그리고 우리는 성경을 해석할 때나 설교를 할 때, 그리고 목회와 윤리적 적용에서, 본 교단이 채택한 본 신앙고백의 항목들을 항상 염두에 두어야 할 것이다. 본 신앙고백은 초신자들을 위한 훈련은 물론 기성 신자들을 위해서도 사용되어야 하고, 이단사설이나 타 종교들과의 대화에 있어서도 꼭 필요한 지침서가 되어야 할 것이다. 물론 성경이 규범하는 규범(norma normans)이요, 신앙고백은 규범된 규범(norma normata)이지만 우리는 "오직 성경으로만"의 원리 이외에 풍요롭고, 선한 신학전통의 신학적인 유산도 사용해야 할 것이다. 즉, "오직 성경으로만"의 원리가 개혁교회의 신학전통을 결코 배제할 수 없을 것이다.

---

7. 이형기, 「역사 속의 종말론」(서울 : 대한기독교서회, 2003) 참고.

6) 역사적 의의

우리 교단은 1980년대부터 선교사들의 그늘에서 완전히 벗어나기 시작하였다. 우연의 일치인지 모르지만, 이와 때를 같이 하여 본 교단은 그동안 선교사들이 전해 준 12신조와 웨스트민스터 신앙고백으로부터 벗어나 우리 손으로 직접 본 신앙고백을 작성했다. 우리가 아는 대로, 1970년대에서 1980년대는 한국의 개신교가 교회 역사상 그 어느 때보다도 더 크게 성장하였다. 그리고 1970년대에 기장은 신앙고백들을 여러 개 작성해 냈고, 1983년엔 미국의 남북장로교가 하나의 총회 밑에 통합하였고, 이 여세를 몰아서 「간결한 신앙진술」 작성을 진수시켰다. 이러한 상황에서 본 신앙고백이 나오게 된 것은 크나큰 역사적인 의의를 갖는다고 보인다. 반면에 이와 같은 성장 일변도의 한국교회의 상황에서 신앙과 신학은 혼선과 무질서를 노출시키고, 교회는 성숙하지 못한 부분들을 많이 보이며, 선교는 교파 중심적으로, 개별 선교단체별로, 그리고 각개전투식으로 수행되있다. 그리고 그 당시 한국사회는 인권과 민주화 운동으로 홍역을 치루는 상황이었다. 이와 같은 때에 본 신앙고백은 교단 신학이 나아갈 길뿐만 아니라 한국교회 전체의 방향을 제시했다고 하는 의의를 갖는다.

VI. 21세기 대한예수교장로회 신앙고백(2001)

1. 머리말

1990년대에 접어들면서 세계는 급변하고 있다. 공산 동구권의 붕괴와 구 소비에트 연방체제의 해체 이후, 인류 공동체는 급격한 지구화(globalization)의 과정 속에 말려들고 있으며, 남북한은 화해와 교류의 급물살을 타고 있다. 시장경제 원리(신자유주의)의 지구화와 기술과학의 지구화, 특히 지식정보화와 정보기술(information technology)의 혁명 및 인간복제를 포함한 생명공학의 발달과 사이버 세계의 확산으로, 북반구와 남반구는 그 어느 때보다도 삶의 질에 있어서 괴리와 소외와 경제적, 문화적, 종교적 정체성 위기를 경험하고 있다. 나아가서 우리는 자연환경을 파괴하고 있고, 여기에 더하여 공동체를 해체시키는 개인주의, 보편적이고 객관적인 사도적 신앙내용을 거부하는 상대주의와 다원주의, 그리고 사유화되고 감성적 경험을 중요시하는 다원화 종교와 같은 '후기 근대주의'(post-modernism)의 부정적인 가치들에 직면하고 있다.

우리 한국교회는 이상과 같은 세계사적 도전과 이 시대의 징조들을 바로 읽고, 우리의 신앙과 신학의 방향을 가늠해야 할 것이다. 선교 제2세기에 돌입하고 있으며, 한국장로교회가 복음전도와 하나님의 선교를 위하여 하나를 지향하고 있는 상황에서, 우리 한국장로교회는 우리 자신의 정체성을 확실히 하면서 다른 장로교회들과의 일치 운동은 물론, 다른 교회들과도 일치 연합하는 운동에 적극 참여하여 이 시대가 요구하는 복음전도와 하나님의 선교(missio Dei)에 정진해야 할 것이다. 물론 우리는 사도신경 이외에 이미 12신조(1907), 웨스트민스터 소요리문답 및 웨스트민스터 신앙고백(1647)을 사용해 오고 있고, 1986년엔 우리 나름대로 「대한예수교장로회 신앙고백서」를 손수 만들었다. 그러나 새 술은 새 가죽 부대를 요구한다.

1997년 제82차 총회는 헌법(1. 교리와 신앙고백, 2. 정치, 3. 권징, 4. 예배와 예식) 개정을 결의하였다. 그리하여 이미 "정치"와 "권징"의 개정은 노회들의 수의과정을 거쳐 확정되었다. 그리고 헌법개정위원회는 "교리와 신앙고백" 및 "예배와 예식"의 개정을 위하여 각각 전문위원들을 위촉하여 연구케 하였다. 하지만 교리와 신앙고백분과위원회는 신앙고백서를 작성하기에 앞서 그것을 위한 준비 작업으로 먼저 "21세기 한국장로교의 신앙과 신학의 방향"이라고 하는 문서를 내놓기로 하였다. 그리하여 이와 같은 과정을 거쳐서 나오게 된 "21세기 한국장로교 신앙고백서"와 예배를 위해서 6항목으로 축약된 "21세기 한국장로교 신앙고백서"는 이미 우리가 사용해 오고 있는 기존의 신조와 신앙고백서들에 하나 더 첨가된 것이다.

2. 21세기 대한예수교장로회 신앙고백서(예배용)[1]

(1) 우리는 성부, 성자, 성령 삼위로 거하시며, 사랑과 생명의 근원이시요, 찬양과 예배를 영원히 받으실 한 분 하나님을 믿습니다. 성부 하나님은 창조자이시고, 섭리자이시며, 구원자이시고, 온 인류와 만물을 영원한 사랑과 생명의 교제로 부르시는 분이심을 믿습니다.

(2) 우리는 하나님의 선한 창조세계가 사단의 유혹을 받아 죄에 빠져 타락한 인간 때문에 파괴되고, 인간과 하나님과의 교제가 깨어졌음을 믿습니다. 그 결과로 인류와 다른 모든 피조물들은 영원한 하나님의 진노와 심판 아래 있음을 믿습니다.

(3) 우리는 하나님의 지혜와 말씀으로 영원히 거하시며, 성령의 역사로 동정녀 마리아를 통하여 성육신하신 성자 예수 그리스도를 믿습니다. 예수님은 참하나님과 참인간으로서, 십자가에 달려 죽으시고 부활하심으로 인간과 모든 피조물을 구속하시고, 하나님과의 영원한 교제를 회복하신 화해자요, 중보자이심을 믿습니다.

(4) 우리는 생명의 부여자이시며 성부와 함께 천지를 창조하시고 영원히 예배와 영광을 받으실 성령님을 믿습니다. 성령님은 복음에 대하여 믿음과 소망과 사랑으로 응답하게 하시며, 하나님과의 새로운 교제

---

1. 하나의 신앙고백서("21세기 한국장로교회의 신앙고백서")가 둘로 만들어졌다. 그 중 하나인 본 신앙고백서는 여섯 항목으로 축약된, 짧은 신앙고백서로서, 공적 예배 시에 사용될 수 있다. 이 신앙고백서는 기존 헌법에 들어 있는 사도신경, 12신조, 요리문답, 웨스트민스터 신앙고백서 및 대한예수교장로회 신앙고백서 (1986)에 하나 더 첨가된 것이다. 본 신앙고백서를 작성한 동기와 목적은 우리 한국장로교회가 21세기 상황에 대응하는 신앙과 신학을 표명하고 고백하는 데에 있다.

를 이루게 하시고, 만물을 새롭게 하시는 분이심을 믿습니다.

(5) 우리는 교회가 하나님의 백성이요, 이 세상에 현존하는 그리스도의 몸이요, 성령님의 전임을 믿으며, 성도의 교제 가운데 하나님이 임재하심을 믿습니다. 모든 그리스도인은 하나님의 나라를 이 땅 위에 실현하며, 하나님의 영광을 드러내기 위하여 예수 그리스도의 성육신의 삶을 실현하고, 복음전도와 정의, 평화, 창조의 보전의 사명을 받았음을 믿습니다.

(6) 우리는 예수 그리스도의 재림으로 새 하늘과 새 땅이 이루어질 것을 믿습니다. 그 세계는 부활한 하나님의 백성과 새롭게 된 만물이 하나님을 예배하며, 사랑과 생명의 교제를 나누는 영원한 나라가 될 것을 믿습니다.

3. 21세기 한국장로교 신앙고백서[2]

1) 사랑과 생명의 근원이신 삼위일체 하나님

우리는 한 하나님이신 성부, 성자, 성령을 믿는다. 하나님 아버지께서는 그의 아들 예수 그리스도를 통하여 성령의 조명과 능력으로 신·구약 성경에 의해서 자기 자신을 계시하셨다. 하나님께서는 온 인류와 우주

---

2. 본 신앙고백서는 각주 1에서 언급한 신앙고백서 가운데 두 번째 것으로서, 1997년 제82차 총회의 헌법개정 결의에 따른 것이다. 총회 헌법개정위원회 신앙고백과 교리분과위원회는 21세기 한국장로교회의 신앙과 신학을 가늠하는 연구논문들을 모아 책으로 발간하였다. 이것에 근거하여 위원회는 이 시대의 징조들을 읽으면서 21세기에 꼭 필요한 신학적 주제들을 심의하여 본 신앙고백서를 작성하였다 : 총회 헌법개정위원회 신앙고백과 교리분과위원회 편, 「21세기 한국장로교의 신앙과 신학의 방향」(서울 : 한국장로교출판사, 1999).

만물[3]을 창조하시고, 지탱하시며, 구속하여 성화시키시고, 새 하늘과 새 땅으로 인도하사 영화롭게 하시며, 영원한 사랑의 교제(코이노니아)[4]를 누리게 하신다. 하나님께서는 개인의 완전한 자유와 인류사회의 공동체성, 교회의 통일성과 다양성, 사람들과 모든 피조물들 가운데 사랑과 생명의 교제의 근거이시다.

2) 죄로 인해 하나님과 인간과 피조물 사이에 깨어진 교제

우리는 선하게 창조된 온 인류와 다른 모든 피조물들이 죄로 말미암아 하나님과의 교제로부터 단절되었고, 이로 인해 인간과 인간, 인간과 피조물 사이에 교제가 파괴되었음을 믿는다. "의인은 없나니 하나도 없으며"(롬 3:11), "죄의 삯은 사망"(롬 6:23)이며, 모두가 길 잃은 어린 양처럼 불신앙과 불순종으로 인하여 하나님의 품을 멀리 떠나 방황하고(사 1:3-15, 호 1:2, 9:10, 눅 15:11-32), 나아가서 하나님의 진노와 심판

---

3. 예수 그리스도를 통한 하나님의 화해사역에는 인간뿐만 아니라 나머지 모든 피조물들이 포함된다. 그러나 우리는 인류와 자연을 완전히 일원화시킬 수는 없다. 언어와 사고를 가진, 인간은 하나님의 구속의 은혜에 대하여 믿음과 사랑과 소망으로 반응하지만, 나머지 피조물들은 이 하나님의 자녀들의 믿음과 사랑과 소망에 동참하며, 어디까지나 교회는 나머지 피조물들을 대신하여 제사장적 역할을 해야 하는 것이기 때문이다. 하지만 인류의 구속은 자연의 그것과 불가분리한 관계를 가지고 있다. 인류의 죄악이 곧바로 자연파괴로 이어지기 때문이다.
4. 우리는 본 신앙고백서 작성에 있어서 '코이노니아'를 중심개념(a key-concept)으로 사용하였다. 이 개념은 신앙과 직제 전통에서 온 것이다. 1993년 스페인의 산티아고 데 콤포스텔라에서 열린 신앙과 직제 제5차 세계대회의 주제는 "신앙과, 삶과 증언에 있어서 코이노니아를 향하여"(Towards Koinonia in Faith, Life and Witness)였다. 이 주제는 세계교회들이 사도적 신앙을 공유하고, 세례, 성만찬, 직제를 중심으로 하는 공동의 삶을 살며, 나아가서 함께 복음을 전하고 하나님의 선교에 동참하기 위해서 '코이노니아'를 지향해야 한다는 것이다. 그런데 이 대회는 선물(은혜)로서의 '코이노니아'와 과제로서의 '코이노니아'를 말한 다음, 성경적 메시지들에 근거하여 이 '코이노니아'의 의미를 6가지로 해석하였다. '교제'(fellowship), '참여'(participation), '공동체'(community), '성만찬'(communion), '나눔'(sharing), '연대성'(solidarity)이 그것이다.

아래 있다(롬 2 : 5, 3 : 19). 뿐만 아니라 모든 나머지 피조물도 역시 허무한데 굴복하고, 썩어짐에 종노릇하고 있다(롬 8 : 20 - 21). 타락한 모든 인류와 나머지 모든 피조물들은 사단의 권세와 죄의 지배 아래에서 하나님과의 교제를 상실하여 저주 가운데 떨어져 영원한 멸망 이외에 다른 소망이 없다(창 3 : 1 - 24).

3) 복음을 통하여 새롭게 창조된 하나님과 인간과 피조물 사이의 교제

우리는 하나님의 지혜와 말씀으로 영원히 거하시며, 성령님의 역사로 동정녀 마리아를 통하여 성육신하신 성자 예수 그리스도를 믿는다. 하나님 아버지께서 "세상을 이처럼 사랑하사 그의 독생자를 주심으로 온 인류와 모든 피조물들을 구원하셨다"(요 3 : 16, 요일 4 : 9 - 10). 하나님 아버지께서는 성령의 능력으로 그의 아들 예수 그리스도의 3년 어간의 공생애와 십자가와 부활사건을 통하여 인류와 모든 피조물과의 새로운 교제를 이룩하셨다(고후 5 : 18, 골 1 : 20). 인간이 되신 하나님의 아들 예수 그리스도는 참하나님과 참인간(vere Deus, vere Homo)으로서 그리고 하나님과 인간 사이를 화해시키신 중보자(딤전 2 : 5)로서 죄악과 저주를 대신 짊어지시고 십자가에서 대속하시며, 부활하시고, 그의 삼중직(예언자직, 왕직, 제사장직)을 통하여 하나님 아버지의 화해사역을 성령을 통해서 완성하셨다. 하나님 아버지께서는 이 중보자 예수 그리스도를 통하여 인류와 나머지 모든 피조물에 대한 칭의와 성화와 영화롭게 하심을 계시하고 약속하셨다.

4) 성령을 통하여 이 땅 위에 실현되는 하나님과 인간과 피조물 사이의 교제

우리는 성부 하나님께서 '생명의 부여자시요, 성부와 성자와 함께 예배와 영광을 받으시는(니케아-콘스탄티노플 신조, 381) 성령님을 이 땅 위에 보내시어 예수 그리스도의 탄생, 사역, 십자가와 부활에 동참하게 하심으로써 인류와 우주만물을 구속하시고, 새 창조를 약속하셨다고 믿는다(계 21:1-6).[5] 또한 성부 하나님께서는 아들과 함께 성령을 이 땅 위에 보내셨고, 특히 교회에게 성령을 부어 주사 복음을 전파하게 하셨다. 그리하여 믿는 사람들은 죄인들임에도 불구하고 성령님의 역사로 이 복음을 통하여 예수님을 그리스도(메시야)로 받아들여 믿음으로 의롭다 하심을 받아 회개에 이르고(롬 3:21-26, 6:1-23), 성화와 영화롭게 됨에로 나아가며(롬 8:30), 영원한 삼위일체 하나님과의 교제를 누리게 된다. 성령의 교제와 감화와 감동 그리고 역사하심으로 예수 그리스도께서 완성하신 화해사역은 믿는 사람들에게 적용되며, 이들은 복음에 대하여 믿음, 소망, 사랑으로 반응한다. 이처럼 아버지 하나님께서는 예수 그리스도를 통하여 성령의 역사로 이 땅 위에 그리스도의 몸이요(엡 1:23), 하나님의 백성이요(고전 6:16, 벧전 2:9-10), 성령의 전인 교회를 세우셨다.

5) 교회와 하나님의 나라

우리는 교회가 예수 그리스도를 통해서 계시되고 약속된 새 하늘과 새 땅을 이 땅 위에 실현하기 위하여 이 세상 속으로 파송 받은 새로운 '하나님의 백성'임을 믿는다. 성부 하나님께서 이 교회를 통하여 죄의 지배 아래에서 저주에 빠진 사람들을 구속하시고, 이 땅 위에 하나님의 나라를 세우시며, 하나님이 지으신 선한 창조를 회복하시고, 새 창조의 세계를 약속하셨다. 교회는 "하나의, 거룩한, 보편적, 사도적 교회"(니케아-콘스탄티노플 신조, 381)로써 죄와 죽음의 세상으로부터 부름 받은 모이는 교회일 뿐만 아니라(요 17:14, 16, 행 2:27-47) 이 세상을 위하여 이 세상 속

---

5. 첫 번째 창조는 '무로부터의 창조'(creation ex nihilo)였으나, '새 창조'(계 21:1-6)란 '첫 창조세계'를 새롭게 만드는 것(creation ex vetere : transformation and transfiguration)이다.

으로 파송 받은 흩어지는 교회이다(요 20 : 21). 이 교회는 믿지 않는 사람들에게 복음을 전할 뿐만 아니라 정치, 경제, 사회, 문화 및 가치관과 인생관들을 그리스도 중심적으로 재정립하여 이 세상에 하나님의 나라를 확장하고, 하나님의 선한 창조세계의 보전을 위해서 힘써야 한다.

6) 새 하늘과 새 땅

우리는 예수 그리스도의 재림으로 새 하늘과 새 땅이 이룩될 것을 믿는다(계 21 : 1-6). 그 세계는 부활한 하나님의 백성과 새롭게 창조된 만물이 하나님을 예배하며, 영원한 교제를 이루는 영생의 나라가 될 것이다(계 7 : 15-17, 22 : 3-5).

7) 우리의 사명

1. 우리는 교회가 하나임을 선포한다. 삼위일체 되신 성부, 성자, 성령께서 나뉠 수 없는 한 분 하나님이신 것처럼 하나님의 백성이요, 그리스도의 몸이요, 성령의 전인 교회는 하나가 되어 삼위일체 하나님께 예배하고, 영광을 돌리며, 복음 선교에 힘쓴다.

2. 우리는 사도적 복음과 사도신경과 니케아-콘스탄티노플 신조에 나타난 삼위일체 하나님을 포함한 사도적 신앙을 공유하고 있는 모든 교회들과 더불어 예배하고, 세례와 성찬과 직제에 있어서 일치를 추구하며, 협의를 통한 교제와 공동의 결의와 공동의 가르침을 지향하고, 나아가서 선교와 사회봉사에 함께 참여한다.

3. 우리는 인간과 모든 나머지 피조물들이 하나님과 영원한 교제를 누릴 새 하늘과 새 땅을 소망한다. 그러나 우리는 이 땅 위에 공의와 사랑이 강같이 흐르는 사회를 건설해야 하고, 하나님의 복음으로 정치, 경제, 사회, 문화를 변혁시키며, 나아가서 자연을 보전하여 하나님의 영광

으로 가득한 세상을 만들어 가야 한다. 교회는 세상 속에 있으면서도 세상에 물들거나 세상 속에 용해되어서는 안 되고, 오직 복음과 하나님 나라의 가치를 따라 항상 자기개혁에 힘써야 한다.

4. 우리는 시장경제와 과학과 기술의 지구화, 특히 정보기술의 혁명으로 민족적·문화적 정체성이 위기에 직면한 나라와 민족들, 비인간화되어 가는 수많은 대중들, 착취되고 파괴되어 가고 있는 자연세계, 인간을 착취하는 구조 악들을 사도적 신앙으로 변혁시켜 하나님의 나라를 건설해야 할 사명을 가진다.

4. 해 설

1) 저자와 배경

그동안 본 교단은 사도신경 이외에 이미 12신조(1907), 웨스트민스터 소요리문답 및 웨스트민스터 신앙고백(1647)을 사용해 왔고, 1986년엔 우리 나름대로 '대한예수교장로회 신앙고백서'를 손수 만들었다. 그런데 머리말에서 지적한 대로 본 교단은 1990년대의 세계사적 격변과 21세기를 바라보면서('머리말' 참고), '총회 21세기위원회'의 발의로 노회들의 청원을 받아들여 "21세기 대한예수교장로회 신앙고백서"를 작성케 되었다. 따라서 본 신앙고백서를 작성케 한 총회의 의도는 무엇보다도 새로운 시대에 걸맞는 새로운 신앙고백서를 작성하는 데 있었다. 새 술을 담을 수 있는 새 가죽 부대가 요청되었다는 말이다. 아마도 우리가 본 신앙고백서의 내용 중, 그 이전의 신앙고백들과 무엇이 다른 점인가를 밝힌다면, 이 신앙고백서의 새로운 점들이 나타날 것이다. 하지만 본 신앙고백은 종전의 신앙고백서들과 함께 헌법에 실렸다. 그 이유는 개혁교회의 신앙고백 전통은 각 시대마다 새로운 신앙고백서를 작성하는 역사를 보여 주고 있는 바, 예컨대 1986년에 나온 "대한예수교장로회 신앙고백서"는 그 나름대로 의미가 있고, 1947년에 나온 웨스트민스터 신앙고백 역시 그렇다.

저자는 물론, 우리 교단 교회공동체의 일원이다. 하지만 처음 "교리와 신앙고백" 전문위원회는 이형기, 박수암, 오성춘, 황승룡, 최병곤, 노용한으로 구성되었고, 이형기가 초안을 만든 다음, 본 위원회가 수정보완을 거듭하였고, 나채운이 한글 바로잡기에 힘썼으며, 급기야 공청회를 거쳐서 본 신앙고백 본문에 도달하였다. 공청회와 총회 통과(2000) 후 노회들의 수의과정을 거쳐 오늘의 본문에 이르기까지 약 4년이 소요되었다.

2) 전체 내용구조

우리는 두 가지 본문을 소개하였다. 하나는 예배용으로서 짧은 본문이었고, 다른 하나는 좀더 자세하게 쓴 긴 본문이었다. 결국 전자는 후자의 요약이기 때문에, 이 글은 후자에 근거하여 본 신앙고백의 내용구조와 내용분석을 논한다. 본 신앙고백은 사도신경과 니케아-콘스탄티노플 신조의 삼위일체론의 틀 거리를 따라서, 제1항에서 삼위일체 하나님, 주로 경세적인 삼위일체 하나님(the economic Trinity)에 대해서 고백하고, 이 제1항과 제2항(죄로 인해 하나님과 인간과 피조물 사이에 깨어진 교제)에서 성부 하나님과 그의 사역을, 그 다음으로 제3항에서 성자 예수 그리스도와 그의 사역을, 그리고 제4항에서 성령과 그의 사역을 진술하였다. 그리고 성령론에 이어서 제5항에서 교회론, 즉 '교회와 하나님 나라'에 대해서 고백하였다. 신학논리에 있어서 교회론은 성령론을 전제하고, 성령론은 기독론을 전제하며, 기독론은 창조주 하나님 아버지와 그의 사역을 전제하고 있기 때문이다. 아버지께서 그의 아들 예수 그리스도를 통하여 성령의 역사로 경세 차원의 모든 일들을 하시고, 우리 인간은 성령의 선물인 믿음과 사랑과 소망을 통해서 아들 예수 그리스도와 관계하고, 나아가서 아버지 하나님과 관계를 맺기 때문이다.

　교회론을 성령론 직후에 위치시킨 것은 사도신경과 니케아-콘스탄티노플 신조의 순서를 따른 것으로써, 믿음과 사랑과 소망이 복음을 통해서 성령의 역사로 주어지는 한, 교회는 믿음과 사랑과 소망의 공동체 혹은 예수 그리스도의 공동체로서 성령의 공동체이기 때문이다. 그리고 '교회와 하나님 나라'라고 한 이유는 종말론적인 비전에서 교회의 본질과 사명을 '이미'와 '아직 아님'의 긴장에서 보기 위함이었다. 그리고 제6항은 '새 하늘과 새 땅'을 고백하였다. 이것 역시 사도신경과 니케아-콘스탄티노플 신조의 마지막 부분을 생각한 것이다.

　그리고 '교제'(코이노니아) 개념을 본 신앙고백 전체 구성에 있어서 핵심개념(a key-concept)으로 삼았다. 이는 제2항이 말하는 죄악의 상태가 하나님과 인간, 하나님과 나머지 피조물들, 인간과 인간, 그리고 인간과 나머지 피조물들 사이의 깨어진 교제를 전제하고 있다. 이 개념은 에큐메니칼 운동의 '신앙과 직제' 전통에서 온 개념으로써 이미 각주에서 지적한 대로, 성경 안에서 매우 다양한 의미('교제', '참여', '공동체', '성만찬', '나눔', '연대성')를 함축하고 있어서, 이 '코이노니아'의 깨어진 상태와 회복된 상태를 논함에 있어서 그 의미의 풍부함을 더해 준다고 생각되었다. 아마도 칼 바르트「교회교의학」Ⅳ의 핵심개념이 '화해'라고 한다면, 본 신앙고백이 사용하는 '코이노니아' 개념은 '화해' 개념보다 더 풍성한 의미를 포함하고 있어, 매우 훌륭하다고 판단되었다.

　그래서 본 신앙고백은 제2항에서 진술한 깨어진 '코이노니아'가 제3항에서 복음을 통하여 객관적이고 보편적이며 종말론적으로 회복되었음을 고백하였고, 제4항에서 그것이 성령의 역사로 어떻게 역사화(化)하는가를 밝혔으며, 결국 제5항의 '교회와 하나님 나라'에서는 그것이 어떻게 종말론적인 긴장을 가지고 역사의 지평 속에서 구현되는가를 고백하였다. 그리고 제6항에서는 교회가 바라보는 인류와 우주만물의 종말론적인 완성인 '새 하늘과 새 땅'을 제시하였다. 하나님과 인류와 우주만물은 이

'새 하늘과 새 땅'에서 온전한 '코이노니아'를 누릴 것이라고 하는 것이다. 그리고 끝으로 본 신앙고백은 4가지 항목으로 '우리의 사명'을 제시하였다. 그 목적은 기독교의 기본신앙을 고백한 다음에, 우리 교회가 공동체 차원에서 1990년대의 상황과 21세기 상황에 대응하여 그렇게 행동해야 하는 데 있다. 이 4가지 사명은 오늘 우리 교회가 감당해야 할 아주 꼭 필요한 행동이다.

3) 내용분석[6]
(1) 사랑과 생명의 근원이신 삼위일체 하나님

본 신앙고백은 삼위의 각각을 진술하기 전에 삼위일체 하나님에 대한 신앙을 제1항에서 고백하였다. 무엇보다도 이 하나님은 구약에서 신약으로 이어지는 구속사 이야기를 통해서 계시된 하나님이심을 밝혔다. 그리고 본 항목은 창조에서 '새 하늘 새 땅'에 이르기까지 가장 중요한 것을, 이 삼위일체 하나님과 인류 및 우주만물이 '코이노니아'라고 고백하였다. 따라서 제2항목에서 진술한 "죄로 인해 하나님과 피조물 사이의 깨어진 교제"는 제1항이 말하고 있는 '코이노니아'의 총체적인 파괴를 뜻한다. 그래서 제3항에서 제6항에 이르는 나머지 모든 항목은 이 '코이노니아'의 회복과정이다. '사랑과 생명의 근원'이신 삼위일체 하나님은 코이노니아의 근원이시다. '코이노니아'는 사랑과 생명의 근원이기도 하다. 그도 그럴 것이 본 신앙고백이 고백하는 모든 경세적 삼위일체 하나님에 의한 코이노니아 회복운동은 전적으로 성부와 성자와 성령이 상호 내주하시고 상호 교류하시는 내재적 삼위일체 하나님의 사랑과 생명의 '페리코레시스'(perichoresis)에 근거하고 있기 때문이다. 사랑의 코이노니아('교제', '참여', '공동체', '성만찬', '나눔', '연대성')는 생명이다.

그리고 오늘날 교회와 인류사회, 나아가서 창조세계의 모든 생명체들

---

6. 내용분석 역시 '예배용'이 아닌 원 본문으로 한다.

이 개인(개체)의 자유와 공동체성, 통일성과 다양성의 문제에 직면하고 있는 바, 본 항목은 삼위일체 하나님을 이 모든 것의 해답으로 고백하였다. 성부와 성자와 성령께서는 각 위격에 있어서 완전한 자유와 다양성을 누리면서 동시에 공동체성을 지향하시며, 또한 아들과 아버지의 동일본질은 물론, 아들을 낳으시고 성령을 보내시는 성부로 인하여 통일성을 유지하시기 때문이다.

(2) 죄로 인해 하나님과 인간과 피조물 사이에 깨어진 교제

이미 지적한 대로, 본 항목은 전통적인 죄 개념 대신에 코이노니아가 깨어진 상태를 죄로 보았는데, 인류뿐만 아니라 나머지 모든 피조물들도 하나님과의 코이노니아가 파괴된 상태에 있고, 이로 인하여 인간과 인간, 그리고 인간과 나머지 피조물들 사이의 '코이노니아'가 깨어졌음을 진술하였다. 나머지 피조물들을 죄 문제에 포함시킨 것은 인류의 죄(하나님과의 코이노니아의 파괴, 그리고 인간과 인간의 코이노니아 파괴)로 인하여 나머지 모든 피조물들의 모든 부정성이 결과하였기 때문이요, 또한 이미 제1항목에서 하나님과의 '코이노니아'에 모든 피조물들을 포함시켰기 때문이다. 따라서 '코이노니아'의 회복과정을 진술하는 나머지 모든 항목들은 모든 피조물의 구원을 포함하였다.

(3) 복음을 통하여 새롭게 창조된 하나님과 인간과 피조물 사이의 교제

본 항목은 전적으로 예수 그리스도의 위격과 사역(the Person and Work), 즉 기독론에 집중하였다. 즉, 참하나님이시요, 참인간이신 하나님의 아들 중보자 예수 그리스도께서 십자가와 부활을 통해서 그의 삼중직(제사장직, 왕직, 예언자직)을 수행하심으로써, 하나님과 인류 및 우주만물들과의 화해(코이노니아)를 이룩하셨고, 인류 및 우주만물들까지 칭의하시고, 성화시키시며, 영화롭게 하실 것을 계시하시고 약속하셨다고 하는 것이다. 그리고 본 항목은 그 초두에서 이 하나님의 아들이 영원부터 하나님의 '지혜와 말씀'으로 선재(先在)하시던 분임을 밝혔다.

본 항목은 마치 칼빈이 그의 최종판 「기독교 강요」(1559)의 제2권에서 보편적이고 우주적인 구속론을 펼쳤고, 칼 바르트가 「교회교의학」 IV에서 화해란 '원칙상'(de iure) 모든 인류와 모든 피조물들을 포함하고 있는 것으로 이해한 것과 마찬가지로, 인류 및 우주만물들을 모두 포함하는 '코이노니아'를 진술하였다. 즉, 본 신앙고백의 제4항목에서 우리는 '코이노니아'가 성령을 통해서 '사실상'(de facto) 인간에게 적용되는 내용을 다루었으니, 이는 칼빈의 위 「기독교 강요」의 제3권에 해당하고, 칼 바르트의 위 저서 중 성령론과 교회론 부분에 해당하는 것으로 보인다. 바르트는 화해론 안에서 성령론과 교회론을 함께 다루고 있지만 말이다. 따라서 본 항목의 내용은 우리 인간의 믿음과 소망과 사랑으로 '코이노니아'의 복음을 수용하기 이전에 일어난 객관적이고, 보편적이며, 종말론적인 '코이노니아'의 복음을 말하고 있다.

(4) 성령을 통하여 이 땅 위에 실현되는 하나님과 인간과 피조물 사이의 교제

본 항목은 전적으로 성령의 위격과 사역(the Person and Work of the Holy Spirit)에 집중하였다. 대체로 개신교 전통은 성령의 독립적인 위격성(the Person)을 무시하고, 그분의 사역, 그것도 예수 그리스도를 통해서 이룩된 하나님의 화해(코이노니아)를 우리 인간(교회)에게 적용하는 부분(믿음과 사랑과 소망)만을 강조하는 경향을 보여 왔고, 우리 교회와 믿는 사람들 개인의 심령 속에 갇히는 성령에 치중하여 왔다고 보인다. 그래서 본 항목은 무엇보다도 성령을 "생명의 부여자시요, 성부와 성자와 함께 예배와 영광을 받으시는 분"이라고 하는 니케아-콘스탄티노플 신조의 성령론을 그 초두에 놓았다. 성령의 내재성과 그 특수 기능론에 앞서서 그분의 초월적 위격을 삼위일체 하나님의 맥락 안에서 부각시켰다. 그리고 본 항목은 칼빈과 칼 바르트의 기독론 혹은 화해론에서 큰 자리와 역할을 하지 못하고 있는 성령론을 힘주어 진술하였다. 환언하면 본 항목은 '영 그리스도론'(the Spirit-christology)을 지향하였다.

'영 그리스도론'이란 내재적인 삼위일체 하나님 가운데 한 위격이신 성령께서 아버지로부터 나오시고, 아들 안에 거하시다가 우리를 위하여 이 땅으로 파송 받으시어 예수님의 성육신, 그의 요단강 세례, 그의 시험 받으심, 그의 갈릴리 사역의 시작, 하나님 나라 선포와 하나님 나라를 미리 보여 주는 모든 행동들, 그의 십자가와 부활, 그리고 부활 승천하시어 하나님 아버지 우편으로의 그의 승귀하심에 전적으로 동참하셨다고 하는 성령신학이다. 나아가서 바로 이 성령께서는 모이는 교회를 기원케 하시고, 이 교회를 든든히 서 가게 하시며, 이 교회를 이 세상을 위해서 이 세상 속으로 파송하신다. 바로 이 성령의 역사로 이 땅 위에 '코이노니아'(화해)가 실현되는 바, 그리스도의 몸, 하나님의 백성, 그리고 성령의 전이야말로 화해된 공동체요, 코이노니아의 공동체로서 화해와 코이노니아를 위해서 존재해야 하는 것이다. 신망애는 바로 예수 그리스도의 화해사역 혹은 코이노니아 사역이 성령의 역사로 우리에게 적용된 것이다.

(5) 교회와 하나님의 나라

본 항목은 교회란 하나님의 종말론적인 백성으로서 역사의 지평 속에서 하나님 나라를 앞당겨 구현하기 위해서, 이 세상을 위해서, 그리고 이 세상 속으로 파송되어야 할 것을 역설하였다. 교회의 본질과 사명을 종말론적인 비전을 가지고 보았다. 교회의 존재이유가 바로 이 하나님의 나라를 인류역사와 사회와 문화 속에, 그리고 창조세계 속에서 실현시키는 데 있는 것으로 본 것이다. 따라서 모이는 교회보다는 흩어지는 교회를 더 힘주어서 고백하였다. 교회는 단순히 "하나의 거룩하며 보편적이고 사도적인 교회"(니케아-콘스탄티노플 신조)나 말씀을 설교하고 세례와 성만찬을 베푸는 교회(루터와 칼빈이 말하는 교회의 표지)라고 하는 정태적인 교회가 아니라 모였다가 세상 속으로 흩어지는 역동적인 교회를 진술하였다. 든든히 서 가는 교회 혹은 양육 받는 교회의 모습을 진술하지 못한 것이 아쉬움으로 남아 있지만 말이다. 그리하여 교회가 감당해야 하는 모든 역할들과 기능들, 특히 "복음을 전할 뿐만 아니라 정치, 경제, 사회, 문화 및 가치관과 인생관을 그리스도 중심적으로 재정립"하는 모든 '하나님의 선교'(missio Dei)를 하나님 나라의 관점에서 고백되었다.

(6) 새 하늘과 새 땅

본 신앙고백은 제5항에서 교회가 이 땅 위에 구현시켜야 할 하나님 나라 실현과제(Aufgabe)를 진술했다면, 본 항목은 장차 예수 그리스도의 재림과 함께 온전히 선물(Gabe)로 주어질 새 하늘과 새 땅에 대해서 고백하고 있다. 여기에서 종말론적인 비전으로써 "새 하늘과 새 땅"이란 이미지를 사용한 이유는 재창조의 때에 일어날 창조세계의 온전한 회복을 잘 표현해 주고 있기 때문이다. 몰트만은 부활에 근거하여 개인적인 삶의 회복인 영생과 역사와 문화의 회복인 하나님 나라와 생태계의 회복인 새 하늘과 새 땅을 주장하고 있는 바, 본 항목은 "새 하늘과 새 땅"이라고 하는 이미지로써 모든 것(영생과 하나님 나라)을 포괄시켰다. 그리하여 본 항목은 부활한 하나님의 만백성과 새롭게 된 우주만물이 영원토록 삼위일체 하나님을 예배하고 송영할 것이요, 이 하나님과 영원한 코이노니아를 누릴 것이라고 하는 고백으로 끝맺음하였다.

4) 새로운 것

"21세기 대한예수장로회 신앙고백서"는 웨스트민스터 신앙고백 및 "대한예수교장로회 신앙고백"(1986)과 비교하여, 어떤 새로운 점들을 지니고 있는가?

(1) 개혁신학적이기보다는 에큐메니칼 신학

에큐메니칼 운동에 있어서 신앙과 직제는 1927년으로부터 1961년 이전까지는 대체로 '복음'을 통한 교회일치를 추구했다. 물론 1952년 빌링겐의 국제선교협의회가 '하나님의 선교'에 있어서 삼위일체 하나님을 힘주어 말하기 시작하였으나, 1961년 뉴델리 세계교회협의회(WCC) 총회의 WCC 헌장(the Basis)과 1963년 몬트리올 신앙과 직제 이래로 교회일치에 있어서 삼위일체는 없어서는 안 되는 요소가 되었다. 그리하여 급기야 1975년 나이로비 WCC 총회가 신앙과 직제에게 사도적 신앙을 제시하라고 하는 위탁이 있은 후, 니케아-콘스탄티노플 신조 1600주년을 축하하던 1981년 이래로 이를 급진전시켜 1991년에는 「하나의 신앙을 고백하며 : 니케아-콘스탄티노플 신조(381)로 고백된 시도적 신앙에 대한 에큐메니칼 해석」을 수렴하였다.

"21세기 대한예수교장로회의 신앙고백서"는 이상과 같은 에큐메니칼 전통을 따라서 '복음'을 중심에 두면서도 삼위일체의 틀 거리를 기본 내용구조로 잡았다. 그리고 이미 지적한 대로, '코이노니아' 개념을 삼위일체의 각각을 잇는 핵심개념으로 삼았으니, 이것 역시 에큐메니칼 전통이다. 특히 그것은 1993년 신앙과 직제 제5차 세계대회의 전체 주제(Towards Koinonia in Faith, Life and Witness)에서 온 것이다. 그런데 내용적으로 보면 이상의 삼위일체 전통과 코이노니아 개념은 에큐메니칼 공동체 안으로 흘러 들어온 동방교회의 신학전통에 다르지 않다.

그러면 무엇이 개혁교회의 전통인가? 이미 1986년의 "대한예수교장로회 신앙고백서"와 그 이전의 12신조 및 웨스트민스터 신앙고백이 그와 같은 개혁신학적 특징들을 제시하였기 때문에, 본 신앙고백은 대체로 에큐메니칼 전통의 신학을 많이 흡수하였다. 하지만 제4항에서 '성화'와 종말론적인 영화롭게 됨을 강조하였고, 제5항에서 이 땅 위에서 "하나님의 영광을 위하여 예수 그리스도의 성육신의 삶을 실현하고", 이 세상을 위하여, 그리고 이 세상 속으로 파송 받아 복음을 전할 뿐만 아니라 "정치,

경제, 사회, 문화 및 가치관과 인생관들을 그리스도 중심적으로 재정립하여 이 세상에 하나님의 나라를 확장하고, 하나님의 선한 창조세계의 보전을 위해서 힘써야 한다."라고 하는 내용들은 모두 구약의 예언자들의 전통과 신약의 사도들의 전통을 따르는 개혁교회 전통이다.

(2) 복음중심의 삼위일체론

제1항에서는 삼위일체 하나님을 고백하면서 하나님 아버지를 언급하였고, 제2항에서는 코이노니아의 깨어짐을 고백하면서 창조주 하나님 아버지를 말했다. 그리고 제3항은 전적으로 기독론 부분이고, 제4항은 성령론 부분이다. 이와 같은 '복음' 중심의 삼위일체론은 모든 교파들이 받아들여야 할 하나의 거룩하며 보편적이고 사도적인 교회의 신앙이다. 사도신경과 니케아-콘스탄티노플 신조가 다름 아닌 에큐메니칼 신조가 아닌가? 물론 교회사의 그 어느 시대보다도 16세기 루터와 칼빈으로 대표되는 종교개혁과 칼 바르트에 비롯되는 '신정통주의 전통의 신학'이 '복음'의 참뜻을 바르게 제시했지만 말이다. 물론 종전의 개혁교회의 신앙고백들이 삼위일체론과 기독론을 모두 고백하고 있으나 본 신앙고백의 특징은 삼위일체 하나님을 전체 내용의 틀 거리로 삼았다고 하는 점이다. 그리고 '복음'을 이와 같은 삼위일체 하나님의 맥락에서 부각시켰다는 점이다.

(3) '코이노니아' 개념

이것 역시 전통적인 개혁교회의 신앙고백들이 전혀 사용하지 않았던 개념이다. 이미 지적한 대로 이 개념은 삼위의 각 위격을 이어 주는 역할을 하는 바, 결국 이것은 성부와 성자와 성령이 서로 교류하고 서로가 서로 안에 내주하는 내재적 삼위일체 하나님(immanent Trinity)의 '페리코레시스'에 근거하는 경세적(economic)인 차원의 코이노니아를 말한다. 그리하여 하나님과 인간 및 우주만물, 그리고 인간과 인간, 인간과 우주만물의 코이노니아가 충만히 어우러지는 '새 하늘과 새 땅'을 바라보는 종말론적인 긴장과 비전을 지닌 교회는 역사의 지평에서 이러한 코이노니아를 구현해 나가야 하는 것이다. 다시 언급하는 것은 모든 죄악이 결국 이와 같은 '코이노니아'의 깨어짐과 다르지 않다고 하는 것이다. 4분 5열된 한국교회의 상황, 남과 북이 대립하고 있는 한국의 민족적인 상황, 이념과 세대 간에, 가진 자들과 못 가진 자들 사이에, 그리고 지역 간 발전의 불균형으로 갈등을 경험하고 있는 한국사회의 상황이야말로 깨어진 코이노니아의 상황으로써 진정한 코이노니아를 부르짖고 있는 것이다.

(4) 종말론적인 비전 하의 교회

전통적인 개혁교회의 신앙고백들은 교회론과 종말론을 따로따로 고백해 왔으나, 본 신앙고백은 교회야말로 이미 임한 하나님의 나라와 아직 임하지 않은 하나님 나라 사이의 중간 시기 속에서 '새 하늘과 새 땅'을 소망하면서, 이 땅 위에 하나님 나라를 구현하지 않으면 안 된다는 점을 강조하였다. 특히 교회란 "이 세상을 위하여 이 세상 속으로 파송받은 흩어지는 교회이다(요 20 : 21). 이 교회는 믿지 않는 사람들에게 복음을 전할 뿐만 아니라 정치, 경제, 사회, 문화 및 가치관과 인생관들을 그리스도 중심적으로 재정립하여 이 세상에 하나님의 나라를 확장하고, 하나님의 선한 창조세계의 보전을 위해서 힘써야 한다."고 고백하였다. 그리고 제6항에서 장차 선물로 주어질 '새 하늘과 새 땅'에 대한 소망을 고백하였으니, 하나님 나라는 선물(Gabe)인 동시에 과제(Aufgabe)라는 점을 염두에 두었다.

(5) 교회일치, 사회참여, 그리고 창조세계의 보전

4가지 사명을 요약하면 교회가 하나 되어(다양성 속에서의 코이노니아) 복음을 전할 뿐만 아니라 정치, 경제, 사회, 문화 속에서 하나님의 선교를 감당하고, 창조세계의 보전을 위해서 힘써야 한다고 하는 것이다. 전통적인 개혁교회의 신앙고백들이 어느 정도로 국가에 대한 의무 같은 것은 고백하고 있으나, 이와 같이 교회가 하나 되어 선교에 힘쓰고, 사회참여와 창조세계 보전을 위해서 헌신해야 할 것을 강조해 오지는 않았다. 이는 전적으로 에큐메니칼 운동을 통해서 얻어진 열매라고 생각된다.

(6) 예배용 신앙고백

대체로 루터가 소교리문답과 대교리문답(1929)을 만든 이래로 개혁전통에서는 웨스트민스터 소교리문답과 대교리문답이 나왔는데, 전자는 평신도들을 위해서, 그리고 후자는 목사 후보생과 목회하는 교역자를 위해서 작성되었다. 그리고 1990년에 나온 미국장로교의 '간략한 신앙진술'은 아주 짧지는 않으나, 하나의 신앙진술 안에 예배용과 신앙고백용 모두를 포함하였다. 그래서 우리 작성위원회는 이와 같은 전례를 따라서 먼저 "21세기 대한예수장로회 신앙고백서"를 작성한 다음에, 이것을 축약하여 예배용을 만들었다. 본 신앙고백이 '예배용'을 앞에 위치시킨 것은 종전의 사도신경이나 니케아-콘스탄티노플 신조나 웨스트민스터 신앙고백이나 "대한예수교장로회 신앙고백"(1986)을 모두 없애고, 이것들을 대체하자는 것이 아니다. 아마도 1년 교회력 중 특수한 때를 기해서 본 예배용 신앙고백을 사용하여 예배를 드릴 수가 있다는 말이다.

5) 역사적 의의

미국장로교가 「1967년도 신앙고백」에 이어 남북장로교의 통합 이후, 1990년에 「간략한 신앙진술」을 내놓았다. 미국의 경우는 이미 1967년도 신앙고백에서 웨스트민스터 신앙고백을 넘어서고 있으며, 간략한 신앙진술에서는 '복음' 중심의 삼위일체론으로 나아가면서도 복음을 전할 뿐만 아니라 인류사회 속에서 정의와 자유와 평화 실현에 있어서 이 세계 사람들과 함께 연대하며, 창조세계를 보전하면서, 새 하늘과 새 땅에 대한 소망을 부각시켰다.

　그런데 우리 한국의 기독교장로교회는 1972년에 "새 신앙고백"을 공포하였으니, 이는 웨스트민스터 신앙고백 전통의 신학을 극복하는 한국 최초의 신앙고백으로써, 1967년도 신앙고백에 대응하는 신앙고백으로 이해된다. 하지만 우리 통합 측의 "21세기 대한예수교장로회 신앙고백서"는 "간략한 신앙진술"의 내용을 포함하면서도 상당한 정도로 에큐메니칼 운동에 나타난 신학을 더 지향하고 있다고 보인다. 본 작성위원회가 미국 장로교의 "간략한 신앙진술"을 직접적으로 참고한 바가 없었음에도 불구하고, 본 "21세기 대한예수교장로회의 신앙고백서"가 "간략한 신앙진술"의 내용을 공유하고 있음은 참으로 놀라운 일이다. 개혁교회의 전통이 "개혁된 교회는 항상 다시 개혁되어야 한다."(Ecclesia reformata est semper reformanda)라고 하는 개혁전통의 에토스를 따라서 자신의 삶과 신학을 항상 다시 새롭게 해야 하는 한, 앞으로 본 교단은 새로운 역사적인 상황에 대응하여 또다른 새 신앙고백서를 작성해야 할 것이다.

VII 20세기 개혁교회 신앙고백에 대한 결론

1. 세계개혁교회 연맹이 지향하는 개혁교회의 다양성 속에서의 일치추구

우리는 이상에서 16세기 종교개혁 당시의 개혁교회의 신앙고백들, 17세기의 웨스트민스터 신앙고백, 그리고 "바르멘 신학선언" 이후 20세기 개혁교회들의 신앙고백들을 다루었다. 물론 모더니즘이 지배하였고, 18세기 경건주의와 복음주의 부흥운동, 나아가서 19세기 복음주의와 선교운동이 지배하였던 18~19세기의 개혁교회는 이렇다 할 신앙고백을 형성할 수 없었다.

하지만 어찌되었든 우리는 이와 같은 개혁교회들의 신앙고백들의 퍼레이드로 만족할 수가 없다. 각 시대의 신앙고백이 각각의 역사적인 특수 상황에서 그와 같이 고백되었다. 우리는 각 시대의 신앙고백에 대해서 인정할 바를 인정해야 할 것이다. 그런데 그것이 그러니 어떻다는 말인가? 본래 루터교는 "아우구스부르크 신앙고백"(1530)과 같은 하나의 대표적인 신앙고백에 의해서 통일성을 가질 수가 있었다. 대체로 독일에서 루터가 성공시킨 루터교는 독일을 중심으로 지역별 국가교회로서 자리를 잡았고, 곧바로 스칸디나비아 3국으로 확산된 루터교 역시 국가교회 형태를 취하였으니, 이들은 다분히 하나의 신앙고백으로 어느 정도는 획일주의적인 통일성을 확보할 수가 있었다. 물론 국가교회라는 이유로 그와 같은 획일주의가 불가피하기도 하였지만 말이다.

그러나 개혁교회는 그 기원부터 다양성이 불가피하였다. 취리히(츠빙글리), 베른(파렐), 바젤(외코람파디우스), 제네바(칼빈)와 같은 도시국가에서 각 나라별로 개혁신학 전통의 신앙고백들이 형성되었고, 스위스로부터 개혁교회의 신학전통을 받아들인 프랑스, 독일, 스코틀랜드, 네덜란드 등 서유럽의 여러 개혁교회의 나라들에서 역시 다양한 개혁교회의 신앙고백들이 나왔다. 따라서 이 글은 세계개혁교회들의 신앙고백의 다양성과 통일성을 문제 삼으려고 한다.

그런데 우선 이 글은 개혁교회가 역사적으로 하나의 통일된 신앙고백을 만들 수가 없었다고 하는 사실을 확인하려 한다. 즉, 이는 다양성은 있는데, 통일성은 없다는 말로 들릴 수 있다. 이미 칼빈은 그 당시 개혁교회들이 신앙고백들을 통일시키려는 노력을 '경건한 음모'(pia conspiratio)라 하였고, 1877년 에든버러에서 모인 "제1차 세계장로교 연맹 총회"(WARC의 전신)[1]에서 발표한 "개혁교회의 신앙고백의 콘센서스"도 하나의 획일주

---

1. '개혁교회들의 연맹'(Alliance of the Reformed Churches)은 1875년에 "성경의 수위권, 개혁교회 신앙고백들의 일치, 그리고 장로교 체제에 대한 일반적인 인정"이라는 원칙 하에 탄생하였고, 1970년에 이르러 케냐에서 회중교회 연합과 합류하면서 '세계개혁교회연맹'(World Alliance of the Reformed Churches =WARC)으로 바뀌었다.

적인 개혁주의 신앙고백을 결코 만들 수 없음을 확인하였다. 이어서 칼 바르트가 1925년 장로교 체제를 지닌 개혁교회들의 연맹인 "세계개혁교회협의회 총회"에서 연설한 "보편적인 개혁교회의 신앙고백에 대한 열망과 그 가능성"이 복음에 입각한 다양한 개혁주의 신앙고백들의 계속적인 작성을 암시한 사실에서 우리는 루터교나 가톨릭교회들이나 소종파 교회들과는 달리, 역사적으로 우리 개혁교회는 획일주의적인 신앙고백을 작성할 수 없다는 사실을 알 수 있다. 아래에서 논의하겠지만 개혁교회의 신앙고백은 어떤 신학적인 특징들을 보여 주고 있기는 하지만 획일주의를 지향하지는 않는다. 이것이 동시에 개혁교회가 교파 분열을 가장 많이 하고 있는 교파에 속하는 바, 역기능으로 작용하고 있는 것도 사실이지만 말이다.

 1982년 오타와 WARC 총회를 준비하는 개혁신학자들의 신학협의회(1981)는 "개혁전통 속에서의 신앙고백들과 신앙을 고백하기"(Confessions and Confessing in the Reformed Tradition Today)에서 "살아 있는 복음"이 전(全) 개혁신학의 통일성이라고 주장하면서, 성경의 명제적인 진리 하나하나를 하나님의 말씀 자체로 보는 16, 17세기 개혁교회의 신앙고백들 가운데 그 어떤 것도 절대화시킬 수가 없다고 힘주어 말했다.[2] 그런데 중요한 것은 위의 WARC 신학협의회 문서가 고전적인 개혁교회의 신앙고백들과 "바르멘 신학선언" 이후 20세기 개혁교회의 신앙고백들 사이의 공통분모, 충돌하는 부분, 그리고 20세기 개혁교회의 신앙고백들의 특징들을 제시하고 있다는 사실이다. 이를 소개하려고 할 때 매우 중요한 것은 "바르멘 신학선언"을 계기로 그 이전과 그 후의 신앙고백들 사이에 엄존하고 있는 차이점들이다. 결론부터 말한다면 이로 인하여 한국장로교와 미국장로교 모두가 개혁교회 자체 내의 분열을 경험하였기 때문이다.

---

2. Confessions and Confessing in the Reformed Tradition Today. WARC General Council Ottawa. 17-27 Aug. 1982(Studies from the WARC, 2), pp. 3-4.

1) 공통분모

개혁교회의 신앙고백들은 우선 사도신경과 니케아-콘스탄티노플 신조에 나타난 성육신과 삼위일체론, 그리고 칼케돈 정통 기독론에 입각한 중보자 예수 그리스도의 구속사역과 같은 보편교회의 신앙을 공통분모로 가지고 있다.[3] 개혁교회의 전통에 있어서 이와 같은 고대 에큐메니칼 신조들이 성공회나 로마 가톨릭교회나 동방정교회 만큼 중요시되고 있지는 않으나, 전 개혁교회 전통의 신학과 "예배, 특히 세례와 성만찬 예전에서와 종교교육을 위한 기초"로서 사용되어 온 것이 확실하다. 대체로 청교도 전통은 물론, 유럽의 18~19세기의 기독교와 이로부터 영향을 받은 미국의 개신교, 그리고 미국 개신교의 영향을 받은 아시아, 아프리카, 중남미와 우리 한국교회와 같은 피선교국가들의 개신교들의 경우, 이와 같은 에큐메니칼 신조를 중요하게 받아들이지 않지만 말이다.

그리고 이어서 1981년의 WARC 공식문서인 "개혁전통 속에서의 신앙고백들과 신앙을 고백하기"는 양자(바르멘 이전의 신앙고백들과 그 이후의 신앙고백들) 사이에서 발견되는 공통분모를 셋으로 본다.

(1) 하나님의 주권과 영광

하나님은 자신의 있는 모습 그대로를 인간에게 보이심으로, 아무런 유보 없이 인간을 구속하심으로, 그리고 세계와 인간을 다루실 때 그의 사랑과 정의를 세우심으로 그의 영광을 보이셨다.

개혁신학에 있어서 하나님의 하나님 되심과 인간의 인간됨에 대한 이중적인 관심은 하나님의 이름을 더럽히고 하나님의 창조물에 손상을 주는 모든 종류의 우상숭배의 위협에 상당히 예민한 반응을 보이게 했다. 때문에 개혁신학은 원칙적으로 우상숭배에 대한 강도 높은 비판적 요소를 지니고 있다.

---

3. Ibid., p. 11.

(2) 예수 그리스도 안에서의 언약

개혁신학은 예수 그리스도의 진정한 신성을 주장함으로써 인간과 하나님의 언약이 예수 그리스도 안에서 성취되었다는 사실을 강조하고, 이 예수 그리스도께서 진정한 인간성과 이것의 척도를 계시하셨다는 사실을 강조한다. 이것은 개혁신학으로 하여금 인간론에, 특히 하나님의 언약의 동반자로서 인간의 소명과 정체성과 운명에 대해서 특별히 관심하게 하는 근거이다. 이것은 모든 형태의 인간 중심주의가 예수 그리스도의 계시와 역사를 척도로 검증을 받아야 한다는 사실을 암시하고 있다. 개혁전통에 있어서 신학이란 인류와 고립된 하나님과 관계하는 것이 아니요, 인류와의 관계 속에 계신 하나님, 그리고 하나님과의 관계 속에 있는 인류에 관계한다. 예수 그리스도 자신이 바로 이것의 표증이요, 증거이시다.

(3) 구약과 하나님의 율법의 역할

모든 종교개혁 전통의 개신교들과 함께, 개혁교회들은 성경의 권위가 최고라고 인정한다. 하지만 개혁신학은 구약성경에 특별히 높은 가치를 부여한다. 개혁교회는 구약성경을 단지 '신약의 준비'로만 보지 않고, 오늘의 교회에게 계속해서 말씀하고 계시는 하나님의 말씀으로 본다. 이는 하나님의 계시의 기록이며, 이스라엘과 함께, 그리고 이스라엘을 통하여 인류 및 세계에 관련된 그의 언약행동에 대한 기록이다. 개혁신학 전통은 구약성경을 중요하게 받아들이기 때문에 반유대주의적 파괴적 형식으로부터 비교적 자유롭고 유대인들을 하나님의 선민으로 진지하게 대할 수 있는 개방적인 태도를 취할 수 있다.

비슷하게도 개혁전통은 종교개혁 전통의 다른 개신교들에 비하여 하나님의 율법을 강조한다. 이로써 개혁교회는 율법과 복음 사이에 존재하는 배타적인 긴장을 피할 수 있었다. 물론, 이와 같은 개혁주의는 율법주의의 위험성을 안고 있는 것이 사실이다. 이것은 은총보다 율법을 중요시했던 17세기 정통주의 개혁신학에서 그 예를 발견한다. 하지만 오늘날에도 개혁주의의 하나님의 율법에 대한 강조는 계속 유효하다. 개혁주의는 죄에 대해서 고발하고 심판하는 율법의 기능을 무시하지 않고, 율법을 예수 그리스도 안에서 기독교적 삶을 위한 지침과 감사의 생활을 위한 기준으로 이해한다. 성화는 이신칭의와 나란히 그것의 독특한 자리매김을 지니고 있고, 교회의 직제와 훈련과 같은 교회 내적인 삶과 사회적이고 정치적인 이슈들과 같은 교회 밖의 세상 속에서의 삶에 모두 관련되어 있다.[4]

2) 현대 개혁교회 신앙고백들의 특징들

"바르멘 신학선언" 이후 현대 개혁교회의 신앙고백들의 특징들은 무엇인가? 본 WARC 문서는 20세기 개혁교회의 신앙고백에 관하여 하나의 획일적인 개혁교회의 신앙고백이 아니라 개혁교회 신앙고백들의 특징들을 열거한다. 본 문서는 6가지로 열거하고 있다.

(1) 대체적으로 삼위일체론, 기독론, 그리고 성령론이 형이상학적이거나 존재론적이기보다는 역사적, 심지어는 기능적으로 이해되고 있다. 삼위일체론을 다룰 때에도 내재적(immanent) 범주들보다는 경세적(economic) 범주들을 강조한다. 기독론에 있어서도 '아래로부터' 혹은 어떻게든지 그리스도의 인성을 매우 강조하면서 접근하려는 경향이다. 하지만 성령 안에서 그리스도를 통하여 하나님께로 상향 운동을 하는 '송영론적'(doxological) 의미는 거의 강조하지 않는다.

(2) 많은 신앙고백들은 이 세상과 현 역사 속에서의 하나님의 행동과 하나님 나라에 대한 약속을 강하게 주장한다. 예정론과 섭리는 무대 뒤로 퇴거하였다. 그리고 하나님의 주권과 위엄은 좀더 통상적으로는 그

---

4. Ibid., pp. 14-15.

리스도의 주권과 종말론이라는 말로 표현되었다.

(3) 실제로 하나님의 불변성이란 속성은 거의 찾아보기 힘들다. 하나님의 정의와 공의 역시 창조질서의 조화로운 체계를 뒷받침(회복)하고 있는 것으로 해석되지 않는다. 오히려 하나님의 정의와 공의는 그리스도와 인간의 고난과 투쟁과 변호를 통해서 확립되는 것으로 확증된다. 화해와 구원은 하나님의 역사완성에 대한 비전을 지닌다. 따라서 속죄론에서 만족설과 형벌설을 주장하는 옛날 개념들은 거의 그 어떤 역할도 하지 못한다.

(4) 많은 신앙고백들이 하나님의 주요 관심사는 이 세상이라고 진술한다. 역사의 사건들 속에서 하나님의 현존과 능력이 분명해지고, 시대의 징조들을 통해서 그의 음성이 들린다고 한다. 따라서 '성스러운 영역'과 '세속적인 영역'의 이분법은 존재하지 않는다. 세상과 그것의 역사는 하나님의 관심이 집중되는 활동무대이다. 그 결과 대체로 교회는 이 세상 안에서, 그리고 이 세상을 위해서 하나님의 선교에 동참하는 도구로 묘사되고 있다. (이하 생략)

(5) 대부분의 신앙고백들은 교회가 사회정의를 위해서 일해야 한다고 하는 교회의 의무를 강조한다. 교회는 사회의 구조악에 대항하여 싸우도록 부름을 받았다. 옛 신앙고백들은 기존의 국가질서가 하나님의 섭리로 주어진 것으로 믿었으나, 20세기의 신앙고백들은 현행 국가질서가 당연히 신적인 구속력을 갖는 것으로 더 이상 받아들이지도 않고, 그렇게 생각하지도 않는다. 교회는 '현상유지'(status quo)를 용납하거나 심지어 그것을 강화시켜서는 안 될 것이다. '자연법', '행위 언약', 혹은 '보편은총'과 같은 개념들은 별로 힘을 쓸 수가 없게 되었다. 사회 및 삶의 질에 대한 관심이 오히려 삼위일체론적이고 기독론인 판단들에 근거

하여 표현되기 때문이다.

(6) 연합 협상에 관련하여 정식화된 신앙고백들은 여러 가지 점들에서 그들 나름대로의 특성을 지닌다. 그것은 내용과 강조점에 있어서 다른 신앙고백들과 구별된다. 일반적으로 개혁교회가 성공회와 연합하는 경우에 특히 전승, 고대의 에큐메니칼 신조들 및 삼위일체론의 송영론적 접근 등에 더 큰 강조점을 둔다. 이 경우에는 또한 교회론이라는 주제가 더욱 부각된다.

그런데 루카스 피셔는 현대 개혁신학의 공통분모를 15가지로 열거하였다. 1. 오직 그리스도, 2. 만사에 있어서 하나님께 영광, 3. 구원과 삼위일체론적 사고, 4. 성경의 권위, 5. 신앙고백, 6. 교회, 7. 기도와 예배, 8. 제자도와 치리, 9. 교역과 교회 직제, 10. 개교회와 보편교회, 11. 복음증언에로의 소명, 12. 진리와 일치, 13. 교회와 국가, 14. 사회 속에서의 교회의 증언, 15. 하나님 나라를 향해서 순례하는 하나님의 백성으로서의 교회가 그것이다.[5]

3) 충돌하는 부분들

이 부분은 지금 우리가 사용하고 있는 WARC 문서에서 명시적으로 주제화되어 있지는 않다. 하지만 본 문서 전체를 통해서 두 전통 사이에 충돌하는 부분들이 발견된다. 첫째로 고전적인 신앙고백들은 성서주의적(biblicistic) 성서관을, 그리고 현대 신앙고백들은 복음을 중심에 두는 복음적 성서관을 주장하고 있다. 즉, '바르멘 신학선언' 이후의 개혁신학 전통의 신앙고백들은 '복음'을 우위에 두면서, '오직 성경으로만'의 원리를 말한다. 현대 개혁교회의 신앙고백들은 복음에서 성경이 나왔고, 이 복음이 성서 안에서 증언되고 있으며, 성서는 이 복음을 은혜와 믿음으

---

5. 총회교육자원부 편, 「개혁교회의 역사와 신학」(서울 : 한국장로교출판사, 2004), pp. 454 이하 참고.

로 수용하여 구원에 이른 교회의 삶(설교, 예배, 교회의 정치와 직제, 그리고 사회참여 등)을 규정한다. 따라서 현대 신앙고백들에 있어서는 성서관이 성령론 안에 자리매김하고 있다. 다음의 인용문은 좀 길지만 중요하다.

최근 개혁교회의 신앙고백들은 성경에 대해서 어떻게 이해하고 있는가? 우리는 여기에서 괄목할 만한 변화를 발견한다. 그것들은 성경관에 대한 항목을 전혀 가지고 있지 않다는 사실이다. 고전적인 신앙고백들의 그것에 비교하면, 현대 신앙고백들은 성경과 교회의 관계를 훨씬 더 강조한다. 미국개혁교회(RCA)는 민족들을 부르셔서 하나님의 길을 가게하시고, 또한 그리스도의 사랑을 통하여 사람들을 연합시키시는 성령의 사역을 먼저 언급하고, 그 다음에 이 동일한 성령께서 성경을 통해서 말씀하신다고 선언한다. 그리고 연합장로교(UPC)는 "성령의 교통하심"이란 제목 밑에서 성경의 권위를 다루면서, 믿는 사람들의 공동체 속에서 일어나야 할 '새로운 삶'을 제일 먼저 고백한다.

새로운 관점은 전통적인 주장들이 교정된 것을 암시적으로 나타낸다. 하지만 현대 개혁신학에서도 성경이 유일한 권위라는 원칙은 유지되었다. …… 현대 개혁신학은 성경과 교회 사이의 관계를 더욱 분명히 수립하였다. 그리고 교회는 이 성경의 전통 안에서 복음을 세대에서 세대로 전한다고 한다. 성경은 예수 그리스도로부터 현재 우리에게 까지 확장된 이 생생한 초기의 권위 있는 기록된 형태로 여겨진다. 결국 최근 신앙고백들은 성경의 경전적인 책들 자체가 신앙고백 과정의 결과물이라고 지적하면서 성서 증언의 역사적 성격도 강조한다…….[6]

둘째로 '웨스트민스터 신앙고백'이 고백하는 '하나님의 영원한 작정'에 따른 '이중 예정론'과 불가시적 교회 역시 현대 신앙고백들과 충돌할 것이다. 이미 지적한 대로, 1903년에 보완된 웨스트민스터 신앙고백 제34항과 제35항과 '선언문'이 이를 비판하고 있고, 칼 바르트의 기독론적인 선택교리와 만유화해론 역시 그와 같은 전통적인 가르침을 받아들이지 않으며, '바르멘 신학선언' 이후 개혁교회의 신앙고백들이 그것을 거

---

6. Ibid., p. 10.

부하고 있다. 이것은 '최후 심판의 이중적인 결과'에도 직결되어 있는 바, 역시 현대의 개혁교회의 신앙고백들은 그것을 받아들이지 않는다.

셋째로 '하나님의 선교'와 교회의 사회참여에 있어서도 20세기 개혁교회의 신앙고백들은 전통적인 고백들과 충돌한다. 전통적인 신앙고백들은 복음전도(evangelism) 일변도를 20세기 신앙고백들은 이 세상 속으로 파송 받아 삶의 모든 차원에서 하나님의 선교에 동참한다. 그리고 전자는 교회 내적인 성화와 교회 내적인 문제들에 고심하나, 후자는 정의와 평화와 창조세계 보전에 힘쓴다.

끝으로 이미 위에서 제시한 20세기 개혁교회의 특징들 하나하나에 있어서도 전통적인 개혁교회의 신학과 충돌하는 부분들이 많다. 확실한 것은 이들 20세기의 신앙고백들이 지향하는 신학은 에큐메니칼 운동이 지향하는 신학을 향하여 더 크게 열려 있다고 생각된다. 이제 아래에서 논할 에큐메니칼 교회공동체 신학의 다양성과 통일성에서 우리는 '바르멘 신학선언' 이후의 신앙고백들이 에큐메니칼 신학과 상당 부분 공통점들을 가지고 있고, 이에 대해서 전적으로 열려 있음을 확인할 수 있게 될 것이다.

2. 에큐메니칼 교회공동체 신학의 다양성과 통일성

에큐메니칼 교회들(WCC의 회원교회들과 비회원 교회들이지만 WCC를 지지하는 교회들)은 신학전통들의 다양성에도 불구하고 WCC의 교리헌장(The Basis)에 동의한다. 1961년 뉴델리 WCC에서 보완된 WCC 교리헌장은 아래와 같다.

> 세계교회협의회란 성경을 따라서 우리 주 예수 그리스도를 하나님과 구세주로 고백하고, 한 하나님, 곧 성부와 성자와 성령의 영광을 위한

공동의 소명을 함께 성취해 나가고자 하는 교회들의 공동체(코이노니아)이다.

위의 헌장내용은 하나님의 아들의 성육신과 구속(救贖), 그리고 칼케돈 기독론을 생각나게 하고, 사도신경과 니케아-콘스탄티노플 신조의 삼위일체 하나님을 배후에 두고 있음을 짐작하게 한다. 우리는 여기에서 '복음'과 '삼위일체 하나님'이 WCC 회원교회들의 다양한 신학전통들을 하나로 묶는 통일성의 원리로서 가장 근본적인 사도적 신앙이라는 사실을 주장할 수 있다. 우리는 심지어 17세기의 '웨스트민스터 신앙고백'에서도 이와 같은 통일성의 원리를 발견할 수 있을 것이다. 비록 그것이 17세기 정통주의 개혁신학의 '성서주의적 성서관'에 의해서 질식을 당하고 있지만 말이다.

1963년 몬트리올 신앙과 직제 세계대회는 성경과 전통들(traditions)로부터 구별되는 '복음전승'(the Tradition 혹은 the Gospel Tradition)을 가장 중요한 사도적 신앙으로 확정지었고, 1981년 니케아-콘스탄티노플 공의회(381) 제1600주년 기념예배 이래로 니케아-콘스탄티노플 신조(filioque 없는 원 본문)가 사도적 신앙의 공동 표현으로 확정되었다. 1993년 산티아고 데 콤포스텔라에서 열린 제5차 신앙과 직제 세계대회[7] 문서는 공동체 전체에게 복음이 위탁되었고, 이 공동체의 지도자들은 사도들이었으니(Section Ⅱ. 6), 성서에 규범적으로 증거된 이 근원적 사도적 신앙(복음)은 니케아-콘스탄티노플 신도에 의해서 요약되었고, 교회사를 통해서 다양한 신앙고백들로 표현되었다(S. Ⅱ. 7). 따라서 사도적 신앙(복음과 니케아-콘스탄티노플 신조의 삼위일체 하나님)은 보편적이고(catholic), 성육신적인 성격을 지녔기 때문에 여러 문화적, 사회적, 종교적 상황들에 대응하여 여러 다양한 신학적, 언어적, 문화적, 사회적 표현 양식을 갖는다(S.

---

7. Fifth World Conference on Faith and Order : Towards Koinonia in Faith, Life and Witness, Faith and Order, No. 164.

Ⅱ. 13). 그리하여 교회들의 신학의 통일성과 다양성은 성서의 통일성(복음과 니케아-콘스탄티노플 신조)과 다양성(여러 다양한 상황에 대응하여 기록된 성서의 다양한 메시지들과 가르침들)에 근거하지만, 다음과 같은 다양성의 한계를 갖는다.

예수 그리스도를 어제와 오늘과 영원토록 동일하신(히 3:18) 하나님이시요, 구세주(Saviour)로 함께 고백할 수 없고, 성경 안에 선포되어 있고 사도적 공동체에 의해서 설교된 인류의 구원과 궁극적 운명에 대해서 함께 고백할 수 없는 교회는 WCC의 다양한 구성원들 가운데 하나가 될 수 없다.

성경이라고 하는 경전은 특히 복음진리(갈 2:5, 14)와 니케아-콘스탄티노플 신조(381)로 진술되었고, 확정된 가르침들을 교회들의 주어진 일치의 근거로 삼는다. 이러한 일치와 이와 같은 가르침들을 거부하는 것은 자신을 기독교 영역 밖에다 놓는 것에 다름 없다. 하지만 경전으로서의 성경은 교회의 다양성의 근거이기도 하다. 그 이유는 성경이 기록될 당시의 다양한 상황들과 성경 자체의 다양한 메시지들 때문만이 아니라 접근과 해석의 다양성(예컨대 한 단락에 대한 오랜 해석의 역사가 있어 왔다.)과 개인과 공동체의 다양한 입장들 까닭에 그렇다. 교회들은 성경해석의 표준적 원리들(예컨대 전통, 예전적 성례전적 맥락, 이신칭의, 경험 등)을 명시할 필요가 있다. 성경이라고 하는 하나의 경전이 그렇게 풍요로운 신학적인 다양성을 제시하는 까닭에, 이 성경은 교회들에게 성서적 증언들의 전체성을 자기 것으로 삼음으로써 보편성(catholicity)에 있어서 성장하도록 촉구한다.[8]

이 글이 다음에 소개하는 1927년 로잔, 1937년 에든버러, 1952년 룬드, 1963년 몬트리올 신앙과 직제는 '복음'과 '교회'에 대한 가장 기본적인 기독교적 정체성을 제시하고 있고, 1993년 산티아고 데 콤포스텔라

---

8. Ibid., pp. 17-18.

의 신앙과 직제 제5차 대회는 1991년에 나온 "하나의 신앙을 고백하며"(Confessing the One Faith : An Ecumenical Explication of the Apostolic Faith as it is confessed in the Nicene-Constantinopolitan Creed, 381)에 근거하여 '삼위일체론'에 입각한 교회들의 '코이노니아'를 말했으니, 이는 모든 WCC 회원교회들이 공유하고 있는 사도적 신앙에 해당하는 것으로서 오늘날 세계교회들은 이것을 신학적인 통일성의 원리로 하면서 자기 교파의 특수한 신학적인 주장과 타 교파들의 신학적인 다양성을 인정해야 할 것이다. 그런데 아래에서 소개되는 내용은 '바르멘 신학선언' 이후 20세기 개혁교회는 물론, 상당 부분 고전적인 개혁신학을 고수하는 교회들도 인정할 수 있을 것으로 보인다.

1) 세상을 위한 교회의 메시지 : 복음(Lausanne 1927, 제2분과)

세상을 위한 교회의 메시지는 예수 그리스도의 복음이요, 항상 복음이어야 한다. 복음은 현재와 미래를 향한 구속의 기쁜 메시지인 바, 그리스도 안에서 죄인들에게 주어진 선물이다. 성령은 온 인류 역사 속에서 활동하시어 그리스도의 오심을 준비하셨는데, 때가 차서 하나님의 영원한 말씀이 성육신하사 인간이 되신 것이다. 바로 예수 그리스도는 하나님의 아들과 사람의 아들로서 은혜와 진리가 충만하신 분이다.

이 예수 그리스도는 그의 삶과 가르침, 그의 회개에로의 부름, 그의 하나님 나라의 도래와 심판에 대한 선포, 그의 고난과 죽음, 그의 부활과 하나님 우편으로의 승귀 및 그의 성령 파송을 통하여 우리에게 죄를 용서해 주셨고, 살아 계신 하나님의 충만함과 우리를 향하신 하나님의 한없는 사랑을 계시하셨다. 예수 그리스도는 십자가에서 보이신 완전한 사랑에 호소하시어 우리들을 신앙으로 부르시고, 하나님과 인간을 섬기기 위한 자기희생과 헌신으로 부르신다.[9]

---

9. Faith and Order : Proceedings of the World Conference, Lausanne, Aug. 3-21, 1927(London : 1927), pp. 461 이하.

이상과 같은 '복음'에 대한 정의는 매우 중요하다. 그도 그럴 것이 많은 교파들과 많은 기독교인들이 '복음'이라는 말을 사용하고 있으나, 에큐메니칼 차원에서 정의된 복음이 무엇인가가 중요하기 때문이다. 바르멘 이전의 개혁교회도 이와 같이 정의된 '복음'을 받아들일 것이다.

2) 교회의 본성(Lausanne 1927, 제3분과)

교회란 그리스도 예수 안에 있는 성도들의 교제로서 신약성경에 따르면 새 언약의 백성이요, 그리스도의 몸이요, 예수 그리스도를 초석으로 하고 사도들과 예언자들의 터 위에 세워진 하나님의 성전이다.

교회란 하나님의 선택된 도구이다. 그리스도께서는 이 도구를 가지고 성령을 통하여 사람들을 신앙으로 하나님과 화해케 하시며, 이 사람들의 의지들을 그의 주권에 복종시키고, 은혜의 수단으로서 이들을 성화시키며, 이들을 하나로 묶어서 사랑과 봉사케 하심으로써 그의 나라가 영광 가운데 임할 때까지 이 땅 위에 그의 통치를 확장시키는 일을 위한 증인들과 동역자들로 삼으신다.

오직 하나의 그리스도, 이 그리스도 안에 오직 하나의 생명, 그리고 모든 진리에로 인도하시는 오직 하나의 성령이 계신 것처럼 오직 하나의 교회, 거룩하며, 보편적이고, 사도적인 교회가 있을 뿐이다.

그리고 이상과 같은 교회 정의에 이어서 사람들이 그것을 보고 교회가 무엇인가를 알 수 있는 교회의 표지를 6가지로 열거하는 바, 이는 루터과 칼빈으로 대표되는 종교개혁 전통의 2가지 교회 표지론에 4가지를 더한 것이다.

(1) 교회는 성경 안에 포함되어 있는 하나님의 말씀을 소유하고 있는데, 성령께서는 이 교회와 개인에게 이 말씀을 해석해 주신다.
(2) 교회는 하나님께서 그리스도 안에서 성육신하셨고 계시되셨다고 하는 하나님 신앙을 갖고 있다.
(3) 교회는 복음을 모든 피조물들에게 설교하라고 하는 그리스도의

위임 명령을 받았다.
(4) 교회는 성례전을 집례한다.
(5) 교회는 목양의 직무와 말씀설교와 성례전의 집례를 위한 교역직을 수행한다.
(6) 교회는 기도, 예배, 모든 은혜의 수단들, 거룩함의 추구 및 인간을 위해 봉사하는 일로써 코이노니아를 갖는다.[10]

이상과 같은 교회에 대한 기본적인 정의는 바르멘 이전의 개혁교회든 그 이후의 개혁교회든 모든 개혁교회들에 의해서 받아들여질 수 있을 것이다.

3) 우리 주 예수 그리스도의 은혜(Edinburgh 1937, 제1분과)

(1) 은혜의 의미

우리가 하나님의 은혜라고 말할 때, 우리는 그의 아들 예수 그리스도 안에서 계시된 하나님 자신에 대해서 생각하고 있는 것이다. …… 그의 은혜는 우리를 창조하셨고, 축복하시는 일과 무엇보다도 예수 그리스도의 삶과 죽음과 부활을 통한 우리의 구속과 거룩하시고 생명을 주시는 성령의 파송과 교회의 사귐과 말씀, 그리고 성례의 선물을 통해서 나타난다.

(2) 칭의와 성화

값없이 사랑을 베푸시는 하나님은 그리스도를 통해서 우리를 칭의하시고 성화시키신다. 우리는 이 하나님의 은혜를 믿음으로 받아들이는데, 이 믿음 자체는 하나님의 선물이다. 칭의와 성화는 죄인과 관계를 맺으시는 하나님의 은혜로운 행동의 불가분리한 두 측면이다.

---

10. Ibid., pp. 463 이하.

(3) 하나님의 주권과 인간의 반응

하나님의 은혜와 인간의 자유의지와의 관계에 관하여, 우리 모두는 성경과 기독교적 경험에 기초하여 하나님의 주권이 최고라고 하는 사실에 동의한다. 그런데 우리가 의미하는 주권이란 하나님의 주권적인 (all-controlling and all-embracing) 의지와 목적이다. 이 영원하신 목적은 하나님 자신의 사랑과 거룩한 본성의 표출이다. 이처럼 우리 인간은 전(全) 구원을 하나님의 은혜로우신 의지에 빚지고 있다. 하지만 다른 한편 인간 자신의 의지는 이 하나님의 은혜를 적극적으로 수용해야 하고, 인간은 이같은 수용의 결단을 내려야 할 책임이 있다.[11]

이어서 본 에든버러 문서는 제6분과(일치의 기초가 되는 신앙내용)에서 '복음' 이외에 삼위일체 하나님을 사도적 신앙으로 주장하고 있다.

> 우리는 사도신경과 통상 니케아 신조라 불리는 신조가 사도적 신앙을 증거하고 보존한다는 사실을 인정하면서, 이 같은 신조에 담긴 사도적 신앙이 교회와 교회의 구성원들의 영적 경험을 통하여 계속해서 진리임이 증명되고 있다는 사실을 주장한다……[12]

이상과 같은 은혜론과 사도적 신앙은 바르멘 이전의 모든 개혁교회들에 의해서도 받아들여질 것이다.

4) 그리스도와 그의 교회(Lund 1952, 제1분과)

본 문서 역시 '복음' 이외에 "성부, 성자, 그리고 성령에 대한 교회의 신앙"을 말한다. 바야흐로 '삼위일체론'이 사도적 신앙으로서 부각되기 시작한다. 확정적으로는 1961년 뉴델리 WCC의 "교리헌장"(the Basis)에서 삼위일체론이 명시화되고, 이미 1952년 빌링겐 IMC(국제선교협의회)

---

11. *Apostolic Faith : A Handbook for Study*, ed by Hans-Georg Link, Faith and Order Paper No. 124(Geneva : WCC, 1985), pp. 71-72.
12. Ibid., p. 70.

에서 '하나님의 선교'가 곧바로 삼위일체 하나님의 선교라고 주장되었다. 아래의 인용을 읽어 보자.

> 아버지께서 그의 영원한 사랑 안에서 창조의 세계를 죽음으로부터 구속하시기 위하여 그의 아들을 보내 주셨다. 이 하나님의 아들은 예수 그리스도 안에서 인간이 되셨다. 그리하여 이 예수 그리스도는 이 지상에서 말씀과 행동으로 하나님의 나라를 선포하셨고, 십자가상에서 세상 죄를 짊어지셨으며, 죽은 자들로부터 부활하시어 하늘에 오르사 하나님의 우편, 즉 하나님의 보좌에 앉으셨다. 하나님께서는 오순절 날 그의 교회 위에 성령을 부어 주심으로 예수 그리스도를 믿는 모든 사람들에게 하나님의 자녀가 되는 권세를 주셨다. 예수 그리스도는 주님과 왕으로서 산 자와 죽은 자를 심판하러 오실 것이며 하나님의 영원한 나라를 전 창조세계 속에서 완성하실 것이다.[13]

그리고 본 문서는 제3분과(교리에 있어서 일치)에서 역시 세계교회들이 공유하고 있는 공동의 신앙 혹은 사도적 신앙을 언급하고 있다.[14]

5) 성경, 전승, 전통들(Montreal 1963, 제2분과)

1963년 몬트리올에서 열린 제4차 신앙과 직제 세계대회는 제2분과에서 "성경, 전승과 전통들"(Scripture, Tradition and traditions)을 논하는데, 아래 인용에서 큰 글자 "Tradition(the Gospel)"은 성경 안에서 원초적으로 증거되었고, 신조들, 설교, 신학, 교회의 공동체적인 삶 등에 의해서 다양하게 표현되는 바, 다양한 교회들의 다양한 신학전통들과 교회적 전통들로 표현된다. 아래의 인용을 읽어 보자.

> 우리 모두는 기독교인으로서 하나님께서 구약 안에 있는 하나님의 백성의 역사를 통하여, 그리고 하나님과 인간을 중보하시는 그의 아들,

---

13. Ibid., pp. 76-77.
14. Ibid., p. 74.

예수 그리스도를 통하여 자기 자신을 계시하셨음을 믿는다. 하나님의 자비와 하나님의 영광만이 우리들 자신의 역사의 시작이요 끝이다. 예언자들과 사도들의 증언이 하나님의 계시전승(the Tradition of His Revelation)을 등장시켰다. 예수 그리스도 안에 나타난 하나님의 유일회적인 자기 노정(露呈)은 사도들과 제자들을 감동시켜서, 이들로 하여금 그리스도의 위격과 사역 안에 나타난 계시를 증언케 하였다. 성령에 의하지 않고는 그 누구도 예수님을 주님이라고 과거에도, 현재에도 말할 수가 없다(고전 12 : 3). 성령의 지도를 받은 예언자들과 사도들의 구전과 기록된 전승이 성경을 이룩하였고, 구약과 신약을 교회의 책으로 경전 화시켰다. 그리고 이 성령은 전승(Tradition)의 의미를 이해하게 하고 성경을 하나님의 말씀을 포함하고 있는 보화로 보게 한다.

하지만 성령의 결과인 이 전승(T)은 전통들(ts.)에 의하여 구체화된다. 그리하여 기독교 역사를 통해서 주어진 전통들은 전승과 상이하면서도 관계를 맺고 있다. 이 전통들은 그리스도라고 하는 하나의 진리와 실재의 여러 다양한 역사적 표현들이다.[15)]

그리고 본 문서는 성경의 명제적 진리들의 총화를 계시 진리들(Offenbarungswahrheiten)로 보지 않고, 이 성경 안에서 전승되어진 복음을 하나님의 계시 진리로 본다. 물론 성경 안에서의 '전승'(T)의 전승과정은 역사와 문화적으로 조건지어졌음을 전제하고 있다 하겠다. 다음의 인용은 17세기 개신교 정통주의 및 미국의 개신교 근본주의 신학의 성경관을 반론하는 의미에서 중요하다.

전승과정(tradition 혹은 transmission process)을 통해서 전승되어진 것이 기독교 신앙내용인데, 이는 단순히 명제, 즉 명제적 진리들의 총화가 아니라 성령의 역사를 통해서 전승된 하나의 살아 있는 진리이다. 우리는 기독교적 전승(T)에 대해서 말할 수 있는 바, 이것의 내용은 그리스도 안에 나타난 하나님의 계시요, 하나님의 자기 내어 주심으로써 교회의 삶 속에 현존하고 있다.[16)]

---

15. Ibid., p. 74.

위의 인용에서 우리는 큰 글자 Tradition과 성경이 교회의 공동유산이요, 큰 글자 Tradition이 소문자 traditions로 다양하게 표현되고 있는 것을 확인하며, 설교와 성례전에 의해서도 큰 글자 'T'가 해석되듯이 또한 신조(예컨대 사도신경과 니케아-콘스탄티노플 신조)에 의해서도 해석되고 있다는 사실을 발견한다.

큰 글자 'T'가 기록된 형식인 성경(구약과 신약) 안에 있는데, 교회는 이 전승(Tradition)을 항상 새로운 상황에 걸맞게 해석해야 한다. 이러한 전승에 대한 해석은 신조들, 성례전들의 예식서, 다른 형태의 예배, 말씀설교, 그리고 교회의 교리에 대한 신학적인 해석들과 같은 굳어진 전통들(traditions)에서 발견된다. 따라서 성경말씀을 단순히 반복해서 말하는 것은 복음에 대한 반역이다. 이 복음은 이 세상 사람들에게 이해되어야 하고 이 세상 사람들에게 도전이 되어야 한다. 다음의 인용을 읽어 보자.

> 문서로서의 성경은 문자에 불과하다. 성령께서는 주님이시요 생명의 부여자이시다. 따라서 우리는 "성령에 의해서 인도받는 해석이라야 올바른 해석이다."라고 말해도 좋다…….[17]

이상과 같은 "성경, 전승과 전통들"의 관계에 대해서 바르멘 이후의 개혁교회는 받아들일 것이고, 바르멘 이전의 성서주의적 성경관을 지향하는 개혁교회는 잘 받아들이지 않을 것이다. 우리는 바르멘 이전의 개혁교회와 그 이후의 개혁교회 사이의 충돌하는 부분들 가운데 이 "복음과 성경"의 문제가 가장 심각한 것이라고 확인한 바 있다.

---

16. The Fourth World conference on Faith and Order : The Report from Montreal 1963, ed. by P. C. Rodger and L. Vischer(SCM Press, 1964), p. 52.
17. Ibid., p. 53.

6) 하나의 신앙을 고백하며

신앙과 직제운동은 1927년 제1차 로잔 세계대회와 1937년 제2차 옥스퍼드 세계대회를 거쳐 1948년 암스테르담 WCC에 이르면, 복음을 "주어진 일치"(God-given Unity)로 보고, 1952년 제3차 룬드 세계대회에서는 '복음'을 바탕으로 하는 가시적 일치추구로 나가기 시작하며, 1954년에 본격적으로 가시적 일치추구를 지향한다. 그리하여 1961년 뉴델리 WCC는 그 교리헌장(the Basis)에 삼위일체 하나님을 첨가함으로써 복음에 이어 '삼위일체 하나님'을 '주어진 일치'의 공통분모로 삼았다.

그리고 1963년 몬트리올 제4차 신앙과 직제 세계대회(제2분과 : Scripture, Tradition, and traditions)와 제2바티칸 문서의 계시론인 'Dei Verbum'이 동일하게 복음을 성경의 단일한 원초적 원천으로 보아, 복음을 통한 전통들의 통일성을 확인하였고, '신앙과 직제'의 가시적 일치추구의 원칙을 WCC의 헌장 제1조에 기록한 1975년 나이로비 WCC는 무엇을 '사도적 신앙의 공동 표현'으로 할 것인가를 신앙과 직제에게 연구케 하였으니, 신앙과 직제는 결국 "니케아-콘스탄티노플 신조"(381)를 채택하였다. 사도신경은 세례신조요, 공의회의 소산이 아닌 까닭에 거부되었으니, 적어도 우리는 몬트리올에서 나이로비에 이르는 도상에서 역시 '복음'과 '삼위일체 하나님'이 결정적으로 중요한 교회들의 모든 다양한 신학적인 가르침들의 통일성이라고 하는 사실을 확인할 수 있다.

나이로비 WCC의 위임사항을 "신앙과 직제"는 1981년 제네바에서 열린 콘스탄티노플 신조(381) 1600주년 기념 예배 이후 집중적으로 연구하여 1991년에 「하나의 신앙을 고백하여……」를 내놓게 되었다.[18] 이 문서는 1982년 리마의 "세례, 성만찬, 직제" 문서(BEM Text)와 함께 교회들

---

18. 본 문서의 형성 과정에 관하여는 참고하라 : "Confessing the One Faith : An Ecumenical Explication of the Apostolic Faith as it is Confessed in the Nicene-Constantinopolitan Creed(381)", Faith and Order Paper No. 153, WCC Publications, pp. 105ff.

의 가시적 일치를 위한 필수요건이다. 여기에 더하여 신앙과 직제는 협의회적 교제(conciliar fellowship)와 협의회(councils)를 통한 가시적 일치 추구를 주장하는 바, "결의와 권위 있는 가르침 및 증거와 봉사를 위한 공동의 협의기구"[19]를 풀어야 할 과제로 남겨 놓고 있다. 복음과 삼위일체 하나님은 이 세 가지 가시적 일치추구의 바탕, 즉 '주어진 일치추구'의 공통분모에 해당한다. 이와 같은 세 가지 가시적 일치의 요건들은 '삶과 봉사' 운동이 지향하는 'JPIC'(정의, 평화, 창조세계의 보전)의 구현과 세계선교의 활성화를 위해 필수 불가결하다. 후자가 없이 전자만이 추구되는 한 그것은 값싼 일치(cheap unity)에 지나지 않는다.

'신앙과 직제'는 결국 "니케아-콘스탄티노플 신조"(381)를, 결국 "성경이 증언하고, 초기 교회가 신조들로 요약한 하나의 사도적 신앙"의 공동표현으로 확정하였다. 신앙과 직제는 오늘날 세계교회가 이것을 함께 증거하고, 고백하여, 축하해야 할 것을 촉구한다".[20] 오늘날 교회는 다양한 상황들 속에서, 그리고 오늘날의 세계의 도전에 직면하여 이 사도적 신앙을 고백해야 한다고 한다. 즉, "다양한 전통들에 속해 있고, 다양한 문화적, 사회적, 정치적, 종교적 맥락들 속에서 살고 있는 오늘의 교회는 그들의 공동의 신앙내용을, 다시 새롭게 자신들의 것으로 받아들여 자신들의 공동의 신앙을 고백해야 한다는 것이다".[21] 그래서 이렇게 하는 동안 교회는 "모든 인류와 창조세계를 위한 삼위일체 하나님의 구원하시는 목적들을 함께 증거할 것이다".[22]

그런데 이와 같은 사도적 신앙은 초기 사도적 공동체의 사도적 신앙과의 연속성을 유지하면서, 각 시대의 다양한 상황에 걸맞게 해석되어

---

19. Confessing the One Faith : An Ecumenical Explication of the Apostolic Faith as it is Confessed in the Nicene-Constantinopolitan Creed(381), Faith and Order Paper No. 153(Geneva : WCC Publications, 1991).
20. Ibid., p. 2.
21. Ibid.
22. Ibid.

야 한다. 이런 의미에서 사도적 신앙내용에 대한 에큐메니칼 해석이라고 할 수 있는 「하나의 신앙을 고백하며」는 이상의 모든 요건들을 충족시키는 매우 훌륭한 사도적 신앙에 대한 해설이다. 그러면 사도적 신앙이란 무엇인가? 본 문서는 이것에 대하여 다음과 같이 주장한다.

> 이 연구서에서 사용된 '사도적 신앙'이란 하나의 고정된 신조나 기독교 역사에 있어서 어떤 특정 기간을 가리키는 것이 아니다. 오히려 그것은 기독교 신앙의 역동적 실재를 말한다. 이 신앙은 구약 백성의 예언적 증거에 뿌리를 내리고 있고, 신약성서에 나타난 규범적인 증거, 곧 사도들과 이 사도들과 더불어 초기 교회에서 복음을 함께 선포한 사람들의 증거(사도시대)에 뿌리를 내리고 있으며, 그들의 공동체의 증거에 뿌리를 두고 있다. 사도적 신앙은 신앙고백으로 표현되고, 설교로도 표현되며, 신조들, 공의회의 교리결정들 및 신앙고백서들뿐만 아니라 예배와 교회의 성례전들을 통해서 표현되고, 교회의 삶으로도 표현된다. 신학적 반성작업은 사도적 신앙을 밝힘으로써 사도적 신앙을 고백하는 공동체에 일조를 하는 것이다.[23]

따라서 니케아-콘스탄티노플 신조의 에큐메니칼 해석인 「하나의 신앙을 고백하며」는 방금 위에서 정의한 사도적 신앙내용 중 하나요, 그런 의미에서 사도적 신앙의 공동표현이다. 우리는 "사도적 신앙의 공동표현"인 「하나의 신앙을 고백하며」가 신앙과 직제 운동사에서 지니는 역사적, 신학적 의미와 역할을 인정하면서, 이를 바탕으로 세계개혁교회연맹과 동방정교회가 양자 간 신학대화를 통해서 열매 맺은 "성삼위일체에 대한 일치된 진술"의 역사적, 신학적 의미와 역할을 생각해야 할 것이다. 이 양자 간 대화가 1988년에 시작하여 1992년에 완결된 삼위일체에 대한 양자 간 대화의 결과물을 내놓을 수 있었던 것은 확실히 이상과 같은 「하나의 신앙을 고백하며」가 먼저 세상에 빛을 보았기 때문일 것이리라. 무엇보다도 이 양자 간 대화는 "니케아-콘스탄티노플 신

---

23. Ibid., pp. 2-3.

조"(381)를 바탕으로 하였기 때문에, 더더욱 에큐메니칼 운동에 빚진 바가 크다 하겠다.

    이상 니케아-콘스탄티노플 신조에 대해서, 바르멘 이전의 개혁교회들도 받아들이는 경향이지만, 아직도 성령이 '아들에게서도'(filioque) 나오셨다고 하는 구절을 그대로 지닌 본문을 사용할 것을 고집할 것이고, 본 신조에 대한 에큐메니칼 해석의 내용 중에서도 받아들이지 않는 부분들을 지적할 것으로 보인다. 하지만 바르멘 이후의 개혁교회는 이상과 같은 본 신조의 에큐메니칼 해석을 받아들일 것으로 보인다.

총결론

1. 세계개혁교회들의 가톨리시티와 에큐메니시티

이 책은 제1부에서 고대 에큐메니칼 신조들을 논했다. 사도신경, 니케아 신조(325), 니케아-콘스탄티노플 신조(381), 그리고 칼케돈 신조(451)가 그것이다. 대체로 우리 개혁교회가 로마 가톨릭교회, 동방정교회, 성공회, 그리고 대부분의 주류 개신교회들과 이와 같은 고대 에큐메니칼 신조를 공유하고 있는 바, 우리는 이와 같은 신조를 통해서 이와 같은 교회들과 에큐메니칼 관계를 맺는다. 때문에 이와 같은 고대 에큐메니칼 신조들은 다만 이단사이비와 정통성 시비의 표준으로서도 중요하지만 적극적으로는 에큐메니칼 관계를 위해서 더 중요한 것이라고 생각된다.

그 다음에 우리는 중세기는 다루지 않고, 곧 바로 우리 개혁교회가 기원한 16세기 종교개혁 시기의 개혁교회의 신앙고백들을 소개하였다. 그래서 이 책에서 논의된 신앙고백들은 「아우구스부르크 신앙고백」(1530)을 제외하면 모두가 역사 속에 실존했던 개혁교회들의 신앙고백들이다. 하지만 「아우구스부르크 신앙고백」을 다룬 이유는 본 총서의 제1권에서 루터의 종교개혁을 다루고 난 다음에 개혁교회의 기원과 신학을 논한 것이나 마찬가지이다. 즉, 루터의 종교개혁이 개혁교회의 종교개혁과 긴밀한 관계 속에 있다고 하는 가정 때문이다.

우리 개혁교회는 이미 지적한 대로 다분히 획일주의적인 신앙고백을 지향하는 루터교나 성공회나 가톨릭교회들과는 달리 역사적으로 매우 다양한 신앙고백을 작성해 왔다. 무엇보다도 우리 개혁교회의 신앙고백들은 비록 그것들이 성경의 개혁신학적 요약이라고 할지라도 어디까지나 역사적으로 조건지어졌다고 하는 의미에서 상대적이다. 예컨대 제네바 교리문답은 칼빈의 제네바 종교개혁적 상황에서, 존 녹스의 스코틀랜드 신앙고백은 프랑스의 가톨릭 세력이나 영국의 성공회라고 하는 외세로부터 독립하려는 상황에서, 불링거의 제2스위스 신앙고백은 스위스 내의 개혁교회들의 일치추구 상황에서, 우루지누스와 올레비아누스의 하이델베르크 교리문답은 개혁신학을 주장하면서도 루터교와 좋은 관계를 유지하려는 팔레이트네트 주의 상황에서, 그리고 웨스트민스터 신앙고백은 청교도 장로교인들이 영국 성공회의 억압에 맞대응하는 상황에서 각각 작성되었다. 따라서 우리는 개혁교회의 모든 역사적인 신앙고백들의 상대성과 아울러 그것들의 역사적인 가치를 인정해야 한다. 즉, 여기에서 소개된 모든 개혁교회의 신앙고백들에 대해서 인정할 바를 인정해야 한다는 주장이다.

물론 이상과 같은 신앙고백의 역사적 다양성은 개혁교회의 분열 원인으로 역기능을 낳고 있는 것이 사실이다. 그럼에도 불구하고 우리 개혁교회가 하나의 획일적인 신앙고백을 만들 수 없다는 사실을 칼빈, 빌립 샤아프, 그리고 칼 바르트가 확증한 바 있다. 그래도 다행한 것은 바르멘 이전과 이후 개혁교회의 신앙고백들이 3가지 공통적인 특징들(WARC의 Confessions and Confessing)을 보여 주고 있다는 것이고, 나아가서 바르멘 이후 20세기 개혁교회의 신앙고백들 역시 개혁신학의 6가지 공통 특징들(WARC의 Confessions and Confessing)과 14가지 공통 특징들(루카스 피셔)을 보여 주고 있다는 사실이다.

그런데 세계개혁교회들이 가톨리시티(the Reformed Catholicity) 혹은 에큐메니시티(the Reformed Ecumenicity)를 추구함에 있어서 걸림돌은 이미 지적한 바 있는 "1. 성경관", "2. 하나님의 영원한 작정"에 따른 "이중 예정론"과 이로써 결과하는 "최후 심판의 이중적인 결과"요, 6가지, 그리고 14가지 20세기 개혁교회의 공통 특징들이 안고 있는 충돌적 요소들이다. 이 글은 "세계개혁교회들의 신앙고백의 다양성과 통일성 : 에큐메니칼 운동에 나타난 신앙(신앙과 직제 전통)에 비추어서" 부분에서 WARC와 WCC 모두가 다양성 속의 통일성을 교회일치의 매우 중요한 원리로 보고 있음을 확인하였거니와 미국장로교는 다양성 속에서 통일성의 원리로써 충돌하는 부분을 실질적으로 극복하였다. 이는 전적으로 WARC와 에큐메니칼 운동에 빚진 바라고 여겨진다.

미국장로교는 「1967년도 신앙고백」 이후, 1970년대부터 교회적이고 신학적인 다원주의 시대로 접어든다. 그리하여 1983년 재통합 이후 미국장로교 제200차 총회는 "그리스도는 나뉘었는가?"라고 하는 장로교 신앙공동체 안에서의 신학적인 다원주의를 위한 특별연구위원회의 보고서에서 미국장로교 안에서의 신학적인 다원주의를 공식화한 셈이다. 또한 재조직된 미국장로교 안에 '신학과 예배 위원회'(Theology and Worship Ministry Unit)가 생겼는데, 이 기구 산하에 '다원주의' 분과가 있게 되었다.[1] 그리하여 위 보고서는 성경 내용의 통일성과 다양성을 제시함으로써 미국장로교 내에서의 신학의 통일성과 다양성도 아울러 암시하고 있다. 이미 이 글은 본문에서 다음과 같이 인용하였다.

> 장로교인들은 성경이 '예수 그리스도에 대한 유일하고 권위 있는 증언'이요, 신앙과 행위에 대한 오류 없는 유일한 길잡이라고 고백한다. 하지만 성경 내용은 한 가지가 아니라 여러 가지이다. 성경은 증언들과 표지판들의 모음이기 때문이다.[2]

---

1. Jack B. Rogers and Donald K. McKim, "Pluralism and Policy in Presbyterian Views of Structure", in *The Confessional Mosaic*……, p. 55.
2. "Is Christ Divided? Report of the Task Force On Theological Pluralism Within the Presbyterian Community of Faith"(Louisville, Kentucky : Office of the

……성경의 여러 책들을 통일시키고, 이것들을 경전으로 묶는 것은 예수 그리스도에 관한 이야기에서 절정에 달하는 하나님의 인류와의 이야기에 대한 일관성 있는 증언이다.[3]

이제 결론적으로 1990년에 채택된 "간결한 신앙진술"(A Brief Statement of Faith)에서 성경의 자리매김을 살펴보자. 본 신앙진술은 아래와 같이 말한다.

예언자들과 사도들을 영감시켰던 동일한 성령께서 예수 그리스도 안에서 성경을 통하여 우리의 신앙과 삶을 지배하시고, 선포된 말씀을 통하여 우리에게 관여하신다.[4]

우리는 이미 WARC 문서를 논의하면서, 세계개혁교회들의 걸림돌 가운데 가장 큰 걸림돌을 성경관이라고 지적하였거니와, 미국장로교는 그와 같은 걸림돌을 위와 같은 방식으로 해결하였다. 나아가서 「예배모범」(*A Book of Order*)과 함께 미국장로교의 헌법을 구축하는 「신앙고백집」(*A Book of Confessions*)은 바르멘 이전의 16, 17세기 개혁교회의 신앙고백들과 바르멘 이후의 미국개혁교회의 「1967년도 신앙고백」및「간결한 신앙고백」(1990)을 모두 포함하고 있다. 미국의 북장로교가 웨스트민스터 신앙고백 등 바르멘 이전의 고전적인 개혁 신앙고백을 선호하는 남장로교와 연합할 수 있었던 것은 이상과 같이 다양성을 인정하면서도 통일성을 지향했기 때문이다.

끝으로 이 글은 제일 먼저 에큐메니칼 신조들을 논했으니, 사도신경(샤아프는 비록 이 신경이 에큐메니칼 공의회에서 결의된 것이 아니지만 에큐메니

General Assembly, PCUSA, 1988), p. 5 재인용 : *The Confessional Mosaic*……, p. 55.
3. "Is Christ Divided?", p. 6.
4. A Brief Statement of Faith : Presbyterian Church(USA), Approved by the 202nd General Assembly(1990).

칼 신조로 여긴다.), 니케아 신조(325), 콘스탄티노플 신조(381), 칼케돈 기독론(451)이야말로 개혁교회가 성공회, 로마 가톨릭교회, 그리고 동방정교회와 에큐메니칼 대화를 하며 에큐메니칼 관계를 맺을 수 있는 가장 근본적인 신학적 근거일 것이다. 우리는 바르멘 이전 개혁교회와 더불어, 그리고 그 이후 개혁교회와 함께 '복음'을 가장 중요한 기독교 메시지로 보고, 나아가서 위의 에큐메니칼 신조가 고백하고 있는 '삼위일체론'과 '정통 기독론'을 전적으로 받아들이는 바, 고전적인 '이중 예정론', '불가시적 교회' 등과 같은 고전적인 개혁신학의 특징들을 고집하지 않으면서도 위와 같은 에큐메니칼 신조 차원에서 얼마든지 에큐메니칼 대화를 해야 하고, 에큐메니칼 관계를 맺어야 할 것이다. 우리는 에큐메니칼 운동의 '신앙과 직제' 운동을 통해서 나타난 '복음'과 '삼위일체 하나님'이 교회일치를 위해서 얼마나 중요한가를 확인하였지만 말이다.

2. 한국장로교, WARC, 그리고 에큐메니칼 운동

대부분의 한국장로교단들이 공유하고 있는 「웨스트민스터 신앙고백」에 나타난 '복음'과 '삼위일체 하나님', 그리고 1903년 이 신앙고백에 첨가된 "제34장 : 성령에 관하여"와 "제35장 : 하나님의 사랑의 복음과 선교에 관하여"와 '선언문'은 '성서주의'(biblicism)에 의해서 혹은 성경의 명제 그 자체를 하나님의 말씀 자체로 보는 '명제주의'(propositionalism)에 의해서 질식되지 않는 한, 한국장로교 연합에 크게 공헌할 수 있을 것이다. 더욱이 우리 한국장로교는 개혁주의 전통이 주장하는 교회의 두 표지(말씀설교와 세례 및 성만찬)를 공유하고 있고, 나아가서 세계교회의 역사를 통해서 교회일치의 걸림돌로 작용해 온 세례와 성만찬과 직제 문제에 있어서도 일치하고 있기 때문에, 이미 '주어진 일치'(a God-given unity)를 지향하고 있는 것이나 마찬가지이다. 그리고 우리는 사도신경, 니케아-콘스탄티노플 신조, 그리고 칼케돈 신조도 공유하고 있다.

그러나 우리의 문제는 다양성을 인정하지 않고, 어느 하나 또는 그 이상의 신앙고백이나 신학전통을 절대화하는 데에 있다. 우리 한국장로교회들은 이미 위에서 언급한 신학과 실천에 있어서 공통지반을 인정하고, "12신조"(1907), "웨스트민스터 신앙고백"(1947), 한국 기독교장로교의 "새 신앙고백 선언서"(1972), 예장(통합)의 "대한예수교장로회 신앙고백"(1986), 그리고 "21세기 대한예수교장로회 신앙고백서"(2001)가 내포하고 있는 신학적인 주장들을 다양성 차원에서 인정해야 할 것이다. 그리하여 우리는 현재의 '화해된 공동체'(the reconciled diversity)의 상태에 머물러 있을 것이 아니라 계속적인 '협의회를 통한 교제'(conciliar fellowship)와 '협의회들'(councils)을 통하여 '유기체적 연합'(an organic union 혹은 a corporate union) 차원에로, 그리고 나아가서 미국장로교처럼 하나의 장로교 총회 밑에 하나를 이룩하는 명실 공히 '한국장로교'가 되어야 할 것이다.

1983년, 122년간의 분열의 아픔을 접고 미국연합장로교와 남장로교가 '미국장로교회'(PCUSA)가 된 것은 양 측이 신학적인 다양성과 통일성을 인정했기 때문이다. 제201차 총회(1989)가 「간결한 신앙진술」(1990)을 채택한 것은 북장로교가 "1967년도 신앙고백" 이외에 "웨스트민스터 신앙고백" 등 고전적인 신앙고백들을 인정했기 때문이요, 남장로교 역시 "웨스트민스터 신앙고백"을 절대화하지 않기로 했기 때문이었다. 성경의 통일성과 다양성에 근거한 신학의 통일성과 다양성은 교회일치 추구를 위해서 매우 중요하다. 1990년 「간결한 신앙진술」은 그 주요내용을, '복음'과 '삼위일체 하나님'으로 하고 있는 바, 이는 WARC의 신학과 에큐메니칼 운동의 신학에 대해서 문을 활짝 열고 있다.

우리 한국장로교파들은 WARC 문서에서처럼 16, 17세기 개혁주의 신앙고백서들과 바르멘 이후 현대 개혁주의 신앙고백서들 사이의 갈등을 극복해야 할 것이다. 우리는 '성서주의'(biblicism)에 입각한 '오직 성경으로만'의 원리를 경직화시킨 나머지, 16세기 종교개혁(루터와 칼빈으로 대표되는)이 재발견한 '복음'과, 고대교회가 공의회를 통해서 결정한 '삼위일체론'과 '기독론'을 무시하고, 성경의 명제적 진리들 그 자체에만 집착해서는 안 될 것이다. 그리고 우리는 성경의 기원이요, 그것의 중심 메시지인 '복음'을 최우선의 자리에 놓고, 성경은 이 '복음'에 대한 가장 권위 있는 규범적인 증언들과 표지판들의 모음이라고 하는 사실을 명심해야 하고, 성경관을 성령론에 포함시켜야 할 것이다. 나아가서 우리가 두 신앙고백 사이의 공통분모의 예들인 '하나님의 주권', '예수 그리스도 안에서 맺어진 인간과 하나님 사이의 은혜의 언약', 그리고 '구약의 계시와 하나님의 율법이 갖는 특별한 의미' 등에 대해서 상호 간에 인정하고, 20세기 개혁교회에 나타난 신학의 특징들에 나타난 갈등요인들을 극복해 나갈 때, 세계장로교의 일치와 연합은 물론, 우리 한국장로교의 일치와 연합도 이룩할 수 있을 것이다.

끝으로 우리 한국장로교회는 세계 장로교회들에 대해서뿐만 아니라 '복음'을 성령역사로 받아들이며 삼위일체 하나님을 고백하고 예배하는 세계의 모든 교회들에 대해서 열려 있어야 한다. 우리는 적어도 WCC의 교리헌장(the Basis)과 WCC의 신앙과 직제 전통이 보여 주고 있는 기독교 신앙과 신학의 통일성을 받아들이고, 우리 한국장로교의 신학적 특수성을 유지해 나가면서, 타 교파들의 신앙과 신학의 다양성들을 인정해야 할 것이다. 이 글이 이미 지적한 '복음'과 '삼위일체 하나님', 그리고 기타 사도적 신앙과 신학의 주제들을 세계교회들과 에큐메니칼 공동체가 공유해야 할 통일성의 원리로 받아들일 때, 우리는 하나의 예수 그리스도의 교회를 이룩하는 과정 속에 있을 것이다. "하나의 거룩하고 보편적이며 사도적인 교회"(381)는 교회들의 연속성과 다양성 속의 일치를 지향해야 하는 바, 아마도 우리 한국장로교회들의 연합과 일치추구는 세계 장로교회들, 나아가서 세계 에큐메니칼 교회들과의 연합과 일치추구를 통해서 더 빨리 성취될 수 있을 것이다. '보편교회'(the catholic

Church)에 대한 의식과 이 보편교회와의 연합과 일치추구 없이 어떻게 한국장로교의 일치추구가 가능할 수 있겠는가? 이와 같은 연합과 일치 추구는 한국장로교 안에서와 세계교회들과의 관계에서 동시에 일어나야 할 것이다. 반드시 한국의 장로교회들의 연합과 일치가 선행될 필요는 없다. 각 장로교단은 나름대로 WARC와 WCC 등 세계적인 연합과 일치 기구에 동참하여 세계교회들과 유기적 관계를 추구하면서, 또한 한국 내의 교회연합과 교회일치를 추구해 나가야 할 것이다.